# DICCIONARIO
# DE PSICOLOGÍA

tratados y manuales grijalbo

# DICCIONARIO
# DE PSICOLOGÍA
■

ALBERTO L. MERANI

 tratados y manuales grijalbo

**DICCIONARIO DE PSICOLOGÍA**

© 1976, Alberto L. Merani

© 1976, Ediciones Grijalbo, S.A.
    Aragó, 385, Barcelona

D.R. © 1979 por EDITORIAL GRIJALBO, S.A. de C.V.
    Calz. San Bartolo Naucalpan núm. 282
    Argentina Poniente 11230
    Miguel Hidalgo, México, D.F.

ISBN 970-05-0137-X

IMPRESO EN MÉXICO

# PRÓLOGO
# A LA PRIMERA EDICIÓN

*Cuando nos propusimos escribir este* Diccionario, *tuvimos la ambición de poner un instrumento de trabajo y de cultura psicológica a disposición de los psicólogos y también de aquellos que sin formación profesional se interesan por los múltiples ploblemas de la psicología y sus relaciones con otras ramas del saber.*

*Desde siempre hemos acentuado la necesidad de dar a los estudios de psicología base biológica y social, esto es, enfocar los problemas del devenir humano como fenómeno concreto que transcurre dentro de circunstancias también concretas. En una palabra, hemos abogado por una antropología concreta del hombre que desenvolviéndose, formándose, actuando en y por sus relaciones sociales se autoconstruye. Con este espíritu hemos escrito nuestras otras obras y escribimos ésta destinada a ayudar a los futuros psicólogos y a otros especialistas, para enseñarles a pensar y trabajar con un mismo fin, a adquirir un vocabulario común que les permita comprenderse mejor y de este modo actuar mejor.*

*El campo de los lectores eventuales es muy extenso y ello ha sido una de las grandes dificultades de nuestra empresa: ser suficientemente simple para unos, y no serlo tanto para otros, con el interés de atraer a todos porque se trata de reunir, mancomunar voluntades e inteligencias.*

*Por último, para que nuestra obra sea algo más que un vocabulario, que el objetivo de definir los conceptos esenciales de la psicología, nos ha parecido necesario precisar las etimologías de los vocablos tratados. Sin duda es la mejor manera de conocer un término y de llegar a emplearlo correctamente, porque a su significado técnico actual agrega el valor evolutivo del concepto al que concluyó por representar. Además incluimos un elenco de las raíces griegas y latinas fundamentales, que es herramienta imprescindible para forjar nuevos términos si se necesitan y para comprender aquellos que estructuren los autores y no definan. Por otra parte, ésta es tarea que permitirá modernizar continuamente el vocabulario psicológico de nuestra lengua sin introducir extranjerismos poco elegantes e innecesarios en castellano. Un Diccionario, aunque sea técnico, debe velar por una lengua rica y flexible, y evitar que la moda o la ignorancia tiendan a desvirtuarla. Con esta misma finalidad agregamos breves vocabularios de inglés, francés, italiano, alemán y portugués, con su respectiva traducción, para ayudar en la lectura de textos en esos idiomas. Una bibliografía con las obras esenciales de todas las épocas para la comprensión de los orígenes y evolución de la psicología remata nuestro trabajo.*

*Finalmente, queremos dar las gracias a todos los que aportaron una ayuda preciosa para la documentación, así como expresar nuestra gratitud a* Ediciones Grijalbo, *que aceptó este* Diccionario *y lo dignifica con su prestigio.*

*ALBERTO L. MERANI*

# PRÓLOGO
# A LA TERCERA EDICIÓN

En el breve lapso de cinco años, se agotaron la primera edición de este libro y casi inmediatamente una segunda. El favor de los lectores nos enseña: primero, que nuestro Diccionario colmó una necesidad muy sentida entre los psicólogos, y los que sin serlo se interesan por los problemas de la psicología y del hombre; segundo, que frente a los diccionarios de psicología traducidos de otras lenguas, el nuestro resulta de gran utilidad para el lector de idioma castellano. Por tales razones, y a pedido del Editor, hemos preparado esta tercera edición corregida y aumentada. Las correcciones se refieren a unas pocas erratas de la primera edición; la ampliación corresponde a la introducción de unas doscientas cincuenta voces nuevas, que en gran parte pertenecen al campo de la ecología, la epistemología y la psicología de las religiones, y que se relacionan directamente con la temática que estructura la obra. Además, hemos introducido algunos cambios en el "Catálogo de obras", suprimiendo títulos que a pesar de su gran interés están fuera del alcance de los psicólogos, y competen fundamentalmente al historiador de la psicología, y agregando libros publicados en castellano, y que por su resonancia es deber conocer.

En cuanto a la orientación y estructura del Diccionario, las conservamos sin variaciones por considerarlas bases de su originalidad. También conservamos la etimología de los vocablos tratados, y ésto contrariamente a lo que se acostumbra en este tipo de obras, porque aparte de su valor cognoscitivo, que destacamos en el Prólogo a la Primera Edición, apreciamos grandemente su valor indicativo. En efecto, la etimología del término no nos da razón de su empleo actual, pero señala la intención gnósica del autor que lo empleó por primera vez en la psicología, o que lo forjó para llenar una laguna semántica del conocimiento.

*Debo agradecer las valiosas opiniones de muchos colegas sobre el libro, y a los numerosos lectores que escribieron expresando sus reflexiones, consideraciones todas muy tenidas en cuenta al preparar esta tercera edición. También debo reiterar mi gratitud a* Ediciones Grijalbo, *responsable de la presentación de este* Diccionario.

*A.L.M.*

# ÍNDICE

# A

**abandonista:** [Fr. *abandonner* = desemparar]. Término no aplicado sobre todo a los niños que se sienten descuidados por sus mayores y que viven en el temor del abandono creando verdaderas neurosis.

**abandono:** [Fr. *abandonner*, y éste del alemán *bann* = orden de castigo]. Desde el punto de vista psicosocial se lo puede definir como la ausencia, relajamiento o ruptura de un lazo afectivo de sostén, que a menudo acarrea olvido de las obligaciones materiales o morales concomitantes. Desde el punto de vista psicológico el abandono provoca sentimientos de frustración y hasta puede llegar a producir una neurosis típica: *neurosis de abandono.* Los niños son los más sensibles a este estado. V. *hospitalismo.*

**abanico, signo del:** Signo estudiado por *Babinski* (v.), en 1903, y que consiste en movimientos de *abducción* (v.) de los dedos del pie, que se separan unos de los otros en abanico cuando se hace realizar a hemipléjicos (hemiplejía infantil) movimientos alternados de flexión y de extensión del tronco sobre la pelvis.

**abasia:** [*a* = privativo + *básis* = marcha]. Pérdida más o menos completa de la capacidad de marchar, sin trastorno de la fuerza muscular ni de la sensibilidad.

**abatimiento:** [Lat. escol. *abbatere* = derribar]. Disminución rápida, con duración más o menos larga, de las fuerzas físicas y de las funciones psíquicas. V. *desmoronamiento.*

**abducción:** [Lat. *abductio* = separación]. Movimiento de un miembro o de un segmento de un miembro, que tiene por objeto separarlo del plano medio del cuerpo.

**abeja, lína de:** Expresión de *Lubbock* (v.), que se refiere a un retorno en línea recta después de haber explorado los alrededores dando muchas vueltas, común en las abejas que vuelven a la colmena, y que caracteriza una forma de reconocimiento y de aprendizaje.

**aberración:** [Lat. *aberratio* = desvío]. Anormalidad de gravedad notable; error de juicio que puede llevar a conductas reprobables. Se emplea la expresión *aberración mental* para especificar desórdenes de tipo psicopatológico.

**aberrante:** [Lat. *ab* = separación + *errare* = vagar]. Que se separa de lo normal por su estructura, por su aspecto o bien por su ubicación. V. *aberración.*

**abiogénesis:** [Gr. *a* = privativo + *bíos* = vida + *génesis* = generación]. Nombre de la antigua teoría que admitía la producción de seres vivos salidos directamente de la materia bruta. Sinónimos *arquibiosis, generación espontánea.*

**abiorexia:** [Gr. *a* = negativo + *bíos* = vida + *orexis* = apetito]. Término propuesto por H. P. Klotz (1955) para designar la *anorexia mental* (v.).

**abiótico:** [Gr. *a* = privativo + *bíos* = vida]. Lo que es contrario a la vida, a su existencia.

**abiotrofia:** [Gr. *a* = negativo + *bíos* = vida + *throfé* = nutrición]. Proceso degenerativo que alcanza los elementos histológicos, en particular las formaciones nerviosas, sin causa aparente y simplemente porque ha llegado el término de vida de esos elementos.

**ablación:** [Lat. *ablatio, ablatum* = quitar]. Acción de sacar quirúrgicamente una parte del cuerpo (miembro, órgano, tumor, etc.).

**abnegación:** [Lat. *abnegatio* = rechazo]. Estado de espíritu del que ha renunciado a lo que le agrada o halaga, sacrificándose él mismo a intereses superiores.

**abraquiocefalia:** [Gr. *a* = privativo + *brachíon* = brazo + *kephalé* = cabeza]. Ausencia congénita de los brazos y de la cabeza por trastornos físicos, biológicos, etc., durante la gestación.

**abreacción:** [Lat. *ab* = fuera de + *re* = indicando retorno + *actio* = hecho]. Reaparición, en la conciencia, de una emoción pasada olvidada o mantenida en el subconsciente por barreras psíquicas.

**absoluto:** [Lat. part. p. de *absolvere* = separar de]. Acabado, total, integral. Como opuesto a *relativo* (v.), lo que es por sí mismo. En *psicología*, sinónimo de imperioso, autoritario, déspotico, totalitario. *El absoluto,* ser que existe por sí mismo, independiente de cualquier otro y del cual todo depende.

**absorción:** [Lat. *absortio, -onis* = acción de tragar]. En *fisiología,* palabra que sirve para designar una serie de actos por los cuales sustancias, que eran exteriores al organismo viviente, penetran sin lesión al interior del mismo. Es parte de la nutrición.

**abstemio:** [Lat. *abs* = privativo + *temetum* = vino puro]. Que no bebe bebidas alcohólicas.

**abstinencia sexual:** V. *castidad.*

3

**abstracción:** [Lat. *abstractio* = sacar fuera de]. Como operación mental, la acción que considera separadamente lo que en la realidad no está separado ni es separable. Cf. *distracción.*

**abstracto:** [Lat. *abstractus*, p. p. de *abstrahere* = sacar de]. Se dice de una idea obtenida por abstracción, o sea que se considera separadamente lo que no está separado ni es separable en realidad. Se opone a *concreto* (v.).

**absurdidad:** [Lat. *ab-surdus* = que no se entiende]. La absurdidad puede ser total o global, traduciendo una insuficiencia profunda como la de los *imbéciles* o *idiotas*. (V. *imbecilidad*). También puede interesar a una reflexión o a un acto aislado; en este caso puede revelar los comienzos de un debilitamiento del juicio o bien la existencia de un delirio hasta entonces poco aparente o disimulado.

**absurdismo:** [Lat. *absurdus* = que es discordante]. Neologismo que se emplea para designar la doctrina de algunos existencialistas, según los cuales el mundo y la vida son absurdos.

**absurdo:** [Lat. *ab-surdus* = que no se entiende]. Aquello que está desprovisto de lógica o de sentido. Para el *psicoanálisis*, el absurdo, especialmente en el sueño, constituye una modalidad cercana a la negación y por ello de la agresividad «fundamental», refiriéndose al instinto de muerte.

**abuelo, complejo del:** Según el *psicoanálisis*, proyección sobre el abuelo de los afectos originariamente dirigidos al padre.

**abulia:** [Gr. *aboulía* = enfermedad de la voluntad]. Disminución o privación de la voluntad. Es la disminución o la insuficiencia de la voluntad, en particular durante el pasaje de la idea al acto. *Janet* (v.) distingue una *abulia motriz* (que corresponde a nuestra definición), y una *abulia intelectual,* debida a un aflojamiento de la *atención voluntaria,* y que se presenta con grados diversos en la duda, la confusión mental, etc.

**aburrimiento:** [Lat. *ab-horrere* = tener horror]. Sentimiento de desagrado que se produce cuando faltan, por un tiempo más o menos largo, actividades adecuadamente motivadas. En la *psicología del trabajo* se considera el aburrimiento unido sobre todo con tareas monótonas.

**acalculia:** [Lat. *a* = negativo + *calculo* = calcular]. Imposibilidad de contar, de resolver operaciones aritméticas, de realizar cualquier razonamiento matemático, con un nivel mental que normalmente permite esas funciones de la razón.

**acatafasia:** [Gr. *a* = negativo + *kataphasis* = orden en la expresión]. Incapacidad para expresar pensamientos de manera ordenada debida a lesión de origen cerebral.

**acatamesia:** [Gr. *a* = negativo + *katamathesis* = comprensión]. Pérdida o debilitamiento de la capacidad de comprender el lenguaje hablado; también debilitamiento de cualquiera de las capacidades perceptivas por lesión de origen cerebral.

**acceso:** [Lat. *accessus* = acción de llegar o acercarse]. En la jerga de la computación se denomina así al proceso de obtener o recuperar datos de una unidad periférica.

**accesorio:** [Lat. *accessorius* = adicional]. Término que se emplea especialmente para aquellas partes de un órgano de los sentidos que tienen por función hacer más eficiente la recepción de los estímulos, por ejemplo el sistema de lentes o de músculos del ojo, en contraposición con las partes esenciales.

**accidente:** [Lat. *accidens* = caer sobre, por casualidad]. Por oposición a *sustancia* (v.), lo que no existe por sí mismo sino en otro. Por oposición a *esencia* (v.), lo que no es parte de la naturaleza o esencia de un ser.

**acción:** [Lat. *agere* = actuar]. El acto de actuar. **Filosofía de la a.** En su perspectiva designa la actividad humana integral, al pensamiento mismo y, con mayor razón, al querer siendo incompletos mientras que no haya habido realización.

**acción de masa, teoría de la:** Teoría según la cual grandes áreas (masas) de tejido cerebral funcionan como un todo, por lo cual la inteligencia y la función mental tienen en general carácter unitario. Esta teoría ha sido sostenida por *Flourens* (v.) y *Goldstein* (v.) y se opone a la concepción de *Munk* (v.), *Broca* (v.) y *Flechsig* (v.), que asienta en la existencia de funciones distintas, unidas con áreas específicas locales (centros, como los del lenguaje).

**acciones sintomáticas:** Expresión del *psicoanálisis,* que según *Freud* (v.) son los actos o gestos frecuentes y muchas veces habituales, aparentemente privados de significado y de finalidad, pero debidos a tendencias inconscientes.

**acefalía:** [Gr. *a* = privativo + *kephalé* = cabeza]. Monstruosidad que consiste en la ausencia de una porción de la cabeza o de la cabeza entera.

**ácido cianhídrico:** Pequeña molécula reactiva que se formó en la atmósfera primitiva de la Tierra.

**ácido fosfórico:** Constituyente del *ATP* (v.) y de los ácidos nucleicos.

**ácidos nucleicos:** Moléculas gigantes, soportes de la información genética.

**acinesia:** [Gr. *a* = privativo + *kínesis* = movimiento]. Término más correcto que *acinesis* (v.), y cuyo significado preciso es: pérdida completa del movimiento. También se lo emplea con el sentido de dificultad para algunos movimientos.

**acinesis:** [Gr. *a* = privativo + *kínesis* = movimiento]. Parálisis. V. *acinesia.*

**aclimatación:** [Lat. *ad* = a + *clima, -atis* = clima]. Cambio que se produce en un ser vivo para permitirle vivir en un clima distinto del clima natal.

**acmé:** [Gr. *akmé* = el punto más elevado]. Tiempo durante el cual los síntomas de un trastorno cualquiera, o cualquier función psíquica, tienen el máximo de su intensidad.

**acogida:** [Lat. *ad* = hacia + *coligere* = reunir]. Manera de recibir para la práctica de un examen, una encuesta, etc. De la acogida depende casi siempre y en gran parte el valor y eficacia de lo que se obtiene o el tratamiento que se sigue. *Técnica de acogida*, procedimientos que se emplean en los centros que deben acoger niños, adolescentes o adultos (sanos o enfermos), para habituarlos a la nueva situación. Por lo general comienza con un período de corta duración en una *sección especial*, organizada para relajar, para acostumbrar a los contactos personales, preparar para la vida en grupo y comenzar una observación individual.

**acomodación:** [Lat. *accomodatio* = adaptación, ajuste]. Es la actividad de un sujeto que modifica sus esquemas anteriormente adquiridos para adaptarse a las condiciones de un ambiente que cambia o nuevo. En la evolución mental del niño, en los diversos estadios del desarrollo de la inteligencia, la acomodación aparece siempre como complementaria de la *asimilación* (v.).

**acondroplasia:** [Gr. *a* = negativo + *chondros* = cartílago + *plassein* = formar]. Afección congénita, hereditaria, transmisible según el modo dominante, caracterizada por detención del desarrollo de los huesos en longitud, aumentando por el contrario su volumen. Cf. *auxología*. V. *enanismo*.

**acostumbramiento:** [Lat. *ad* = hacia + *consuetudo* = manera de actuar establecida por el uso]. Fenómeno biológico que permite a los organismos adaptarse progresivamente a ciertas sustancias tóxicas y a tolerar dosis que serían mortales de primera intención. Es por acostumbramiento que algunos morfinómanos y heroinómanos llegan a soportar dosis 200 o 300 veces superiores a la mortal. En *psicología*, modo de adaptación durable, que por su repetición transforma un estímulo o una acción en *hábito* (v.).

**acrofobia:** [Gra. *akros* = extremo + *phóbos* = miedo]. Miedo por los lugares elevados, subidas empinadas, que se traduce por sensación de vértigo que impide o convierte en penosa la ascensión. Para los psicoanalistas la acrofobia se relaciona con impulsos masoquistas (deseo de precipitarse de lo alto) reprimidos.

**acromático:** [Gr. *a* = privativo + *chromos* = color]. Lo que no presenta los atributos del *tono* (v.) y aparece en la serie de los colores en la del negro-gris-blanco.

**acromatopsia:** [Gr. *a* = privativo + *chroma* = color + *opsis* = vista]. Incapacidad para percibir los colores. La retina solamente ofrece la sensación del blanco, del negro y de los matices que le son intermediarios. Raramente es total y la mayoría de las veces se refieren a uno o algunos colores.

**agromegalia:** [*akros* = el más grande + *mégas* = grande]. Según *Pedro Marie* (v.) el primero en describirla, «hipertrofia singular no congénita de las extremidades superiores, inferiores y cefálica, hipertrofia de los huesos de las extremidades y de las extremidades de los huesos».

**actinología:** [Gr. *aktís* = rayo luminoso + *lógos* = discurso]. Rama de la ciencia consagrada al estudio de los rayos luminosos simples o descompuestos por el prisma (rayos ultravioleta e infrarrojo, luz roja, etc.) y en particular a su acción biológica.

**actitud:** [Ital. *attitudine* = posición]. Posición del cuerpo controlada y guiada por la sensibilidad postural. En *psicología* y *psicología social*, disposición determinada por la experiencia sobre la conducta. *Escalas de actitud* y *tests de actitud* son escalas y tests elaborados para descubrir rasgos del temperamento y de la personalidad.

**activación reticular, sistema de:** V. *formación reticular*.

**actividad:** [Lat. *activitas, activas* = actuar]. La acción del ser en el momento de realizar un acto. Es sinónimo de acción o de continuidad de acciones organizadas y metódicas con carácter escolar o profesional. Con sentido puramente psicológico se refiere al conjunto de fenómenos de la vida activa, como los instintos, las tendencias, la voluntad, el hábito, etc., que constituye una de las tres partes de la psicología clásica, junto con la sensibilidad y la inteligencia.

**activismo:** [De *actividad*]. Según *Adler* (v.), carácter de una conducta o de una vida moral que tiende a la eficacia exterior, a las realizaciones tangibles: que toma la agitación por la acción.

**acto:** [Lat. *actum, agere* = actuar]. En sentido general, una conducta motriz adaptada a un fin determinado y que posee sentido, o sea traduce tendencias del ser que lo realiza. El acto expresa al sujeto de que emana. **Acto fallido** [L. *fallere* = engañoso, que traiciona] es llamado por *Freud* (v.) un acto incompletamente o imperfectamente cumplido. Según el *psicoanálisis* (v.) están en relación con zonas de conflictos, con sentimientos rechazados. **Actos mórbidos** [Lat. *morbidus, morbos* = enfermedad] son aquéllos que presentan carácter insólito, anormal, patológico o delictivo, sintomáticos de un trastorno mental.

**acto y acción:** [Lat. ambos derivan de *agere* = actuar por ellos mismos]. Aplicados al actuar humano, acto y acción son a veces sinónimos, pero siempre hay una diferencia sensible: acto designa más bien a la parte objetiva o exterior de lo que se hace; acción se refiere más bien al aspecto subjetivo o interior, lo que ha sido querido y las condiciones psicológicas en las cuales ha sido realizado.

**actus purus:** [Lat. acto limpio, sin mezcla]. Expresión que en psicología de las religiones designa una acción inocente.

**acufeno:** [Gr. *akoyein* = escuchar + *phaínein* = parecer]. Sensación auditiva que no resulta de ninguna excitación exterior del oído: silbidos, tintineos, ronroneos, etc.

**acuidad:** [Lat. *acuitas* = aguzado]. Se aplica particularmente a la percepción sensorial de estímulos de intensidad baja, como dependiendo exclusivamente de la sensibilidad del órgano estimulado.

**aculturación:** [Ingl. *acculturation* = pasar de una cultura a otra]. El proceso de adquisición, por parte de un grupo cultural, de las características de la cultura de otro grupo con el que ha entrado en contacto. Existe también la posibilidad de que individuos aislados pertenecientes a grupos muy evolucionados adopten costumbres de poblaciones atrasadas. La aculturación puede ser positiva o negativa; positiva cuando las adquisiciones llevan a la superación, negativa cuando significan un retroceso.

**acúmetro:** [Gr. *akoyein* = escuchar + *métron* = medida]. Instrumento destinado a medir la acuidad auditiva y cuyo batir siempre idéntico se escucha normalmente a 15 metros de distancia.

**acusmatagnosia:** [Gr. *akoysma* = sonido escuchado + *agnosía* = defecto de reconocimiento]. Sordera mental.

**adaptación:** [Lat. *adaptare*, de *ad* = hacia + *aptus* = apto]. En *biología*, cualquier modificación morfológica o funcional de un organismo que responde favorablemente a las exigencias de la preservación de la vida y la perpetuación de la especie. Con sentido psicológico la adaptación se refiere en particular a procesos que hacen más efectivas y ajustadas las actividades del trabajo o del proceso de aprendizaje. Se puede hablar de adaptación *positiva* y *negativa;* la primera es la que produce modificaciones que llevan a un incremento de la actividad; la segunda, por el contrario, lleva a una disminución. Se habla de *adaptación social*, que es sinónimo de *ajustamiento* (v.), cuando se producen modificaciones de la conducta que mejoran las relaciones con el ambiente social.

**adenina:** [Gr. *adén* = glándula]. Constituyente esencial del *ATP* (v.) y de los *ácidos nucleicos* (v.).

**adenosina:** Molécula formada por la asociación de *adenina* (v.) y de *ribosa* (v.).

**adiestramiento:** [Lat. *addo* = acrecentar + *dexteritas* = destreza]. Ejercicio más o menos prolongado y cuya finalidad es el aprendizaje o el perfeccionamiento de una actividad. Se aplica de preferencia a las actividades motrices.

**adinamia:** [Gr. *a* = privativo + *dynamis* = fuerza]. Debilidad muscular extrema que acompaña algunas enfermedades, en particular psíquicas.

**admiración:** [Lat. *admiratio* = que sorprende]. Sentimiento de sorpresa agradable producido por lo que es bello, grandioso o sublime.

**ADN:** Ácido desoxirribonucleico presente en los núcleos de las células.

**adolescencia:** [Lat. *adolescens*, p. pr. s. de *adolescere* = crecer]. El período del crecimiento y desarrollo humano que transcurre entre la pubertad y la edad juvenil. Su aparición está señalada por la *pubertad* (v.), pero la aparición de este fenómeno biológico es únicamente el comienzo de un proceso continuo y más general, tanto sobre el plano somático como en el

psíquico, y que se prosigue por varios años hasta la formación completa del adulto. Aparte del aspecto biológico de este fenómeno, las transformaciones psíquicas están completamente influidas por el ambiente social y cultural, de manera que las transiciones entre la pubertad y la edad adulta pueden presentar los matices más inusitados, según el medio, la clase social, la cultura, inclusive faltar por completo como ocurre en algunos pueblos llamados «primitivos».

**adopción:** [Lat. *adoptare* = adoptar, prohijar]. Acto civil por el cual intencionadamente se recibe como hijo propio a una persona que no lo es. La respuesta del adoptado para con los padres adoptivos es muy diversa en cada caso, y entre sus determinantes debe considerarse el conocimiento de la condición de adoptado o la manera como se llegó a dicho conocimiento. La mejor edad para la adopción de un niño se considera hasta los seis meses.

**ADP y ATP:** *Adenosina* (v.) difosfato y *adenosina* trifosfato. Ambas moléculas ricas en energía.

**adquirido:** [Lat. *acquirere* = volverse poseedor]. Adjetivo que se aplica en genética para indicar lo que es recibido después del nacimiento. Se denomina *respuestas adquiridas* las que han sido aprendidas, en oposición a las hereditarias. Los *caracteres adquiridos*, según la mayoría de los genetistas, no son hereditarios; no obstante, muchos afirman y prueban lo contrario; es una cuestión todavía no dilucidada por completo.

**adquisición:** [Lat. *acquisitio* = acrecentamiento]. Expresión empleada en psicología como sinónimo de aprendizaje y también de maduración. Por lo general se refiere a nuevos modos de conducta formados a través de los procesos de desarrollo.

**adsorción:** [Lat. *ad* = hacia + *sorbere* = beber]. En *fisicoquímica* se designa con este término la fijación sobre una sustancia determinada de otra sustancia primitivamente en libertad en el medio fluido.

**adualismo:** [Lat. *a* = negativo + *dualix* = de dos]. Confusión del yo y del no-yo que cometen los niños. *Piaget* (v.) enumera tres formas fundamentales de adualismo, materia-pensamiento, signo-significado, externo-interno.

**adulto:** [Lat. *adultus*, p. p. de *adolesco* = crecido]. Individuo que presenta todas las características de la madurez somática y psíquica. En *psicología clínica* se emplea simplemente con el sentido de estado cronológico y por ello se debe adjetivar: adulto débil mental, etc.

**adventicio:** [Lat. *adventicius* = que viene de afuera]. Lo que no es por naturaleza parte de una cosa, a la que se agrega. A menudo tiene el sentido de *parasitario* (v.).

**adversión:** [Lat. *adversio, -onis* = riesgo, resistencia]. Oposición, repugnancia por alguna cosa o persona. Cf. *antipatía*.

**aerobio:** [Gr. *aér* = aire + *bios* = vida]. Denominación dada por *Luis Pasteur* a los microbios que para vivir necesitan la presencia del oxígeno libre.

**aerofobia:** [Gr. *aér* = aire + *phóbos* = miedo]. Temor mórbido (fobia) por el aire. Fobia por las corrientes de aire, por el viento, observada a menudo en la rabia.

**aerotaxia;** [Gr. *aér* = aire + *táxis* = arreglo, disposición]. Respuesta involuntaria de un organismo a un gas, al oxígeno y al gas carbónico, por ejemplo, en el reflejo respiratorio.

**aerotropismo:** [Gr. *aér* = aire + *trépien* = volver]. Propiedad que posee el protoplasma de reaccionar a la acción del oxígeno. **A. positivo,** atracción del oxígeno sobre el protoplasma. **A. negativo,** repulsión del oxígeno sobre el protoplasma.

**afabulación:** [Lat. *affabulatio -onis,* de *ad* = a + *fabulatio* = fábula, cuento]. Acción de fabular, pero sacando una consecuencia o explicación. Cf. *fabulación.*

**afasia:** [Gr. *a* = negativo + *phasis* = palabra]. Trastornos complejos que alteran el lenguaje en tanto que vehículo de comprensión, de expresión y de elaboración de ideas. La afasia es consecuencia de lesiones en foco del cerebro; es independiente de trastornos motores, sensitivo-sensoriales. Por lo general se asocia en diversos grados con elementos *apráxicos* (véase *apraxia*) y *agnósicos* (v. *agnosia*), y con trastornos del pensamiento abstracto y sintético. La afasia del niño ha sido por mucho tiempo negada, sobre todo después que *Marie* (v.) comprobó que los niños atacados de hemiplejía derecha nunca presentan afasia, salvo que esta hemiplejía se haya producido en los primeros años que siguen al nacimiento. Sin embargo, trabajos más modernos permiten afirmar que aunque muy rara, la afasia en el niño existe. **A. motriz,** imposibilidad de expresar el pensamiento por medio de la palabra.

**afectiva:** [Lat. *affectus* = inclinación hacia]. **Carencia a.,** falta o grave debilitamiento de las reacciones emocionales para con los demás. **Esfera a.,** en *psiquiatría* se refiere al conjunto de los sentimientos y emociones. **Vida a.,** las características particulares de los sentimientos y de las emociones con referencia individual.

**afectividad:** [Lat. *afectio* = disposición favorable]. El conjunto de las reacciones psíquicas del individuo enfrente de situaciones provocadas por la vida: contactos con el mundo exterior, modificaciones del mundo interior. Representa el dominio de lo agradable y lo desagradable, del amor y del odio. La afectividad es un fenómeno íntimo, pero también social, de manera que se impone tanto como fenómeno de la psicología pura como de la social. Las *emociones* (v.) representan los grandes caminos de la vida afectiva.

**afecto:** [Lat. *affectus* = que siente afectividad]. Se emplea como neologismo para indicar el estado del que sufre una acción perturbadora, biológica, física o psicológica. Cf. *afectividad.*

**afelkia:** [Gr. *aphélko* = retiro]. Distracción, ensueño.

**afemia:** [Gr. *a* = negativo + *phemé* = voz]. Nombre dado por *Broca* (v.) a la *afasia* (v.). Actualmente sólo se emplea para designar la pérdida de la palabra por emoción o por psiconeurosis.

**afeminamiento:** [Lat. *effeminatus* = semejante a la mujer]. Variedad de la *homosexualidad* (v.), en la cual la mentalidad y los sentimientos sexuales del hombre son como los de la mujer normal. Cf. *viraginidad.*

**aferente:** [Lat. *afferens* = yendo hacia]. Se dice del nervio o fibra nerviosa que conduce el impulso nervioso desde un órgano de los sentidos hacia el centro; es sinónimo de sensorial y opuesto a *eferente* (v.) o motor.

**afinidad:** [Lat. *affinitas* = vecindad, parentesco]. En *psicología,* acuerdo de caracteres o de ideas, de donde resulta una simpatía.

**afirmación del yo:** Acto por el cual un sujeto se presenta en tanto que personalidad independiente. En el niño y en el adolescente a menudo se revela por medio de conductas de oposición.

**afonía:** [Gr. *a* = negativo + *phoné* = voz]. Incapacidad para emitir sonidos, a veces por defecto de las cuerdas vocales. **A. clericorum,** por dolor de la garganta, propia de los que deben hablar mucho. **A. hysterica,** pérdida del lenguaje debida a histeria. **A. paralytica,** afonía debida a parálisis o enfermedad de los nervios laríngeos. **A. paranoica,** silencio de los estados estupurosos. **A. espástica,** por espasmo debido a esfuerzos para hablar del músculo aductor.

**afrasia:** [Gr. *a* = negativo + *phrasis* = pronunciar palabras]. Incapacidad para pronunciar palabras reunidas en una frase, aunque el paciente sea capaz de pronunciar cada una de las palabras por separado.

**afrodisíaco:** [Gr. *aphrodisia* = placeres sexuales]. Capaz de excitar la actividad sexual; por lo general se trata de una droga.

**aftonguía:** [Gr. *a* = negativo + *phthongos* = sonido]. Incapacidad para pronunciar palabras por causa de un espasmo muscular en la garganta.

**agenesia:** [Gr. *a* = privativo + *génesis* = generación]. Impotencia, incapacidad para engendrar. En *antropología,* nombre dado por *Broca* (v.) a los cruzamientos cuyos productos son completamente infecundos entre ellos y con individuos de una u otra de las razas madres.

**agente:** [Lat. *agens,* p. pr. de *agere* = actuar]. Lo que actúa o ejerce acción por oposición a *paciente,* que la sufre.

**ageusis:** [Gr. *a* = negativo + *geusis* = gusto]. Pérdida o debilitamiento del sentido del gusto.

**agitación:** [Lat. *agitatio* = el acto de moverse]. Esencialmente es una forma de conducta, la expresión motriz más o menos turbulenta y desordenada que desemboca en actos desprovistos de plan reflexivo, causada por impulsos instintivos o afectivos variables según las circunstancias patológicas en que se la observa.

**agitado:** [Lat. *agitatus* = empujar vivamente, agitar]. Lo que caracteriza a «una forma de actividad excesiva, confusa y vana, con la cual se procura engañar a una necesidad de acción innata, y momentáneamente inhibida» (Toulemonde).

**agitofasia:** [Lat. *agitare* = moverse + Gr. *phasis* = lenguaje]. Excesiva rapidez en el lenguaje, de manera que palabras o sílabas son omitidas o abreviadas.

**agitolalia:** V. *agitofasia*.

**agnosia:** [Gr. *a* = privativo + *gnosis* = conocimiento]. Pérdida de la capacidad de reconocer cualquier estímulo sensorial. Sus variedades corresponden a los diversos sentidos y se las distingue como *auditivas, visivas, olfativas, gustativas* y *táctiles*.

**agonal:** [Lat. *agonalis*, de *agon* = certamen]. Expresión con la que se caracterizan los esfuerzos competitivos y aquellos juegos que involucran un triunfo basado en el derroche de fuerzas.

**agonía:** [Gr. *agonía* = combate]. Período de transición entre la vida y la muerte, caracterizado por debilitamiento de la circulación que entraña una irrigación cerebral insuficiente y la disminución o abolición de la inteligencia.

**agorafobia:** [Gr. *agora* = plaza + *phóbos* = miedo]. Miedo a los espacios abiertos. V. *fobia*.

**agotamiento:** [De *a* y *gota* = hasta la última gota]. Fatiga extrema; cuando el músculo deja de responder a la excitación. **Psicosis de a.**, estado de delirio producido por excesiva fatiga.

**agrafía:** [Gr. *a* = negativo + *graphé* = manera de representar las palabras de una lengua]. Imposibilidad de comunicar por escrito, con independencia del nivel mental y de los antecedentes escolares. Muy a menudo se presenta asociada con trastornos afásicos. Puede ser innata o adquirida. La agrafía es muy rara en el niño, que en su lugar suele ser atacado de *disgrafía* (v.).

**agramatismo:** [Gr. *agrammatos* = iletrado]. Trastorno del lenguaje que consiste en errores en el empleo de las palabras según las reglas de la sintaxis gramatical, en una edad en la que el lenguaje del sujeto debe estar completamente constituido. Es una forma de *afasia* (v.), denominada por *Head* (v.) *afasia sintáctica*. En el adulto se encuentra en el síndrome afásico, y en el niño se puede encontrar tanto en aquel con inteligencia normal como en el débil mental. Puede ser parte del conjunto de dificultades que derivan de un retardo en la adquisición del lenguaje.

**agresividad:** [Lat. *gradior, gradi* + *ad* = marchar contra]. La *biología* acepta que la agresividad es uno de los caracteres fundamentales de cualquier ser vivo e indica sus relaciones estrechas, en la serie animal, con el instinto sexual. La *psicología* y el *psicoanálisis* han confirmado en sus respectivos dominios este dato fundamental. Sin embargo, todos los psicólogos no están de acuerdo sobre el sentido que se debe dar a este término; unos lo reservan para actos de carácter hostil, destructivo; otros lo aplican a todas las tendencias activas dirigidas hacia el exterior, que afirman el yo y son posesivas y constructivas.

**agresología:** [Lat. *agressio* = ataque + Gr. *lógos* = tratado]. Denominación dada por *Mosinger*, en 1947, al estudio de los choques de origen exógeno y endógeno, traumáticos, físicos, químicos, infecciosos o neuropsíquicos.

**ahilognosia:** [Gr. *a* = privativo + *hylé* = materia + *gnosis* = conocimiento]. La imposibilidad de reconocer, por medio del tacto, la materia que constituye a los diversos objetos.

**aicmofobia:** [Gr. *aichmé* = punta + *phóbos* = miedo]. Aprehensión angustiosa (fobia) al tocar objetos puntudos.

**ailourofobia:** [Gr. *ailoyros* = gato + *phóbos* = miedo]. Temor mórbido (fobia) de los gatos.

**ajustamiento:** [Lat. *adjuxtare* = reunir coordinando]. Capacidad de un individuo para adaptarse armónicamente y sin esfuerzo a su medio. Se habla de *ajustamiento de bajo nivel* cuando se trata de individuos de inteligencia subnormal o deficiente, que pueden adaptarse con la posibilidad, dentro de ciertos límites, de realizar un trabajo productivo aunque modesto. En *psicología social* se habla de *ajustamiento social* refiriéndose a las modificaciones del comportamiento habitual de un individuo, dirigidas a mantener las relaciones con el medio ambiente dentro de un nivel adecuado. V. *adaptación*.

**akinesia:** V. *acinesia*.

**akoasma:** [Gr. *akoé* = oreja, audición]. Nombre propuesto por *Wernicke* (v.), para designar al conjunto de las alucinaciones auditivas elementales (percepción de sonidos indefinidos) y diferenciadas (sonidos relacionados con objetos determinados).

**alaquestesia:** [Gr. *allaké* = en otra parte + *aisthesis* = sensibilidad]. Percepción de una sensación en un punto alejado del lugar excitado.

**alcohólico:** [Ár. *alkoh'* = el colirio]. Debido al efecto de intoxicación por alcohol. Efectos crónicos de esta intoxicación incluyen la *demencia alcohólica* (señalada por pérdida de la memoria y del juicio), las *alucinaciones alcohólicas* (v. *alucinación*), diversas *psicosis* (v.) así como *delirio* (v.).

**alcoholismo:** [Ár. *alkoh'* = el colirio]. Término general para indicar las consecuencias del hábito de ingerir cantidades excesivas de bebidas alcohólicas. Puede ser agudo o crónico: el alcoholismo agudo es la borrachera, que puede ser ocasional o esporádica; el alcoholismo crónico es un estado de intoxicación continuada y sus efectos son más temibles que los del agudo.

**aldea, test o prueba de la:** Técnica proyectiva que se aplica haciendo construir a los niños una aldea mediante diversas casitas, una escuela, árboles, personas, animales, etc.

**aleatorio:** [Lat. *aleatorius* = al azar]. Todo hecho a ocurrir cuya realización es incierta y debida al azar.

**alelo:** [Gr. *allélon* = uno y otro]. V. *alelomorfo*.

**alelomórfico, gene:** [Gr. *allélon* = uno y otro + *morphé* = forma, figura]. V. *alelomorfo*.

**alelomorfo:** [Gr. *allélon* = uno y otro + *morphé* = forma, figura]. Nombre que se da a los dos genes de un mismo par de cromosomas, que forman ellos mismos un par, siendo uno normal y el otro patológico, y teniendo ambos la misma función, pero ejerciendo una acción diferente. Sinónimos *alelo* y *alelomórfico, gene*.

**Alexander, escala o test de:** Escala para la valoración de la inteligencia práctica creada por *W. P. Alexander*. De acuerdo con el autor, según esta escala es posible medir la habilidad práctica y concreta (factor *f* de la inteligencia). La escala consta de tres pruebas de ejecución: la serie de los *cubos de Kohs* (v.) modificada, una prueba de construcción con cubos y una prueba de clasificación.

**alexia:** [Gr. *a* = negativo + *lexis* = palabra]. Afasia visual o ceguera para las palabras; incapacidad para leer debida a lesión central.

**alfa tests:** Serie de tests mentales empleados durante la Primera Guerra Mundial para controlar los reclutas del ejército de los Estados Unidos de Norteamérica.

**algesia:** [Gr. *álgos* = dolor]. Capacidad para experimentar dolor; opuesta a *analgesia* (v.).

**algesímetro:** [Gr. *algesis* = dolor + *métron* = medida]. Aparato que permite medir la intensidad de la excitación necesaria para dar origen a una impresión dolorosa.

**algia:** [Gr. *álgos* = dolor]. Dolor de un órgano o de una región, que no corresponde a una lesión anatómica.

**algidez:** [Lat. *algidus* = que hiela]. Estado mórbido caracterizado por enfriamiento con sensación de frío y tendencia al colapso, sin que la temperatura central participe necesariamente en la disminución de la temperatura periférica.

**álgido:** [Lat. *algidus* = que hiela]. Se dice de un trastorno o síndrome acompañado de *algidez* (v.).

**algofilia:** [Gr. *álgos* = dolor + *philia* = amistad]. Búsqueda mórbida de las sensaciones dolorosas que se observa en algunos degenerados y dementes.

**algofobia:** [Gr. *álgos* = dolor + *phóbos* = miedo]. Miedo exagerado al dolor.

**algoritmo:** [De *Al Korismi*, matemático árabe del siglo IX]. Conjunto de reglas operativas de cualquier especie de cálculo: algoritmo de la multiplicación, de la suma, etc.

**alienación:** [Lat. *alienatio* = enajenación]. Falta de reconocimiento de situaciones familiares y personas que aparecen como extrañas y nunca vistas. **Alienación mental**, sinónimo para desorden mental.

**A., coeficiente de** (K), medida del grado de falta de correlación entre dos variables. Se expresa con la fórmula $K = \sqrt{1 - r^2}$.

**alimentación a tergo:** [Lat. *a tergo* = por detrás. por la espalda]. Vid. *retroacción*.

**alma:** [Lat. *anima* = el espíritu, lo que anima al cuerpo]. Término que tradicionalmente es empleado para designar tanto la vida de un ser viviente (especialmente sus aspectos psíquicos), como un principio de vida propio de ese ser viviente, y para indicar al mismo tiempo que ese principio tiene otro origen o naturaleza distinto que la del cuerpo del viviente. Actualmente biólogos y psicólogos dan a la palabra simplemente el sentido de psiquismo.

**alocinesia:** [Gr. *allos* = otro + *kinesis* = movimiento]. V. *heterocinesia*.

**aloidismo:** [Gr. *allos* = otro + *eidos* = forma]. En *morfología*, aspecto del contorno de la silueta de los individuos, de perfil, con sus variaciones que sobresalen y se adentran.

**alopatría:** [Gr. *allos* = otro + Lat. *pater* = padre]. En biología se refiere a dos o más especies estrechamente relacionadas filogenéticamente y que no están presentes en la misma área geográfica. Su significado concreto es de vida en aislamiento geográfico.

**alopsicosis:** [Gr. *allos* = otro + *psicosis*]. Nombre que se da a las psicosis caracterizadas por trastornos en la percepción de los fenómenos exteriores al enfermo.

**alteración:** [De *alter* = otro]. Expresión empleada por *Janet* (v.) en su estricto sentido etimológico y que sirve para designar la conducta de aquel que se encuentra en presencia de otras personas.

**alteridad:** [Lat. *alter* = otro]. Alterar, convertir en otro. Carácter de lo que es otro. Contrario de *identidad* (v.).

**altruismo:** [Lat. *alter* = otro + *ismo* = estado o condición]. Tendencia hacia el otro, que lleva al amor al prójimo. Puede ser espontáneo, bajo la forma de instinto social o gregal (asentado en las atracciones que existen entre los seres de una misma especie) o reflexivo, basado en razones éticas.

**alucinación:** [Lat. *hallucinatus*, p. p. de *hallucinar:* = ensueño]. Percepción que se produce sin que haya estimulación de los receptores sensoriales. Puede corresponder a cualquiera de los sentidos. Es común en algunas enfermedades mentales e intoxicaciones. **A. negativa**, cuando un objeto efectivamente presente no es visto aunque existan las condiciones para su percepción.

**alucinógenos:** [Lat. *hallucinatus*, p. p. de *hallucinari* = ensueño + Gr. *génesis* = producción]. Drogas que provocan desórdenes mentales reversibles de tipo psicótico, estudiadas experimentalmente y que han entrado ampliamente en el uso corriente. Entre los alucinógenos están la mescalina, la lisergamida, la marihuana, etc.

**amaurótica, idiocia:** [Gr. *amaurosis* = oscurecimien-

9

to]. Nombre dado a un grupo de idiocias cuyo carácter familiar es casi constante y que están constituidas por ceguera debida a lesiones del fondo del ojo, asociado con ausencia de desarrollo intelectual. *Amaurosis histérica,* falsa amaurosis susceptible de desaparecer bajo la sola influencia de la sugestión.

**ambidiestro:** [Lat. *ambo* = los dos + *dextera* = derecho, mano derecha]. Que se sirve igualmente bien de las dos manos. Se opone a *diestro* (v.) y a *zurdo* (v.).

**ambiente:** [Lat. *ambire* = ir alrededor]. Todo aquello, físico o social, cultural o histórico, que rodea e impregna al ser por completo. Medio en el cual se encuentra un individuo momentáneamente o en que vive. Según los casos el ambiente es bueno o nocivo, pero jamás indiferente. **A., factores del,** todas las condiciones y factores que afectan a un organismo desde afuera.

**ambivalencia:** [Lat. *ambo* = los dos + *valere* = tener sentido, significar]. Término empleado en *psiquiatría* por *Bleuler* (v.), para designar en la esquizofrenia un pensamiento, un sentimiento, una tendencia, que se afirman y niegan simultáneamente.

**ambliopía:** [Gr. *ambly* = embotado + *ops* = ojo]. Acuidad visual baja que ninguna lesión orgánica explica o no la explica suficientemente.

**ambosexual:** [Lat. *ambo* = de uno y otro + *sexus* = sexo]. Que se relaciona a la vez con el sexo masculino y con el sexo femenino.

**ambrosíaco:** [Gr. *ambrosía* = inmortal, divino]. Uno de los olores de la escala de Zwaardemaker, por ej. el musgo.

**amencia:** [Lat. *a* = negativo + *mens* = pensamiento]. Se refiere a la *debilidad mental* (v.) en sus diversos grados. Debe ser distinguida de la *demencia* (v.).

**AMESLAN:** Sigla con la que se denomina al lenguaje gestual que se pretende desarrollar entre los monos antropoides y que correspondería al alfabeto para sordomudos entre los hombres.

**amimia:** [Gr. *a* = negativo + *mimos* = mímica]. Pérdida de la capacidad de expresión por medio del empleo de signos o de gestos. **A. amnésica,** amimia en la cual los gestos pueden ser realizados, pero su significado no es recordado. **A. atáxica,** pérdida absoluta de la capacidad de hacer señales.

**aminados, ácidos:** Pequeñas moléculas que están en la base de la elaboración de las *proteínas* (v.).

**amnesia:** [Gr. *a* = negativo + *mnesia* = memoria]. Laguna en la memoria, o pérdida de la misma, con incapacidad para recordar experiencias pasadas. *A. anterógrada,* amnesia para hechos ocurridos antes del trauma o enfermedad que la cuasó. **A. de Broca,** incapacidad para recordar palabras habladas. **A. lagunar,** pérdida de la memoria para algunos acontecimientos solamente. **A. localizada,** amnesia para acontecimientos relacionados con determinados lugares, tiempo o incidentes. **A. retrógrada,**

amnesia para acontecimientos que ocurren después del trauma o enfermedad que la produjo.

**amor:** [Lat. *amor* = afecto, cariño]. Tendencia atractiva hacia otras personas, sobre todo si no tiene por objeto exclusivo la satisfacción de una necesidad material (amor por los padres, por la patria, etc.). Cuando el amor tiene base sexual se refiere por regla general a la atracción entre sujetos de sexos opuestos; a veces aparece como atracción *homosexual* o *lesbianismo* (v.).

**amorfo:** [Gr. *amorphos* = sin forma]. Lo que no tiene forma determinada. En *caracterología,* designa al individuo cuya personalidad es inconsistente.

**amputados, ilusión de los:** Sensación generalmente dolorosa que los amputados localizan en su miembro ausente. Constituye un tipo muy particular de *algia* (v.).

**amusia:** [Gr. *a* = privativo + *moysa* = música]. Trastorno de la capacidad musical, de la misma naturaleza que la *afasia* (v.), y que a veces coincide con ella. **A. motriz,** imposibilidad de cantar un aire. **A. receptiva o sensorial,** imposibilidad de distinguir los sonidos.

**anaclítico:** [Gr. *ana* = excesivo + *klinein* = apoyo]. Término empleado por los psicoanalistas con el sentido de dependencia emocional. Se aplica al primer objeto de amor (la madre) con el cual se crea una situación de dependencia.

**anaerobio:** [Gr. *an* = privativo + *aér* = aire + *bios* = vida]. Nombre dado por *Luis Pasteur* a los microbios que no pueden vivir en contacto con el aire. Cf. *aerobio.*

**anafia:** [Gr. *an* = negativo + *haphé* = tacto]. Falta o pérdida del sentido del tacto.

**anafilaxia:** [Gr. *aná* = contrario de + *phylaxis* = protección]. Aumento de la sensibilidad del organismo a un veneno (antígeno), por influencia de una inyección de ese veneno; es lo contrario de inmunidad. Fue descubierto por *Richet* (v.).

**anafrodisia:** [Gr. *an* = negativo + *Aphrodité* = Venus]. Ausencia constitucional o adquirida, permanente o accidental, del apetito sexual. No debe confundirse con la *frigidez* (v.) de la mujer, ni con la *impotencia* (v.) del hombre, que son trastornos funcionales.

**anaglifo:** [Gr. *aná* = en alto + *glypho* = esculpir]. Representación estereoscópica plana de una imagen tridimensional. Casi siempre está compuesta por puntitos rojos y verdes, y se contempla a través de lentes de uno y otro color.

**anagógico:** [Gr. *aná* = excesiva + *agogé* = principal]. Expresión empleada por *Jung* (v.), para las tendencias morales muy elevadas del inconsciente.

**anal** (estado) o **sádico-anal, analidad:** [Lat. *anus* = vía para expeler el excremento mayor]. En la terminología freudiana segunda etapa de organización de las pulsiones instintivas constitutivas de la sexualidad infantil. Concentración del interés en la región anal como fase pregenital del desarrollo sexual.

**analgesia:** [Gr. *an* = privativo + *algesis* = dolor]. Abolición de la sensibilidad para el dolor. Opuesto a *algesia* (v.).

**analgognosia:** [Gr. *an* = privativo + *álgos* = dolor + *gnosis* = conocimiento]. Denominación dada por *Piéron* (v.), en 1952, a la imposibilidad de localizar un dolor normalmente percibido y de reconocer su naturaleza y su causa. Cf. *analgotimia.*

**analgotimia:** [Gr. *an* = privativo + *álgos* = dolor + *thymós* = ánimo]. Indiferencia afectiva por un dolor perfectamente percibido, localizado e identificado. Cf. *analgognosia.*

**análisis:** [Gr. *analysis* = descomposición]. Con sentido psicológico general la determinación de los constituyentes de cualquier experiencia total o compleja, o proceso mental. Frecuentemente la expresión es empleada incorrectamente con el sentido de *psicoanálisis.* **Nivel de a.**, método introducido en *psicología,* que consiste en colocar el análisis en niveles diferentes, o sea encarar el objeto de estudio con diversas perspectivas sin por ello perder de vista al conjunto ni romper la unidad. Estos niveles representan grados de complejidad más o menos grandes. **A. del trabajo,** búsqueda sistemática de la naturaleza de las tareas industriales particulares con el fin de establecer las características psicológicas y las capacidades que exigen. **A. de la variancia,** confrontación entre las variancias de dos o más *muestras* (v.), para comprobar si provienen o no de la misma *población* (v.). **A. de las frecuencias,** análisis de la distribución de las frecuencias de dos o más grupos, para establecer si existen factores que determinan diferencias significativas. El análisis de la frecuencia se realiza calculando el índice *chi cuadrado* (v.). **A. de las medias,** confrontación de las medias de dos o más *muestras* (v.), para establecer si provienen o no de una misma población. **A. de control,** terapéutica psicoanalítica que se realiza al comienzo del ejercicio profesional. **A. didáctico,** tratamiento psicoanalítico tendiente a controlar y desarrollar las condiciones para el ejercicio del psicoanálisis. **A. de prueba,** análisis preliminar dirigido a establecer si la psicoterapéutica psicoanalítica se adapta al individuo. **A. laico,** psicoanálisis practicado por un psicoanalista que no es médico. **A. factorial,** procedimiento de análisis de las aptitudes y de la capacidad del sujeto mediante elaboraciones matemáticas de los resultados obtenidos con los tests de inteligencia, de aptitudes y otros. **A. del destino,** método de investigación de la psicología profunda creado por el rumano *Lipot Szondi* (v.), y que consiste en explicar las diferentes elecciones individuales que orientan un destino por la acción de *genes* (v.) recesivos. V. *Schicksalanalyse.*

**analista:** [Gr. *analysis* = acción de resolver el todo en sus partes]. El que practica el análisis, sea matemático, químico o psicológico. A veces se emplea como sustantivo para indicar al que practica el psicoanálisis, pero esto es un galicismo impropio en castellano.

**analogía:** [Gr. *analogía* = similitud]. Semejanza cualitativa en ciertos respectos. **Ley de a.**, una de las leyes subsidiarias del aprendizaje formulada por *Thorndike* (v.), según la cual en cualquier situación nueva un hombre o un animal responde como en cualquier situación antes vivida. **Analogías, test de las,** tipo común de test mental de la forma: A es a B como C es a-. **Razonamiento por a.**, que consiste en concluir en virtud de una o de varias semejanzas comprobadas.

**analogón:** [Gr. *analogía* = similitud]. En psicología significa el sustituto de un objeto. Para *Sartre* (v.) la imaginación se ejerce por medio de una materia que desempeña el papel de símbolo, el analogón.

**anámnesis:** [Gr. *anámnesis* = traer a la memoria]. Conjunto de datos reunidos antes del examen clínico con la finalidad de reconstruir la historia del enfermo y de situar los síntomas en la perspectiva dinámica de la evolución individual. V. *encuesta social.*

**anancástico:** [Gr. *anankastós* = obligado, forzado]. Tipo complejo de personalidad psicopática en la que dominan las manifestaciones compulsivo-obsesivas.

**anartria:** [Gr. *an* = negativo + *arthroun* = articulado]. Incapacidad o defecto en la articulación de las palabras por lesión en el centro motor del lenguaje. Cf. *disartria.* **A. literalis,** *tartamudez* (v.).

**anatomía:** [Gr. *ana* = indicando idea de repartición + *temnein* = cortar]. La ciencia de la estructura del cuerpo animal, y la relación de sus partes. **A. artística,** el estudio de la anatomía aplicado a la pintura y a la escultura. **A. comparada,** el estudio comparado de la estructura de los diferentes seres vivos entre ellos. **A. descriptiva,** el estudio o descripción individual de las partes del cuerpo. **A. general,** estudio de la estructura y composición del cuerpo, de sus tejidos y fluidos en general. **A. macroscópica,** la que trata de las estructuras cuando pueden ser distinguidas a simple vista. **A. microscópica,** la *histología* (v.). **A. topográfica,** estudio de las partes del cuerpo en sus relaciones con las partes que le son vecinas o conexas.

**anclaje:** [Lat. *ancora* = último amparo o sostén]. Proceso por el cual una persona en relación con diversos temas u objetos expresa juicios o se orienta según el criterio que atribuye a un grupo de referencia y no según el suyo propio.

**androginia:** [Gr. *andro* = hombre + *gyné* = mujer]. Un macho genéticamente puro con características femeninas, y viceversa.

**andropausia:** [Gr. *andrós* = hombre + *pausis* = cese]. Por analogía con *menopausia* (v.), conjunto de las manifestaciones orgánicas y psíquicas que sobrevienen en el hombre a edades muy variables, principalmente entre los 50 y 75 años.

**anencefalia:** [Gr. *a* = negativo + *kephalos* =

cerebro]. Monstruosidad congénita, relativamente rara, caracterizada por la ausencia parcial o total del encéfalo, a veces asociada con ausencia de la medula espinal. El cráneo está a veces ausente, y cuando existe es rudimentario. La bóveda ósea falta, lo mismo que el raquis abierto cuando la malformación alcanza las vértebras. La causa de la anencefalia es desconocida.

**anestesia:** [Gr. *an* = negativo + *aisthesis* = sensación]. Pérdida, abolición o restricción de la sensibilidad a los estímulos. V. *algesia*.

**anfimixia:** [Gr. *amphí* = de los dos lados + *mixis* = mezcla]. Proceso según el cual la fecundación se realiza por medio de la reunión de dos células, una macho y otra hembra, provenientes de dos individuos diferentes.

**angelismo:** [Lat. *angelus* = espíritu puro]. Designa la disposición, a menudo psicopatológica, del que tiende a comportarse como si fuese espíritu puro, sin las constricciones de la vida fisiológica y social.

**angofrasia:** [Gr. *agko* = estrangulo + *phrasis* = frase]. Según *Kussmaul* (v.), vicio del lenguaje que consiste en intercalar en las frases vocales repetidas o alargadas y diptongos.

**ángulo facial:** En *antropología*, ángulo formado por el encuentro de dos rectas que circunscriben a la cara; su abertura está en relación con el desarrollo del encéfalo.

**ángulo parietal:** En *antropología*, ángulo formado por el encuentro de dos rectas que unen las extremidades del diámetro transverso máximo de la cara (bizigomático) y del diámetro frontal transverso máximo.

**angustia, ansiedad:** [Lat. *angustia* = estrechamiento; *anxietas* = inquietud]. La angustia aparece siempre como espera inquieta y opresiva, «aprehensión» por algo que podría ocurrir. Como toda perturbación emocional es vivida a la vez sobre el plano psíquico (*ansiedad*) y sobre el plano somático (*angustia* propiamente dicha). En los niños las manifestaciones ansiosas son menos frecuentes y menos permanentes que en los adultos. **A. de abandono,** angustia también llamada del «yo», y que según los psicoanalistas es propia del niño a partir del segundo año de edad, cuando afronta en su «yo» naciente tanto el deseo de hacer algo como el miedo de que los padres lo desaprueben.

**animal:** [Lat. *animal* y *animalis* = ser animado]. En oposición a vegetal, organismo viviente dotado de movilidad y de sensibilidad. En oposición a hombre, organismo viviente dotado de sensibilidad, y en sus formas más elevadas de cierto grado de inteligencia, pero no de inteligencia racional.

**animatismo:** [Lat. *animalis*, de *anima* = vida]. Punto de vista de la mentalidad primitiva, que atribuye vida a los objetos inanimados; una etapa posterior es el *animismo* (v.). **A. infantil,** creencia del niño de que cualquier objeto que está dotado de movimiento o que lo provoca tenga características psíquicas

correspondientes a las suyas. Por lo general e impropiamente se indica como *animismo* (v.).

**animismo:** [Lat. *anima* = alma]. La creencia en la existencia de seres sobrenaturales cuya característica fundamental es la de ser incorpóreos. Según la teoría de *Taylor* corresponde a la forma más primitiva de religión. Cf. *animatismo*.

**anisometría:** [Gr. *an* = privativo + *isos* = igualdad + *métron* = medida]. Desigualdad en las dimensiones.

**anoético:** [Gr. *a* = negativo + *noetos* = comprensible]. Adjetivo que se aplica a los procesos mentales que no son congnitivos (sentimientos y emociones, sensibilidad, etc.).

**anómalo, anomalía, anormal:** [Gr. *a* = negativo + *homalos* = igual, llano; *anomália* = irregularidad; *nomos* = norma]. Fenómeno que de manera notable escapa a las normas del tipo ordinario; puede tratarse de una función, de una actividad, de un órgano, de una estructura o de una conducta. En *psicología clínica* se aplica fundamentalmente a las desviaciones de la norma del desarrollo psíquico y a las alteraciones de los modos comunes de conducta que distinguen al individuo con respecto a los demás de su grupo en situación idéntica. Los límites entre lo anómalo o anormal y lo normal son imprecisos, casi siempre muy relativos.

**anomia:** [Gr. *an* = negativo + *onoma* = nombre]. Pérdida de la capacidad para denominar objetos o para reconocerlos y darles su nombre. Se debe distinguir de *anomia* (v.) en *sociología*.

**anomia:** [Gr. *a* = privativo + *nomos* = ley, ordenamiento]. Concepto introducido en *sociología* por *Durkheim* (v.), para designar situaciones que derivan de la falta de una norma social: desintegración social. Distíngase de *anomia* (v.) en *psiquiatría*.

**anopsia:** [Gr. *an* = privativo + *opsis* = vista]. Privación de la vista. **A. de los aviadores,** ceguera pasajera que se produce en el curso de acrobacias o de variaciones rápidas de la velocidad.

**anorexia:** [Gr. *anorexia* = falta de apetito]. Falta o grave carencia de la pulsión alimentaria, sobre todo frecuente en la infancia. No se aplica a la pérdida accidental, más o menos breve, del apetito, sino al rechazo persistente del alimento. **A. mental,** forma clínicamente bien definida, primitiva o esencial, que puede persistir hasta poner en peligro la vida del paciente, por un estado de caquexia grave.

**anortografía:** [Gr. *an* = privativo + *orthographía* = ortografía]. Trastornó de la escritura que se refiere a la corrección ortográfica de las palabras.

**anortopía:** [Gr. *an* = negativo + *orthos* = recto + *opsis* = visión]. Visión distorsionada de los objetos.

**anosmia:** [Gr. *an* = negativo + *osmé* = olfato]. Ausencia o pérdida del sentido del olfato. **A. gustativa,** pérdida de la capacidad de percibir los olores propios de las comidas. **A. preferencial,** pérdida de la capacidad para la percepción de determinados olores. **A. respiratoria,** pérdida del olfato por obstrucción nasal.

**anoxia:** [Gr. *a* = negativo + *oxygen* = oxígeno]. Disminución de la cantidad de oxígeno contenida en la sangre. La anoxia fetal y neonatal ocupan un lugar importante en la patología y mortalidad perinatal. Es considerada responsable de cierto número de *encefalopatías infantiles*.

**ansiedad:** [Lat. *anxietas* = angustia, aflicción]. V. *angustia*.

**anticipación:** [Lat. *ante* = delante + *capere* = tomar]. Movimiento dinámico inherente a lo vivido por el ser humano que lo lleva a adelantarse a los acontecimientos y a convertir el porvenir en presente de la conciencia. Es una acción intencionada que se opone a las reacciones puramente instintivas.

**anticipada, respuesta o reacción:** Respuesta dada por un sujeto a un estímulo con alcances mucho mayores que los exigidos por el estímulo mismo.

**antihormona:** [Gr. *anti* = contra + *ormáo* = excito]. V. *chalona*.

**antipatía:** [Gr. *anti* = contra + *phatós* = sentimiento]. Emoción por lo general durable, desagradable y por consiguiente de alejamiento con respecto de las personas, grupos sociales, animales, cosas, etc., que no logran ser aceptadas. Puede tener fundamentos, pero a menudo no es apreciable. Por grados sucesivos pasa a la *adversión* (v.) y al *odio* (v.).

**antítesis:** [Gr. *antithesis* = oposición]. Término o proposición formulada en oposción a un término o una proposición que constituye la tesis. En la dialéctica de *Hegel* (v.), el segundo paso del espíritu que, después de haber afirmado algo (tesis), lo niega, y que da lugar al tercer paso (síntesis), que realiza el acuerdo de las proposiciones antitéticas.

**antropocentrismo:** [Gr. *anthropos* = hombre + Lat. *centrum* = centro]. Estado del pensamiento que hace del hombre el centro del universo y considera que toda cosa existe para el bien de la humanidad. Es una especie de filosofía ingenua que no debe confundirse con el *egoísmo* (v.). Se debe distinguir del *egocentrismo infantil* (v.), que deriva de la no diferenciación del yo y del no-yo.

**antropogeografía;** [Gr. *anthropos* = hombre + *geographia* = descripción de la Tierra]. Geografía humana. Parte de la geografía que estudia al hombre y sus relaciones con el medio exterior.

**antropoide:** [Gr. *anthropoéides* = con forma humana]. Ser que a pesar de poseer algunas características humanas no es realmente humano. Se designa así al grupo de los antropomorfos que precedieron al hombre en la evolución.

**antropología:** [Gr. *anthropos* = hombre + *lógos* = tratado]. La ciencia que se ocupa del estudio del hombre como tal. **A. cultural,** conocimiento que se ocupa de la vida social, de los sistemas sociales, de los hábitos, de las creencias como se manifiestan en las diversas culturas. **A. física,** uno de los campos fundamentales de la antropología que clasifica los grupos étnicos vivientes y traza su evolución.

**antropometría:** [Gr. *anthropos* = hombre + *métron* = medida]. Parte de la antropología que tiene por objeto la medición de las diversas partes del cuerpo.

**antropomorfismo:** [Gr. *anthropos* = hombre + *morphé* = forma]. En su forma más primitiva es la atribución a la divinidad de la forma humana, de su inteligencia, sentimientos o pasiones. Atribución a los seres o cosas de lo que es propio del hombre. **A. infantil,** etapa normal en la infancia, cuando por ejemplo el niño considera malo al palo porque con él se golpeó.

**anulación:** [Lat. *annullare* = anonadar, aniquilar]. Según el *psicoanálisis*, mecanismo de defensa muy similar a la formación reactiva, que se presenta en las neurosis obsesivas, y que consiste en una «borradura» casi mágica del primer sentido de la compulsión por un acto de sentido contrario o de gesto ritual.

**aparato mental:** Término del *psicoanálisis* que indica las zonas en que se desarrollan los procesos mentales: el *id* (v.), el *ego* (v.), y el *superego* (v.).

**aparente:** [Lat. *apparere* = ser visto]. En relación con la experiencia visual se refiere al tamaño de un objeto visto desde cierta distancia, implicando un contraste con el tamaño real (v. *principio de la constancia*), o un movimiento ilusorio, más o menos del mismo orden que el *fenómeno phi*. Diversos tipos de este movimiento han sido clasificados como *alfa* (cuando partes de una figura expuesta sucesivamente muestran diferencias de tamaño); *beta* (cuando objetos, que difieren por la posición o el tamaño, expuestos sucesivamente, dan la apariencia de movimiento); *gamma* (cuando experiencias de contracción-expansión son mostradas por una figura expuesta repentinamente); *delta* (cuando es percibido movimiento por la exposición de un segundo estímulo más intenso que el precedente); *épsilon* (cuando una línea blanca sobre un fondo negro se cambia por una línea negra sobre fondo blanco en posición diferente y da la apariencia de movimiento).

**aparición:** [Lat. *apparitio* = acompañado]. Término de la *parapsicología,* para indicar el aparecimiento de improviso e inesperado de «seres» o de otras cosas consideradas sobrenaturales.

**apatía:** [Gr. *apatheia* = sin pasión]. Ausencia o indiferencia afectiva, insensibilidad afectiva. Puede encontrarse en los débiles mentales, en las insuficiencias glandulares (hipotiroidismo, mixedema), en los déficits juveniles adquiridos (demencia precoz, estupor catatónico), en los desterrados y, con mayor razón, en los niños internados en hospitales o internados. V. *hospitalismo*.

**apático:** [De *apatía*]. En *caracterología,* el que se distingue por su insensibilidad y por la lentitud de sus reacciones (*apático*).

**apeidosis:** [Gr. *ápeidon,* de *áphorao* = fijo los ojos desde diferentes puntos sobre una misma cosa]

Proceso según el cual causas diferentes provocan un mismo fenómeno, proceso llamado de *convergencia*.

**apercepción:** [Palabra modelada sobre *percepción*]. Término creado por *Leibniz* (v.), cuyo sentido original fue de percepción clara, en particular cuando se trata de reconicimiento o identificación. En la psicología educacional de *Herbart* (v.) significa el proceso fundamental para la adquisición del conocimiento.

**apercepción temática, test de:** Técnica proyectiva, introducida por *Morgan* y *Murray,* que en la investigación psicológico-clínica a menudo se la asocia con la de *Rorschach* (v.). Está constituida por dos series de figuras, en la mayoría de las cuales predominan personas de diversas edades y sexo, en una escena que no está lo bastante estructurada para una interpretación unívoca. Frente a esta situación-estímulo el sujeto debe elaborar una historia que se extienda al pasado y cubra el presente y el futuro. En dicha historia se proyectan, en distintas medidas, pulsiones, deseos, tendencias, experiencias diversas del sujeto examinado.

**apercepción temática para los niños, test de:** Test de apercepción temática que se emplea para niños de 3 a 11 años. Desciende directamente del *TAT* (v.), pero en los dibujos, que son en número de 10, en lugar de figuras humanas están representados animales. Las escenas ilustradas en las planchas de este test, que fue creado por *L.* y *S. S. Bellak,* corresponden a la teoría psicoanalítica del desarrollo psicosexual del niño.

**aplasia:** [Gr. *a* = privativo + *plássein* = dar forma]. Detención del desarrollo de un tejido o de un órgano, cuando ocurre después del nacimiento.

**apogamia:** [Gr. *apó* = fuera de + *gámos* = matrimonio]. Modo de reproducción sin fecundación, en la cual el desarrollo parte de una sola célula vegetativa. Se observa en los prótidos. V. *partenogénesis*. Sinónimo *apoximia*.

**apogénesis:** [Gr. *apó* = fuera de + *génesis* = origen]. Nacimiento, surgimiento de algo sin origen evolutivo, y que corresponde al *creacionismo* (v.).

**apolíneo:** [Gr. *Apollon* = Apolo]. Adjetivo empleado por *Nietzsche* (v.), para indicar la forma, la medida, la serenidad en el dominio de sí mismo. Opuesto a *dionisíaco* (v.).

**aporía:** [Gr. *aporia* = dificultad sin salida]. En la filosofía moderna el término posee el sentido indicado por su etimología, o sea, dificultad de orden racional de la que no se encuentra salida.

**apoximia:** [Gr. *apó* = fuera de + *míxis* = mezcla]. V. *apogamia*.

**apragmatismo:** [Gr. *a* = negativo + *pragma* = hecho]. Incapacidad de concebir y de coordinar las acciones parciales que llevan a la realización de conductas útiles. Este síntoma se ve en los estados *disociadores* e igualmente en ciertas estructuras mentales psicopáticas.

**apraxia:** [Gr. *a* = negativo + *prassein* = realizar]. Incapacidad para ejecutar movimientos adaptados a una finalidad, a pesar de la integridad de las funciones intelectuales, motrices y sensitivo-sensoriales. Los principales tipos de apraxia son: *allgera,* debida a un estado histérico; *amnésica,* en la cual la iniciativa de la acción existe pero la acción espontánea está perdida; *motriz,* incapacidad para realizar actos que son exigidos.

**aprendizaje:** [Lat. pop. *apprendere* = asir]. Actividad que sirve para adquirir alguna habilidad y que modifica de manera permanente las posibilidades de un ser vivo. El aprendizaje tiene por finalidad la adquisición de hábitos (especialmente en el campo motor, y tiende entonces a la creación de automatismos) y a la adquisición de conocimientos. Según el fin que se desea alcanzar varían los procedimientos. Se acude a la atención, a la percepción, a la imaginación, a las asociaciones, etc. El condicionamiento clásico de *Pavlov* (v.) y el *condicionamiento instrumental* (v.) son medios de aprendizaje.

**aprensión:** [Lat. *apprehensio* = acto de asir]. Con sentido cognitivo operación por la cual se alcanza un objeto del pensamiento: algo material, una relación, etc. Con sentido afectivo, estado de quien encara el porvenir con miedo e inquietud.

**aprobatorio:** [Lat. *approbare* = aprobar]. Conducta que se destaca por una actitud, una mímica o palabras estereotipadas de aprobación excesiva, sin crítica ni juicio. Se encuentra en la deficiencia mental y en los sentimientos de inferioridad.

**aprosexia:** [Gr. *a* = negativo + *prosechein* = atender]. Incapacidad para mantener concentrada la atención; desatención debida a debilidad mental o a audición defectuosa, que a menudo aparece con los catarros crónicos de la nariz o nasofaríngeos (aprosexia nasalis).

**apselafexia:** [Gr. *a* = negativo + *pselaphesis* = tacto]. Desorganización del sentido del tacto o pérdida del mismo.

**aptitud:** [Lat. *aptus* = capaz para]. Habilidad natural para adquirir de manera relativamente general o especial ciertos tipos de conocimiento. Los *tests* (v.) empleados para determinar las habilidades son llamados *tests de aptitudes*. A menudo se emplea equivocamente esta palabra como sinónimo de *capacidad* (v.).

**aptitudes mentales primarias, prueba de las (Thurstone):** Conjunto de pruebas para medir aptitudes mentales, identificadas mediante el método del *análisis factorial* (v.). Pueden ser administradas colectivamente.

**árbol, test del:** Técnica proyectiva concebida por *R. Koch* para diagnósticos de personalidad, y está dirigida sobre todo para indicar el grado de maduración emocional y la inteligencia de un sujeto. Se realiza haciendo dibujar un árbol frutal. La interpretación asienta en la clasificación de tipos de dibujos según edad, en los diversos niveles sociocuturales, con la distinción entre sujetos normales y anormales. Este test no puede considerarse convalidado y muchas son las causas que pueden influir sobre el sujeto durante la ejecución de la prueba.

**arcaicos, factores mentales:** Expresión que se refiere a la hipótesis de que conductas individuales y sociales que presentan analogías con conductas de los primitivos, son debidas a tendencias latentes que pueden remontar a la historia de la raza. Cf. *arquetipo*.

**arcanum:** [Lat. secreto, misterioso]. Término que en psicología de las religiones designa un sentimiento profundo, recóndito.

**áreas cerebrales:** La corteza cerebral estudiada y descrita según que se encare la morfología exterior macroscópica (*lóbulos* y *cisuras*), la estructura celular microscópica (*áreas citoarquitectónicas*) o las funciones (*áreas funcionales*). El área cerebral indica siempre una zona de la corticalidad cerebral.

**Aristóteles, ilusión de:** Ilusión de doble objeto, que se obtiene cuando un objeto pequeño es colocado entre los extremos de los dedos medio y anterior cruzados.

**armonía, ley de la:** [Lat. *harmonia* = acuerdo entre las partes de un todo]. Ley que precisa las relaciones que existen entre los caracteres de los *fáneros* (v.) y los tegumentos y el tipo morfológico del individuo.

**ARN:** Sigla por la que se designa el ácido ribonucleico.

**ARN de transferencia:** Cadena química corta de *ARN* (v.) que lleva los ácidos *aminados* (v.) sobre la ribosoma, después de la síntesis de las *proteínas* (v.).

**ARN mensajero:** Ácido ribonucleico que transporta la información contenida en el *ADN* (v.) del núcleo celular al *citoplasma* (v.).

**aromático:** [Lat. *aroma* = especie, hierba dulce]. Una de las clases de las sensaciones olfativas de la escala de Zwaardemaker, por ejemplo el alcanfor.

**arquetipo:** [Gr. *archetypos* = modelo primitivo de una cosa]. En la psicología de *Jung* (v.), y perteneciente a lo que define como *inconsciente colectivo* (v.), los arquetipos son «maneras complejas», pero de complejos innatos, de las formas, de las estructuras preformadas que servirán para dar sentido a los materiales de la experiencia individual. Es un «fondo de imágenes antiguas que pertenecen al tesoro común de la humanidad», y que se encuentran en todos los tiempos y en todos los lugares, en los cuentos, en las leyendas, en las mitologías, en los sueños, en los delirios.

**arrepentimiento:** [Lat. *ad* = prep. de acus. + *re* = duplicación + *pendere* = estar en deuda]. V. *reparación*.

**arte, sociología del:** Se denominan así los estudios sobre el arte que refiriéndose a la obras de arte o al artista que la produce procuran aclarar por una parte el proceso creador, y por otra su desarrollo en

relación con la intensidad de su condicionamiento social.

**artefacto:** [Neologismo que significa literalmente hecho por arte, artificialmente]. En *psicología*, lo que no es natural sino producido por técnicas empleadas para la exploración de la conciencia, de la inteligencia o de la personalidad. Hecho psíquico artificial.

**Arthur, escala o test de:** Escala de inteligencia constituida por varios tipos de pruebas, particularmente destinada a examinar sujetos con deficiencias en el oído, y que se aplica sobre todo a sujetos comprendidos entre los 4 años y los 5. La escala comprende algunos tests antes conocidos, modificados por *Grace Arthur*, como el *test de los laberintos* (v.) y los *cubos de Knox* (v.).

**ascendiente:** [Lat. *ascendere* = elevar]. Influencia ejercida en virtud de una autoridad que emana de una persona o cosa. **A. personal,** en psicología social el que nace en las relaciones con los individuos y más especialmente con los grupos.

**ascetismo:** [Gr. *askésis* = ejercicio]. Práctica de ejercicios severos que condicionan el desarrollo y expansión de las facutades intelectuales o espirituales. **A. patológico** o aberrante, búsqueda del dolor como bueno por sí mismo o como agradable a Dios.

**asilabia:** [Gr. *a* = privativo + *syllabé* = sílaba]. Variedad de afasia sensorial en la que el enfermo atacado de ceguera verbal puede reconocer las letras, pero es incapaz de reunirlas para constituir sílabas.

**asimbolia:** [Gr. *a* = privativo + *symbolon* = símbolo]. Nómbre genérico que se da a todos los trastornos en el empleo de signos, ya sea para expresar o para comprender las ideas y sentimientos.

**asimilación:** [Lat. *ad* = hacia + *similis* = semejante]. Desde el punto de vista psicológico significa incorporación del dato de la experiencia en el esquema de la conducta, siendo estos esquemas, según *Piaget* (v.), la trama de las acciones susceptibles de ser repetidas activamente. V. *adaptación*.

**asinergia:** [Gr. *a* = privativo + *syn* = junto + *ergon* = obrar]. Según *Babinski* (v.), «fenómeno particular, que no es de parálisis ni de incoordinación, pero que consiste en una perturbación en la facultad de asociación de los movimientos elementales en los actos complejos».

**asociación:** [Lat. *associatus* = unido]. Principio general de acuerdo con el cual ideas, sentimientos y movimientos están unidos de manera tal que su sucesión determina su camino en el pensamiento o en las acciones individuales. **A. de ideas,** expresión que viene de los teóricos del empirismo de los siglos XVIII y XIX, que pretendían explicar toda la vida psíquica partiendo del único funcionamiento mecánico de las tres famosas leyes de contraste, semejanza y contigüidad. Esta doctrina está hoy

15

abandonada por todos los filósofos y psicólogos, cualesquiera scan sus concepciones del pensamiento. **A. libre,** para el *psicoanálisis* es la vía esencial de penetración en el inconsciente. El psicoanálisis entiende por asociación «la propiedad que tienen los fenómenos psíquicos de atraerse en el campo de la conciencia sin intervención de la voluntad o inclusive a pesar de su resistencia».

**asociacionismo:** [Lat. *ad* = hacia + *socius* = compañero]. Nombre dado a la doctrina psicológica que sostiene que se puede explicar el desarrollo de la vida mental por las sensaciones percibidas por el sujeto y por la producción en su conciencia de ideas. Por lo general se considera a *Hume* (v.) como fundador del asociacionismo. Cf. *asociación.*

**asocial:** [Lat. *a* = negativo + *societas* = sociedad]. La no aceptación o la incapacidad para aceptar la vida en grupo, tanto espontánea como organizada.

**aspiración:** [Lat. *a* = hacia + *spirare* = soplar]. En *biología*, la actitud activa frente a la atmósfera ambiente destinada por inhalación de aire a convertir en más vivos los procesos vitales. En *psicología*, la *aspiración*, unida al soplo respiratorio, es la traducción sobre el plano fisiológico o psicológico de un deseo básico y general de poner en acción capacidades vitales. **Nivel de a.,** en *psicología* social, conducta de tensión hacia una finalidad situada en un nivel más o menos elevado cuando el sujeto se propone realizar una tarea o recomenzar un aprendizaje.

**astenia:** [Gr. *a* = negativo + *sthenos* = esfuerzo]. Incapacidad para el esfuerzo físico o intelectual, con fatigabilidad anormal, sensación de lasitud y carencia general de dinamismo e interés. La astenia puede ser constitucional, y entonces forma el transfondo del estado psicasténico.

**asterión.** [Gr. *aster* = estrella]. En *antropología*, punto de la superficie externa del cráneo, donde se encuentran las tres suturas parietomastoidea, lambdoide y occipitomastoidea.

**astral, cuerpo:** Sombra de un cuerpo o *aura* (v.) que ciertos individuos dicen ver o poseer. V. *criptestesia.*

**ataraxia:** [Gr. *a* = negativo + *taraktos* = trastornado]. Calma perfecta del pensamiento de la persona a la que nada perturba. No debe confundirse con la indiferencia afectiva; en *psicología* significa lo opuesto a la hiperemotividad, a la ansiedad, a la inestabilidad, a la impulsividad. Bajo su forma adjetivada se emplea para designar diversas medicaciones reputadas como tranquilizantes o *ataráxicas,* denominación mal empleada, pues en todos estos casos se trata de un efecto farmacodinámico específico.

**atavismo:** [Lat. *atavus* = abuelo]. Tiene dos significados: el primero, conjunto de las potencias hereditarias de una raza, por el cual se mantienen los caracteres fundamentales de la misma a través de las generaciones sucesivas y a pesar de los cruza-

mientos. Segundo: Reaparición en un descendiente de cualquier carácter de los ascendientes, carácter que permaneció latente durante una o varias generaciones intermedias. Sin. *herencia ancestral* o *en retorno.*

**ataxia:** [Gr. *a* = negativo + *taxis* = movimiento ordenado]. Trastorno motor que aparece fuera de cualquier parálisis y que se caracteriza por incapacidad de coordinar los movimientos. **A. cinética,** la que aparece en el curso de la ejecución de un movimiento voluntario. **A. estática,** la que aparece en una determinada posición de los miembros y trastorna la actitud. **A. locomotriz,** la que aparece en el curso de la marcha.

**ataxofobia:** [Gr. *ataxia* = desorden + *phobos* = miedo]. Adversión mórbida o insana por el desorden.

**atelencefalia:** [Gr. *atelés* = incompleto + *enképhalos* = encéfalo]. Desarrollo incompleto del encéfalo.

**atelia:** [Gr. *atheleia* = incompletud]. Cuando el desarrollo es imperfecto o incompleto. Por ejemplo, la debilidad mental es un fenómeno de atelia.

**ateliosis:** [Gr. *ateleiosis* = imperfección]. Trastorno del desarrollo caracterizado por el hecho de que el individuo queda imperfecto y conserva en la edad adulta todos los caracteres del niño o por lo menos varios de ellos.

**atención:** [Lat. *attentio* = cuidado, vigilancia]. Concentración selectiva de la actividad mental que implica un aumento de eficiencia sobre un sector determinado y la inhibición de actividades concurrentes. La atención es *interna* o *externa* según se centre sobre un estado interior del sujeto o un objeto exterior. La atención interna subjetiva está en la base de la *introspección* (v.). La atención es *pasiva, sensorial* o *involuntaria,* cuando la predominancia de un estado está condicionada por la intensidad propia de ese estado: ruido violento, luz enceguecedora, etc. La atención es **voluntaria, reflexiva** o **artificial,** cuando exige esfuerzo y se aplica según la voluntad del sujeto; es la atención en el estudio, en el trabajo, etc.

**atensidad:** [Palabra modelada a partir de atención]. Término empleado por *Titchener* (v.) como sinónimo de pureza sensorial.

**a tergo, alimentación:** [Lat. *en Tácito* = por detrás, por la espalda]. Vid. *retroacción.*

**ateosis:** [Gr. *athetos* = no fijado + *osis* = proceso]. Trastorno caracterizado por una serie de pequeños movimientos vermiculares de las manos y de los pies que ocurren principalmente en los niños. Son normales en los primeros meses de vida, pero cuando presentan carácter patológico son debidos a lesión cerebral, como demostrara *Hammond* en 1873.

**atípico:** [Gr. *a* = negativo + *typós* = modelo]. Desviación bien marcada del tipo. Irregular, que no está de acuerdo con ningún tipo. **Conducta atípica,** conducta irregular. **Niños atípicos,** niños defectuosos de la mente; eufemismo para referirse a los débiles mentales, que es desaconsejable.

**atlético:** (Gr. *athletés* = invencible en el juego]. Uno de los tipos de estructura del cuerpo, según *Kretschmer* (v.), con proporciones bien equilibradas.

**atomismo:** [Gr. *átomos* = indivisible]. Nombre dado a cualquier teoría psicológica que considere a los estados de conciencia analizables sin pérdida de su condición dentro de unidades elementales. Se aplica especialmente al *asociacionismo* (v.) y al *conductismo* (v.).

**atonía:** [Gr. *a* = negativo + *tonos* = tensión]. Disminución de la tonicidad normal de un órgano contráctil. **A. nerviosa,** disminución de la actividad de conducción de la fibra nerviosa.

**ATP:** V. *ADP.*

**atremia:** [Gr. *a* = privativo + *trémo* = me muevo]. Forma hereditaria de neurastenia caracterizada por un debilitamiento profundo de la capacidad moral de individuo, sin astenia muscular, que puede llegar hasta la impotencia motriz absoluta de los miembros inferiores. Los enfermos, sin ser realmente paralíticos, pueden quedar acostados meses y aun años.

**atributo:** [Lat. *adtribuere* = dar, asignar]. Aspecto fundamental o característico de una sensación, con cuya desaparición la sensación desaparece (por ejemplo: intensidad, cualidad, duración). También cualidad física o moral otorgada en propiedad a un tipo de ser (atributos de Dios), o a su función o situación en el campo psicológico (atributos de la madre, del padre).

**audibilidad:** [Lat. *audire* = escuchar]. Intensidad fisiológica de un sonido. Límites entre los cuales un sonido comienza a ser percibido (umbral de audibilidad) y se vuelve sensación dolorosa (máximo de audibilidad).

**audición:** [Lat. *audire* = escuchar]. Acción de escuchar. **A. coloreada,** percepción de una imagen coloreada provocada por la percepción de un determinado sonido; es la *pseudoestesis* (v.) más común.

**audimudez:** [Lat. *audire* = oír + *mutus* = sin palabra]. Mutilación congénita que no se acompaña de sordera, no estando unida a un estado mental ni a una anomalía de los órganos de la fonación, y que desaparece con los años.

**audiometría:** [Lat. *audire* = escuchar + Gr. *métron* = medida]. Medida del umbral de audibilidad por las alturas de sonidos diferentes y que provienen de una misma fuente (audiómetro), y de los cuales se hace variar la altura y la intensidad.

**audiómetro:** [Lat. *audire* = oír + Gr. *métron* = medida]. Aparato que sirve para medir la acuidad auditiva y determinar: a) acuidad auditiva general; b) acuidad auditiva de cada oído; c) precisión en la localización de sonidos.

**auditivo, espacio:** [Lat. *audio, -ire* = escuchar]. El espacio físico en el cual por medio del oído se

puede, en un momento dado, localizar sonidos y rumores.

**aura:** [Lat. *aura* = sombra]. Sensación subjetiva que precede a un ataque de *epilepsia* (v.). V. *astral, cuerpo.*

**aural:** [Lat. *auralis,* de *auris* = oreja]. Que pertenece al oído. También relacionado o perteneciente al *aura* (v.).

**ausencia:** [Lat. *absentia* = apartamiento]. Pérdida ligera de la conciencia producida por paroxismo epiléptico. La suspensión de la conciencia es pasajera y brusca, aunque respetando las funciones vegetativas y el tono de actitud. V. *epilepsia.*

**ausentismo:** [Ingl. *absenteeism* = propietarios de tierra que no viven en ella]. No estar en el lugar donde la instrucción o la educación lo hacen necesario; el *ausentismo escolar* puede tener *orígenes sociales* (pauperismo), *psicológicos* (trastornos de conducta, etc.) o *familiares* (abandono). V. *abandono.* Por *ausentismo paternal* se entiende la ausencia habitual del padre, de la madre o de ambos del hogar.

**autacoide:** [Gr. *aytós* = uno mismo + *akos* = remedio]. Sustancia específica formada por las células de un órgano y vertida por él mismo en la sangre circulante, para producir sobre otros órganos efectos análogos a los que determinan medicamentos. Los autacoides actúan tanto en el sentido de excitación y toman el nombre de *hormonas* (v.), como en el de inhibición y toman el nombre de *chalonas* (v.).

**autismo:** [Gr. *aytós* = uno mismo]. Término creado por *Bleuler* (v.), y que definió como «separación de la realidad acompañada con predominio de la vida interior», o sea, «el lado positivo de lo que *Janet* (v.) llama del lado negativo la pérdida del sentido de la realidad». *Pensamiento autístico,* actividad mental que es controlada por los deseos del individuo, en contraste con el *pensamiento realista,* controlado por las condiciones impuestas por la realidad objetiva.

**autoanálisis:** V. *psicoanálisis.*

**autobólico:** [Gr. *aytós* = uno mismo + *balló* = lanzo]. Según *Lapicque* (v.), un nervio que «fabrica él mismo su influjo paso a paso».

**autocinetismo:** (Gr. *aytós* = uno mismo + *kinesis* = movimiento]. Conjunto de movimientos fijados por un largo hábito y que solamente difieren de los reflejos en que han sido aprendidos. Cf. *reflejo condicionado.*

**autoconducción:** [Gr. *aytós* = uno mismo + Lat. *conducto* = llevar, transportar]. La función de síntesis mental que controla y coordina las diversas funciones elementales para una acción armónica, adaptada a los fines del individuo.

**autocrítica:** [Gr. *aytós* = uno mismo + *kritikós* = juzgado]. Capacidad que posee un sujeto de apreciar el valor real de sus actos, de sus operaciones intelectuales y del estado en que se encuentra.

**autoecología:** [Gr. *aytós* = uno mismo + *oíkos* = morada + *lógos* = tratado, conocimiento]. Estudio de cada especie u organismo en relación individual con el medio en el cual vive. Contrario a *sinecología* (v.).

**autofagia:** [Gr. *aytós* = uno mismo + *phagein* = comer]. Fenómeno fisiológico en virtud del cual un individuo sometido a la inanición prolonga su existencia empleando su propia sustancia.

**autogamia:** [Gr. *aytós* = uno mismo + *gámos* = matrimonio]. Modo de reproducción que existe en las protófitas, en las cuales, la célula no se divide completamente para dar los gametos y donde únicamente los núcleos se diferencian.

**automación:** Neologismo creado sin respeto por las reglas, en 1947, por *Harder* y *Diebol*, y que se refiere al conjunto de procederes automáticos que reemplazan el trabajo del hombre.

**autómata:** [Gr. *automatos* = que llega por azar]. En *psicología*, individuo cuyos movimientos estereotipados y conducta irreflexiva asemejan a una máquina.

**automatismo:** [Gr. *automatismos* = acción que se produce por sí misma]. Por lo general un acto complejo realizado inconscientemente. **A. sensorial**, en *parapsicología* se refiere al funcionamiento automático de los sentidos, lo cual cae dentro del cuadro de las *alucinaciones* (v.); esto ocurre en la *clarividencia* (v.) y en la *clariaudiencia* (v.). **A. mental**, es el funcionamiento espontáneo total o parcial de la vida psíquica, sin control de la voluntad y a veces fuera de la conciencia.

**automatización:** [Gr. *automatizo* = obrar espontáneamente]. La extensión de procederes automáticos al conjunto de la producción.

**automixia:** [Gr. *aytós* = uno mismo + *míxis* = mezcla]. Proceso según el cual la fecundación se realiza por la reunión de dos células diferenciadas (pedogamia), o de dos núcleos diferenciados (autogamia), o inclusive de dos células no diferenciadas (pseudogamia), que provienen de un mismo individuo.

**autonomía:** [Lat. *autonomia* = carácter o condición de lo que es autónomo]. En *sociología*, condición de los individuos o de las instituciones que gozan de determinada independencia frente a la autoridad exterior o autoridad central.

**autopunición:** [Gr. *aytós* = unos mismo + Lat. *punire* = castigar]. Conducta inconsciente de fracaso, de mutilación o de agresión expiatoria, que el psicoanálisis atribuye a la primera fase de la crisis edipiana en lo que tiene de desconocimiento del símbolo de la *castración* (v.).

**autorregulación:** [Gr. *aytós* = uno mismo + Lat. *regulare* = pautar, medir]. Regulación automática de una función fisiológica. Los seres vivos están dotados de autorregulación: adaptación, autorreparación, etc. La cibernética ha creado máquinas capaces de autorregularse.

**autoscopía:** [Gr. *aytós* = uno mismo + *skopein* = acción de observar]. *Alucinación* (v.) en la que el sujeto cree percibirse como un doble de sí mismo, o como el interior de sus órganos.

**autosugestión:** [Gr. *aytós* = uno mismo + Lat. *suggestio* = sometimiento]. *Sugestión* (v.) espontánea producida en el sujeto por sus propias ideas.

**autotomía:** [Gr. *aytós* = uno mismo + *tómos* = cortar]. Acto por el cual algunos animales (lagarto, lagartija, cangrejo, araña, etc.) escapan del enemigo que los asió por un miembro o por la cola, provocando por vía refleja la ruptura de la extremidad cautiva.

**autotopoagnosia:** [Gr. *aytós* = uno mismo + *tópos* = lugar + *agnosía* = ignorancia]. Discordancia de la imagen corporal en el espacio, por lo cual el enfermo pierde la orientación sobre su propio cuerpo.

**autótrofo:** [Gr. *aytós* = uno mismo + *trophé* = alimento]. Se denomina así a los vegetales con clorofila y a determinados tipos de bacterias cuya nutrición es complemente inorgánica; la única fuente de carbono empleado es el ácido carbónico del aire, siendo el hidrógeno provisto por el agua, los nitratos o el amoníaco por el nitrógeno, los sulfatos por el azufre, los fosfatos por el fósforo, etc.

**auxología:** [Gr. *auxós* = crecimiento + *lógos* = tratado]. Ciencia o teoría del *crecimiento* (v.). Se refiere pura y exclusivamente al crecimiento biológico y a su influencia sobre el *desarrollo* (v.).

**auxopatías:** [Gr. *auxós* = crecimiento + *páthos* = enfermedad]. Conjunto de los factores mórbidos, innatos o adquiridos, que determinan la *debilidad constitucional* (v.), o sea, trastornos del crecimiento.

**axiología:** [Gr. *axios* = digno, de gran valor + *lógos* = tratado]. Teoría de los valores. Este término solamente se emplea para los valores de orden inmaterial y sobre todo moral.

**axioma:** [Gr. *axioma* = requisito]. Principio indemostrable de evidencia inmediata. Se emplea sobre todo en matemáticas. En *psicología* se emplea con el sentido de aserción admitida por todos.

# B

**Babinski, signo de, o reflejo de:** Fenómeno puesto en evidencia por *Babinski* (v.), en 1896. Extensión del dedo gordo del pie y accesoriamente de los otros cuatro, bajo la influencia de la excitación de la planta del pie, que normalmente provoca su flexión. Este signo es normal en la infancia, pero en edades posteriores está en relación con una lesión del fascículo piramidal.

**Baer, ley de von:** Esta ley determina que el embrión de una forma superior nunca se asemeja a otro animal, sino solamente al embrión de ésta. Fue enunciada en 1828. V. *Baer, von.*

**balance energético:** Relación entre la energía asimilada y la utilizada o consumida por los organismos.

**balanza de Mosso:** Aparato creado por *Mosso* (v.), para registrar cambios en la irrigación cerebral durante las emociones, trabajo intelectual, etc. Consiste en un plano movible cuyos movimientos son registrados, y sobre el cual se acuesta al sujeto.

**balbucencia:** [Lat. *balbutire*, de *balbus* = tartamudo]. Forma de lenguaje preverbal, de tipo fonético, caracterizada por sonidos diversos, a los que no se puede atribuir un significado, pero que en general indican un estado emocional agradable. Por lo regular aparece hacia los tres meses de edad. Debe distinguirse del *balbucir* (v.), fenómeno patológico que se inicia en épocas subsiguientes y corresponde al *lenguaje articulado* (v.).

**balbucir:** [Lat. *balbutire* = tartamudear]. Trastorno del lenguaje hablado que, por lo general, tiene sus primeras manifestaciones entre los 3 y los 10 años de edad, bajo la forma de detenciones, interrupciones y reiteraciones que en los casos graves presentan carácter espasmódico.

**balsámico:** [Lat. *balsamicus* = del licor de bálsamo]. Una cualidad de sensación olfativa en la clasificación de Zwaardemaker, prácticamente idéntica con la fragante de Henning.

**baranestesia:** [Gr. *báros* = peso + *a* = privativo + *aisthesis* = sensibilidad]. Término creado por *Marinesco* (v.), en 1905, para denominar la abolición de la sensibilidad de los tejidos profundos a la presión. V. *barihipostesia.*

**barestesia:** [Gr. *báros* = presión + *aisthesis* = sensibilidad]. Sensibilidad a la presión de los tejidos profundos (huesos, tendones, aponeurosis, músculos, etc.). Estudiada por *Marinesco* (v.), en 1905.

**barhipoestesia:** [Gr. *báros* = presión + *ypó* = bajo + *aisthesis* = sensibilidad]. Disminución de la sensibilidad de los tejidos profundos a la presión. V. *baranestesia.*

**barifonía:** [Gr. *barys* = difícil + *phoné* = voz]. Cualidad de la voz confusa o entrecortada.

**barilalia:** [Gr. *barys* = difícil + *lalia* = lenguaje]. Lenguaje confuso debido a dificultades en la articulación.

**barotropismo:** [Gr. *báros* = presión + *trópein* = girar]. Propiedad que posee el protoplasma de reaccionar a los contactos y a las vibraciones.

**barrera:** [De *barra*, y ésta del mismo origen que *vara*, del Lat. *vara* = armazón de maderos]. Todo lo que limita y restringe la actividad de un organismo. En *psicología* se denomina *barrera* a los obstáculos de cualquier naturaleza que pueden ser insuperables o que, por lo menos, impiden o hacen muy difícil la satisfacción de deseos o necesidades, y por lo general provocan *frustración* (v.). **B., test de,** pruebas para la medida de la atención basadas en que se debe tachar algunas letras, cifras o pequeñas figuras, insertadas en serie con otras similares.

**basal:** [Lat. *basis* = la base]. Que está en la base o constituye la base sobre la cual algo se mantiene. *Edad mental basal,* el nivel en el cual un individuo pasa todos los tests. *Cuerpos basales,* las masas de materia nerviosa o ganglios que están en la base del cerebro (*tálamo, cuerpo estriado,* etc.).

**base:** [Lat. *basis* = fundamento, apoyo]. En *química* lo inverso de un ácido. A menudo se llaman «bases» las «letras» del código genético (adenina, guanina, timina, citocina, uracil).

**basofobia:** [Gr. *basis* = marcha + *phobia* = miedo]. Aprensión mórbida de caer mientras se camina; este temor, sentido por algunos enfermos y especialmente por los atáxicos (v. *ataxia*), aumenta en los que tienen dificultad para la marcha.

**bastoncillos:** [Lat. *baculus* = cayado para apoyarse]. Células fotorreceptoras de la retina, situadas sobre todo en su periferia, y las que se debe la sensibilidad acromática. Llenan las necesidades de la visión crepuscular y de la visión periférica.

**batería de tests (mentales):** Grupo de tests diversos que son aplicados al mismo sujeto como serie de exámenes, con la finalidad de obtener un instrumento de medida eficaz, sobre todo para el estudio de la personalidad y de las aptitudes profesionales. Cuando un conjunto de tests constituye una escala bien definida, como es el caso de las escalas para la inteligencia, no se denomina batería.

**batipsicología:** [Gr. *bathys* = profundo + *psicología*]. Estudio de las actividades psíquicas en los individuos que descienden a grandes profundidades: buzos, espeleólogos, etc.

**batofobia:** [Gr. *bathys* = profundo + *phobia* = miedo]. Miedo mórbido a las profundidades, o a mirar hacia abajo desde una altura, con temor de precipitarse.

**beatitud:** [Lat. *beatitudo* = estado del que es *beatus* = lleno de bienes]. Estado de satisfacción total. Se diferencia del bienestar porque la beatitud nunca es accidental sino esencial porque la naturaleza ha alcanzado su fin.

**Bechterev, técnica de:** Empleo de un movimiento reflejo protector en experimentos de condicionamiento, como, por ejemplo, contra el reflejo salival empleado por *Pavlov* (v.). Véase *Bechterev*.

**behaviour.** V. *conducta*.

**behaviourismo.** V. *conductismo*.

**Behn-Rorschach, prueba de:** Técnica proyectiva elaborada por *Behn-Eschenberg*, discípulo de *Rorschach*, y que consiste en 10 planchas con manchas de tintas. Constituye una serie paralela con respecto a la prueba original de *Rorschach* (v.).

**bel:** [de *Graham Bell*, inventor del teléfono]. Unidad de sensación auditiva, también llamada de intensidad sonora, adoptada en el Congreso Internacional de Electrónica de Como, en 1927. La *ley de Fechner* (v.), que se enuncia: «la sensación varía como el logaritmo de la excitación», lleva a expresar las sensaciones auditivas en una escala logarítmica cuya unidad es el *bel*.

**belenofobia:** [Gr. *bélene* = aguja + *phóbos* = miedo]. Aprehensión angustiante (fobia) al tocar agujas o alfileres.

**Bender, test de la gestalt de:** Test visomotor de *Lauretta Bender*, que asienta en principios de la teoría de la *forma* (v.), y está constituido por nueve dibujos geométricos, elegidos entre diversos diseños originales de *Wertheimer* (v.), que el sujeto examinado debe copiar. La validez del test no está unánimente reconocida y se pueden obtener resultados similares en sujetos con síndromes muy distintos (por ejemplo, en neuróticos y psicóticos).

**bendición:** [Lat. *benedictio* = alabanza]. Invocación solemne de felicidad para una persona, para un grupo, para una cosa. Según el *psicoanálisis*, las bendiciones son regresiones del lenguaje que llevan al estadio en que el niño, con la experiencia emocionante de las primeras palabras, sobrevalora su poder.

**Berger, ritmo de:** V. *ritmo alfa*.

**Bidwell, fantasma de:** *Postsensación* (v.) visual que aparece cuando se observa un disco rotatorio, con sectores blancos y negros, bajo ciertas condiciones de iluminación y velocidad de rotación. A veces se emplea como sinónimo postimagen de Purkinje.

**biglotismo:** [Lat. *bis* = dos veces + Gr. *glossa* = lengua]. Condición de la persona que ya en posesión completa de su lengua materna aprende otra, y de la que se vale con facilidad como segundo idioma. V. *bilingüismo*.

**bilingüismo:** [Lat. *bis* = dos veces + *lingua* = lenguaje, idioma]. Condición de quien aprendió como lengua materna y simultáneamente dos idiomas. Están muy divididas las opiniones sobre si es responsable de rasgos neuróticos e inestabilidad. Diverso de *biglotismo* (v.), que es la condición de quien con posterioridad al aprendizaje de la lengua materna adquiere un segundo idioma.

**bilioso:** [Lat. *biliosus* = lleno de bilis, de cólera]. Uno de los temperamentos en la antigua teoría de los temperamentos, es sinónimo del actual *melancólico* (v.).

**Binet-Simon, escala o test de:** Escala de inteligencia creada y aplicada por *Alfredo Binet* (v.) en colaboración con *Th. Simon*. Ha sido posteriormente adaptada y elaborada por numerosos autores, y en particular en los Estados Unidos de Norteamérica por *Terman* y *Merril*. V. *Terman-Merril, escala de*.

**binocular:** [Lat. *bis* = dos veces + *oculus* = ojo]. Lo que resulta del empleo simultáneo de los dos ojos: *visión binocular*.

**biocenosis:** [Gr. *bíos* = vida + *koinos* = común]. Comunidad biótica formada por animales y plantas que se condicionan mutuamente y que se mantiene a través del tiempo en posesión de un territorio definido y en estado de equilibrio dinámico. Idéntico a *comunidad biótica*, expresión preferida por los autores anglosajones.

**biodinamismo:** [Gr. *bíos* = vida + *dynamis* = fuerza]. Doctrina según la cual existiría un dinamismo, un proceso de desarrollo de los seres vivos.

**bioenergética;** [Gr. *bíos* = vida + *energeia* = fuerza]. Parte de la fisiología que trata de la transformación de la energía de los cuerpos vivientes.

**biofeedback:** [Gr. *bíos* = vida + Ingl. *realimentación*]. Vid. *biorretroacción*.

**biofilaxia:** [Gr. *bíos* = vida + *phylassein* = guardar, cuidar]. Conjunto de los mecanismos de defensa no específicos que el organismo pone en acción para asegurar su curación o protección.

**biofórico:** [Gr. *bíos* = vida + *euphoros* = llevar bien]. Que concierne al crecimiento y desarrollo de los organismos, o más precisamente que favorece la vida.

**biogénesis:** [Gr. *bíos* = vida + *genesis* = generación]. Teoría opuesta a la de la generación espontánea y según la cual cualquier ser viviente sale de otro ser viviente. A veces se emplea para indicar algo producido por un organismo: biogénesis de una *hormona* (v.). Sin. *pausfermia*.

**biogenética, ley:** [Gr. *bíos* = vida + *genesis* = origen]. Ley enunciada por *Haeckel* (v.), según la cual la *ontogénesis* (v.) es una corta y rápida recapitulación de la *filogénesis*. Los diversos estados del desarrollo embrionario de un vertebrado superior reproducen, según esta ley, las formas sucesivas presentadas por los antepasados filogenéticos de ese organismo (*transformismo*) (v.).

**biogeografía:** [Gr. *bíos* = vida + *geo* = tierra + *graphé* = marca]. Ciencia de la distribución de los animales y de las plantas sobre la superficie del globo.

**biología:** [Lat. *bíos* = vida + Gr. *lógos* = conocimiento]. Término creado por *Lamarck* (v.), que apareció por primera vez en la página 14 de la Advertencia de su *Filosofía zoológica*, para designar en general la ciencia de los seres vivientes, o sea desde el punto de vista del objeto la botánica y la zoología; desde el punto de vista de los problemas la morfología y la fisiología con sus subdivisiones.

**biologismo:** [Gr. *bíos* = vida + *lógos* = conocimiento]. Teoría que explica todos los niveles de la vida psíquica y de la organización humana únicamente por medio de razones biológicas.

**biometría:** [Gr. *bíos* = vida + *métron* = medida]. Rama de la biología que aplica al estudio de los seres vivientes los métodos estadísticos, el cálculo de probabilidades y los grandes principios de análisis matemático.

**biomorfismo:** [Gr. *bíos* = vida + *morphé* = forma]. Término que designa el carácter general de las tendencias o de las doctrinas que interpretan los fenómenos psicológicos y sociales considerándolos como formas especiales de la vida. Cf. *biologismo*.

**bioplástico:** [Gr. *bíos* = vida + *plassein* = formar]. Se refiere a la propiedad que poseen las células vivientes de reparar las pérdidas que han sufrido.

**bioquímica:** [Gr. *bíos* = vida + *chemeía* = química]. Aplicación de la química al estudio de los fenómenos vitales.

**biorretroacción:** [Gr. *bíos* = vida + Lat. *retro* = por detrás + *agere* = actuar]. En biología y en psicología *retroacción* (v.).

**biosfera:** [Gr. *bíos* = vida + *sphaira* = globo sólido]. La envoltura de la esfera terrestre constituida por los seres vivientes y por sus residuos.

**biosíntesis:** [Gr. *bíos* = vida + *syntesis* = acción de poner juntos, de combinar]. Producción de los materiales orgánicos por elementos orgánicos. Esta biofabricación se logra por la acción de catalizadores particulares o los agentes vivientes que denominamos enzimas.

**biosocial:** [Gr. *bíos* = vida + Lat. *socialis* = social]. Expresión empleada para denominar las relaciones sociales que están determinadas por factores biológicos. También se emplea con el significado de conjunción, integración e interacción de los factores biológicos y sociales en el psiquismo o en su desarrollo.

**biosociología;** [Gr. *bíos* = vida + Lat. *societas* = alianza, confederación]. Parte de la *sociología* que

considera al hombre como realidad biológica que se debe tener en cuenta tanto como la ambiental.

**biotaxia:** [Gr. *bíos* = vida + *taxis* = orden, disposición]. Ciencia que tiene por sujeto los seres organizados considerados en estado estático, y por objeto la coordinación jerárquica de todos los organismos conocidos en una serie general destinada a servir de base indispensable para el conjunto de las especulaciones biológicas. Es sinónimo de *taxinomia* (v.).

**biotipo:** [Gr. *bíos* = vida + Lat. *typus* = forma]. El sujeto biológicamente equilibrado dentro de una especie y capaz de constituir un prototipo de la misma. En *biotipología*, el tipo que define las características de cada una de sus clasificaciones de la fábrica corpórea. Cf. *tipo humano*.

**biotipología:** [Gr. *bíos* = vida + *typos* = forma]. Estudio científico de los individuos de una misma especie, y de sus diferencias y de la manera como esas diferencias permiten definir tipos más o menos diversos. La denominación fue creada por *Pende* (v.), uno de los iniciadores de tales estudios.

**biovular:** [Lat. *bis* = dos veces + *ovum* = huevo]. V. *dizigote*.

**biserial:** [Lat. *bis* = dos veces + *series* = enlace, encadenamiento]. En estadística, la relación entre dos variables, una de las cuales tiene solamente dos valores.

**bisexualidad:** [Lat. *bis* = dos veces + *sexus* = sexo]. Que tiene las características de ambos sexos, refiriéndose a la morfología; que es atraído igualmente por los dos sexos, refiriéndose a la afectividad.

**bit:** Término de la jerga de la computación que representa a la unidad de información binaria. Un bit es la respuesta a una pregunta que solamente admite un «sí» o un «no» como respuesta.

**bivitelino:** [Lat. *bis* = dos veces + *vitellus* = yema de huevo]. V. *dizigote*.

**blanco, experimento:** Experimento que a veces es introducido en una serie de experiencias, pero que no se reconoce en los resultados.

**blasfematoria, manía:** V. *coprolalia*.

**blastodermo:** [Gr. *blastós* = germen + *dérma* = piel]. Membrana primitiva del embrión.

**bloqueo:** [Fr. ant. *bloc* = que obstruye]. Término empleado por los psicoanalistas, unas veces como sinónimo de inhibición y otras de represión. **Bl. del pensamiento**, inhibición repentina del curso del pensamiento, que puede ocurrir por emociones fuertes y, sobre todo, durante el miedo.

**Bogen, jaula de:** Test o prueba de inteligencia práctica, que consiste en una caja fabricada con un enrejado de tablillas y que en su interior está dividida, siendo el interior visible a través de un vidrio. Una pelota es colocada dentro y el sujeto debe manipularla por medio de una varilla hasta hacerla salir por una abertura.

**bolo histérico:** [De bola]. Sensación que muy a

21

menudo sienten los histéricos al comienzo del ataque; les parece que un cuerpo esférico se remonta del epigastrio a la laringe, se detiene y los ahoga. Sin. *globo histérico,* expresión más correcta.

**Borelli-Oléron, escala de rendimiento de:** Escala de inteligencia construida únicamente para pruebas de rendimiento, que se aplica especialmente a niños con defectos auditivos, en una edad comprendida entre los 4 y 8 años.

**bovarismo:** [De *Ema Bovary*]. Término creado por Jules de Gaultier (*Le bovarysme,* 1902), para designar «el poder que tiene el hombre de concebirse otro de lo que es» y, por consiguiente, de crearse una personalidad ficticia, de desempeñar un papel al que se atiene a pesar de su verdadera naturaleza y de los hechos. Este término fue sacado del nombre de Ema Bovary, la personaje de la novela *Madame Bovary,* de Flaubert. Gaultier amplió posteriormente el significado de «bovarismo», aplicándolo a todas las ilusiones que los individuos o los pueblos se forjan sobre ellos mismos.

**bradiartria:** [Gr. *bradys* = lento + *arthron* = articulación]. Palabra entrecortada, monótona y lenta. Sin. *bradilalia.*

**bradicinesia:** [Gr. *bradys* = lento + *kinesis* = movimiento]. Lentitud en los movimientos voluntarios que se observa en algunos síndromes posencefálicos.

**bradiestesia:** [Gr. *bradys* = lento + *aisthesis* = sensación]. Lentitud en la percepción de las sensaciones.

**bradifasia:** [Gr. *bradys* = lento + *phásis* = palabra]. Lentitud en la pronunciación de las palabras.

**bradifrenia:** [Gr. *bradys* = lento + *phren* = diafragma]. Lentitud en las reacciones psíquicas. V. *bradipsíquico.*

**bradilalia:** [Gr. *bradys* = lento + *lalein* = hablar]. V. *bradiartria.*

**bradipsíquico.** [Gr. *bradys* = lento + *psiché* = inteligencia]. Lentitud en el proceso psíquico con empobrecimiento de la palabra e incapacidad para el trabajo, que se encuentra en ciertas formas de encefalitis. V. *bradifrenia.*

**braditeliosis:** [Gr. *bradys* = lento + *telein* = completar]. Retardo simple del crecimiento con pubertad diferida.

**braidismo:** [De *Braid* (v.)]. Nombre con que a veces se designa al *hipnotismo* (v.), derivado del nombre de Braid, quien fue el primero que en 1841 publicó un trabajo en el cual propugnaba la aplicación del hipnotismo para la cura de las enfermedades.

**braquicefalia:** [Gr. *brachys* = corto + *kephalé* = cabeza]. Forma del cráneo cuando es truncado hacia atrás; la mayor longitud no supera a 1/8 de su mayor anchura.

**braquidactilia:** [Gr. *brachys* = corto + *dáktylos* = dedo]. Malformación de los dedos, que no poseen la longitud normal; es hereditaria y se transmite según el modo dominante.

**braquimorfo:** [Gr. *brachys* = corto + *morphé* = forma]. Cualquier órgano cuya forma es poco elevada, ancha y espesa.

**braquisquelia:** [Gr. *brachys* = corto + *skélos* = pierna]. Desarrollo insuficiente de los miembros inferiores, que por lo común coincide con un alargamiento exagerado de los miembros superiores.

**braquitípico:** [Gr. *brachys* = corto + *typos* = forma]. V. *braquimorfo.*

**Bravais-Jacksoniana, epilepsia:** Epilepsia parcial motriz, con comienzo consciente, caracterizada por sacudidas localizadas en un grupo muscular braquial, facial o crural, y que pueden alcanzar toda la mitad del cuerpo; puede ocurrir una generalización y una pérdida de conocimiento, pero siempre secundariamente. Esta epilepsia es debida a irritación de una zona cortical situada en la circonvolución frontal ascendente del lado opuesto a la epilepsia. Sin. *Jacksoniana, epilepsia.*

**bregma:** [Gr. *bregma* = humedecer (a causa de la fontanela) o craso]. Región del cráneo situada en el punto donde se encuentran las suturas sagital y coronaria, ocupada por el feto y en el recién nacido por la fontanela anterior.

**Breton, ley de:** Sustituto de la fórmula para la *ley de Fechtner* (v.). La relación entre estímulo perceptible es expresada por $S = (R/C)1/2$.

**brevilíneo:** [Lat. *brevis* = corto + *linea* = línea]. Se dice de un tipo morfológico de individuo caracterizado por la brevedad de los miembros y la longitud del tronco.

**bricomanía:** [Gr. *bryko* = rechino los dientes + *mania* = locura]. Manía de hacer rechinar los dientes.

**Brown-Spearman, fórmula de:** Fórula para estimar si un test es *confiable* (v.).

**browniano, movimiento:** [De *Brown,* 1827]. Movimiento oscilatorio de duración indefinida que presentan todas las partículas de materia cuyo diámetro es igual o inferior a 4 micrones. Este movimiento es independiente de la naturaleza de los cuerpos y de las condiciones exteriores. Es más rápido cuanto más pequeño es el cuerpo. Sería un primer grado del movimiento molecular que imagina la teoría cinética de la materia.

**brownoide:** [De *Browniano* + *eidos* = forma]. Denominación dada por *Pedro Vendryes* (v.), a movimientos de personas, animales, cosas, etc., cuya ecuación se puede establecer y que presentan una similitud general con el *movimiento browniano* (v.).

**Brunet-Léxine, escala de desarrollo psicomotor de la infancia de:** V. *desarrollo psicomotor de la infancia, escalas de.*

**brutismo:** [Lat. *brutus* = bárbaro, bestial]. Término creado por *Saint-Simon* para designar la concepción puramente mecánica de los fenómenos, y empleado por *Espinas* (v.) al hablar de la teoría de las bestias-máquinas o «brutismo animal».

**bruto:** [Lat. *brutus* = pesado, estúpido]. Que no ha

sido objeto de una elaboración por la actividad inteligente del hombre. En *psicología* se aplica expresamente al dato inmediato, sin ninguna elaboración intelectual.

**buena forma, principio de la:** En la *psicología de la forma*, uno de los principios del reagrupamiento perceptivo, por el cual los estímulos que forman una buena figura presentan mayor tendencia al reagrupamiento. Es forma privilegiada con respecto a las demás.

**buffer dumping:** [Inglés]. Vuelco de memoria inmediata.

**bulbo:** [Lat. *bulbus* = especie de cebolla silvestre]. Masa redondeada de neuronas que constituye la *médula oblonga* (v.).

**bulimia:** [Gr. *bous* = buey + *limós* = hambre]. Hambre de intensidad excepcional, de carácter duradero, que se acompaña con ingestión desmesurada de alimentos. Es la manifestación opuesta a la *anorexia* (v.). Puede ser síntoma neurótico. Algunas *dipsomanías* (v.) son interpretadas como formas análogas de bulimia. Según el *psicoanálisis*, los estados opuestos de bulimia y de *anorexia mental* (v.) están determinados por condiciones psíquicas particulares.

**burocratización:** (Fr. *bureau* = oficina + Gr. *krátos* = poder]. En *sociología*, la creación de un estrato de funcionarios ordenado en una serie de «grados jerárquicos», o sea, la burocracia, estrato que ejerce determinado poder.

# C

**cacografía:** [Gr. *kakós* = malo + *graphein* = escribir]. Escritura incorrecta, con deformación de las palabras y faltas de sintaxis, que se observa en los dementes y en los afásicos. V. *afasia*.

**cacogueusia:** [Gr. *kakós* = malo + *geusis* = gusto]. Percepción delirante de gusto desagradable al comer o fuera de cualquier ingestión. Sobreviene en el transcurso de los *delirios de persecución* (v.).

**cacosmia:** [Gr. *kakós* = malo + *osmé* = olor]. Desviación del sentido del olfato, que lleva a los que la sufren a gustar de olores desagradables o fétidos; aparece en la histeria y en la vesanía. **C. subjetiva,** debida a afección de las vías respiratorias o digestivas superiores, que determina un olor desagradable que puede ser percibido por los demás.

**cadoch:** [Hebr. lo superior, divino]. Término que en psicología de las religiones designa lo santo y sagrado.

**cagot:** [Lat. *canes Gothi* = perro de los Godos, o *cacou* = ladrón en celt. bret.]. Nombre con el cual se designa a ciertos individuos que para algunos autores serían *cretinos* (v.) con signos de lepra atenuada, y que para otros son los últimos representantes de una raza desaparecida (godos, sarracenos). Se los encuentra en los Pirineos, no se mezclan con las otras poblaciones y se distinguen por algunos caracteres hereditarios.

**Caín, complejo de:** Locución del *psicoanálisis* que se refiere a una actitud hostil de un niño para con sus hermanos y hermanas que, a sus ojos, le disputan el amor y los cuidados de los padres. *Lacan* (v.) lo denomina *complejo de intrusión*. V. *complejo*.

**calambre:** [Al. *krämpen* = retorcer]. Contracción involuntaria, dolorosa y transitoria de un músculo o de un grupo de músculos. **C. funcionales o profesionales,** v. *espasmos funcionales*.

**caloría:** [Lat. *calor* = calor]. Unidad de medida del calor. Cantidad de calor necesaria para elevar de 0 a 1 grado centígrado 1 kg *(gran caloría)* o 1 g *(pequeña caloría)* de agua líquida.

**calorimetría animal:** [Lat. *calor* = calor + Gr. *métron* = medida]. Medida del calor despedido por un animal vivo, en un tiempo dado.

**campana, curva en:** V. *curva de Gauss*.

**campo:** [Lat. *campus* = llanura de tierra, ancha y dilatada]. El ambiente total en que se presenta un objeto. Se refiere sobre todo las interacciones entre el organismo que reacciona y el ambiente. **C. de la conciencia,** el conjunto integrado de los fenómenos de que una persona tiene conciencia en un momento dado. **Campo psíquico,** para el conductismo *molar* (v.) la estructura orgánica de las tensiones del mundo. **C. visivo,** la superficie que puede ser vista en un momento dado en que el ojo está relativamente fijo. **C., teoría del,** locución general que corresponde a los sistemas psicológicos según los cuales la conducta no depende únicamente de la persona o del ambiente, sino de la interacción del individuo con el ambiente total. *Lewin* (v.), que fue el primero en emplear en psicología esta locución por analogía con los campos de fuerza de la física, considera que los objetos poseen valencias positivas o negativas para una persona, cuando la atraen o la alejan, determinando así la dirección de la conducta.

**cancelación:** [Lat. *cancellatio* = limitación o término de los campos]. Prueba empleada para el estudio experimental de la percepción, atención, o trabajo, para la cual al sujeto se le solicita que discrimine y marque figuras particulares, letras, o formas, irregularmente distribuidas en medio de figuras, letras o formas similares.

**cannabiosis:** [Lat. *cannabis* = cáñamo]. Síndrome alérgico respiratorio consecutivo a la inhalación de polvo de cáñamo. V. *cannabismo*.

**cannabismo:** [Lat. *cannabis* = cáñamo]. Intoxicación debida al cáñamo indio (*cannabis sativa, haschich, kif*, etc.). La forma aguda semeja a la embriaguez alcohólica con fase de excitación, trastornos sensoriales y afectivos y fase depresiva. La forma crónica termina en psicosis varias: manía, delirio agudo, confusión mental, demencia precoz y caquexia. Sin. *haschidismo*.

**canon:** [Gr. *kánon* = regla]. Principio, regla, prácticos. El principio de cada uno de los «métodos» de *Stuart Mill* (v.): semejanza, diferencia, etc., se denomina canon.

**cantidad:** [Lat. *quantitas* = cantidad]. Propiedad de la magnitud medible.

**capacidad:** [Lat. *capacitas* = aptitud, inteligencia y pericia del hombre]. Posibilidad de desarrollar una actividad o de concluir algo. Se refiere expresamente a funciones motrices y a procesos del pensamiento. Es opuesta a *capacidd especial*, que se refiere a los problemas particulares de naturaleza e importancia más diversa. V. *análisis del trabajo.*

**capacidad especial, prueba o test de:** Pruebas estructuradas para medir tipos especiales de capacidad (falso torno, punteo, etc.). Dentro de este tipo de pruebas entran las de *capacidad metemática.*

**capacidad general:** Específicamente un factor general que actuaría sobre todas las operaciones mentales, como el *factor g de Spearman* (v.), o como equivalente de inteligencia general tal como es comprobada por los tests de inteligencia.

**capacidad general, pruebas o tests de:** Pruebas organizadas para medir con variedad de problemas y en diversos campos la *capacidad general* (v.) o de *Wechsler* (v.). Están constituidas por pruebas que tienden a medir la inteligencia general. V. *inteligencia, escala de.*

**capacidad matemática, prueba o test de:** Prueba de medida de la comprensión y del conocimiento matemático para valorar la capacidad individual en relación con una forma de pensamiento basado en símbolos y abstracciones. Las hay de los más diversos tipos, según se refieran a los distintos campos de las matemáticas.

**capilaridad:** [Lat. *capillus* = cabello]. Carácter de algo que es delgado como un cabello. En *sociología,* se denomina *capilaridad social* al fenómeno que consiste en que los individuos tienden a elevarse en la jerarquía social.

**capricho:** [Ital. *capriccio*, del Lat. *caper* = macho cabrío]. Manifestación agresiva, por lo general impotente y airada, que afirma de manera clamorosa pero pasajera la intención de resistir a obstáculos. **C. infantil,** el capricho que se manifiesta en el niño, acompañado de llanto, gritos y movimientos descompuestos. Sale de lo normal cuando es reiterado o excesivamente prolongado y violento. Para el *psicoanálisis,* en el capricho infantil no solamente actúan motivos conscientes, sino también inconscientes, y relaciona el capricho con la *neurosis infantil.*

**caquexia:** [Gr. *kakós* = malo + *éxis* = estado o condición]. Trastorno profundo de todas las funciones del organismo. V. *anorexia mental.* **C. de crecimiento,** que ataca a los sujetos jóvenes y se acompaña de hiperglicemia; cura con insulinoterapia.

**carácter:** [Gr. *charaktér* = instrumento para marcar, marca]. Conjunto de las maneras habituales de reaccionar de un individuo. El carácter es un aspecto particular de la personalidad y permite una valoración positiva o negativa en relación con las normas aceptadas por una sociedad. En *psicología clínica,* el carácter se puede distinguir también en la medida de que es parte de la normalidad o cae en lo patológico (excesivos escrúpulos morales, etc.). **C. anal,** para el *psicoanálisis,* conjunto de rasgos del carácter relacionados con el aprendizaje de la

disciplina del esfínter anal y con la realización de dicha disciplina. Estos rasgos algunas veces estarían constituidos por *sublimaciones* (v.) y a veces por *formaciones reactivas* (v.). **C. fálico,** para el *psicoanálisis,* carácter que se distingue por rasgos que derivan de fijaciones en la fase fálica y por reacciones del *complejo de castración* (v.). **C. genital,** para el *psicoanálisis,* carácter que pertenece a la persona idealmente normal, que ha superado el *complejo de Edipo* (v.) y ha puesto sus impulsos parciales (orales, anales, uretrales) bajo el primado de los impulsos genitales. **C. neurótico,** según *Alexander,* tipo de personalidad patológica que no presenta síntomas clínicos definidos, y cuyo modelo entero de la vida muestra desviaciones de la normalidad. **C. oral,** para el *psicoanálisis,* carácter que se distingue por rasgos que derivan de fijaciones del *erotismo* (v.) de la fase oral. **C., rasgos del,** modalidades particulares de la conducta que son relativamente duraderas y que se manifiestan en situaciones éticas y sociales. Para el *psicoanálisis,* algunos elementos del carácter están unidos con tendencias pregenitales que preexisten como formaciones reactivas. **C. uretral,** para el *psicoanálisis,* relaciones entre la ambición y el *erotismo* (v.) uretral; la ambición representaría la fuga frente a la vergüenza unida con el fracaso de la limpieza uretral.

**caracterología:** [Gr. *charaktér* = instrumento para marcar, marca + *lógos* = tratado]. Rama de la *psicología* que estudia el *carácter* (v.). Se refiere en especial a los aspectos generales y particulares del carácter; los clasifica e investiga su desarrollo en relación con características hereditarias y ambientales. A veces se emplea este término abarcando los conceptos de *personalidad* y *carácter.* Este uso, corriente en el vocabulario de la psicología de lengua alemana, es incorrecto en español.

**caracterológico:** [Gr. *charaktér* = instrumento para marcar, marca + *lógos* = tratado]. Término de empleo general para indicar al niño o al adolescente con anomalías en su conducta de tipo derivado de anormalidades del *carácter* (v.).

**caracteropatía:** [Gr. *charaktér* = instrumento para marcar, marca + *páthos* = enfermedad]. Término de la *psiquiatría clásica* que se tiende a reemplazar por *personalidad psicopática* (v.). Su aplicación varía de manera notable según los autores; algunos procuran recoger bajo esta denominación a numerosos desórdenes de la conducta, de estructura causal muy diversa y que no están acompañados de trastorno mental. Otros lo extienden hasta incluir gran parte de los trastornos mentales del niño.

**carencia:** [Lat. *carere* = falta de]. Ausencia o insuficiencia, en el organismo, de uno o de varios elementos indispensables para su equilibrio o para su desarrollo. **C. afectiva** (v. *hospitalismo*).

**carfología:** [Gr. *karphós* = copo + *legein* = reunir]. Movimientos continuos y automáticos de las

3

25

manos que parecen procurar asir copos flotando en el aire, o que se pasean maquinalmente sobre el lecho, atrayendo o rechazando las frazadas. Se los observa en la meningitis, el delirium tremens, etc. Sin. *crocidismo*.

**carga psíquica:** [Lat. *carrus* = galera, carreta + Gr. *psyché* = psiquis]. Término que el *psicoanálisis* emplea por analogía con la carga de energía eléctrica, para indicar lo cuantitativo de energía psíquica que se manifiesta en un proceso psíquico. En el inconsciente esta carga sería móvil y no estaría unida con las representaciones, de donde derivaría la posibilidad de traspaso de la carga psíquica de una representación a otra y de condensación por convergencia de otras cargas psíquicas.

**cariocenesis:** [Gr. *káryon* = núcleo + *kínesis* = movimiento]. Modo de división indirecta de la célula, caracterizado por una serie de modificaciones en la cromatina del núcleo. Sin. *cinesis, división cinética, mitosis* (v.).

**cariolisis:** [Gr. *káryon* = núcleo + *lyein* = disolver]. Estado de muerte del núcleo de la célula, en el curso del cual no se colora, pues la cromatina se difunde en el protoplasma.

**cartesiano:** [De *Cartesio*, traduc. lat. de Descartes]. Que posee las cualidades consideradas como características del pensamiento filosófico de Descartes: amor por la claridad, lógica.

**caso:** [Lat. *casus* = suceso]. Recolección de datos que se refieren a la conducta de un individuo, a sus antecedentes familiares y personales, y a las condiciones generales del ambiente familiar y social que le es propio. **C., historia del,** cuando la recolección de datos se completa con los resultados de pruebas u otras investigaciones particulares. Esta acepción se refiere concretamente a su empleo por el servicio social y para la orientación educativa y profesional.

**casta:** [Port. *casta*, del Lat. *castus* = no mezclado]. Grupo social cerrado, que se recluta por herencia o por adopción. Difiere de la *clase* (v.).

**castidad:** [Lat. *castitas* = continencia, pureza de costumbres]. Oposición a los afectos carnales. La castidad puede representar una abstinencia sexual voluntaria, pero también ser expresión de neurosis o fobia.

**castigo:** [Lat. *castigare* = punir]. V. *punición*.

**castración:** [Lat. *castratus* = capado]. Operación que tiene por finalidad privar a un individuo de la capacidad de reproducirse. Este término a menudo es empleado en el sentido más restringido de ablación de los dos testículos o los dos ovarios, o de uno solo de esos órganos en el caso de la **c. incompleta. C., angustia de,** según el *psicoanálisis*, terror consciente que resulta, en el niño, de amenazas de los padres, y también de miedo inconsciente y permanente que aparece en el niño cuando descubre la diferencia de los sexos: en el niño que teme la ablación del pene y en la niña

que se rebela a la idea de que está privada de ese órgano.

**CAT:** V. *apercepción temática para los niños, test de*.

**catobolismo:** [Gr. *katá*, que indica la idea de descender + *ballein* = lanzar]. Transformación en energía de los materiales asimilados por los tejidos. Es una de las fases del *metabolismo* (v.).

**catalepsia:** [Gr. *katalepsys* = suspender]. Pérdida momentánea de la contractibilidad voluntaria de los músculos de la vida animal, con hipertonía que se opone a cualquier ensayo de movilización y aptitud del tronco y de los miembros para conservar las actitudes que les fueron dadas. Se observa en la *esquizofrenia* (v.), en la *histeria* (v.), en el *sueño hipnótico* (v.), en el curso de diferentes *psicosis* (v.) y también en los síndromes parkinsonianos y posencefálicos.

**catalepto - catatonia:** [V. *catalepsia* y *catatonia*]. Síndrome cerebral que se observa en las enfermedades febriles y especialmente en la fiebre tifoidea, y que se caracteriza por presentar *estupor* con *catalepsia* (v.).

**catalizador:** [Gr. *katalarsis* = dilución]. Agente físico, químico o biológico que puede acelerar una reacción química sin entrar en la composición del producto pasado en la reacción u obtenido de ésta. Las enzimas son catalizadores biológicos.

**catamnesis:** [Gr. *katamenios* = mensual]. La historia familiar y personal de un paciente después de iniciada la cura. A veces es término empleado para indicar el control del paciente una vez dado de alta.

**cataplexia:** [Al. *Kataplexie*, del Gr. *katá* = caída + *plexis* = golpe]. Término creado por *Preyer* (v.), para indicar el adormecimiento de animales por procederes análogos a los de la hipnosis, particularmente por inmovilización. Se suele aplicar por extensión al hombre.

**cataptosis:** [Gr. *katapiptein* = caer]. Caída inmediata a consecuencia de un ataque de *epilepsia* (v.) o de apoplejía.

**catarsis:** [Gr. *katharsis* = limpieza, purgamiento]. Liberación completa o parcial de conflictos graves y persistentes, o de un estado de ansiedad. Por lo general es la primera parte de una psicoterapéutica más extensa y completa. En estos casos el *psicoanálisis* emplea el término *abreacción* (v.).

**catatimia:** [Gr. *katá* = de lo alto hacia lo bajo + *tonos* = tensión]. Denominación dada por Kahlbaum, en 1866, a una actitud psicomotriz constituida esencialmente por la inercia y el negativismo hacia el medio exterior y, accesoriamente, por actos paradojales, actitudes, gestos y palabras sorprendentes y estereotipados. Por lo general está unida con la *esquizofrenia* (v.).

**catatónica, esquizofrenia:** [Gr. *katá* = abajo + *tonos* = tensión + *schizein* = dividir + *phren* = diafragma]. Forma clínica aguda o crónica de la *esquizofrenia* (v.), que se distingue por la riqueza de su sintomatología neurológica, y en particular motriz. Para el *psicoanálisis,* la esquizofrenia catatónica está unida tanto a procesos regresivos como a tentativas de reintegración.

**categoría:** [Gr. *kategoria* = atributo, predicado]. En *filosofía,* concepto de amplia comprensión dentro del cual se ordenan ideas y hechos.

**causa:** [Lat. *causa* o *caussa* = principio, fuente]. Cualquier condición que determina un fenómeno, y cuya unión es denominada *relación de causa y efecto.* A veces se emplea este término no como determinante, sino como *condiciones* (v), sin que se haga una distinción efectiva entre unas y otras. Para muchos, para evitar implicaciones filosóficas, es preferible en *psicología* el empleo de los términos *determinante* (v.) o *codeterminante* (v.). **C. ocasional,** la que no presupone ninguna relación intrínseca en la relación de la causa y del efecto.

**causal:** [Lat. *causalis* = que pertenece a la causa]. Que es del orden de la *causa* (v.), que concierne a la causa: unión causal, acción causal, etc.

**causalidad:** [Lat. *causa* = principio, fuente]. Carácter de aquello que es causa o que concierne a la causa.

**causalismo:** [Lat. *causa* = principio, fuente]. Doctrina de acuerdo con la cual la ciencia busca causas y no antecedentes constantes. El término fue creado por *E. Meyerson* (v.), quien defendió esta posición en epistemología.

**CAVD, prueba o test:** Batería de pruebas de *Thorndike* (v.), compuesta por cuatro pruebas mentales: completamiento, problemas aritméticos, vocabulario, direcciones.

**cefalalgia:** [Gr. *kephalon* = cabeza + *álgos* = dolor]. Nombre con el cual se designan todos los dolores de cabeza, cualquiera sea su naturaleza.

**cefálico:** [Gr. *kephalon* = cabeza]. Adjetivo que se refiere a la cabeza. **Índice c.,** índice establecido por el antropólogo *Andrés Retzius,* en 1842, y que se refiere a la relación del diámetro transverso máximo con el diámetro anteroposterior máximo del cráneo. **Soplo c.,** soplo breve, dulce, que se percibe al nivel de la fontanela anterior en el recién nacido.

**cefalocórmica, relación:** [Gr. *kephalon* = cabeza + *kórmos* = tronco de árbol]. En morfología, la relación que existe entre los valores volumétricos del tronco y de la cabeza.

**cefaloespinal, índice:** [Gr. *kephalon* = cabeza + Lat. *spinalis* = perteneciente a la espina dorsal]. En *antropología física,* la relación que existe entre la superficie del agujero occipital expresada en milímetros cuadrados y la capacidad craneana expresada en mililitros. Según *Mantegazza* (v.), la cifra de este índice es más elevada cuando se refiere a las razas más desarrolladas.

**cefalogiro:** [Gr. *kephalon* = cabeza + Lat. *gyro* = doy vuelta]. Que hace girar la cabeza. Nombre con el cual, a proposición de *Grasset,* se designan los

centros, los nervios y los músculos rotadores de la cabeza.

**cefalometría:** [Gr. *kephalon* = cabeza + *métron* = medida]. En *antropología física* la medición metódica de la cabeza.

**cefalorbitario:** [Gr. *kephalon* = cabeza + Lat. *orbitalis* = que pertenece a la órbita]. En *antropología física,* relación que existe en el esqueleto entre la suma del volumen de las dos órbitas y la capacidad cerebral. Según *Mantegazza* (v.), este índice es tanto más débil cuanto más se relaciona con razas de mayor evolución.

**ceguera:** (Lat. *caecitas* = sin visión). Privación de la vista. **C. cortical,** ceguera debida a lesión de los lóbulos occipitales sin alteración del ojo. **C. literal,** variedad de ceguera verbal caracterizada por la abolición de la facultad de leer las letras del alfabeto, mientras que en la *ceguera verbal* el enfermo puede silabear las palabras que no puede leer. **C. musical,** variedad de ceguera verbal en la cual el enfermo no comprende la notación musical, que conocía. **C. psíquica,** trastorno psíquico descrito por *Freud* en 1888, que consiste en que los enfermos por él atacados no reconocen la naturaleza ni el uso de objetos que ven. Este trastorno ha sido observado en los afásicos sensoriales. **C. verbal,** trastorno descrito por *Kussmaul* (v.), en 1876, y que es la imposibilidad de comprender las ideas expresadas por escrito. Sinónimo. *alexia* (v.). **C. para los colores,** incapacidad total o parcial para distinguir o reconocer los colores cromáticos.

**celos:** [Lat. *zelosus* = cuidadoso]. Sentimiento de *celotipia* (v.).

**celotipia:** [Lat. *celo, -are* = ocultar]. Estado emotivo ambivalente con manifestaciones de odio y de agresión, algunas veces violentas, contra una persona amada porque demuestra afecto por otra, a la que es extendido el sentimiento de odio. **C. patológica,** cuando en la realidad falta el rival y se basa en fantasías. El *psicoanálisis* une las formas patológicas de la celotipia con el *complejo de Edipo* y con tendencias homosexuales.

**célula:** [Lat. *cellula* = celda]. Masa pequeña de protoplasma individualizada por un núcleo.

**celular, parasitismo:** V. *citotropismo.*

**cenestesia:** [Gr. *koinos* = común + *aisthesis* = sensibilidad]. Sentimiento vago que tenemos de nuestro ser con independencia del concurso de los sentidos; también sentimiento que tenemos de nuestra existencia, gracias a la sensibilidad orgánica vaga y débilmente consciente en estado normal, que deriva de todos nuestros órganos y tejidos, comprendidos los órganos de los sentidos.

**cenestopatía:** [Gr. *koinos* = común + *aisthesis* = sensibilidad + *páthos* = enfermedad]. Trastorno de la sensibilidad interna o común, descrito por *Dupre,* en 1907, que consiste en una sensación corpórea anormal, más molesta que dolorosa, que no se acompaña de depresión ni de delirio y resiste a cualquier terapéutica medicamentosa o psíquica. Es una *alucinación* (v.) de la sensibilidad común, análoga a las alucinaciones sensoriales.

**cenogénesis:** [Gr. *kaínos* = nuevo + *génesis* = origen]. La aparición de nuevos aspectos en el desarrollo como respuesta de adaptación a condiciones ambientales. Cf. *palingénesis.*

**censor:** [Lat. *censor* = el que establece tasas o castigos]. Término empleado por *Freud* (v.), para expresar de manera figurada la influencia de un agente endopsíquico selectivo, que funciona como una barrera para prevenir impulsos reprimidos, recuerdos e ideas que vienen a la conciencia.

**censura psíquica:** [Lat. *censura* = examen, parecer + Gr. *psiché* = espíritu]. Según el *psicoanálisis,* fuerza selectiva que actúa en conformidad con exigencias morales, y que suprime o deforma elementos inaceptables del contenido latente del sueño, con el objeto de volverlos irreconocibles o de hacerlos ovidar. **C.** *social,* v. *desaprobación social.*

**centil:** V. *percentil.*

**central:** [Lat. *centralis* = perteneciente al centro]. Que está en el centro. Contrario de periférico. Se aplica tanto al *encéfalo* (v.) como a la *médula espinal* (v.) (sistema nervioso central), en oposición al sistema nervioso periférico; también a la corteza cerebral, en oposición con el resto del sistema nervioso.

**centro:** [Lat. *centrum* = lugar o punto que hace el medio de una cosa]. **C. nervioso,** agrupamiento de células nerviosas en las que está localizada una función determinada. El mayor número de centros nerviosos está contenido en el *sistema nervioso central* (v.), y las uniones entre los centros permiten el desarrollo de actividades muy complejas. **Centros de proyección,** zona de la corteza cerebral en la que está localizada una función sensorial o motriz. **Centros de asociación,** amplias zonas de la corteza cerebral, con sede principalmente frontal, parietal y occipital, que no corresponden a una función sensorial localizada o motriz. Importancia particular para la vida mental presenta la región frontal de asociación. La denominación *centros de asociación* deriva del atribuir a esos centros la función de integración de las regiones motrices y sensoriales. **Centros del lenguaje,** regiones de la corteza cerebral, correspondientes a los lóbulos frontales, parietales y temporales del hemisferio izquierdo, que están relacionadas con el empleo simbólico del lenguaje. Su localización en el hemisferio izquierdo es independiente de la *dominancia lateral* (v.) derecha o izquierda. El primer centro del lenguaje fue el descrito por *Broca* (v.), lleva su nombre, y corresponde a la porción caudal de la circunvolución frontal inferior. V. *afasia.*

**centrosoma:** [Gr. *kéntron* = centro + *soma* = cuerpo]. Nódulo que a veces existe en el citoplasma de la célula, junto al núcleo; está rodeado por una masa de protoplasma *(esfera atractiva)* de donde parten filamentos dispuestos en rayos: el *aster.* Este conjunto o *centro celular* desempeña un papel importante en la división de la célula.

**cerebelo:** [Lat. *cerebellum,* diminutivo de *cerebrum* = cerebro]. División del cerebro, que se encuentra detrás del mismo y por encima del puente y del cuarto ventrículo. Consiste en un lóbulo mediano y dos lóbulos laterales, relacinados con otras porcines del cerebro por medio de tres pares de pedúnculos, el superior que lo une con el cerebro propiamente dicho, el medio con el puente, y el inferior con la médula. Al cerebelo concierne la coordinación de los movimientos.

**cerebeloso:** [Lat. *cerebellum,* diminutivo de *cerebrum* = cerebro]. Adjetivo que se refiere al cerebelo. **Ataxia c.,** inestabilidad en la posición de pie y durante la marcha *(marcha cerebelosa),* que se acompaña de un titubeo análogo al de la embriaguez, y que se observa en sujetos que presentan una lesión en el cerebelo, que puede ser primitiva o consecutiva de una meningitis, una encefalitis o un trastorno vascular. Aparece en el niño, asociada con hemiplejía infantil, o en la segunda mitad de la existencia. Se manifiesta por un síndrome cerebeloso puro y bilateral, de evolución lenta. **Síndrome c.,** conjunto de trastornos nerviosos determinados por lesiones del cerebelo y que se traducen por fallas en la coordinación de los movimientos, disimetría, asinergia, adiadocinesia, temblores, nistagmus, palabra entrecortada y trastornos del tono muscular.

**cerebración:** [Lat. *cerebrum* = cerebro]. Término que sirve para designar la actividad mental bajo su aspecto puramente cerebral. **C. progresiva,** los cambios sucesivos del sistema nervioso, a través de la filogénesis, que llevan al desarrollo y predominio del cerebro dentro del sistema nervioso.

**cerebrastenia:** [Lat. *cerebrum* = cerebro + Gr. *a* = negativo + *sthénos* = fuerza]. Forma clínica de la neurastenia, en la que predominan la cefalea, el insomnio, la depresión de las facultades mentales, la abulia y las fobias, Sobreviene a causa de un *surmenage* (v.) intelectual.

**cerebro:** [Lat. *cerebrum*]. Porción principal del *encéfalo* (v.), constituida por los dos hemisferios cerebrales, unidos por el cuerpo calloso, y que constituye la parte mayor del sistema nervioso central en el hombre. Ocupa la parte superior del cráneo. **C., lavado del,** v. *persuasión coercitiva.* **C. triunfo,** concepto según el cual el cerebro anterior estaría formado por tres sistemas cognitivos que evolucionaron por separado y que, hasta cierto punto, funcionan de manera independiente.

**Cerletti y Bini, método de:** V. *electrochoque.*

**cero:** [Primera letra de la palabra. Gr. *oudén* = nada]. Cifra en forma de 0 que por sí misma no designa ningún valor, pero que, en virtud del principio de posición de nuestro sistema numérico, decupla el valor de las cifras que se encuentran a su izquierda. **C., punto,** punto de donde se parte para contar, medir o apreciar la extensión o el desarrollo de una cosa.

**chalona:** [Gr. *kalon* = freno]. Producto endocrino que tiene por efecto inhibir otro órgano distinto de aquél que lo produce o de disminuir su actividad. Según algunos sería más correcto denominarlo *antihormona.*

**chance:** [Fr. *chance* = ocasión, suerte]. En sentido estadístico, la probabilidad teórica de que ocurra un acontecimiento, calculada en base de la teoría matemática de la probabilidad.

**chi cuadrado:** Índice que permite la confrontación entre una distribución de datos experimentales y una distribución teórica, para valorar si factores sistemáticos han operado sobre los datos del experimento.

**choque:** [Fr. *choc* = golpe]. Sacudida brusca del sistema nervioso caracterizada por estupor, hipotermia, colapso cardiovascular, y a veces también convulsiones con pérdida del conocimiento, que desemboca tanto en la muerte como en la curación súbita. **Ch., terapéutica de,** tratamientos médicos que se basan en la producción de choques: electrochoque, insulinoterapia, etc.

**cianhídrico, ácido:** Pequeña molécula reactiva formada en la atmósfera primitiva de la Tierra.

**cibernética:** [Gr. *kybernetiké* = arte de gobernar]. Nombre dado por *Ampère* (v.) a la parte de la política que se ocupa del arte de gobernar. Desde 1947, con *Alfredo Wiener,* «ciencia de los aparatos de gobierno o de comando, de los que el sistema nervioso es uno de ellos, o a lo sumo un caso particular». La cibernética estudia la distribución de las órdenes, los funcionamientos de las comunidades y de los controles entre los seres vivos, en las comunidades animales y en las máquinas automáticas.

**ciclofrenia:** [Gr. *kyklos* = círculo + *phren* = diafragma]. V. *ciclotimia.*

**cicloidía:** [Gr. *kyklos* = círculo + *eídos* = forma]. Estado análogo a la ciclotimia. Para muchos autores la *ciclotimia* (v.) es sinónimo de este término [se opone al *esquizoide* (v.)]. Para *Kretschmer* (v.), la cicloidía es un carácter patológico más marcado que la ciclotimia.

**ciclostenia:** [Gr. *kyklos* = círculo + *sthénos* = fuerza]. Forma atenuada de la psicosis maniacodepresiva, caracterizada por pequeños estados de astenia y de hipomanía periódicos, que se producen sin causa conocida, especialmente sin causa moral.

**ciclotimia:** [Gr. *kyklos* = círculo + *thimós* = estado de espíritu]. Anomalía psíquica caracterizada por la alternancia de períodos de excitación, con euforia e inestabilidad motriz, y períodos de depresión melancólica. Algunos autores hacen de la ciclotimia una forma atenuada de la locura circular o *psicosis*

*maniacodepresiva* (véase). Otros la consideran una constitución psíquica especial sobre la cual pueden injertarse los accidentes de la locura circular.

**ciencia:** [Lat. *scientia* = el saber]. Conocimiento cierto y natural sobre la naturaleza de las cosas o sus condiciones de existencia. En sentido concreto: *una ciencia,* conjunto de conocimientos adquiridos y organizados metódicamente. **Ciencia aplicada,** disciplina que tiene por finalidad adaptar los conocimientos teóricos a la obtención de un fin práctico. **Ciencias del espíritu,** v. *ciencias humanas.* **Ciencias humanas,** las ciencias que estudian al hombre.

**científico:** [Lat. *scientia* = el saber]. Que representa los caracteres de una ciencia. **Espíritu c.,** conjunto de disposiciones intelectuales y morales que obligan al culto de la verdad y solamente la verdad, ya sea establecida por la demostración racional o por el control experimental.

**cinesis:** [Gr. *kinesis* = movimiento]. Véase *cariocinesis.*

**cinestesia:** [Gr. *kínesis* = movimiento + *aisthesis* = percepción]. Los componentes del conjunto sensorial *propioceptivo* (v.) que informan sobre las actividades musculares. Sin. *sensaciones cinéticas,* que se refieren con más propiedad a los datos de la información cinestésica, en tanto que la cinestesia indica el sentido.

**cinestésica, respuesta:** *Rorschach* (v.) emplea el término cinestesia con referencia a las impresiones de movimiento como facor de las interpretaciones de sus *planchas.* Sólo toma en consideración el movimiento humano y de algunos animales subhumanos con conductas similares a las del hombre. Véase *Rorschach, prueba* o *test de las manchas de tinta de.*

**cinética, división:** V. *cariocinesis.*

**cinética, sensación:** V. *cinestesia.*

**cinofobia:** [Gr. *kyon* = perro + *phóbos* = miedo]. Miedo mórbido (fobia) a los perros.

**circundante, medio:** [Lat. *circumdare* = cercar, rodear]. Expresión empleada por los psicólogos y sociólogos para designar no tanto lo que rodea físicamente al individuo como lo que existe para él, lo que sobre él ejerce una cierta acción de orden moral.

**citoplasma:** [Gr. *kytos* = célula + *plásso* = modelar]. Interior de la célula, excluido el núcleo.

**citotropismo:** [Gr. *kytos* = célula + *tropos* = movimiento]. Estado de algunos gérmenes o virus que solamente pueden vivir en el interior de células vivientes (virus de la rabia, herpes, agente del tracoma, de la viruela, etc.). Sin. *parasitismo celular.*

**civilización:** [Lat. *civilis* = perteneciente a los ciudadanos]. Conjunto de fenómenos de naturaleza social que corresponden a un grupo étnico o nacional, que abarca la religión, la ética, el arte, la ciencia, la técnica. Por lo general las diversas civilizaciones se influyen en diversos grados y hasta llegan en algunos casos a fundirse.

**clan:** [Celt. *clan* = familia]. Término celta, tomado del sistema familiar de Irlanda, de Gales y de Escocia, y adoptado por los sociólogos para designar de manera general el grupo social llamado «primitivo».

**clariaudiencia:** [Lat. *claritas* = resplandor + *audio, -ire* = oír, escuchar]. Según la *parapsicología*, capacidad de percibir sonidos o voces objetivos sin el empleo del sentido del oído.

**clarificación:** [Lat. *clarificatio* = dar brillantez]. Según el *psicoanálisis*, aprendizaje por parte del paciente de algunas características de la propia personalidad, que acaece como resultado del tratamiento a que se le somete.

**clarividencia:** [Lat. *claritas* = resplandor, luz + *video* = ver]. Para la *parapsicología*, capacidad excepcional de percibir objetos o acontecimientos sin la intervención de los órganos de los sentidos. Por ejemplo, la lectura de cartas cerradas. A veces se lo emplea como sinónimo de *criptestesia* (v.).

**claror:** [Lat. *claror* = resplandor, luz]. Atributo de la percepción del *color objectual*, por el cual éste puede ser ubicado en la serie que va del negro al blanco. Está en relación con la intensidad del *estímulo* (v.).

**clase:** [Lat. *classis* = orden, grado en que se divide algo]. **Clase social,** conjunto de individuos que son parte de una sociedad, tienen en común características sociales (posición, educación, ocupación, necesidades, aspiraciones, etc.) y que en mayor o menor medida regulan sus relaciones con otros individuos que son parte de otras clases sociales. **Clase diferencial,** clase para los alumnos de la escuela primaria que, por defecto mental leve, rasgos caracterológicos o neuróticos, disauxias, desajuste ambiental, etc., no se pueden adaptar fácilmente a los métodos comunes de enseñanza y a las exigencias de la disciplina escolar. De preferencia se las intercala en las escuelas comunes.

**clasificación:** [Lat. *classis* = clase]. La acción de distribuir un conjunto de objetos del pensamiento en clases o categorías sistemáticamente ordenadas y jerarquizadas.

**claustrofobia:** [Lat. *claustrum* = encerrado + *phóbos* = miedo]. Miedo patológico de estar confinado en un espacio restringido o de permanecer en un local demasiado lleno de personas. Por el *psicoanálisis*, se relaciona con fantasías relativas a la vida intrauterina y a la experiencia del nacimiento. El espacio temido simbolizaría el útero.

**cleptomanía:** [Gr. *kléptein* = robar + *mania* = locura]. Tendencia mórbida a robar que se presenta como impulsión consciente y angustiante en los débiles mentales, los perversos, los histéricos, los epilépticos, etc. También aparece como acto in-

consciente en los paralíticos generales, los dementes, los idiotas, etc.

**clima:** [Gr. *klíma*]. Conjunto de las condiciones meteorológicas de un lugar, consideradas en sus relaciones con la vida de los seres organizados que allí habitan, y en particular del hombre.

**climatérico:** [Gr. *klimaktér* = escalón, etapa de la vida difícil de franquear]. Que se relaciona con el *climaterio* (v.).

**climaterio:** [Gr. *klimaktér* = escalón, etapa de la vida difícil de franquear]. Edad crítica, que corresponde a la *menopausia* (v.).

**climático:** [Gr. *klíma* = clima]. Que se relaciona con el clima.Como sustantivo femenino designa el estudio del empleo terapéutico de los diversos climas.

**clínica:** [Gr. *klinikos* = que concierne al lecho]. En *psicología,* como en *medicina,* significa que ' se atiende a la observación del sujeto sin recurrir a las técnicas de la psicología o la medicina de laboratorio.

**clónico:** [Gr. *klónos* = agitación]. Convulsión caracterizada por una serie de contracciones musculares rápidas, más o menos regulares, que producen grandes movimientos. V. *mioclonia*.

**cloroplasto:** [Gr. *klorós* = verde + *plássein* = formar]. Pequeño órgano interno de la célula vegetal que encierra la clorofila.

**clusters:** [Ingl.]. Palabra inglesa que en biología y en psicología se usa con el sentido de grupo, de agrupamiento.

**coacervado:** [Lat. *coacérvatus* = amontonado]. Gotita microscópica formada por la aglomeración de numerosas macromoléculas hidratadas.

**cocainomanía:** [*cocaína* + Gr. *mania* = locura]. Hábito morboso de la cocaína, habiéndose transformado la necesidad de ese medicamento en impulsión tanto más imperiosa cuanto mayor es la intoxicación.

**cociente:** [Lat. *quotiens* = en qué número]. Producto de la división. **C. intelectual** (C. I.), relación de la edad mental con la edad real del sujeto. Un niño de 10 años de edad real que, según los tests o pruebas, se encuentra en el nivel medio de los niños de 14 años, tiene como C. I. = 14/10 = 1,40. En el caso inverso, su C. I. sería: 10/14 = 0,71. La forma más corriente es tomar a 100 como media, lo cual en tal caso da, en lugar de 1,40 y de 0,71, 140 y 71. **C. con desviación,** C. I. que tiene media de 100 y desviación estándar en la escala de *Wechsler* (v.) de 15 o en la escala de *Stanford-Binet* de 16. Este C. I. sustituye al obtenido de la manera tradicional, sobre todo en la medida de la inteligencia del adulto. **C. de inteligencia práctica** (C. I. P.), v. *Alexander, escala de*. **C. de desarrollo motriz** (C. D. M.), v. *Oseretsky, escala de desarrollo motriz de*. **C. social** (C. S.), v. *Vineland, escala de madurez social de*. **C. conceptual** (C. C.), relación de una edad denominada conceptual y determinada por los tests o pruebas de razonamiento, con una edad de vocabulario determinada por un test de sinónimos.

**cóclea:** [Lat. *cochlea* = caracol]. La parte del oído interno así denominada porque tiene la forma de un canal en espiral que contiene los receptores verdaderos y propios para la audición.

**codeterminante:** [Lat. *co* = con, junto + *determino* = determinar]. Lo que concurre para determinar un fenómeno particular. Con referencia a la *conducta* (v.), lo que ayuda a determinar su naturaleza.

**código, test o prueba del:** [Lat. *codexicis* = código]. Tipo de prueba mental en la que al sujeto se le exige traducir un código secreto, cuyos principios de construcción le han sido facilitados.

**coeficiente ponderal:** [*co* y *eficiente;* Lat. *ponderale* = peso]. Coeficiente obtenido por *Pende* (v.), y que resulta de dividir la talla de un sujeto por su peso; el promedio es de 2,71 para los adultos varones. Es tanto mejor cuanto más bajo es. Sin. *relación de Pende.*

**cofemia:** [Gr. *kophos* = sordo]. Desaparición completa del sentido del oído.

**cogemelos, método de control de los:** Método para el estudio de los procesos de maduración en el hombre, que consiste en que es impartida una enseñanza particular a uno de los miembros de una pareja de gemelos univitelinos, pero no al otro. Manteniéndolos separados se puede observar cómo procede el desarrollo cuando no tiene lugar la enseñanza, y cuáles son los límites que impone la herencia a los procesos de aprendizaje.

**cogitación:** [Lat. *cogitatio* = acto de pensar]. Término que en la *psicología clásica* servía para designar los procesos del pensamiento espontáneo y sus asociaciones fantasiosas o incoherentes.

**cogito:** [Lat. reflexionar, pensar]. «Cogito ergo sum» (Pienso luego existo). Marcha de la deducción cartesiana (v. *Descartes*) que se encuentra especialmente en el «Discurso del método» y en la «Segunda meditación», y que fundamenta la realidad del alma en partiendo de la existencia actual del pensamiento. Para *Kant* (v.) por su potencia unificadora el *cogito* permite la unidad de la persona y podría reducirse a la fórmula «Pienso luego las cosas existen».

**cognición:** [Lat. *cognoscere* = conocer]. El conocimiento. El acto y la capacidad de conocer.

**cognitivo:** [Lat. *cognitus, de *cognoscere* = conocer]. Lo que concierne al conocimiento.

**cognitivos, procesos:** [Lat. *cognosco* = percibir el entendimiento + *processus* = ir o pasar adelante]. Todos los procesos que llevan a un conocimiento, entendidos desde el punto de vista funcional como guía de la conducta. En *psicología clínica* son estudiados indirectamente con las pruebas de inteligencia. V. *inteligencia.*

**cohesión:** [Lat. *cohaerere* = mantener juntos]. El grado diverso de *motivación* (v.) que mantiene más

o menos estrechamente unidos a los componentes de un grupo determinado en relación con su función específica.

**colapso:** [Lat. *cum* = con + *lapsus* = caída]. Caída rápida de las fuerzas, a consecuencia de la cual los movimientos se vuelven penosos, la palabra débil, el pulso deprimido, las funciones psíquicas confusas; es una situación intermedia entre el *síncope* (v.) y la *adinamia* (v.).

**colectividad:** [Lat. *collectivus* = que tiene la virtud de recoger]. Término que se aplica a cualquier agregado de personas que tienen o pueden tener orígenes comunes, aunque las relaciones entre tales personas no correspondan a las condiciones de una organización durable. Cuando se lo emplea en *psicología social,* se especifica la naturaleza del grupo, el grado de su organización, etc., para evitar la ambigüedad del término.

**colectivo:** [Lat. *collectivus* = reunido]. En *sociología,* que comprende o concierne a un determinado número de personas.

**cólera:** [Gr. *cholé* = bilis]. Emoción que resulta del sentimiento de haber sido herido por otro, y que provoca un impulso de venganza.

**coloquio:** [Lat. *colloquium* = conversación, conferencia]. Conversación, en una atmósfera de confidencia, dirigida a obtener sistemáticamente datos que brindan una información sumaria de *actitudes* (v.) particulares y de los motivos sociales más determinantes y conflictos de motivos. Esto permite un juicio psicológico para la *selección* (v.) y *orientación* (v.) profesional, que debe ser completado con pruebas objetivas (pruebas de inteligencia, de aptitudes, etc.). En *psicología clínica* sirve para recoger noticias particulares que pueden orientar de manera indirecta sobre el paciente. Sin. *entrevista* (v.), término que no es aconsejable por su significado periodístico.

**color:** [Lat. *color* o *colos* = el color, adorno]. Término que indica los atributos de las percepciones visivas que son diversas de las de forma y las temporales. **C. acromático,** color que no presenta el atributo del *tono* (v.) y que pertenece a la serie negro-gris-blanco. **C. cromático,** color que presenta el atributo del *tono* (v.), y que se contrapone a la serie negro-gris-blanco o colores acromáticos. **C. de superficie,** el que corresponde a la superficie de un objeto. Junto con el *color* de *volumen* (v.) es uno de los modos de aparición del *color objectual* (v.). **C. de volumen,** color que ocupa un espacio tridimensional: una masa líquida coloreada, etc. Junto con el *color de superficie* (v.) es uno de los modos de aparecer del *color objectual* (v.). **C. de película,** el que aparece como una película sin espesor que se encuentra ubicada a una distancia indefinida. Por ejemplo, el que se ve desde la abertura de una pantalla. **C. objectual,** color percibido como característica de un objeto. **Colores, ceguera para los,** v. *ceguera para los colores.* **Colores complementarios,**

pareja de colores que mezclados en una proporción dada son percibidos como *colores acromáticos* (v.).

**Columbia, escala o test de madurez mental de:** Prueba individual que brinda una valoración de la capacidad de inteligencia de los niños con una serie de pruebas homogéneas. No requiere repuestas verbales y exige un mínimo de actividad motriz. Fue elaborada para el examen de niños con *debilidad intelectual* (v.) y con trastornos motores. Puede ser administrada a niños normales, a niños con defectos mentales, con trastornos motores de naturaleza diversa, afásicos y sordos. Se basa en el reconocimiento del principio de *organización de dibujos*. V. *forma, teoría de la.*

**coma:** [Gr. *koma* = adormecimiento]. Estado mórbido caracterizado por adormecimiento profundo con pérdida total o parcial de la inteligencia, de la sensibilidad y de la movilidad, y conservación de las funciones circulatoria y respiratoria.

**combinación, prueba o test de:** Tipo de prueba de inteligencia, creada por *Ebbinghaus* (v.), y cuyo principio es el de las frases incompletas para completar.

**comicial:** [Lat. *comitialis* = compañero; los compañeros se separan cuando sobreviene un ataque de epilepsia]. Adjetivo que se aplica a lo que se relaciona con la epilepsia. *Morbus comitialis, mal comicial*. V. *epilepsia.*

**cómico:** [Lat. *comicus* = relativo a la comedia]. Cualidad del arte o de la naturaleza que suscita alegría y risa con la asignación o irracional de situaciones. Para el *psicoanálisis*, lo cómico deriva de una economía en la actividad del pensamiento que nos lleva a las condiciones de la vida infantil.

**compasión:** [Lat. *compassio* = comunidad de sufrimientos]. Estado afectivo por medio del cual se toma parte en el sufrimiento o desgracia de los demás.

**compensación:** [Lat. *compensatio* = resarcimiento, recompensa]. Actividad que tiende a suplir defectos que se manifiestan en las relaciones con el ambiente social, y a establecer una relación de equilibrio adecuada a la deficiencia. Para *Adler* (v.), hay compensación cuando el individuo suple con facultades psíquicas aumentadas una inferioridad orgánica real. El *psicoanálisis* destaca el carácter por lo menos parcialmente inconsciente de la compensación, que considera un mecanismo de defensa. **C. sensorial,** empleo intensificado de sentidos indemnes, a consecuencia de la pérdida de otro órgano de los sentidos. **C. superior,** esfuerzo compensador que lleva a destacarse en un campo en el que se encontraba en dificultad por estar privada o haber perdido algunas características importantes, físicas o psicológicas. A veces se emplea como sinónimo de *sobrecompensación* (v.), pero este término posee un significado más general

y se refiere exclusivamente al psicoanálisis y, sobre todo, a la teoría de *Adler* (v.).

**competición:** [Lat. *competitio* = concurrencia de los que pretenden una misma cosa]. Contienda con oposición, que no acude al empleo de la fuerza, generalmente mutua, entre dos o más personas, o entre grupos, para alcanzar metas que no pueden ser divididas con otros o que parece no pueden ser compartidas. Excluye siempre el conflicto abierto, aunque pueda estar latente.

**complacencia:** [Lat. *complacentia* = agrado]. Sentimiento agradable de satisfacción; satisfacción por uno mismo.

**complacencia somática:** [Baj. lat. *complacentia* = agrado + Gr. *somatikós* = corporal]. Término del *psicoanálisis*, que se refiere al empleo, con fines de la formación del síntoma de *conversión* (v.), de un órgano que por debilidad constitucional o por enfermedad adquirida constituye un *locus minoris resistentia* (v.).

**complejización:** [Fr. *complexification*]. Neologismo que explica el proceso que lleva a una mayor complejidad o el resultado de este proceso.

**complejo:** [Lat. *complexus*, p. de *complector* = abrazado, comprendido]. Término del *psicoanálisis*, que indica a un grupo de ideas asociadas con fuertes cargas emotivas, reprimidas en parte o enteramente, porque se encuentran en conflicto con otros grupos de ideas conscientemente aceptadas por el individuo. Es incorrecto su empleo como sinónimo de *conductas anómalas*. **C. nuclear,** para el *psicoanálisis*, los que constituyen la base de cualquier neurosis, o sea del complejo de *Edipo* y el de *castración* (v.). **C. paterno,** locución que corresponde al complejo de *Edipo* (v.) masculino o femenino. También se emplea con el mismo sentido la locución *fijación con el padre*.

**complejo R.:** Vid. *complejo reptílico.*

**complejo reptílico:** La porción evolutivamente más primitiva del cerebro anterior humano, y que en los reptiles es la porción evolutivamente más desarrollada de su sistema nervioso.

**complementario:** [Lat. *complementum* = que llena, colma algo]. Lo que tiene la cualidad de servir como complemento o de suplir deficiencias.

**complemento, prueba o test de:** Prueba constituida por material al que faltan partes y que es presentada al examinado para que la complete. Puede tratarse de frases carentes de algunas palabras, de letras, de relatos inconclusos, de dibujos geométricos, etc. Puede emplearse como la técnica proyectiva cuando el material presentado constituye una situación-estímulo insuficientemente estructurada. V. *Rosenzweig, prueba de frustración de. Düss, método de las fábulas de.*

**comportamiento:** [Lat. *comportare*, de *cum* = con + *portare* = llevar]. Cualquier acción o reacción que una persona manifiesta con respecto al ambiente. A veces implica la valoración subjetiva de una conducta (v.). En el uso de la psicología general y experimental la actividad global de un organismo, considerada únicamente en sus manifestaciones objetivas, que pueden ser sometidas a un examen sistemático y a mediciones con procedimientos directos. A veces la psicología, por influencia del conductismo (v.), es definida como *ciencia del comportamiento,* lo cual es un error tanto teórico como práctico. V. *psicología.* C. colectivo, el aspecto global y los aspectos particulares de la actividad de una colectividad o de un grupo social que se pueden estudiar de manera directa. C., desorganización emotiva del, estado de mayor o menor defecto de eficiencia del organismo, que se produce cuando una emoción es demasiado intensa, está postergada o es repetida, y el individuo pierde el control de la propia actividad. C. no observable, locución general que se refiere a todas las actividades de un organismo que no pueden ser observadas desde el exterior. C. operante, según *Skinner,* comportamiento diverso del que se verifica bajo control directo con un estímulo específico y que aparece espontáneo. C. observable, locución general que se refiere a todas las actividades de un organismo que pueden ser observadas desde el exterior. C., ciencias del, locución corriente en los Estados Unidos de Norteamérica para indicar las disciplinas que aplican el método científico al estudio de la conducta humana. C. social, cualquier comportamiento que implique una alteración en el ámbito social de individuos o grupos. C., terapéutica del, tratamiento directo del comportamiento anormal, asentado sobre principios del aprendizaje que pueden ser controlados con el experimento y sometidos a pruebas y a verificaciones. Cf. *conducta.*

comprensión: [Lat. *comprehendere* = abrazar, ceñir]. Conocimiento que se extiende a una valoración más o menos profunda del significado de los objetos, cualidades, etc., con referencia a condiciones, a causas y efectos y a otras relaciones, en la medida necesaria para la solución adecuada de problemas correspondientes a la vida individual y social. V. *aprensión.*

compromiso, solución de: [Lat. *compromissum* = convenio entre litigantes]. Fusión de las exigencias de dos motivos opuestos en la solución de un conflicto. En *psicoanálisis* también habla de *formación de compromiso,* porque la formación de los síntomas neuróticos sería considerada como un compromiso entre fuerzas opuestas que se encuentran en conflicto.

compulsión: [Lat. *compulsio* = apremio o fuerza que se hace a alguno]. Fuerza interna irresistible que obliga a realizar un acto, a veces contra los deseos del individuo. C. de repetición, para el *psicoanálisis,* tendencia orientada a restaurar, en situaciones particulares, fenómenos por lo común superados que caracterizan al desarrollo individual. Se mani-

festarían en los fenómenos de *regresión* (v.) y de *fijación* (v.), que serían muy evidentes en los niños, aunque también se notarían en las neurosis de los adultos.

comunicación: [Lat. *communicatio* = acción de hacer conocer]. En *psicología,* estado en el que parecen más o menos levantadas las barreras que separan una conciencia de otra, y que permite la comunión de ideas, sentimientos, etc. En *cibernética,* la acción de transmitir algo, por algún medio, a alguien.

comunicación: [Lat. *communicatio* = participación, participado]. Transmisión de información de un organismo a otro por medio de símbolos, que hace posibles las relaciones entre los individuos componentes de un grupo, entre éstos y otros grupos, y con ello la coexistencia humana. Los símbolos pueden ser mímicos, verbales, gráficos, etc.

comunidad: [Lat. *communitas* = comunión, compañía, unión]. Grupo natural de organismos diversos que habitan en un ambiente común, en condiciones comunes de vida. Se acostumbra utilizar este término como correspondiente a *sociedad* (v.), *grupo* (v.), pero este empleo es incorrecto.

comunidad: [Lat. *communitas* = carácter de lo que es común]. En sociología, foma particular de agrupamiento social o de sociabilidad. Según Tönnies, la comunidad se opone a la sociedad.

comunidad biótica: *Biocenosis* (V.)

conación: [Lat. *conatio* = esfuerzo]. Conjunto de procesos psíquicos que desembocan en la acción: la atención, la voluntad, etc. V. *cognición.*

concepción: [Lat. *conceptio* = generación]. Proceso que mediante la fecundación del huevo da lugar en los animales ovíparos a la formación de uno o más individuos nuevos, determinándoles el sexo y la carga hereditaria.

concepto: [Lat. *conceptus,* p. p. de *concipio* = formar idea, discurrir]. Representación simbólica que se refiere a más de un objeto o evento de nuestra experiencia. Los conceptos condensan los datos de la experiencia y transportan a un símbolo lo aprendido sobre las propiedades de una cosa. Conceptos, formación de los, formación de símbolos que abarcan las propiedades comunes de diversos objetos o eventos de nuestra experiencia. El proceso de formación de los conceptos es una forma de *aprendizaje* (v.), que se expresa con la capacidad de emplear símbolos. C., símbolo de un, locución que señala el conjunto de relaciones comunes a una clase de objetos.

conceptualismo: [Lat. *conceptus* = el fruto de la concepción mental]. Doctrina de acuerdo con la cual el conjunto es una realidad mental distinta de las palabras. Se opone a *nominalismo* (v.).

conciencia: [Lat. *consciencia* = conocimiento compartido con otro]. Capacidad que tiene el hombre de conocer inmediatamente sus estados o actos internos, así como su valor moral, y éste conocimiento en sí mismo. C. del propio estado, locución

de la *psiquiatría* para indicar que un paciente está
en capacidad de valorar aproximadamente las
condiciones de sus funciones mentales, con relación
a desórdenes mentales. **C. moral,** capacidad de una
persona de juzgar los propios actos en relación con
normas morales que aprendió con la enseñanza, la
experiencia y la imitación. **C., pérdida de la,** estado
patológico de naturaleza diversa y por lo común de
breve duración, en el cual se presupone está
suspendida cualquier actividad de la que el paciente
puede ser consciente. **C., toma de,** locución propuesta por *Claparède* (v.), para indicar el proceso
por el cual una actividad, que se desarrolla
espontánea y automáticamente, entra en la vida
mental de manera que se tiene conciencia de la
misma. **C., presente a la,** atributo fundamental de lo
que es consciente, o sea, de lo que abarca cualquier
aspecto de la experiencia de nuestra cida. **C.
perceptiva,** característica de la actividad perceptiva
por la cual los objetos de la percepción conservan
en grado diverso su apariencia, con relativa
independencia de las variaciones de los estímulos
respectivos.

**conciente:** [Lat. *conscius* = consabedor]. Que tiene
conciencia de una actividad por él desarrollada o
conocida. Para el *psicoanálisis,* este término indica
la cualidad psíquica que está contrapuesta al
*inconsciente* (v.).

**concreción:** [Lat. *concretio* = agregación]. En *psicología,* formación de una representación compleja por
medio de la fusión de datos elementales.

**concreto:** [Lat. *concretus* = formado por agregación
o condensación de partes]. Por oposición a *abstracto* (v.), que considera o designa al sujeto, esto es, al
ser real y no alguna cualidad del mismo.

**condensación:** [Lat. *condensatio* = el efecto de esperar, de dar consistencia]. Según el *psicoanálisis,*
proceso inconsciente de fusión de varios elementos
ideativos que se produce en los síntomas neuróticos
y preferentemente en el sueño, en el cual un
elemento del contenido manifiesto puede corresponder a diversos pensamientos latentes.

**condición:** [Lat. *conditio* = intimado, de acuerdo].
Circunstancia sin la cual un acontecimiento no
hubiera podido verificarse. Las condiciones no se
distinguen de las *causas* (v.) salvo en la apreciación
que les es concedida. **C. (como modo de ser),** cuando
se lo emplea con el significado de modo de ser, de
estado: buena o mala condición, condición social,
patológica, etc.

**condicionado:** [De *condicionar*]. El individuo en el que
ha sido desarrollado un reflejo condicionado;
también de manera más general, de un individuo
que ha sido sometido a una preparación particular
para una prueba cualquiera, o de un objeto
modificado con fines determinados: *aire condicionado,* etc. V. *reflejo condicionado.*

**condicionamiento:** [Lat. *conditio* = según circunstan-
cias]. Proceso por el cual una respuesta es desenca-

denada por un estímulo, objeto o situación que no
corresponde al estímulo, objeto o situación natural
que debe provocar las respuestas. El término fue
inicialmente empleado con referencia a los *reflejos*
(v.). **C. operante,** v. *aprendizaje por condicionamiento instrumental.* **C. instrumental,** v. *aprendizaje por
condicionamiento instrumental.*

**Condillac, estatua de:** *Condillac (v.)* publicó en 1774
su *Traité des Sensations.* Profundamente marcada por el empirismo de *Locke* (v.), la filosofía de
Condillac es un *sensualismo (v.)* puro, una doctrina
de la sensación transformada. Utiliza un artificio,
suponiendo una estatua organizada interiormente
como el hombre, pero animada por un espíritu
privado de cualquier idea. Por lo demás, su
envoltura de mármol le impide comunicarse con
todos los sentidos con el mundo exterior. Progresivamente le concede el uso de sus diferentes
sentidos, comenzando por el olfato. Si se presenta a
la estatua una rosa, estaría completamente invadi-
da por las sensaciones del perfume de la rosa, sería
toda olor de rosa, y sólo después, por un trabajo del
espítitu, proyectaría al exterior su sensación como
algo provocado, y la uniría con otras sensaciones
(color de la rosa, forma) para llegar a tener la idea
de un objeto exterior: la rosa, que en ella provocó
esas sensaciones.

**condillacismo:** [De *Condillac*]. Doctrina de *Condillac*
(v.), caracterizada por las tesis siguientes: el alma es
una sustancia simple, modificada de manera diferente según las impresiones que se dan en las partes
del cuerpo; todos los fenómenos y todas las
facultades del espíritu resultan de un solo fenómeno elemental, a la vez afectivo y representativo, la
*sensación;* la realidad que una idea general tiene en
la inteligencia sólo consiste en un nombre; toda
ciencia es una lengua bien construida; el análisis es
un instrumento esencial.

**condrioma:** [Gr. *chóndros* = cartílago]. Término con
el que se designa al conjunto de formaciones que
están diseminadas en el protoplasma de la célula.
Los condriomas se presentan bajo la forma de
granos aislados *(mitocondrios)* o agrupados en
conos *(condriomitos)* o en bastones *(condriocon-
tos)* y desempeñan un papel energético en la actividad celular.

**conducta:** [Lat. *conductus* = conducir, llevar]. Modo
de conducirse una persona en las relaciones con los
demás, según una norma moral, social, cultural.
También se refiere a la conducta global de un grupo
social en sus relaciones para con otro. A veces se lo
emplea como sinónimo de *comportamiento* (v.),
pero es incorrecto, pues la conducta siempre
implica una actividad consciente. **C. desviadora,** la
que se aleja de los modelos morales, sociales,
culturales que son generalmente aceptados por el
grupo al que pertenece el individuo. Se aplica en
estadísticas cuando se trata de conductas que se
alejan de una posición media. V. *desviación.* **C.**

**social,** la conducta considerada desde el punto de vista del juicio moral y que implica una interacción en el ambiente social de individuos o de grupos.

**conductibilidad:** [Lat. *conductus* = conducir]. Propiedad de algunos tejidos de propagar una excitación recibida. **C. nerviosa,** conductibilidad del tejido nervioso.

**conductismo:** [Lat. *conduco* = conducir, llevar]. Teoría debida a *J. B. Watson* (v.), dada a conocer en 1913 y sometida a sucesivas reelaboraciones. Circunscribe el campo de la psicología al estudio del *comportamiento* (v.) y limita su tarea a la investigación, mediante métodos objetivos, experimentales y de observación, de las respuestas motrices o glandulares a estímulos conocidos. Como reacción que es al *introspeccionismo* (v.), el conductismo tiende al estudio del individuo en su conjunto, y de hecho, al reducir la vida mental a un mecanismo de reflejos, constituye una concepción muy elemental de la misma. El término *conductismo* a veces es empleado en lugar de la locución *psicología objetiva* (v.), pero este uso es incorrecto, pues esta locución tiene un significado más amplio y completo.

**conductoras:** [Lat. *conductor* = que lleva]. Expresión con la que en *biología* se designa a las mujeres que poseen y transmiten *genes* (v.) patológicos sin presentar manifestaciones de la enfermedad: daltonismo, hemofilia, etc.

**confabulación:** [Lat. *confabulatio* = coloquio]. *Fabulación* (v.) delirante.

**confiable:** [De *confiar*]. En psicometría, se dice de la prueba o test en la que se puede confiar porque ha sido sometida a los debidos controles.

**conflicto:** [Lat. *conflictu* = choque]. Oposición entre impulsos o deseos contradictorios, que por regla general producen tensión emotiva, a veces profundamente desagradable. **C. alejamiento-alejamiento,** el conflicto en el cual una persona se encuentra simultáneamente entre dos metas negativas y procura evitarlas. Para *Lewin* (v.), es uno de los modelos básicos de las situaciones de conflicto. **C. de acercamiento,** conflicto en el cual un individuo está, al mismo tiempo, atraído y rechazado, aproximadamente en igual medida, por una meta que puede considerarse ambivalente. Según *Lewin* (v.), es el más importante de los modelos básicos del conflicto. **C. de acercamiento-acercamiento,** conflicto en el cual una persona está motivada positivamente y al mismo tiempo para dos metas que son completa o parcialmente incompatibles. **C. mental o psíquico,** contraste del que se es consciente, entre motivos opuestos, que pueden derivar de las más diversas necesidades, deseos o tendencias. Según el *psicoanálisis,* nunca podría constituir un factor causal de neurosis aunque se manifieste en algunas formas neuróticas. **C. neurótico,** término del *psicoanálisis,* que sirve para indicar el contraste entre exigencias de carácter instintivo y una tendencia que procura impedir su satisfacción y da lugar a los síntomas neuróticos.

**conformismo:** [Lat. *conformo* = ajustarse, acomodarse a la voluntad de otro]. Término vago con el que se indica una presunta tendencia a ser adquiescente con las costumbres y orientaciones que predominan en el grupo sociocultural en que se vive. En *psicología* es preferible en cada caso preciso hablar de *complacencia* (v.), *sumisión* (v.) *imitación* (v.), etc.

**confusión mental:** Síndrome psíquico caracterizado por disolución más o menos completa de la conciencia con estado estuporoso, ideación difícil y obnubilación intelectual. Por lo común es pasajera y seguida de *amnesia lagunar* (v.). Por lo general es de origen tóxico o infeccioso.

**congénito:** [Lat. *cum* = con + *genitus* = engendrado]. Que depende de la organización del individuo tal cual es en el momento de su nacimiento. **Enfermedad congénita,** enfermedad adquirida durante la vida intrauterina y que persiste después del nacimiento.

**conjunto:** [Lat. *coniunctus* = unido, conexo]. En matemáticas, cualquier colección de objetos, tanto en número finito como infinito. **Teoría de los conjuntos,** elaborada por *J. Cantor,* y que se refiere a la parte de las matemáticas que estudia las propiedades de los conjuntos y de las operaciones a las cuales pueden ser sometidos.

**conocimiento:** [Lat. *cognosco* = percibir el entendimiento]. Cualquier cosa de la que una persona tiene saber o posee información. El plural *conocimientos* se emplea en *psicología* para indicar la acumulación de informaciones, más o menos bien comprendidas, con preferencia basadas sobre datos de hechos, que es poseída por un individuo. V. *saber*. **C. paranormal,** modo de conocimiento que permitiría alcanzar dominios que escapan habitualmente al conocimiento empírico o científico.

**conocimiento, sociología del:** Parte de la *sociología* que estudia las relaciones existentes entre las representaciones de la realidad por una parte y de las estructuras y procesos sociales por otra.

**consanguíneo:** [Lat. *consanguineus* = con la misma sangre]. Individuos nacidos del mismo padre. **Parentesco c.,** parentesco que proviene del padre. **Unión c.,** matrimonio entre individuos más o menos estrechamente emparentados, ya sea del lado paterno como del materno.

**consanguinidad:** [Lat. *consanguineus* = de la misma sangre]. Parentesco por parte del padre. Lazo de parentesco entre dos sujetos que tienen un procreador común, padre o madre. La consanguinidad es más fuerte en la medida en que los seres considerados se alejan menos de su antepasado común.

**consejo:** Lat. *consilium* = parecer]. Ayuda para la solución de problemas que se da a una persona después de un adecuado y profundo estudio del *caso* (v.). Jamás debe tener carácter coercitivo. **C.,**

**terapéutica de,** relación profesional entre un psicólogo y una persona que requiere consejo para resolver problemas de ajustamiento. No debe confundirse con la *psicoterapéutica* (v.).

**conservación:** [Lat. *conservatio* = la acción y el efecto de custodiar]. Cualquier tipo de comportamiento o de conducta que tienda a conservar la integridad o la vida de un organismo. Es incorrecto emplear como sinónimo de conservación la locución *instinto de conservación.* (V. *instinto*).

**constancia, principio de la:** *Freud* (v.), siguiendo a *Fechner* (v.), indica con este término la tendencia del aparato mental de mantener las excitaciones en un nivel determinado, y por consiguiente de descargar los impulsos que implican aumento de tensión.

**constitución:** [Lat. *constitutio* = complexión]. Término que indica la totalidad de los factores hereditarios y adquiridos que determinan la estructura física y mental del individuo.

**constitución genética:** *Constitución* unida a la herencia.

**constitucional:** [Lat. *constitutio* = complexión]. Que se refiere o relaciona con la *constitución* (v.). **Deficiencia c.,** expresión que indica la totalidad de los factores hereditarios y adquiridos que determinan las *auxopatías* (v.).

**contenido:** [Lat. *contentum* = encerrar]. Término antes empleado con referencia a los constituyentes de una experiencia, pero que ha caído en desuso. El *psicoanálisis* adopta este término para indicar el texto del sueño tal cual es revelado por quien sueña *(contenido manifiesto)*, en contraposición con los pensamientos latentes que son reconstruidos a través del análisis. **C. de una interpretación,** en la prueba de *Rorschach* (v.) se denomina contenido de una interpretación al objeto que es aprehendido en una mancha o en un conjunto de manchas. **C. mental,** locución que se refiere al elementalismo o atomismo de *Wundt* (v.) y a la contraposición de *Brentano* (v.) del acto al contenido, con las controversias a que dieron lugar.

**contingente:** [Lat. *contingens* = llegar por suerte]. Lo que puede ocurrir o no ocurrir, o sea que no es *necesario* ni *imposible.* Cf. *necesidad.*

**continuo:** [Lat. *continuum* = continuo, seguido]. Lo que constituye una realidad sin partes distintas. En *matemáticas*, se dice de una cantidad que aumenta o disminuye por adición o sustracción de cantidades indefinidamente divisibles como el espacio y el tiempo.

**contracción:** [Lat. *contractio* = acción de contraerse]. Modificación en la forma de determinados tejidos por influencia de excitaciones diversas.

**contractilidad:** [Lat. *contraho, -tractum* = retraerse]. Propiedad vital que poseen algunas células, y sobre todo la fibra muscular, de reducir una o varias veces sus dimensiones al realizar un trabajo activo.

**contractura:** [Lat. *contrahere* = contraer]. Contrac-

ción prolongada e involuntaria de uno o de varios músculos sin que haya lesión de la fibra muscular.

**contratransferencia:** [Lat. *contra* = enfrente de + *transfero* = transportar]. Resultado positivo o negativo de la influencia del paciente sobre los sentimientos inconscientes del psicoanálisis.

**control:** [Ingl. *control,* del fr. ant. *contreroller* = registrar]. En psicología general y experimental la regulación de una actividad o de un comportamiento. **C., experimento de,** experimento que está dirigido a comprobar los resultados de otro experimento, repitiendo todas las condiciones salvo aquélla o aquéllas que constituyen la finalidad de la investigación. **C., grupo de,** grupo de sujetos, animales u hombres, empleados en un experimento de control en relación con un grupo experimental.

**contuición:** [Lat. *con* = junto + *tueri* = acción de ver]. Neologismo con el cual algunos psicólogos designan al hecho de conocimiento en el cual con la intuición directa de un objeto se hace algo menos directamente intuible en otro objeto, por ejemplo la causa en el efecto.

**convergencia:** [Lat. *convergere* = tender hacia el mismo punto]. Carácter de las trayectorias que desembocan todas en un mismo punto; por analogía, de los hechos, de los argumentos, que llevan al mismo resultado.

**conversión:** [Lat. *conversus* = que ha dado su vuelta]. Término del *psicoanálisis,* que indica el proceso por el cual motivos inconscientes y reprimidos se expresan con un síntoma somático. Según *Freud* (v.), representa una defensa contra situaciones de *angustia* (v.).

**convicción:** [Lat. *convictus* = persuadido]. Creencia válida porque está asentada sobre una base objetiva suficiente.

**convulsión:** [Lat. *convulsus* = perturbado]. Contracción violenta, no intencional, de la musculatura. **C. tónica,** cuando está caracterizada por rigidez prolongada. **C. clónica,** cuando la rigidez se alterna rítmicamente con relajamiento.

**coordinación:** [Lat. *co,* por *cum* = con + *ordinare* = ordenar]. El proceso de coordinar o el estado de estar coordinado. En *biología,* actividad armónica, como la de músculos aislados que concurren a una determinada función.

**Cope, ley de:** Ley de la teoría de la evolución. Las formas más antiguas observadas de un tipo animal son generalmente pequeñas y reemplazadas por más grandes: équidos, proboscídeos, etc. Sin. *Ley de acrecentamiento de volumen.*

**coprofagia:** [Gr. *kópros* = heces + *phagein* = comer]. La acción de comer excrementos.

**coprofilia:** [Gr. *kópros* = heces + *philia* = amistad]. Tendencia en ciertos alienados (débiles profundos, dementes, esquizofrénicos, maníacos) a complacerse con el contacto de sus excrementos *(autocoprofilia)* o los de otros *(heterocoprofilia).*

**coprolalia;** [Gr. *kópros* = excremento + *lalein* =

hablar]. Impulso mórbido de lanzar exclamaciones escabrosas o sucias, siendo uno de los estigmas psíquicos de los alienados. Sin. *manía blasfematoria.*

**copromanía:** [Gr. *kópros* = heces + *manía* = locura]. Tendencia a ensuciarse con excrementos, frecuente entre los alienados.

**corea:** [Gr. *choreía* = danza]. Nombre que se da a todo un orden de manifestaciones nerviosas caracterizadas esencialmente por contracciones *clónicas* (v.) de los músculos, a veces lentas *(corea gesticulatoria)*, a veces bruscas *(corea eléctrica o mioclonia)*. *Corea*, empleado sólo este término se refiere a una enfermedad especial, llamada todavía *corea reumática, corea de Sydenham* (v.), *corea menor, baile o mal de San Vito,* caracterizada por contracciones musculares involuntarias que persisten durante el reposo y provocan una sucesión de movimientos desordenados amplios y rápidos, por incoordinación de los movimientos voluntarios, por dolores articulares vagos y fugaces, y a menudo con arritmia cardíaca. Es una enfermedad de la segunda infancia, de naturaleza todavía mal conocida y cuyo origen infeccioso parece probable. **C. hereditaria o de Huntington** (v.), afección rara, hereditaria según el modo *dominante* (v.), que se manifiesta en el adulto con asociación de trastornos mentales (alteración del carácter, impulsividad, agresividad o depresión; déficit intelectual) y movimientos coreicos lentos, que comienzan en la cara y predominan en las manos. Su evolución dura 20 o 30 años y lleva hacia la muerte en la *caquexia* (v.) y la demencia.

**coreico:** [Gr. *choreía* = danza]. Que se relaciona con la *corea* (v.) y sus diversas formas. Individuo que padece de corea.

**coreiforme:** [Gr. *koreía* = danza]. Se aplica a los movimientos que recuerdan los de la *corea* (v.).

**coreofrasia:** [Gr. *koreía* = danza + *phrasis* = frase]. Trastorno del lenguaje en el cual el sujeto emite frases que no presentan forma ni poseen sentido.

**cormoestilo, relación:** V. *kormoestilo, relación.*

**cormomórfica, relación:** V. *kormomórfica, relación.*

**correlación:** [Lat. *co,* por *cum* = con + *relativo* = traer al mismo sitio]. Relación entre los valores de dos variables que se refieren a un mismo grupo de sujetos. El coeficiente de correlación *(r)* expresa el valor numérico de tal relación.

**correlación, ley de:** Ley de la anatomía comparada enunciada por *Cuvier* (v.). «Cualquier ser organizado forma un conjunto, un sistema único y cerrado, cuyas partes se corresponden mutuamente y concurren a la misma acción definitiva por medio de una acción recíproca. Ninguna de estas partes puede cambiar sin que las otras también cambien.» Por ejemplo, en los carnívoros las mandíbulas, las garras, los órganos locomotores, etc., tienen cada uno una conformación que facilita la alimentación del animal.

**corteza cerebral:** [Lat. *cortex cerebri*]. El estrato más externo de los hemisferios cerebrales en los animales superiores y en el hombre. Por su color se le denomina *sustancia gris,* y está compuesta por células, en contraposición con la materia subyacente, *sustancia blanca,* formada por fibras.

**corticografía:** [Lat. *cortex* = corteza + Gr. *graphein* = grabar]. V. *electrocorticografía.*

**corticovisceral:** [De corteza cerebral y vísceras]. Término que emplean los autores soviéticos para destacar su posición materialista, al designar las correlaciones psicosomáticas.

**cosa:** [Lat. *causa* = que también ha dado causa]. Aquello que existe, o puede ser considerado existente, sin ninguna exclusión.

**cosmobiología:** [Gr. *kosmikós* = que pertenece al mundo + *bíos* = vida]. Estudio de la acción de los medios cósmicos sobre los seres vivientes, en particular el hombre.

**cosmología:** [Gr. *kosmos* = orden del universo]. Conjunto de las investigaciones generales relativas al universo.

**cosmovisión:** [Lat. *cosmos* = mundo + *videre* = ver]. Concepción o teoría del mundo y de la vida que le es concomitante y que implica una filosofía del ser, del existir y del actuar. *Weltanschauung* (v.).

**covariante:** [Lat. *co* por *cum* = con + *variatio, -onis* = variación]. Variables independientes que en una circunstancia dada varían conjuntamente para determinar un fenómeno. Por ej. *crecimiento* (v.) y *desarrollo* (v.).

**cráneo, síndrome subjetivo de los heridos del:** Conjunto de síntomas, fundamentalmente estudiados por *Marie* (v.), que son tenaces y frecuentes después de los traumatismos craneales. Su importancia está frecuentemente fuera de cualquier proporción con la del trauma y depende a menudo de un estado neurótico depresivo.

**craniectomía:** [Gr. *kranion* = cráneo + *tomé* = resección]. Operación propuesta por *Lannelongue* para permitir el desarrollo del cerebro en los casos de osificación prematura de las suturas cranianas. Consiste en quitar banditas óseas al nivel de las regiones frontoparietales. En la actualidad este término designa la separación completa de una ventanilla ósea que puede ser colocada en el lugar sin modificación o más o menos reformada *(cranioplastia).*

**craniofacial, relación volumétrica:** Relación entre el valor volumétrico de la cara, multiplicado por 100, y el del cráneo. Normalmente es de aproximadamente 35,5.

**craniología:** [Gr. *kranion* = cráneo + *logos* = tratado]. Parte de la *antropología física* que se ocupa del estudio del cráneo. Denominación dada algunas veces a la *frenología* (v.).

**craniometría:** [Gr. *kranion* = cráneo + *métrón* = medida]. Rama de la *antropometría* que tiene por objeto la medición de los huesos del cráneo, tanto sobre el esqueleto como sobre el ser viviente.

**craniosomática, relación:** Relación entre el valor volumétrico del cráneo, multiplicado por 100, y el volumen global del cuerpo; por lo común es de aproximadamente 6,16.

**crecimiento:** [Lat. *cresco, -scere* = aumento del tamaño de un cuerpo]. Aumento progresivo de un organismo o de sus partes. El término se refiere a *evolucionismo* (v.), doctrina según la cual el mundo, o por lo menos las especies vivientes han sido creadas tal como las conocemos.

**crecimiento:** [Lat. *cresco, -scere* = aumento del tamaño de un cuerpo]. Aumento progresivo de un organismo o de sus partes. El término se refiere únicamente al aumento cuantitativo (cf. *desarrollo*). De hecho las modificaciones de un organismo no son siempre únicamente cuantitativas, pero el crecimiento únicamente se refiere a éstas. El estudio científico del crecimiento se denomina *auxología* (v.).

**crecimiento, curva de:** [Lat. *crescere* = aumentar]. Representación gráfica de los cambios naturales del crecimiento.

**cremnofobia:** [Gr. *kremnós* = precipicio + *phóbos* = miedo]. Aprehensión angustiante a la vista de un precipicio. Miedo del vacío que se aproxima a la *agorafobia* (v.) y a los estados ansiosos.

**crepuscular, estado:** [Lat. *crepusculum* = claridad que subsiste a la puesta del Sol]. Alteración transitoria de la conciencia con persistencia, por lo general, de una actividad relativamente coordinada. Este estado es cercano de la *confusión mental* (v.).

**cretinismo:** [Fr. *crétinisme*]. Estado del organismo caracterizado por una ausencia más o menos completa de las facultades intelectuales (idiocia), detención del desarrollo del cuerpo (enanismo) y en particular de los órganos genitales y frenamiento de las diversas funciones. Es análogo del *mixedema congénito,* pero se la diferencia por la ausencia más o menos constante de la infiltración mixedematosa de los tegumentos. Aparece en lugares donde existe el bocio endémico; se lo encuentra entre los bociosos o sus descendientes; a veces el bocio falta y el cuerpo tiroides está atrofiado.

**cretino:** [Fr. *crétin* = cristiano, con sentido de compasión]. Individuo afectado de cretinismo.

**cretinobociosa, endemia:** Endemia que existe en los valles aislados de las montañas altas (Alpes, Pirineos, Andes, etc.), caracterizada por la frecuencia, en algunas familias, del bocio y del cretinismo, afecciones que a veces coexisten en el mismo individuo.

**cretinoide:** [De cretino]. Adjetivo que significa parecido al cretino. **Estado c.,** estado que se aproxima al cretinismo, pero en el cual la tara física e intelectual está menos señalada. Se encuentra a menudo en los bociosos de los países en que el bocio es endémico.

**criminógeno:** [Lat. *crimen* = crimen + Gr. *gennan* = engendrar]. Término de la medicina legal, que se utiliza para referirse a lo que provoca el crimen.

**criminología:** [Lat. *crimen* = crimen + Gr. *lógos* = tratado]. Estudio de los crímenes y de los criminales desde el punto de vista legal, antropológico, social, psicológico, médico, etc.

**criófilo:** [Gr. *kryos* = frío + *phílos* = amigo]. En *fisiología,* los seres vegetales o animales que viven y se desarrollan en medio de temperaturas bajas, cercanas a 0°.

**criptestesia:** [Gr. *kryptós* = oculto + *aísthesis* = percepción]. Término que abarca una serie de presuntas modalidades de sensibilidad supernormal. Entre éstas caben la *clarividencia* (v.), la *telepatía* (v.), la *precognición* (v.), etcétera. V. *parapsicología.*

**criptofasia:** [Gr. *kryptós* = escondido + *phasis* = expresión]. Término creado por *Zazzo* (v.), para designar el empleo de un lenguaje secreto, como ocurre a menudo en las bandas de adolescentes.

**crisis:** [Gr. *krisis,* de *krínein* = juzgar]. Cambio rápido que se produce en el estado de un enfermo y que casi siempre anuncia la curación. Accidente que sobreviene en estado aparente de buena salud.

**crítica:** [Gr. *kritikós* = que concierne al juicio]. Que juzga del valor de las acciones o de las obras humanas.

**crocidismo:** V. *carfología.*

**cromosoma:** [Gr. *chromá* = color + *sóma* = cuerpo]. Nombre que se da a los bastoncitos en forma de V que aparecen en el núcleo de la célula en vías de división, y que resultan de la segmentación de la red sobre la cual se había concentrado la cromatina. El número de cromosomas es fijo en cada especie animal. Los cromosomas son los soportes de los *genes* (v.).

**cromotropismo:** [Gr. *chromá* = color + *trépein* = girar]. Propiedad que posee el protoplasma (o algunos seres vivos), de ser atraídos o rechazados por tal o cual color.

**cronaxia:** [Gr. *chrónos* = tiempo + *axía* = valor]. Término propuesto en 1909 por *Lapicque* (v.), para designar el «tiempo de pasaje de la corriente necesaria para obtener el umbral de la contracción con una intensidad doble de la reobase». **C. de constitución,** nombre propuesto por *Lapicque* (v.), para designar la cronaxia propia de cada nervio, que depende de su constitución; en el animal vivo e intacto, es raramente alcanzada, pues está incesantemente modificada por la influencia de los centros nerviosos superiores; también se llama *cronaxia de subordinación.* **C. vestibular,** cronaxia de las fibras vestivulares del nervio auditivo, que se mide para el estudio del vértigo voltaico.

**cronaximetría:** [Gr. *chrónos* = tiempo + *axía* = valor + *métron* = medida]. Medida de la *cronaxia* (v.).

**cronógrafo:** [Gr. *chrónos* = tiempo + *graphein* = inscribir]. Instrumento destinado a inscribir sobre un cilindro registrador fracciones de segundo.

Permite apreciar la duración exacta de las fases de un movimiento inscrito al mismo tiempo sobre el mismo cilindro.

**cronoscopio** [Gr. *chrónos* = tiempo + *skopio* = mirar]. Aparato que sirve para medir el tiempo de reacción, o sea el tiempo que separa la respuesta (voluntatia y definida) de su excitación visual o auditiva.

**cronótropo:** [Gr. *chrónos* = tiempo + *tropein* = girar]. En *fisiología,* se llama así a todo lo que concierne a la regularidad y a la frecuencia que aceleran un ritmo. **C. negativo,** las influencias que retardan un ritmo.

**cuadrado, lóbulo:** Área en la superficie interna de los hemisferios cerebrales, entre los lóbulos frontal y occipital.

**cuadrigésimos, cuerpos:** [Lat. *quadrigemina* = cuatro cuernecillos]. Cuantro masas de sustancia nerviosa que forman la parte posterior del mesencéfalo.

**cuadrilátero de Pedro Marie:** *Marie* (v.) concebía la *afasia motriz* (v.) como una *anartría* (v.), y negaba la localización al pie de la tercera circunvolución frontal del *centro de Broca* (v.), y situaba el centro que consideraba responsable en la región lenticular del cuerpo estriado, en un cuadrilátero limitado, delante y detrás, por los surcos marginales de la ínsula.

**cuadriparesia:** [Lat. *quatuor* = cuatro + *páresis* = debilidad]. *Paresia* (v.) de los cuatro miembros.

**cuadriplegia:** [Lat. *quatuor* = cuatro + Gr. *pléssein* = golpear]. Parálisis de los cuatro miembros. Sin. *tetraplegia.*

**cualidad:** [Lat. *qualitas* = de qué especie, de cual naturaleza]. Propiedad que determina la naturaleza de un objeto. En *psicología de la sensación,* dos sensaciones de la misma modalidad son de cualidades diferentes cuando, como el calor y el frío, el dulce y el amargo, son opuestas unos los contrarios de un mismo género, cuando se puede pasar de una a otra por transición continua.

**cualidades de forma, teoría de las:** Teoría de *Ehrenfels* (v.), que caracteriza las formas por una cualidad original independiente de las cualidades sensibles de sus elementos.

**cualitativo:** [Lat. *qualitas* = calidad]. Que pertenece al orden de la cualidad, sin ofrecer relaciones numéricas enre la causa y el efecto.

**cuantificación:** [Lat. *quantitas* = magnitud]. La acción de atribuir a algo una medida, una determinada cantidad.

**cuantitativo:** [Lat. *quantitas* = magnitud]. Que pertenece al orden de la cantidad. Cf. *cualitativo.*.

**cuanto:** [Lat. *quantum,* neutro de *quantus* = cuán grande]. V. *quantum.*

**cuarterón:** [Lat. *quatuor* = cuatro]. Aquel que proviene de la unión de un blanco y de una mulata, o de un mulato y una blanca.

**cuartil:** [Lat. *quatuor* = cuatro]. V. *percentil.*

**cubomanía:** [Gr. *kybos* = juego de dados + *manía* =

locura). Impulso mórbido, por lo mismo incontenible, hacia el juego.

**cubos de Knox:** Prueba de memoria visiva. Consiste en hacer construir al sujeto, con un cubo o un lápiz, según varios esquemas siempre de orden más complejo, cuatro cubos dispuestos en fila.

**cubos de Kohs:** Prueba de inteligencia que consiste en formar con cubos cuyas caras tienen cuatro colores diversos, dibujos determinados. Esta prueba está incluida en diversas escalas complejas: *Weschler-Bellevue* (v.), *Weschler intelligence scale for children* (v.), *Alexander forma I* (v.).

**cuerda dorsal:** V. *notocordio.*

**cuerpo calloso:** [Lat. *callosus* = lo que tiene durezas]. Haz largo de fibras nerviosas que establece la conexión entre los dos hemisferios cerebrales.

**cuerpo de Luys, síndrome del:** V. *hemibalismo.*

**cuerpo estriado:** Masa subcortical de materia blanca y gris que se encuentra enfrente del *tálamo* (v.), en cada hemisferio cerebral. La materia gris de esta estructura está dispuesta en dos masas principales: el *núcleo caudado* y *núcleo lentiforme.* La apariencia estriada de una sección (de la que deriva el nombre) es debida a bandas de conexión de materia gris de un núcleo a otro atravesando la materia blanca de la cápsula interna.

**cuestión:** [Lat. *quaestio* = búsqueda, encuesta]. Proposición interrogativa que exige una respuesta.

**cuestionario:** [Lat. *questio* = búsqueda, encuesta]. Serie de preguntas, formuladas en relación con determinados temas, a que se somete por escrito un grupo seleccionado de individuos, para que con sus respuestas puedan ofrecer datos valederos en relación con los temas en consideración.

**culpa:** [Lat. *culpa* = falta, pecado]. Infracción de una norma moral o de un deber. Para el *psicoanálisis,* en la culpa existiría una intención inconsciente de no cumplir los actos. **C., sentimiento de,** sentimiento de aflicción que deriva de la creencia o de la conciencia de haber trasgredido normas y que turba más o menos intensamente. Para el *psicoanálisis,* los sentimientos de culpa representan una tensión entre el *ego* (v.) y el *superego* (v.), que favorecen las tendencias a la sumisión y a la autopunición.

**cultura:** [Lat. *cultura,* de *colo* = cultivar]. En *sociología,* elemento integrante del devenir social, que se revela en las formas más diversas: magia, cosmologías, concepciones raciales del mundo, representaciones de la estructura de clase de una sociedad, etc.

**cultural, área:** [Lat. *cultura,* de *colo* = cultivar]. Área geográfica de la más diversa extensión, distinguida por una cultura peculiar o por culturas consímiles, en contraste con las culturas de las áreas circundantes. **C., evolución,** proceso generalmente progresivo y acumulativo con el cual la cultura de un pueblo sufre modificaciones, con sucesiones de diversos estados.

**cultural, personalidad:** V. *persona.*

**culturista:** Denominación que se da en los Estados

Unidos de Norteamérica a las teorías y a los teóricos del psicoanálisis que insisten sobre la acción ejercida sobre el individuo por el medio cultural en el sentido estadounidense de la palabra cultura, o sea, género de vida tradicional en un lugar o país determinado.

**curiosidad:** [Lat. *curiositas* = deseo de saber]. Interés que no se considera justificado por personas, cosas, acontecimientos o situaciones, que por lo general son sólo parcialmente conocidas. **C., conducta de,** la conducta de quien por curiosidad realiza investigaciones y busca información de manera excesiva.

**curva de distribución normal:** [Lat. *curvus* = encorvado]. Curva de distribución representativa de las distribuciones más comunes o probables, o normales, de cualquier fenómeno observado. Es simétrica, en forma de campana, y es la representación gráfica de una ecuación definida. Cf. *ojiva de Galton.*

**curva de Galton:** V. *ojiva de Galton.*

**curva de Gauss:** V. *curva de distribución normal.*

# D

**dacnomanía:** [Gr. *dákno* = muerdo + *manía* = locura]. Impulso mórbido que lleva a determinados desequilibrados a morder.

**dacrión:** [Gr. *dákryon* = separación]. En *antropología*, punto situado sobre el costado de la raíz de la nariz, donde se encuentra el unguis y la apófisis ascendente del maxilar superior.

**dactilofasia:** [Gr. *dáctylos* = dedos + *phasis* = comunicación]. Término creado por *Pitres* (v.), en 1899, para denominar el proceder empleado por los sordomudos para comunicarse entre ellos, y en el cual los sonidos están reemplazados por movimientos de los dedos.

**dactilología:** [Gr. *dáktylos* = dedos + *logos* = tratado]. V. *dactilofasia*.

**dactiloscopia:** [Gr. *dáktilos* = dedos + *skopein* = examinar]. Estudio de las impresiones digitales, empleado sobre todo en antropometría judicial.

**daimonion** [Gr. divinidad maligna, inquietante]. Término en psicología de las religiones designa lo demoníaco en especial, y la divinidad en general.

**daltonismo:** [De *Dalton*]. Ceguera particular para los colores, *protanopia* particular (v.), cuyo nombre deriva de que el químico inglés *Dalton* (v.) sufrió de la misma, y que consiste en la abolición de la percepción de determinados colores, por lo común rojo y verde, Esta anomalía, descrita por el propio Dalton, es hereditaria, recesiva y unida al sexo.

**danzar, manía de:** Impulso incontrolable, que a veces aparece bajo forma epidémica, y que resulta de la *sugestión de masa*. En ciertas épocas, como en las ciudades europeas en 1370, constituyó un fenómeno corriente.

**Darwin, leyes de:** Conjunto de reglas con las cuales *Darwin* (v.) resumió sus concepciones sobre la herencia 1.° *ley de la herencia directa*, los padres tienen tendencia a transmitir a los hijos sus caracteres generales e individuales adquiridos de antiguo o recientemente, 2.° *ley de la preponderancia*, uno de los padres a veces tiene influencia más señalada que el otro. 3.° *ley del atavismo*, reaparición en un descendiente de un carácter cualquiera de los ascendentes, carácter que permaneció latente durante una o varias generaciones intermedias.

**darwinismo:** [De *Darwin* (v.)]. Teoría que explica al *transformismo* (v.) por la selección natural debida a la lucha por la existencia.

**dasein:** [Al., verbo formado por *sein* = ser + *da* = estar presente]. Para *Heidegger* (v.) el dasein designa la existencia humana o el existir de ese existente. Para *Sartre* (v.) el dasein es el ser-para-sí, o más simplemente el hombre.

**dato:** [Lat. *datum*, de *do* = lo que se da o presenta]. Un hecho o grupo de hechos conocido o descubierto sobre el cual se puede asentar una discusión científica o sirve para ofrecer la manera de probar una hipótesis o de alcanzar una conclusión. **D. introspectivo,** observación por parte del individuo de las propias actividades mentales. **D. objetivo,** observaciones realizadas por otros de las actividades mentales de un individuo.

**deambulación:** [Lat. *deambulatio, -onis* = acto de pasear]. Marchar caminando sobre una superficie plana sin necesidad de sostén. En el niño asume el aspecto típico del adulto aproximadamente a los 15 meses de edad.

**deber:** [Lat. *debeo, -ere* = estar obligado]. Lo que es obligatorio hacer o no. El individuo puede imponerse un deber o aceptar los deberes que le impone la sociedad. La obligación del deber puede ser de naturaleza diversa: deberes morales, sociales, religiosos, políticos, etc.

**debilidad:** [Lat. *debilis* = flaco, extenuado]. Falta de fuerza. **D. congénita,** debilidad extremada de algunos recién nacidos, por lo común prematuros, que sufrieron antes del nacimiento de enfermedad aguda o crónica de la madre. **D. constitucional,** estado de deficiencia crónica del organismo que se remonta a la infancia y se atribuye a veces a una infección tuberculosa muy alterada. **D. intelectual,** el grado menos acentuado de retraso mental (o intelectual). Significa un retardo mental menos profundo que la idiotez y la imbecilidad. Al final de su evolución el débil mental nunca supera el nivel mental de un niño de 9 a 10 años. **D. mental,** nombre dado por *Chaslin* a «un determinado género de falseamiento del juicio que se ejerce cualesquiera sea el grado de las adquisiciones intelectuales». La *debilidad mental* equivale a lo que en lenguaje corriente se denomina *tonterías*. Este término es a veces empleado para designar la *debilidad intelectual* (v.), pero su uso con este sentido es incorrecto. **D. motriz,** conjunto de trastornos motores que comprende la exageración de los reflejos tendinosos, trastornos de la reflectividad plantar (signo de Babinski, signo del abanico, ausencia de reflejo), sincinesias, paratonía y torpeza constitucional. Se la observa con frecuencia en sujetos atacados de *debilidad mental* (v.), *imbecilidad* (v.) o *idiocia* (v.).

**debilitamiento intelectual:** Disminución momentánea o definitiva, evolutiva o estabilizada, localizada o global, del potencial o del rendimiento intelectual. La noción de debilitamiento intelectual debe ser radicalmente distinguida de la *insuficiencia mental* (v.) o *constitucional* (v.), pues el debilitamiento mental significa una regresión en relación con un nivel de desarrollo adquirido. En el niño se manifiesta de manera inmediata por una caída del rendimiento escolar, por trastornos del carácter o de la conducta social.

**decibel:** [De *Alejandro Graham Bell*]. Unidad física para medir la audición. Un decibel es la intensidad menor de sonido de cualquier nota que puede ser oída; se la emplea generalmente sobre una escala logarítmica. Originariamente fue elegida como equivalente de una diferencia perceptible o notable. Cf. *Bel*.

**decisión:** [Lat. *decido* = determinar, resolver]. Cuando puede ser realizada la elección del curso de una acción, o sea que la frase de *volición* (v.) sigue normalmente a la *deliberación* (v.) y precede a la acción.

**decoro:** [Lat. *decor, -oris* = decencia]. La conformidad con un patrón social de conducta, en particular con respecto al mantenimiento de la dignidad personal y al propio respeto en público.

**dedicación:** [Lat. *dedicatio, -onis* = acto de consagrarse]. Darse sin control, con formación de hábito, al uso del alcohol o de drogas nocivas.

**deducción:** [Lat. *deductio* = acción de conducir]. Operación mental que consiste en concluir de una o de varias proposiciones dadas otra proposición que es su consecuencia lógicamente necesaria.

**defecto:** [Lat. *defectus* = carencia]. Con sentido general carencia o falta de algo. **D. mental,** término general, de significado no bien definido, que suele emplearse para indicar el desarrollo subnormal y deficiente de la inteligencia. **D. sensorial,** condición fisiopatológica en la cual no hay actividad sensorial (defecto total) o esta reducida en grado diverso (defecto parcial). Puede ser congénito o adquirido.

**defensa:** [Lat. *defensum* = cosa prohibida]. Conducta orientada a alejar o a poner obstáculos a una acción lesiva. **D. neurótica,** defensa que no tiene éxito y que, sin embargo, exige la repetición de la tentativa de bloquear los impulsos no aceptados. Está en la base de las neurosis. **D. normal,** la que lleva a una ordenación duradera de determinados impulsos. **D. perceptiva,** mecanismo al que se acude para explicar la elevación del umbral perceptivo frente a estímulos cuyo significado es considerado moralmente reprobable. El concepto de defensa perceptiva está generalmente referido a situaciones experimentales con palabras tabús presentadas con el taquistoscopio.

**defensa, mecanismo de:** [Lat. *defensio, -onis* = amparo, protección]. Medidas involuntarias o inconscientes adoptadas por un individuo para protegerse contra el dolor afectivo asociado con alguna situación muy desagradable, física o mental, que se produce con frecuencia. Puede ser empleada para cubrir una amplia escala de fenómenos que han destacado los psicoanalistas, e ir desde las represiones y olvidos hasta el amaneramiento con que habitualmente se tiende a cubrir algún defecto. El término *reacción de defensa* se duele emplear para designar la conducta que resulta del mecanismo de defensa, pero también incluye medidas defensivas adoptadas más o menos conscientemente.

**deficiencia:** [Lat. *deficientia* = agotamiento]. Insuficiencia, agotamiento, que impide a una función alcanzar el nivel corriente. Para *deficiencia mental* véase *mental*. Para la deficiencia visual u óptica véase *miopía, hipermetropía, presbicia, astigmatismo*. **D., delincuente por,** *delincuente* (v.) joven que es también deficiente mental, y cuyo defecto mental se considera factor que contribuye a la delincuencia.

**deficiencia mental:** [Lat. *deficiens, -tis* = tener falta]. Término general que se refiere a los estados anormales de la mente caracterizados sobre todo por defecto permanente de los procesos cognitivos. La deficiencia mental es debida a causas que actúan antes del nacimiento, o durante el nacimiento o en los primeros meses de vida, diferenciándose así del *deterioro mental* (v.). De acuerdo con la escala de Terman-Merrill, se tiene deficiencia mental cuando el C.I. está por debajo de 70. Según el uso psiquiátrico la deficiencia se divide en: (1) *debilidad mental* (v.), cuyo C.I. va del 50 al 69. (2) *imbecilidad* (v.), cuyo C.I. va del 20-25 al 49. (3) *idiocia* (v.), cuyo C.I. está por debajo del 20-25. **D. afectiva,** incapacidad de un individuo para sentir afectos de cualquier intensidad y duración; en los niños se observa sobre todo en los deficientes graves no atendidos y en algunos disociados. **D. mental, estructura causal del comportamiento en la,** se considera en los casos singulares teniendo en cuenta tres órdenes de factores: (1) *naturaleza de la deficiencia:* a) deficiencia mental primaria (familiar, idiopática), b) deficiencia secundaria. (2) *grado del defecto mental*. (3) *acción de factores psicológicos*.

**déficit:** [Lat. *deficit* = falta]. Lo que falta para completar una cantidad. **D. escolar,** las adquisiciones escolares que faltan a un niño para alcanzar el nivel escolar que corresponde a su edad mental, y se expresa por el C.E. (cociente de educación).

**deflección:** [Lat. *deflectere* = doblar, volver hacia alguna parte]. Término empleado por el *psicoanálisis* para indicar el proceso de evasión inconsciente de la atención de determinadas ideas o aspectos de esas ideas.

**deformidad:** [Lat. *deformitas* = desfiguración, feal-
dad]. Desviación muy señalada de la *norma* (v.)
debida a desarrollo, accidente o enfermedad. Con
sentido figurado se aplica a la mente, al pensamiento o a la personalidad.

**degeneración:** [Lat. *degeneratio, -onis* = degenera-
ción]. Estado o proceso de decaimiento grave de la
conducta, de naturaleza hereditaria o adquirida.
Este uso tiene su origen en la *doctrina de la
degeneración mental,* introducida por *Morel* (v.) en
*psiquiatría,* que se refiere a la acción ejercida sobre
el plasma germinativo por causas morbosas. **D.
social,** pérdida más o menos gradual por parte de
un grupo de un modelo social, sin la adopción de
un modelo nuevo y más elevado. **D. de las
estructuras,** alteraciones de células, de tejidos o de
órganos, que alcanzan a estructuras con funciones
inferiores. **D., estigmas de la,** anomalías del desarrollo corporal notables sobre todo al nivel de la
cabeza: microcefalia, asimetrías craneofaciales,
implantación defectuosa de los dientes, malformación de las orejas, forma en ojiva de la bóveda
palatina, estrabismo. Muchas veces son paralelos
con la degeneración mental. **D. mental,** término
acuñado por *Magnan* para señalar una disminución
del individuo caracterizada por debilidad mental,
inestabilidad, perversión de los sentimientos y taras
psíquicas. Ataca sobre todo a los descendientes de
alcoholizados y de sifilíticos, y se transmite, de
generación en generación, comprometiendo la
existencia misma de la raza.

**degenerado:** [Lat. *degener, -eris* = degenerado, que
degenera]. Individuo cuya constitución física y
mental está atacada por incapacidad más o menos
pronunciada. Los degenerados son divididos en
*degenerados superiores,* que presentan lagunas en el
carácter, el juicio y el sentido moral, enmascaradas
por algunas cualidades brillantes, y *degenerados
inferiores,* cuyos trastornos psíquicos pueden llegar
hasta la *idiocia* (v.) completa.

**degradación, ley de la:** Principio o ley formulado por
*Delboeuf* (v.), como sustituto parcial de la *ley de
Fechner* (v.), o sea, que una sensación es siempre
muy fuerte cuando penetra en la conciencia, y
disminuye después de intensidad.

**deinos:** (Gr. prodigio]. Término que en psicología de
las religiones designa lo prodigioso, maravilloso.

**deísmo:** [Lat. *Deus* = Dios]. Doctrina que, negando a
Dios la revelación, y asentándose sobre los datos de
las facultades naturales del individuo, admite, sin
embargo, la existencia de un ser supremo de
naturaleza un tanto indeterminada. Esta doctrina
está en la base de algunas tentativas de reformar al
*transformismo* (v.), y del mismo *darwinismo* (v.).

**Déjerine, síndrome sensitivo cortical de:** Síndrome
sensitivo que comprende errores de localización,
debilitamiento de la discriminación tactil, alteración del sentido de las aptitudes y de la percepción
esterognóstica con conservación de otros modos de

la sensibilidad (dolor, frío, diapasón), y que se
observa, en el lado opuesto, en las lesiones de la
circunvolución parietal ascendente (reblandeci-
miento, traumatismo, tumor).

**Déjerine-Mouzon, síndrome de:** Síndrome raro, a
veces observado, del lado opuesto, en casos de
lesión de la circunvolución parietal ascendente. A la
inversa del *síndrome sensitivo cortical de Déjerine*
(v.), comprende trastornos de las sensibilidades
dolorosa, térmica y ósea, e integridad de la
estereognosia, del sentido de las aptitudes y de la
aptitud para la localización y la discriminación
táctil.

**delantal:** [De *denante,* del lat. *de in ante* = antes]. En
*antropología,* nombre dado a la porción de los
pequeños labios que, en las negras, y sobre todo en
las hotentotes, sobrepasan la vulva y pueden
alcanzar de 15 a 18 cm. de longitud.

**Delboeuf, disco de:** Aparato empleado por *Delboeuf*
(v.) para determinar diferencias de brillantez por el
método de la *aparición de intervalos iguales.*
Consiste en un disco giratorio que deja ver tres
anillos, de los cuales el del medio puede ser variado
por el sujeto, de manera que aparezca exactamente
su brillantez entre los otros dos. Si se parte de que
todo es gris resulta fácil encontrar la razón blanco-
negro para cada uno.

**deliberación:** [Lat. *deliberatio, -onis* = consulta,
reflexión]. Fase inicial de la elección entre dos
alternativas que se presentan como posibles en el
curso de una acción.

**delincuente:** [Lat. *delinquentia* = el delito]. Denominación empleada generalmente para designar al que
realiza transgresiones menores de la ley, o sea
cuando el delito no es tan grave como para ser
considerado crimen.

**delirio:** [Lat. *delirare* = apartarse del surco + *de* =
fuera de + *lira* = surco]. Desorden de las
facultades intelectuales caracterizado por una serie
de ideas erróneas, que chocan con la evidencia,
inalcanzables por la crítica. El delirio se acompaña,
a veces, con trastornos de la conciencia. Puede ser
*polimorfo* o, por el contrario, *sistematizado.* También se lo clasifica según su *tema:* persecución,
grandeza, melancolía, pasión, misticismo; según
su *mecanismo:* alucinación, intuición, interpretación, fabulación, onirismo; según su *estructura:* para-
noico, paranoide, parafrénico. Las ideas delirantes carecen de verosimilitud o de coherencia en casos de estado demencial asociado. **D. agudo,** forma
de locura de evolución rápida, que se acompaña con
fiebre y síntomas generales que pueden hacer creer
en una flegmasia local o generalizada. Está caracterizado por agitación extremada, alucinaciones,
sitiofobia, y lo más corriente es que termine por
colapso y muerte. Se admite que esta enfermedad es
de origen toxiinfeccioso y puede ser causada por
diversos gérmenes patógenos. **D. metabólico** o **de
transformación,** delirio que proviene de perversio-

nes de la *cenestesia* (v.). Los enfermos creen que algunos de sus órganos están transformados o se creen transformados en otras personas, en animales, en objetos, y presentan además trastornos de las nociones de tiempo y de espacio. **D. de negación,** síndrome delirante caracterizado por un estado melancólico ansioso, con ideas de negación, de no existencia (de los objetos, de los órganos, de Dios, etc.), de inmortalidad, de enormidad y de inmensidad, de culpabilidad, de indignidad, ideas acompañadas de analgesia, de tendencia a las mutilaciones voluntarias y al suicidio. **D. retrospectivo,** estado mental caracterizado por interpretaciones delirantes de acontecimientos acaecidos al individuo antes de la eclosión de la enfermedad. **D. sistematizado,** variedad de delirio en la cual un lazo lógico parece existir entre las concepciones del enfermo, en las que predominan ideas de persecución *(delirio de persecución)*, de grandeza *(delirio de grandeza)* o ideas místicas. **D. del tocar,** temor mórbido e insuperable por el contacto de ciertos objetos o individuos. **D. tremens,** v. *delirium tremens.* **D. parcial,** v. *monomanía.*

**deltacismo:** [Gr. *letra delta*]. Vicio de pronunciación que consiste en la articulación viciosa de las letras *d* y *t.*

**demasculinización:** [Lat. *de* = privativo + *masculinus* = que pertenece al varón o macho]. V. *desvirilización.*

**demencia:** [Lat. *de* = fuera de + *mens* = mente, espíritu]. Disminución irreversible de las facultades intelectuales. Es una regresión en tanto que la *idiocia* (v.) es una detención del desarrollo. **D. paralítica,** denominación dada por *Baillarger* (v.) a la *parálisis general.* **D. paranoide,** conjunto de ideas delirantes crónicas, alucinatorias, mal clasificadas, con disociación de la personalidad. **D. precoz o juvenil,** denominación dada por *Morel* (v.), en 1853, «al estado mental de sujetos jóvenes cuyas facultades intelectuales sufren una detención temporaria y caen después, más o menos rápidamente, en el idiotismo más irremediable». Este término es considerado por algunos como sinónimo de *esquizofrenia* (v.). **D. vesánica,** nombre genérico con que se designan estados de debilitamiento progresivo y definitivo de las facultades intelectuales, morales y afectivas, consecutivos a las *psicosis* (v.). **D. senil,** la que es causada por la vejez.

**demografía:** [Gr. *demos* = pueblo + *graphein* = escribir]. Estadística aplicada al estudio colectivo del hombre. Estudia el estado y el movimiento de la población.

**demonología:** [Gr. *daímon* = divinidad tutelar + *lógos* = tratado]. Estudio de la mitología y el folklore en su relación con los demonios y espíritus malignos.

**dendrita:** [Gr. *déndron* = árbol]. V. *neurona.*

**deontología:** [Gr. *deon* = lo que se requiere + *lógos* = tratado]. Este término fue creado por *Jeremías*

*Bentham* (v.), con el sentido de técnica de la moral. En la actualidad sólo se emplea para denominar las morales profesionales: deontología psicológica, médica, etc.

**dependencia:** [Lat. *dependeo, -ere* = pender de, estar colgado o suspenso]. Se aplica a la relación de un individuo con otro o con la sociedad, de los que recibe ayuda por ser presumiblemente incapaz de mantenerse por sí mismo, o la posición de un individuo con respecto a la comunidad, de la que es *dependiente.*

**depresión:** [Lat. *depressus, -um* = abatido]. Estado mental que se distingue por aflicción y desconfianza, acompañado generalmente por ansiedad. **D. anaclítica:** [Gr. *anáklisis* = vuelta atrás]. Cuadro clínico descrito por *R. Spitz* en niños privados de afecto en la segunda mitad del primer año de vida. Se lo atribuye a la falta de la presencia materna, acaecida después de un período de cuidados solícitos. **D. reactiva,** estado depresivo provocado por situaciones externas.

**depresor, nervio:** [Lat. *depressus* = abatido]. Se emplea por lo común para denominar cualquier nervio que deprime la actividad o función de un centro motor, y en especial para una rama del *nervio vago* que provoca la dilatación de los vasos sanguíneos periféricos con consiguiente disminución de la presión de la sangre.

**dereístico, pensamiento:** [Lat. *de* = fuera de + *res* = cosa]. Pensamiento ilógico, de tipo fantástico, que prescinde de la realidad de la vida. Sus expresiones más características se encuentran en la *esquizofrenia* (v.).

**derivación:** [Lat. *derivatio* = acción de derivar, de desviar un río]. Con sentido psicológico este término significa salir de sus vías naturales o normales, de manera espontánea o voluntaria, las fuerzas e impulsos psíquicos.

**derivado:** [Lat. *derivo, -are* = dirigir]. Según el *psicoanálisis,* idea que está unida a un concepto reprimido y aparece menos criticable para el ego consciente. El material reprimido tiende hacia la conciencia, de manera que da lugar a derivados.

**desacondicionado:** [*Adj.*]. Se dice del sujeto en el que ha sido abolido un reflejo condicionado.

**desadaptación (social):** [Lat. *de* = fuera de + *adapto* = acomodar]. Término muy empleado en lugar de *desajuste social* (v.), que debe preferirse.

**desajuste social:** Incapacidad de un individuo para mantener relaciones satisfactorias con el ambiente social.

**desaprobación social:** [Lat. *de* = fuera de + *approbatio, -onis* = calificación]. Juicio desfavorable, expresado de maneras diversas, por los componentes de un grupo social con respecto de la conducta o de rasgos del comportamiento de uno o más de sus miembros. La desaprobación social puede derivar en la *censura* (v.).

**desarrollo:** [Lat. *de* = fuera de + *arrollar*]. Cambio

progresivo en un organismo, dirigido siempre a obtener una condición final, como por ejemplo el cambio progresivo de la forma del embrión al adulto en cualquier especie. **D., detención del,** es la desaparición del curso normal del desarrollo. **D., insanidad del,** desorden mental relacionado con períodos definidos del desarrollo, como por ejemplo la *dementia praecox* (v.). **D. mental,** las etapas por las que pasa la evolución, en la autogenia, de la vida mental.

**desarrollo psicomotor de la infancia, escalas de:** Escalas que dan un medida del «desarrollo psicomotor» en la infancia. Las pruebas de estas escalas están dirigidas al examen de conductas que se refieren tanto al desarrollo mental como al motriz, al cual el primero está estrechamente unido.

**desasimilación:** [Lat. *de* = fuera de + *assimilatus, -um* = semejante]. Fenómeno vital en virtud del cual algunos principios que entran en la composición íntima de un ser viviente se separan de la sustancia de éste y son eliminados del organismo. En *psicología social* el proceso contrario a la *asimilación* (v.). Se refiere a individuos o grupos que procuran impedir la asimilación defendiendo los propios modelos culturales y sociales con medios diversos y sobre todo con el aislamiento relativo.

**descarga:** [Fr. ant. *deschargier* = desembarazarse de algo]. Reducción de la intensidad de una pulsión que se manifiesta cuando tiene lugar un comportamiento que la realiza. En *neurología,* el pasaje de la excitación nerviosa de una neurona a otra.

**desconexión neurovegetativa:** [Lat. *de* = fuera de + *conexio, -onis* = enlace]. Supresión de las reacciones neurovegetativas del organismo por medio de medicamentos que paralizan los centros encefálicos, las sinapsis ganglionares y los efectores del sistema vegetativo. Se emplea en la *hibernación* (v.) artificial.

**deseo:** [Lat. *desiderium* = aspiración de algo que no se tiene]. Tendencia espontánea y consciente hacia un objeto presente o del que se tiene la representación. En *sexología,* su significado se constriñe al esfuerzo por satisfacer las tendencias sexuales.

**desesperación:** [Lat. *de* = fuera de + *sperans, -tis* = el que aguarda]. El estado emocional del que está sin esperanza; se asocia por lo general con miedo de que acaezcan hechos particularmente graves. En lo esencial es un estado de frustración grave.

**desfloración:** [Lat. *defloratio* = acción de ajar las flores o quitarlas]. Acción de quitar a una mujer su virginidad.

**desinhibición:** [Lat. *de* = fuera de + *inhibeo, -ere* = contener, impedir]. Liberación de los centros psíquicos y motores inferiores, subcorticales y automáticos, del control de los centros psíquicos superiores corticales. Provoca movimientos anormales y trastornos del tonus del síndrome extrapiramidal. Para algunos la *histeria* (v.) traduce una predisposición exclusivamente funcional para tal liberación.

**desintegración:** [Lat. *de* = privativo + *integritas* = integridad, totalidad]. Pérdida, por lo general progresiva, de la organización de cualquier tipo de material organizado, físico o mental.

**desmielinización:** [Lat. *de* = fuera de + Gr. *myelós* = caña]. Desaparición de la vaina de mielina que rodea al cilindroeje de una fibra nerviosa. Se la observa en algunas enfermedades, como por ejemplo la esclerosis en placas.

**desmoronamiento:** [Lat. *de* = «caer» + cast. *morón* = montecillo]. Disminución de las fuerzas físicas y morales —sensitivas y psíquicas— más acentuado que en el *abatimiento* (v.).

**desorden:** [Lat. *de* = fuera de + *ordino, -are* = disponer]. Término general de la *psicología clínica,* que designa a un trastorno o interrupción de funciones de la más diversa gravedad o naturaleza. Su empleo no es aconsejable.

**desorientación:** [Lat. *de* = pérdida + *orientalis* = que viene de Oriente]. Pérdida, a menudo simplemente temporaria, de la percepción de las relaciones en el espacio o en el tiempo.

**desoxirribosa:** Azúcar de cinco átomos de carbono, constituyente esencial del *ADN* (v.).

**desoxirribonucleico, ácido:** Vid. *ADN.*

**despersonalización:** [Lat. *de* = privativo + *persona* = la persona]. Estado más o menos patológico en el que se pierde el sentido de la realidad de uno mismo, o del cuerpo propio, o en el que puede creerse muerto. También se emplea con el sentido de una filosofía del universo que considera los fenómenos naturales como manifestación de agentes supranormales o dioses.

**despertar, sistema del:** La *fisiología* considera una vasta zona que se extiende desde el *bulbo* (v.) hasta el *tálamo* (v): la *formación reticular del tronco cerebral,* y que constituye un sistema que ejerce acción a la vez facilitadora e inhibitoria sobre el resto del sistema nervioso (corteza y médula). El sistema reticulado activador desempeña un papel importante en la conservación del estado de vigilia; su estimulación experimental despierta al animal dormido.

**desplacer:** [Lat. *de* = privativo + *placeo, -ere* = deleitar]. Sentimiento provocado por lo que es desagradable y lleva al rechazo o alejamiento; es diverso del *dolor* (v.), que está acompañado por una experiencia emocional desagradable.

**desplazamiento:** [Lat. *de* = fuera de + *platea* = plaza, área]. Con sentido general, transferencia de un objeto de un lugar a otro; posee dos sentidos técnicos: (1) la distorsión de una imagen visual [*eidética* (v.)], por inversión, confusión de derecha e izquierda, arriba y abajo; (2) *(psicoanalítico),* la transferencia de una emoción del objeto con que primeramente fue experimentado a otro.

**despolarización:** [Lat. *de* = fuera de + fr. *polariser* = reunir en un polo]. En *física,* pérdida de las cargas eléctricas positivas. En *fisiología* la despolarización de la fibra muscular es consecuencia de su activación; en el electrocardiograma corresponde a la onda *QRS*.

**destreza:** [Lat. *dexter, dextra* = derecho]. Adjetivo *diestro*, lo que cae a la mano derecha.

**desviación:** [Lat. *deviatus*, p. p. de *deviare* = salir del camino]. Con sentido general, variación a partir de una línea, norma o punto de referencia. Se emplea con gran cantidad de sentidos técnicos: (1) *visual*, de un ojo que no asume su posición en coordinación con el otro al mirar un objeto, o una irregularidad entre los dos ojos, en especial con relación al eje vertical o meridiano; en uno u otro caso se produce doble visión; (2) *estadística*, la variación de la media en una serie, como media o variación, siendo la media de las desviaciones individuales en la media, o **desviación estándar,** la raíz cuadrada de las medias de los cuadrados de las desviaciones individuales, y que por lo general se representan por α, y es dada por la fórmula:

$$\alpha = \sqrt{\frac{\Sigma(X^2)}{N}}$$

(3) *desviación en cuartil*, otra medida de la variación, que es la mitad de la diferencia entre los *cuartiles* (v.). **D. sexual,** modificación patológica de las pulsiones sexuales que confiere aspectos especiales, a menudo antisociales, a la conducta. El término se aplica por lo general a la homosexualidad, pero su significado es general. **D. cuadrática media,** v. *desviación estándar*.

**desviada, conducta:** [Lat. *deviatus* = fuera del camino]. Conducta que se aleja de los modelos típicos aceptados por un grupo sociocultural. Cuando la conducta desviada es de un grupo puede constituir la cultura verdadera y propia de éste: gitanos, vagabundos, prostitutas, etc.

**desvirilización:** [Lat. *de* = privativo + *vir* = hombre]. Desaparición en el hombre de los caracteres sexuales que le son particulares. Sinónimo *demasculinización,* poco usado.

**deterioro mental:** [Lat. *deterior* = inferior, peor]. Debilitamiento más o menos progresivo, parcial o general, de las funciones mentales. **D. mental fisiológico,** el debido a la edad. **D. mental patológico,** debido a causas morbosas. El deterioro se distingue de la *demencia* (v.) porque se refiere más estrechamente al *debilitamiento mental*. **D. mental, índice del,** índice valorado en razón de los resultados obtenidos con la escala de inteligencia de Wechsler-Bellevue. El deterioro expresado en valor de porcientos está dado por la fórmula:

$$DM = \frac{\Sigma Xa - \Sigma Xo}{\Sigma Xa}$$

**determinado:** (Lat. *determinare* = señalar límites). Que está bajo la dependencia rigurosa de sus antecedentes o de sus causas; que depende de motivos.

**determinante:** [Lat. *determinans, -antis* = el que señala]. Aparte de su significado matemático este término se emplea para indicar cada uno de los factores que producen un evento o un fenómeno o llevan a un resultado.

**determinismo:** [Lat. *determinare* = señalar límites]. Con sentido cognitivo, descubrir, precisar, definir; con sentido causal: influir como causa o condición; con sentido volitivo: influir como motivo. Conjunto de las condiciones necesarias para que un fenómeno se produzca. Como *teoría*, doctrina según la cual los fenómenos del universo dependen tan estrechamente de sus antecedentes que no existe la posibilidad de que se produzcan sin ellos.

**deuteranomalía:** [Gr. *deúteros* = segundo + *anomalía* = irregularidad]. Ligera anomalía de la visión del verde (V. *daltonismo*); grado débil de *deuteranopia* (v.).

**deuteranope:** [Gr. *deúteros* = segundo + *ópsis* = ojo]. Se dice del ojo incapaz de ver el verde (siendo el verde el segundo de los tres colores fundamentales: rojo, verde y azul). Véase *deuteranomalía* y *deuteranopia*.

**deuteranopia:** [Gr. *deúteros* = segundo + *ópsis* = ojo]. *Daltonismo* (v.), para el verde; la no percepción de este color.

**devenir:** [Lat. *devenire* = venir descendiendo de]. Pasar de un estado a otro o de un momento del tiempo al que sigue. En la filosofía escolástica el pasaje de la potencia al acto.

**diacrónico, estudio:** [Gr. *dia* = a través + *chrónos* = tiempo]. Estudio de un fenómeno realizado desde el punto de vista dinámico en su evolución en el tiempo. Cf. *sincrónico*.

**diadocinesia:** [Gr. *diáxodos* = que sigue + *kinesis* = movimiento]. Denominación dada por *Babinski* (v.), en 1902, a la facultad de hacer suceder rápidamente algunos movimientos, como la pronación y la supinación alternativas de la muñeca. Esta función está trastornada en los cerebelosos y en la esclerosis en placas.

**diafragma:** [Gr. *dia* = a través + *phragma* = defensa, cerca]. Separación muscular entre el tórax y el abdomen; también un dispositivo para controlar la transmisión de la luz, como por ejemplo el diafragma de *Aubert* (v.) o iris.

**diagínica:** [Gr. *dia* = a través + *gyné* = mujer]. Adjetivo que se refiere a la transmisión hereditaria de una tara o de una enfermedad que puede realizarse por medio de la madre, indemne ella misma y que se denomina conductora. Está unida con genes situados sobre el segmento no homólogo del cromosoma sexual X; ejemplo, la hemofilia.

**diagnosis:** [Gr. *dia* = a través + *gnosis* = conocimiento]. El arte de distinguir una enfermedad de otra. La determinación de la naturaleza de un caso de enfermedad. Un *test de diagnosis* es un test o prueba apto para tal propósito.

**dialéctica:** [Gr. *dialektiké* = arte de la discusión]. En

*Hegel* (v.), proceso por el cual el pensamiento se desarrolla según un ritmo ternario: tesis o afirmación, antítesis o negación, síntesis o negación de la negación, con la cual se conserva lo que hay de justo en las dos proposiciones antitéticas. En el *marxismo,* adaptación de la concepción de Hegel al materialismo de Marx.

**diasquisis:** [Gr. *dia* = a través + *schizein* = dividir]. Término creado por *Von Monakow* (v.) para denominar la pérdida de la continuidad funcional entre varios centros nerviosos o fibras nerviosas. Se expresa por una baja en la excitabilidad de un centro nervioso por recepción anormal de los estímulos desde otros centros.

**diástole:** [Gr. *diastolé* = distinción, dilatación]. Fase de dilatación del corazón, en especial de los ventrículos. Cf. *sístole.*

**diátesis:** (Gr. *diáthesis* = arreglo, disposición]. Constitución o predisposición en determinada dirección, como por ejemplo labilidad hereditaria a una enfermedad específica o a un defecto bajo ciertas condiciones ambientales.

**dibujo:** [Cat. *dibuixar,* y éste de lat. *buxus* = boj]. Representación de una cosa realizada con medios naturales impregnados de materia colorante o con medios gráficos (lápiz, pluma, etc.) sobre una superficie por lo general plana (hoja de papel, tela, etc.). **D.**, **test de,** pruebas de dibujo que sobre todo son empleadas para la determinación del nivel mental y, como técnica proyectiva, para el estudio de la personalidad. **D. de la figura humana,** técnica proyectiva sugerida por *Karin Machover* a partir del empleo del test de inteligencia de *Florence L. Goodenough* para niños.

**dibujos, escala de:** Escala que consiste en muestras de dibujos, que varían en mérito según pasos sucesivos y aproximadamente iguales, concebida para valorar los méritos del dibujo en los niños.

**dicogenia:** [Gr. *dicha* = en dos + *gennan* = producir]. Desarrollo de los tejidos con sentidos diferentes según cambios en las condiciones que los afectan.

**dicotomía:** [Gr. *dicha* = en dos + *tennein* = cortar]. Proceso de división en dos partes. Clasificación en dos clases, sobre la base de la presencia o ausencia de determinadas características, o por pares de opuestos.

**dicromatismo:** [Gr. *dís* = dos veces + *chroma* = color]. Ceguera parcial para los colores que se distingue por la visión dicromática, en tanto que lo normal para el hombre es la visión tricromática. Se distingue dos tipos de dicromatismo: ceguera para el rojo-verde (véase *deuteranopia*) y ceguera para el amarillo-azul (bastante rara).

**diestro:** [Lat. *dexter* = derecho, que está a la mano derecha]. Uso preferente de la mano, de la pierna y del ojo derechos, relacionado con el predominio funcional del hemisferio cerebral izquierdo.

**difásico:** [Gr. *dis.* = dos + *phasis* = período]. Se dice

de todo lo que presenta en su existencia o en su evolución dos períodos alternados, ya se trate de fenómenos, de objetos inanimados o de seres vivientes. En *biología,* se aplica este término a los animales migradores cuya existencia está dividida en un período genésico o de reproducción y un período trófico consagrado a la nutrición.

**diferencia significadora:** [Lat. *differentia* = desemejanza]. Término de la *estadística* para denominar la diferencia observada en las medias relativas a dos muestras. Debe ser tal que se pueda rechazar con probabilidad diversa de error (5% - 1% - 10/00) la *hipótesis nula* (v.), lo cual significa que la diferencia no puede ser atribuida a factores causales.

**diferenciación:** [Lat. *differentia* = desemejanza]. La serie progresiva de modificaciones que llevan a diferencias en el desarrollo de un individuo o en la evolución de una especie o de una raza. Se debe sobre todo a factores biológicos y se opone a las modificaciones debidas a estímulos ambientales.

**difícil, niño:** [Lat. *difficilis* = dificultoso]. Niño que presenta anomalías de la conducta. Término muy empleado en pedagogía, pero que debe evitarse por su imprecisión en psicología.

**difusión:** [Lat. *diffussus* = derramado, esparcido]. Literalmente extendido; se emplea: (1) para los rasgos de una cultura; (2) el área de la superficie cutánea afectada por un estímulo de presión aplicado sobre ella. **D., círculo de,** círculo de brillantez o de color producido en la retina por los rayos de una fuente luminosa por causa de focalización inadecuada del sistema de lentes *(aberración* [v.]).

**digénesis:** [Gr. *dis* = dos veces + *gennan* = generación]. Nombre dado a la generación de algunos invertebrados (orden de los trematodes y de los cestodes) que se reproducen alternativamente por huevos y por excisión o por gemación. Esta palabra es empleada también adjetivada. Sin. *generación alternada:* poco usado.

**dikefobia:** [Gr. *diké* = justicia + *phóbos* = miedo]. Temor mórbido por la justicia, su aparato y sus representantes. A veces lleva a los sujetos que lo sufren a la presunción de culpabilidad por sus reticencias.

**dikemanía:** [Gr. *diké* = justicia + *manía* = locura]. Tendencia mórbida de algunos sujetos de buscar contactos con la justicia, su aparato y sus representantes; en muchísimos casos transgreden la ley para lograr tales contactos.

**dimensión:** [Lat. *dimensio* = acción de medir]. Cantidad que mide la extensión de un cuerpo. Con sentido psicológico, componente particular del real o del pensamiento.

**dimeria:** [Gr. *dis* = dos veces + *méros* = partes]. Herencia en la cual uno de los caracteres anormales o patológicos está determinado por la acción concordante de dos genes dominantes o de dos partes de genes recesivos.

**dinámica de grupos:** [Gr. *dynamis* = fuerza]. Resultado de las interacciones de las personalidades que componen un grupo sobre cada persona y sobre la actividad general del grupo. Puede ser empleada como medio de conocimiento, de revelación y de terapéutica espontánea.

**dinámica de poblaciones:** Estudio cuantitativo de los cambios que experimenta el número de individuos de una especie o conjunto de especies.

**dinamismo:** [Gr. *dynamis* = fuerza]. Doctrina que admite en la materia la existencia de fuerzas, ya que niega que ésta se reduzca a la masa o al movimiento.

**dinamogenia:** [Gr. *dynamis* = fuerza + *genan* = engendrar]. Exaltación de la función de un órgano bajo la influencia o acción de una excitación cualquiera: contrario de *inhibición* (v.).

**dinamógeno:** [Gr. *dynamis* = fuerza + *gennan* = generar]. Que crea o aumenta la fuerza, la energía; que sobreexcita la función de un órgano. Ejemplo, *alimento dinamógeno*.

**dionisíaco:** [De *Dionysos* = Dionisio]. Adjetivo empleado por *Nietzsche* (v.), para indicar la inspiración que se obtiene de la acción, los entusiasmos que nada detienen. Se opone a *apolíneo* (v.).

**diploide:** [Gr. *díploos* = doble]. Se dice de la célula del *soma* (v.) que posee el número normal de cromosomas: 2n (23 pares en el hombre, comprendiendo 22 pares de cromosomas somáticos y dos cromosomas sexuales).

**diplodia:** [Gr. *diploos* = doble + *opsis* = visión]. Ver a un objeto único como dos o doble.

**dipsomanía:** [Gr. *dípsa* = sed + *manía* = locura]. Necesidad incontrolable de alcohol, que por lo general ocurre por períodos y bajo la forma de ataques.

**disartria:** [Gr. *dys* = dificultad + *arthroun* = articular, pronunciar claramente]. Articulación imperfecta del lenguaje. **D. literalis,** tartamudez. **D. sylabaris spasmodica,** farfulleo.

**disbulia:** [Gr. *dys* = dificultad + *boulé* = voluntad]. Nombre genérico dado a todos los trastornos mórbidos de la voluntad que se observan con frecuencia en los enfermos mentales, y en los cuales se puede hacer entrar los tics, las manías, obsesiones, fobias, etc.

**discalculia:** [Gr. *dys* = dificultad + Lat. *calculo* = hacer cuentas]. Trastorno que proviene de dificultades específicas en el aprendizaje del cálculo, con independencia del nivel mental, de los procederes pedagógicos, de la asiduidad escolar y trastornos afectivos.

**discinesia:** [Gr. *dys* = dificultad + *kinesis* = movimiento]. Dificultad en los movimientos cualquiera sea la causa (incoordinación, espasmo, paresia, etc.).

**disciplina:** [Lat. *disciplina* = instrucción]. Control del comportamiento o de la conducta obtenido por medio de premios o de puniciones. Constituye el plan gradual de la educación de los niños. **D. preventiva,** la intervención directa para prevenir conductas social o moralmente reprobables; su finalidad es un ajustamiento más estable, dirigido a una gradual inserción del individuo en el medio. **D. punitiva,** intervención dirigida a modificar la conducta mediante puniciones de grado diverso que actúan como correctivo.

**discriminar:** [Lat. *discrimen* = separación]. Acción de distinguir entre ellos diversos objetos del pensamiento de naturaleza concreta, sean físicos como los datos de la percepción, sean psíquicos como los estados de consciencia.

**discriminativo, sistema:** [Lat. *discrimen* = separación, distinción]. Según *Head* (v.), conjunto de las sensibilidades epicríticas integradas en los niveles del córtex cerebral y que nos informan de manera precisa acerca de las modificaciones del medio circundante; por ejemplo, el oído, la vista. Sin. *neosensibilidad*.

**discurso:** [Lat. *discursus* = conversación]. En *filosofía,* modo de conocimiento que alcanza su objeto por medio de las operaciones elementales que constituyen al pensamiento discursivo o razonamiento. Se opone a *intuición* (v.).

**disemia:** [Gr. *dys* = dificultad + *séma* = signo]. Dificultad para el empleo de los símbolos del lenguaje.

**disendocrínea:** [Gr. *dys* = dificultad + *endon* = dentro + *krinein* = separar]. Nombre dado a los trastornos del funcionamiento de las glándulas endocrinas.

**disestesia:** [Gr. *dys* = dificultad + *aisthesis* = sensibilidad]. Disminución o exageración de la sensibilidad. Se emplea también con el sentido de *parestesia* (v.).

**disfagia:** [Gr. *dys* = dificultad + *phagein* = comer]. Dificultad para realizar la acción de comer. Cf. *odinofagia*.

**disfasia:** [Gr. *dys* = dificultad + *phasis* = palabra]. Dificultad en la función del lenguaje provocada por lesiones de los centros cerebrales.

**disfemia:** [Gr. *dys* = dificultad + *phéme* = palabra]. Dificultad para la pronunciación de las palabras con independencia de parálisis de los órganos de la fonación.

**disfonía:** [Gr. *dys* = dificultad + *phoné* = palabra]. Dificultad para la fonación cualquiera sea su origen: central *(disartria)* o periférico *(dislalia)*.

**disforia:** [Gr. *dysphoria* = dolor excesivo, angustia]. Inestabilidad del humor, con malestar, ansiedad y a menudo reacciones coléricas.

**disfrasia:** [Gr. *dys* = dificultad + *phrasis* = lenguaje]. Vicio en la construcción del lenguaje por *dislogia* (v.).

**disgnosia:** [Gr. *dys* = dificultad + *gnosis* = conocimiento]. *Agnosia*. (v.) atenuada o temporaria.

**disgrafía:** [Gr. *dys* = dificultad + *graphein* =

grabar]. Dificultad para el acto de escribir que está unida con retardo de la maduración motriz.

**disgusto:** [Fr. ant. *desgouster* = desagradar]. Sentimiento o emoción con tendencia siempre a la náusea, considerado por *Mac Dougall* (v.) como *primario*, o *emoción-instinto* asociada con el *instinto de repulsión.*

**dislalia:** [Gr. *dys* = dificultad + *lalein* = hablar]. Dificultad para la pronunciación de las palabras debida a malformación o a lesión del aparato exterior de la palabra (lengua, labios, dientes, laringe).

**dislexia:** [Gr. *dys* = dificultad + *lexis* = palabra]. Dificultad en la lectura caracterizada por el hecho de que el paciente, después de haber leído fácilmente algunas palabras, es incapaz de comprender lo que sigue, se detiene y sólo puede recomenzar después de algunos segundos de reposo. Es una *alexia* (v.) transitoria, especie de claudicación intermitente del pliegue curvo, según *Déjerine* (v.). De manera más general, «dificultad particular para identificar, comprender y reproducir los símbolos escritos» (Roudinesco).

**dislogia:** [Gr. *dys* = dificultad + *lógos* = tratado]. Nombre genérico de todos los trastornos del lenguaje causados por defecto de inteligencia (logorrea, verbigeración, ecolalia, estereotipia, etc.).

**dismimia:** [Gr. *dys* = dificultad + *mimo* = mimo, gesto]. Según *Kussmaul* (v.), dificultad para emplear gestos.

**disociación:** [Lat. *dissociatus, -um* = separado]. Término no bien definido de la *psicología clínica,* que sirve para indicar la desaparición de asociaciones *(conexiones)* mentales que normalmente existen. En *psiquiatría* se emplea este término con referencia a la desintegración de la personalidad que se manifiesta en la *esquizofrenia* (v.). El *psicoanálisis* (v.) a veces emplea el término disociación para indicar el material inconsciente que por estar reprimido resulta aislado del resto de la personalidad.

**disolución:** [Lat. *dissolutio* = acción y efecto de disolver]. Destrucción progresiva de una función. Por ejemplo, las leyes de disolución de la memoria según *Delay* (v.): 1) la disolución se realiza del presente al pasado; los recuerdos más recientes son los primeros olvidados. 2) La disolución va de lo más complejo a lo más simple; primero la memoria individual, después la memoria social, después la memoria mecánica.

**disosmia:** [Gr. *dys* = dificultad + *osmé* = olor]. Nombre genérico para los diversos trastornos del olfato.

**dispareunia:** [Gr. *dyspareunos* = mala compañera]. Dificultad para el coito en la mujer, generalmente por ser doloroso para ella y sin contractura de la vulva.

**dispersión:** [Lat. *dispersio, -onis* = separación]. Irre-

gularidad en la distribución de los resultados obtenidos por un sujeto en escalas de inteligencia, pruebas mentales, etc. En la escala de inteligencia de Wechsler el *índice de dispersión* tiene importancia clínica particular. **D., índice de,** es la medida de la variabilidad de la distribución de los valores aislados con respecto al valor medio.

**displástico:** [Gr. *dys* = dificultad + *plastikós* = modelado]. Tipo morfológico descrito en tipología por *Kretschmer* (v.), caracterizado por desproporción entre las diferentes partes del cuerpo. Cf. *atlético* (v.), *leptosoma* (v.), *pícnico* (v.).

**disposición:** [Lat. *dispositio* = colocación, distribución]. Con sentido general significa distribución en el espacio; con sentido técnico se refiere a la distribución espacial de elementos orgánicos o nerviosos *(disposición nerviosa)* o de elementos mentales *(disposición psíquica),* o de ambos *(disposición psicofísica),* que puede ser innata o el resultado de la experiencia. Cf. *engrama.* También se emplea para referirse a la totalidad de las tendencias naturales que llevan a actuar en determinado sentido —por lo general con énfasis sobre los aspectos *afectivo* e *impulsivo.*

**disquinesia:** [Gr. *dys* = dificultad + *kínein* = movimiento]. Trastorno de la función motriz.

**distal:** [Lat. *distans* = separado]. Alejado de cualquier punto de referencia del cuerpo; opuesto a *proximal* (v.).

**distasia:** [Gr. *dys* = dificultad + *taxis* = posición]. Dificultad para mantener la posición erecta. **D. arrefléxica hereditaria,** enfermedad familiar que entra en el cuadro de la heredodegeneración espinocerebelosa.

**distenia periódica:** [Gr. *dys* = dificultad + *stenos* = fuerza]. Nombre dado por *Benon* y *Decolland* a las psicosis cuyas crisis están separadas por períodos variables de estado psíquico normal; se la observa frecuentemente como consecuencia de traumatismos cranianos, agotamientos nerviosos o enfermedades infecciosas.

**distimia:** [Gr. *dys* = dificultad + *thymos* = humor]. Conjunto de las perturbaciones del humor (depresión, excitación, ansiedad).

**distomía:** [Gr. *dys* = dificultad + *stóma* = boca]. Nombre genérico que designa los diversos trastornos de la pronunciación. V. *seseo.*

**distonía:** [Gr. *dys* = dificultad + *tónos* = tensión, resorte]. Trastorno de la tensión, de la tonicidad o del tono. **D. de aptitud,** modificación patológica de las acciones musculares que mantienen al hombre en equilibrio durante la posición erecta.

**distracción:** [Lat. *dis* = separado + *tractio* = acción de arrastrar]. Cuando la concentración de la atención es perturbada por estímulos poco relevantes, los que pueden ser experimentalmente aplicados para medir la capacidad individual de resistir a la distracción. La distracción está condicionada a menudo por factores afectivos que dificultan o vuelven imposible la concentración de la atención, por lo cual puede ser claramente distinguida de la *abstracción* (v.).

**distribución de frecuencia:** [Lat. *distributus, -um* = repartido, dividido]. Tabla o gráfico que indica la frecuencia con que aparecen los valores de una variable.

**dizigote:** [Gr. *dis* = dos veces + *zygotós* = unido]. Se dice de los gemelos con placenta separada, provenientes de dos huevos diferentes. V. *gemelos.* Sin. *biovular, bivitelino.*

**doble aspecto, teoría del:** Teoría *metafísica* sobre la relación entre mente y cuerpo, asentada en la filosofía de *Spinoza* (v.), según la cual los procesos mentales y físicos en el sistema nervioso representan dos aspectos de una y misma serie de acontecimientos. Cf. *psicofísico, paralelismo.*

**docimología:** [Gr. *dokimé* = prueba + *dokimastós* = apto para examinar + *lógos* = tratado]. Término propuesto por *Piéron* (v.) para denominar al estudio científico de las pruebas de exámenes y en particular de los diversos sistemas para clasificar, y de los factores subjetivos que actúan sobre los examinadores.

**doctrina:** [Lat. *doctrina* = enseñanza]. Conjunto o sistema de afirmaciones de orden teórico que sirven como armazón del pensamiento conceptual y que provisoriamente se considera verdadero.

**dogmatismo:** [Gr. *dogma* = doctrina impuesta]. Toda afirmación emitida con sentido de autoridad indiscutida.

**dolicocefalia:** [Gr. *dolichós* = largo + *kephalé* = cabeza]. Cabeza alargada en los humanos, con un índice cefálico de 75,9 o menos.

**dolor:** [Lat. *dolor, -oris* = mal, dolencia]. «Impresión anormal y penosa recibida por una parte viviente y percibida por el cerebro» (Littré). **D. errático,** que cambia frecuentemente de lugar (reumatismo). **D. fulgurante,** vivo y que sobreviene espontáneamente (período inicial de la tabes) y cuya duración muy corta ha sido comparada con la del relámpago. **D. moral,** en *psiquiatría,* inquietud penosa e indefinible que abarca la afectividad. Es síntoma esencial de la melancolía.

**dolorismo:** [Lat. *dolor* = que molesta y aflige]. Forma patológica de ascetismo, con búsqueda aberrante del dolor como bueno por sí mismo y como agradable a Dios.

**dominancia:** [Lat. *dominans, -tis* = el que domina, señor, dueño]. En una experiencia de hibridación, semejanza de todos los individuos de la primera generación (heterozigotes) a uno solo de los padres. **D., ley de,** v. *Mendel, leyes de.* **D. cerebral,** predominio funcional fisiológico de un hemisferio cerebral sobre otro; la norma es que haya dominancia del hemisferio izquierdo sobre el derecho, pero puede estar invertida sin que signifique anormalidad.

**dominancia lateral, índice de:** Índice propuesto por

*Hildreth,* en 1949, para determinar la dominancia lateral en diestros y zurdos. Se basa sobre el número de movimientos que reflejan una dada dominancia: D (derecha), I (izquierda). La relación $\frac{D-I}{D+I}$ da el índice, que es nulo en los ambidiestros, positivo en los diestros y negativo en los zurdos.

**dominante:** [Lat. *dominans, -tis* = que domina, señor]. Se dice en *genética* de un gene que manifiesta su efecto tanto cuando está presente sobre los dos cromosomas del par, o sobre uno solo (esto es al estado homozigote y al estado heterozigote). **D., carácter,** es el transmitido por este gene; en el heterozigote aparece siempre y enmascara al carácter correspondiente (recesivo) llevado por el gene alelomorfo. V. *recesivo.*

**domismo:** [Lat. *domus* = casa]. Ciencia que regula la construcción y el amueblamiento de cada casa teniendo en cuenta no sólo la estética y el confort, sino también la higiene y las condiciones de adaptabilidad psíquicas.

**doxa:** [Gr. der. de *dokein* = parecer]. Término que significa opinión y que se opone a *episteme* (v.).

**drenaje:** [Fr. *drainage* = secar]. Escape de la energía nerviosa de un centro nervioso o área hacia otro centro nervioso o área con el cual está en conexión. Sobre esta noción asienta la *hipótesis del drenaje,* con la cual *Mac Dougall* (v.) explica los fenómenos de inhibición en todos los niveles.

**drogas, dedicación a las:** [Hol. *drog* = cosa seca]. Hábito de consumir, bajo diversas formas y por medio de diversas vías, drogas narcóticas; este hábito lleva a estados morbosos o a enfermedades agudas o crónicas por lo general de interés psiquiátrico. Desde el punto de vista de la motivación la dedicación a las drogas es considerada en relación con las *necesidades fisiopatológicas* (v.).

**dualidad:** [Lat. *dualis* = en número de dos]. Hecho por el cual una realidad contiene dos componentes antinómicos. No confundir con *dualismo* (v.).

**dualismo:** [Lat. *dualis* = en número de dos]. Doctrina que admite la existencia en un dominio cualquiera de dos elementos irreducibles e independientes. **D. psicofísico,** doctrina que sostiene la independencia e irreductibilidad de lo físico y lo psíquico.

**Du Bois-Reymond, ley de:** Los períodos de estado variable de la corriente continua que provocan la excitación de los nervios y de los músculos.

**duda:** [Lat. *dubitare* = estar entre dos alternativas]. Estado del pensamiento que oscila entre la aceptación de la realidad o no de un hecho, o si una proposición es verdadera o falsa. **D. metódica,** actitud de duda adoptada como medio para llegar a la certeza; fue el método propuesto por *Descartes* (v.). **D. escéptica,** la que establece a la duda como estado definitivo.

**duelo:** [Lat. *doleo, -ere* = dolerse, sentir]. *Freud* (v.) define el duelo como pérdida consciente del objeto de amor. **D., trabajo del,** para Freud el esfuerzo que tiende a reconstituir el equilibrio psíquico turbado por la pérdida de una persona querida.

**duermevela, imágenes de la:** [De *dormir* y *velar*]. Sucesión de imágenes vividas que aparecen en la actividad del pensamiento durante la duermevela, y que por grados sucesivos se vuelve incoherente. Señalan la transición entre la relación con el ambiente y la separación total del mismo que caracteriza al sueño.

**duración:** [Lat. *durare* = resistir al uso]. Parte del tiempo absoluto ocupada por una acción o que se separa en dos acontecimientos.

**Düss, método de las fábulas de:** Prueba o test proyectivo que se aplica a niños pequeños. Fue elaborado por *Luisa Düss,* y está compuesto por 10 fábulas breves, que carecen de conclusión. El niño, al que le son leídas, debe completarlas. Las respuestas son interpretadas según cánones psicoanalíticos y permiten analizar condiciones de desajuste.

51

# E

**ecforia:** [Gr. *ekphorá* = acción de sacar]. Término creado por *Semon* (v.) para designar la reavivación de una huella de la memoria o *engrama* (v.).

**eclampsia:** [Gr. *eklampsis* = fulgurar, hacer explosión]. Afección caracterizada por una serie de ataques que consisten en convulsiones tónicas primero, después clónicas con suspensión de la inteligencia y de los sentidos, y que ofrece grandísima analogía con la *epilepsia* (v.). Sobreviene al tercer mes del embarazo.

**eclecticismo:** [Gr. *eklégein* = escoger]. Cualquier teoría que se caracteriza por tratar de reconciliar puntos de vista discordantes por medio de la adopción selectiva de elementos que los componen, y construyendo con éstos un sistema más o menos consistente.

**eclipse cerebral:** [Lat. *eclipsis* = que oculta]. Parálisis brusca y pasajera que sobreviene en un enfermo atacado de hipertensión arterial. Se debe al espasmo de una arteria cerebral.

**ecmnesia:** [Gr. *ek* = fuera + *amnesia* = olvido]. Término creado por *Pitres* (v.), para designar un fenómeno de reversión mental que observara en los histéricos. El empleo actual sirve para designar ciertos arranques delirantes histéricos y algunos casos de puerilismo mental.

**eco:** [Gr. *échos* = sonido]. Sonido que llega al oído después de haber sido reflejado. También se utiliza como prefijo para la repetición de algunos tipos de conductas como *ecolalia* (v.) o *ecofrasia* (v.).

**ecoide:** [Gr. *oíkos* = morada + *eídos* = forma]. Cada ser vivo considerado en íntima relación con su ambiente.

**ecocinesia:** [Gr. *échos* = eco + *kinesis* = movimiento]. Impulso mórbido que lleva a determinados alienados a repetir varias veces los movimientos que imprimen a sus miembros. Sin. *ecopraxia.*

**ecografía:** [Gr. *échos* = eco = *graphein* = grabar]. Impulso mórbido que lleva a determinados alienados a repetir varias veces seguidas las palabras escritas.

**ecolalia:** [Gr. *échos* = eco + *lalein* = hablar]. Impulso mórbido que lleva a determinados alienados a repetir como un eco las palabras pronunciadas delante de ellos.

**ecología:** [Gr. *oíkos* = morada + *lógos* = tratado]. Estudio del *hábitat* (v.) de una especie animal o vegetal y de la influencia que ejerce sobre ésta. Estudio de los seres vivientes (particularmente de los microbios) en su medio habitual o en condiciones que se aproximan en lo posible a las de su existencia natural.

**ecomatismo:** [Gr. *échos* = eco + *matny* = esfuerzo sin razón). Impulso mórbido que lleva a repetir los sonidos y los movimientos. Comprende la *ecocinesia* (v.) y la *ecolalia* (v.).

**ecomimia:** [Gr. *échos* = eco + *mimos* = mimo, gesto]. Impulso mórbido que lleva a determinados alienados a repetir los movimientos que se ejecutan delante de ellos.

**economía, método de la:** Método experimental de la retención mnemónica, mediante la computación del tiempo o del número de pruebas que se requieren para aprender una cantidad dada de material, y del tiempo o del número de pruebas que se requieren para volver a aprender el mismo material después de un tiempo dado. Sin. *reaprendizaje, método del.*

**ecopraxia:** [Gr. *échos* = eco + *praxis* = acción]. V. *ecocinesia.*

**ecosistema:** [Gr. *échos* = eco + *systéma* = poner junto, ordenar]. Denominación para los seres vivos que habitan un área o zona determinada y su ambiente. Sin. *geobiocenosis.*

**ecosocial:** [Gr. *oíkos* = morada + Lat. *socialis* = que es sociable]. Unidad en la acción sobre los organismos de las invariantes de las formaciones naturales (ecológicas) y de las invariantes de las formaciones sociales (sociológicas).

**ectasia:** [Gr. *ektasis* = dilatación]. Dilatación de un órgano hueco o de un vaso.

**ectipo:** [Gr. *ektós* = afuera + *typus* = forma]. Se opone a *arquetipo* (v.), en particular en *Berkeley* (v.), para quien serían las cosas tales como están representadas en los diversos espíritus: el *ectipo* o natural y el *arquetipo* o eterno.

**ectodermo:** [Gr. *ektós* = afuera + *dérma* = piel]. Hoja externa del blastodermo que formará los revestimientos cutáneos y los órganos de los sentidos por una parte, el sistema nervioso central y los nervios periféricos por otra.

**ectomorfia:** [Gr. *ektós* = afuera + *morphé* = forma]. Clasificación, asentada en mediciones antropométricas, del tipo físico caracterizado por la preminencia de huesos largos y delgados con gran superficie de músculos y tejido subcutáneo.

**ectoplasma:** [Gr. *ektós* = fuera + *plásma* = formado o moldeado]. V. *teleplasma*.

**ecuación:** [Lat. *aequatio* = igualación]. En *matemáticas*, fórmula que expresa una relación de igualdad entre cantidades conocidas y desconocidas (o variables) y que solamente se verifican por determinados valores de estas últimas. **E. personal,** intervalo, diferente según los individuos, entre el momento cuando un fenómeno tuvo lugar y aquél en que es registrado por el observador.

**ecumene:** [Gr. *é oikouméne* + *gé* = la Tierra habitada]. Espacio habitado por el hombre.

**edad:** [Lat. *aetas, -atis* = los años que se tiene]. El tiempo durante el cual un individuo ha vivido. **E. adulta, primera,** edad que va desde el final de la adolescencia hasta los cuarenta años. **E. cronológica,** los años que el individuo vivió a partir del nacimiento; se indica en años, meses y días: 10; 3; 5 (diez años, tres meses y cinco días). **E. del desarrollo,** la edad que comprende la *infancia*, la *pubertad* y la *adolescencia* (v.). **E. evolutiva,** para algunos psicólogos sinónimo de *edad del desarrollo*. **E. mental,** medida introducida por *Binet* (v.) y que define el grado de desarrollo de la inteligencia de una edad dada. **E. social,** grado de desarrollo del comportamiento social, con referencia de parangón con la media del desarrollo social de las diversas edades.

**edipismo:** [De *Edipo*]. Variedad de automutilación que consiste en la extirpación voluntaria de la oreja.

**Edipo (Oedipus), complejo de:** En la teoría *psicoanalítica* el *complejo*, ampliamente inconsciente, desarrollado en un hijo por adherencia (sexual por su carácter, según los psicoanalistas) para con la madre y celos por el padre, de lo cual resulta un sentimiento de *culpa* y un conflicto emocional por parte del hijo. De una forma u otra sería normal en cualquier círculo familiar. Cf. *Electra, complejo de*.

**educción:** [Lat. *eductus* = echado fuera]. Término empleado por *Spearman* (v.), para cada uno de los dos modos esenciales de pensamiento de relación, que de acuerdo con su punto de vista —el aviso de relaciones y el descubrimiento de correlaciones— daría su segundo y tercer principios *neogenéticos* (v.).

**efecto:** [Lat. *effectus* = llevado a cabo]. *Thorndike* (v.) da a este término el significado técnico de designar la ley de *aprendizaje* (v.), la que comúnmente es llamada *ley de selección*.

**efector:** (Lat. *effectus* = realizado]. Músculo o glándula que es parte del sistema psicoorgánico y que tiene por función exteriorizar las respuestas del organismo.

**eferente:** [Lat. *efferens* = que lleva afuera]. Se dice de las fibras nerviosas que llevan impulsos desde un centro nervioso a un músculo o glándula.

**eficiencia:** [Lat. *efficientia* = facultad para hacer]. La relación del trabajo realizado o energía desarrollada por un hombre, una máquina, etc., con la energía consumida.

**eficiencia, cociente de (C.E.):** Relación entre el cociente intelectual obtenido empleando la escala de inteligencia de Wechsler-Bellevue, y la puntuación obtenida empleando la misma escala en individuos de 20-40 años (edades consideradas como correspondientes al máximo de eficiencia).

**eficiencia, índice de:** Índice establecido por *Babcok*, para la diferencia entre el nivel obtenido en una serie de tests mentales y el nivel que se considera normal.

**efluvio:** [Lat. *effluvium* = fluir]. Término de la parapsicología para designar emanaciones que saldrían de los cuerpos y que tendrían origen espiritual.

**ego:** [Lat. *yo*]. Una experiencia individual de sí mismo, o la propia concepción de uno mismo, o la unidad dinámica en que asienta lo individual. Los *psicoanalistas* lo emplean con sentido y objetivo menos amplio, y lo refieren a la parte de la persona que por ser superficial está en contacto directo con la realidad exterior, su conciencia, e incluye a veces la representación de la realidad como es dada por los sentidos, existiría en el *preconsciente* (v.) como memoria, junto con los impulsos seleccionados e influencias que han sido aceptados y están bajo control. **E., teoría del alter,** teoría que asienta en el hecho de que durante el crecimiento de la conciencia social y el desarrollo de la organización social hay interacción entre el Yo y el Otro. **E. ideal,** concepción psicoanalítica con la que en mayor o menor grado se sustituye a la conciencia, que incluye un nivel de perfección que se realiza en la primera etapa de la vida del niño, por medio de la *identificación* (v.) con alguna persona admirada, por ejemplo el padre. Cf. *superego*. **E., instintos del,** expresión empleada por los psicoanalistas para referirse a un grupo de instintos que abarca todos menos los instintos sexuales, que agrupan en otra categoría. **E. líbido,** según los psicoanalistas, adherencia de la *líbido* (v.) al ego o Yo. **E. sintónico,** expresión empleada por los psicoanalistas para significar armonía entre el ego y sus patrones.

**egocéntrico:** [Lat. *ego* = yo + *centrum* = centro]. Autocentrado: que se interesa fundamentalmente en sí mismo y lo que le concierne como tal, con indiferencia para lo que concierne a los demás. En el *test de asociación*, las respuestas que son claramente personales son clasificadas como respuestas egocéntricas. El hecho de que un individuo pueda interpretar los pensamientos y actos de otros únicamente a través de su propia experiencia es denominado *predicamento egocéntrico*.

**egocentrismo infantil:** Etapa en la evolución del niño, estudiada principalmente por *Piaget* (v.), en la cual no se logra establecer una diferenciación entre el yo y el no-yo, o sea, entre el sujeto y los objetos.

53

**egoísmo:** [Lat. *ego* = yo + *ismo* = estado o condición]. Sistema de filosofía y ética social asentado sobre la premisa de que el principal motivo que subyace en toda moralidad o conducta es en último término el propio interés. La característica del individuo que con sus actos y pensamientos muestra e ilustra la práctica del egoísmo.

**egoquima:** [Lat. *ego* = yo + *kyma* = onda]. Expresión creada en 1951, por *Von Bracken,* para designar la forma de energía psíquica que concierne al esfuerzo voluntario. Cf. *psicoquimia.*

**egotismo:** [Lat. *ego* = yo + *t,* que indica vacío + *ismo* = estado o condición]. Hablar incesantemente de uno mismo y de las propias necesidades o ideas.

**eidético:** [Gr. *eído* = veo]. Que se refiere o relaciona con el *eidetismo* (v.).

**eidetismo:** [Gr. *eídos* = veo]. Fenómeno próximo a la alucinación, observado a veces en el niño y en los adolescentes: un objeto, percibido cierto tiempo antes, es visto de nuevo cuando el sujeto mira una superficie lisa.

**ejecución:** [Lat. *exsecutus* = cumplido, consumado]. Término consagrado por los tratados de psicología francesa para oponer el cumplimiento mismo de un acto voluntario a la decisión. «Se debe distinguir al acto voluntario propiamente dicho... de lo que le precede o acompaña de aquello que lo sigue. Aquello que lo precede es la reflexión o el deseo; lo que le sigue, es la *ejecución»* (*Pedro Janet* [v.]).

**ejecución, test de:** [Lat. *exsecutio, -onis* = el acto de hacer]. Tests mentales para cuya resolución no se requiere del sujeto el empleo de experiencias verbales (para realizarlos se emplean laberintos, encastres, cubos de construcción, dibujos para completar, etc.), y la respuesta consiste en la manipulación de objetos. Los tests de ejecución pueden constituir por sí mismos tests o escalas de inteligencia junto con pruebas verbales. Ejemplos: *Escala de Alexander, Escala de Grace Arthur, Cubos de Kohs, Laberintos de Porteur, Prueba de Benton, Escala de Borelli-Oléron* (para sordomudos). Comprenden pruebas verbales y de ejecución la *Escala de Terman-Merril* y la de *Wechsler.*

**ejercicio:** [Lat. *exercitium* = ejercitación]. Repetición en el aprendizaje de algo que se debe retener formalmente. **Ley del e.,** una de las leyes de *Thorndike* (v.), relativas al aprendizaje: el efecto de la repetición de una conexión entre estímulos y respuestas refuerza la conexión.

**ek-sistencia:** [Al. *Ek-sistenz*]. Término empleado por *Heidegger* (v.) con la intención de designar a la vez la *existencia* como modo de ser que es habitual a cada hombre en cualquier momento, y de poner el acento sobre lo que considera los dos principales caracteres de esta manera de existir propia del hombre, esto es, la temporalidad y el hecho para el hombre de sólo estar presente en sí mismo si está al mismo tiempo presente en el ser.

**elaboración:** (Lat. *elaboratus* = realizado]. Con sentido general la expansión y combinación de las actividades que tienen como característica de pertenecer a los niveles más elevados del pensamiento. Con sentido particular para los psicoanalistas, la *elaboración secundaria,* que *Freud* (v.) emplea para relacionar un sueño con el soñador mismo, con particular referencia a la influencia ejercida por sus intereses personales, sus deseos de ofrecer una buena historia, que modifican la narración tanto en la forma como en el contenido. Freud denominó el trabajo del sueño *elaboración primaria.*

**elación:** [Ingl. *elation* = exaltación del espíritu]. Estado emocional de muy alegre exaltación, llamado «gloria» por *Hobbes* (v.). Término empleado por *Mac Dougall* (v.) para designar el aspecto emotivo de la ostentación de uno mismo, considerándola un instinto.

**elan vital:** En *Bergson* (v.), fuerza primitiva homogénea que está orientada en múltiples direcciones divergentes (vida vegetativa, instinto, inteligencia), pero que, bajo sus formas diversificadas, conserva algo de la realidad primera.

**Elberfeld, caballos de:** Varios caballos entrenados en Elberfeld, Alemania, capaces —se decía— de complejas y difíciles operaciones aritméticas, como la extracción de cuadrados y las raíces cúbicas. El entrenamiento del primero de esos caballos fue realizado por Von Osten en 1901, y dicho caballo, Kluge Hans, constituyó el centro de gran interés; otros caballos fueron entrenados por Krall. Los caballos de Elberfeld dieron lugar a una abundante literatura psicológica.

**Electra, complejo de:** Adhesión, según el *psicoanálisis,* de la hija al padre, con antagonismo para con la madre, siendo aproximadamente la contrapartida del *complejo de Edipo* (cf.).

**electroausencia:** [Gr. *élektron* = electro + Lat. *absentia* = ausencia]. Electrochoque ligero, que provoca una pérdida pasajera del conocimiento, sin convulsiones.

**electrobiología:** [Gr. *élektron* = electro + *bíos* = vida + *lógos* = tratado]. Aplicación de la electricidad a los estudios biológicos.

**electrocorticografía:** [Gr. *élektron* = electro + Lat. *cortex* = corteza + Gr. *graphein* = grabar]. Electroencefalografía practicada colocando los electrodos en contacto directo con la corteza cerebral, después de trepanación y disección de la duramadre. Se la emplea para precisar, antes de su ablación, la ubicación de un foco epileptógeno. Sin. *corticografía.*

**electrochoque:** [Gr. *élektron* = electro + *choque*]. Crisis convulsiva provocada por el pasaje de una corriente alternada entre dos electrodos colocados de una y otra parte del cráneo y que actúa sobre los centros epileptógenos. Esta crisis se obtiene con 300 a 600 miliamperios, y 60 a 90 voltios, aplicados

durante una o dos décimas de segundo. El electrochoque es empleado en el tratamiento de determinadas afecciones mentales como la *esquizofrenia*
(v.), los *estados depresivos, melancólicos* y de
*confusión*. Este método fue ideado por *Cerletti* (v.),
en 1938. Sin. *Cerletti y Bini, método de*.
**electrodiagnóstico:** [Gr. *élektron* = electro + *diagnosis*]. Aplicación de la electricidad para el examen de
enfermedades. El término se reserva por lo general
para el estudio de las respuestas musculares a la
excitación eléctrica. **E. cualitativo**, es el que aprecia
la cualidad de la reacción a la excitación farádica o
galvánica. **E. cuantitativo** (estudio de las *cronaxias*
[v.]), mide esa excitabilidad. **E. de exploración,** es el
método de exploración que emplea los fenómenos
eléctricos producidos en la intimidad de los tejidos.
Aplicado en los centros nerviosos superiores
permite, en la *epilepsia* (v.) en particular, valorar la
gravedad de la afección con prescindencia de
cualquier manifestación clínica.
**electroencefalografía:** [Gr. *élektron* = electro +
*graphein* = grabar]. El registro de las corrientes
eléctricas desarrolladas en el cerebro, por medio de
electrodos aplicados sobre el cuero cabelludo, o
directamente sobre la superficie del cerebro, o
dentro del tejido de las diversas regiones del
cerebro.
**electroencefalograma (E.E.G.):** [Gr. *élektron* = electro + *enkaphalos* = cabeza + *graphein* = grabar].
Curva obtenida por la *electroencefalografía* (v.).
Registro gráfico de las variaciones de potencial
eléctrico que se producen de manera continua al
nivel de la corteza cerebral, y que constituyen las
manifestaciones eléctricas de su actividad y de
modificaciones que le hacen sufrir las diversas
excitaciones sensoriales, la actividad mental o
determinadas afecciones cerebrales (epilepsia, tumores, trastornos circulatorios, traumatismo, etc.).
El método fue creado por *Hans Bergen* (v.), 1924-
1929.
**electrogénesis** o **electrogenia:** [Gr. *élektron* = electro
+ *génesis* = origen]. Producción de electricidad
por los tejidos vivientes como resultado de su
actividad especial o de su actividad nutritiva.
**electronarcosis:** [Gr. *élektron* = electro + *narkáo* =
estado de torpor]. Sueño provocado por el pasaje
prolongado, a través del cerebro, de una corriente
eléctrica.
**electropsicología:** [Gr. *élektron* = electro + *psyché*
= espíritu + *lógos* = tratado]. Aplicación de la
electricidad a los estudios de la psicología.
**electrotaxis:** [Gr. *élektron* = electro + *taxis* =
movimiento ordenado]. V. *galvanotaxis, galvanotropismo*.
**electrotonus** o **electrotono:** [Gr. *élektron* = electro +
*tonos* = tensión]. Estado eléctrico de un nervio
recorrido en una parte de su longitud por una
corriente constante.
**electrotropismo:** [Gr. *élektron* = electro + *trépien* =

girar]. Propiedad que posee el protoplasma de ser
atraído o rechazado por la electricidad.
**elementalismo:** [Lat. *elementum* = primer principio,
rudimento]. Tipo de *psicología sistemática* que
procura describir los procesos mentales en términos
de los elementos mentales y de sus compuestos,
como el *asociacionismo* (v.).
**elemento (de una prueba):** [Lat. *elementum, -i* =
principio en que las cosas pueden ser resueltas].
Cada un de las partes separadas que constituye una
prueba, sobre todo con referencia a las escalas de
inteligencia.
**emanación:** [Lat. *emanatio* = manar]. Con sentido
físico lo que emana, esto es, se desprende bajo la
forma de partículas imponderables e invisibles
como los olores. Realidad de orden inmaterial que
emana de otra: en una democracia el poder emana
del pueblo. Con sentido metafísico y teológico, por
oposición a *creación* y *participación,* acción por la
cual Dios produciría el Universo de los espíritus y
de los cuerpos, como por un flujo necesario de su
naturaleza.
**emasculación:** [Lat. *e* = privativo + *masculus* =
macho]. *Castración* (v.) en el hombre. **E. total,**
amputación de la verga y de los testículos.
**embarazo:** [Del árab. *baraza* = oponerse, salir al
paso; y el pref. *en*]. Estado de la mujer preñada que
comienza con la fecundación y termina con el
parto. Cf. *gestación*.
**embolofasia:** [Gr. *embolé* = encajar + *phasis* =
apariencia]. V. *embololalia*.
**embololalia:** [Gr. *embolé* = encajar + *lalein* =
hablar]. Trastorno del lenguaje caracterizado por la
interpolación, entre los términos de la conversación, de palabras, de expresiones o de sonidos
explosivos. Sin. *embolofasia*.
**embriogenia:** [Gr. *émbryon* = embrión + *gennan* =
engendrar]. Desarrollo del embrión.
**embriología:** [Gr. *émbryon* = embrión + *lógos* =
tratado]. Estudio del embrión y de sus órganos.
**embrión:** [Gr. *émbryon*]. Nombre dado, en la especie
humana, al producto de la concepción durante los
tres primeros meses; a partir del cuarto mes, el
embrión se vuelve *feto* (v.).
**embriopatía:** [Gr. *émbryon* = embrión + *páthos* =
sufrimiento]. Término que agrupa malformaciones
congénitas debidas a determinadas acciones (tóxicas, infecciosas o carenciales) ejercidas sobre el feto
durante el período embrionario (los dos o tres
primeros meses de la vida intrauterina). La *embriopatía rubeolosa* es la mejor conocida; provoca
malformaciones oculares (cataratas), cranianas y
de hipotrofia.
**emergencia:** [Lat. *emergens* = saliendo, rompiendo,
brotando]. Aparición de propiedades nuevas superiores a las de donde salen. Sin. síntesis emergente o
teoría de la emergencia.
**emergente, síntesis:** Vid. *emergencia*.
**Emmert, ley de:** Expresión de la tendencia de una

imagen proyectada, *postimagen* (v.) o *imagen eidética* (v.), de aumentar de tamaño en proporción a la distancia que se está de la superficie sobre la cual es proyectada.

**emmetropía:** [Gr. *en* = en + *métron* = medida + *ópsis* = ojo]. Nombre dado a la visión normal, o sea, al estado del ojo, en el cual los rayos que parten del infinito vienen a formar imagen exactamente sobre la retina.

**emoción:** [Lat. *emoveo - emotum* = conmovido, perturbado]. La emoción es descrita y explicada de muy diversas maneras según los psicólogos que de ella se ocupan, pero todos acuerdan en que se trata de un estado complejo del organismo, que incluye cambios fisiológicos del más amplio carácter —respiración, pulso, secreción glandular, etc.— y, del lado mental, un estado de excitación o de perturbación señalado por fuertes sentimientos y, por lo común, por un impulso hacia una forma definida de conducta. Si la emoción es intensa aparece perturbación de las funciones intelectuales, *disociación* (v.), y tendencia hacia la acción de carácter *protopático* (v.).

**emocional:** [Lat. *emotus* = conmovido, perturbado]. Que es característico de la emoción, le pertenece o es causado por ella. Empleada casi siempre en sentido semitécnico, esta expresión significa: (1) propensión, debida a la aptitud emocional, en la observación o interpretación de hechos; (2) *expresión emocional*, significa los diversos cambios motores y glandulares que acompañan la excitación emocional, principalmente aquellos que producen un aspecto más o menos característico observable por todos; (3) *patrón emocional*, tiene aproximadamente el mismo sentido que la expresión anterior, pero con énfasis especial sobre las respuestas motrices y glandulares. V. *emotividad*.

**emotividad:** [Lat. *emovere* = perturbar]. Aptitud de cada individuo para reaccionar con mayor o menor vivacidad (reacciones psíquicas y somáticas) a las impresiones percibidas. Representa el aspecto más elemental de la *afectividad* (v.). V. *emocional*.

**emotivo:** [Lat. *emovere* = perturbar]. Sujeto que reacciona vivamente a las emociones. **Constitución e.**, disposición congénita a la *hiperemotividad* (v.). V. *emocional*.

**empatía:** [Gr. *empátheia* = estado del que está interiormente afectado]. En un principio palabra utilizada como sinónimo de *intropatía* para traducir el término alemán *Einfühlung*, designando el conocimiento de otro por comunión afectiva o simpatía. Acepción posteriormente ampliada para designar el conocimiento de otro, obtenido por el examen reflexivo de las interacciones del yo y de. tú.

**empirismo:** [Gr. *en* = en + *peíra* = ensayo, prueba]. Decisión de observar simplemente los hechos sin formular hipótesis. Como doctrina filosófica y por oposición a racionalismo, teoría según la cual todos

nuestros conocimientos son simplemente adquisiciones de la experiencia. **E. lógico** (positivismo lógico, neopositivismo, empirismo científico), doctrina según la cual: (1) la experiencia es la sola fuente que podemos conocer de la realidad; (2) la razón desempeña un papel lógico, esto es, coordina en un sistema coherente las observaciones y por ello constituye una «lengua bien hecha». Es una forma moderna de nominalismo.

**emulación:** [Lat. *aemulatus* = que tiene rivalidad]. Rivalidad en alguna forma de actividad, y que también implica la noción de imitación.

**enanismo:** [Gr. *nános* = enano]. Anomalía del ser humano, caracterizada por pequeñez de la talla comparada con la media de los individuos de la misma edad y de la misma raza, sin insuficiencia sexual ni intelectual. **E. acondroplásico:** V. *acondroplasia*. **E. distrófico** [Gr. *diástrophos* = tortuoso, retorcido], enfermedad caracterizada por trastornos del crecimiento óseo, que se manifiesta desde el nacimiento, y semeja en el curso de los primeros años a la *acondroplasia* (v.). Se distingue por su evolución que termina con enanismo micromélico severo. Se trata de una enfermedad hereditaria transmitida según la modalidad recesiva.

**encefalitis:** [Gr. *enkephalos* = cerebro + *itis* = inflamación]. Inflamación de una parte más o menos extensa del encéfalo. **E. aguda posinfecciosa de·la infancia,** encefalitis aguda no supurante que puede sobrevenir en el curso o después del curso de todas las enfermedades infecciosas de la infancia; sobre todo después de la vacunación, pero también después de la difteria, la rubeola, la tos ferina, etc. Reviste formas diversas, convulsiva, paralítica, sensorial o psíquica, a veces cura completamente, pero a menudo deja secuelas definitivas como la epilepsia, la idiocia, la hemiplejía espasmódica.

**encéfalo:** [Gr. *enkephalos* = cerebro]. Los centros nerviosos que en el hombre y en todos los vertebrados están situados dentro de la cabeza, encerrados por el cráneo. Se lo divide por lo general en tres partes: (1) *Proencéfalo*, que en el curso del crecimiento se diferencia en: a) *telencéfalo*, que comprende los hemisferios cerebrales y los cuerpos estriados, y b) *diencéfalo*, que comprende el tálamo y el hipotálamo. Esta parte del encéfalo reviste singular interés para la psicología, pues es la base de los procesos sensoriales y perceptivos, del aprendizaje y del pensamiento, de la motivación y de la emoción. (2) *Mesencéfalo*, que comprende los pedúnculos cerebrales, la lámina cuadrigémina, y está atravesado por el *acueducto de Silvio*. (3) *Romboencéfalo*, que comprende el *puente de Varolio*, el cerebelo y la médula espinal.

**encefalografía:** [Gr. *enképhalon* = cerebro + *graphein* = escribir]. Nombre dado a los diferentes procederes de exploración radiográfica del cerebro.

**encefalopatía:** [Gr. *enképhalon* = cerebro + *páthos* = enfermedad]. Nombre dado a un conjunto de trastornos cerebrales que a veces complican ciertas infecciones (reumatismo articular agudo) o determinadas intoxicaciones (saturnismo) y que no corresponden a lesiones anatómicas precisas. **E. atrófica de la infancia,** nombre genérico dado a las inflamaciones crónicas del encéfalo (esclerosis, meningoencefalitis, porencefalía) que sobrevienen en la infancia y determinan trastornos motores, movimientos coreicoatetísicos, crisis de epilepsia y trastornos psíquicos como la *idiocia* (v.).

**encopresis:** [Gra. *en* = en + *kóprein* = arrojar inmundicias]. Incontinencia de las materias fecales de origen funcional.

**encuesta:** [Lat. *inquisita (res)* = inquirir algo]. Acción de investigar para saber alguna cosa por interrogatorio, escuchando tesigos, etc., y la consignación de esto bajo la forma de relato, de informe, etc. Designa también al informe mismo. En psicología se aplica fundamentalmente con el fin de la orientación profesional.

**endocrino.** [Gr. *éndon* = dentro + *kríno* = proceder]. Que tiene relación con la secreción interna de las glándulas.

**endocrinología:** [Gr. *éndon* = dentro + *krino* = proceder + *lógos* = tratado]. Nombre dado por *Nicola Pende* (v.), en 1910, a los estudios relativos a las funciones de las glándulas de secreción interna y de sus productos hormonales.

**endodermo:** [Gr. *éndon* = dentro + *derma* = piel]. La capa germinativa más interna del embrión. Cf. *ectodermo* y *mesodermo.*

**endofasia:** [Gr. *éndon* = dentro + *phasis* = apariencia]. Sucesión de imágenes verbales que acompañan al ejercicio espontáneo del pensamiento. Tales imágenes pueden ser auditivas, motrices de articulación, visivas, motrices gráficas. Se ha propuesto llamar *fórmula endofásica* de un individuo al tipo particular que presenta su endofasia.

**endogamia:** Gr. *éndon* = dentro + *gámos* = matrimonio]. Unión entre sujetos consanguíneos.

**endógeno:** [Gr. *éndon* = dentro + *genés* = engendrado]. Como adjetivo se emplea con el sentido de que es producido en el organismo. Como sustantivo, nombre dado a sustancias que tienen las propiedades de los antígenos y son producidas por el organismo en favor de diversos procesos infecciosos, y que dan nacimiento a los anticuerpos.

**endopsíquico:** [Gr. *éndon* = dentro + *psyché* = espíritu]. Término que designa procesos que se realizan dentro del inconsciente y que son de categoría diversa que los procesos conscientes como las ideas, por ejemplo lo que *Freud* (v.) denomina *censura endopsíquica.*

**endorfinas:** [Gr. *éndon* = dentro]. *Proteínas* (v.) cerebrales producidas en los animales y capaces de originar estados emocionales de otro tipo. Hasta ahora no se las encontró en el hombre, y sobre éste no ejercen acción las extraídas de los animales.

**endormona:** [Gr. *éndon* = dentro + *horman* =

excitar]. Nombre dado por *Randoin* y *Simonet,* en 1928, a las hormonas propiamente dichas y a las vitaminas sintéticas del animal (vitamina C de la rata).

**englobante:** [Trad. usual del al. *das Umgreifende,* usado por *Jaspers* (v.)]. El ser en tanto que es a la vez inmanente y trascendente de toda realidad conocida.

**engrama:** [Gr. *en* = en + *gramma* = grabado]. Palabra introducida por el psicólogo alemán *Semon* (v.), para designar las huellas dejadas en el cerebro por la experiencia pasada. En el vocabulario de la psicología estos recuerdos son engramas. En *biología,* marca perdurable causada al protoplasma por un estímulo. V. *neurograma.*

**enolismo:** [Gr. *oínos* = vino]. Forma de alcoholismo provocada por el abuso casi exclusivo del vino y que se traduce sobre todo por trastornos digestivos, hepáticos y nerviosos.

**enomanía:** [Gr. *oínos* = vino + *manía* = locura]. Delirio alcohólico agudo. V. *delirium tremens.*

**enosis:** [Gr. unión]. Vid. *henosis.*

**ensayos y errores, método de los:** Método para la solución de problemas prácticos, que consiste en proceder por tanteos, eliminando gradualmente los errores, esto es, los ensayos que no resultan. Es el método típico del conocimiento animal, y resulta opuesto al *razonamiento* (v.).

**entelequia:** [Gr. *enteléchia* = actualidad]. La condición de realización en la actualidad de una potencialidad.

**entendimiento:** [Lat. *intendere* = estar atento a]. En sentido general, percibir por el intelecto, comprender, o sea la facultad de entender. En *Descartes* (v.), poder de conocer que, con la facultad de querer, constituye los dos modos del acto de pensar. En *Kant* (v.), es la función mental que, por medio de las categorías, coordina los datos de la experiencia y constituye una física que explica los hechos. Pero la explicación última o metafísica es obra de la *razón* (v.), en el sentido especial de esta palabra en el vocabulario kantiano.

**enteroperiférico:** [Gr. *énteron* = intestino + *periphereia* = en la superficie]. Término acuñado por *Spencer* (v.) para designar cualquier experiencia que se inicia en el interior del cuerpo.

**entidad:** [Lat. *ens, entis* = siendo, existiendo]. Término que en *psicología* se emplea para indicar un ser o una cosa cuya existencia puede ser afirmada o negada.

**entomología:** [Gr. *éntomos* = cortado + *lógos* = tratado]. La rama de la ciencia biológica que estudia los insectos.

**entóptico:** [Gr. *entós* = interior + *optikós* = que concierne a la vista]. Sensaciones de luz o de colores provocadas por estímulos internos al órgano de la visión. Sin. *fosfenos* (v.), *moscas volantes.*

**entrevista:** [Lat. *inter* = entre + *visitatio* = el presentarse]. Parte del examen clínico que consiste en una conversación con el sujeto o los miembros de su familia o medio, permitiendo precisar los antecedentes y la evolución de la situación o de la enfermedad, y que ha puesto al sujeto en situación particular: *situación de examen.*

**entropía:** [Gr. *entropia* = conversión, retorno]. Función matemática que explica el principio de la degradación de la energía. Por extensión, esa misma degradación.

**enuresis:** [Gr. *en* = en + *oureo* = orinar]. Emisión completa e involuntaria de orina, casi siempre nocturna e inconsciente de un niño que haya pasado la edad de los tres años. Es lo contrario de *incontinencia* (v.).

**envidia:** [Lat. *invidia* = pesar de la prosperidad ajena]. Deseo frustrado de lo que no se pudo alcanzar por dificultades u obstáculos que no son o no parecen fácilmente superables, pero que otros en el mismo ambiente han logrado. **E. del pene,** según el *psicoanálisis,* deseo de la niña de poseer el pene, que observa en el niño.

**enzima:** [Gr. *end* = dentro + *zymé* = levadura]. *Proteína* (v.) que cataliza las reacciones químicas del *metabolismo* (v.).

**eoantropo:** [Gr. *eós* = propio + *anthropos* = hombre]. El hombre más primitivo, representado por el *hombre de Piltdown.*

**eonismo:** [Del *Caballero d'Eon*]. Deseo y necesidad que sienten algunos hombres de vestir ropas femeninas. V. *travestismo.*

**epekeina:** [Gr. lo que está antes y después]. Término que en psicología de las religiones designa lo que está más allá y más acá de cualquier ser.

**epencéfalo:** [Gr. *epí* = encima de + *enkephalos* = cerebro]. Parte del cerebro que se extiende detrás del cerebro medio, y que está formada por el *puente de Varolio* (v.) y el *cerebelo* (v.).

**epéndimo:** [Gr. *ependyma* = vestido superior]. La membrana que recubre los ventrículos del cerebro y del canal central de la médula espinal.

**epicrítico:** [Gr. *epikrísis* = determinación]. Término empleado para designar la sensibilidad cutánea por *Head* (v.), y que está en contraste con *protopático.*

**epifenomenalismo:** [Gr. *epí* = encima de + *phainómenon* = fenómeno]. Teoría filosófica de la relación entre lo psíquico y lo físico, o entre pensamiento y cuerpo, según la cual los hechos psíquicos son: (1) la toma de conciencia de modificaciones cerebrales; (2) esta toma de conciencia está desprovista de cualquier eficacia sobre el desarrollo de los hechos, el cual únicamente está determinado por procesos orgánicos. Sostenido por *Maudsley* (v.) y *Ribot* (v.).

**epifenómeno:** [Gr. *epí* = sobre + *phainómenon* = que aparece]. Con sentido general, fenómeno accesorio cuya presencia o ausencia no interesa a la producción del fenómeno esencial considerado, como el ruido o la trepidación de un motor. **E., teoría de la conciencia como,** la que sostiene que la conciencia está en relación de epifenómeno con los procesos

nerviosos, «siendo tan incapaz de actuar sobre ellos como la sombra sobre los pasos del viajero» (*Maudsley* [v.]).

**epífisis cerebral:** [Gr. *epiphysis* = que crece fuera]. V. *glándula pineal.*

**epigámico:** [Gr. *epi* = encima de + *gamós* = matrimonio]. Término que se aplica a las características que en cada individuo pueden contribuir a la atracción sexual. También significa lo que ocurre después de la concepción, siendo un término descriptivo de la teoría de que el sexo de un embrión estaría determinado por factores externos que actuarían sobre el embrión durante su crecimiento.

**epigástrico:** [Gr. *epi* = encima de + *gastér* = vientre]. Se refiere a la región anatómica por encima del estómago.

**epigénesis:** [Gr. *epi* = sobre + *génesis* = generación]. Desarrollo de un ser organizado por medio de «una sucesión de divisiones celulares en el curso de las cuales se establece progresivamente la diferenciación entre tejidos y órganos» *(Caullery).*

**epilepsia:** [Gr. *epileipsis* = falta, ausencia]. Enfermedad caracterizada por uno o por varios de los siguientes síntomas: pérdida de conciencia, movimientos involuntarios excesivos de los músculos o cesación de los mismos, trastornos psíquicos o sensoriales, perturbaciones del sistema nervioso autónomo. Estos síntomas asientan sobre trastornos paroxísticos de la actividad eléctrica del cerebro. La epilepsia puede ser de origen genético (esencial, idiopática, criptogénica) o adquirida (sintomática). **E. esencial,** afección cuya causa es muy discutida, que comienza en la infancia, se manifiesta en ataques convulsivos generalizados con pérdida del conocimiento, vértigos, ausencias, fenómenos que ocurren en medio de la salud aparentemente más perfecta. **E. sintomática,** síndrome caracterizado por ataques convulsivos, localizados en una parte del cuerpo o generalizados, que aparecen por influencia de estados patológicos diversos.

**epileptógeno:** [Gr. *epileipsis* = falta, ausencia + *gennan* = engendrar]. Como adjetivo, que determina la crisis de la epilepsia. **Aptitud e.,** posibilidad, para el cerebro, de reaccionar por medio de manifestaciones epilépticas a determinadas excitaciones (tóxicas, por ejemplo). **Centro, foco o zona e.,** parte más o menos circunscrita de los centros nerviosos en la que nacen las excitaciones que provocan las crisis epilépticas. También se da el nombre de *zona e.* a una región más o menos limitada del revestimiento cutáneo cuya excitación provoca crisis epiléptica.

**epinefrina:** [Gr. *epí* = encima de + *nephrós* = riñón]. Principio activo de la porción medular de la glándula adrenal y también preparado sintéticamente. Actúa sobre la circulación arterial a través del *sistema nervioso autónomo.*

**epinósico:** [Gr. *epi* = encima de + *nósos* = enfermedad]. Término empleado por los psicoanalistas para referirse a la ventaja secundaria que resulta de una enfermedad. Cf. *epinosis.*

**epinosis:** [Gr. *epi* = encima de + *nósos* = enfermedad]. Estado psíquico imaginario de enfermedad, secundario a una enfermedad real. Cf. *paranosis* y *epinósico.*

**epiperiférico:** [Gr. *epi* = encima de + *peripheréia* = en la superficie]. Término empleado por *Spencer* (v.) para indicar cualquier experiencia o ubicación de estímulos fuera del cuerpo.

**episteme:** [Gr. *epistéme* = la ciencia]. La ciencia considerada en sus principios e hipótesis, y en el valor y alcance de sus objetivos.

**epistemología:** [Gr. *epistéme* = ciencia + *lógos* = tratado]. La acepción más común y más de acuerdo con la etimología: disciplina que trata de los problemas filosóficos planteados por la ciencia. En los países de lengua inglesa se emplea preferentemente con el significado de teoría del conocimiento (y no únicamente del conocimiento científico). Sin. *filosofía de la ciencia.* Cf. *gnoseología.*

**epitálamo:** [Gr. *epi* = encima de + *thalamus* = dormitorio]. La porción superior y dorsal de la región del *tálamo* (v.).

**epitelio:** [Gr. *epi* = encima de + *thele* = pezón]. La cubertura de las cavidades y de la superficie del cuerpo expuesta al exterior.

**equipo:** [Isl. *skipa* = dar tripulación a un barco]. Grupo de especialistas que atienden una tarea común valiéndose de la colaboración recíproca de sus especialidades.

**equipotencialidad:** [Lat. *aeque* = equilibrado + *potentia* = poder]. Capacidad de un órgano o de una parte del mismo de tomar la función de otro órgano o parte de éste. Siempre se aplica con relación a la realización de una función.

**equipotente:** [Lat. *aequus* = igual + *potens* = que tiene poder]. Que posee idéntica capacidad. De manera específica la teoría de que para determinadas funciones congnitivas y otro tipo cualquier parte del cerebro puede reemplazar a otra en la realización de las mismas. Opuesto a la localización de la *función cerebral* (v.).

**equivalencia (de test):** Cuando entre dos escalas o tests existe elevadísima correlación en los resultados obtenidos.

**erección:** [Lat. *erectus* = erguido]. «Estado de una parte que, de blanda que era, se vuelve túrgida, dura e hinchada por afluo de sangre en sus vasos» (*Littré*).

**erector:** [Lat. *erigere* = levantar]. Lo que provoca erección.

**eretismo:** [Gr. *erethismós* = exaltación, tensión]. Estado anormal de excitación, exaltación o tensión.

**ereutofobia:** [Gr. *erythrós* = rojo + *phóbos* = temor]. Miedo a ruborizarse. Según el *psicoanálisis*, sería una forma de angustia social.

**ergina:** [Gr. *érgon* = energía + *gennan* = producir]. Nombre propuesto por *Ammon* y *Dirscherl* para designar a las vitaminas, las hormonas y los fermentos.

**ergio:** [Gr. *érgon* = trabajo]. Unidad de trabajo o de energía en el sistema CGS (centímetro, gramo, segundo). Es el trabajo producido por una fuerza constante de una dina que desplaza su punto de aplicación en un centímetro en su propia dirección.

**ergógrafo:** [Gr. *érgon* = trabajo + *graphein* = escribir]. Aparato ideado para registrar el trabajo de un músculo o de un grupo muscular y para poner en evidencia modificaciones debidas a fatiga o a enfermedad.

**ergonomía:** [Gr. *érgon* = trabajo + *nomos* = ley]. El estudio de las relaciones entre el hombre y ambiente de trabajo, fundado sobre el concepto básico de que el ambiente de trabajo debe adaptarse al hombre que en él actúa.

**ergoterapia:** [Gr. *érgon* = trabajo + *therapia* = tratamiento]. Método de reeducación activa de enfermos que consiste en hacerles realizar un trabajo manual destinado a mejorar su estado físico y psíquico, y a preparar su futura integración profesional en la sociedad. Sin. *laborterapia* (v.).

**erógenas, zonas:** [Gr. *éros* = amor + *gennan* = engendrar]. Regiones sensitivas del cuerpo, cuya estimulación táctil o térmica evoca sentimientos y respuestas sexuales: regiones genitales, los labios, los pezones, etc. Para el *psicoanálisis,* el *stress* es impedido por el hecho de que esas regiones son un sustituto de los órganos genitales.

**eros:** [Gr. *amor*]. En su sentido primitivo, principalmente deseo amoroso; también en sentido más amplio, deseo vivo de algo, pasión. Para el *psicoanálisis,* la palabra tiene un sentido muy amplio y muy variable, que va de la acepción propiamente sexual a la de deseo en general.

**erostratismo:** [De *Eróstrato*]. Por referencia al ejemplo del incendio del templo de Diana, en Éfeso, por Eróstrato, *Valette* ha creado el término de erostratismo para designar la asociación de la maldad con la amoralidad y la vanidad en los débiles, y caracterizar el género de atención resultante de esas disposiciones mentales.

**erotismo:** [Gr. *éros* = amor]. Excitación sexual; también se emplea el término con el sentido de exaltación. Para el *psicoanálisis,* según la *zona erógena* estimulada, además del erotismo que se relaciona con estimulación de las regiones genitales, se distingue un erotismo oral, anal, uretral, etc.

**erotización:** [Gr. *éros* = amor]. Aparición en los dos sexos, en el momento de la maduración sexual, de reflejos innatos, latentes hasta entonces, y que tienden al acercamiento sexual y a la fecundación.

**erotomanía:** [Gr. *éros* = amor + *mania* = locura]. Trastorno mental definido por *Clérambault* (v.) como «ilusión delirante de ser amado».

**error de estimación, diferencia del:** La mitad de la

diferencia entre el *umbral* (v.) más elevado y el más bajo.

**es:** [Lat. *esse* = ser]. V. *Id.*

**escafocefalia:** [Gr. *scáphe* = barca + *kephalé* = cabeza]. En *antropología*, malformación craneana caracterizada por la forma elevada del cráneo, muy alargada de delante hacia atrás y muy aplastada lateralmente, que presenta el tipo dolicocéfalo exagerado. Se debe a la soldadura prematura de la sutura sagital.

**escala:** [Lat. *scale* = escalera, escala]. Serie continua de valores progresivos. **E. métrica de la inteligencia,** serie o batería de *tests* graduados de manera de corresponder a los diferentes niveles del desarrollo mental y que permiten determinar la edad mental y el C.I. de los sujetos.

**escala mental:** Serie de pruebas ordenadas según dificultad gradual, dirigidas a establecer un nivel de inteligencia general o de diversas capacidades. Por ejemplo: *Terman-Merril, escala de, Wechsler, escala de,* etc. V. *Tests, batería de.*

**escansión:** [Lat. *scandere* = escandir]. Trastorno de la pronunciación que consiste en separar las sílabas de cada palabra como se hace al escandir los versos.

**escatología:** [Gr. *éschatos* = último + *lógos* = tratado]. En *teología,* doctrina relativa a los fines últimos, o sea, lo que pasará después del fin. En *filosofía* y *psicología,* teoría u opiniones que conciernen al más allá de la situación actual de la humanidad; principalmente al término hipotético de una evolución más allá de la cual no habría más historia.

**escena primaria:** [Lat. *scena* = espectáculo]. Expresión del *psicoanálisis,* que se refiere a la primera observación por parte del niño de las relaciones sexuales entre los padres, que son interpretadas como actos agresivos.

**esceno-test:** [Lat. *scenarius* = tablado del teatro]. Prueba en la cual el sujeto, valiéndose de diversos materiales, pone en escena un espectáculo de títeres. Con éstos puede representar los componentes de la familia, revelando las características de la propia situación familiar. Esta prueba fue elaborada por *Gerhild von Staabs,* primero con finalidad terapéutica para los niños, y después empleada como prueba proyectiva de tipo constructivo.

**escepticismo:** [Gr. *skeptikos* = que observa, reflexiona]. Doctrina de los que tienen al hombre como incapaz de llegar a la verdad o a la certeza, preconizando la suspensión del juicio. Contrario de *dogmatismo* (v.).

**escéptico:** [Gr. *skeptikos* = que observa, reflexiona]. Que profesa o practica el *escepticismo* (v.).

**escevolismo:** [De *Caius Mucius Scaevola,* que quemó voluntariamente su mano derecha para demostrar la firmeza romana]. Variedad de automutilación que consiste en la destrucción voluntaria por el fuego de porciones más o menos extensas del cuerpo.

**esclerosis:** [Gr. *sklerótes* = endurecimiento]. Endurecimiento patológico de un órgano o de un tejido. **E. cerebral centro lobal,** afección hereditaria caracterizada anatómicamente por esclerosis simétrica de los dos hemisferios cerebrales con integridad de la corteza y de una fina banda subcortical. **E. en placas,** afección de los centros nerviosos caracterizada, desde el punto de vista anatómico, por placas de esclerosis diseminadas en mayor o menor número sobre la superficie de las circunvoluciones cerebrales y la médula espinal. **E. tuberosa del cerebro,** enfermedad hereditaria, que se transmite según la modalidad *dominante* (v.), caracterizada anatómicamente por la presencia de nudosidades del grosor de un carozo de cereza en las capas superficiales del cerebro.

**escopofilia:** [Gr. *skopein* = examinar + *philein* = amar]. Perversión caracterizada porque la satisfacción sexual se obtiene observando escenas sexuales, que por lo general corresponden a un tipo bien definido. Según el *psicoanálisis,* la escopofilia es lo opuesto al *exhibicionismo* (v.). Sin. *voyeurisme* (v.).

**escotoma:** [Gr. *skótos* = oscuridad]. Mancha inmóvil que enmascara una parte del campo visual, ubicada a veces en el centro y otras en la periferia. Es regular o irregular y depende por lo general de una lesión del nervio óptico.

**escotomización:** [Gr. *skótos* = oscuridad]. Fenómeno por el cual se borra del recuerdo un episodio desagradable de la existencia.

**escribomanía:** [Lat. *scribere* = escribir + Gr. *mania* = locura]. V. *grafomanía.*

**escritura:** [Lat. *scriptura*]. Representación de los objetos del pensamiento por medio de signos visuales, ya sea directamente por la escritura ideográfica o indirectamente por la escritura fonética cuyos signos corresponden a los del lenguaje hablado. **E. automática,** escritura realizada sin la dirección consciente del que escribe, que puede verificarse tanto en la vigilia como en el trance hipnótico. Para la *parapsicología* y el *espiritismo,* es signo de poderes mediúnicos. **E. en espejo,** variedad de escritura en la cual las letras y las palabras se siguen de derecha a izquierda como si fuesen vistas en un espejo. Representa la escritura instintiva normal de la mano izquierda, y no constituye, como suele creerse, una variedad de afasia.

**escrúpulo:** [Lat. *scrupulus* = que tiene puntas]. Trastorno de conciencia que puede ir hasta la obsesión y la angustia, y que consiste en sentirse culpable de actos que no lo son, o de exagerar la propia culpa.

**esencia:** [Lat. *essentia* = idea de una cosa]. Por una parte se opone a *accidente* (v.) por otra a *existencia* (v.), y constituye el conjunto de caracteres íntimos que persisten en medio de los cambios superficiales y de las modificaciones accidentales.

**esencialismo:** [Lat. *essentia* = idea de una cosa]. Por

oposición a existencia, lo que es una cosa, o sea, lo que comprendemos que ella es, su *idea*. La esencia engloba la inteligibilidad. Cf. *existencialismo*.

**esfuerzo:** [Lat. *fortia* = fuerza]. Acción enérgica de las fuerzas psíquicas, intelectuales o morales, que actúa para lograr un fin preciso y conocido por el sujeto. La *motivación* (v.) tiene grandísima importancia en la intensidad y en la realización del esfuerzo.

**esotérico:** [Gr. *esoterikós* = interno]. Conocimiento por selección profunda; recóndito. Cf. *exotérico*.

**espacio:** [Lat. *spatium* = extensión libre]. Medio caracterizado por la simultaneidad y la exterioridad de sus partes, en el cual localizamos los objetos de cualquier percepción externa, real o posible, o sea, los cuerpos dotados de extensión.

**espacio, percepción del:** [Lat. *spatium* = continente]. Expresión que indica la percepción de las cualidades espaciales de los objetos que caen bajo los sentidos, y que constituye un conjunto unitario, que corresponde a exigencias fundamentales de la vida ambiental.

**espacio vital psicológico:** [Lat. *spatium* = espacio, intervalo]. Según *Lewin* (v.), la totalidad de los factores que determinan el comportamiento y el desarrollo. Están constituidos por el estado del organismo y al mismo tiempo por el ambiente.

**espasmo:** [Gr. *spasmós* = contracción]. Contracción involuntaria de un grupo muscular, de un músculo o de un haz aislado. Algunos autores reservan este término para la contracción convulsiva de los músculos lisos. **E. funcionales** (Duchenne de Boulogne) o **profesionales,** trastornos motores que ocurren a veces en un grupo muscular por la repetición frecuente de un movimiento profesional; pueden ser paralíticos o convulsivos y entonces son casi siempre tónicos: calambres de los escritores, de los pianistas, de las bailarinas, etc. **E. cínico:** V. *sardónica, risa*.

**espasmógeno:** [Gr. *spasmós* = contracción + *gennan* = engendrar]. Que provoca el espasmo. **Zonas espasmógenas,** zonas antes denominadas *histeróge-nas*, y que son regiones más o menos extensas, cuya presión, en determinados neurópatas, puede provocar accesos convulsivos.

**especie:** [Lat. *species* = aspecto, apariencia]. Se puede definir como el conjunto de individuos cuyo cruzamiento es fecundo.

**especificidad:** [Lat. *species* = especie + *facere* = hacer]. Conjunto de los caracteres que constituyen una especie. En *genética,* modo cualitativo de manifestación de los efectos de un gene. V. *expresión*.

**específico:** [Lat. esc. *specificus* = que determina la especie]. Lo que es propio de una especie y común a todos los individuos de esa especie. Cuando no se pone el acento sobre la generalidad sino sobre la particularidad: que tiene su carácter, sus leyes propias y que exige una adaptación a normas generales. V. *especificidad*.

**especular:** [Lat. *speculum* = espejo]. Que parece visto en un espejo. **E., escritura:** V. *escritura en espejo*.

**espermatogénesis:** [Gr. *spérma* = esperma + *génesis* = generación]. Producción de espermatozoides.

**espermatorrea:** [Gr. *spérma* = esperma + *réin* = fluir]. Emisión involuntaria de esperma. Cf. *polución*.

**espermatorreofobia:** [Gr. *spérma* = esperma + *réin* = fluir + *phóbos* = miedo]. Temor mórbido a la pérdida involuntaria de esperma.

**espinal:** [Lat. *spina* = cuerda dorsal]. Que se relaciona con la columna vertebral o con la médula espinal.

**espiritismo:** [Lat. *spiritus* = soplo]. Teoría y práctica relativa a los «espíritus», o sea, a las almas de los difuntos, con las cuales se pretende entrar en relación por intermedio de un *medium* (v.).

**espíritu:** [Lat. *spiritus* = soplo]. En *psicología,* como en el lenguaje ordinario, (1) facultad de conocer propia del hombre (se habla del alma del animal no de su espíritu), facultad de pensar. Sin. *entendimiento* (v.), *razón* (v.), *inteligencia* (v.). Históricamente su primer sentido fue de sustancia material muy sutil cuyo tipo es el viento, el soplo de la respiración, etc. En la filosofía *cartesiana,* y en plural, las partes más ligeras de la sangre que, subiendo del corazón al cerebro, aseguran la unión entre el cuerpo y el alma, que tiene por asiento la *glándula pineal* (v.).

**espíritu crítico:** Expresión que se refiere a la actitud intelectual que consiste en no admitir ninguna afirmación sin antes haber reconocido su legitimidad. Cf. *sentido crítico*.

**espiritualismo:** [Lat. *spiritus* = soplo]. En sentido estricto, doctrina que afirma la espiritualidad del alma, o sea, la existencia en el hombre de un principio sustancial intrínsecamente independiente del organismo, aunque su actividad pueda depender de él. Se opone a *materialismo* (v.). En el vocabulario marxista es identificado con *idealismo* (v.).

**esquelostílica, relación:** [Gr. *skélos* = pierna + *stylos* = columna]. En *morfología,* relación entre la media de los perímetros del muslo y la pantorrilla y la longitud del miembro inferior (trocántero-maleolar-externo).

**esquema:** [Gr. *schéma* = plan]. Trazado que representa de manera simplificada la disposición de un órgano o de un aparato. **E. corporal,** la manera cómo nos representamos nuestro cuerpo como un objeto en el espacio, independientemente de cualquier otra cosa que sea parte del ambiente. Para esto es fundamental el concurso de las percepciones espaciales. **E. dinámico,** según *Bergson* (v.) es uno de los elementos de la invención.

**esquizocéfalo:** [Gr. *schízo* = divido]. Monstruo cuya cabeza está dividida longitudinalmente.

**esquizofasia:** [Gr. *schizo* = divido + *phasis* = palabra]. *Verberación* (v.) de las demencias precoces.

**esquizofrenia:** [Gr. *schízo* = divido + *phren* = diafragma, espíritu]. Término con el cual *Bleuler* (v.), designa a todos los estados mentales que presentan como carácter esencial la disolución y la discordancia de las funciones psíquicas (afectivas, intelectuales y psicomotrices), con pérdida de la unidad de la personalidad, ruptura del contacto con la realidad y tendencia a encerrarse en un mundo interior. La evolución es más o menos rápida y por lo común desemboca en la demencia. Bleuler hace de la esquizofrenia un sinónimo de la *demencia praecox* (v.).

**esquizofrénico:** [Gr. *schízo* = divido + *phren* = diafragma]. El que está atacado de *esquizofrenia* (v.).

**esquizogonía:** [Gr. *schízo* = divido + *gónos* = generación]. Fase de la multiplicación asexuada de los esporozoarios.

**esquizoide:** [Gr. *schízo* = divido + *eídos* = forma]. Condición del individuo que se aísla del ambiente y pierde contacto con éste, que normalmente presentan algunos sujetos; puede ser terreno apto para diversos estdos mórbidos psicopáticos. CF. *esquizofrenia* (v.).

**esquizomanía:** [Gr. *schízo* = divido + *manía* = locura]. Forma de carácter en la que domina la emotividad, la timidez, el repliegue sobre sí mismo con tendencia al ensueño. Cf. *esquizoide*.

**esquizonoia:** [Gr. *schízo* = divido]. Nombre que se da a un proceso que estaría en la base de las detenciones de evolución y de las regresiones psíquicas que constituyen las neurosis infantiles.

**esquizonte:** [Gr. *schízo* = divido]. Nombre dado a los elementos de los esporozoarios que en el curso de su ciclo de multiplicación asexuada *(esquizogonía* [v.]) viven como parásitos en las células.

**esquizosis:** [Gr. *schízo* = divido]. Término genérico para designar los estados mórbidos caracterizados por el predominio del *autismo* (v.), de la vida interior que llega a sustituir la actividad psíquica en la relación normal con lo real. Comprende la *esquizoidia* (v.), la *esquizomanía* (v.) y la *esquizofrenia* (v.).

**esquizotimia:** [Gr. *schízo* = divido + *thymós* = ánimo]. V. *esquizofrenia*.

**estadio:** [Gr. *stadíon* = pista de una longitud determinada]. Período de una duración determinada.

**estadística:** [Lat. *status* = estado y Estado]. Numeración o valoración numérica de una determinada categoría de objetos o de hechos. Conocimiento que tiene por objeto trazar estadísticas, revelar las correlaciones que se presentan entre los datos y sacar consecuencias tanto teóricas como prácticas para el porvenir.

**estar en situación:** V. *ser*.

**estasofobia:** [Gr. *stásis* = posición + *phóbos* = miedo]. Aprehensión mórbida (fobia) por la posición de pie.

**estático:** [Gr. *statikós* = propio para detenerse]. Que concierne al equilibrio o que lo conserva. E.,

**sentido,** conjunto de las sensaciones brindadas por los canales semicirculares y el vestíbulo del laberinto del oído. Los primeros nos informan sobre la orientación de la cabeza en el espacio, el segundo nos hace percibir los movimientos de traslación.

**estatua de Condillac.** Vid. *Condillac, estatua de.*

**estepsicología:** [Gr. *aisthetikós* = perceptivo + *psyché* = espíritu + *lógos* = tratado]. Estudio de las obras de arte considerándolas documentos psicológicos sobre sus autores o sobre el público que las admira.

**estereognosia:** [Gr. *stereós* = sólido + *gignósko* = reconozco]. Reconocmiento de la forma y del volumen de los cuerpos.

**estereognóstico, sentido o percepción:** [Gr. *stereós* = sólido + *gignósko* = reconozco]. Capacidad de reconocer por el tacto la forma de los objetos, así como otras propiedades físicas como la consistencia, temperatura, peso, etc. No es un sentido propiamente dicho sino más bien la asociación de diversos modos de sensibilidad elemental, que provienen de la sensibilidad superficial y de la sensibilidad profunda.

**estereotipado:** [Gr. *stereós* = constante + *typos* = forma]. Se dice de actos o de gestos habituales repetidos involuntariamente, pero que no presentan el carácter convulsivo de los tics.

**estereotipia:** [gr. *stereós* = constante + *typos* = forma]. Exageración del automatismo en el curso de algunas enfermedades del sistema nervioso. Consiste en la repetición continua de los mismos gestos, los mismos tics, las mismas palabras. Cf. *estereotipado*.

**estesiómetro:** [Gr. *aisthesis* = sensibilidad + *métron* = medida]. V. *compás de Weber*.

**estigma:** [Gr. *stízo* = pincho, marco]. Nombre que se da a signos permanentes, pero difíciles de descubrir, que permiten diagnosticar algunas afecciones como la sífilis oculta (leucoplasia, abolición de los reflejos), la degeneración mental (deformación del cráneo y de la cara, locura, criminalidad), la histeria, cuyos estigmas a menudo serían sugeridos por el médico examinador.

**estilo:** [Gr. *stylos* = columna]. En *morfología*, proporción de cada uno de los diferentes segmentos del cuerpo humano (cabeza, tronco, miembros) considerado como un tubo cilíndrico; según que cada perímetro sea mayor o menor que su longitud, cada segmento puede ser espeso y corto, largo y delgado, etc.

**estimulación afectiva, teoría de la:** Teoría de la motivación según la cual todos los motivos son adquiridos y determinan acercamiento o alejamiento de todo lo que el individuo, sobre la base de procesos de aprendizaje, espera como agradable o desagradable.

**estímulo:** [Lat. *stimulus* = aguijón]. En *biología*, perturbación exterior que destruye la célula. En *fisiología*, factor físico o químico capaz de desencadenar un mecanismo nervioso, muscular, humoral, etc. En *psicología,* cualquier excitación que contribuye a desencadenar los mecanismos de la vida mental, afectiva o intelectual. Pueden provenir del exterior o nacer en el organismo mismo.

**estocástica, psicología:** [Gr. *stokházomai* = vislumbro o conjeturo]. Orientación de la psicología que se aplica a la tentativa de poner en evidencia la racionalidad del desarrollo psíquico y un orden en el conjunto de los actos humanos considerados libres, y que nos remite a una concepción no contemplativa de la evolución humana.

**estoicismo:** [Gr. *stoa* = pórtico + *ismo* = estado o condición]. Escuela filosófica orientada hacia la moral, que profesa el bienestar en la virtud, para lo cual enseña una indiferencia completa con respecto a todo lo que afecta la sensibilidad, indiferencia que llega hasta negar el dolor.

**estral, ciclo:** [Gr. *oístros* = furor]. Modificación periódica del útero y de la vagina desencadenada por las secreciones ováricas, y que prepara para la fecundación y la gestación.

**estratificación:** [Lat. *stratus* = extendido]. En *sociología,* la subdivisión de los miembros de una sociedad según que se estime su posición en más alta, igual o inferior a la de los otros, lo que da lugar al fenómeno general llamado *estratificación social.*

**estriado, cuerpo:** V. *cuerpo estriado.*

**estro:** [Lat. *aistrus* = furor]. V. *estral, ciclo.*

**estrógenos:** [Gr. *oístros* = deseo + *génesis* = producción]. Denominación común para las hormonas femeninas que son elaboradas por los ovarios. Los dos estrógenos más activos son el estradiol y la estrona, que promueven la aparición de los caracteres sexuales secundarios, morfológicos y funcionales, de la hembra.

**estroma:** [Gr. *stróma* = tapiz]. Nombre que se da en *histología* a la trama de un tejido.

**estrona:** [Gr. *oístros* = furor]. Nombre químico adoptado por convención internacional para designar la *foliculina* (v.).

**estructura:** [Lat. *structura* = conformación, hechura]. La ordenación, la conjugación ordenada de las partes en cualquier cosa o agregado más o menos complejo. En *psicología fisiológica,* se designa como estructura las bases anatómicas e histológicas de los procesos y de las actividades de la mente. Para la *psicología estructural,* es la composición de la experiencia, con sus elementos, atributos y sus combinaciones. Para la *psicología de la forma,* la estructura es sinónimo de *forma* o *Gestalt.* **E. causal de la conducta,** la estructura causal que está en la base de la conducta normal, constituida por factores determinantes de ésta, sean de naturaleza externa o interna. **E. causal de las anomalías de la conducta,** la estructura causal que está en la base de un comportamiento anómalo, y comprende el conjunto de los factores de cualquier naturaleza

que pueden modificar la conducta y desajustarla. En *sociología,* la organización interna de una sociedad o de un grupo, gracias a la cual persisten en el tiempo.

**estructuralismo:** [Lat. *structura* = conformación]. Método psicológico seguido por *Wund* (v.), que circunscribe la finalidad de la psicología al análisis de las experiencias o estados mentales y de sus elementos. Estos elementos, constituidos por sensaciones, imágenes o ideas y sentimientos, son descritos en sus atributos y en sus combinaciones. El análisis de las experiencias se funda en la introspección asociada con el experimento.

**estupefaciente:** [Lat. *stupor* = adormecimiento + *facere* = causar]. Medicamento cuya acción sedante, analgésica, narcótica y euforizante provoca a la larga acostumbramiento y toxicomanía.

**estupor:** [Lat. *stupor* = adormecimiento]. Estado caracterizado por la incapacidad de reaccionar e inconsciencia parcial, por lo común acompañado de obnubilación casi completa de la inteligencia.

**estuporoso:** [Lat. *stupor* = adormecimiento]. Que se relaciona con el *stupor* (v.). **E., estados,** estados de estupor que pueden ser de origen afectivo, maniacodepresivo, o que suceden a los ataques epilépticos.

**eteromanía:** [Lat. *aithér* = el aire más alto y puro + *manía* = locura]. Habituación mórbida al éter; la necesidad de este medicamento se transforma gradualmente en impulsión cada vez más poderosa en relación con el aumento de la intoxicación.

**etiología:** [Gr. *aitía* = causa + *logos* = tratamiento]. Estudio de las causas de las enfermedades; en sentido general, estudio de las causas de cualquier fenómeno.

**étnico:** [Gr. *éthnos* = pueblo]. En *antropología,* aquello que concierne a la raza o que de ella depende.

**etnocentrismo:** [Gr. *éthnos* = raza + Lat. *centrum* = centro]. Tendencia exagerada a pensar que las características del propio grupo social o raza son superiores a las de los otros grupos o razas.

**etnografía:** [Gr. *éthnos* = pueblo + *graphein* = describir]. Estudio antropológico de los diversos pueblos y de sus hábitos, costumbres, religiones, lenguajes.

**etnología:** [Gr. *éthnos* = pueblo, raza + *lógos* = tratado]. La ciencia monográfica y comparada de la cultura humana. La antigua concepción de la etnología como ciencia biológica de las razas debe considerarse superada.

**etnopsicología:** [Gr. *éthnos* = raza + *psicología*]. Fundamentalmente la psicología de las razas, especialmente primitivas, que usualmente se aplica de manera más restringida como estudio psicológico de las interacciones de razas y culturas que entran en contacto.

**etología:** [Gr. *éthos* = carácter + *lógos* = tratado]. Nombre dado en 1843 por *Stuart-Mill* (v.) a la ciencia de los caracteres. Por extensión en biología estudio comparado del comportamiento de los animales en su ambiente natural. Se suele emplear la expresión etología humana para referirse al estudio específico del comportamiento del hombre.

**eucrasia:** [Gr. *ey* = bien + *krásis* = mezcla]. Buena constitución.

**euforia:** [Gr. *ey* = bien + *phoreo* = llevar, conducir]. Estado de confianza, de satisfacción del sujeto, que cree encontrarse bien, ya sea que esta sensación corresponda a una mejoría real de su estado (convalecencia) o que provenga de una ilusión, como lo que se observa en el período terminal de ciertas enfermedades (tuberculosis) o bajo la influencia de estupefacientes (marihuana, opio, etc.).

**eugenesia:** [Gr. *ey* = bien + *génesis* = generación]. Nombre dado por *Broca* (v.) a los cruzamientos cuyos productos o mestizos son indefinidamente fecundos tanto ellos como con los individuos de las razas madres. También hay producción de una raza nueva. Equivocadamente este término se suele emplear por *eugenia, eugénica* o *eugenismo,* error en el que cae el "diccionario" de la Real Academia de la Lengua.

**eugenia, eugénica** o **eugenismo:** [Gr. *ey* = bien + *gennan* = engendrar]. Ciencia que se propone estudiar las condiciones más favorables para la elevación cualitativa de la raza humana y fijar las reglas de una buena reproducción. Los medios preconizados, legales en muchos países, van desde el certificado prenupcial obligatorio hasta la esterilización (vasectomía o salpingectomía) de los alienados y de los *degenerados* (v.).

**eugénica:** V. *eugenia.*

**eugenismo:** V. *eugenia.*

**eunuco:** [Gr. *eyné* = lecho + *echein* = guardar]. Individuo, macho o hembra, al que se ha privado de los testículos o de los ovarios durante la infancia.

**eunucoidismo:** [Gr. *eunoúchos* = eunuco]. Variedad atenuada de *eunuquismo* (v.) debido a insuficiencia de la secreción de los testículos o de los ovarios acaecida antes de la pubertad, o por ablación de los ovarios durante la pubertad.

**eunuquismo:** [Gr. *eyné* = lecho + *echein* = guardar]. Estado de los individuos de uno y del otro sexo privados desde la infancia de las secreciones internas de sus glándulas genitales, tanto por ablación de esas glándulas por razones sociales (Oriente) o religiosas (secta de los Skoptzis rusos), o por un proceso patológico (parotiditis, etc.). Está caracterizado por un conjunto de trastornos que aparecen durante la pubertad o más tarde: talla anormalmente elevada, persistencia de la morfología y del psiquismo infantil, ausencia de los caracteres sexuales secundarios, del desarrollo de los órganos genitales y de las funciones sexuales.

**euparenia:** [Gr. *ey* = bien + *pareyne* = acoplamiento]. Cumplimiento del acto sexual normal con igual satisfacción para los dos miembros de la pareja. Cf. *dispareunia.*

**eupraxia:** [Gr. *ey* = bien + *praxis* = acción]. Capacidad de conformar los movimientos para lograr el fin propuesto.

**euricefalia:** [Gr. *eyrys* = ancho + *kephalé* = cabeza]. Cráneo ancho. Para muchos autores es sinónimo de *braquicefalia* (v.).

**euriñato:** [Gr. *eyrys* = ancha + *gnáthos* = mandíbula]. Se dice de las razas con rostro ancho a consecuencia de la prominencia de los pómulos (mongólicos).

**euriprósopo:** [Gr. *eyrys* = ancho + *prósopon* = cara]. Los individuos cuyo rostro es más ancho que largo.

**eurístico:** [Gr. *eurísko* = descubrir]. Que sirve o lleva al descubrimiento de algo. Los métodos de investigación que aun siendo imperfectos pueden servir de guía para ulteriores descubrimientos. También suele escribirse *heurístico.*

**eurodolicotípica, relación:** [Gr. *eyrys* = ancho + *dolichós* = alargado + *typos* = forma]. Relación entre la longitud y la anchura de los diversos segmentos del cuerpo.

**euruestenotípica, relación:** [Gr. *eyrys* = ancho + *stenós* = estrecho + *typos* = forma]. Relación craniana entre el diámetro biparietal multiplicado por 100 y la suma de los diámetros frontooccipital y apicoauricular dividido por 2.

**eutanasia:** [Gr. *ey* = bien + *thánatos* = muerte]. Muerte tranquila y libre de sufrimientos, natural o gracias al empleo de sustancias calmantes o estupefacientes (morfina, cloral, cloroformo, etc.).

**eutimia:** [Gr. *ey* = bien + *thymos* = humor]. Comportamiento alegre, humor contento.

**eutrofia:** [Gr. *ey* = bien + *trophos* = alimento]. Nutrición y desarrollo perfectos y regulares de todas las partes del organismo.

**eutropía:** [Gr. *ey* = bien + *trépein* = volver]. Vid. *entropía.*

**evento:** [Lat. *eventus* = acontecimiento]. Algo que adviene dentro de un cierto límite de espacio y de tiempo, conservando cierta unidad. Se distingue del *fenómeno* (v.), que es más pregular y uniforme. Se opone a *objeto* (v.) que es persistente.

**evidencia:** [Lat. *evidens* = claro, patente]. Una proposición es evidente cuando cualquiera que tenga presente su significación en el pensamiento, y que se plantee expresamente la pregunta de si es verdadera o falsa, no puede dejar de ninguna manera dudar de su verdad. En inglés [*evidence*], término que tiene un significado mucho más amplio que en las demás lenguas, y se aplica a toda certidumbre, inmediata o no, al simple testimonio de un testigo. En castellano es incorrecto emplearla con semejante amplitud.

**evocación:** [Lat. *evocatio* = acción de llamar]. Acto por el cual los recuerdos son traídos a la conciencia.

**evolución:** [Lat. *evolutio* = acción de abrir, de recorrer]. Desarrollo de un órgano, de un ser o de un grupo de seres organizados. La **e. de los seres vivos** o **e. biológica,** es la transformación de esos seres derivados unos de los otros. **E. aberrante,** desarrollo de un tejido o de un órgano fuera de la regulación normal, ya se trate de su aspecto, de su estructura o de su ubicación. **E. convergente,** la evolución de seres vivos de origen diverso que por adaptaciones sucesivas en un mismo medio llega a estructurar en especies distintas idénticas estructuras. **E. divergente,** evolución de seres vivos de idéntico origen que por adaptaciones sucesivas en medios distintos llega a estructurar en especies idénticas estructuras distintas.

**evolucionismo:** [Lat. *evolutio* = acción de abrir, de recorrer]. Teoría filosófica por la cual se llega a aplicar la idea de la evolución a toda la naturaleza. V. *darwinismo* y *Darwin.* Cf. *transformismo.*

**exacerbación:** [Lat. *ex* = aumentativo + *acerbus* = irritado]. Aumento en la violencia de las manifestaciones o síntomas de una enfermedad, o de una conducta.

**exaltación:** [Lat. *exaltare* = levantar]. Aumento anormal o patológico del grado de funcionamiento de un órgano; subjetivamente, aumento de sentimientos o del nivel de pensamientos.

**examen, situación de:** [Lat. *examino, -are* = considerar, averiguar]. El examen psiquiátrico o psicológico es ante todo una situación y forma especial de relación de hombre a hombre. Todo lo que pueda afirmarse o negarse del valor científico del examen está sometido a este hecho ingenuo, pero real, que se acaba de definir.

**excéntrica, proyección:** [Gr. *ekkentrikós* = fuera del centro]. Localización de una sensación en la posición en el espacio del cuerpo que la produce. Teoría de la percepción basada en la proyección excéntrica, a la que otorga fundamental importancia.

**excentricidad:** [Gr. *ekkentrikós* = fuera del centro]. Desviación de la conducta normal, pero nunca tanto como para que sea considerada signo de desorden mental.

**excitabilidad:** [Lat. *excitabilis* = excitable]. «Facultad de los músculos y de los nervios de entrar en acción bajo la influencia de un excitante artificial o fisiológico» (Littré). Algunos autores dan a este término el sentido más amplio de *irritabilidad* (v.).

**excitación:** [Lat. *excito* = poner en movimiento]. Estado de actividad en un elemento nervioso o muscular; se acompaña con fenómenos eléctricos (aparición de un potencial de acción caracterizado por una amplia y brusca variación de potencial que da una "punta" sobre los trazados) y fisicoquímicos (modificaciones de la permeabilidad de la membrana celular). Muchas veces se emplea erróneamente este término como sinónimo de *estímulo* (v.).

**excitomotores, centros:** V. *Localizaciones cerebrales.*

**excreción:** [Lat. *excernere* = separar] Acto fisiológi-

co por el cual el producto de las secreciones de una glándula es vertido fuera de la misma por conductos especiales llamados conductos excretores. En plural tiene el significado de *excreta* (v.).

**excreta:** [Lat. *plural* = acribaduras]. Conjunto de desechos de la nutrición que son arrojados fuera del organismo (heces, orina, sudor, bilis, etc.).

**exégesis:** [Gr. *interpretación*]. Interpretación filológica o doctrinaria de un texto, particularmente de un texto que hace autoridad.

**exhibicionismo:** [Lat. *exhibere* = presentar]. Obsesión mórbida, estudiada por *Lasègue* en 1887, con o sin angustias, que impulsa a algunos enfermos mentales a exhibir sus órganos genitales.

**exigencias sociales:** Cuanto es necesario para la normal inserción de un individuo en un grupo social; las condiciones de su ajustamiento al mismo.

**existencia:** [Lat. *ex* = fuera de, a partir de + *sistens* = mantenerse]. El hecho de ser o de existir con abstracción de lo que es. Con sentido concreto la existencia englobando la *esencia* (v.); la vida de un ser viviente y particularmente del hombre considerado bajo ese aspecto temporal y en sus condiciones concretas.

**existencial, psicología:** [Lat. *existere* = tener ser actual]. Psicología desarrollada según el punto de vista que limita el sujeto de la ciencia a los aspectos de experiencia que pueden ser observados introspectivamente, lo cual significa que los aspectos sensoriales y de la imaginación, junto con los sentimientos, son semejantes a los procesos mentales observables.

**existencialismo:** [Lat. *existentia* = carácter de aquello que surge]. De manera general, filosofía centrada sobre el hombre y que se opone al *esencialismo* (v.).

**exocrino:** [Gr. *éxo* = fuera + *krino* = proceder]. Que se relaciona con la secreción de los productos eliminados directamente, tanto al nivel de los tegumentos internos como al nivel de una mucosa.

**exogamia:** [Gr. *éxo* = fuera + *gamos* = matrimonio]. Unión entre sujetos no consanguíneos. Cf. *endogamia.*

**exógeno, desorden mental:** [Lat. *exogenus* = fuera de lo específico]. Los desórdenes mentales causados de manera preponderante por factores que actúan desde el exterior del cuerpo, o están primariamente unidos con procesos patológicos que tienen por sede otros sistemas fuera del sistema nervioso.

**exopsicología:** [Gr. *éxo* = fuera + *psyché* = espíritu + *lógos* = tratado]. Especulación sobre la vida psíquica de seres extraterrestres, surgida de la exobiología o especulación sobre formas de vida distinta a la terrestre.

**exotérico:** [Lat. *exotericus* = externo]. De aspecto público o superficial, como opuesto a *esotérico* (v.), se aplica a una interpretación circunstancial y ligera del pensamiento.

**experiencia:** [Lat. *experiri* = comprobar]. Prueba

destinada a estudiar determinados fenómenos. E. crucial, experiencia de la cual se hizo la contraprueba y no deja lugar a ninguna duda. Conjunto de conocimientos adquiridos involuntariamente: experiencia de la vida. experimental: [Lat. *experiri* = comprobar]. Que está asentado sobre la experiencia. Método e., psicología e., medicina e., fisiología e., etcétera.

experimental, método: [Lat. *experimentum* = prueba]. Método científico de investigación, que parte de la *observación* rigurosa de los hechos, para ofrecer una *hipótesis*, que somete al control de la *experiencia* (o *experimentación*), para llegar al conocimiento de la ley general del fenómeno.

experimental, razonamiento: V. *Hipotético-deductivo*.

expiación: [Lat. *expiatio, -onis* = purificación por vía de sacrificio]. El efecto de ajuste que puede ser obtenido sufriendo una pena. El sufrimiento actuaría como reparación satisfactoria.

exploratorio: [Lat. *exploratorius* = indagar]. Con significado técnico se refiere a los movimientos de los infantes, de los animales, o de organismos de una escala inferior, que sirven como primera etapa de orientación para ponerse en situación de aprendizaje.

expresión: [Lat. *expressio* = acción de exprimir]. Acción de manifestar exteriormente, por la palabra o por signos, pensamientos o sentimientos. En *genética*, modalidad cuantitativa de la manifestación de los efectos de un gene. V. *especificidad*.

expresión, trastornos de la: [Lat. *expressio, -onis* = acción de exprimir]. El estudio de los trastornos de la expresión es un capítulo muy importante de la semiología psiquiátrica y psicológica. En la mayoría de los casos esos trastornos derivan directamente de una alteración mental y están, proporcionalmente, en relación con la importancia de la misma. V. *mímica*.

éxtasis: [Gr. *ex* = fuera + *stasis* = posición]. Estado mental caracterizado por contemplación profunda con abolición de la sensibilidad y la motricidad.

extensidad: [Lat. *extensio* = la acción de extender]. En *neurología*, ubicación en el espacio de una sensación. Se opone a la apreciación de la intensidad de la sensación. La percepción de la extensidad y de la intensidad se realiza en el córtex del lóbulo parietal del cerebro.

extensión: [Lat. *extensio* = extensión]. Según *Bergson* (v.), la cualidad más aparente de la percepción.

exterioración: [Lat. *exterus* = situado afuera]. Acción de relacionar con su terminación toda excitación que actúa sobre un nervio, incluso cuando esta terminación no existe (*ilusión de los amputados* [v.]).

externo: [Lat. *externus* = externo]. Adjetivo que se refiere a lo que está fuera de un organismo. A veces se lo emplea en lugar de *objetivo* (v.), pero este uso es incorrecto.

exteroceptiva, sensibilidad: V. *sensibilidad*.

exteroceptor: [Lat. *exterus* = exterior + *capere* =

tomar]. Según la clasificación de *Sherrington* (v.) de las sensaciones, terminación nerviosa sensitiva (receptor sensitivo) que recoge las exitaciones que provienen del medio externo.

exteroceptores, órganos: [Lat. *exter* = fuera + *capere* = tomar]. Aparatos que captan los estímulos que provienen de agentes exteriores al organismo. La visión, la audición, el olfato, el gusto, el tacto, las sensaciones de temperatura y de color (sensibilidad externa) son órganos exteroceptores.

extinción: [Lat. *extintus* = destruido]. Término que se aplica a la abolición de un *reflejo condicionado* (v.), por estimulación repetida, sin que sea acompañada por el estímulo normal o incondicionado.

extraespectral: [Lat. *extra* = afuera + *spectrum* = apariencia]. Término que se emplea para designar los colores que no están en el espectro, pero son producidos por la mezcla de dos colores que están en los extremos, como por ejemplo rojo y violeta, que producen carmesí u púrpura. También se emplea para designar colores que no son vistos por el ojo humano, producidos por los rayos infrarrojos y ultravioletas, especialmente los últimos.

extrapiramidal: [Lat. *extra* = fuera + *piramidalis* = en pirámide]. Síndrome e., conjunto de trastornos provocados por alteración del *sistema extrapiramidal* (v.): esencialmente son modificaciones de la tonicidad muscular y de la regulación de los movimientos involuntarios y automáticos. Sistema e., conjunto de núcleos grises motores y de fibras aferentes y eferentes situados en las regiones subcorticales y subtalámicas, con exclusión de la vía piramidal y del cerebelo. Algunos autores modernos prefieren la expresión *sistema subcortical*.

extratensivo: [Lat. *extra* = fuera + *tensio, -onis* = extensión o dilatación]. Término empleado por *Rorschach* (v.) para indicar, en los sujetos sometidos a un test, la tendencia a la exteriorización de reacciones, en contacto con el mundo exterior. Sería equivalente de *extraversión* (v.), que se opone a la *introversión* (v.), término éste que Rorschach conserva.

extraversión: [Lat. *extra* = fuera + *vertere* = volcar]. Tipo característico de *personalidad* (v.) [*extravertido*], cuyos intereses están directamente en relación con la naturaleza y otras personas, predominando sobre los propios pensamientos y sentimientos. Cf. *introvertido*. Sin. *extroversión*.

extrínseco: [Lat. *extrinsecus* = exterior]. Lo que no está comprendido en la esencia del ser o en la definición de la idea de que se trata.

extrospección: [Neol. creado sobre el modelo de introspección]. Término que sirve para caracterizar los procederes de observación psicológica que no acuden a la conciencia sino a los sentidos. Sin. *observación* (v.), *objetivo*.

extroversión: [Lat. *extra* = fuera + *vertere* = volcar]. V. *extraversión*.

# F

**fabulación:** [Lat. *fabulatio* = conversación, charla]. Actividad mental por la cual la imaginación elabora un tema, real o ficticio. Se prefiere *afabulación* cuando se trata de la organización imaginaria de un tema dado.

**fábulas, prueba o test de las:** Prueba o test mental para cuya aplicación se requiere del sujeto que interprete algunas fábulas.

**facial, ángulo:** [Lat. *facies* = rostro]. Ángulo que se puede medir de diversas maneras y que se emplea para indicar el crecimiento craneal. Por lo general se lo considera formado por una línea que va de los orificios de las narices a un oído, y otra línea que va de dichos orificios a la frente.

**facies:** [Lat. *cara*]. Expresión del rostro durante las enfermedades.

**facilitación:** [Lat. *facilis* = sin trabajo]. Se emplea para indicar el efecto de dirección de la atención dando prioridad a la acción del estímulo esperado. En *neurología* es la sumación de los efectos de dos excitaciones nerviosas, ambas sucesivas en el mismo nervio, o simultáneas en dos o más nervios con funciones similares, aunque esta conexión pueda ser relativamente remota. En *fisiología*, proceso en virtud del cual un reflejo se establece con mayor facilidad cuando las excitaciones que lo provocan han sido frecuentemente repetidas.

**facticidad:** [Lat. *factitius* = lo que se hace]. Carácter de lo que es artificial. En el vocabulario del *existencialismo* (v.), carácter de lo que únicamente es un hecho, sin necesidad y sin razón.

**facticio:** [Lat. *factitius* = artificial]. Que es producido artificialmente por imitación de la realidad natural. En *Descartes* (v.) las ideas facticias se oponen a las ideas adventicias y a las *ideas innatas* (v.).

**factor:** [Lat. *factor* = el que hace]. Cada uno de los elementos que contribuye al resultado considerado; a este resultado se lo llama función de esos elementos. Sin. *condición, causa* (v.).

**factorial:** [Lat. *factor* = el que hace]. **Análisis f.,** análisis estadístico o matemático de los factores que determinan el rendimiento mental o físico en una serie de pruebas o tests; representa un importante aspecto del estudio estadístico de los resultados de los test en el análisis de *correlación* (v.). **Teoría f. de la inteligencia,** teorías sobre la naturaleza de la capacidad mental basadas sobre el análisis estadístico de los resultados de los tests; las principales son: teoría del factor múltiple de *Thorndike* (v.), teoría de los dos factores de *Spearman* (v.) y teoría de la muestra de *Thompson*.

**factualidad:** [Lat. *factum* = hecho]. Carácter de lo que es un hecho, o sea, que pertenece al orden de los hechos.

**facultad:** [Lat. *facultas* = capacidad]. Principio de acción que suponen los hechos psíquicos teniendo una especialidad propia. En la psicología moderna, sensibilidad, inteligencia, voluntad, pero la memoria y la imaginación también se definen como facultades.

**fagocitario:** [Gr. *phagein* = comer + *kytos* = célula]. Que se relaciona con los fagocitos y con la *fagocitosis* (v.).

**fagocitosis:** [Gr. *phagein* = comer + *kytos* = célula]. Término creado por *Metchnikoff* (v.) (1883-1884), para indicar la destrucción de los microbios dentro de los fagocitos. Actualmente se admite que los fagocitos pueden absorber y destruir tanto las sustancias solubles como los cuerpos sólidos.

**fagomanía:** [Gr. *phagein* = comer + *manía* = locura]. Estado psíquico caracterizado por exageración del apetito e impotencia para resistir al deseo de comer.

**fálico (estado):** [Gr. *phallós* = miembro viril]. Última fase, y fase culminante, de la organización pulsional de la sexualidad infantil según *Freud* (v.). V. *sexo, oral* y *anal*.

**falsedad:** [Lat. *falsitas* = equivocación]. Carácter de lo que es falso; carácter de una afirmación falsa.

**falso:** [Lat. *falsus* = equivocado]. Se aplica a las cosas o a las acciones que no corresponden a la verdad o a la apariencia.

**falta:** [Lat. pop. *fallita* = equivocación]. Violación de una regla impuesta por el uso o por la técnica; falta a la moral, falta de ortografía, etcétera.

**familia:** [Lat. *familia* = la gente que vive en una casa]. En *sociología*, grupo de personas intimamente unidas, que conforma profundamente la personalidad de sus miembros.

**familia, dibujo de la:** [Lat. *familia* = la gente que vive en una casa]. Técnica proyectiva, basada en el dibujo de los componentes del grupo familiar, que por lo general se hace practicar a niños. Las características del dibujo pueden aclarar relaciones entre los diversos componentes del grupo familiar. Siempre la interpretación tiene sentido psicoanalítico.

**fanatismo:** [Lat. *fanaticus* = sacerdote al servicio del templo]. Disposición o estado mental de aquel que está animado por la religión o por cualquier otra causa a un cuidado ciego que le hace olvidar o no considerar las demás cosas u opiniones, y que, por lo mismo, considera legítimos todos los medios.

**fánero:** [Gr. *phanerós* = aparente]. Término genérico con que a veces se designa las producciones epidérmicas aparentes, como los pelos, uñas, cuernos, etc.

**fantasía:** [Lat. *phantasia* = muestra, idea]. El pensamiento por lo común rico de imágenes, más o menos alejado de la realidad. Para el *psicoanálisis*, actividad a la que recurre el individuo por falta de aceptación integral del principio de la realidad. *Fantasía* e *imaginación* (v.) pueden considerarse sinónimos para el psicoanálisis. **F. edípica**, según el *psicoanálisis*, fantasía inconsciente que proviene de impulsos característicos del *complejo de Edipo* (v.).

**fantasma:** [Gr. *phántasma* = visión]. Objeto que un enfermo, atacado de alucinación visual o de lesión del aparato óptico, cree percibir. Para la *parapsicología* y el *espiritismo*, aparición relacionada con fenómenos del *teleplasma* (v.) o con la presencia de espíritus.

**farmacomanía:** [Gr. *phármakon* = medicamento + *manía* = locura]. Necesidad imperiosa sentida por ciertos sujetos de ingerir medicamentos.

**farmacopsicología:** [Gr. *phármakon* = remedio + *psicología*]. Estudio de los medicamentos que modifican la actividad mental (psicótropos) y de sus efectos. Sin. *psicofarmacología*.

**farmacopsiquiatría:** [Gr. *phármakon* = remedio + *psiquiatría*]. Estudio de las sustancias químicas que provocan trastornos mentales y de sus efectos. Psiquiatría experimental.

**fase:** [Gr. *phasis* = apariencia]. En *biología* y en *psicología* indica un estado, aspecto, situación, que puede observarse en un momento dado en algunos fenómenos o procesos recurrentes o alternantes, como son por ejemplo los del sueño y la vigilia. En *psicopatología*, se habla de fase para los estados de melancolía y de manía de la *psicosis maniacodepresiva* (v.). Muchas veces se emplea erróneamente fase con el significado de *estadio* (v.); este uso debe proscribirse.

**fatal:** [Lat. *fatalis* = destino desgraciado]. Acontecimiento considerado como contingente o incluso fortuito, pero que tiene consecuencias funestas, mortales.

**fatalidad:** [Lat. *fatalis* = destino desgraciado]. Lo que ocurre necesaria e independientemente de las circunstancias porque está dicho o escrito que ocurrirá. Carácter de lo que es el efecto necesario de los antecesores o de las circunstancias; con este sentido equivale a *necesidad* (v.).

**fatalismo:** [Lat. *fatalis* = destinado]. Doctrina según la cual el destino del hombre está determinado de antemano, con independencia de lo que haga o quiera.

**fatiga:** [Lat. *fatigatio, -onis* = cansado]. Estado que resulta de la actividad prolongada de un órgano o de un aparato dotado de sensibilidad, y que se traduce por disminución del funcionamiento y una sensación particular (sentimiento de fatiga) propios de cada órgano. El entrenamiento tiene por finalidad retardar la aparición de la fatiga. **F. social**, denominación dada por *César Coronel* (v.), al agotamiento producido por tensiones sociales.

**fatum:** [Lat. vaticinio, hado]. Término que en psicología de las religiones designa al destino, la disposición de los dioses.

**fe:** [Lat. *fides*, que sirve de sust. al verb. *credere* = creer]. Aptitud mental que implica a la vez libre adhesión y asentimiento. Adhesión a un orden de cosas que transciende al dominio de la experiencia y de la racionalidad pura: fe religiosa, política, filosófica, etc.

**Fechner, ley de:** Formulación matemática de la *ley de Weber* (v.), o sea que para deducir la constancia del valor relativo de los umbrales diferenciales, la relación de proporcionalidad de la intensidad de las sensaciones es el logaritmo de la intensidad estimuladora. Para esto Fechner admitió como verdad evidente que los escalones correspondientes a los umbrales diferenciales representan acrecentamientos rigurosamente iguales de la intensidad sensorial, lo que no es verdad, como ha sido comprobado.

**Fechner, paradoja de:** Nombre dado al fenómeno observado por primera vez por *Fechner* (v.), de que una figura vista binocularmente aumenta su brillantez cuando un ojo es cerrado.

**Fechner-Helmholtz, ley de:** El principio que se aplica a la sensación visiva, según el cual la alteración del órgano producida por estimulación reduce el efecto de excitación de un estímulo subsiguiente.

**feed-back:** [Ingl. alimentar por retroacción]. Vid. *retroacción, alimentación a tergo*.

**feminismo:** [Lat. *femina* = mujer]. Aspecto de algunos individuos cuyos testículos no se desarrollaron y que presentan algunos caracteres del sexo femenino, como desarrollo de los senos, ausencia de barba, ensanchamiento de las caderas, delgadez de la piel y de los cabellos.

**feminización:** [Lat. *femina* = mujer]. Aparición, en el hombre, de los caracteres sexuales secundarios que pertenecen al sexo femenino. Se observa en los casos de castración, de insuficiencia testicular, de tumor feminizante del testículo (corioepitelioma), de corticosurrenaloma o de tratamiento por *estrógenos* (v.).

**feminizante:** [Lat. *femina* = mujer]. Lo que provoca la aparición de caracteres sexuales secundarios femeninos.

**fenilpirúvica, oligofrenia:** [De ácido fenilpirúvico]. Tipo especial de deficiencia mental descrito en 1934 por *Foling*, y en la cual la presencia de ácido fenilpirúvico en las orinas da el diagnóstico. La afección es muy probablemente heredofamiliar.

**fenocopia:** [Gr. *phaínein* = parecer + *copia*]. En genética, realización, por mutaciones genéticas diversas, de anomalías o de taras aparentemente idénticas.

**fenogenética:** [Gr. *phaínein* = parecer + *génnan* = engendrar]. Según *Cuénot*, que creó el término en 1950, estudio de las influencias que el medio ejerce sobre la determinación de las características propias de un individuo.

**fenomenal:** [Gr. *phainómenon* = ser visible, aparecer]. Que es dado por la experiencia: el dato fenomenal, la realidad fenomenal. Cf. *fenoménico*.

**fenoménico:** [Gr. *phainómenon* = ser visible, aparecer]. Que concierne al fenómeno.

**fenomenismo:** [Gr. *phainómenon* = ser visible, aparecer]. Doctrina para la cual únicamente son reales los fenómenos, o sea, la representación que nos forjamos de las cosas, y que rechaza la existencia del *noúmeno* (v.), esto es, de la cosa en sí. Esta doctrina remonta a *Hume* (v.), pero el término es creación de *Renouvier* (v.).

**fenómeno:** [Gr. *phainómenon* = ser visible, aparecer]. En *filosofía*, lo que aparece al ser consciente, y que puede ser considerado de diversas maneras: (1) como hecho exterior y existente en sí, que es objeto de las ciencias de la naturaleza; (2) como hecho interior o hecho de conciencia, del que se ocupa la psicología; (3) como hecho condicionado a la vez por una realidad exterior o en sí y por una actividad interior o conciencia, del que se ocupa la *fenomenología* y la *psicología fenomenológica*. **Fenómenos, salvar los,** traducción literal del griego *sózein ta phainomena*, y que se emplea con el sentido de concebir hipótesis que dan cuenta de los hechos de observación.

**fenomenología:** [Gr. *phainómenon* = ser visible, aparecer + *lógos* = tratado]. Etimológicamente ciencia o teoría de los fenómenos. En *psicología fenomenológica*, estudio de los fenómenos psíquicos o hechos de conciencia, y también determinación de las estructuras generales de los fenómenos psíquicos: por ejemplo, de la percepción, del deseo, de la imagen.

**fenomenológico:** [Gr. *phainómenon* = ser visible, aparecer + *lógos* = tratado]. Por oposición a *ontológico* (v.), lo que se atiene al fenómeno, o sea, al dato inmediato de la experiencia. Por oposición a *empírico* o *psicológico*, lo que tiende a determinar alguna estructura esencial.

**fenopsiquismo:** [Gr. *phaínein* = parecer + *psyché* = espíritu]. Estado mental aparente.

**fenotipo:** [Gr. *phaínein* = parecer + *typos* = molde, forma]. Por oposición al *genotipo*, conjunto de caracteres no hereditarios impresos en el individuo por el medio ambiente. Hoy día se prefiere designar a este conjunto por el término *perístasis* (v.). También significa tipo individual que resulta de las acciones ejercidas por el medio exterior sobre la armazón hereditaria del *genotipo* (v.). Es la manifestación aparente del patrimonio hereditario más o menos modificado por el medio ambiente. V. *genotipo*.

**Féré, fenómeno de:** V. *psicogalvánica, respuesta*.

**fetal:** [Lat. *fetus* = feto]. Que se relaciona con el feto. Por extensión, que semeja a los órganos del feto o a los fenómenos que en éste se observan.

**fetichismo:** [Port. *feitiço* = artificial]. Perversión sexual obsesiva e impulsiva que confiere a un objeto o a una parte del cuerpo el poder exclusivo de producir el orgasmo genital.

**feto:** [Lat. *fetare* = producir, engendrar]. Nombre dado al producto de la concepción después del tercer mes de vida uterina, o sea, hacia la época cuando comienza a presentar los caracteres distintivos de la especie. Cf. *embrión*.

**ficción:** [Lat. *fictio* = suposición]. Representación mental que en nada corresponde a la realidad.

**fideísmo:** [Lat. *fides* = creer + *ismo* = estado o condición]. Doctrina de los que en nombre del primado de la fe rechazan toda justificación racional o experimental de los dogmas o ideas a que adhieren.

**fiebre:** [Lat. *febris* = fiebre]. Síndrome caracterizado por elevación de la temperatura del cuerpo con aceleración del pulso y de la respiración, oliguria, sequedad de la lengua y a veces delirio.

**figura:** [Lat. *figura* = modelado]. Forma exterior, aspecto de los objetos. En *geometría*, conjunto de líneas que limitan una extensión.

**figura invertible:** Figura más o menos esquemática, en general una silueta, que cambia de significado con la inversión de la relación de *figura y fondo* (v.).

**figura y fondo:** El aspecto ordinario de la respuesta perceptiva frente a una situación total estimulante para lo cual los objetos aparecen individualizados y separados de un fondo más o menos alejado e indiferenciado. En la *prueba de Rorschach* (v.) se tiene inversión de la relación de figura y fondo cuando los interespacios son interpretados.

**fijación:** [Lat. *figo-fixum* = fijar]. Acto por el cual los recuerdos resultan registrados por la memoria. V. *memorización*. Para el *psicoanálisis*, estado del sujeto cuyas fuerzas afectivas están concentradas, sobre una persona o cosa y que, por consiguiente, no puede atender otros estímulos; también estado de aquel cuya afectividad ha quedado en sus formas infantiles y no llega al desarrollo del adulto normal. V. *regresión*.

**fijismo:** [Lat. *figere* = clavar, fijar]. Teoría según la cual las especies vivientes conservan el mismo tipo a través de las edades geológicas. Se opone al *transformismo* (v.) y al *evolucionismo* (v.).

**filaxia:** [Gr. *phylaxis* = protección]. Poder de defensa del organismo contra la infección, comprendiendo la fagocitosis y la formación de anticuerpos.

**filiación:** [Lat. *filiatio, filius* = hijo]. Conjunto de la descendencia directa, por la sucesión ininterrumpida de generaciones en una misma familia. En *psiquiatría*, delirio de filiación con tema de relación con una familia generalmente ilustre.

**filmología:** [Ingl. *film* = película + Gr. *lógos* = estudio]. El estudio de la cinematografía en todos sus aspectos, técnicos, sociales, morales, psicológicos, etc.

**filogénesis:** [Gr. *phylé* = tribu, especie + *gennan* = engendrar]. Desarrollo de la especie; se opone a *ontogenia* (v.).

**filogenia:** [Gr. *phylé* = tribu, especie + *gennan* = engendrar]. V. *filogénesis*.

**filología:** [Gr. *phílos* = amigo + *lógos* = palabra]. Estudio que tiene por objeto una lengua particular. Se distingue de la *lingüística* (v.) precisamente por esta particularidad.

**filosofía:** [Gr. *phílos* = amor + *sophía* = sabiduría]. Hasta el siglo XVIII o XIX este término fue sinónimo de ciencia, y se aplicaba al conjunto del saber desinteresado y racional. Investigación racional que tiene por objeto la comprensión general del hombre y del mundo, y que tiende a dar a los mismos una explicación última. Este último es el carácter en el que la filosofía se diferenció de la ciencia, en el sentido corriente de la palabra, en el siglo XIX. **F. de la naturaleza**, la parte de la filosofía que trata de los problemas metafísicos, planteados por los seres materiales.

**fin:** [Lat. *finire* = marcar límites]. Allí donde una cosa o una acción terminan. Como correlativo de medio significa por qué una cosa es hecha; el plan, la idea realizados o a realizar.

**finalidad:** [Lat. *finis* = límite, fin]. La finalidad es una forma particular de la *causalidad* (v.), la causalidad final, y se opone a la *eficiencia* (v.). Cf. *teleología*.

**finalismo:** [Lat. *finis* = fin, límite + *ismo* = estado o condición]. Doctrina filosófica que admite la acción de causas finales tanto en el dominio particular de la vida como en el conjunto del universo. Muy a menudo el finalismo es un tipo de *vitalismo* (v.).

**física:** [Gr. *physis* = naturaleza]. Por oposición a lo *psíquico* (v.), lo que concierne al cuerpo y no al *espíritu* (v.) o la *conciencia* (v.). Por oposición a *moral* (comprendido como sinónimo de psíquico), lo que siendo de naturaleza psíquica resulta sin embargo de un hecho orgánico: por ejemplo, *placer y dolor físicos*.

**fisicalismo:** [Gr. *physikós* = que concierne a la naturaleza + *ismo* = estado o condición]. Doctrina según la cual la psicología y con mayor generalidad las ciencias humanas pueden y deben expresarse con el vocabulario de las ciencias físicas. Propugnado por el *empirismo lógico* (v.).

**fisiógeno:** [Gr. *physis* = naturaleza + *génos* = origen]. Se dice de los fenómenos, de los síntomas,

de las enfermedades determinadas por trastornos orgánicos, por lesiones físicas perceptibles para nuestros sentidos. Se opone a *psicógeno* (v.).

**fisiogénesis:** [Gr. *physis* = naturaleza + *génesis* = formación]. Crecimiento y desarrollo natural del organismo y de sus diferentes partes.

**fisiogenia:** [Gr. *physis*. = naturaleza + *gennan* = engendrar]. V. *fisiogénesis*.

**fisiognomonía:** [Gr. *physis* = naturaleza + *gnomon* = signo indicador]. Estudio de la forma general de la cabeza y de los rasgos del rostro, realizado con la finalidad de conocer el carácter y las inclinaciones de un sujeto.

**fisiología:** [Gr. *physis* = naturaleza + *lógos* = tratado]. Parte de la biología que tiene por objeto estudiar las funciones y las propiedades de los órganos y de los tejidos de los seres vivos. **F. celular,** estudio de los fenómenos vitales localizados en la célula. **F. general,** estudio del acto íntimo de una función con independencia de los diversos mecanismos que intervienen en esa función. **F. patológica,** estudio del funcionamiento del organismo, o de un órgano, cuando está perturbado por la enfermedad.

**fisiopatología:** [Gr. *physis* = naturaleza + *phatós* = enfermedad + *lógos* = tratado]. V. *fisiología patológica*.

**fisiopatológicas, necesidades:** [Gr. *physis* = naturaleza + *páthos* = enfermedad + *lógos* = estudio]. Las condiciones fisiológicas anormales que se instauran en el organismo y que rigen su funcionamiento durante la enfermedad.

**fisiparidad:** [Lat. *fissum* = hendidura + *parere* = engendrar]. Modo de reproducción, por segmentación, de algunos organismos monocelulares (protozoarios, bacterias).

**flagelado:** [Lat. *flagellum* = látigo]. Protozoarios provistos de uno o de varios flagelos, y a veces de una membrana ondulante, que les sirven de órganos locomotores.

**flegmasia:** [Gr. *phlegma* = quemadura]. Inflamación.

**flemático:** [Gr. *phlégma* = humor]. En la clasificación de *Hipócrates* (v.) de los *temperamentos* (v.), la persona en la que predomina el humor incoloro: flema o linfa. En *caracterología*, designa un tipo de carácter en el que predominan las reacciones lentas y que es difícil de conmover.

**flujo luminoso:** [Lat. *fluere* = fluir]. Energía luminosa que atraviesa, en un segundo, una superficie dada.

**fobia:** [Gr. *phóbos* = miedo]. Nombre que se da a temores irrazonables, obsesivos y angustiantes, que sobrevienen en circunstancias determinadas, siempre los mismos para cada enfermedad. Empleado como sufijo, este término designa al miedo mórbido del objeto o del acto designado por la primera parte de la palabra compuesta.

**focal (crisis):** [Lat. *focus, -i* = el hogar]. Crisis de epilepsia localizada, por lo menos al comienzo; la descarga epileptógena nace en un foco cortical. V *epilepsia*.

focos: [Lat. el ara]. Término que en psicología de las religiones designa el refugio del sentimiento religioso

foliculina: [Lat. *folliculus* = pequeño saco]. Término genérico para los compuestos que producen el *estro* (v.), pero que ha caído en desuso. V. *estrona*.

folclore: [Sue. y dan. *folk* = pueblo + *lore* = costumbre]. Costumbres y usanzas, a menudo supersticiones, tradiciones orales que son expresadas bajo la forma de narraciones, canciones, proverbios, etc., y que persisten en el desarrollo de los pueblos como residuos del pasado. Con sentido científico se debe evitar la extensión del término a cualquier uso tradicional de un pueblo.

folklore: V. *folclore*.

fonastenia: [Gr. *phoné* = voz + *asthenia* = debilidad]. Debilidad de los sonidos articulados.

fondo: [Lat. *fundus* = fundar, asegurar]. Lo que es fundamental por oposición a lo que es accesorio o formal. V. *forma, psicología de la*.

fonema: [Gr. *phoné* = voz]. Nombre propuesto por *Wernicke* (v.) para designar las alucinaciones auditivas verbales (audición de palabras que representan ideas).

foniatría: [Gr. *phoné* = voz + *iatoría* = medicina]. Estudio de la voz, de su mecanismo y de sus trastornos.

fonofobia: [Gr. *phoné* = voz + *phóbos* = miedo]. Temor de hablar en voz alta. Se observa en los enfermos muy debilitados.

fontanela: [Fr. *fontanelle* = fuentecita]. Área en lo alto del cráneo, que en los primeros meses de vida extrauterina permanece sin osificarse. F. no osificada, la que con el crecimiento queda cubierta por cartílago en lugar de hueso.

foresia: [Gr. *phoresis* = acción de llevar]. Forma de comensalismo accidental y temporaria, debida a que algunos animales se hacen llevar por otros en sus desplazamientos o migraciones.

forma: [Lat. *forma* = figura]. Configuración exterior de las cosas, contorno. Modalidad particular bajo la cual se presenta o expresa una cosa. F. sustancial, principio ontológico en virtud del cual la materia indeterminada, y por consiguiente siempre potencia, es actualizada y se convierte en esto o aquello. F. accidental, determinación que modifica la cosa ya existente, pero de manera que no cambia su naturaleza. F., teoría de la, en *filosofía*, expresión adoptada para traducir la locución alemana *Gestalttheorie*, en la que "forma" adquiere un significado intermedio entre la *forma accidental* y la *forma sustancial*. La forma de los gestaltistas no consiste en el aspecto exterior, sino en la estructura y dependencia de las partes. F., psicología de la, expresión que traduce la locución alemana *Gestaltpsychologie*, concepción según la cual los hechos psíquicos elementales se presentan siempre entretejidos en conjuntos que les dan un significado verdadero. Sin. *psicología de la totalidad*. Cf.

*elementalismo* y *asociacionismo*. F., filosofía de la. extensión al dominio de la biología y de la física de las concepciones de la psicología de la forma. F., buena, en la psicología de la forma, entre las formas que es posible percibir en un conjunto de datos visuales, aquella que se destaca sobre las otras por su simplicidad, su regularidad, su simetría, y que por lo mismo tiende a imponerse al percipiente.

formación: [Lat. *formatio, -onis* = acción de formar]. Enseñanza gradual, lenta, dirigida a dar orientación particular que aprende y a encuadrar sus conocimientos según directivas bien definidas, conformes con exigencias científicas, profesionales, etc. F. reactiva, según el *psicoanálisis*, desarrollo de un rasgo del carácter secundario y opuesto al original, que reprime y esconde un impulso sexual o agresivo. F. reticular, sistemas de células y de fibras nerviosas ubicado en la médula alargada, en el puente y en el mesencéfalo. Constituye una de las vías recorridas por los impulsos sensoriales que se dirigen a la corteza cerebral. La formación reticular también recibe impulsos que parten de la corteza cerebral. Este sistema está estrechamente unido con la regulación del sueño y de la vigilia y con la motivación, y por ello también se lo denomina *sistema de activación reticular*. F. compuesta, según *Freud* (v.), identificación que asumen en el sueño características particulares en cuanto un elemento onírico adquiere significados ulteriores. F. libre: V. *génesis*.

formal: [Lat. *formalis* = que pertenece a la forma]. Que concierne o considera solamente la forma con abstracción de la materia. F., objeto, aspecto particular, punto de vista desde el cual es considerado el objeto material.

formalismo: [Lat. *form* = figura, aspecto]. Lo que atribuye importancia excesiva a la forma por oposición al fondo. En matemáticas, por oposición a *intuicionismo* (v.), que es relativo a la forma.

forzados, movimientos: Movimientos asimétricos causados por estimulación desigual de ambos lados de un organismo o por lesión en un hemisferio del cerebro.

fosfeno: [Gr. *phós* = luz + *phainein* = brillar]. Sensación luminosa percibida por el ojo sin que haya sido provocada por la luz. Puede ser espontánea (migraña oftálmica) o seguir a un traumatismo, a una compresión del ojo o a una excitación eléctrica de la retina.

fotismo: [Gr. *phós, photós* = luz]. Apariencias visuales que se observan en la *audición coloreada* (v.).

fotobiología: [Gr. *phós* = luz + *bios* = vida + *lógos* = tratado]. Estudio de la influencia de la luz, y en particular de la luz solar (baños de sol), sobre el organismo en su conjunto y sobre el funcionamiento de los diversos aparatos.

fotobiotropismo: [Gr. *phós* = luz + *bios* = vida + *trépein* = volver]. Biotropismo determinado por la acción de la luz.

**fotofobia:** [Gr. *phós* = luz + *phóbos* = miedo]. Temor por la luz debido la mayoría de las veces a la impresión penosa y también dolorosa que provoca. Este síntoma se encuentra en las afecciones oculares (conjuntivitis, queratitis, etc.) y también en algunas afecciones cerebrales (meningitis). V. *heliofobia*.

**fotógeno:** [Gr. *phós* = luz + *gennan* = engendrar]. Que engendra la luz.

**fotón:** [Gr. *phós* = luz]. "Grano" elemental de luz o de calor.

**fotoperiodicidad:** [Gr. *phós* = luz + *periodikós* = que guarda períodos determinados]. Respuesta de los seres vivos a la duración del día y de la noche.

**fotopsia:** [Gr. *phós* = luz + *opsis* = visión]. Nombre dado a visiones subjetivas de apariencia luminosa que atacan al ojo sano y también al enfermo, y que son debidas a excitaciones directas de la retina y del nervio óptico, excitaciones generalmente ligeras (espasmos de los párpados, aflujo de sangre en la red vascular, golpe ligero en el ojo, etc.).

**fotostesímetro:** [Gr. *phós* = luz + *métron* = medida]. Instrumento creado por *Piéron* (v.) para estudiar las sensaciones cromáticas o acromáticas.

**fototáxica, propiedad:** [Gr. *phós* = luz + *taxis* = movimiento ordenado]. Propiedad que posee el protoplasma de reaccionar ante la luz (estudiada en el plasmodio). **P. f. positiva,** atracción del protoplasma por una luz débil. **P. f. negativa,** repulsión por una luz viva. V. *fototaxismo y fototaxis*.

**fototaxis:** [Gr. *phós* = luz + *taxis* = movimiento ordenado]. V. *fototáxica, propiedad*.

**fototaxismo:** [Gr. *phós* = luz + *taxis* = movimiento ordenado]. V. *fototáxica, propiedad*.

**fototropismo:** [Gr. *phós* = luz + *trépein* = volver]. V. *fototáxica, propiedad*.

**fraccionamiento:** [Lat. *frangere* = quebrar]. Con sentido psicológico, método de realizar una introspección detallada por medio de la atención concentrada, de acuerdo con instrucciones del experimentador, sobre diferentes partes o fases de un proceso total observadas en diferentes repeticiones de un experimento. Con sentido estadístico, la división de un dato matemático separado.

**fraterno, complejo:** [Lat. *frater* = hermano]. Locución que a veces se emplea para indicar la celotipia y las relaciones de ambivalencia entre hermanos y hermanas. El término psicoanalítico *complejo* (v.) es empleado aquí inadecuadamente y por lo mismo esta expresión debe evitarse.

**fratia:** [Lat. *frater* = hermano]. En *sociología* grupo de hermanos y hermanas, con sus múltiples modalidades de estructuración evolutiva según el número, la edad, el sexo y el carácter de sus miembros.

**frecuencia:** [Lat. *frequentia* = concurrencia de muchas cosas]. El número por segundo de un fenómeno periódico, como onda o vibración. En *estadística* se emplea para designar el número de casos con un determinado valor, o entre algunos valores, en una tabulación para fines estadísticos. **F., polígono de,** representación gráfica de la frecuencia por medio de varios valores en una tabulación. **Distribución normal de la f.,** la que está representada por una curva en campana.

**frenastenia:** [Gr. *phrén* = diafragma + *asthenia* = debilidad]. Sinónimo de *deficiencia mental* (v.). Este término ha caído en desuso sin una verdadera justificación; su empleo debe incrementarse.

**frenesí:** [Gr. *phren* = ánimo, sentimiento]. Nombre que antiguamente se daba al delirio violento provocado por una afección cerebral aguda.

**frenología:** [Gr. *phren* = corazón, espíritu + *lógos* = tratado]. Teoría enunciada por *Gall* (v.), según la cual la inspección y la palpación del cráneo y la búsqueda de sus protuberancias permitirían conocer las facultades e instintos dominantes en un sujeto, de acuerdo con un sistema hipotético de localizaciones cerebrales.

**frigidez:** [Lat. *frigidus, -um* = frío, cosa muerta]. Término que sirve para designar la indiferencia sexual femenina. Califica en la mujer la incapacidad de sentir por relaciones normales las sensaciones voluptuosas naturales o simplemente el orgasmo. No debe confundirse con *anafrodisia* (v.), porque se refiere exclusivamente a un trastorno funcional.

**frontal, lóbulo:** [Lat. *frons, -tis* = la frente]. La parte del hemisferio cerebral que está por delante de la cisura central o cisura de Rolando, y por debajo de la cisura de Silvio.

**frustración:** [Lat. *frustratus* = engañado]. La operación que impide a un animal o a una persona de cumplir la respuesta a un estímulo. En *psicopatología,* la operación de un evento o de una condición más o menos duradera que obstaculiza o impide la satisfacción de necesidades o deseos sin eliminarlos. **F., arbitrariedad de la,** la frustración es arbitraria cuando es provocada por el arbitrio de una persona. La arbitrariedad de la frustración es una variable importante en psicopatología. **F. asistida,** frustración que por ser positiva o constructiva exige que se asista a la persona frustrada, con intervención individualizada, en el esfuerzo dirigido a su superación. **F. destructiva,** frustración de motivos sociales que destruye por largo período de tiempo o para siempre la capacidad de ajustamiento en el ambiente de un individuo o grupo de individuos. **F., efectos de la,** las consecuencias de la frustración en relación con la edad en que se verificó y con el sexo y la condición social. **F., estado de,** estado de insatisfacción por obstáculo o falta de satisfacción de necesidades y de deseos. **F., tolerancia de la,** capacidad de aceptar eventos frustrantes sin que se verifique una condición de desajuste social.

**frustrante:** [Lat. *frustrans* = engañador]. Lo que impide por un cierto período de tiempo o también de manera relativamente permanente la satisfacción de necesidades o de deseos. **F., evento o**

**condición,** evento o condición que obstaculiza o impide la satisfacción de necesidades o deseos.

**fuerza:** [Lat. *fortitudo* = cualidad de lo que es fuerte]. Lo que es capaz de modificar el estado de movimiento o de reposo de una masa, o de una función: lo que hace mover algo.

**fuga:** [Lat. *fuga* = huida]. Acto por el cual un desajustado rompe brutalmente con sus hábitos de vida y con frecuencia escapa del cuadro social al que está unido por obligación. Fenómeno relativamente frecuente en los niños, en los cuales traduce por lo general un estado de desajuste, pero que no tiene el mismo significado psicopatológico que en el adulto. **F. de ideas,** asociación de ideas superficial; por asonancia, similitud, contraste fácil, etc. En *psiquiatría* y *psicopatología,* es sintomática de excitación psíquica (manía) asociada a veces con confusión. En la *demencia senil* (v.) puede haber fuga de ideas tanto por excitación como por trastorno de la memoria.

**Fullerton-Cattell, ley de:** Ley con que *Fullerton* y *Cattell* (v.) sustituyen la *ley de Fechner* (v.), afirmando que los errores de observación y las diferencias que se pueden considerar son proporcionales a la raíz cuadrada del estímulo.

**función:** [Lat. *functio* = ejercicio de un cargo]. En *sociología,* papel de un individuo que contribuye con su tarea específica (funcionario) a la marcha de una colectividad. En *biología,* propiedad o conjun-

to de propiedades ordenadas, en los organismos, para la conservación de la especie o del individuo. En *psicología,* categoría particular de actividad psíquica considerada en la medida que desempeña un papel en el conjunto del psiquismo: función racional, de fabulación, etc.

**función cerebral, localización de la:** El hallazgo de que ciertas porciones del cerebro llevan a cabo determinadas funciones que les son propias. Opuesto a *equipotente* (v.).

**funcional:** [Lat. *functio* = acción de alguna facultad]. Que se relaciona con una función. **F., trastorno,** manifestación mórbida que no parece debida a ninguna lesión discernible de un órgano, sino a su funcionamiento.

**funcionalismo:** [Lat. *functio* = ejercicio de un cargo]. Cualquier teoría según la cual la actividad psíquica está condicionada por su función utilitaria o incluso se reduce a esa utilidad; el *conductismo* es un funcionalismo.

**fundamento:** [Lat. *fundamentum* = fundamento, soporte]. Principio o conjunto de principios que soporta un esquema conceptual porque se supone que reposa sobre él; por ejemplo, *la libido fundamento del psicoanálisis.*

**futuro:** [Lat. *futurum* = que será]. Lo que ocurrirá o se considera que debe ocurrir. **F. contingente,** acontecimiento a ocurrir, pero condicionado por causas que pueden ser contingente o libres.

# G

**g., factor:** El *factor general* en la teoría de los dos factores de *Spearman* (v.); por lo común se lo interpreta dentro de la teoría factorial como sinónimo de «inteligencia general». V. *capacidad general*.

**Galassi, reflejo de:** Estrechamiento de la pupila durante la oclusión de los párpados (fenómeno fisiológico). Sin, *reflejo palpebral de Westphal-Piltz, reflejo de la pupila*.

**galeantropía:** [Gr. *galé* = gato + *ánthropos* = hombre]. *Monomanía* (v.) en la cual el enfermo se cree transformado en gato. Se observa sobre todo en las mujeres.

**galeati:** [Lat. *galea* = casco]. Según *Charcot* (v.), neurasténicos que sufren de cefalea occipital (que cubre solamente la parte posterior del cráneo, como el casco de Minerva).

**galenismo:** [Gr. *Galenós* = Galeno]. Doctrina de *Galeno* (v.) que atribuía acción preponderante sobre la salud a los cuatro humores cardinales: sangre, pituita, atrabilis (que venía de las glándulas suprarrenales) y bilis amarilla. De su mezcla o *crasis*, en proporción variable, hacía depender el temperamento bueno o malo, la salud o la enfermedad.

**galvánica, prueba:** V. *voltaica, prueba*.

**galvanización:** [De *Galvani*]. Aplicación de corrientes eléctricas continuas.

**galvanotaxis:** [*Galvani* + Gr. *táxis* = movimiento ordenado]. V. *galvanotropismo*.

**galvanotropismo:** [*Galvanismo* + Gr. *trépein* = volver]. Propiedad que posee el protoplasma de reaccionar bajo la influencia de la *galvanización* (v.).

**galvatónica, reacción:** [De *Galvani*]. Persistencia de la contracción muscular provocada por la corriente eléctrica continua, durante todo el tiempo del pasaje de la corriente, y cesando al final de este pasaje. Sin. *galvatono*.

**galvatono:** [*Galvani* + Gr. *tónos* = tensión]. V. *galvatónica, reacción*.

**gameto:** [Gr. *gamétes* = esposo]. Nombre dado a las células especiales sexuadas, diferenciadas de los metazoarios en *gameto macho* y *gameto hembra*, y cuya unión forma el huevo.

**gammacismo:** [Gr. *gámma* = letra g]. Vicio de pronunciación caracterizado por la dificultad o la imposibilidad de pronunciar correctamente la letra *g*.

**gamomanía:** [Gr. *gámos* = matrimonio + *manía* = locura]. Impulsión mórbida que lleva a determinados desequilibrados a multiplicar sus peticiones de matrimonio.

**gamona:** [Gr. *gámos* = unión]. Sustancia de atracción sexual, segregada por las células sexuales femeninas [ginogamonas) y masculinas (androgamonas), que atraen las células del otro sexo. Han sido puestas en evidencia en los protozoarios, las algas, los hongos, algunos gusanos, los equinodermos, los moluscos y peces.

**ganglio:** [Gr. *ganglion* = nudo]. Cualquier grupo de células o de células nerviosas dentro o fuera del sistema nervioso cerebroespinal.

**ganglioplégicos:** [Gr. *ganglion* = nudo + *plegé* = herida, golpe]. Sustancias que actúan especialmente sobre los mediadores químicos al nivel de las sinapsis nerviosas e intervienen esencialmente como agentes de desconexión nerviosa.

**Ganser, síndrome de:** Respuestas sin relieve y absurdas a preguntas. Aparecen como un síntoma de *histeria* (v.) o de *simulación* (v.).

**garbo:** [Ital. *garbo* = gracia, elegancia]. Término de la arquitectura que designa el contorno de los volúmenes y es aplicado por *Verdun* al estudio de las variaciones, en saliencia o en entrada, del macizo craneofacial (sujetos vexigarbos, cavigarbos, planigarbos).

**garbo-típica (relación):** [Ital. *garbo* = gracia, elegancia + *typos* = forma]. En *morfología*, la relación entre la altura y el espesor del tronco, visto de perfil. El tronco puede ser grueso y corto (crasigarbo), delgado y largo (planigarbo) o armonioso (normogarbo).

**gatismo:** [Fr. *gâter* = echar a perder]. Sujeto que ha perdido el control de sus esfínteres anal y vesical, y que por consiguiente se ensucia y moja el lecho y sus ropas. Por extensión se aplica a los sujetos cuyas funciones mentales están más o menos abolidas por causa de la edad o de la decrepitud física.

**gemación:** [Lat. *gemma* = brote]. V. *gemiparidad*.

**gemación, reproducción por:** V. *gemiparidad*.

**gemelar:** [Lat. *gemellus* = gemelo]. Que es relativo a los gemelos; por ejemplo, embarazo gemelar.

**gemelología:** [Lat *gemellus* = gemelo + *lógos* =

estudio]. Estudio *genético, biológico y psicológico* de los gemelos.

**gemelos:** [Lat. *gemellus* = igual]. Nacidos de una misma preñez. Los gemelos pueden provenir de dos huevos diferentes (biovulares, bivitelinos o dizigotes) o de la división anormal de un huevo único (uniovulares, univitelinos o monozigotes); en este último caso son siempre del mismo sexo y su semejanza es sorprendente. V. *dizogote* y *monozigote*.

**gemípara, reproducción:** V. *gemiparidad*.

**gemiparidad:** [Lat. *gemma* = brote + *parere* = producir]. Modo de reproducción por brotes de los que cada uno al desarrollarse forma un individuo semejante al que le dio nacimiento. Sin. *reproducción gemípara* o por *gemación*.

**gene:** [Gr. *génos* = origen, descendencia]. Nombre dado a moléculas de nucleoproteidos (ácido desoxirribonucleico) presentes en los *cromosomas* (v.), a las cuales está unidos el desarrollo de los caracteres hereditarios del individuo.

**generación:** [Lat. *generatio, -onis* = reproducción]. Producción de un ser nuevo a expensas de seres anteriores más o menos semejantes. **G. alternada:** V. *digénesis*. **G. directa:** V. *monogénesis*.

**generalización:** [Lat. *generalis, -e* = lo que pertenece a todos]. Proceso mental por el cual se extiende a una clase completa de objetos lo observado en algunos objetos de la misma clase. La generalización involucra, por consiguiente, la *abstracción* (v.). **G. de la respuesta,** en el condicionamiento, la extensión de las respuestas condicionadas también a estímulos que no corresponden a los del condicionado, pero que le son similares. V. *condicionamiento*. **G. del estímulo,** respuesta condicionada que es dada por un estímulo similar al condicionado sin reforzamiento específico. V. *condicionamiento*.

**genérico:** [Lat. *genus, -eris* = raza]. Que se relaciona con el género, por oposición a individual, *específico* (v.). **Imagen genérica.** Según ciertas teorías no se puede pensar sin imágenes. El *concepto* (v.) estaría acompañado de una imagen más o menos desdibujada que solamente hace aparecer los caracteres generales, y no una imagen particular y precisa de un objeto.

**género:** [Lat. *genus, -eris* = raza]. En *biología,* subdivisión de la familia, subdividida ella misma en *especies* (v.).

**génesis:** [Gr. *génesis* = origen]. Nombre dado a la teoría, hoy abandonada, de la generación espontánea de las células. Sin. *formación libre*.

**genética:** [Gr. *gennan* = engendrar]. Que tiene relación con las funciones de generación o con los *genes* (v.). **G., enfermedad** o **malformación:** V. *hereditario*. Como sustantivo femenino, «ciencia que tiene por objeto el estudio de todos los fenómenos y de todos los problemas relativos a la descendencia» *(Bateson)*. Se propone fijar las reglas de la herencia normal y patalógica en el hombre.

**genetismo:** [Gr. *génesis* = origen]. Doctrina según la cual, para algunos sentidos o para todos, pero principalmente para la vista, la facultad de percibir las cualidades espaciales del mundo exterior no es natural sino adquirida. Sin. *empirismo* (v.). Cf. *nativismo, innatismo*.

**geniculados, cuerpos:** [Lat. *geniculatus* = la constelación de Hércules]. Dos engrosamientos, lateral y medio, en la porción posterior del *tálamo* (v.).

**genio:** [Lat. *genius* = don natural]. Disposición natural notable para algo, y sobre todo disposiciones naturales eminentes que permiten, por lo menos en un dominio determinado, romper los cuadros de la rutina y realizar una obra verdaderamente creadora.

**genital:** [Lat. *genitalis* = órganos de la generación]. Que se relaciona con los órganos de la reproducción en los animales. **Carácter g.,** término empleado por el *psicoanálisis* para denominar la etapa adulta de desarrollo psicosexual.

**genital, estadio:** [Lat. *genitalis* = órganos de la generación]. Según el *psicoanálisis,* última fase de la organización sexual, que sucede al período de *latencia* (v.), de acuerdo con la última elaboración freudiana; correspondería al advenimiento de la *pubertad* (v.).

**genoma:** [Gr. *gennan* = producir + *óma* = masa, entidad abstracta]. El conjunto de factores hereditarios contenidos en la cualidad *haploide* (v.) de los *cromosomas*.

**genotípico:** [De *genotipo*]. Que se relaciona con el *genotipo* (v.).

**genotipo:** [Gr. *geneá* = nacimiento + *typos* = huella]. «Armazón constituida por las fuerzas de evolución contenidas en la célula inicial que nace de la unión del óvulo y del espermatozoide, y que constituye el punto de partida de una nueva vida individual» *(H. Roger)*. El genotipo representa el patrimonio hereditario del individuo, dependiendo del conjunto de los *genes* (v.), de las células reproductoras del que ha salido, sea ese patrimonio aparente o no. Cf. *fenotipo*.

**geobiocenosis:** [Gr. *gé* = tierra + *bíos* = vida + *koinos* = común]. Vid. *ecosistema*. El término geobiocenosis es preferentemente utilizado por los autores alemanes.

**geofagia:** [Gr. *gé* = tierra + *phagein* = comer]. Perversión del gusto que lleva a comer tierra. Se observa en algunos alienados, idiotas, dementes seniles o precoces. Cf. *geofagismo*.

**geofagismo:** [Gr. *gé* = tierra + *phagein* = comer]. Necesidad de comer tierra para obtener minerales, sales, etc., de los que carece la alimentación regular; está muy extendido entre pueblos de África, América y Asia, y se relaciona con el *hambre endémica* (v.). Provoca trastornos digestivos y a la larga entraña adelgazamiento y anemia. Cf. *geofagia*.

**geotaxia:** [Gr. *gé* = tierra + *taxis* = movimiento].

Sensibilidad del protoplasma a la gravedad (estudiada sobre el plasmodio). Si la masa protoplasmática tiende a elevarse a lo largo de las paredes del vaso donde está contenida, la geotaxia es *negativa;* en el caso contrario es *positiva.* Sin. *geotropismo.*

**geotropismo:** [Gr. *gé* = tierra + *trépein* = volver]. V. *geotaxia.*

**geriatría:** [Gr. *géras* = vejez + *iatreía* = tratamiento]. Rama de la medicina que se ocupa de las enfermedades de los viejos. Cf. *psicogeriatría.*

**germano-na:** [Lat. *germanus* = hermano o hermana carnal]. Hermano y hermana del mismo padre y de la misma madre [por oposición a *consanguíneo* (v.) y *uterino* (v.)].

**germen:** [Lat. *germen* = vástago]. Término empleado en *anatomía comparada* y en *biología* para designar al tejido genital en oposición con el resto de la economía o *soma* (v.).

**gerontismo:** [Gr. *gerontos* = viejo]. V. *senilismo.*

**gerontofilia:** [Gr. *gerontos* = viejo + *philia* = amistad]. Anomalía del instinto sexual, estudiada por *Féré,* en 1905, caracterizada por la búsqueda sexual de individuos de edad muy avanzada.

**gerontología:** [Gr. *gerontos* = viejo + *lógos* = tratado]. Estudio del viejo, de sus condiciones de vida normales y patológicas. *G. biológica, g. social, g. médica o geriatría* (v.), g. psicológica o *psicogeriatría* (v.).

**Gesell, test o prueba de desarrollo de:** Prueba o test de desarrollo aplicable en los primeros seis años de vida, y que se basa en observaciones o relaciones frente a un determinado número de situaciones estandarizadas. Para cada año de edad se considera una serie de actividades, que comprenden cuatro categorías de conductas: 1) motriz, 2) adaptativa, 3) de lenguaje, 4) personal-social.

**gestación:** [Lat. *gestare* = llevar]. Este término se refiere al tiempo durante el cual las hembras llevan a sus pequeños. Se emplea muy a menudo y de manera incorrecta como sinónimo de *embarazo* (v.).

**gestalt, teoría de la:** V. *Forma, teoría de la.*

**gesto:** [Lat. *gestus* = ademán]. Movimiento exterior del cuerpo, y particularmente de los miembros superiores, sobre todo de las manos y de la cabeza, que por lo común tiene un significado o refuerza el lenguaje hablado. Voluntario o involuntario, el gesto siempre tiende a expresar algo. Puede ser el único lenguaje expresado, como la *dactilofasia* (v.).

**gigantismo:** [Lat. *gigas, gigantis* = gigante]. Afección que aparece durante la pubertad y está caracterizada por un crecimiento exagerado de la talla. Puede ser simple y armonioso, o estar acompañado de trastornos morfológicos: *infantilismo* o *acromegalia* (v.).

**Gille, test o prueba de:** V. *Mosaico, prueba o test del.*

**ginandria:** [Gr. *gyné* = mujer + *anér* = hombre]. Pseudohermafroditismo parcial en la mujer, que presenta algunos caracteres sexuales secundarios masculinos. Por lo general una hipertrofia del clítoris y soldadura de los grandes labios simulan groseramente al pene y al escroto.

**ginandroide:** [Gr. *gyné* = mujer + *anér* = hombre + *eídos* = forma]. Nombre que a veces se da a los sujetos atacados de *ginandria* (v.).

**ginandromorfismo:** [Gr. *gyné* = mujer + *anér-, andrós* = hombre + *morphé* = forma]. Pseudohermafroditismo. V. *hermafroditismo.*

**ginantropía:** [Gr. *gyné* = mujer + *ánthropos* = hombre]. V. *ginandria.*

**ginecofobia:** [Gr. *gyné* = mujer + *phóbos* = miedo]. V. *ginefobia.*

**ginefobia:** [Gr. *gyné* = mujer + *phóbos* = miedo]. Aprehensión angustiosa que algunos neurópatas sufren en presencia de una mujer. Sinónimo *ginecofobia.*

**ginogénesis:** [Gr. *gyné* = mujer + *gennan* = engendrar]. Desarrollo de un embrión a partir de un óvulo normal fecundado por un espermatozoide cuyos cromosomas no están unidos a los de la célula femenina. El espermatozoide desempeña en este caso solamente el papel de estimulador en el desarrollo del huevo, que se realizará bajo la influencia única de los cromosomas maternos, sin el aporte hereditario paterno. Este fenómeno puede ser provocado experimentalmente utilizando esperma irradiado, enfriando el huevo inmediatamente después de la fecundación o cruzando a dos especies muy diferentes.

**ginoide:** [Gr. *gyné* = mujer + *eídos* = forma]. Que presenta caracteres femeninos; por ejemplo: *carácter ginoide.*

**glándula:** [Lat. *glans* = bellota]. Órgano del cuerpo cuya función es producir una sustancia específica, o sustancias específicas, que ejercen grandísima influencia sobre la economía del cuerpo. V. *endocrino.* **G. pineal,** o **cuerpo pineal,** pequeño cuerpo grasoso, de forma cónica afilada, que sale del hipotálamo y queda por debajo del mesocéfalo en el intervalo de los dos tálamos. No contiene elementos nerviosos y es una estructura glandular rudimentaria que produciría una secreción interna. Sin. *epífisis.* Allí *Descartes* (v.) ubicaba el asiento del alma.

**glía:** [Gr. *cola*]. V. *neuroglia.*

**gliocinesis:** [Gr. *gloiós* = materia viscosa + *kínesis* = movimiento]. Según *Lapicque* (v.), fluidificación del protoplasma, que se vuelve más móvil y cuya *cronaxia* (v.) desciende, bajo la influencia de sustancias que aumentan su inhibición.

**gliodo:** [Gr. *gloiós* = materia viscosa]. Nombre dado por *Botazzi* a la materia viviente para destacar su semejanza con los líquidos.

**gliscroidía:** [Gr. *gliscrodos* = viscoso]. Afectividad «pegajosa» y «viscosa» que va a la par con *bradipsiquismo* (v. *bradipsíquico*) y que se traduce por una adherencia excesiva a los objetos, a los seres y a las situaciones. Según *Minkowska,* sería característica de la mentalidad de los epilépticos y, sobre todo, de la constitución epileptoide.

**global:** [Lat. *globus* = globo]. Que es tomado en bloque, como un todo. **G., método,** en lugar de proceder analíticamente, de lo simple a lo compuesto, considera a las cosas tal como se presentan en una complejidad concreta.

**global, percepción:** [Lat. *globus, -i* = cuerpo sólido comprendido bajo una sola superficie]. Carácter de la percepción infantil que se apega tanto al conjunto de un objeto, antes de percibir sus elementos, como a un elemento privilegiado que puede ser simplemente un detalle y en función del cual el objeto entero es percibido. Esta denominación pertenece a *Décroly* (v.).

**globo histérico:** [Lat. *globus, -i* = cuerpo sólido comprendido bajo una sola superficie]. Sensación en la garganta, como si una masa redonda quisiera subir del estómago al esófago. V. *histeria*. Sin. *bolo histérico*.

**glosolalia:** [Gr. *glóssa* = lengua + *lalein* = hablar]. Trastorno del lenguaje observado en determinados alienados (delirantes, paranoicos, megalomaníacos) que creen inventar un lenguaje nuevo.

**glosomanía:** [Gr. *glóssa* = lengua + *manía* = locura]. Preocupación hipocondríaca descrita por *Linossier*, en 1920, que presentan determinados sujetos, por el estado de su lengua, que examinan a cada momento.

**gnoseología:** [Gr. *gnósis* = acción de conocer + *lógos* = tratado]. Doctrina o teoría del conocimiento. En la lengua inglesa es sinónimo de epistemología, pero en castellano la *epistemología* (v.) concierne a la ciencia, y la gnoseología al conocimiento en general.

**gnosia:** [Gr. *gnósis* = conocimiento]. Facultad que permite reconocer, por uno de los sentidos, la forma de un objeto, de representárselo y de asir la significación. Cf. *praxis*.

**gnosticismo:** [Gr. *gnostikós* = que concierne al conocimiento]. Cualquier doctrina que pretenda encontrar una explicación de las cosas por medio de procederes suprarracionales o incluso por procederes racionales. El psicoanálisis, la parapsicología, son doctrinas gnósticas.

**Godin, leyes de:** En *auxología,* 1) *ley de las pequeñas alternancias*: el acrecentamiento de los huesos largos se realiza alternadamente en largo y en ancho; 2) *ley de las grandes alternancias*: el alargamiento de los miembros inferiores precede al de los miembros superiores; el pecho se alarga primero, después se ensancha.

**Godin, relación de:** En *morfología,* relación del perímetro de la muñeca, multiplicado por 100, con el del antebrazo.

**gónada:** [Gr. *goné* = generación]. Glándula genital (testículo u ovario).

**gonadoestimulina:** [Gr. *goné* = generación + Lat. *stimulatio* = excitación]. Nombre dado a varias

hormonas que actúan sobre las glándulas sexuales, masculinas y femeninas, y estimulan su actividad funcional.

**gonadoplástica, fórmula:** [Gr. *goné* = generación + *plássein* = formar]. Fórmula, o conjunto de fórmulas, que para un sujeto resumen los caracteres morfológicos en relación con la actividad de sus glándulas sexuales.

**gonadotrofina:** [Gr. *goné* = generación + *thropein* = nutrir]. V. *gonadoestimulina*.

**gonadotropo:** [Gr. *goné* = generación, sexo + *thropein* = nutrir]. Que actúa sobre las glándulas sexuales; por ejemplo: *hormona g., actividad g.*

**goniómetro:** [Gr. *gonía* = ángulo + *métron* = medida]. Instrumento destinado a medir ángulos. Se emplea en antropología para medir los ángulos de la cara y del cráneo, y en fisiología para medir la amplitud de los movimientos de algunas articulaciones.

**gonión:** [Gr. *gonía* = ángulo]. Región del ángulo de la mandíbula inferior.

**Goodenough, prueba** o **test de:** Prueba gráfica para estudiar la inteligencia elaborada por *Florence L. Goodenough,* aplicable a niños de 4 a 10 años, y que se basa en la ejecución de un dibujo de hombre. La prueba de Goodenough es distinta del *dibujo de la figura humana* (v.), que se emplea como técnica para el estudio de la personalidad.

**gradiente:** [Lat. *gradiens* = que marcha]. Grado de acrecentamiento de una magnitud según una escala dada. «Un gradiente de crecimiento es una serie de etapas y de grados de madurez por medio de los cuales el niño progresa hacia un nivel más elevado de funcionamiento» [*Gésell* (v.)].

**grafía:** [Gr. *graphé* = escritura]. Manera de escribir, escritura. En los nombres de las disciplinas científicas y por oposición a *logía* (*lógos* = conocimiento, discurso), designa a una ciencia que se atiene a la descripción de los hechos sin buscar una explicación racional o una organización sistemática. Es en este sentido que se habla de *psicografía* (v.) por oposición a *psicología* (v.).

**gráfico:** [Gr. *graphikós* = que concierne a la escritura]. Representación lineal de la variación de una función matemática o de la evolución de un fenómeno.

**grafología:** [Gr. *graphé* = escritura + *lógos* = tratado]. Arte o técnica que tiene por objeto determinar el carácter de los individuos según los rasgos de su escritura.

**grafomanía:** [Gr. *gráphein* = escribir + *manía* = locura]. Necesidad irresistible de escribir que se encuentra en determinadas formas de alienación mental; las palabras se suceden sin unidad lógica.

**grafometría:** [Gr. *graphé* = escritura + *métron* = medida]. Ciencia que tiene por objeto determinar las constantes de una escritura. Difiere de la *grafología* (v.) porque su finalidad es de experticia y no psicológica.

**grafopsicología:** [Gr. *graphé* = escritura ; *psyché* = espíritu + *lógos* = tratado]. Interpretación psicológica de la escritura, empleada como medio de investigación de la personalidad. En este sentido la *grafología* (v.) se convierte en método: *método grafológico*, y deja de ser un arte o técnica del conocimiento del carácter por los rasgos de la escritura. Cf. *grafología*.

**graforrea:** [Gr. *graphe* = escritura + *rein* = fluir]. Necesidad irresistible de escribir que, en el orden de la escritura, es la correspondiente a la logorrea en el orden del lenguaje hablado. Se encuentra, por lo demás, en los mismos enfermos. V. *logorrea*.

**grafoterapia:** [Gr. *graphé* = escritura + *therapeyein* = curar]. Método psicoterapéutico inaugurado por *Trillat* y *Masson*, en 1957, que utiliza ejercicios de escritura.

**gran mal:** [Fr. *grand mal* = dolencia extraordinaria]. La *epilepsia* (v.) cuando presenta manifestaciones de típicos accesos convulsivos, entre los que es considerada fundamental la pérdida de la conciencia.

**gratificación:** [Lat. *gratificari* = dar en favor de]. Estado de satisfacción que corresponde al hecho de haber alcanzado un fin que, de antemano, el sujeto cultivaba en su imaginación. Para el *psicoanálisis*, actitud de «presencia», de «bondad» o también de «don reparador», adoptado del terapeuta por enfermos que sufren un defecto grave de las funciones integradoras del *ego* (v.).

**Grassé, regla de:** Vid. *pluralidad de los estímulos, regla de la*.

**gregariedad:** [Lat. *gregarius* = que pertenece al rebaño]. El estado de ser gregal, o sea de vivir en rebaño, y que en la especie humana se manifiesta en muchos aspectos de la sociabilidad, sobre todo en lo referente a la *multitud* (v.).

**grupo:** [Ital. *gruppo* = nudo]. En matemáticas, conjunto de elementos de una misma naturaleza, que contiene con cada elemento su inverso, y con cada grupo de elementos, su resultante. En psicología, *grupo de diagnóstico*, pequeño número de individuos reunidos con la finalidad de formarlos para las relaciones humanas. **G., psicoterapia de**, técnica psiquiátrica que emplea como factor terapéutico la acción de un grupo de individuos organizada y dirigida para ese fin. V. *psicodrama, sociodrama*. **G. de presión**, en sociología, asociación que tiene por finalidad defender los intereses comunes de sus miembros y que, por lo mismo, procura influir por todos los medios tanto en la acción gubernamental como en la opinión pública.

**gusto:** [Lat. *gustus* = sabor]. Sentido gracias al cual se percibe una categoría especial de sensaciones y son notados los sabores. Por analogía, facultad psíquica análoga al sentido del gusto.

# H

**h:** Medida de precisión en los experimentos de psicofísica, siendo la recíproca de desviación estándar o de error probable.

**Haab, reflejo de:** Miosis que sobreviene cuando la atención está atraída por una fuente luminosa débil y alejada, o cuando el sujeto piensa en la luz. Sin. *reflejo ideomotor o de la atención.*

**habitat:** [Lat. *inhabito* = vivir, medrar en un lugar]. Ambiente o condiciones naturales en que viven los individuos o una especie. También se define como parte del ambiente físico o lugar donde vive una planta o un animal.

**hábito:** [Lat. *habitus* = manera de ser]. Apariencia general del cuerpo, considera como expresión exterior del estado de salud o de enfermedad del sujeto. De aquí que haya un *hábito fisiológico* o *normal,* y muchísimos *hábitos mórbidos.*

**hábitos:** [Lat. *habitudo* = manera de ser]. Disposiciones adquiridas por actos reiterados. Pueden ser una costumbre, una necesidad, etc.

**habitud:** [Lat. *habitus* = manera de ser]. Cualidad estable que completa una facultad natural y hace que ejerza sus funciones bien o mal.

**Haeckel, ley de:** Ley biogenética, también llamada *ley fundamental*; enunciada por *Haeckel* (v.), en 1868. La historia del desarrollo individual u *ontogenia* sólo es una breve recapitulación de la larga historia paleontológica o *filogenia.* Hoy día es muy discutida.

**hafalgesia:** [Gr. *haphé* = tacto + *algésis* = sentido del dolor]. Variedad de *parestesia* (v.) que consiste en una sensación dolorosa intensa producida por la aplicación sobre la piel de sustancias que en estado normal solamente provocan una sensación banal de contacto

**hafemetría:** [Gr. *haphé* = tacto + *métron* = medir]. Exploración de la sensibilidad táctil con un aparato especial o estesiómetro.

**hambre:** [Lat. *famos* = hambre, miseria]. Estado de necesidad fisiológica que, provocado por la falta de alimento, da origen a la pulsión alimentaria. **H. específica,** hambre por un género específico de alimentos. **H. endémica,** el estado de necesidad fisiológica propio del hambre, persistente por generaciones, en una región ya sea que reine constantemente o que aparezca en épocas determi-

nadas, como ocurre, por ejemplo, en muy amplias zonas de Centroamérica, Sudamérica y Sur de la América del Norte.

**haploide:** [Gr. *haplóos* = simple]. Se dice de la constitución de las células del *germen* (v.), de los *gametos* (v.), que únicamente poseen *n* cromosomas (23 cromosomas simples en el hombre); «cada cromosoma del espermatozoide encuentra en el óvulo el cromosoma que le corresponde y reconstruye un par con él» *(Lamy).* De ello resulta que el óvulo fecundado posee *2n* cromosomas (23 pares en el hombre), habiendo provisto cada sexo la mitad de los cromosomas.

**harmozona:** [Gr. *hármozo* = regulo]. Nombre dado por *Gley,* en 1913, a la sustancia producida por las glándulas endocrinas que actúa en el curso del crecimiento regulando a otras secreciones y dirigiendo el desarrollo del individuo.

**haschidismo:** V. *cannabismo.*

**Head, zonas de:** Zonas cutáneas cuya inervación proviene de segmentos medulares que inervan igualmente vísceras abdominales o torácicas. Los trastornos de estas vísceras determinan hiperestesias cutáneas al nivel de las zonas correspondientes.

**hebefrenia:** [Gr. *Hebe* = juventud + *phren* = sentimiento]. Trastornos mentales que ocurren en el momento de la pubertad, comenzando por una tendencia a la melancolía, vagas ideas ambiciosas o de persecución, movimientos de cólera o de violencia, y que desembocan en la demencia. Algunos autores consideran la hebefrenia como un síndrome que se observa en la *dementia praecox* (v.).

**hebelogía:** [Gr. *hébe* = pubertad + *lógos* = tratado]. Conjunto de los estudios que se dedican a la pubertad y a la adolescencia.

**hebetud:** [Lat. *hebes* = embotado]. Estado mórbido particular caracterizado por supresión de las facultades intelectuales conservando el uso de los sentidos. Es el primer grado del *estupor* (v.).

**hecho:** [Lat. *factum* = hacer]. Lo que ocurre tanto en lo concreto como en el plano de la realidad singular. Lo que ocurre regularmente cuando ciertas condiciones están dadas y son objeto de una experiencia universal. **H. bruto,** o precientífico, consiste en el *dato* (v.) inmediato de la observación.

**H. científico,** son los datos del hecho bruto, pero precisados por mediciones, interpretados con ayuda del saber, integrados en una representación general de la clase de hechos a que pertenece o en una *teoría* (v.). **H. primitivo,** según *Main de Biran* (v.), el esfuerzo motor voluntario gracias al cual el «sentido íntimo», anterior a cualquier elaboración racional del dato, ase inmediatamente el yo y el noyo. Correspondería al *cogito* (v.) de *Descartes* (v.).

**hedonismo:** [Gr. *hedoné* = placer]. Doctrina que atribuye predominio al placer, ya sea de hecho o de derecho. Para los psicólogos de lengua inglesa, doctrina según la cual el placer constituye, de hecho, el único resorte de la actividad humana.

**Heidelberg, hombre de:** Un tipo primitivo de hombre, representado por restos encontrados en Heidelberg, Alemania.

**heliofobia:** [Gr. *hélios* = sol + *phóbos* = miedo]. Temor mórbido por la luz solar. Sin. *fotofobia*.

**heliotropismo:** [Gr. *hélios* = sol + *trépein* = volver]. Propiedad que posee el protoplasma de ser atraído o rechazado por la luz solar.

**hemiacromatopsia:** [Gr. *hemi* = mitad + *a* = privativo + *chróma* = color + *opsis* = vista]. *Hemianopsia* (v.) que se refiere a los colores.

**hemiagnosia:** [Gr. *hemi* = mitad + *ágnosia* = ignorancia]. *Agnosia* (v.) limitada a la mitad del cuerpo. **H. dolorosa,** imposibilidad de precisar y de localizar el dolor, observada en los hemipléjicos cuando se les pellizca la piel del lado paralizado.

**hemiagueusia:** [Gr. *hémi* = mitad + *a* = privativo + *geusis* = gusto]. Abolición del sentido del gusto sobre una mitad de la lengua.

**hemialgia:** [Gr. *hemi* = mitad + *algos* = dolor]. V. *migraña*.

**hemianestesia:** [Gr. *hemi* = mitad + *a* = privativo + *aísthesis* = sensibilidad]. Anestesia de la mitad del cuerpo.

**hemianopsia:** [Gr. *hemi* = mitad + *a* = privativo + *opsis* = ojo]. Debilitamiento o pérdida de la vista en una mitad del campo visivo.

**hemianosmia:** [Gr. *hemi* = mitad + *a* = privativo + *osmé* = olor]. Pérdida unilateral del olfato.

**hemiasinergia:** [Gr. *hemi* = mitad + *a* = privativo + *synergia* = movimiento]. Asinergia observada en un solo lado del cuerpo en las lesiones unilaterales del cerebelo o de los haces cerebelosos.

**hemiasimatognosia:** [Gr. *hemi* = mitad + *a* = privativo + *sóma* = cuerpo + *gnósis* = conocimiento]. Pérdida de la conciencia de una mitad del cuerpo paralizado; el sujeto desconoce una hemiplejía, que le es indiferente. Ese trastorno está unido con lesión cortical del lóbulo parietal derecho del cerebro.

**hemiataxia:** [Gr. *hemi* = mitad + *a* = privativo + *táxis* = movimiento ordenado]. Falta de coordinación de los movimientos voluntarios que a veces se observa en el lado paralizado en las hemiplejías incompletas.

**hemiatrofia:** [Gr. *hemi* = mitad + *a* = pivativo + *trophé* = alimento]. Atrofia unilateral.

**hemibalismo:** [Gr. *hemi* = mitad + *ballismos* = danza]. Síndrome constituido por movimientos involuntarios, violentos, desordenados, de gran amplitud, limitados a una mitad del cuerpo, asociados a veces con trastornos mentales y vegetativos. Comienza bruscamente y evoluciona rápidamente hacia la muerte. Por lo general es debido a lesión, por lo común hemorrágica, de la región del cuerpo de Luys. Sin. *síndrome del cuerpo de Luys*.

**hemiclonia:** [Gr. *hemi* = mitad + *klónos* = agitación]. *Mioclonia* (v.), que se observa en una sola mitad del cuerpo.

**hemieorea:** [Gr. *hemi* = mitad + *choreía* = danza]. Movimientos coreiformes que se manifiestan en una mitad del cuerpo.

**hemicrania:** [Gr. *hemi* = mitad + *kranion* = cráneo]. V. *migraña*.

**hemidistesia:** [Gr. *hemi* = mitad + *dys* = dificultad + *aístheis* = sensibilidad]. Disminución o exageración de la sensibilidad en toda la mitad del cuerpo.

**hemiespasmo:** [Gr. *hemi* = mitad + *spasmós* = contracción]. Espasmo unilateral. **H. facial,** síndrome caracterizado por crisis de contracciones primero parciales, que después invaden rápidamente todos los músculos de una mitad de la cara. **H. glosolabial,** espasmo de los músculos de la lengua y de los labios que pueden hacer creer en una parálisis facial del lado opuesto.

**hemiglositis:** [Gr. *hemi* = mitad + *glóssa* = lengua]. Glositis circunscrita a la mitad de la lengua.

**hemimelia:** [Gr. *hemi* = mitad + *mélos* = miembro]. Malformación congénita caracterizada por falta de la extremidad de un miembro.

**hemimia:** [Gr. *hemi* = mitad + *ops* = ojo]. Conservación de la visión normal en una sola mitad del campo visual. Este término es equivalente de *hemianopsia* (v.), pero no es sinónimo.

**hemiorganismo:** [Gr. *hemi* = mitad + *órganon* = instrumento]. Teoría elaborada por *Frémy*, en 1871, referente al estado de determinados cuerpos que, en razón de la «fuerza vital» de la que estarían dotados, sufren descomposiciones sucesivas y dan nacimiento a nuevos derivados. Esta hipótesis, hoy abandonada, estaba destinada a explicar la producción de los fermentos y se liga con la teoría de la generación espontánea.

**hemiparesia:** [Gr. *hemi* = mitad + *paresis* = debilidad]. Parálisis ligera de la mitad del cuerpo.

**hemiparestesia:** [Gr. *hemi* = mitad + *pará* = idea de defectuoso + *aísthesis* = sensibilidad]. *Parestesia* (v.) limitada a una mitad del cuerpo.

**hemipareunia:** [Gr. *hemi* = mitad + *páreyne* = acoplamiento]. Imposibilidad de copulación completa por malformación de los órganos genitales femeninos.

**hemiplejía:** [Gr. *hemi* = mitad + *pléssein* = golpear].

Parálisis completa o incompleta que alcanza entera o parcialmente a la mitad del cuerpo. **H. espasmódica infantil,** afección que comienza en la infancia y se caracteriza primero por ataques epileptiformes seguidos de hemiplejía floja, después, por hemiplejía con contractura y, por último, por atrofia de los músculos paralizados. Se debe a una *encefalitis* (v.) de origen infeccioso probable.

**hemisferectomía:** [Gr. *hemi* = mitad + *sphere* = esfera + *ektomé* = escisión]. Ablación de un hemisferio cerebral, total [con excepción del *tálamo* (v.)], o parcial. Ha sido preconizada en los tumores o los angiomas muy voluminosos y especialmente en la hemiplejía infantil.

**hemitetania:** [Gr. *hemi* = mitad + *tetanikós* = tétano]. Variedad de la tetania, en la cual las contracturas están localizadas en la mitad del cuerpo.

**hemocrínea:** [Gr. *haíma* = sangre + *krine* = secreto]. Pasaje a la sangre del producto de la secreción de las glándulas endocrinas.

**henosis:** [Gr. unión]. Término que en psicología de las religiones designa la unión con lo divino. *Enosis.*

**herbatiana, psicología:** Tipo de psicología y de teoría de la educación basada en la psicología, desarrollada por *Herbat* (v.). Es un desarrollo de la filosofía del Universo de *Leibniz* (v.), como constituido por una pluralidad de mónadas autoactivas, que en Herbat se convierten en impresiones e ideas autoactivas.

**hereditario:** [Lat. *hereditas* = herencia]. Que es transmitido de los padres a los descendientes.

**herencia:** [Lat. *heres* = heredero]. Transmisión, por los padres a sus descendientes, de caracteres o de cualidades expresadas o no. **H. ancestral o en retorno:** V. *atavismo.* **H. autosómica,** transmisión de un carácter unido a un gene situado sobre un autosoma (cromosoma no sexual). **H. colateral o colateridad,** aparición en un sujeto de caracteres o de taras que existen en sus colaterales (enfermedades familiares). **H. convergente,** herencia en la cual los caracteres transmitidos existen tanto del lado paterno como del materno. **H. de los caracteres adquiridos,** herencia en la cual las adquisiciones del *soma* (v.) se han transmitido. Fue negada por *Weismowa* (v. *neodarwismo*). **H. diagínica:** V. *diagínico.* **H. directa,** herencia del padre al hijo. **H. dominante,** transmisión de un carácter dominante. **H. heteróloga,** aparición en los descendientes de enfermedades diferentes a las de los ascendientes; epiléptico que engendra un monomaníaco, gotoso que engendra un diabético. **H. holándrica:** V. *holándrico.* **H. homócroma,** herencia caracterizada por la aparición, en los niños, de caracteres transmitidos, justamente en la edad en que se manifiestan en los padres (ley formulada por *Darwin* (v.). **H. homóloga,** sobrevivencia en una familia de una enfermedad o de un vicio que aparecen de generación en generación: tuberculo-

sis, cáncer, alcoholismo. **H. indirecta,** semejanza con los colaterales. **H. de influencia:** V. *impregnación.* **H. materna, o matroclinia,** aparición en los niños de caracteres que provienen casi únicamente de su madre. **H. monomérica:** V. *monomería.* **H. mórbida progresiva,** agravación, de generación en generación de algunas manifestaciones mórbidas transmitidas por herencia. **H. paterna o patroclinia,** aparición en los niños de caracteres que provienen casi únicamente de su padre. **H. precesiva,** manifestación de trastornos hereditarios en los niños antes de la aparición de esos mismos trastornos en los padres (psicosis). **H. recesiva,** transmisión de un carácter recesivo. V. *recesivo.* **H. unida al sexo,** transmisión de un carácter unido a un gene situado sobre el segmento no homólogo de un cromosoma sexual (porciones de esos cromosomas que son diferentes sobre los cromosomas X e Y). Se trata por lo general de una tara recesiva situada sobre esa porción de un cromosoma X (salvo en los casos excepcionales de la mujer homozigote para ese gene). Estas taras (por ejemplo, daltonismo, hemofilia) atacan a los hombres y son transmitidas por las mujeres *(herencia diagínica).* La transmisión de las taras situadas sobre el segmento no homólogo del cromosoma Y; es la herencia holándrica. V. *holándrico.*

**hermafrodita:** [Gr. *Hermés* = Mercurio + *Aphrodita* = Venus]. Adjetivo y sustantivo; individuo atacado de *hermafroditismo* (v.).

**hermafroditismo:** [Gr. *Hermés* = Mercurio + *Aphrodita* = Venus]. Presencia en un mismo individuo del testículo y del ovario, aislados o reunidos. El hermafroditismo verdadero es normal en cierto número de invertebrados. En la especie humana es completamente excepcional, y resulta de una aberración cromosómica; se ve en sujetos cuyos órganos genitales externos son más o menos malformados y cuyo sexo nuclear es tanto masculino como femenino. También se denomina hermafroditismo a una malformación de los órganos genitales caracterizada por la presencia en el mismo individuo de algunos caracteres aparentes de ambos sexos. Es más bien un *pseudohermafroditismo* (v.).

**heroinomanía:** [*Heroína* + *manía* = locura]. Hábito por la heroína, sustancia a veces empleada como sucedáneo de la morfina, pero más tóxica y más peligrosa que ésta.

**heteroacusación:** [Gr. *héteros* = otro + Lat. *accusatio* = acusación]. Denuncia calumniosa por ciertos *mitómanos* (v.) e *histéricos* (v.), que acusan a otras personas de delitos o de crímenes imaginarios o reales, pero que éstas no cometieron.

**heterocinesia:** [Gr. *héteros* = el otro + *kinesis* = movimiento]. Trastorno de la motricidad que consiste en el hecho de mover un miembro cuando se quiere hacer actuar el miembro simétrico. Sin. *alocinesia,* pero este término es incorrecto y no se debe emplear.

**heterocromosoma:** [Gr. *héteros* = el otro + cromosoma]. Nombre dado a los dos cromosomas de un mismo par, de los cuales una de las funciones es la determinación del sexo. En la mujer, este par está compuesto por dos elementos iguales, los cromosomas X. En el hombre, estos dos elementos son desiguales: uno es identico a los cromosomas X de la mujer, y el otro, de dimensiones mucho más pequeñas, se designa con el nombre de cromosoma Y.

**heterocronismo:** [Gr. *héteros* = el otro + *kronos* = tiempo]. Según *Lapicque* (v.), desigualdad de *cronaxia* (v.) entre dos fibras nerviosas, entre un nervio y un músculo. Impediría la transmisión del influjo nervioso cuando se trata de excitaciones aisladas, pero lo dejaría pasar cuando se trata de excitaciones reiteradas.

**heterogamético:** [Gr. *héteros* = otro + *gamós* = matrimonio]. Se dice de un viviente cuyo par de *heterocromosomas* (v.) está formado por dos elementos diferentes y por consiguiente los gametos son distintos: una mitad lleva un cromosoma sexual macho y, la otra, uno hembra. En la gran mayoría de las especies animales los machos son heterogaméticos.

**heterogeneidad:** [Gr. *héteros* = otros + *génos* = raza]. El hecho de ser *heterogéneo* (v.). En embriología, propiedad intrínseca que posee el organismo animal, desde su formación (huevo), de poner en marcha un mecanismo o de elaborar sustancias (análogas a las hormonas) capaces de provocar con fijeza notablemente determinada para cada especie, las divisiones sucesivas del huevo y de las células del embrión, así como la diferenciación de los tejidos y los órganos.

**heterogéneo:** [Gr. *héteros* = otros + *génos* = producción]. «Nombre colectivo de todas las desviaciones orgánicas en las que existe una anomalía» *(Littré)*. *Braco* (v.), designa con este nombre la imposibilidad de la fecundación entre dos individuos de especies diferentes.

**heterogénesis:** [Gr. *héteros* = otro + *gennan* = engendrar]. Producción de seres vivos debida a la descomposición de materias orgánicas, sin el concurso de individuos de la misma especie preexistente. Esta teoría, confundida a veces con la de la generación espontánea (*abiogénesis* [v.]), fue comúnmente admitida hasta mediados del siglo XIX; los trabajos de *Pasteur* demostraron su inexactitud. *Koelliker* designó en 1864 con este término la aparición brusca de tipos nuevos estables; esta hipótesis, opuesta a la evolución continua de *Darwin* (v.), sólo ha sido verificada con límites muy estrechos y dentro del reino vegetal por *De Vries* (v.). V. *mutación*.

**heterónomo:** [Gr. *héteros* = otro + *nómos* = ley]. Que recibe de otro la ley que lo gobierna, o que es arrastrado por fuerzas que escapan a su libre querer.

**heteroploide:** [Gr. *héteros* = otro + sufijo *ploide*, obtebido por analogía de *haploide, diploide*, etc.]. Se dice de algunas constituciones anormales de células del *soma* (v.), que poseen un número de cromosomas diferentes de *2n* sin ser un mútiplo de *n*. V. *triploide*.

**heterosis:** [Gr. *heterosis* = cambio]. Aumento de la vitalidad, observada en los híbridos, en relación con la de sus progenitores.

**heterótropo:** [Gr. *héteros* = otro + *trophé* = alimento]. Se dice de todos los animales, de todos los hongos y la mayoría de las bacterias que se alimentan a expensas de materias orgánicas producidas por los seres *autótrofos* (v.).

**heterozigote:** [Gr. *héteros* = otros + *zygós* = yugo]. Se dice de un objeto en el cual los dos cromosomas de un par llevan, en el mismo emplazamiento, dos genes distintos: por ejemplo, un gene normal y un gene patológico.

**heurística:** V. *eurística*.

**hibernación artificial:** [Lat. *hibernus* = del invierno]. Técnica creada por *Laborit*, y que consiste en poner un organismo en estado de vida disminuida por el empleo conjugado de medicamentos paralizantes del sistema nervioso vegetativo y la refrigeración total, siendo ésta obtenida por bolsas refrigerantes aplicadas sobre el tronco y los miembros. Esta técnica permite al organismo resistir mejor a las diversas agresiones. Sin. *método* o *técnica de Laborit*.

**hibridación:** [Gr. *hybris* = violación]. Fecundación entre dos sujetos de especies diferentes, pero cercanas, o de la misma especie, pero de variedad diferente.

**híbrido:** [Gr. *hybris* = violación]. Nombre que se daba antes al sujeto que provenía del cruzamiento de dos especies diferentes (por ejemplo, mula); hoy se extiende esta designación a cualquier sujeto que proviene del cruzamiento de dos variedades de una misma especie.

**hidrocefalia:** [Gr. *hydros* = líquido + *kephalé* = cabeza]. Aumento del líquido sérico en la cavidad de los ventrículos cerebrales o fuera del cerebro entre las meninges, que a veces provoca un aumento del volumen del cráneo.

**hidromanía:** [Gr. *hydros* = líquido + *manía* = locura]. Variedad de manía que impulsa al enfermo al suicidio por inmersión; es frecuente en la pelagra.

**higiene mental:** [Gr. *hygíeia* = salud]. Es el conjunto de las precauciones y de las medidas destinadas a mantener el equilibrio psíquico, a prevenir los desórdenes mentales y a facilitar la adaptación del sujeto a su medio. Esta acción preventiva se ejerce tanto sobre el plano individual como sobre el social.

**hilemórfica, teoría:** V. *hilemorfismo*.

**hilemorfismo:** [Gr. *hyle* = materia + *morphé* = formal. Doctrina aristotélico-escolástica según la cual los seres corporales resultan de dos principios distintos y complementarios: la materia, principio indeterminado con que están hechas las cosas; la forma, principio determinante que hace que una cosa sea esto y no lo otro. El hilemorfismo, también denominado *teoría hilemórfica,* ha desempeñado un gran papel en la historia de la psicología: lo encontramos en el *paralelismo psicofísico* (v.) y en la *teoría de la forma* (v.).

**hilozoísmo:** [Gr. *hyle* = materia + *zoé* = vida]. Doctrina según la cual el mundo y la materia estarían, ambos, dotados de vida.

**hipercinesia:** [Gr. *hypér* = más allá + *kinesis* = movimiento]. Aumento en la amplitud y rapidez de los movimientos.

**hiperemotividad:** [Gr. *hypér* = más allá + Lat. *emotus* = movido]. Aptitud de algunos individuos para reaccionar de manera excesiva e inadecuada a las impresiones percibidas; predispone a la *obsesión,* a la *ansiedad,* a la *hipocondría* (v.), etc.

**hiperendofasia:** [Gr. *hypér* = más allá + *endon* = dentro + *phasis* = palabra]. Exageración patológica del lenguaje interior que lleva al sujeto a hablarse a sí mismo.

**hipermetría:** [Gr. *hypér* = más allá + *métron* = medida]. Según *Babinski* (v.), trastorno de la motricidad caracterizado por el hecho de que el movimiento es desmesurado y supera su finalidad. Se diferencia de la *ataxia* (v.) en que la dirección general del movimiento está conservada; es signo de lesión del cerebelo.

**hipermimia:** [Gr. *hypér* = más allá + *mimós* = mímica].Trastorno de la mímica emotiva caracterizado por exageración de los movimientos: muecas, etc.

**hipermnesia:** [Gr. *hypér* = más allá + *mnesthai* = recordarse]. Exaltación de la memoria.

**hipersensibilidad:** [Gr. *hypér* = más allá + Lat. *sensibilis* = que se percibe por los sentidos]. Gran aumento de la sensibilidad. A veces se emplea como sinónimo de *anafilaxia* (v.).

**hipertelia:** [Gr. *hypér* = más allá + *télos* = el final]. Carácter de lo que va más allá de su finalidad. Por ejemplo, los cuernos que arman al animal para la lucha se vuelven una desventaja cuando toman la amplitud de las arborizaciones que se observan en el ciervo.

**hipertélico:** [Gr. *hypér* = más allá + *télos* = fin]. Vid. *hipertelia.*

**hiperestesia:** [Gr. *hypér* = más allá + *aisthesis* = sensibilidad]. Acuidad anormalmente aumentada de las sensaciones.

**hipertimia:** [Gr. *hypér* = más allá + *thymos* = humor]. Trastorno del humor caracterizado por exacerbación de la actividad acompañada, por lo común, de cierta euforia.

**hipnagógico:** [Gr. *hypnos* = sueño + *ágogos* = que lleva]. Que lleva al sueño, que lo produce.

**hipnalgia:** [Gr. *hypnos* = sueño + *álgos* = dolor]. Dolor que se percibe únicamente durante el sueño y que desaparece al despertar.

**hipnoanestesia:** [Gr. *hypnos* = sueño + *a* = privativo + *aisthesis* = debilidad]. Anestesia general obtenida por el sueño (cloroformo, éter, hipnosis, etc.).

**hipnodrasia:** [Gr. *hypnos* = sueño + *dráo* = hago]. Acción cometida durante el sueño. Este término comprende los terrores nocturnos, el sonambulismo, las poluciones nocturnas, etc.

**hipnopedia:** [Gr. *hypnos* = sueño + *pais, paidós* = niño]. Término con que se designa a los métodos educativos que procuran aprovechar sugestiones realizadas durante el período de sueño de los individuos.

**hipnosos:** [Gr. *hypnos* = sueño]. Sueño provocado.

**hipnótico:** [Gr. *hypnos* = sueño]. Que provoca el sueño. Los medicamentos hipnóticos. También que concierne al *hipnotismo.* (v.).

**hipnotismo:** [Gr. *hypnos* = sueño]. Denominación dada por *Braid* (v.), en 1841, al «estado psíquico particular susceptible de ser provocado, que pone en actividad o exalta grados diversos de la sugestibilidad, o sea, la aptitud para ser influido, por una idea aceptada por el cerebro y para realizarla» [*Bernheim* (v.)].

**hipoacusia:** [Gr. *hypó* = bajo + *ákoyein* = oír]. Disminución de la acuidad auditiva.

**hipoalgesia:** [Gr. *hypó* = bajo + *algésis* = dolor]. Disminución de la sensibilidad al dolor.

**hipocampo:** [Gr. *hippokampos* = caballo de mar]. Región de la parte inferior del cerebro, formada por dos partes: el *h. mayor* o *asta de Ammon* y el *h. menor.*

**hipocondría:** [Gr. *hypokondrion* = hipocondrio]. Neurastenia cuya causa está relacionada con un trastorno de los órganos situados en el hipocondrio (hígado, estómago).

**hipofobia:** [Gr. *hypó* = bajo + *phóbos* = miedo]. Disminución de la emotividad que impide darse cuenta exactamente de los peligros que se puede correr. Se observa en los aventureros, en algunos megalómanos, etc.

**hipogenitalismo:** [Gr. *hypó* = bajo + *genitales*]. Estado de un sujeto cuyas glándulas genitales tienen una secreción interna insuficiente.

**hipogeusia:** [Gr. *hypó* = bajo + *geúsis* = gusto]. Disminución de las sensaciones gustativas.

**hipomanía:** [Gr. *hypó* = bajo + *manía* = locura]. Forma clínica atenuada de la manía, en la cual a menudo falta el delirio. Está caracterizada por una actividad exagerada, a la que sigue a menudo un período de depresión.

**hipomimia:** [Gr. *hypó* = bajo + *mimos* = mímica]. Trastorno de la mímica emotiva caracterizado por disminución y frenamiento de los movimientos.

**hipostenia:** [Gr. *hypó* = bajo + *sthénos* = fuerza]. Disminución de la tensión psicológica que se traduce por un frenamiento del tono afectivo y una inhibición más o menos acentuada del dinamismo en la conducta.

**hipotálamo:** [Gr. *hypó* = debajo + *thálamos*

cuarto]. Porción del encéfalo que constituye el piso y parte de las paredes laterales del tercer ventrículo cerebral. Incluye el quiasma óptico, los cuerpos mamilares, el tubes cinereum, el infundíbulo y la neurohipófisis. Núcleos del hipotálamo realizan un control sobre las actividades viscerales, balanceamiento del agua, la temperatura, el sueño, etc.

**hipótesis:** [Gr. *hypóthesis* = fundamento, principio, suposición]. En *matemáticas* y en los procesos deductivos, proposición o conjunto de proposiciones que se adelantan para deducir de ellas las consecuencias lógicas. En las *ciencias experimentales,* explicación plausible de hechos que se adopta provisoriamente con la finalidad de someterlos al control metódico de la experiencia. **H. nula,** hipótesis que se plantea al confrontar dos o más muestras, y que consiste en considerar las dos muestras como no diferentes entre ellas, o como provenientes de la misma población.

**hipotético - deductivo:** [De *hipótesis* y *deducción*]. Que parte de una o varias proposiciones planteadas como hipótesis, y de ellas deduce las consecuencias que lógicamente se siguen. En las ciencias experimentales el razonamiento hipotético deductivo (llamado por *Claude Bernard* (v.) «razonamiento experimental») es únicamente un medio de verificar la *hipótesis* (v.).

**hipotonía** [Gr. *hypó* = bajo + *tónos* = tensión]. Disminución del tono de la musculatura.

**hirsutismo:** [Lat. *hirsutus* = peludo]. Para algunos este término es sinónimo de *virilismo* (v.), para otros sólo se aplica al virilismo piloso.

**histeria:** [Gr. *hystera* = útero]. Neurosis caracterizada por la existencia de dos órdenes de signos: unos permanentes y que deben ser buscados (estigmas), y otros transitorios, que se manifiestan generalmente de manera sorprendente (accidentes, ataques). Los fenómenos histéricos pueden ser reproducidos por sugestión o autosugestión. V. *pitiatismo.*

**histérico:** [Gr. *hystera* = útero]. Individuo que sufre de *histeria* (v.).

**histogénesis:** [Gr. *histós* = tejido + *génesis* = producción]. Parte de la embriología que se ocupa del desarrollo de los tejidos.

**histología:** [Gr. *histós* = tejido + *lógos* = tratado]. Parte de la anatomía que estudia los tejidos con que están formados los seres vivos. Sin. *anatomía microscópica.*

**histopoyesis:** [Gr. *histós* = tejido + *poiein* = hacer]. Conjunto de los fenómenos de química biológica que modifican la estructura de cada célula en el curso de su crecimiento y le permiten diferenciarse para una función específica.

**holismo:** [Gr. *holós* = todo]. Doctrina según la cual el todo, como tal, posee propiedades que faltan a sus elementos. V. *Forma, teoría de la, organicismo.*

**holocenosis:** [Gr. *holós* = todo + *koinos* = común]. Sistema total organizado cuyas propiedades no están presentes en las partes que lo componen.

Algunos autores definen la holocenosis como el tipo o clase de acción del ambiente sobre los seres vivos.

**hologínico:** [Gr. *hólos* = todo + *gyné* = mujer]. Se dice de la transmisión hereditaria de una tara o de una enfermedad de la madre a todas sus hijas, quedando todos los hijos indemnes. Éste es un tipo de herencia excepcional.

**hombre marginal:** En *sociología,* persona que no se identifica con uno ni con otro de los grupos al margen de los cuales vive.

**hombre, valor numérico del:** V. *Robustez, coeficiente o índice de.*

**hombrecito, test o prueba del:** V. *Goodenough, prueba o test de.*

**hominización:** [Lat. *homo, -inis* = hombre]. Teoría de las sucesivas transformaciones en el plano físico y mental que llevaron a los prehomínidos al estado humano.

**homocromia:** [Gr. *homós* = semejante + *chróma* = color]. Facultad que poseen algunos animales de tomar el color del medio ambiente. **H. fija,** homocromia en la cual el animal presenta una coloración invariable de acuerdo con la del medio en que vive. **H. móvil,** homocromia caracterizada por el cambio de color más o menos rápido del animal (camaleón). V. *mimetismo.*

**homoestasia:** [Gr. *homós* = semejante + *stásis* = posición]. Conservación, en su valor normal, de las diversas constantes fisiológicas del individuo (temperatura, tono cardiovascular, composición de la sangre, etc.). La homoestasia está regulada por el sistema nervioso vegetativo y las glándulas endocrinas.

**homofania:** [Gr. *homós* = semejante + *phaíno* = aparecer]. Según *Piéron* (v.), facultad que poseen algunos animales de adaptar el tinte de sus tegumentos a la claridad del medio ambiente.

**homogamético:** [Gr. *homós* = semejante + *gameto*]. Se dice del ser vivo cuyo par de *heterocromosomas* (v.) está formado por dos elementos semejantes y, por consiguiente, los gametos serán todos portadores de cromosomas sexuales idénticos, del mismo sexo que su padre. En la gran mayoría de las especies animales las hembras son homogaméticas.

**homogenesia:** [Gr. *homós* = semejante + *genésis* = producción]. Nombre con que *Broca* (v.) designó a los diversos grados de afinidad sexual entre individuos de especies diferentes. **H., ley de la,** ley según la cual la descendencia de los mestizos termina siempre por regresar a uno de los tipos que concurrieron en su formación. Esta ley, estudiada en los animales, es aplicable al hombre.

**homólogo:** [Gr. *homós* = semejante + *lógos* = expresión]. Se dice de las partes del cuerpo que se corresponden de una especie a otra; por ejemplo, los miembros anteriores de los mamíferos son homólogos. También se dice de tejidos, células, sueros, etc., que pertenecen a un individuo de la misma especie pero no de la misma línea que el sujeto considerado.

**homosexual:** [Gr. *homós* = semejante+ Lat. *sexus* = sexo]. Que se relaciona con el mismo sexo. Sin. *uranista* (v.). Individuo que, a pesar de que sus órganos genitales están normalmente conformados, presenta una inversión del instinto sexual cuya satisfacción busca con un sujeto del mismo sexo. Los homosexuales masculinos se distinguen en *pederastas* (v.), *sodomitas* (v.) e *invertidos* (v.). También v. *tribadismo*.

**homosexualidad:** [Gr. *homós* = semejante + Lat. *sexus* = sexo]. Comportamiento sexual que se distingue por relaciones con personas del mismo sexo, y que se acompaña, en más o en menos, con tendencias sexuales de carácter normal. Esta desviación puede presentarse tanto en el hombre como en la mujer, y a veces asume carácter de pasión.

**homotípico:** [Gr. *homós* = semejante + *typos* = forma]. De la misma forma. Se dice de las partes que se corresponden en espejo, de una mitad del cuerpo a la otra. Se dice de los caracteres morfológicos que evolucionaron en el mismo sentido: sujetos longilíneos, dolicocéfalos, brevilíneos, etc.

**homozigote:** [Gr. *homós* = semejante + *zygón* = yugo, par]. Se dice de un sujeto en el cual los dos cromosomas de un par llevan, en el mismo emplazamiento, dos genes semejantes (normales o patológicos). V. *gene*.

**horda:** [Tur. *urdu* = campo]. Grupo social, más o menos al nivel de multitud, sin organización, pero relativamente homogéneo, con existencia a veces más que temporánea.

**horizonte:** [Gr. *horízon* = límite]. En *psicología* y en *fenomenología, el fondo* (v.) más o menos indiferenciado sobre el cual se destacan los objetos de una atención actual.

**hormé:** [Gr. *impulso*]. Término empleado por *Monakow* (v.), para designar la fuerza motriz de los instintos, o sea, la fuerza propulsiva latente en el ser.

**horméteros:** [Gr. *hormetérion* = estimulante, instinto]. Expresión creada por *V. Monakow* (v.) para designar la forma más primitiva de instinto. Cf. *noohorméteros*.

**hormona:** [Gr. *hormáo* = excito]. Sustancia producida en un órgano (glándula endocrina) y transportada por la circulación sanguínea a otro órgano o tejido del que excita o inhibe el desarrollo o funcionamiento.

**horripilación:** [Lat. *horrere* = erizar+ *pilus* = pelo]. Nombre dado a la erección de los pelos que se observa en el escalofrío.

**hospitalismo:** [De *hospital*]. Conducta de niños privados, desde la más tierna edad, de los cuidados maternos por internación en hospitales, asilos, etc. Esta carencia afectiva dificulta el desarrollo físico y el desarrollo psíquico (apatía, movimientos estereotipados) y favorece la aparición de trastornos del carácter, de neurosis y de psicosis.

**humanización:** [Lat. *homo, -inis* = hombre]. Teoría de las sucesivas transformaciones en el plano mental, afectivo y social que llevaron a los homínidos al estado de *Homo sapiens* (Vid. *hominización*).

# I

**iatromecanicismo:** [Gr. *iatoría* = medicina + Lat. *mechanisma* = mecanismo]. Doctrina médica que reduce los fenómenos vitales a acciones mecánicas y que, por consiguiente, procura traducir las leyes de la filosofía por medio de fórmulas matemáticas. Sin. de *mecanicismo* (v.) con sentido cartesiano.

**iatroquímica:** [Gr. *iatoría* = medicina + *chymitré* = química]. Doctrina médica que explica todos los actos vitales fisiológicos y patológicos por acciones químicas, como las fermentaciones, alcalinidades, destilaciones, efervescencias y volatilizaciones. Su principal propugnador fue *Sylvius de la Boe*, en el siglo XVII.

**ictus:** [Lat. *ictus* = golpe, choque]. Nombre que se da en *neuropatología* a cualquier manifestación mórbida que se produce súbitamente.

**id:** [Lat., terminación neutra del pronombre *is*]. Según el *psicoanálisis*, el *id* es la zona mental más antigua, cuyo contenido es todo lo hereditario, que está presente al nacimiento y fijado por constitución: sobre todo los instintos que derivan de la organización somática y que encuentran la primera expresión psíquica. Muchos psicoanalistas emplean el término alemán original *Es*.

**idea:** [Gr. *forma*]. Impresión o concepción mental. **I. fija,** idea parásita aceptada por la conciencia como de acuerdo con la personalidad y cuyo carácter patológico no es reconocido. **I. preponderante,** nombre dado a la *idea fija* cuando se organiza en torno de la misma un sistema delirante dirigido por reacciones de reivindicaciones, de celos, etc.

**ideación:** [Lat. *idealis* = de la idea]. Proceso de formación y de conexión de las ideas, o sea, la capacidad de desarrollar normalmente la actividad del pensamiento.

**idealismo:** [Gr. *eídos* o *idéa* = aspecto exterior, forma, idea]. Doctrina filosófica que atribuye a determinadas ideas existencia en sí y las considera la verdadera realidad. En el problema de la existencia del mundo exterior o material, doctrina según la cual el mundo exterior no tendría otra realidad que la de las ideas o representaciones que de él nos hacemos. **I. inmaterialista** o **inmaterialismo,** de *Berkeley* (v.), teoría según la cual los seres materiales se reducen a las ideas que de ellos tenemos, pero el espíritu, que tiene esas ideas, y Dios que las pone en el espíritu, sí existen de por sí.

**ideas adventicias:** Según *Descartes* (v.), las ideas que vienen de los sentidos. Se oponen a las *ideas innatas*.

**ideas innatas:** [Gr. *idéa* = forma]. Según *Descartes* (v.), en el espíritu humano hay ideas o principios innatos, o sea, nacidas con el espíritu mismo o con el espíritu pensante, como son las ideas de cosa, de pensamiento, de verdad, de círculo, de Dios, etc.

**identidad:** [Lat. *identitas* = carácter de lo que es lo mismo]. Carácter de lo que es idéntico o lo mismo. **I. abstracta** o **específica,** carácter de lo que presenta características comunes y que es del mismo género, del mismo tipo.

**identidad personal:** [Lat. *idem* = el mismo]. Persistencia de un individuo como unidad viviente distinta y diversa de las demás a través de las modificaciones que se producen en el curso de la vida. Cf. *despersonalización*.

**identificacion:** [Lat. *idem, eadem, idem* = el mismo, lo mismo]. Según el *psicoanálisis*, proceso psíquico inconsciente que se manifiesta como vínculo emotivo con otras personas o situaciones en las que el sujeto se produce como si fuese la persona o situación a que el vínculo la une.

**ideomotor:** V. *localizaciones cerebrales*. Sin. *psicomotor, centro*.

**ideomotores, fenómenos:** Acción cumplida bajo la influencia de una idea, por oposición a los reflejos.

**idiocia:** [Gr. *ídios* = solo, aislado]. Disminución considerable o ausencia completa de la inteligencia y de las facultades afectivas, sensitivas y motrices, acompañada o no de perversión de los instintos. Es el primer grado de la debilidad mental. El nivel intelectual del *idiota* (v.) no supera al de un niño de dos años, no llega a comunicar por la palabra con sus semejantes. La idiocia coincide casi siempre con detención del desarrollo del encéfalo, que puede producirse tanto en la vida intrauterina como después del nacimiento, y tener por causa la herencia o una enfermedad cualquiera. **I. amaurótica familiar,** nombre dado a un grupo de idiocias hereditarias en las cuales una ceguera por lesión en el fondo del ojo está asociada a la ausencia del desarrollo intelectual. Es debida a una tara hereditaria de tipo recesivo; anatómicamente está caracterizada por degeneración de las células del sistema nervioso central.

**idiocinesis:** [Gr. *ídios* = propio + *kínesis* = movimiento]. V. *mutación*.

**idiocinéticos, fatores:** [Gr. *ídios* = propio + *kínesis* = movimiento]. Influencias de orden químico o de orden físico capaces de determinar *mutaciones* (v.).

**idiocromosoma:** [Gr. *ídios* = propio + *cromosoma*]. V. *heterocromosoma*.

**idiogamia:** [Gr. *ídios* = propio + *gámos* = matrimonio].Término del *psicoanálisis* para designar la restricción de la potencia masculina en la cohabitación con la mujer.

**idioglosia:** [Gr. *ídios* = propio + *glosa* = lengua]. Variedad de alteración del lenguaje caracterizada por la sustitución por sonidos particulares, desprovistos de sentidos, de los términos corrientes de la lengua. Se presenta en el niño y en individuos de entendimiento corto.

**idiopatía:** [Gr. *ídios* = propio + *páthos* = enfermedad]. Trastorno que existe por sí mismo, siendo independiente de cualquier otro estado mórbido. Es lo opuesto de afección sintomática. Sin. *idiopático*.

**idiopático:** [Gr. *ídios* = propio + *páthos* = enfermedad]. V. *idiopatía*.

**idioplasma:** [Gr. *ídios* = propio + *plasma* = algo formado]. La parte de la sustancia viva que concierne a la reproducción.

**idiorreflejo:** [Gr. *ídios* = propio + *reflexio* = encorvar, volver]. Con sentido general es sinónimo de *ideomotor* (v.), pero se aplica con mayor especialidad a la realización de una idea sugerida desde dentro.

**idiosincracia:** [Gr. *ídios* = propio + *synkrasis* = constitución]. Disposición particular por la cual cada individuo sufre de manera que le es propia las influencias de diversos agentes que impresionan a sus órganos. Según *Bard*, esta «susceptibilidad personal», innata y constitucional, a veces adquirida, es a menudo una modalidad de *anafilaxia* (v.).

**idiota:** [Gr. *ídios* = solo]. El individuo atacado de *idiocia* (v.).

**idiotismo:** [Gr. *ídios* = solo + *ismo* = estado o condición]. Barbarismo inaceptable al que algunos pretenden dar el significado de *idiocia* (v.).

**iguales y desiguales, casos:** Modificación del *método experimental de prueba y error* (v.), en el que la primera parte del experimento consiste en determinar una diferencia de *umbral* por el *método de límites*, y después de dicho valor y el patrón respectivo son presentados al sujeto, de acuerdo con el método de prueba y error, para que juzgue de la igualdad y desigualdad.

**ilacionismo:** [Lat. *illatio* = acción de inferir, consecuencia + *ismo* = estado o condición]. Teoría según la cual un determinado conocimiento, especialmente el conocimiento del mundo exterior o la idea de objeto, no es obtenido inmediatamente sino por inferencia. Contrario de *intuición* (v.).

**iluminismo:** [Lat. *illuminator, -oris* = que ilumina].

Excitación cerebral acompañada de alucinaciones que hacen creer en revelaciones (profecías, creación de sectas religiosas, etc.).

**ilusión:** [Lat. *illusio* = engaño, burla]. Interpretación falsa de una sensación realmente percibida. **I. de falso reconocimiento:** V. *paramnesia*. **I. de los amputados:** V. *amputado*.

**imagen:** [Lat. *imago* = representación de algo]. Reproducción, ya sea concreta o mental, de lo que ha sido percibido por la vista, con la posibilidad de nuevas combinaciones de los elementos que componen esa imagen. **I. eidética;** V. *eidetismo*.

**imagen genérica:** Vid. *genérico*.

**imaginación:** [Lat. *imaginatio* = visión, imagen]. La facultad de representarse en imágenes cosas pasadas, ausentes o no perceptibles por los sentidos. **I. reproductora o memoria imaginadora,** facultad de representarse el pasado bajo formas concretas análogas a la sensación. **I. creadora o invención,** facultad de representarse objetos o acontecimientos que nunca se vieron, de concebir relaciones que todavía no fueron observadas.

**imaginar:** [Lat. *imaginare* = representar]. Representarse fundándose en datos más o menos valederos alguna cosa de lo que no se tiene conocimiento directo, principalmente un acontecimiento a ocurrir.

**imaginario:** [Lat. *imago* = representación de las cosas]. Es imaginario todo lo que, como la sombra, no tiene ninguna existencia propia y de lo cual, a la luz de la vida, no se podría concebir la ausencia.

**imbecilidad:** [Lat. *imbecillitas* = debilidad]. Segundo grado de la debilidad mental. El nivel intelectual del imbécil está comprendido entre el de un niño de 2 años y el de uno de 7. No puede comunicar con sus semejantes por el lenguaje escrito, pero puede realizar algunas tareas simples. Cf. *idiocia*. **I. mogólica:** V. *mogolismo*.

**imitación:** [Lat. *imitatio, -onis* = que reproduce]. Toda reproducción consciente o inconsciente de un modelo o de un fenómeno cualquiera (gestos, actos, sonidos, etc.). La imitación es un hecho eminentemente social y en sus formas más primitivas corresponde a un instinto gregal o a un fenómeno de mimetismo.

**impotencia:** [Lat. *in* = negativo + *posee* = poder]. Imposibilidad de practicar el coito, tanto en la mujer como en el hombre, por vicio de conformación, y más a menudo en el hombre por falta de erección.

**impregnación:** [Lat. *in* = en + *praegnans* = que está fecundado]. Fecundación del óvulo por el espermatozoide. A veces se emplea en el sentido de *herencia de influencia*, de *telegonía* (v.), esto es, la influencia que sería ejercida por una primera fecundación sobre los productos de las fecundaciones ulteriores que derivan de otros padres; es una teoría muy discutida y prácticamente abandonada.

**impúber:** [Lat. *in* = negativo + *pubertas* = pubertad]. Que no ha alcanzado la edad de la pubertad.

**impulsión:** [Lat. *in* = sobre + *pellere* = empujar]. Trastorno de la voluntad que se observa en determinadas afecciones mentales. Estos enfermos, aunque conscientes de sus actos, son llevados de manera irresistible a realizar determinadas acciones que se imponen a su voluntad. La impulsión está acompañada de una sensación particular de angustia que desaparece cuando es satisfecha.

**impulsivo:** [Lat. *impulsio* = empujar]. Individuo en el cual la voluntad está profundamente debilitada y que es incapaz de resistir a sus impulsiones.

**impulso selectivo:** En el marco de la teoría evolucionista la influencia del medio en la selección de una serie de rasgos genéticos con fines de sobrevivencia y de reproducción.

**inaccesibilidad:** [Lat. *in* = negativo + *accesibilis* = aquello a que se puede llegar]. Falta intelectual propia de las lesiones del cuerpo calloso; el sujeto, con aire absorbido y lejano, no puede concentrar ni elaborar su pensamiento y, sobre todo, no responde a ninguna excitación exterior.

**inadaptación juvenil, infancia inadaptada:** [Lat. *in* = negativo + *adaptare* = ajustar]. Término propuesto por el *Consejo Técnico de la Infancia Deficiente o en Peligro Moral,* de Francia, en 1944, para designar al conjunto de niños y de adolescentes que tienen necesidad de medidas diferentes a las previstas para la mayoría de los jóvenes, con el objetivo de conducirlos por una vida normal.

**inapetencia:** V. *anorexia.*

**incesto:** [Lat. manchar, contaminar]. Consiste en la tentativa o el cumplimiento de relaciones sexuales entre ascendientes y descendientes o entre colaterales. La tentación consciente del incesto puede ser, para el obsesionado, fuente de graves angustias capaces de desembocar en suicidio. Esta misma tentación inconsciente sería, para el *psicoanálisis,* cuando está rechazada, fuente del *complejo de Edipo* o de *Electra* (v.), y representaría una fase normal de la sexualidad infantil en el curso de su evolución. Únicamente su fijación sería generadora de neurosis.

**incidental:** [Lat. *incidos* = caer]. Que ocurre de manera casual o fortuita. **Error i. de observación,** error cometido por un sujeto u observador que no tiene relación con las condiciones de control de un experimento o situación experimental. **Memoria i.,** o **aprendizaje i.,** aprendizaje o recuerdo sin que haya habido el propósito de realizarlo o de rememorarlo y que se realizan sin ningún esfuerzo especial.

**incitación:** [Lat. *in* = en + *citare* = empujar]. Término empleado en fisiología como sinónimo de *excitación* (v.).

**incoherencia:** [Lat. *in* = negativo + cohaereo = estar unido]. Falta de cohesión, o sea, de continuidad, de unión lógica en las ideas, los propósitos o los actos. La incoherencia aparece toda vez que el poder de

control y de coordinación desaparece, tanto como consecuencia de una disolución pasajera o prolongada de la conciencia, como a causa de un deterioro cerebral orgánico.

**inconsciente:** [Lat. *in* = negativo + *conscientia* = la opinión de muchos]. Como adjetivo, el término inconsciente se aplica a un hecho psicológico cuando escapa al conocimiento del sujeto en el que se produce. Por lo general es un estado provisorio e inestable, pues el campo de la conciencia siempre está únicamente ocupado por un número limitado de hechos y los demás permanecen fuera, inconscientes, momentáneamente. Existe la tendencia de denominar *preconscientes* a esos procesos psíquicos latentes que pueden ser fácilmente llevados a la conciencia. Como sustantivo, el inconsciente designa en su conjunto la parte de los hechos psicológicos que escapan a la síntesis consciente y se convierten así en «indisponibles». Cualquiera sea el empleo que se haga del término inconsciente, no debe olvidarse que no se trata de una sustancia sino la cualidad de determinadas motivaciones y de determinadas significaciones inmanentes a la conducta. Actualizado por *Freud* (v.), el inconsciente desempeñó, sin embargo, gran papel en psicología y psiquiatría antes del psicoanálisis, sobre todo en la obra de *Pierre Janet* (v). **I. colectivo,** según *Jung* (v.), la parte junto al inconsciente personal que desempeña posibilidades congénitas de la herencia de las estructuras cerebrales, y que son las conexiones mitológicas, los motivos e imágenes que se renuevan siempre y sin cesar, sin que haya habido tradición ni migración histórica.

**incontinencia:** [Lat. *in* = negativo + *continere* = retener]. Emisión involuntaria de materias fecales o de orina.

**incordinación:** [Lat. *in* = negativo + cordinación]. Dificultad o imposibilidad de cordinar los movimientos de los diferentes grupos musculares.

**increción:** [Lat. *in* = en + *excretio* = despedir productos]. En oposición con excreción, esta palabra designa a una secreción glandular que queda en el interior del organismo.

**íncubo:** [Lat. *incubus* = pesadilla]. Sueño que aterroriza, seguido del despertar. A menudo refleja y dramatiza miedos diurnos con deformación del tema. Según el *psicoanálisis,* los sueños de íncubos se deben considerar autopunitivos porque siguen a la satisfacción onírica de un placer ilícito.

**independiente:** [Lat. *in* = negativo + *pendens* = colgar, depender]. Que está libre de cualquier dependencia. **Fenómeno i.,** fenómeno que no está unido con ninguna causalidad; este sentido lo da la *parapsicología* para denominar fenómenos que ocurrirían sin la intervención de agentes físicos, y que se realizan por intermedio del *medium* (v.) o por sí mismos, como la *levitación* (v.), el *ectoplasma* (v.), etc.

**índice:** [Lat. *index* = que indica o anuncia]. Expresión de la razón de la dimensión de un objeto por otra dimensión. **Í. anástimo-carpiano,** fórmula que indica el peso (P) que debe pesar un sujeto, según su talla y su osamenta:

$$\frac{T-100+4C}{2} = P$$

(T = talla en cm; C = perímetro de la muñeca en mm). **Í. de corpulencia,** relación del peso de un sujeto dado con el peso que debería pesar si fuese normal. V. *índice anástico-carpiano.* **Í. galvanotónico,** relación entre la intensidad mínima de la corriente continua capaz de provocar el *galvanotono* (v.) y la reobase. Normalmente es igual o superior a 2; tiende a acercarse a la unidad en la *tetania* (v.). **Í. de los miembros,** cifra que se obtiene al agregar a la longitud del miembro inferior (medida desde el borde superior de la sínfisis pubiana hasta la interlínea tibiotarsiana) la del miembro superior (medida desde el punto acromial hasta la interlínea de la muñeca). **Í. esquélico:** [Gr. *skelos* = pierna]. Relación de la longitud del miembro inferior (altura isquiocalcarina) con la del busto (altura ápico-isquiática). **Í. del tronco,** cifra que se obtiene agregando los valores volumétricos del tórax, a la región superior y a la región inferior del abdomen.

**indiferencia:** [Lat. *indifferens, -tis* = común, ni bueno ni malo]. Estado de neutralidad afectiva en el cual el sujeto no experimenta ningún sentimiento al contacto con el mundo exterior y no manifiesta ninguna reacción a las situaciones. Este estado se encuentra en todas las demencias, y es uno de los primeros signos de la *esquizofrenia* (v.) en particular.

**individuación:** [Lat. escol. *individuario* = la acción de individualizar]. Realización, en un individuo, de un tipo específico o universal, o sea, el cumplimiento del *principio de individuación:* el hecho de que un individuo se distingue de los demás individuos de la misma especie.

**individualidad:** [Lat. *individualis* = indivisible]. Rasgo o conjunto de rasgos de la personalidad y del carácter que distingue a una persona.

**individualismo:** [Lat. *individuus* = que no está dividido]. Tendencia a conceder al individuo la primacía, ya sea como verdadera realidad ontológica, como fundamento de todos los valores, o como única explicación de los hechos psicológicos y sociales.

**individualización:** [Lat. *individuus* = que no es divisible]. La acción de individualizar, o sea, de extender y de adaptar a los individuos lo que existía en el plano genérico o colectivo. V. *individuación.*

**individuo:** [Lat. *individualis* = indivisible]. Organismo único, vegetal o animal, considerado en sí mismo y en relación con la especie a que pertenece, y de la cual sus características repiten el tipo general.

**inducción:** [Lat. *inductio* = conducir a]. Operación que consiste en conducir los hechos a la ley que les

corresponde, o de pasar de los casos particulares a una proposición general.

**inercia:** [Lat. *inertia* = inactividad]. Con sentido general propiedad en virtud de la cual la materia conserva su estado de reposo o de movimiento mientras no sufra la acción de una fuerza exterior. Con sentido psicológico, ausencia de cualquier actividad psíquica y mental o de cualquier reacción a los estímulos.

**inestabilidad:** [Lat. *instabilitas* = que no es estable]. Discontinuidad de las conductas y de la vida psíquica. Falta general de control y de las posibilidades de inhibición, que presenta una doble componente: mental y motriz. **I. mental,** la que presenta atención lábil, intereses fugaces y variados, siendo el sujeto sensible a cualquier solicitud, con ideas que se suceden rápidamente y provocan el pasaje inmediato a la acción. **I. motriz,** se caracteriza por desajuste motriz, pequeños movimientos parásitos, incapacidad para permanecer inmóvil, reactividad muy viva.

**infancia:** [Lat. *infantia* = niñez]. Período que se extiende desde el nacimiento hasta la pubertad.

**infantilismo:** [Lat. *infans* = que no habla]. Estado de un individuo que a la edad adulta presenta un aspecto que en más o en menos recuerda al 'de un niño: pequeñez de la talla, falta de desarrollo de los órganos genitales, ausencia de caracteres sexuales secundarios y a menudo psiquismo infantil.

**infantilo-gigantismo:** [Lat. *infans* = que no habla + *gigas, gigantis* = muy grande]. Gigantismo asociado con determinados síntomas de *infantilismo* (v.): ausencia de los caracteres sexuales secundarios, psiquismo pueril.

**inferioridad, sentimiento y complejo de:** [Lat. *inferior* = más bajo]. El sentimiento de inferioridad es la impresión dolorosa de ser inferior a lo normal o a un ideal anhelado, tanto en un sector determinado como en todos los dominios de la vida. *Adler* (v.) basa su *psicología individual* en el sentimiento de inferioridad, que para él nace en la infancia, del hecho de las deficiencias físicas o psicológicas del individuo y del comportamiento de la sociedad a su respecto. El sujeto reaccionaría a ese sentimiento por el mecanismo de la «compensación» o de la «supercompensación». Cualquiera que sea la importancia que se atribuya al sentimiento y complejo de inferioridad como factor psicógeno, la clínica de las enfermedades mentales lo presenta en el primer plano del cuadro sintomático en numerosos síndromes mentales.

**inferiorizar:** [Neol. del *psicoanálisis*]. Provocar en alguien un sentimiento de inferioridad.

**influencia:** [Lat. *influere* = insinuarse en]. Acción, por lo general lenta pero eficaz, que una persona o cosa ejerce sobre otra.

**información extragenética.** Información acumulada con independencia de los genes, normalmente por vía discursiva o como legado cultural.

información, teoría de la/insuficiencia

**información, teoría de la:** [Lat. *informo, -are* = dar la primera forma]. La teoría de la información, desarrollada por C. E. Shannon y N. Wiener, se asienta sobre el estudio científico de las características y de las propiedades de un sistema de señales que transmite informaciones y un recibidor sobre un canal determinado de comunicación. Es una teoría matemática que permite medir la cantidad media de información que un canal de información puede transmitir. Constituye uno de los campos fundamentales de la *cibernética* (v.).

**infraconsciente:** [Lat. *infra* = de bajo grado + *conscientia* = la opinión de muchos]. Término creado por *Lloyd Morgan* para un estado primitivo o estado psíquico primordial en el cual estaría involucrada la conciencia; puede ser considerado como una conciencia marginal y subyacente. A veces se lo emplea como sinónimo de *inconsciente* (v.).

**ingesta:** [Lat.: cosas introducidas]. Nombre genérico dado a todos los alimentos sólidos o líquidos.

**inhibición:** [Lat. *inhibere* = detener]. Detención de las funciones de un órgano, como consecuencia de una irritación acaecida en un punto del organismo más o menos alejado; la irritación es transmitida al órgano que deja de funcionar por intermedio del sistema nervioso. **I. cortical,** inhibición de la corteza cerebral.

**iniciación:** [Lat. *initiatio, -onis* = introducción]. El proceso de comenzar una actividad o movimiento. En *sociología,* la preparación por lo general por medio de una ceremonia y ritual, para entrar en alguna sociedad, o para poder gozar de algún privilegio dentro de la sociedad.

**inión:** [Gr. *iníon* = occipucio]. Protuberancia occipital externa.

**inmadurez:** [Lat. *in* = negativo + *maturitas* = que ha madurado]. Falta de madurez por trastorno de la *maduración* (v.). **I. infantil,** se trata de falla y de retardo del desarrollo afectivo, de transtornos de la identificación, de fijación en estadios anteriores al nivel normal de evolución.

**inmanencia:** [Lat. *immanens* = que queda en el interior]. Por oposición a *transcendencia* (v.), lo que es interior al ser o al objeto de pensamiento en cuestión.

**inmanente:** [Lat. *immanens* = que queda en el interior]. Por oposición a transcendente, que es interior al ser o al objeto de pensamiento en cuestión. Por oposición a *transitivo* (v.), la acción o causa cuyo efecto queda en el interior del agente mismo, y no produce cambios en el exterior, como por ejemplo, la actividad mental en llegando a la formación de un concepto.

**inmaterialismo:** [Lat. *in* = negativo + *materialismo*]. Doctrina de *Berkeley* (v.), para la cual no hay materia sino solamente ideas de un mundo material puestas por Dios en nuestro espíritu. Se expresa por la fórmula: *esse est percipere aut percipi,* o sea: ser es percibir (para un espíritu) o (para un objeto material) ser percibido.

**inmediato:** [Lat. *immediatus* = sin nada en el medio]. Que no implica ningún intermediario entre el sujeto que conoce y el objeto conocido, ya sea absolutamente sin nigún intermediario, como en la conciencia del yo por uno mismo, ya sea algún intermediario sobre el cual el sujeto no tiene conocimiento, como en la percepción sensible del que ve no teniendo ninguna conciencia de la imagen retiniana.

**innatismo:** [Lat. *innatus* = nacido en, natural]. Doctrina según la cual en el espíritu humano existen ideas o principios innatos. Cf. *ideas innatas.* Por extensión, pero de manera impropia, se suele decir de cualquier doctrina que admite en el espíritu humano algo de innato: no solamente ideas [como en *Descartes* (v.)], sino también formas *a priori* [como en *Kant* (v.)], algunas inclinaciones, etc.

**innato:** [Lat. *in* = en + *natus* = nacido]. Lo que es aportado al nacimiento y que reconoce origen hereditario o congénito, y que pertenece a la naturaleza del ser. Cf. *adquirido.*

**inquietud:** [Lat. *in* = negativo + *quies* = reposo]. Término que designa un estado de inseguridad que no es tan fuerte como la *angustia* (v.), pero que perturba al sujeto lo suficiente como para no dejarle tranquilidad. Se encuentra en la mayoría de las neurosis, así como en los pródromos de la psicosis.

**insomnio:** [Lat. *in* = negativo + *somnus* = sueño]. Incapacidad para dormir. V. *sueño.*

**instintivo - afectivo:** [De *instinto* y *afecto*]. Se califica así a cualquier hecho psíquico que, naciendo en la vida instintiva profunda, no se manifiesta por el libre juego natural del *instinto* (v.), sino por repercusiones afectivas en la conciencia del individuo.

**instinto:** [Lat. *instinctus* = aguijón]. Término que designa en el animal una impulsión natural que dirige su comportamiento. Fuerza de finalidad biológica, innata, relativamente ciega o automática (actividad defensiva, etc) y limitada en su complejidad y en su alcance por la ley de la especie.

**instituciones:** [Lat. *institutio, -onis* = disposición, institución]. En *sociología,* el concepto de *instituciones* se refiere únicamente a «las formas y condiciones del actuar en varios contextos que caracterizan de manera estable la actividad del grupo» (*MacIver*).

**instrumentalismo:** [Lat. *instrumentum* = muebles o arneses]. Forma particular del pragmatismo de *Dewey* (v.), según la cual el pensamiento en general y las teorías en particular son únicamente un instrumento para la acción, y por lo mismo solamente en la acción encuentran su valor de verdad.

**insuficiencia:** [Lat. *in* = negativo + *sufficiens* = bastante]. Estado de inferioridad fisiológica en que se encuentra un órgano o una glándula, y que se vuelve incapaz de cumplir integralmente sus funciones. **I. cortical,** estado de insuficiencia de la corteza cerebral.

**insuficiencia mental:** [Lat. *in* = negativo + *sufficiens* = bastante]. Caracteriza a la debilidad congénita o adquirida, estructural o por lesión y trófica de la función intelectual. Este estado también está descrito con términos diversos que constituyen otros tantos sinónimos: *oligofrenia, frenastenia, deficiencia mental* (v.), etcétera.

**integración:** [Lat. *integrare* = hacer completo]. Desarrollo y maduración gradual de las funciones del sistema nervioso y del psiquismo, según una jerarquización, una armonización y una subordinación que contribuyen a hacer, del conjunto de esas funciones, una totalidad, una unidad. También significa asimilación, incorporación de nuevos elementos a un sistema psicológico.

**intelecto:** [Lat. *intellectus* = inteligencia, conocimiento]. Término que se emplea en psicología para indicar los procesos cognitivos, y en especial los más elevados.

**intelectual:** [Lat. *intellectualis* = lo que es propio del entendimiento]. Adjetivo correspondiente a *intelecto* (v.), que también es empleado como correspondiente a *inteligencia* (v.). Con este sentido es muy empleado en psicología clínica: cociente intelectual, inhibición intelectual, etc.

**intelectuales:** [Lat. *intellectualis* = lo que es propio del intelecto]. En *sociología,* este término no designa a los individuos o su capacidad particular, sino únicamente a un conjunto relativamente fluido de personas que por su educación y actividad, y por valores que representan, han asumido una determinada función de guía espiritual en la sociedad moderna.

**intelectualismo:** [Lat. *intellectus* = que comprende]. Doctrina que afirma la especificidad de la inteligencia y no admite su reducción a otras facultades. Como opuesto a *voluntarismo* (v.), doctrina según la cual el juicio es un acto de la inteligencia y no de la voluntad.

**intelectualización:** [La acción de volver intelectual]. El *psicoanálisis* indica con este término un mecanismo de defensa que consiste en la sobrevaloración de los controles conscientes intelectuales, con la finalidad de dominar los peligros internos ligados con los instintos.

**inteligencia:** [Lat. *intelligentia* = capacidad, habilidad]. Término que tiene tres acepciones principales: (1) sirve para designar una cierta categoría de actos distinguidos de las actividades automáticas o instintivas; (2) se emplea para definir la facultad de conocer o de comprender; (3) significa el rendimiento general del mecanismo mental. **I., test de,** pruebas que pretenden medir el rendimiento general o particular del mecanismo mental. **I., factores de la,** sobre el plano concreto de la psicología

aplicada se enfrentan dos concepciones que inspiran a la mayoría de los tests mentales: *a*) la que reduce las diversas aptitudes mentales a una sola, identificada con la función lógica o, bajo la influencia de *Bergson* (v.), con una facultad general de adaptación. En este caso *ser inteligente es lograr*; *b*) la concepción que niega la realidad original de la inteligencia, y que bajo ese término que considera cómodo hace el inventario de todas las tareas llamadas intelectuales. En este caso no se trata de inteligencia sino de factores de la inteligencia. V. *Factorial, teoría.* **I., medida de la:** V. *test.* **I., cociente de,** el C. I. es la relación entre la edad mental y la edad cronológica multiplicada por 100:

$$C.I. = \frac{EM}{EC} \times 100.$$ Se han podido establecer que el C.I., en la mayor parte de los casos, con el variar de la edad se mantiene más o menos constante, o por lo regular no presenta variaciones muy amplias. **I., escala de,** serie de tests de inteligencia, por lo común dispuestos en orden de dificultad, que permite medir el grado individual de desarrollo mental. **I. social,** la capacidad del individuo para ajustarse en el ambiente social. **I., sobrevaloración del nivel de,** valoración errónea y en más del nivel de inteligencia, sobre todo por parte de los padres. **I., desvalorización del nivel de,** valoración errónea en menos del nivel de inteligencia por parte de los padres, maestros, etc. **I., test de,** pruebas de diverso género que pueden ser empleadas aisladas o más comúnmente como elementos de una escala para la medida del grado individual de desarrollo mental.

**intención:** [Lat. *in* = hacia + *tensio* = extenderse, alargarse]. Lo que todavía no pasó al acto. La finalidad con que se actúa, el porqué de la acción.

**intencionalidad:** [Lat. *intentio* = intención, acercamiento]. En la psicología fenomenológica la intencionalidad es lo que une al sujeto y al objeto del conocimiento, es un puente entre el yo y el mundo.

**interacción:** [Lat. *inter* = entre + *actio* = acción]. Concepto que expresa la acción recíproca de los seres, de las personas y de los grupos entre ellos. Es un dato primitivo y constituyente. Con sentido técnico, en *biología,* acción recíproca de dos o varios fenómenos, de dos o varios seres, de un medio y de un organismo.

**interaccionismo:** [Lat. *inter* = entre + *actio* = acción]. Teoría que admite una correspondencia y una acción recíproca entre la vida psíquica y la vida orgánica. También concepción según la cual la acción del medio y del organismo, de la excitación y de la respuesta, son siempre indisociables.

**interdependencia:** [Lat. *inter* = entre + *pendes* = pendiente, colgante]. Dependencia recíproca en una organización estructurada.

**interdicción:** [Lat. *interdicere* = formular un interdicto]. En sentido psicopedagógico, es la prohibición educativa opuesta por el ambiente a un acto o deseo del niño. En sentido psicoanalítico, es, de alguna manera, la representación psíquica, vuelta inconsciente, de la barrera primitivamente impuesta al deseo por el ambiente familiar o social, barrera que ha sido «interiorizada» después.

**interiorización y vida interior:** Se denomina «vida interior» a todas las formas de actividad psíquica, conscientes y desinteresadas, a las que se abandona un sujeto en la intimidad de su yo. El sujeto se «libera», por un cierto tiempo, de la vida exterior, pragmática, para encerrarse en el aislamiento y el recogimiento: este proceso es la *interiorización*.

**internacional, test de inteligencia:** Serie o batería de tests creados por *Birgham* y *Dodd,* que estarían completamente libres de cualquier dependencia del lenguaje y también de la instrucción, propiciados por el *American Research Council.*

**interoceptivo:** [Lat. *interior* = íntimo + *capio* = tomar al interior]. V. *sensibilidad interoceptiva.*

**interoceptor:** [Lat. *interior* = que está adentro + *capere* = recoger]. Según *Sherrington* (v.), terminación nerviosa sensitiva (receptor sensitivo) que recoge las excitaciones que provienen del interior del cuerpo. Distingue los *propiorreceptores* que se encuentran en los músculos, los huesos, las articulaciones, de los *visceroceptores* que corresponden a las sensaciones de presión vascular y a las sensaciones dolorosas.

**interpretación (en las técnicas proyectivas):** [Lat. *interpretor, -ari* = traducir]. En la prueba de *Rorschach* (v.), aprehensión de una forma significativa, o sea, atribución de un significado, a un conjunto de manchas, a una mancha o parte de una mancha. También se utiliza para otras técnicas proyectivas basadas en estímulos visivos (figuras) o acústicos. El término interpretación también se aplica a la valoración de los datos del protocolo de las mismas técnicas: interpretación de los resultados.

**interpretación de los sueños:** Técnica empleada por el *psicoanálisis.* V. *sueños.*

**intersexual, estado:** [Lat. *inter* = entre + *sexus* = el sexo]. Estado caracterizado por la existencia en un mismo sujeto de los atributos masculinos y femeninos. La presencia de los caracteres opuestos al sexo anatómico puede ser discreta y fisiológica (apariencia femenina de los muchachos en la pubertad, aspecto masculino de las mujeres en la menopausia); en algunos casos patológicos transforma el aspecto del sujeto (pseudohermafrodismo androginoide o ginandroide congénito, virilismo adquirido). El hermafroditismo verdadero es realmente excepcional. Estos casos patológicos resultan casi siempre de un trastorno genético: anomalía en el número de los cromosomas, mutación de los genes.

**intersexualidad:** [Lat. *inter* = entre + *sexus* = el sexo]. Según *Goldschmidt,* el primero en aplicar este término, «un intersexuado es un individuo que comienza su desarrollo según un sexo genético y lo termina según el sexo opuesto».

**intersubjetividad:** [Lat. *inter* = entre + *subiectus* sujeto, sometido]. Representa, en primer término, las relaciones entre personas; en segundo término, representa lo que es común a todos y que como tal da bases a las relaciones de unos con los otros permitiéndoles asemejarse lo suficiente como para que se comprendan e intercambien relaciones: la conciencia, el lenguaje, los sentimientos, etc. El concepto de intersubjetividad está en la base de la *fenomenología* (v.).

**intoxicación por una idea:** V. *perseveración.*

**intraversión:** [Lat. *intra* = dentro + *vertere* = volcar]. Término creado por *Jung* (v.) para expresar la tendencia de dar a los valores subjetivos mayor importancia que a los objetivos y de aislarse en el autismo. Cf. *extraversión.*

**intraversión - extraversión, test de:** Test o prueba especial, por lo general del tipo cuestionario, dirigido a determinar las características de *extraversión* (v.) o de *intraversión* (v.) de los sujetos.

**introspección:** [Lat. *introspectus* = mirar adentro]. La observación y la reflexión, por parte de un sujeto, de las propias experiencias. Este término puede ser aplicado tanto a las experiencias vividas como sentimientos, conocimientos, intenciones, como a las actividades psíquicas superiores. **I. simpática,** en *psicología,* el análisis de los demás por comparación con las propias experiencias; en *sociología,* el estudio de la conducta social imaginándose el investigador colocado en las situaciones propias de los individuos cuya conducta analiza.

**introspeccionismo:** [Lat. *introspectus* = mirar hacia dentro]. Doctrina según la cual la *introspección* (v.) sería el método por excelencia de la psicología, la manera única y definitiva para conocer los fenómenos de conciencia.

**introversión:** [Lat. *intro* = hacia el interior + *versus* = volverse]. V. *intraversión.*

**introyección:** [Lat. *intro* = dentro + *iecio-, iectum* = echar]. Término del *psicoanálisis* para indicar una forma más estable del proceso de *identificación* (v.).

**intuición:** [Lat. *intuitus* = mirada, consideración]. Conocimiento *sui generis,* comparable al instinto y al sentido artístico, que nos revela lo que los seres son en sí mismos, por oposición al conocimiento discursivo y analítico que nos los hace conocer desde fuera.

**intuicionismo:** [Lat. *intuitio* = mirada, consideración]. En *psicología,* doctrina según la cual el espíritu percibe directamente los objetos exteriores. En *filosofía,* doctrinas contemporáneas que se fundan sobre la intuición de lo absoluto o de la realidad en sí misma, como es la filosofía de *Bergson* (v.); o que reconocen en el hombre la intuición de normas absolutas.

**invariancia:** [Lat. *in* = en + *variatio, -onis* = variación]. En biología y psicobiología el poder de reproducir y retransmitir sin *variaciones* (v.) la información correspondiente a la estructura del *viviente* (v.). La invariancia es parte integrante de la reproducción y, como tal, apta para reemplazar en parte a la *emergencia* (v.). Sin. *reproducción invariante*.

**invención:** [Lat. *inventio* = hallar, encontrar buscando o casualmente]. Capacidad de crear algo nuevo. Proceso mental por el cual se comienza a *imaginar* (v.), después a crear algo nuevo. El problema psicológico que se plantea con respecto a la invención, es saber si se trata de creación pura, *ex nihilo*, o bien si es creación por combinación original de elementos ya existentes.

**inversión:** [Lat. *in* = en+ *versus* = vuelto]. Anomalía que consiste en el hecho de que uno o todos los órganos se encuentran en un lado del cuerpo opuesto al que normalmente ocupan.

**invertido:** [Lat. *invertere* = alterar o trastornar el orden]. Concúbito entre personas del mismo sexo. Puede ser *invertido pasivo*, o sea, el que se presta para la *sodomía* (v.), *invertido activo*, el que la lleva a cabo, y *mixto*, el que se presta para la sodomía y también la realiza.

**in vitro:** [Lat. dentro de un recipiente de vidrio]. Se dice de experiencias realizadas en aparatos de laboratorio, fuera de los organismos vivientes.

**in vivo:** [Lat. dentro de lo vivo]. Se dice de experiencias realizadas con o sobre organismos vivientes.

**involución:** [Lat. *in* = en+ *volvere* = voltear, que da vuelta]. Término con el que se designa, en *fisiología* o en *patología*, cualquier modificación regresiva de un órgano sano o enfermo, de un proceso mórbido, de un conjunto de órganos o de un organismo completo. **I. senil,** regresión general del organismo por influencia de la vejez.

**iofobia:** [Gr. *iós* = veneno + *phóbos* = miedo]. Temor mórbido a los venenos.

**iotacismo:** [Gr. *iota* = letra i]. Dificultad para pronunciar la *g* dulce y la *j*, letras que son reemplazadas por la *i*. Por ejemplo: *iene* por gene, *Iulio* por Julio.

**ira:** [Lat. *colera, ira* = enojo que impulsa a la venganza]. Emoción violenta, provocada por obstáculos reales o imaginarios, que frustran actividades o deseos. Según el *psicoanálisis*, la ira es expresión de agresividad y su represión podría causar graves daños.

**irracional:** [Lat. *irrationalis* = que carece de razón]. Extraño o contrario a la razón entendida como capacidad común de razonamiento, o también como justificación.

**irritabilidad:** [Lat. *irritabilitas* = propensión a la ira]. Propiedad de los tejidos y órganos vivientes que los hace reaccionar bajo la influencia de una excitación interna o externa. **I. específica, ley de la,** cada nervio sensitivo solamente responde a una variedad de estímulo y da lugar a una sola forma de sensación; si es excitado anormalmente por un estímulo diferente, responde siempre por la misma sensación. Sin. *Ley de Müller*.

**Ishihara, test de:** Prueba que sirve para la individualización de defectos en la visión de colores.

**isocronismo:** [Lat. *ísos* = igual+ *chrónos* = tiempo]. Según *Lapicque* (v.), igualdad más o menos aproximada de *cronaxia* (v.) entre dos fibras nerviosas, entre un nervio y un músculo. *Ley del isocronismo de Lapicque*, condición necesaria (el isocronismo) para la transmisión del influjo nervioso fuera de las excitaciones aisladas.

**isócrono:** [Gr. *ísos* = igual+ *chrónos* = tiempo]. Que se realiza en tiempos iguales. En *neurología*, según *Lapicque* (v.), que tiene cronaxias iguales.

**isomorfismo:** [Gr. *ísos* = igual+ *morphé* = forma+ *ismo* = estado o condición]. Teoría de la escuela de la *forma* (v.) o *Gestalttheorie*, según la cual no habría diferencia esencial entre las formas psíquicas, las formas fisiológicas del cerebro y las formas físicas de la materia bruta.

**istmo:** [Gr. *isthmós* = lengua de tierra que une una isla con el continente]. Nombre de la parte estrecha del cerebro que une la porción del cerebro medio con la del posterior.

**item:** [Lat. *así* = del mismo modo, también]. En *psicología* se emplea para indicar un test o un elemento de un test o subtest. Por ejemplo, un *item* puede ser la repetición de una de las tres series de cifras en la prueba de memoria de cifras de la escala de *Terman-Merril*, o también una de las preguntas de cultura general de la escala de *Wechsler*.

# J

**Jackson, ley de:** Nombre que a veces se da a la *ley de Ribot* (v.).

**jacksoniana, epilepsia:** V. *Bravais-Jacksoniana, epilpsia.*

**jacksonismo:** [De *H. Jackson* (v.)]. Califica a una hipótesis de *Jackson* (v.), que asienta: (1) en la evolución jerarquizada de las funciones nerviosas de las más simples a las más complejas, de las más organizadas a las menos organizadas, de las más automáticas a las más voluntarias; las adquiridas posteriormente controlan las precedentes. (2) La *disolución* por un proceso inverso de lo menos organizado, de lo más complejo y de lo más voluntario, hacia lo más organizado, lo más simple y lo más automático (v. *Ribot, ley de*). (3) El trastorno obliga a considerar un *elemento negativo* (supresión de la función o del nivel alcanzado) y un *elemento positivo* (liberación e hiperfunción de los elementos que ya no son más controlados por aquellos que fueron suprimidos o suspendidos).

**James-Lange, teoría de:** Teoría de la emoción desarrollada por *Guillermo James* (v.) y *C. G. Lange* (v.), pero que en lo esencial fue primeramente asentada por *Descartes* (v.), la cual afirma que el efecto de de la emoción es realmente, nuestra experiencia de los cambios corporales provocados por la percepción de un hecho excitante, o sea, que estamos más cerca de la verdad cuando decimos que tenemos miedo porque huimos, y no que huimos porque tenemos miedo.

**Jehová, complejo de:** Identificación megalomaníaca con Dios.

**Jost, ley de:** El principio de que con dos asociaciones de igual esfuerzo, pero con desigual edad, la repetición aumenta el esfuerzo del mayor en relación con el del más joven.

**juicio:** [Lat. *iudicium* = facultad o acción de juzgar, sentencia]. Poner en relación dos o varios conceptos. El tipo de juicio más simple es la atribución de una cualidad a un objeto. El juicio es de alguna forma un elemento del *razonamiento* (v.): a la vez la forma más simple del razonamiento y el elemento cuya combinación con otros constituye el razonamiento.

**juego:** [Lat. *iocus* = chanza, burla]. Conducta con aspectos muy numerosos y diversos que sigue una trama de tipo fantástico, y que corresponde a una necesidad psicológica de carácter hedónico. Se manifiesta en el niño, en el joven, en el adulto y en los animales. Según el *psicoanálisis*, el juego del niño se explicaría por una tentativa de sublimar impulsos de carácter sexual y agresivo. **J. como práctica, teoría del,** teoría elaborada principalmente por *K. Groos* (v.), en 1910, de acuerdo con la cual el juego en los animales superiores, y especialmente en el hombre, sería un ejercicio preliminar para el desarrollo de tendencias que corresponderían a actividades específicas, de vital importancia en las edades ulteriores. **J., terapéutica por el,** técnica para el tratamiento de algunas condiciones de desajuste del niño mediante la realización de juegos bajo la presencia y dirección del terapeuta.

**Jukes:** Nombre ficticio dado a varios representantes y ramas de una familia, estudiada a través de varias generaciones, primero por *Dugdale*, y después por *Estabrook*, incluyendo 2820 personas, de las cuales la mitad fueron débiles mentales, y un gran número criminales, prostitutas, vagabundos y pordioseros.

# K

**kaleidoscópico, carácter:** [Gr. *kalós* = hermoso + *eídos* = forma + *scopein* = ver]. Se refiere a determinados cambios y en particular ciertas transformaciones de los tipos de seres vivientes. Esta expresión se aplica al carácter de variación, brusca y coordinada, que se observa en ciertos casos, análoga a la que se produce en un kaleidoscopio. Cf. *ortogénesis.*

**Kallikak:** [Gr. *kállos* = belleza + *kakós* = defectuoso]. Nombre ficticio aplicado por *H. H. Goddard* (v.) a una familia descrita por él, de la que hubo dos líneas de descendientes, una de individuos normales o superiores, otra de débiles mentales y degenerados.

**kenofobia:** (Gr. *kenós* = vacío + *phóbos* = miedo]. Temor a los espacios.

**Kent-Rosanoff, lista de:** Lista de 100 palabras estímulo, para un *test de asociación libre;* la frecuencia de las diferentes asociaciones con cada palabra está dada en razón de una amplia investigación realizada por los autores, de manera que el empleo de la lista puede determinar la normalidad o la excentricidad de una imaginación individual o del flujo de pensamientos.

**kentomanía:** [Gr. *kentéo* = pincho + *manía* = locura]. Hábito mórbido de darse inyecciones o realizar pinchazos sobre el propio cuerpo.

**kinesismo:** [Gr. *kínesis* = movimiento]. Autointoxicación debida a la fatiga y al surmenage físico. Se manifiesta sobre todo por sofocación, delirio e hipertimia.

**kinestesia:** [Gr. *kínein* = movimiento + *aísthesis* = sensibilidad]. V. *cinestesia.*

**kinetoplasma:** [Gr. *kínesis* = movimiento + *plasma*]. Nombre dado por *Marinesco* (v.) a los granos cromófilos de la célula nerviosa, porque desempeñarían un papel en la actividad del elemento nervioso.

**kleptofobia:** [Gr. *klépto* = robo + *phóbos* = miedo]. Miedo obsesivo y mórbido de cometer un robo.

**kleptomanía:** [Gr. *klépto* = robo + *manía* = locura]. V. *cleptomanía.*

**kormoestilo, relación:** [Gr. *kormós* = tronco de árbol + *stylos* = columna]. Relación entre la media de los perímetros pelviano, abdominal y torácico, y la altura del tronco.

**kormomórfica, relación:** [Gr. *kormós* = tronco de árbol + *morphé* = forma]. Relación entre la longitud del tronco y el valor medio de su anchura (media de los diámetros biaxilar, torácico, hipocondríaco transverso y bisilíaco).

**Korsakoff, psicosis** o **síndrome de:** Trastornos mentales asociados con polineuritis que la mayoría de las veces consisten en amnesia, sobre todo enterógrada, desorientación, tendencia a la fabulación mórbida y trastornos de la memoria de fijación. El alcoholismo es comúnmente la cuasa determinante.

# L

laberintos, pruebas o tests de los: Pruebas de inteligencia, constituidas por series de figuras esquemáticas de laberintos con dificultades progresivas. Introducidas por *Porteus*, varios tipos son los actualmente en uso. Los laberintos de Porteus, como sus similares, son parte, como pruebas de ejecución, de escalas más completas.

lábil: [Lat. *labi* = que cae]. Que cae, se desprende o elimina fácilmente.

Laborit, método o técnica de: V. *hibernación artificial*.

laborterapia: [Lat. *labor, -oris* = trabajo + Gr. *therapeía* = tratamiento]. Término híbrido, que se ha generalizado para denominar la *ergoterapia* (v.), y cuyo empleo es desaconsejable.

lagunar: [Lat. *lacunar* = charco]. Que se relaciona con una laguna, por ejemplo de la memoria. Como sustantivo, enfermo atacado de parálisis pseudobulbar.

lagunas: [Lat. *lacuna* = laguna]. En *neurología*, lesión de los centros nerviosos caracterizada por la producción de pequeñas cavidades irregulares en pleno tejido y que se encuentran preferentemente en los viejos.

laitmatofobia: [Gr. *laítma* = abismo + *phóbos* = miedo]. Temor mórbido, acompañado de angustia y de vértigo (fobia), de caer en el mar, que sienten a veces los pescadores groenlandeses aislados sobre sus kayaks en tiempo calmo, de donde el nombre de *kayaksvimmel* (vértigo del kayak), dado a esa enfermedad por los daneses.

lalación: [Gr. *lalein* = hablar]. Balbuceo infantil. También significa *lambdacismo* (v.).

lalopatía: [Gr. *lalein* = hablar + *páthos* = enfermedad). Nombre genérico que comprende todos los defectos del empleo de las palabras habladas o escritas cuando éstos resultan de una alteración en la pronunciación, o de un trastorno de su empleo como símbolo.

laloplegia: [Gr. *lalein* = hablar + *pléssein* = golpear]. V. *afemia*.

Lamarck, leyes de: Leyes que resumen el transformismo o doctrina de *Lamarck* (v.): (1) *Ley de adaptación*. En todo animal, el empleo más frecuente de un órgano lo desarrolla, la falta de uso lo debilita y termina por hacerlo desaparecer. (2) *Ley de la herencia.* Las modificaciones producidas en los individuos, bajo la influencia del empleo

predominante o de una falta de uso constante de un órgano, se transmiten a los descendientes de esos individuos, siempre que los cambios adquiridos sean comunes a los dos sexos.

lamarckismo: [De *Lamarck* (v.)]. V. *transformismo*.

lambda: [Gr. letra *l* ]. Punto donde se encuentran las suturas sagital y lambdoide.

lambdacismo: [Gr. *lambda* = letra *l* + *ismo*]. Vicio de pronunicación que recae sobre la letra *l*, y que consiste en modular mal la *l* o en pronunciar la *r* como *l*.

Lange, enfermedad de: Afección, casi siempre congénita, observada en los lactantes, caracterizada por hipertrofia de los músculos, por trastornos motrices extrapiramidales y por deficiencia mental. Se debe a que se detiene el desarrolo del *cuerpo estriado* (v.).

lanugo. [Lat. *terciopelo* ]. Fina pelambre que recubre las partes pilosas del cuerpo del feto.

lapsus: [Lat. *error, tropiezo*]. Empleo sin intención de palabras ineficaces o inclusive inconvenientes. **L. linguae,** cuando el *lapsus* no está de acuerdo con el comportamiento verbal oral en que se introduce. **L. calami,** cuando el *lapsus* no está de acuerdo con el comportamiento escrito en que se introduce. Para el *psicoanálisis*, el *lapsus* es debido, en la mayoría de los casos, a intenciones inconscientes que representan fuertes contratendencias con relación a lo que se debería decir o escribir. **L. de lectura,** lectura en voz alta o mental de palabras que tienen alguna semejanza con las escritas, pero que de hecho no corresponden a ella. **L. motriz,** actividad motriz sin intención, por lo general de duración muy breve, que puede resultar ineficaz e inclusive poco conveniente.

latencia: [Lat. *latens* = oculto, escondido]. Período de tiempo de aparente inactividad que transcurre desde el momento en que se aplica un estímulo y el comienzo de la respuesta. **L. sexual, período de la,** según el *psicoanálisis*, el período de la vida que va desde fines del quinto año hasta las primeras manifestaciones de la pubertad.

latente: [Lat. *latere* = estar escondido]. Se dice de un trastorno cuyos síntomas son solamente aparentes o carecen de precisión; o de un germen patógeno que no manifiesta su presencia en el organismo.

lateralidad: [Lat. *lateralis* = lo que está al lado].

96

Desigualdad funcional de las mitades derecha e izquierda del cuerpo. Corresponde a la diferencia de desarrollo y de repartición de las funciones en los hemisferios cerebrales. V. *dominancia*.

**lateralización:** [Lat. *lateralis* = que está al lado de una cosa]. Separación de funciones entre dos lados, en especial los hemisferios derecho e izquierdo del cerebro.

**latilíneo:** [Lat. *latus* = lado + *linea* = línea]. En *morfología*, se dice del tipo de individuo en el cual predominan las dimensiones transversales sobre las longitudinales.

**lazo interhumano:** [Lat. *ligare* = unir]. Se trata de lo que crea la relación del *yo* y el *otro*. V. *intersubjetividad*.

**legal:** [Lat. *legalis* = que pertenece a la ley]. En *epistemología*, por oposición a *causal* (v.), que solamente considera la regularidad o la constancia de las relaciones y hace abstracción de la causalidad.

**legalidad:** [Lat. *legalis* = que pertenece a la ley]. En *epistemología*, carácter de un fenómeno regido por una ley experimental. Se opone a *causalidad* (v.).

**lengua:** [Lat. *lingua*]. Sistema de expresión verbal propio de un pueblo o de un país. Por extensión, modo de expresión y principalmente vocabulario propio de un individuo o de una categoría particular de individuos.

**lenguaje:** [Lat. *lingua* = lengua]. Capacidad de expresar el pensamiento por medio de sonidos en la producción de los cuales interviene la lengua. Por extensión, sistema o conjunto de signos, fonéticos u otros, especialmente visivos, que sirven para la expresión del pensamiento o la indicación de una conducta. También hay un *lenguaje interior*, en el cual los signos solamente son pensados o imaginados. V. *palabra interior*.

**lentitud:** [Lat. *lentus* = sin prisa]. Falta de rapidez en el pensamiento *(bradipsiquismo)*, en la acción *(bradicinesia)* y en la reacción.

**leptoide:** [Gr. *leptós* = delgado + *eídos* = forma]. De forma grácil y delgada. L., **constitución**, según *Kretschmer* (v.), constitución morfológica caracterizada por la anchura de las espaldas, la estrechez del pecho, la longitud y la gracilidad de los miembros y de sus extremidades, la delgadez y alargamiento del rostro, la falta de altura y ancho de la frente. Correspondería a menudo a la constitución psicopática esquizoide. V. *esquizoide*.

**leptomorfo:** [Gr. *leptós* = delgado + *morphé* = forma]. V. *leptoide*.

**leptoprósopo:** [Gr. *leptós* = delgado + *prósopón* = cara]. En *morfología*, el individuo que presenta cara alargada.

**leptorríneo:** [Gr. *leptós* = fino, delgado + *ríz* = nariz]. Nombre que se da en *antropología* y en *etnografía* a los individuos y a las razas cuyo índice nasal es pequeño (de 42 a 47). Este índice corresponde a la nariz de la raza caucásica, que es relativamente larga y estrecha.

**leptosoma:** [Gr. *leptós* = delgado + *sóma* = cuerpo]. Que está caracterizado por la gracilidad del cuerpo.

**leptostilo:** [Gr. *leptós* = delgado + *stylos* = columna]. De forma larga y delgada.

**lesbianismo:** [De la *isla de Lesbos*]. V. *tribadismo*.

**lesión:** [Lat. *laedere* = herir]. Cambio que podemos apreciar y que ocurre en los caracteres anatómicos e histológicos de un órgano, bajo la influencia de una causa mórbida o de traumatismo.

**letal, factor** o **gene:** [Lat. *letalis* = mortal]. Gene cuya presencia, en los padres, provoca la muerte del recién nacido o del lactante, o incluso en el útero, del feto o del embrión.

**letalidad:** [Lat. *letalis* = mortal]. Presencia, en el patrimonio hereditario, de uno o de varios genes que convierten en no viable al ser engendrado. También se emplea en el sentido de mortalidad.

**letargia:** [Gr. *léthe* = olvido + *argía* = pereza]. «Sueño profundo y continuo, en el cual el enfermo habla cuando se le despierta, pero no sabe lo que dice, olvida lo que se le dice y recae rápidamente en su primer estado» *(Littré)*. Hoy día se une la letargia con la *histeria monosintomática*.

**letológica:** [Gr. *léthe* = olvido + *lógos* = discurso]. Se dice de la afasia cuando únicamente está caracterizada por la pérdida del recuerdo de las palabras, permaneciendo la inteligencia intacta y siendo posible la pronunciación de las palabras.

**leucotomía:** [Gr. *leukós* = blanco + *tomé* = cortar]. Vid. *lobotomía*.

**levitación:** [Lat. *levitas, -atis* = ligereza]. Según la *parapsicología*, la capacidad del hombre de elevarse en el aire sin apoyo y con intervención de un *medium* (v.). También se emplea este término para indicar la experiencia onírica del levantamiento del propio cuerpo en el aire. V. *telecinesia*.

**ley:** [Lat. *lex, legis* = derecho escrito]. Proposición general que comprueba una relación regular entre determinadas clases de hechos. **Ley estadística,** ley establecida estadísticamente y que solamente vale con ese sentido, o sea, que da la certeza para un gran número de casos, pero que para caso en particular solamente da una probabilidad más o menos grande.

**ley biogenética fundamental:** *Teoría de la recapitulación* (v.).

**ley de Haeckel:** Ley biogenética fundamental o *teoría de la recapitulación* (v.).

**libidinal:** [Lat. *libido* = deseo tumultuoso]. En el vocabulario psicoanalítico, relativo a la líbido, que es objeto de la *líbido* (v.).

**líbido:** [Lat. *deseo violento*]. Según el *psicoanálisis*, energía que anima al instinto de la búsqueda del placer.

**libre elección, sentimiento de:** Locución que se refiere al aspecto subjetivo de las actividades que denominamos intencionales, por obras de las cuales tenemos la impresión de ser libres en la iniciación o prosecución de actos o al realizar elecciones.

**licantropía:** [Gr. *lykos* = lobo + *ánthropos* = hombre]. Monomanía en la cual los enfermos se creen transformados en lobos.

**licorexia:** [Gr. *lykos* = lobo + *orexis* = deseo]. V. *bulimia.*

**límbico, sistema:** [Lat. *limbus* = borde]. Región del cerebro constituida por la circonvolución del *cuerpo calloso* (v.) (circunvolución límbica de *Broca*) y la del *hipocampo* (v.). Desempeña un papel importante en el funcionamiento de las diferentes vísceras, en la regulación del metabolismo y de la vida emocional.

**liminal:** [Lat. *limen* = umbral]. Que está al nivel del *umbral* (v.) de percepción, que es perceptible. Cf. *subliminal.*

**línea:** [Lat. *linea* = raza, serie de parentesco]. Descendencia. *Línea pura:* las líneas puras son obtenidas por cruzamientos repetidos hermano-hermana. Los animales así obtenidos después de unas sesenta generaciones son, salvo algunas excepciones, tan idénticos entre ellos por su constitución como dos gemelos univitelinos.

**linfático:** [Lat. *lympha* = agua]. En la clasificación hipocrática de los temperamentos, aquél en que predomina la linfa. Carácter que se distingue por su blandura y falta de reacción. Al temperamento linfático corresponden los caracteres apáticos y amorfos.

**lingüística:** [Lat. *lingua* = lengua]. Ciencia del lenguaje en general asentada sobre la comparación de las diferentes lenguas conocidas. Comprende la *fonética,* estudio de los sonidos; la *fonología,* investigación de la repartición de los fonemas en cada lengua; la *gramática,* estudio de las formas y de la sintaxis; la *lexicografía,* ciencia de la composición de los léxicos; la *semántica,* estudio del sentido y de la vida de las palabras; la *estilística,* estudio de la estética del lenguaje.

**liótrico:** [Gr. *leíos* = liso + *trikós* = cabello]. Se dice de las razas humanas cuyos representantes tienen los cabellos lisos.

**lipemanía:** [Gr. *lypé* = tristeza + *manía* = locura]. V. *melancolía.*

**lipotimia:** [Gr. *leípein* = faltar + *thymos* = alma]. Malestar pasajero caracterizado por una impresión angustiosa de desvanecimiento inminente con palidez, sudores, zumbidos de los oídos y trastorno de la vista; rara vez llega al desvanecimiento completo. Es de origen vasomotor y sobreviene a menudo con motivo de una emoción, de la primera salida de un convaleciente, etc.

**liquidar:** [Lat. *liquidus* = fluido, corriente]. En el psicoanálisis freudiano aclarar un conflicto para desanudarlo y resolver la situación mórbida que había entrañado. L. un complejo, para el psicoanálisis es destruir las cargas emotivas unidas a él y destruir así los comportamientos que provoca.

**lisofobia:** [Gr. *lyssa* = rabia + *phóbos* = miedo]. Temor mórbido (fobia) por la rabia.

**lividez:** [Lat. *lividus* = lívido]. Coloración violácea de la piel causada por el frío, las contusiones y algunas afecciones. **L. cadavérica,** mancha violácea de forma y de extensión variables que aparece varias horas después de la muerte sobre las partes inclinadas del cuerpo.

**Lloyd Morgan, principio de:** Principio que indica, en el estudio de la conducta de un animal, que la interpretación simple debe ser siempre la preferida.

**lobectomía:** [Gr. *lobós* = lóbulo + *ektomé* = ablación]. Excisión de un lóbulo cualquiera; por ejemplo, pulmonar, tiroideo, cerebral. **L. prefrontal,** ablación quirúrgica de los dos lóbulos prefrontales. V. *psicocirugía* y *lobotomía.*

**lobotomía:** [Gr. *lobós* = lóbulo + *tomé* = sección]. Sección de un lóbulo. Sección quirúrgica de la totalidad *(lobotomía)* o de una parte *(leucotomía)* de los haces blancos que unen el córtex cerebral prefrontal con el resto del cerebro, en particular con el núcleo medio dorsal del *tálamo* (v.). Esta operación se practica para remediar determinados trastornos mentales, sobre todo los que involucran gran tensión nerviosa y ansiedad. V. *psicocirugía.*

**localización cerebral:** Determinación, sobre la superficie del encéfalo, de regiones que corresponden a una sensibilidad determinada o cuya excitación artificial o psíquica provoca movimientos de algunas partes del cuerpo (centros motores, electro o excitomotores. Las lesiones de esas zonas especializadas coinciden con trastornos de la sensibilidad para las primeras, con alteración de las percepciones diferenciadas para las segundas, y con parálisis parciales para las terceras. Las lesiones de una región vecina de la zona motriz, la *zona psicomotriz,* producen trastornos de la coordinación (apraxia) y de la atención. El estudio de estas lesiones es el que ha permitido establecer las localizaciones cerebrales.

**locomoción:** [Lat. *locus* = lugar + *motios* = movimiento, impulso]. Acto o capacidad de moverse de un lugar a otro.

**locomotor:** [Lat. *locus* = lugar + *motus* = movimiento]. Que se refiere o relaciona con los órganos de la locomoción o con movimientos de una lugar a otro.

**locura:** [Port. *louco* = demente]. V. *alienación.*

**locura comunicada:** Delirio de dos o más personas (delirio colectivo), en el cual uno de los sujetos, por lo general más inteligente y con cierta autoridad sobre los otros, desempeña un papel activo, mientras que los demás participan pasivamente del delirio. **L. de dos,** delirio de la misma especie, que coexiste en dos individuos que viven juntos. Por lo común se trata de delirio sistematizado que a veces aparece al cabo de cierto tiempo en un sujeto predispuesto (pariente) que vive constantemente con un delirante, a veces estalla simultáneamente en dos individuos cuyas vidas están estrechamente unidas. **L. discordante,** forma de *vesanía* (v.) caracterizada por la falta de armonía entre las diferentes funciones psíquicas. **L. de la duda,** obsesión de algunos enfermos cuyo espíritu está atormentado por preguntas incesantes, para las que nunca encuentran una respuesta satisfactoria. **L. intermitente,** término empleado como sinónimo de locura periódica. **L. maniacodepresiva:** V. *locura periódica.* **L. periódica,** enfermedad mental caracterizada por la sucesión, con intervalos variables, de accesos de manía o de melancolía, unas veces aislados, otras conjugados. **L. razonante,** delirio en el cual percepciones exactas sirven de base a interpretaciones patológicas que constituyen un sistema lógicamente ordenado. **L. simpática,** nombre dado a toda alienación que se desarrolla bajo la influencia de un proceso fisiológico o patológico del organismo, y que actúa a distancia e indirectamente sobre el cerebro.

**logagnosia:** [Gr. *lógos* = palabra + *agnosía* = falta de reconocimiento]. La imposibilidad de reconocer una palabra hablada o escrita.

**lógica:** [Gr. *logikós* = que pertenece a la razón]. Como sustantivo, ciencia que tiene por objeto determinar entre todas las operaciones mentales tendientes al conocimiento de lo verdadero, las que son valederas y las que no lo son. Como adjetivo, se dice a veces en *psicología* tanto de la forma de inteligencia sin la cual el hombre no podría llegar a obtener conocimientos verdaderos, como de las operaciones de esta inteligencia, por oposición a la inteligencia sensomotriz o a la comprensión prerreflexiva del ser. La inteligencia lógica así entendida solamente comienza a formarse en el hombre a partir de los 6 o 7 años de edad. **L. simbólica:** V. *logística.* **L. matemática:** V. *logística.* **L. algorítmica:** V. *logística.* **L. moderna:** V. *logística.* **L. contemporánea:** V. *logística.*

**logion:** [Gr. derivado de *legein* = decir, hablar]. Término que en psicología de las religiones designa a una sentencia que posee autoridad divina.

**logística:** [Gr. *logistikós* = que concierne al cálculo]. Disciplina que en lugar de partir del lenguaje, como la lógica formal, establece un sistema de signos o de símbolos calcados sobre las formas del pensamiento y los combina según reglas que constituyen su axiomática, con abstracción completa de su senti-

do. Sinónimos: *lógica simbólica, lógica matemática, lógica algorítmica, lógica moderna o contemporánea.*

**logoclonia:** [Gr. *lógos* = discurso + *klónos* = movimiento tumultuoso]. «Repetición espasmódica de una sílaba en medio o al final de una palabra» *(Porot).*

**logocofosis:** [Gr. *lógos* = discurso + *kophós* = sordera]. Según *Lichtheim,* sordera verbal.

**logopedia:** [Gr. *lógos* = discurso + *paideía* = educación]. Educación de la palabra.

**logorrea:** [Gr. *lógos* = discurso + *réin* = fluir]. Flujo de palabras; necesidad irresistible de hablar que domina a determinados alienados.

**logos:** [Gr. derivado de *legein* = decir, hablar]. La razón en tanto que organizadora del mundo, o la razón tomada como absoluto.

**longilíneo:** [Lat. *longus* = alargado]. Se dice de un tipo de individuo caracterizado por la longitud de los miembros y la brevedad del tronco.

**Lorenz y Tinbergen, ley de:** Vid. *sumación heterogénea, ley de la.*

**lúdica, conducta:** [Lat. *ludus* = juego]. Conducta de juego, activada permanentemente, que adquiere la forma de una oposición y el valor de un rechazo. Es normal en el niño, pero tiende a limitarse y a manifestarse únicamente en circunstancias de tiempo y de lugar socialmente admitidas.

**ludismo:** [Lat. *ludus* = juego]. V. *lúdica, conducta.*

**lumen:** [Lat. *luz*]. Cantidad de luz interceptada por una superficie de 1 m², de la cual cada uno de los puntos está situado a una distancia media de 1 m. de una fuente luminosa uniforme, de superficie despreciable y que tiene la intensidad de una candela.

**lux:** (Lat. *luz*]. Unidad de iluminación. iluminación media de una superficie de 1 m² que recibe un flujo luminoso de 1 lumen.

**Luys, cuerpo de:** El núcleo subtalámico: masa biconvexa de materia gris en el subtálamo, que es parte de las ramas que descienden del cuerpo estriado.

**luz:** [Hebreo]. Hueso mítico de los talmudistas, a partir del cual se suponía que el cuerpo sería restaurado en la resurrección; lo localizaban en la parte inferior de la columna vertebral.

99

# M

macrocefalia: [Gr. *makrós* = grande + *kephalé* = cabeza]. Alargamiento del cráneo cuya parte posterior ofrece un volumen exagerado (deformación generalmente artificial). Aumento patológico del volumen de la cabeza. V. *hidrocefalia*.

macrodactilia: [Gr. *makrós* = grande + *dáktylos* = dedo]. Vicio de conformación que consiste en el desarrollo monstruoso de uno o más dedos.

macrogenitosomia: [Gr. *makrós* = grande + Lat. *genitalis* = genital + Gr. *sóma* = cuerpo]. V. *macrogenitosomia precoz*.

macrogenitosomia precoz: [Gr. *makrós* = grande + Lat. *genitalis* = genital + Gr. *sóma* = cuerpo]. Precocidad del desarrollo físico y particularmente genital (niño Hércules). Se observa en los varones y en las niñas, y en estos últimos casos se acompaña de hirsutismo y de virilismo. Sin. *macrogenitosomia*.

macromelia: [Gr. *makrós* = grande + *mélos* = miembro]. Monstruosidad que consiste en longitud excesiva de algunos miembros. Hipertrofia monstruosa de las piernas.

macromolécula: [Gr. *makrós* = grande + Lat. *molécula* = pequeña masa]. Molécula gigante.

macropsia: [Gr. *makrós* = grande + *opsis* = ojo]. Fenómeno subjetivo observado en algunos neurópatas que creen ver los objetos más grandes de lo que en realidad son.

macroquiria: [Gr. *makrós* = grande + *chéir* = mano]. Monstruosidad caracterizada por el desarrollo excesivo de las manos.

macroscópico: [Gr. *makrós* = grande + *skopein* = observar]. Que es visible a simple vista.

macrosomia: [Gr. *makrós* = grande + *sóma* = cuerpo]. Variedad de gigantismo caracterizada por engrosamiento excesivo de todo el cuerpo.

macrosquelia: [Gr. *makrós* = grande + *skélos* = pierna]. Monstruosidad caracterizada por el desarrollo demasiado grande de las piernas.

madre fálica: [Lat. *mater* = madre + Gr. *phallós* = pene]. Término del *psicoanálisis* para denominar la creencia infantil según la cual la madre estaría provista de pene. Esta creencia, según los psicoanalistas, podría subsistir en el inconsciente aunque el individuo haya descubierto que la mujer está desprovista de pene.

maduración: [Lat. *maturatio*]. En *biología*, el alcance de la madurez o completamiento del desarrollo con referencia al organismo en general. En *piscología*, el término de duración se aplica al proceso de desarrollo de las actividades mentales, e indica con propiedad los factores de desarrollo que dependen de la herencia, en contraposición con el aprendizaje.

madurez: [Lat. *maturus* = a tiempo]. Período del desarrollo completo con referencia al desarrollo del organismo en general o a las actividades mentales. **M. mental,** el grado de desarrolo psíquico alcanzado por un adulto normal. **M. social,** con referencia a la edad adulta, el grado de desarrollo de la conducta social que es típico de esa edad. **M. social, escala de:** V. *Vineland, escala de madurez social de*.

magia: [Gr. *magía*]. Práctica fundada sobre la existencia de fuerzas ocultas que serían capaces de influir sobre el transcurrir de acontecimientos de importancia individual o general, pero que pueden ser dirigidos o dominados valiéndose de fuerzas de la misma naturaleza, que se ponen en acción con ceremoniales diversos.

mágico, pensamiento: [Gr. *magikós*]. Pensamiento que se presenta sobre todo en los esquizofrénicos, y que se considera como la expresión de un deseo o de un impulso.

magnetismo animal: [Lat. *magnes* = imán]. Expresión para designar la *hipnosis* (v.), empleada por *Mesmer* (v.), por creer que estaba relacionada de alguna manera con el magnetismo. V. *mesmerismo*.

magnetotaxia: [Lat. *magnes* = imán + *taxis* = movimiento ordenado]. V. *magnetotropismo*.

magnetotropismo: [Lat. *magnes* = imán + Gr. *trópos* = actitud]. Reacción positiva o negativa de animales o vegetales ante la estimulación magnética. Sin. *magnetotaxia*.

magnitud: [Lat. *magnitudo* = grandeza]. Con sentido abstracto, carácter de lo que es grande, tanto física como moralmente. Con sentido concreto, lo que es susceptible de ser medido directamente o indirectamente con referencia a una escala graduada.

mal comicial: Epilepsia esencial. V. *epilepsia*.

mal, pequeño: Manifestación larvada de la *epilepsia* (v.) (ausencia, vértigos, accesos incompletos; crisis mioclónicas o estáticas).

malacia: [Gr. *malakía* = blandura]. Trastorno del apetito que consiste en un deseo mórbido de comidas picantes o ácidas.

**maldición:** [Lat. *maledictio*]. Imprecación, invocación de males sobre una persona, un grupo o una cosa. Según el *psicoanálisis,* las maldiciones indican regresiones del lenguaje al estadio en que el niño, orgulloso por haber adquirido la habilidad de hablar, sobrevalora el poder de la palabra.

**malformación:** [Lat. *malum* = enfermedad + *formatio* = acción de formar]. Defecto estructural o anomalía de un órgano.

**malignidad:** [Lat. *malignitas*]. Se refiere al individuo, sobre todo enfermo, que tiene una disposición activa para realizar el mal. Se encuentra en la agresividad, en las conductas perversas, en la mitomanía y en las conductas paranoicas.

**maltusianismo:** [De *Malthus* (v.)]. Puesta en práctica de diversos medios adecuados para disminuir la natalidad (abortos provocados, castración, procederes anticoncepcionales, planeamiento familiar, etc.).

**mamilares, cuerpos:** [Lat. *mammilla* = pezón]. Dos pequeñas proyecciones redondeadas que se encuentran en el *hipotálamo* (v.).

**maná:** [Lat. *manna,* y éste del hebreo *man* = manjar milagroso enviado por Dios]. En sociología el principio impersonal, la corriente de fuerzas superiores que, en las sociedades primitivas, comunica una corriente eficaz a todo lo que actúa. Potencia sobrenatural.

**mancha azul sagrada:** Mancha de color azulado, de contornos difusos, más o menos extensa, ubicada en la región lumbar, que se observa en casi todos los niños de raza amarilla y que se borra al cabo de algunos años. Se la encuentra a veces en niños de otras razas. También se encuentra en el mono, y persiste durante toda la vida del animal.

**mancha mogólica:** V. *mancha azul sagrada.*

**manerismo:** [Lat. *manuarius* = de o para las manos]. Característica de la mímica, de los gestos y de las actitudes que han perdido su medida normal y simplicidad, y aparecen excesivos, tortuosos, enigmáticos.

**manía:** [Gr. *locura*]. Síndrome caracterizado por sobreexcitación general y permanente de las facultades intelectuales y morales, y que puede manifestarse tanto en el curso de una enfermedad mental como en estado aislado y constituir una *psicosis autónoma.*

**maníaco:** [Gr. *manía* = locura]. Se dice de un enfermo atacado de *manía* (v.).

**maniacodepresiva, psicosis:** Psicosis autónoma que se manifiesta por estados alternados de *manía* (v.) y de *depresión* (v.). Sin. *locura periódica.*

**maniqueísmo:** [De *Manickens*]. Doctrina filosófica que pretende que el mundo está dirigido por dos potencias iguales y opuestas, los principios del bien y del mal. **M. delirante,** concepción delirante en la cual el enfermo se cree atacado y protegido a la vez por personajes imaginarios.

**mano de mono:** Aspecto particular de la mano debido a la atrofia de los músculos de las eminencias tenar e hipotenar, de donde proviene el aplastamiento de estos últimos y la imposibilidad de la oposición del pulgar que es rechazado hacia atrás. La aprehensión sólo puede efectuarse por flexión de los dedos en la palma de la mano, como en el mono.

**mapping:** [Ingl. *map* = mapa]. Término introducido por Buckley para indicar en *ecología* (v.) el proceso por medio del cual es formado y modelado el medio ambiente, y que tiene por finalidad la «elección», el modelamiento por la ecología misma, del organismo individual o colectivo.

**marasmo:** [Gr. *maraínein* = desecar]. Delgadez extremada de todo el cuerpo provocada por una larga enfermedad. **M. senil,** proceso regular de atrofia que ataca a la mayoría de los tejidos en la vejez.

**marco de referencia:** Característica de cualquier experiencia o conducta cuya actividad es valorada o juzgada con referencia a una serie de estructuras de patrones dentro de los cuales se desarrolla la experiencia o conducta individual. Esta característica se manifiesta en todos los niveles, desde la percepción hasta el razonamiento en el aspecto intelectual, así como en todos los niveles de los sentimientos y de la acción, siendo especialmente importante en psicología social y sociología.

**masa:** [Lat. *massa* = bajo pueblo]. Grupo humano privado de organización social y apenas organizado, sin lazos estables entre los componentes. Es distinto de la *multitud* (v.), porque no es necesaria la presencia física de los individuos en el mismo lugar. **M., actividad de,** la actividad aparentemente no organizada del sistema muscular, tal como aparece en el feto y en el recién nacido. **M., psicología de la,** estudio sistemático de los grupos que no tienen organización social o presentan únicamente un rudimento de la misma. **M., comunicación de,** en *sociología,* la teoría de la comunicación de masa está estrechamente unida con la psicología social de la conducta colectiva (masa), de la que representa una rama especializada. Estudia la difusión de determinados contenidos simbólicos y actúa con medios técnicos particulares: prensa, radio, cine, televisión, etc. **M., sociología de la,** denominación moderna de la antigua sociología de las multitudes, y que refiere más bien a una «psicología social» de la conducta colectiva.

**masculinización:** [Lat. *masculus* = masculino]. V. *virilización.*

**masculinizante:** [Lat. *masculus* = masculino]. V. *virilizante.*

**masculismo:** [Lat. *masculus* = masculino]. Estado de un individuo que, a pesar de pertenecer al sexo femenino presenta algunos caracteres del sexo masculino, como desarrollo de la barba y del bigote. El masculismo se acompaña por lo común con desaparición de las reglas y también puede ser observado después de la menopausia.

**masoquismo:** [De *Sacher Masoch*]. Perversión del

101

sentido genital en el hombre, que únicamente puede cumplir el acto sexual bajo la acción de insultos, de flagelaciones o de cualquier otra sevicia.

**masticación:** [Lat. *masticatio* = acción de masticar]. Movimiento automático y continuo de las mandíbulas, síntoma que se presenta en cierto número de enfermedades del encéfalo.

**masturbación:** [Lat. *masturbatio*]. Provocación del orgasmo, en ambos sexos, por lo general con estímulos manuales, y a veces con otros estímulos artificiales aplicados a los genitales. Según el *psicoanálisis,* la masturbación representaría una de las prácticas más importantes de la sexualidad normal en los primeros años de vida. Sinónimo, pero incorrecto: *onanismo* (v.).

**materia:** (Lat. *materies* o *materia* = sustancia de que está hecha la *mater* del árbol]. Sustancia de la cual están constituidos los cuerpos percibidos por los sentidos. Se opone a *espíritu* (v.).

**materialismo:** [Lat. *materia, materies*]. Doctrina según la cual toda la realidad se reduce a la materia, que basta para dar cuenta de los fenómenos vitales y psíquicos. Se opone principalmente a *espiritualismo,* que admite la realidad del espíritu. **M. histórico,** una de las tesis fundamentales del marxismo, según la cual «el modo de producción de la vida material condiciona el proceso de conjunto de la vida social, política y espiritual» *(Marx).*

**materialización:** [Lat. *materialis* = propio de la materia]. Según la *parapsicología,* formación de objetos o de partes del cuerpo humano, o también de un cuerpo entero, por la acción de fuerzas que no son conocidas. A la acción de estas emanaciones que se consideran provenientes del cuerpo de un *medium* (v.), o sea, el *teleplasma* (v.), se atribuye el fenómeno de la *telecinesia* (v.).

**materna, pulsión:** Pulsión que activa el comportamiento maternal. En los animales, como en el hombre, el comportamiento maternal está regulado en grandísima parte por estados fisiológicos, sobre todo condiciones hormonales que se manifiestan en el curso de la gravidez y persisten hasta el destete.

**matrices progresivas:** Prueba o test no verbal, constituido por una serie de cuadros graduados progresivamente por dificultad creciente y que reproducen figuras abstractas a las que falta una parte. La primera forma de este test corresponde a *L. S. Penrose* y a *I. C. Raven* (1936).

**matrimonio terapéutico:** Matrimonio que se aconseja a veces en el curso de una cura psicoterapéutica para vencer alguna forma de impotencia funcional en el hombre o de frigidez o de adversión a las relaciones sexuales en la mujer. El consejo por lo general es nocivo y aumenta después la dificultad por acentuación de la neurosis.

**matroclinia:** [Gr. *mater, -tros* = madre + *klínein* = depender]. V. *herencia materna.*

**matronismo:** [Lat. *matrona* = madre de familia]. Denominación dada por *Pende* (v.), a una forma de

obesidad que aparece en las niñas, y que se acompaña de pubertad precoz y de detención del crecimiento con enanismo. Semeja al tipo que habitualmente se encuentra en la mujer de edad madura. Sería debido a una insuficiencia de la tiroides asociada con sobreactividad de la corteza suprarrenal.

**máximo, ley del:** Ley establecida por *Merani* (v.), en 1950, y según la cual «El máximo de deterioro mental, en la frenastenia, está determinado por el desarrollo mínimo de la capacidad más alcanzada». Es correlativa con la *ley del mínimo* (v.).

**mayéutica:** [Gr. *maieytiké* = arte de ayudar a parir]. Arte de ayudar a «parir» a los espíritus empleados por *Sócrates* (v.), o sea el método *eurístico* (v.), de descubrir. Consistía en hacer descubrir por un discípulo, por medio de preguntas hábilmente planteadas, una verdad que, según Sócrates, llevaba en su propio interior.

**mecanicismo:** [Lat. *machina* = invención ingeniosa]. Teoría según la cual procesos mecánicos sirven para explicar determinada categoría de hechos: físicos, biológicos, psicológicos, etc., esto es, todas las cosas. Como oposición a *finalismo* (v.), doctrina según la cual los hechos se explican completamente por el juego de las causas eficientes, sin que intervenga ninguna *finalidad* (v.). Sin. *mecanismo,* aunque incorrecto.

**mecanismo:** [Lat. *machina* = invención ingeniosa]. Sinónimo incorrecto de *mecanicismo* (v.).

**mecanismo de defensa:** Según el *psicoanálisis,* los modos con que el *ego* (v.) procura inconscientemente protegerse contra ansiedades, desagrados y peligros que provienen del ambiente, del *id* (v.) y del *superego* (v.).

**mecanoterapia:** [Gr. *mechané* = máquina - *therapeía* = medicación]. Educación y reeducación motrices por medio del empleo de aparatos mecánicos especialmente estudiados y construidos para facilitar y entrenar determinados movimientos simples o complejos.

**media:** [Lat. *medius* = en el centro]. En general se denomina así a la media aritmética, o sea, al valor obtenido con la suma de todos los valores dividida por su número.

**mediana:** [Lat. *medians* = lo que divide o parte por el medio]. El valor central de una serie de valores ordenados según magnitud.

**mediato:** [Lat. *mediare* = estar en el medio]. Que se realiza con ayuda de un intermediario.

**medicina:** [Lat. *medicina*]. El arte de curar enfermedades; especialmente de curar enfermedades con la administración interna de medicamentos. **M. infantil:** V. *pediátría.* **M. mental:** V. *psiquiatría.* **M. psicológica,** orientación de la actividad médica a indagar en la estructura causal que está en la base de la enfermedad, la acción eventual de factores psíquicos de naturaleza emotiva y las relaciones de éstos con los factores somáticos. **M. psicosomática,**

orientación de la medicina que deriva del psicoanálisis y se une estrechamente con éste. **M. corticovisceral,** orientación de la medicina que deriva de los trabajos de la escuela de *Pavlov* (v.) y que une estrechamente la estructura causal que está en la base de la enfermedad con la actividad de la corteza cerebral.

**medida de los intereses, prueba o test de:** Con esta denominación se indica cuestionarios particularizados que dan información de lo que prefiere la persona que los compila, de sus capacidades, aspiraciones y, sobre todo, de sus intereses cuando se emplean como tests de personalidad para la orientación profesional o la selección de personal.

**medium:** [Lat. *que está en el medio*]. Para el *espiritismo* y la *parapsicología*, persona que en situaciones dadas se considera controlada por espíritus o por fuerzas desconocidas, y capaz de transmitir el pensamiento de éstos o éstas a los vivientes mediante expresiones verbales, gráficas, mímicas, etc. Los mediums son distinguidos de los *sensitivos* (v.), que dan origen a los fenómenos de telepatía, de clarividencia, etc.

**medula:** [Lat. *medulla* = medula]. V. *medula espinal.*

**medula espinal:** [Lat. *medulla* = medula + *spinalis* = lo que pertenece al espinazo]. Prolongación del encéfalo, compuesta fundamentalmente por neuronas y vías nerviosas o neuronales, y que ocupa el conducto de la columna vertebral desde el agujero occipital del cráneo hasta la región lumbar. Sin. *medula.*

**medula oblonga:** [Lat. *medulla* = tuétano, meollo + *oblongus* = prolongado, muy largo]. Cono truncado de tejido nervioso que se continúa por encima del puente y por debajo con la medula espinal. Yace ventralmente en relación con el cerebelo y su parte posterior forma el piso del cuarto ventrículo. V. *bulbo.*

**medular:** [Lat. *medulla* = medula]. Que se relaciona con la *medula espinal* (v.), con la *medula ósea* (v.) o la *oblonga* (v.).

**megalocrania:** [Gr. *mégas* = grande + *kranion* = cráneo]. Desarrollo exagerado del volumen del cráneo con relación al del cuerpo; se traduce por elevación de la relación cráneosomática.

**megalomanía:** [Gr. *mégas* = grande + *manía* = locura]. Delirio de grandezas.

**meiosis:** [Gr. *reducción*]. En *genética,* división celular particular de los gametos (óvulo y espermatozoide), caracterizada por la separación de cada uno de los dos elementos que constituyen los *n* pares de cromosomas (23 pares en el hombre; 22 pares de cromosomas somáticos y dos cromosomas sexuales), pasando cada uno de estos elementos a una célula hija. De esto resulta que el óvulo y el espermatozoide sólo encierran en su núcleo un elemento de cada par, o sea, *n* cromosomas simples (23 en el hombre: 22 cromosomas somáticos y un cromosoma sexual, X o Y).

**melalgia:** [Gr. *mélos* = miembro + *ángos* = dolor]. Dolores de los miembros, observados sobre todo en los miembros inferiores.

**melancolía:** [Gr. *mélan* = negro + *cholé* = bilis]. Psicosis que sobreviene por accesos caracterizados por la existencia mórbida de una emoción dolorosa, depresiva, que domina al sujeto, y entraña secundariamente la disminución de las facultades intelectuales. Puede curar o pasar al estado crónico.

**melancólico:** [Gr. *mélan* = negro + *cholé* = bilis]. En *caracterología,* tipo de temperamento que se caracteriza porque presenta frecuentes períodos de depresión.

**memoración:** [Lat. *memor* = que recuerda]. Evocación de un recuerdo fijado más o menos mucho tiempo atrás.

**memoria:** [Lat. *recuerdo, reminiscencia*]. Término abstracto que en general comprende todas las actividades de un organismo que demuestran un precedente de aprendizaje. El concepto de memoria también abarca la capacidad de realizar actividades motrices más o menos complejas que fueron anteriormente aprendidas. **M. a breve término,** recuerdos que se establecen instantáneamente y que desaparecen cuando todavía son inmediatos. **M. a breve término, extensión de la,** el material (serie de cifras o de sílabas, listas arbitrarias de palabras, dibujos, etc.) que puede ser repetido o reproducido inmediatamente después de una sola presentación. **M. duradera,** en teoría de la información la memoria que se conserva por un lapso de tiempo superior a un día. **M. efímera,** en teoría de la información aquélla que se conserva por breves períodos de tiempo, normalmente menos de un día. **M. a largo término,** memoria que corresponde a un evento que ha dejado una huella relativamente permanente en el sustrato biológico del organismo. **M. inmediata:** Véase *memoria a breve término.* **M. motriz,** capacidad de ejecución más o menos automática de movimientos simples o de actividades motrices coordinadas, que han sido aprendidas, después de un cierto tiempo durante el cual no se las repitió. **M., escala de Wechsler de la,** método de valoración de la memoria aplicable en dos formas paralelas y cuya experimentación ha sido realizada sobre sujetos de edades comprendidas entre los 20 y los 50 años. **M. imaginadora:** V. *imaginación reproductora.*

**memoria intermedia, vuelco de:** En teoría de la información la obtención o evacuación de información almacenada provisionalmente en la *memoria efímera* (v.).

**memorización:** [Lat. *memoria* = conservar el recuerdo]. El acto de fijar en la memoria algo, sea una idea, un hecho, un dato, etc.

**memorizar:** [Lat. *memor* = que se acuerda]. Aprender por repetición para poder recordar y repetir fácilmente.

**Mendel, leyes de:** Leyes que rigen la *herencia* (v.): (1)

*Ley de pureza de los gametos.* Los caracteres diferenciales entre las variedades constituyen otros tantos pares, y cada uno de esos pares se disocia en los gametos que solamente contienen uno de los términos del par, o sea, que son *puros* y se recombinan en las fecundaciones según las leyes de la probabilidad estadística. (2) *Ley de dominancia.* Los cruzamientos entre dos razas puras sólo difieren por un único carácter (homozigotes), vegetal o animal, mostrando que los hídridos de la primera generación (heterozigotes) son todos del tipo de uno de los padres; este tipo es el *dominante,* el otro es el *recesivo.* Los híbridos cruzados entre ellos darán 75 % del tipo dominante y 25 % del tipo recesivo (primera proporción mendeliana). Estos mismos híbridos cruzados con los tipos recesivos darán 50 % de cada uno de los tipos recesivo y dominante (segunda proporción mendeliana).

**menopausia:** [Gr. *mén* = mes + *paysis* = cesación]. Fin de la función menstrual. Corresponde al cese de la actividad del ovario y se acompaña de regresión de los caracteres sexuales, de sofocaciones y, a veces, de perturbaciones psíquicas y neuroendocrinas.

**menstruación:** [Lat. *menstruus* = mensual]. Fenómeno fisiológico unido con la función de reproducción que existe en la mujer normal desde la *pubertad* hasta la *menopausia* (v.), y que consiste en un flujo sanguíneo de origen uterino, que se realiza al nivel de los órganos genitales y se reproduce todos los meses. La menstruación se suprime siempre durante la gestación y por lo común durante la lactancia.

**mental:** [Lat. *mens, mentis* = mente]. Que pertenece a la actividad psíquica. **M., actividad,** término general para indicar una transformación en el ámbito de los fenómenos mentales. **M., función,** la actividad mental en cualquiera de sus manifestaciones, considerada como un todo. **M., proceso,** la manera como se verifica una transformación de actividad en el ámbito de los fenómenos mentales, a menudo con referencia a las fases sucesivas de la transformación y al logro obtenido. **M., patología,** parte de la patología que se ocupa de las enfermedades de la mente.

**mental, enfermedad:** [Lat. *mens* = mente]. Trastorno de la organización mental, relativamente bien definido y de gravedad y naturaleza diversas. A veces se prefiere la expresión *desorden mental,* poco recomendable porque tiene una acepción muy difusa.

**mentalidad:** [Lat. *mentalis* = de la mente]. Término indefinido que indica el «modo de pensar», las actividades generales más sobresalientes del pensamiento, y sobre todo de la inteligencia, de un individuo o de un grupo.

**mentalidad primitiva:** [Lat. *mens* = mente - *primitivus* = primero de su clase]. Según *Lévy-Bruhl* (v.), la mentalidad de los no civilizados, que sería «prelógica y mística», o sea, indiferente a nuestra lógica, regida por la ley de la *participación* (v.), en virtud de la cual seres y objetos están en relación de manera misteriosa e incomprensible, fuera de cualquier causalidad normal.

**mente:** [Lat. *mens, mentis*]. Término que se refiere a la suma total de las actividades psíquicas, comprendidas aquéllas de que no somos conscientes. Según el *psicoanálisis,* se puede referir también a los procesos inconscientes.

**mentira:** [Lat. *mentior* = falsear]. La mentira como hecho psicológico se presenta como una elección en nuestras relaciones con otros entre la realidad y la ficción. Es una posibilidad de lenguaje juzgado diversamente en función de normas arbitrarias, propias. Puede ser normal hasta cietos límites, después de los cuales resulta directamente patológica. **M. del niño,** el niño sólo es capaz de mentir a partir de la edad de la razón, esto es, después de los 7 u 8 años. Hasta esa edad las «fantasías del niño» no son mentiras porque no están en contradicción con su propia realidad; solamente lo están con nuestra realidad de adultos. La mentira infantil o *pseudomentira,* es una necesidad, un ejercicio original normal del pensamiento infantil.

**mentiras, detector de:** Cualquier tipo de instrumento que indica cambios fisiológicos que ocurren cuando se está bajo condiciones de tensión emocional, y que se aplica al examen de un sospechoso de mentira u ocultamiento, por ejemplo un psicogalvanómetro, un neumógrafo, esfigmomanómetro, etc.

**mentismo:** [Lat. *mens, mentis* = pensamiento]. Trastorno psíquico caracterizado por la existencia de una serie movediza de imágenes, de sonidos, de palabras, de ideas cuyo encadenamiento se impone al espíritu del sujeto, aunque éste conoce su carácter absurdo y parásito. El mentismo se observa en los estados que acompaña a la disolución de la conciencia (estados hipnagógicos, intoxicaciones, prealucinatorios del automatismo mental).

**Merani, leyes de:** V. *máximo, ley del,* y *mínimo, ley del.*

**mericismo:** [Gr. *merikysmos* = masticar alimento ya tragado]. V. *rumiación.*

**Merkwelt.** Expresión al. introducida por *Von Uexküll* (v.), y que se refiere al ambiente de cuyos objetos el animal conoce un número restringido de signos que pueden provocar estímulos mediatizados. Es el universo que puede conocer el individuo porque es lo que estimula. Cf. *Umwelt.*

**Merril-Palmer, escala de:** Escala de inteligencia para niños de edad comprendida entre los 18 meses y los 6 años. Comprende pruebas de ejecución y pruebas verbales, con preferencia de las primeras.

**mesaticefalia:** [Gr. *mésatos* = medio + *kephalé* = cabeza]. Según *Broca* (v.), forma del cráneo intermedia entre la *braquicefalia* (v.) y la *dolicocefalia* (v.).

**mesatimorfo:** [Gr. *mésatos* = medio + *morphé* = forma]. Aquel cuya forma está armoniosamente desarrollada tanto en el sentido de la altura como de la anchura. Sin. *mesomorfo*.

**mesatisquelia:** [Gr. *mésatos* = medio + *skélos* = pierna]. Estado caracterizado por el desarrollo medio y armonioso de las piernas, con relación al conjunto del cuerpo.

**mesencéfalo-subtalámicos, síndromes:** [Gr. *mésatos* = medio + *enkephalon* = encéfalo + Lat. *sub* = bajo + Gr. *thálamos* = cuarto]. Síndromes debidos a lesiones de los centros nerviosos mesencefálicos y subtalámicos. Comprenden esencialmente, del lado opuesto de la lesión: una hemiplejía cerebelosa y un hemisíndrome extrapiramidal y a veces una hemianestesia, una hemiplejía piramidal, disartria y síntomas oculares que permiten localizar exactamente la lesión.

**mesmerismo:** [De *Mesmer* (v)]. Nombre dado al *hipnotismo* (v.) en los últimos veinticinco años del siglo XVIII y en la primera mitad del siglo XIX, por el nombre de *Mesmer,* el primero que en 1775 llamó la atención al mundo científico sobre la hipnosis.

**mesodermo:** [Gr. *mésos* = medio + *dérma* = piel]. Hoja media del *blastodermo* (v.) que formará el tejido de sostén, los músculos, los órganos genitourinarios, el sistema cardiovascular, la sangre y el epitelio de la cavidad celómica.

**mesohistología:** V. *mesología histológica*.

**mesología:** [Gr. *mésos* = medio + *lógos* = tratado]. «Ciencia de los medios o ciencia que tiene por objeto el conocimiento de las relaciones que unen los seres vivos con los medios en los que están inmersos; o sea, que esta ciencia se esfuerza por descubrir las influencias recíprocas que los dos términos en presencia, el medio y el ser en él inmerso, ejercen uno sobre el otro, así como las modificaciones que resultan para cada uno de ellos» *(Bertillon)*.

**mesología histológica:** [Gr. *mésos* = medio + *lógos* = estudio]. Influencia del medio sobre los elementos anatómicos y sobre los tejidos que los constituyen. Sin. *mesohistología*.

**mesomorfo:** [Gr. *mésatos* = medio + *morphé* = forma]. V. *mesatimorfo*.

**mesorríneo:** [Gr. *mésos* = medio + *riz* = nariz]. Nombre dado por *Broca* (v.), en *antropología* y en *etnografía*, a los individuos o las razas cuyo índice nasal es mediano (de 48 a 52), como en la raza mogólica.

**mestizo:** [Lat. *mixtus* = mezclado]. Producto de individuos de razas diferentes; se reseva la palabra *híbrido* (v.), para designar el producto de especies diferentes.

**metabolismo:** [Gr. *metabolé* = transformación]. Nombre que se da al conjunto de las transformaciones químicas y biológicas que se realizan en el organismo y que constituyen el acto de la nutrición. **M. basal,** cantidad de calor expresada en calorías grandes, producida en una hora y por m² de superficie del cuerpo, cuando el sujeto está en reposo completo, en ayunas desde hace 14 o 16 horas, en una atmósfera de temperatura media de 16° y suficientemente cubierto para no reaccionar con frío ni con calor a la temperatura ambiente. La cifra media normal, para un hombre adulto, es de 40.

**metabolito:** [Gr. *metabolé* = transformación]. Molécula indispensable para la vida celular.

**metagenésico:** [Gr. *metá* = más allá + *génesis* = nacimiento]. Posterior a la fecundación. **Trastorno m.,** el que acaece después de haber sido fecundado el huevo.

**metagénesis:** [Gr. *metá* = alternativamente + *génesis* = nacimiento]. Modo de reproducción de algunos seres organizados, caracterizado por la posibilidad para esos seres, antes de haber alcanzado su forma adulta y sexuada, de dar nacimiento a gérmenes nuevos, que desarrollándose, se volverán adultos, sexuados y capaces de reproducirse por fecundación. Cf. *partenogénesis* y *apogamia*.

**metamería:** [Gr. *metá* = alternativamente + *méros* = parte]. División primitiva de la cuerda dorsal y de los tejidos que la rodean en segmentos o metámeros. Cada segmento posee en sí el conjunto de las propiedades o atribuciones del ser definitivamente constituido. Esta división no persiste en los vertebrados superiores, en los que se produce una nueva fragmentación de la cuerda dorsal que da lugar a la formación de las vértebras definitivas.

**metámero:** [Gr. *metá* = alternativamente + *méros* = parte]. Segmento que resulta de la división primitiva del embrión, o *metamería* (v.).

**metamorfia:** [Gr. *metamorphoo* = transformo]. Transformación de la sustancia conjuntiva fundamental.

**metamorfosia:** [Gr. *metamorphoo* = transformo + *opsis* = ojo]. Trastorno de la visión por el cual el enfermo ve los objetos de forma diversa a la que tienen.

**metaplasma:** [Gr. *metá* = más allá + *plássein* = moldear]. Sustancias alimenticias elaboradas por el protoplasma, aisladas en enclaves dentro de la célula. Sin. *paraplasma*.

**metapsicología:** [Gr. *metá* = más allá + *psicología*]. Para el *psicoanálisis*, el estudio del aparato mental en sus aspectos tópico, dinámico y económico.

**metapsíquica:** [Gr. *metá* = más allá + *psyché* = espíritu]. V. *parapsicología*.

**método:** [Gr. *méthodos* = procedimiento]. Camino por el cual se llega a un cierto resultado, incluso cuando ese camino no haya sido fijado, de antemano, de manera deseada y reflexionada. **M. longitudinal,** estudio en la psicología del desarrollo de una variable o de un grupo de variables a través de un largo período de tiempo sobre los mismos sujetos, que por lo general son un número limitado. **M. transversal,** estudio en psicología de una variable o de un grupo de variables, realizado en un momento dado sobre un grupo de sujetos de diversas edades, clase escolar, etc. Junto con el *método longitudinal* se aplica en la psicología del desarrollo, y también en relación con las conductas patológicas.

**metópico, punto:** [Gr. *métopon* = frente]. Punto situado sobre la línea mediana de los dos senos frontales. **M., relación,** relación que permite precisar la forma de la frente. Se distingue el *índice de altura*, frontocraniano (relación de la altura de la frente multiplicada por 100, con la altura apicoauricular; cifra normal: 46,1) y el *índice de anchura*, temporoparietal (relación del diámetro bitemporal, multiplicado por 100, con el diámetro biparietal; cifra normal: 76,6).

**microcefalia:** [Gr. *mikrós* = pequeño + *kephalé* = cabeza]. Pequeñez del cráneo que coincide con detención del desarrollo del cerebro. Se acompaña por lo general de *idiocia* (v.).

**microgiria:** [Gr. *mikrós* = pequeño + *gyros* = circunvolución]. Pequeñez de las circunvoluciones cerebrales por atrofia o detención del crecimiento.

**microgrupo:** [Gr. *mikrós* = pequeño+ Ital. *gruppo* = nudo]. Grupo muy pequeño que constituye una totalidad psicosocial. Sólo puede existir a partir de un conjunto de tres personas (relación triangular). Constituye una sociedad limitada: sociedad familiar, escolar, etc.

**micropia:** [Gr. *mikrós* = pequeño+ *opsis* = ojo]. V. *micropsia*.

**micropsia:** [Gr. *mikrós* = pequeño + *opsis* = ojo]. Fenómeno subjetivo que consiste en creer a los objetos más pequeños de lo que son. Sinónimo *micropia*.

**microsfera:** [Gr. *mikrós* = pequeño+ lat. *sphaera* = esfera]. Glóbulo microscópico formado por la aglomeración de proteinoides (v.).

**microsociología:** [Gr. *mikrós* = pequeño + *sociología*]. Término creado por *Gurvich*, para designar el estudio de los elementos más simples que componen el hecho social, y que denomina *formas de sociabilidad*, o sea, «las múltiples maneras de estar unido por el todo y en el todo».

**miedo:** [Lat. *metus* = temor]. Emoción desagradable, que puede asumir grandísima violencia, provocada por una situación de peligro que puede ser actual o anticipada, e incluso fantástica. Es acompañada por un estado orgánico que se considera como reacción preparatoria, característica, aunque no específica, debida al sistema nervioso autónomo y unida originariamente con comportamientos de lucha o de fuga. **M. de los extraños,** miedo frente a personas desconocidas que es común entre los niños, sobre todo en los primeros años. Según el *psicoanálisis,* en este miedo que se verifica antes de conocer las situaciones de peligro, se revelaría la agresividad del niño para con la madre. **M. de los espacios abiertos:** V. *agorafobia*. **M. de los espacios cerrados:** V. *claustrofobia*. **M. de los lugares elevados:** V. *acrofobia*. **M. de los temporales,** miedo

que aparece cuando se desatan temporales. El *psicoanálisis* considera al rayo como símbolo fálico y el miedo del rayo sería el miedo al falo paterno (miedo del padre), por lo que este miedo sería muy similar al de la castración. **M. de la muerte,** temor a la cesación de la vida, que casi siempre reviste fundamentos patológicos. Para *Freud* (v.), cuando es morboso, es parte del histerismo de angustia y enmascara otras ideas inconscientes. **M. a la soledad,** temor al encontrarse solo, sobre todo por falta de personas a las que se está ligado por afecto. Para *Freud* (v.), refleja el miedo de ceder a la tentación de masturbarse. **M. de la oscuridad,** temor frente a los peligros que puede representar una situación en la que el individuo está privado o casi privado de las percepciones visuales. Según el *psicoanálisis,* se une a la *escopofilia* (v.). **M. de castración,** para el *psicoanálisis,* miedo de ser castigado por deseos edípicos. **M. de ser sepultado vivo:** V. *claustrofobia*.

**mielencéfalo:** [Gr. *myélos* = medula + *kephalé* = encéfalo]. El sistema cerebroespiral. En *embriología,* parte de la medula oblonga que se encuentra entre el puente y el cerebelo.

**mielina:** [Gr. *myelós* = medula]. Vaina formada por una sustancia lipoide blanquecina que recubre la mayor parte de las fibras nerviosas aislándolas unas de las otras.

**miembro fantasma:** V. *amputados, ilusión de los.*

**migración:** [Lat. *migratio* = ir de un lugar a otro]. Cambio de un *hábitat* (v.) a otro, situado a mayor o menor distancia, de diversas especies animales, tanto invertebrados como vertebrados.

**migraña:** [Gr. *hemicrania* = mitad de la cabeza]. Síndrome caracterizado por accesos de cefalgia intensa, muy a menudo unilaterales, que tienen por asiento las regiones temporal y orbitaria, acompañado de malestar general, de náuseas y de vómitos. Sin. *hemicrania*.

**mimetismo:** [Gr. *miméomai* = imito]. Proceder de defensa empleado por algunas especies animales, que toman el aspecto de otras especies bien protegidas o temibles, de manera que no resultan atacadas por sus enemigos habituales. Es distinto de la *homocromía* (v.).

**mímica:** [Lat. *mimicus* = que pertenece a la expresión]. Arte de imitar, representar o darse a entender por medio de gestos, ademanes o actitudes.

**mínimo, ley del:** Ley establecida por *Merani* (v.), en 1950, y según la cual «los niveles de recuperación en la frenastenia están determinados por el nivel mínimo en que queda la capacidad más alcanzada». Es correlativa con la *ley del máximo* (v.).

**Minnesota multiphasic personality inventory (MMPI):** Cuestionario que comprende 550 afirmaciones expresadas con lenguaje simple; el sujeto debe decir si según su parecer corresponden a la verdad o no. Puede aplicarse tanto individual como colectivamente para estudios de personalidad.

**mioclonia:** [Gr. *mys* = músculo + *klónos* = agitación]. Contracciones musculares *clónicas* (v.), bruscas, semejantes a las sacudidas provocadas por el choque eléctrico, involuntario y no sistematizadas, que se repiten a intervalos variables. Interesan a una parte de un músculo, un músculo entero o un grupo de músculos. Es el síntoma principal de diversas afecciones nerviosas.

**mioclónica, crisis:** [Gr. *mys* = músculo + *klónos* = agitación]. Forma larvada de la crisis epiléptica [*pequeño mal* (v.)] caracterizada por la aparición repentina de contracciones de los músculos flexores de un brazo o de los dos, y a veces del tronco.

**miocronoscopio:** [Gr. *mys* = músculo + *krónos* = tiempo + *skopéin* = examinar]. Instrumento destinado a medir la velocidad de propagación hasta los músculos de la excitación nerviosa.

**miógeno:** [Gr. *mys* = músculo + *gennan* = engendrar]. En *fisiología*, todo lo que es de origen muscular.

**miopsiquis:** [Gr. *mys* = músculo + *psyché* = espíritu]. Nombre genérico de los trastornos en los que coexisten perturbaciones motrices y psíquicas, estando ambas bajo la dependencia de una causa concepcional o hereditaria: *corea* (v.) de *Sydenham,* de *Huntington,* de *Friedrich,* etcétera.

**miotonía:** [Gr. *mys* = músculo + *tónos* = tensión]. Lentitud y dificultad de la descontracción muscular en el curso de los movimientos voluntarios, siendo los movimientos pasivos libres: los músculos alcanzados presentan *reacción miotónica* (v.)

**miotónica, reacción:** [Gr. *mys* = músculo + *tónos* = tensión]. Trastorno particular de la excitabilidad eléctrica de los músculos, que consiste sobre todo en modificaciones cualitativas de la forma de las contracciones, que son más lentas, en producirse y desaparecer, que en un estado normal.

**misantropía:** [Gr. *mísos* = odio + *ánthropos* = hombre]. Adversión hacia los hombres y la sociedad, síntoma de *hipocondría* (v.).

**miscegenación:** [Lat. *miscere* = mezclar + *genus* = raza]. La unión de personas de razas diferentes en matrimonio, o la procreación de individuos racialmente mezclados.

**misoginia:** [Gr. *mísos* = odio + *gyné* = mujer]. Repulsión mórbida de hombre por las relaciones sexuales, o simplemente por la sociabilidad con mujeres.

**misoneísmo:** [Gr. *mísos* = odio + *néos* = nuevo]. Adversión por las cosas nuevas.

**mitacismo:** [Gr. letra *my* = m.]. Vicio de pronunciación en que se sustituyen las letras *m, b, y p,* por otras.

**mito:** [Gr. *mythos* = fábula, relato fabuloso]. Relato fabuloso destinado por lo general a brindar de lo *real* (v.), una explicación suficiente para una mentalidad primitiva, o con palabras de *Valéry* (*Variété,* 964-965, I), «nombre de todo lo que no existe, y subsiste únicamente teniendo la palabra por causa».

**mitocondrio:** [Gr. *mítos* = hilo + *chóndros* = grano]. Es la «central energética» de la célula. V. *condrioma.*

**mitomanía:** [Gr. *mythos* = fábula + *manía* = locura]. Tendencia patológica, más o menos voluntaria y consciente, a la mentira y a la creación de fábulas (niños, neurópatas, etc.).

**mitómano:** [Gr. *mythos* = fábula]. Individuo que sufre de *mitomanía* (v.).

**mitosis:** [Gr. *mítos* = hilo, pelota de hilo]. V. *cariocinesis.*

**mnéme:** [Gr. *memoria*]. Con referencia a la teoría de *Semon* (v.), la memoria en general, como función orgánica, y comprendiendo todas las modificaciones duraderas que pueden ser producidas por estímulos, aunque no sean conscientes.

**mnémica, teoría:** [Gr. *mnemonikós* = que pertenece a la memoria]. Teoría enunciada por *Semon* y *Hering* (v.), según la cual la célula posee una «memoria» hereditaria de las influencias que ha sufrido, y por consiguiente tiende a convertir en hereditarias características adquiridas. Sin. *hipótesis de Semon-Hering.*

**mnemónica:** [Gr. *mnemonikós* = que pertenece a la memoria. V. *mnemotecnia.*

**mnemónica, huella:** [Gr. *mneme* = memoria]. Término que indica la hipotética modificación permanente del sistema nervioso que estaría en la base de la retención mnemónica. Según las investigaciones más recientes lo aprendido quedaría codificado en las macromoléculas proteicas del ácido ribonucleico (RNA). Según estas experiencias, el concepto de huella mnemónica pasaría al nivel bioquímico.

**mnemónico:** [Gr. *mnéme* = memoria]. Adjetivo que indica algo que pertenece a la memoria o a la manera de mejorarla.

**mnemotecnia:** [Gr. *mnéme* = memoria + *tekné* = técnica]. Arte de mejorar la propia memoria por medio de ejercicios adecuados. Sin. *mnemónica.*

**mnésico:** [Gr. *mnéme* = memoria]. V. *mnemónico.*

**modelo:** [Lat. *modus* = modo]. Término general para indicar la integración en un todo unitario de partes, las cuales, en las respuestas y las actividades diversas en que se manifiestan, pierden su identidad, aunque siguen distinguibles. Se puede tener modelos de pensamiento, de personalidad, sociales, de estímulos, etc.

**modificación:** [Lat. *modificare* = reformar]. Cualquier cambio que se verifica en el curso del tiempo en un fenómeno, aunque conserve cierto grado de identidad o de continuidad.

**modo:** [Lat. *modus*]. En estadística, el valor que aparece con mayor frecuencia en una serie de valores. Una distribución que tiene un solo modo se llama unimodal, la que tiene más, plurimodal.

**mogifonía:** [Gr. *mógis* = con esfuerzo + *phoné* = palabra]. Trastorno de la fonación específico de los profesionales de la voz. Consiste en una impotencia vocal que aumenta rápidamente, acompañada de una sensación dolorosa de constricción gutural que se produce solamente durante el ejercicio profesional de la voz. Coincide con el relajamiento de las cuerdas vocales.

**mogigrafía:** [Gr. *mógis* = con esfuerzo + *graphéin* = escribir]. Calambre de los escritores. V. *espasmos funcionales.*

**mogilalia:** [Gr. *mógis* = con esfuerzo + *laléin* = hablar]. Imposibilidad de articular determinadas sílabas.

**mogólico:** [De mogol]. Que ofrece cierta semejanza con los tipos de raza amarilla.

**mogolismo:** [De mogol]. Variedad de *idiocia* hereditaria, en la cual el niño, desde su nacimiento, presenta facies de chino: cara redonda, cabeza braquicéfala, ojos con bridas y oblicuos con epicanto. Es debido a la presencia de un cromosoma supernumerario sobre el par número 21. Sin. *idiocia* o *imbecilidad mogólica.*

**mogoloide:** [De mogol]. Sujeto atacado de *mogolismo* (v.).

**molar, conductismo:** [Lat. *mola* = masa carnosa de la matriz]. Bajo la influencia de *Lewin* (v.), el conductismo molar sustituye a la noción de situación por la noción del *campo psíquico* (v.). El conductismo molar en lugar de estudiar el binomio estímulo-respuesta, estudia el comportamiento global.

**molécula conjugada.** Molécula que posee «relais» electrónicos internos.

**mónera:** [Gr. *mónos* = solo]. Según *Haeckel* (v.), organismo monocelular desprovisto de envoltura y formado por una pequeña masa de protoplasma homogéneo sin núcleo. Para Haeckel es el punto de partida del árbol genealógico de los seres vivos. V. *monofiléctica, teoría.*

**mongólico:** [De mongol]. V. *mogólico.*

**mongolismo:** [De mongol]. V. *mogolismo.*

**mongoloide:** [De mongol]. V. *mogoloide.*

**monismo:** [Gr. *móhos* = único]. Doctrina según la cual tanto las formas de la materia orgánica como las de la inorgánica son los productos necesarios de fuerzas naturales, esto, es, de fuerzas fisicoquímicas. Es la concepción unitaria de la naturaleza por entero.

**monocorea:** [Gr. *mónos* = solo + *koreía* = danza]. Movimientos *coreicos* (v.) localizados en un solo miembro.

**monofásico:** [Gr. *mónos* = solo+ *phásis* = período]. Se dice de cualquier fenómeno, de cualquier ser que presente en su existencia o en su evolución un solo período o fase.

**monofilética, teoría:** [Gr. *mónos* = solo + *phylé* = especie]. Teoría del transformismo integral de *Haeckel* (v.); todo viviente deriva por una serie de transformaciones de la *mónera* (v.).

**monofiletismo:** [Gr. *mónos* = sólo+ *philé* = especie]. V. *monogenismo.*

**monofobia:** [Gr. *mónos* = solo + *phóbos* = miedo].

Aprehensión angustiosa (fobia) que algunos neurópatas sienten en la soledad.

**monogamia:** [Gr. *mónos* = solo+ *gamós* = matrimonio]. Relaciones sexuales duraderas entre dos individuos. Cf. *poligamia.*

**monogénesis:** [Gr. *mónos* = solo+ *génesis* = generación]. Nombre dado a la *generación directa*, en la cual los individuos se reproducen únicamente por medio de óvulo o huevo, en oposición a la *digénesis* o *generación alternante* (v.). Este término se emplea también adjetivamente: *los vertebrados son monogenésicos.*

**monogenismo:** [Gr. *mónos* = solo + *génos* = raza.]. Doctrina antropológica según la cual todas las razas humanas derivarían de un único tipo primitivo. Sin. *monofiletismo.*

**monoideísmo:** [Gr. *mónos* = solo + *idéa* = idea]. El predominio de una sola idea durante la atención.

**monomanía:** [Gr. *mónos* = solo + *manía* = locura]. Según *Esquirol* (v.), lesión parcial de la inteligencia, de los sentimientos o de la voluntad. Se observa en la degeneración mental y se manifiesta casi siempre bajo la forma de delirio parcial que expresa una pasión exaltada y expansiva (erotomanía, piromanía) o de obsesiones, de impulsos, de miedos irresistibles. Sin. *monomérica, herencia.*

**monomería:** [Gr. *mónos* = solo+ *méros* = función]. Herincia en la cual cada uno de los caracteres normales o patológicos está determinado por la presencia de un solo gene dominante o de un solo par de genes recesivos. Sin. *monomérica, herencia.*

**monomorfo:** [Gr. *mónos* = solo + *morphé* = foma]. Se dice de un fenómeno, de un estado cuyas manifestaciones presentan las mismas formas.

**monozigote:** [Gr. *mónos* = solo + *zygés* = unido a una correa.] Se dice de dos gemelos que tienen una placenta común, y que provienen de la división anormal de un huevo único. V. *gemelos.*

**monstruo:** [Lat. *monstrum* = prodigio). Individuo de confomación insólita, tanto por exceso como por falta o por posición anormal de sus partes.

**mórbido** (Lat. *morbus* = enfermedad): Relativo a la enfermedad. Psicología mórbida: psicología de las enfermedades mentales, *psicopatología* (v.).

**morfeico:** [Gr. *Morpheys* = dios del sueño]. Que se relaciona con el adormecimiento.

**morfinismo:** [De *morfina*]. Intoxicación crónica con la morfina o con sus sales.

**morfinomanía:** [*morfina* - Gr. *manía* = locura]. Hábito mórbido de la morfina; la necesidad de este medicamento se transforma gradualmente en impulsión mayor en la medida que aumenta la intoxicación.

**morfogénesis:** [Gr. *morphé* = forma - *gennan* = producir]. Conjunto de las leyes que determinan la forma de los tejidos, de los órganos y de los seres en el curso de su evolución. Sin. *morfogenia.*

**morfogenia:** [Gr. *morphé* = forma - *gennan* = producir]. V. *morfogénesis.*

**morfógeno:** [Gr. *morphé* = forma - *gennan* = producir]. Que determina la forma.

**morfognosia:** [Gr. *morphé* = forma + *gnosis* = conocer]. Facultad de reconocer por el tacto las formas de los objetos.

**morfografía:** [Gr. *morphé* = forma + *gráphein* = describir]. V. *morfología.*

**morfología:** [Gr. *morphé* = forma - *lógos* = tratado]. Estudio y descipción de la forma exterior de los animales o de los vegetales, de sus órganos o de partes de sus órganos. **M. biológica,** descripción de la forma de los seres vivos y de su estructura; comprende la anatomía, la histología y la embriología comparada. Sin *morfografía.*

**morfopsicología:** [Gr. *morphé* = forma + *psicología*]. Sistema de interpretaciones psicológicas basado sobre las estructuras morfológicas. V. *biotipología.*

**morfotipo:** [Gr. *morphé* = forma - *typos* = ejemplar]. Tipo morfológico. Se lo puede esquematizar sobre un gráfico *(morfograma)* que resume los caracteres de las formas de algunas categorías de invividuos: hombres, mujeres, niños, adolescentes.

**moria:** [Lat. *morio* = loco, bufón]. Trastorno mental caracterizado por una mezcla de excitación eufórica y de jovialidad con disposición para las bromas. Es característico de los tumores del lóbulo frontal.

**moro, reflejo de:** Reacción del recién nacido que es provocada por un rumor intenso o por hundirse el sostén en que está colocado, y que se manifiesta por la extensión súbita de los brazos y de las piernas y la elevación de la cabeza.

**mosaico** [Gr. *mouseion* = compuesto de partes]. Anomalía en la repartición de los cromosomas que acaece en algunas células después de la fecundación; de esta manera el organismo encierra células cuyo equipo cromosomático es diferente al del conjunto de las células. **M., test del,** técnica para el estudio de la personalidad introducida por *Margaret Lowenfeld*, basada sobre respuestas de un sujeto frente a una serie de 465 trozos de madera, de diferentes colores y dimensiones, con que se deben construir dibujos en mosaico. También se denomina *test del mosaico* a un test no verbal de la inteligencia de *Gille.*

**moscas volantes:** Aparición de puntos brillantes en el campo visual. Estas imágenes subjetivas son debidas a los elementos del cuerpo vítreo, cuya sombra se proyecta sobre la retina.

**motilidad:** [Lat. *motus* = movimiento]. Facultad de moverse. Cf. *motricidad.*

**motivado:** [Lat. *motus* = mover]. Atributo de lo que está provisto de incentivo para una actividad y que orienta, en correspondencia, el propio comportamiento.

**motivación:** [Lat. *motus* = movimiento]. La acción de *motívar* (v.). **M., disposición para la,** disposición hereditaria o aprendida para actividades particulares motivadas. Estas disposiciones constituyen una característica de base de la personalidad. **M.**

**inconsciente,** hipótesis formulada por el *psicoanálisis*, con respecto a la existencia de intenciones que no están presentes en la conciencia, pero que se deberían admitir para explicar algunas formas de comportamiento que parecen inexplicables en relación con intenciones conscientes. **M. (en psicología experimental y general),** la regulación interna, energética y directiva de la conducta. La motivación no es accesible a la observación, pero es deducida del análisis de los datos de la investigación experimental como concepto hipotético que expresa, precisamente, esa regulación. **M. (en psicología clínica),** como en psicología experimental, el concepto de motivación en psicología clínica es una deducción lógica obtenida de la exploración interna de la personalidad patológica. **M. social,** locución que se refiere a los motivos que dan dirección significativa al comportamiento en relación con estímulos sociales. **M. sostenida,** la condición de estabilidad de intereses que permite alcanzar metas lejanas.

**motivar:** [Lat. *motus* = mover]. Servir de incentivo para una actividad, y también proveer un incentivo o una meta que responda a una actividad.

**motivos:** [Lat. *motus* = movimiento]. Lo que determina a una persona a actuar en cierto sentido o que determina la volición; un incentivo. **M. fisiológicos,** pulsiones que surgen de estados de necesidad fisiológica, como los sexuales, de alimentación, etc. Por lo general se los comprende entre las *pulsiones* (v.). **M. inconscientes,** para el *psicoanálisis* las intenciones o deseos que no están presentes en la conciencia y que contribuyen a determinar la conducta. V. *motivación inconsciente.* **M. sociales,** motivos más o menos complejos, adquiridos en el curso del ajustamiento social. Los motivos sociales están unidos a las interrelaciones entre los componentes del grupo.

**motricidad:** [Lat. *motus* = movimiento]. Propiedad que poseen los centros nerviosos de provocar la contracción muscular. Cf. *motilidad.*

**motricidad, tests de:** Pruebas que dan la medida de una capacidad motriz, cuando se la considera desde el punto de vista del grado de maduración o de la integridad funcional de los aparatos anatómicos, sobre todo del sistema nervioso. Un ejemplo es la *escala motriz de Oseretzky.*

**movilidad:** [Lat. *mobilitas* = cualidad del movible]. En *sociología* se define así al movimiento de personas que pasan de una posición dada a otra, en el ámbito de cualquier subdivisión de la sociedad.

**movimientos asociados:** V. *sincinesias.*

**muerte, instinto de:** Según la teoría de *Freud,* impulso que tiende a la destrucción del individuo, a su muerte; se presenta desde el punto de vista psicológico como huida de la realidad, y se opone a los *impulsos de vida;* como consecuencia de esta oposición, que impide la realización completa de ambos impulsos, el individuo solamente muere cuando se completa del todo el ciclo normal de vida.

**muestra:** [De *mostrar*]. Número de sujetos o de datos obtenidos de una población o universo, para la determinación de estadísticas o para la valoración de la misma población. Si la *muestra* no es verdaderamente representativa se producen errores de *muestreo* (v.).

**muestreo:** [De *mostrar*]. Selección de una serie de sujetos o de datos de una población con la finalidad de apreciaciones estadísticas.

**muestreo areolar:** [Lat. dimin. de *area* = espacio]. Técnica para el sondeo de opiniones que involucra una tirada a la suerte de los lugares, más o menos extensos, donde deberán ser realizados los interrogatorios.

**Müller, ley de:** V. *Irritabilidad específica, ley de la.*

**multimodal, teoría de la inteligencia:** Teoría de que la inteligencia es un modelo de una multiplicidad de factores, en contraste con la *teoría de los factores de Spearman.* V. *factorial.*

**multitud:** [Lat. *multitudo, -inis* = gran número]. En *psicología social,* reunión de personas consideradas fuera de la organización social, porque actúan a veces contra ésta y por lo general en estado de excitación.

**mutación:** [Lat. *mutatio* = cambio]. Variación brusca, total y de una vez, a veces considerable, que puede manifestarse en una especie en sujetos normales en apariencia, volverse hereditaria y caracterizar a una nueva especie. Resulta de una modificación brutal de uno o de varios genes

*(mutación genetica),* a veces también de un segmento voluminoso del cromosoma *(mutación cromosómica).* La teoría de la mutación, verificada sobre todo en los vegetales, se opone a la doctrina de la evolución continua de *Darwin* (v.). Cf. *darwinismo* y *transformismo.*

**mutacionismo:** [Lat. *mutatio* = cambio]. Doctrina según la cual la evolución se realiza por medio de *mutaciones* (v.); esta doctrina se funda en la discontinuidad que existe en la sucesión de caracteres distintos de los diversos grupos zoológicos. También, estudio de los cambios de forma que resultan de los cruzamientos que desembocan en la creación de variedades nuevas sin creación, a veces, de tipos nuevos.

**mutágeno:** [Lat. *mutatio* = cambio + Gr. *gennan* = engendrar]. Capaz de provocar una *mutación* (v.).

**mutidez:** [Lat. *mutus* = mudo]. Privación del lenguaje por lesión de sus centros cerebrales o de los órganos de la fonación. Cf. *mutismo.*

**mutismo:** [Lat. *mutus* = mudo]. Estado de un individuo que no articula ninguna palabra. Término general que comprende al mutismo voluntario de los alienados y de los simuladores, y al mutismo temporario de los sordos que pueden aprender a hablar, y al mutismo por detención del desarrollo cerebral de los idiotas, de los cretinos, etc. Cf. *mutidez.*

**mysterium** [Lat. *misterioso, oculto*]. Témino que en psicología de las religiones designa la cosa sagrada, oculta.

# N

**nacimiento, simbolismo del:** Expresión empleada por el *psicoanálisis,* para una representación simbólica, que asimila la primera separación de algo querido a la experiencia de separación del recién nacido de su madre.

**nacimiento, trauma del:** En sentido general, cualquier trauma que se refiere a lesiones físicas recibidas en el momento del nacimiento. Para el *psicoanálisis,* asume un significado psicológico porque constituiría la primera experiencia de *angustia* (v.). *Rank* (v.) fue el creador de una teoría según la cual esta protoangustia, si es de intensidad particularmente relevante y no puede ser descargada, da lugar a la neurosis. *Freud* (v.) no aceptó la teoría de Rank.

**nada:** [Lat. esc. *non ens* = no siento]. Ausencia, relativa o absoluta, del ser o de la realidad.

**nanocefalia:** [Gr. *nános* = enano + *kephalé* = cabeza]. Exigüidad anormal de la cabeza en su totalidad o en alguno de sus segmentos.

**narcisismo:** [Del personaje mitológico *Narciso*]. Síndrome psiquiátrico caracterizado por fatuidad, insatisfacción, falta de buen sentido y de autocrítica que llevan a una admiración de sí mismo intensa e injustificada.

**narcoanálisis:** [Gr. *nárké* = embotamiento]. Método que consiste en practicar un examen neuropsiquiátrico, en el momento del despertar, a un enfermo que fue ligeramente adormecido por una inyección endovenosa de un compuesto barbitúrico. En ese instante, en efecto, las barreras psíquicas voluntarias o involuntarias desaparecen temporariamente, lo que permite al enfermo expresar ideas o sentimientos que no exteriorizaría por desconfianza o inhibición, o que estaban rechazados en su subconsciente. Sin. *narcosíntesis, narcopsicoanálisis.*

**narcobiosis:** [Gr. *nárké* = embotamiento + *bíos* = vida]. Disminución de la actividad celular general.

**narcobiótica:** [Gr. *nárké* = embotamiento + *bíos* = vida]. Acción que provoca la *narcobiosis* (v.).

**narcolepsia:** [Gr. *nárké* = embotamiento + *leptikós* = que toma]. Exageración patológica de la necesidad de dormir, tendencia irresistible al sueño, que sobreviene por accesos.

**narcomanía:** [Gr. *nárké* = embotamiento + *maní* = locura]. Toxicomanía debida a los somníferos.

**narcopsicoanálisis:** [Gr. *nárké* = embotamiento + *psicoanálisis*]. V. *narcoanálisis.*

**narcosíntesis:** [Gr. *nárké* = embotamiento + *sinthesis* = síntesis]. V. *narcoanálisis.*

**narcosis:** [Gr. *narkósis* = embotamiento]. Sueño; este término indica sobre todo el sueño artificial.

**narcoterapia:** [Gr. *nárké* = embotamiento + *therapeía* = cura]. Empleo terapéutico, en ciertas enfermedades mentales, del sueño continuo, mantenido durante varios días con ayuda de narcóticos.

**narcótico:** [Gr. *nárké* = embotamiento]. Se dice de las sustancias que producen embotamiento, relajación muscular y un adormecimiento de la sensibilidad que puede llegar hasta la anestesia.

**narcotismo:** [Gr. *nárké* = embotamiento]. Nombre dado al conjunto de los efectos producidos por las sustancias narcóticas.

**nasal,** índice: Ralación que existe sobre el esqueleto entre la anchura máxima del orificio exterior de la nariz y su altura tomada desde la espina nasal hasta el punto nasal. **N., punto,** punto situado en la raíz de la nariz, en medio de la sutura nasofrontal.

**natalidad:** [Lat. *natus* = nacido]. En *demografía,* relación que existe entre el número de los nacimientos y la cifra de población durante un tiempo determinado.

**natiforme, cráneo:** [Lat. *natis* = nalga]. Aspecto particular del cráneo que se encuentra en la sífilis congénita y que se caracteriza por la presencia de dos saliencias oseosas, desarrolladas a la derecha y a la izquierda de la línea media, y separadas por una hendidura formada por la sutura sagital.

**nativismo:** [Lat. *nativus* = desde el nacimiento]. Doctrina según la cual algunos sentidos o todos, pero principalmente la vista, perciben inmediata y naturalmente, o sea, sin educación, las propiedades espaciales del mundo exterior.

**naturismo:** [Lat. *natura* = naturaleza]. Doctrina según la cual se debe esperar todo de la capacidad curativa de la naturaleza.

**náusea:** [Lat. *nausea* = mareo, estado de desagrado]. Sentimiento penoso de vómito inminente. La náusea puede estar unida con acciones de estímulos emotivos. Según el *psicoanálisis,* la náusea debe ser considerada de manera análoga al *vómito nervioso.*

**Neanderthal, hombre de:** Tipo extinguido de hombre, cuyos restos fueron encontrados en Neanderthal, y después en muy diversos lugares, y que se considera vivió en Europa durante la primera Edad de Piedra.

**necesidad:** [Lat. *necessitas* = lo que es imprescindible]. Lo que no puede no ser porque es imposible que no sea. Se opone a *contingente* (v.). Refiriéndose a una hipótesis, que siendo admitida o estando dadas determinadas condiciones, no puede dejar de seguirse o de producirse. Sinónimo, en este caso, *inevitable*.

**necrobiosis:** [Gr. *nekrós* = muerto, cadáver + *bíos* = vida]. Modificación en la estructura de un órgano o de una parte de un órgano cuya circulación ha quedado abolida, pero que se encuentra al abrigo de la infección.

**necrofagia:** [Gr. *nekrós* = muerto, cadáver + *paghéin* = comer]. Hábito de ciertos alienados de comer cadáveres humanos.

**necrofilia:** [Gr. *nekrós* = muerte, cadáver + *philéin* = amar]. Perversión del sentido genital que consiste en la práctica del coito con cadáveres. V. *vampirismo*.

**necrofobia:** [Gr. *nekrós* = muerte, cadáver + *phóbos* = miedo]. Temor mórbido y obsesivo (fobia) a los cadáveres.

**necrosadismo:** [Gr. *nekrós* = muerte + *sadismo*]. Mutilación de un cadáver con el propósito de obtener excitación sexual o satisfacción de la misma. Cf. *vampirismo*.

**negación:** [Lat. *negativo*]. Término del *psicoanálisis*, para indicar el mecanismo de defensa por medio del cual una imagen o un pensamiento reprimidos pueden alcanzar la conciencia bajo la condición de que sea negado. Implica el aflorar en la conciencia de lo que está reprimido, pero no su aceptación.

**negantropía:** [Lat. *negans* = negativo + Griego *entropía* = conversión, retorno]. Término que expresa el poder que tiene el viviente de regenerar partes perdidas, asimilar lo no viviente, multiplicarse y, por lo mismo, negar la entropía, o sea, ir en sentido inverso de ésta. V. *entropía*.

**negativa, conducta:** Conducta persistente de resistencia hostil al ambiente, que se manifiesta típicamente en la relaciones interindividuales, bajo la forma de rechazo a la obediencia de órdenes, de instrucciones, a la aceptación de consejos, etc.

**negativismo:** [Lat. *negativus* = que niega]. Trastorno de la actividad voluntaria observado en las psicosis, caracterizado primero por la lentitud, la duda en los movimientos dirigidos, después por una inercia completa y una resistencia pasiva a los movimientos que se quiere imprimir. **N. infantil**, etapa normal en el niño.

**neocatarsis:** [Gr. *neós* = nuevo + *kathársis* = purgamiento]. Para el *psicoanálisis*, método de análisis con el cual el psicoanalista procura convertir en conscientes las relaciones infantiles del paciente.

**neocórtex:** [Gr. *néos* = nuevo + *cortex* = corteza cerebral]. V. *neopallium*.

**neodarwinismo:** [Gr. *néos* = nuevo + *darwinismo*]. Teoría transformista elaborada por *Augusto Weis-mann* (v.), y según la cual el *soma* (v.) no influye sobre el *germen* (v.), y que de esta manera niega la *herencia de los caracteres adquiridos* (v.) en la ontogénesis, pues no se ve cómo puede transmitirse.

**neoencéfalo:** [Gr. *néos* = nuevo + *enkephalos* = cerebro]. La corteza cerebral y las partes que de ella dependen. Cf. *telencéfalo, paleoencéfalo*.

**neofobia:** [Gr. *néos* = nuevo + *phóbos* = miedo]. Término creado por *Richet* (v.), para designar el estado mental de las personas que sin razones válidas se oponen a lo que es nuevo.

**neogénesis:** [Gr. *néos* = nuevo + *gennan* = engendrar]. Formación de un nuevo órgano.

**neolamarckismo:** [Gr. *néos* = nuevo + *lamarckismo*]. Teoría de la evolución que incluye la herencia de los caracteres adquiridos; contraria al *darwinismo* (v.), que se basa sobre las posibilidades de la variación y selección natural.

**neopallium:** [Gr. *néos* = nuevo + Lat. *pallium* = manto]. La porción no olfatoria de la corteza cerebral, la tercera porción del *telencéfalo* (v.).

**neopsicoanálisis:** [Gr. *néos* = nuevo + *psicoanálisis*]. Término que se aplica sobre todo en los Estados Unidos de Norteamérica a las nuevas orientaciones del psicoanálisis, aunque sus lineamientos generales estén conformes con los principios generales de la doctrina.

**neotenia:** [Gr. *néos* = nuevo + *teínein* = extender]. Expresión de *Bolk*, para designar la modificación evolutiva de una especie en relación con una capacidad de reproducción que ha quedado en estado infantil. Sería por ella que el hombre se asemeja más al feto de un mono que al mono adulto, del cual se habría diferenciado por neotenia.

**Nersnt-Lillie, teoría de:** Teoría sobre la excitación de la célula, la fibra y la conducción, que dependería de la polarización eléctrica y de cambios en la permeabilidad de la membrana envolvente.

**nervina:** [Lat. *nervus* = nervio]. Se dice de una sustancia considerada capaz de tonificar los nervios.

**nervio aferente:** [Lar. *nervus* = nervio + Latín *ad* = hacia + *ferre* = llevar]. Nervio compuesto por fibras aferentes que transmiten los impulsos, provocados por estímulos del ambiente interno y externo, al sistema nervioso central. Con estos nervios están conectados los *receptores* (v.).

**nervio eferente:** [Lat. *nervus* = nervio + Lat. *eferre* = llevar fuera]. Nervio compuesto por fibras eferentes que transmiten los impulsos generales de los centros nerviosos a los efectores. Por medio de estos nervios el organismo responde a los estímulos del ambiente externo e interno.

**nervio-músculo, preparación:** Un músculo unido quirúrgicamente a un nervio, generalmente el músculo gastronecmio y el nervio ciático de una rana, y que se emplea en los estudios fisiológicos sobre el músculo y el nervio.

**nervismo:** [Lat. *nervus* = nervio]. Doctrina que se origina en los trabajos de *Pavlov* (v.), desarrollada por los investigadores rusos y que se funda sobre «la sumisión a la organización nerviosa de todos los procesos que tiene lugar en el organismo, tanto en el estado normal como en el patológico» *(Bikov)*. La doctrina *corticovisceral* (v.) es el desarrollo de esta tesis.

**nervosismo:** [Lat. *nervus* = nervio]. Nombre con el que, por mucho tiempo, se ha designado un estado de susceptibilidad nerviosa mal definido. La *neurastenia* (v.) y el *pitiatismo* (v.) serían las causas más frecuentes de este estado mórbido.

**neuragmia:** [Gr. *neúron* = nervio + *agnós* = fractura]. Corte o arrancamiento de un nervio realizado con un fin experimental. De este método se sirvió *Waller* para estudiar la degeneración de los nervios.

**neural, arco:** [Gr. *neúron* = nervio]. Nombre dado, en *embriología* y en *anatomía comparada*, al arco formado por la parte posterior del cuerpo de la vértebra y por las láminas vertebrales, arco que rodea al sistema nervioso central.

**neuralgia:** [Gr. *neurón* = nervio + *álgos* = dolor]. Síndrome caracterizado por dolores espontáneos o provocados, continuos o paroxísticos, que asientan sobre el trayecto de los nervios.

**neurapraxi:** [Gr. *néuron* = nervio + *apraxia* = inercia]. Interrupción momentánea de las funciones de un nervio ligeramente lesionado; los axones están intactos y la cura sobreviene espontáneamente.

**neurastenia:** [Gr. *neúron* = nervio + *a* = privativo + *sthénos* = fuerza]. Neurosis que se manifiesta sobre todo en los neuroartríticos y en los individuos con agotamiento, y que presenta, como caracteres fundamentales, hipotonía arterial y muscular, disminución más o menos caracterizada de las secreciones glandulares, acompañada de cefalea, raquialgia, ptosis de las vísceras y dispepsia gastrointestinal.

**neuraxis:** [Gr. *neurón* = nervio + Lat. *axis* = eje]. El eje cerebroespinal, o sea, el cerebro y la espina dorsal.

**neurectomía:** [Gr. *neurón* = nervio + *ektomé* = ablación]. Resección de un nervio sobre una parte más o menos larga de su trayecto.

**neuritis:** [Gr. *neúron* = nervio + *itis* = causa de]. Término con que en la actualidad se designa a la mayoría de las lesiones de los nervios, tanto inflamatorias como degenerativas.

**neurobiotaxia:** [Gr. *neúron* = nervio + *bíos* = vida + *táxis* = movimiento ordenado]. Principio según el cual las dentritas de las neuronas estarían estimuladas en su crecimiento por impulsos eléctricos que provendrían de otras neuronas.

**neuroblasto:** [Gr. *neurón* = nervio + *blastós* = germen]. Cualquier célula embrionaria que al desarrollarse puede convertirse en neurona. La neurona antes de su maduración.

**neurocirugía:** [Gr. *neúron* = nervio + *cirugía*]. Cirugía de los centros nerviosos.

**neurocrinia:** [Gr. *neúron* = nervio + *kriné* = secreto]. Pasaje directo al tejido nervioso de los productos de secreción de ciertas glándulas endocrinas (hipófisis, glándula intersticial del testículo, etc.).

**neurocuanto:** [Gr. *neúron* = nervio + Latín *quantum* = cantidad]. Forma incorrecta de *neuroquantum* (v.).

**neuroergonología:** [Gr. *neúron* = nervio + *érgon* = trabajo + *lógos* = tratado]. Estudio del sistema neurovegetativo en su relación con las *ergonas,* que comprenden las hormonas, diastasas, vitaminas, etc. La denominación propuesta por *Mosinger,* proviene de la *neuroendocrinología* inaugurada por *Pende* (v.).

**neurofagia:** [Gr. *neúron* = nervio + *phagéin* = comer]. Fenómeno observado por *Marinesco* (v.) en la mayoría de las lesiones agudas del sistema nervioso; consiste en la penetración de la célula nerviosa por células neuróglicas jóvenes. Hoy se tiende a considerar este proceso como una manifestación de fagocitosis.

**neurofibrilla:** [Gr. *neúron* = nervio + Lat. *fibrilla* = fibra pequeña]. Supuestos elementos conductores que se extenderían a través de las neuronas y fibras nerviosas.

**neurofilaxia:** [Gr. *neúron* = nervio + *phylaxis* = protección]. Protección del sistema nervioso.

**neurofisiología:** Gr. *neúron* = nervio + *fisiología*]. Estudio del funcionamiento del sistema nervioso.

**neurógeno:** [Gr. *neúron* = nervio + *génes* = que está engendrado). En *fisiología* se dice de todo lo que tiene origen nervioso.

**neuroglia:** [Gr. *neúron* = nervio + *glia* = cola]. Tejido de sostén del sistema nervioso central constituido por células a las que se atribuyen diversas funciones todavía no bien definidas. Existe la hipótesis de que la neuroglia tendría parte en la codificación química de la memoria.

**neurograma:** [Gr. *neúron* = nervio + *grámma* = señal]. Nombre dado por *Prince* (v.) al residuo de actividades cerebrales pasadas que quedaría como huella en el sistema nervioso y sería una de las bases de la personalidad. Cf. *engrama.*

**neurohipnología:** [Gr. *neúron* = nervio + *hypnos* = sueño + *lógos* = tratado]. Término creado por *Braid* (v.), para designar al estudio y la práctica del *hipnotismo* (v.).

**neurohumoral:** [Gr. *neúron* = nervio + Latín *humor* = fluido]. Que pertenece a las cualidades de la sustancia química elaborada en la neurona y capaz de activar la acción de una neurona o un músculo.

**neuroléptico:** [Gr. *neúron* = nervio + *lambánein* = asir]. Que calma la agitación y la hiperactividad neuromuscular *(Delay).*

**neurología:** [Gr. *neúron* = nervio + *lógos* = tratado]. Estudio de las enfermedades del sistema nervioso. Para algunos autores este término también designa la anatomía y la fisiología del sistema nervioso.

**neuromimético:** [Gr. *ncúron* = nervio + *mimetikós* = imitador]. Que reproduce los efectos de la actividad de un nervio.

**neurona:** [Gr. *neúron* = nervio]. Conjunto que constituye la célula nerviosa y que comprende: una masa protoplasmática que rodea al núcleo *(pericariona)*, numerosas arborizaciones protoplasmáticas o *dendritas*, cuyo conjunto constituye el *dendrón*, y una larga prolongación cilíndrica, el *cilindroeje* o *axón*.

**neurónico:** [Gr. *neúron* = nervio]. Que se relaciona con la neurona. **Descarga neurónica**, liberación de energía, «ocasional, rápida, excesiva, localizada en la sustancia gris» [*Jackson* (v.)] del cerebro, que provoca la crisis de *epilepsia* (v.) o sus equivalentes.

**neuropatía:** Gr. *neúron* = nervio + *páthos* = afección]. Este término no se emplea con el sentido general de afección del sistema nervioso, como puede hacer creer su etimología, sino que designa un estado de debilidad general del sistema nervioso central considerado particularmente desde el punto de vista de sus funciones psíquicas. Cf. *psicopatía*.

**neuropatología:** [Gr. *neúron* = nervio + *patología*]. Parte de la patología que se ocupa de las enfermedades del sistema nervioso.

**neurópila:** [Gr. *neúron* = nervio + *pílos* = lana]. Tejido de fibras sin mielina que llena todo el sistema nervioso central. Se cree que difunde e irradia impulsos nerviosos.

**neuroplégico:** [Gr. *neúron* = nervio + *pléssein* = golpear]. V. *neuroléptico*.

**neuropsicofarmacología:** [Gr. *neúron* = nervio + *psicofarmacología*.] Estudio de los medicamentos que modifican el funcionamiento del sistema nervioso y la actividad mental, y de sus efectos.

**neuroquantum:** [Gr. *neúron* = nervio + Lat. *quantum* = cantidad]. Término creado por *Piéron*, para designar la unidad de aporte que corresponde a la impulsión nerviosa única de una sola fibra nerviosa.

**neuroquímica:** [Gr. *neúron* = nervio + *química*]. Estudio de las reacciones químicas que acompañan el funcionamiento del sistema nervioso.

**neurosis:** [Gr. *neúron* = nervio]. Nombre genérico que se da a un grupo de afecciones cuyos síntomas indican un trastorno en el funcionamiento del sistema nervioso, sin que el examen anatómico revele lesiones aparentes o apreciables en los elementos de ese sistema y sin que exista alteración de la personalidad (lo contrario de *psicosis* [v.]). Este término fue empleado por primera vez por *Cullen* (v.) en 1776.

**neurosténico:** [Gr. *neúron* = nervio + *sthénos* = fuerza]. Se dice de los agentes capaces de aumentar la fuerza nerviosa.

**neurotización:** [Gr. *neúron* = nervio]. Fenómeno observado en la cicatrización de los nervios seccionados; los cilindroejes del extremo central crecen y penetran en el extremo periférico, con lo

cual aseguran la restauración funcional del nervio.

**neurotmesis:** [Gr. *neúron* = nervio + *tmesis* = sección]. Sección de los axones, del neurilema y de la vaina de *Schwann* como consecuencia de una herida del nervio. Nunca se repara espontáneamente.

**neurótono:** [Gr. *neúron* = nervio + *tomé* = sección]. Segmento del sistema nervioso central del embrión, correspondiente a un *metámero* (v.).

**neurotonía:** [Gr. *neúron* = nervio + *tónos* = tensión]. Emotividad exagerada que se traduce por la vivacidad de los reflejos.

**neurótropo:** [Gr. *neúron* = nervio + *trépein* = volver]. Se dice de las sustancias químicas, de los microbios, de los virus, etc., que se fijan de manera selectiva sobre el sistema nervioso.

**nictémero:** [Gr. *ny, -nuktós* = noche + *eméra* = día]. Espacio de tiempo que comprende una día y una noche o sea, 24 horas.

**nihilismo:** [Lat. *nihil* = nada]. Actitud de negación absoluta de los principios sociales y morales corrientes. Este término proviene del movimiento anárquico ruso de la segunda mitad del siglo pasado. Para el *psicoanálisis*, la actitud nihilista sería una rebelión contra la autoridad que representa la figura paterna.

**ninfomanía:** [Gr. *nymphe* = ninfa + *manía* = locura]. Afrodisia o exageración de los deseos sexuales en la mujer.

**niño:** [Port. *menino* = infante]. El ser humano en la etapa comprendida desde el nacimiento hasta la *pubertad* (v.).

**nistagmus:** [Gr. *nystázo* = me inclino]. Movimientos oscilatorios y a veces rotativos del globo ocular. Estos movimientos son involuntarios, por sacudidas horizontales, verticales o a veces de circulación. Son congénitos, o sintomáticos de una lesión de los centros nerviosos.

**nivel mental:** Lugar que ocupa la inteligencia de un sujeto en la escala de los valores intelectuales.

**nivel teleonómico:** En una especie dada corresponde a la cantidad de información que debe ser transferida, proporcionalmente por el individuo, para asegurar la transmisión a la generación siguiente del contenido específico de su *invariancia reproductiva* (v.).

**nociceptivo:** [Lat. *nocere* = dañar + *capere* = tomar]. Excitación que tiene por punto de partida el asiento de un trauma, transmitido por el sistema vagosimpático al cerebro, donde determina hiperemia y edema.

**noción:** [Lat. *notio* = acción de conocer]. Idea que implica los caracteres esenciales del objeto. Se refiere sobre todo a los objetos del pensamiento.

**noegénesis:** [Gr. *nóesis* = pensamiento + *génesis* = producción]. Según *Spearman* (v.), *noesis* (v.) con producción de nuevos elementos.

**noema:** [Gr. *nóesis* = pensamiento]. En el curso de la reducción fenomenológica, esto es puesta entre paréntesis de algo, el noema es el mundo asido como intencionalidad de la conciencia.

**noesis:** [Gr. *pensamiento*]. Las operaciones del intelecto.

**noético:** [Gr. *noéin* = pensar]. Que concierne al aspecto intelectual del pensamiento. Se opone a su aspecto afectivo o *tímico* (v.).

**nomadismo:** [Lat. *nomas* = natural de Numidia]. La situación de individuos o grupos de individuos que tienen la propensión de trasladarse de un lugar a otro sin asentar definitivamente en un lugar.

**nominalismo:** [Lat. *nominalis* = pertenecientes a un nombre]. Doctrina según la cual los hechos científicos, y con mayor razón las leyes y las teorías, son construcciones del espíritu y no representaciones de las cosas. En filosofía significa que no tenemos ideas generales o conceptos, sino que solamente poseemos signos o palabras que evocan cosas, las cuales, únicamente, son singulares.

**nomogénesis:** [Gr. *nómos* = ley + *génesis* = generación]. Teoría de la evolución según la cual el curso de la misma está fijado y predeterminado por leyes, y dentro de la cual no tiene razón la existencia de posibilidades abiertas.

**nomografía:** [Gr. *nómos* = ley + *graphé* = representación]. Conjunto de los procederes de representación de leyes por medio de gráficos que dispensan de largos cálculos numéricos.

**nomología:** [Gr. *nómos* = ley + *lógos* = estudio]. Parte de la ciencia que estudia los principios generales del conocimiento científico y formula leyes.

**noohorméteros:** [Gr. *nóos* = espíritu + *hormetérion* = instinto]. Término creado por *Von Monakow* (v.) para designar a los instintos evolucionados asociados con instintos primitivos. Cf. *horméteros*.

**noológico:** [Gr. *nóos* = espíritu + *lógos* = discurso]. Que concierne al espíritu. En la clasificación de las ciencias de *Ampère* (v.), las ciencias noológicas son las correlativas de las ciencias cosmológicas.

**noosfera:** [Gr. *nóos* = espíritu + *sphaíra* = esfera]. Mundo del espíritu y del pensamiento figurado, por analogía con la *biosfera* (v.), como una capa que se superpone a la de la vida. Esta expresión corresponde a *Teilhard de Chardin* (v.).

**norma:** [Lat. *escuadra*]. Tipo ideal o regla con relación a los cuales se expresan juicios de valor.

**normostilo:** [Lat. *norma* = regla + Gr. *stylos* = columna]. De forma mediana, ni demasiado larga ni demasiado corta, ni demasiado delgada ni demasiado gruesa.

**nosofobia:** [Gr. *nósos* = enfermedad + *phóbos* = miedo]. Temor excesivo a contraer enfermedades.

**nosografía:** [Gr. *nósos* = enfermedad + *graphé* = descripción]. En psicopatología descripción de una enfermedad mental.

**nosología:** [Gr. *nósos* = enfermedad + *lógos* = tratado]. Estudio de los caracteres distintivos que permiten definir las enfermedades.

**nosomanía:** [Gr. *nósos* = enfermedad + *manía* = locura]. Exageración de la *hipocondría* (v.) que lleva hasta concepciones delirantes. El sujeto presenta una preocupación excesiva por su salud.

**nosotros, el:** Pronombre personal empleado en psicología sustantivado para referirse al ser moral constituido por dos o varios individuos que tienen relaciones interpersonales. «En un grupo tan limitado como la familia patriarcal, se puede distinguir varios Nosotros (Nosotros padres, Nosotros niños, Nosotros formado por uno de los padres con uno o varios niños, etc.), y diversas relaciones con Otros...» *(Gurvitch)*.

**nostalgia:** [Gr. *nóstos* = retorno + *algós* = dolor]. Tristeza y depresión provocadas por el alejamiento del país natal y de un medio en el que se ha vivido mucho tiempo.

**nostopatía:** [Gr. *nóstos* = retorno + *páthos* = enfermedad]. Neurosis de guerra caracterizada por una necesidad imperiosa de regresar al hogar que sienten los soldados.

**notocordio:** [Gr. *noton* = atrás + *chordé* = cuerda]. Cuerpo compuesto por células derivadas de los mesoblastos, por debajo del canal primitivo del embrión, que se define como el eje primitivo del cuerpo. Sin. *cuerda dorsal*.

**nóumeno:** [Gr. *nóumenon* = que no se puede concebir]. Término creado por *Kant* (v.), para referirse, cuando es considerado positivamente, a la cosa en sí, a la realidad absoluta, de la que no tenemos un conocimiento empírico, pero que puede ser conocida por *intuición* (v.) intelectual. Cuando es considerado negativamente, se refiere a lo incognoscible.

**no-uso, ley del:** Ley establecida por *Thorndike* (v.), según la cual cuando durante un tiempo la conexión entre una situación y una respuesta deja de ser repetida, la fuerza de la conexión tiende a debilitarse. Cf. *desacondicionado*.

**no - yo:** Se refiere a todo lo que no es subjetivo, pero designado al *otro* (v.); es más amplia que esta expresión, que se limita a los seres humanos.

**nubilidad:** [Lat. *nubere* = casarse]. Estado del individuo que es apto para el matrimonio.

**nucleicos, ácidos:** Moléculas gigantes soporte de la información genética.

**nucleína:** [Lat. *nucleus* = centro]. Producto de descomposición de las nucleoproteínas, intermedio entre la nucleoproteína y el ácido nucleico.

**núcleo:** [Lat. *nucleus* = centro]. Cuerpo esférico dentro de la célula, que se distingue del resto de la misma por su estructura densa y por contener *nucleína* (v.). **N. caudado,** parte del cuerpo estriado que se proyecta anteriormente dentro del ventrículo lateral. **N. dentado,** gran núcleo dentro del hemisferio del cerebelo. Sin. *cuerpo dentado*. **N. lenticular,** la parte del cuerpo estriado que externamente da con el tercer ventrículo. **N. subtalámico:** V. *Luys, cuerpo de*.

**nucleótido:** [Lat. *nucleus* = núcleo + Gr. *eídos* = forma]. Elemento de construcción en partiendo del cual se fabrican los ácidos nucleicos (v.).

**nudo vital:** Nombre dado por *Flourens* (v.), en 1827, al punto situado sobre el techo del cuarto ventrículo, al nivel del centro respiratorio. Su lesión entraña la muerte por detención de la respiración. Los *vitalistas* (v.) localizaron, por un tiempo, allí el principio vital.

**nulípara:** [Lat. *nullus* = nulo + *parere* = parir]. Mujer que no ha tenido niños.

**numinoso:** [Lat. *numen, -inis* = deidad, divinidad]. Término que en psicología de las religiones designa lo que se desprende de un ser sobrenatural sin representación más exacta.

**nutrición:** [Lat. *nutrire* = nutrir]. Conjunto de los intercambios que se realizan entre el organismo vivo y el medio que lo rodea.

# O

**obediencia:** [Lat. *obedire* = obedecer]. Disposición para someterse a la voluntad y a las órdenes de otro, y para obedecerlas.

**objetal:** [Neol. de objeto]. Para el *psicoanálisis,* carácter de una tendencia o conducta con relación al objeto.

**objetual, relación:** [Lat. *objectus* = presente, expuesto]. Según el *psicoanálisis,* la manera como los impulsos del individuo se refieren a determinados objetos externos o internos, comprendiendo además las relaciones vividas con la realidad externa y también con la fantasía.

**objetante (de conciencia):** [Lat. *objectare* = poner delante]. Individuo que en razón de su ideología (religiosa, política o filosófica) se niega a cumplir con deberes militares y afronta riesgos legales antes que someterse.

**objetivo:** [Lat. *objetivus* = que pertenece al objeto]. Adjetivo que se refiere a aquello en que todos pueden participar de alguna manera. En *psicología,* se refiere a los datos que en determinadas condiciones están a disposición de todos los investigadores o que son accesibles a instrumentos físicos de medida.

**objeto:** [Lat. *objectus* = presente, expuesto]. Aquello que para una persona, en un momento dado, es consciente como percepción, como imagen o como pensamiento. **O., elección del,** en *psicoanálisis,* el criterio seguido por el sujeto para elegir el objeto de la *libido* (v.). **O. sexual,** persona u objeto que para un hombre o un animal constituye un incentivo sexual.

**oblativo:** [Lat. *oblatio* = acción de ofrecer]. Denominación que da el *psicoanálisis* a los sentimientos que llevan al sujeto a darse íntegramente, a amar de verdad.

**obligación:** [Lat. *obligatio* = que impone algo]. Carácter de las acciones a las cuales la conciencia o la ley obligan. Comprendida de esta manera, la obligación supone la libertad y se opone a la sujeción y a la necesidad.

**obnubilación:** [Lat. *ob* = por delante + *nubilus* = cubierto de nubes]. Oscurecimiento de la conciencia.

**observación:** [Lat. *observare* = mirar con atención]. Método que consiste en controlar, regular y directamente, o por medio de aparatos, la conducta de un individuo o grupo de individuos, o de fenómenos, para obtener conocimientos causales. **O., sentido de la,** aptitud para realizar registros perceptivos sistematizados.

**obsesión:** [Lat. *obsessio* = acción de asediar]. Sentimientos o pensamientos penosos que se imponen al espíritu a pesar de su carácter absurdo reconocido por el sujeto y que provocan sensación de angustia. Pueden sobrevenir tanto en los débiles intelectuales como en los individuos inteligentes y cultivados.

**obstrucción, método de la:** [Lat. *obstructus* = que se opone]. Método que consiste en obtener la medida de la fuerza de una tendencia en oponiendo dificultades graduadas; se emplea sobre todo en psicología experimental: laberintos, vallas electrizadas, etc.

**obtusión:** [Lat. *obtusus* = embotado]. Según *Porot,* disminución más o menos señalada, de la permeabilidad mental y de la conciencia.

**ocasionalismo:** [Lat. *occasio* = que a veces cae]. Teoría de *Malebranche* (v.), según la cual no hay causa eficiente fuera de Dios. En *Claudio Bernard* (v.), circunstancias que se ejercen sobre un individuo predisponiendo una acción que no producen sobre otro, de manera que la predisposición debe ser tenida como la verdadera causa de la acción: por ejemplo, la enfermedad.

**occipital máximo, punto:** Punto del cráneo donde termina el diámetro anteroposterior máximo que parte de la glabela.

**occipital, síndrome:** [Lat. *occipitalis* = que pertenece al occipucio]. Conjunto de síntomas provocados por alteración del lóbulo occipital del cerebro. Son trastornos visuales.

**ocrodermia:** [Gr. *ochrós* = pálido + *dérma* = piel]. Palidez de la piel, cualquiera sea la causa.

**ocular, dominancia:** [Lat. *oculus* = ojo]. La diferencia, análoga a *zurdería* (v.) y *destreza* (v.), entre los dos ojos con respecto al uso, tanto en preferencia como en eficiencia.

**oculogiro:** [Lat. *oculus* = ojo + *gyro* = doy vuelta]. Que hace volver los ojos. Nombre con el cual *Grasset* designa los centros, nervios y músculos rotadores del ojo.

**oculomotor:** [Lat. *oculus* = ojo + *motus* = movimiento]. Que hace mover al globo ocular.

**ocultismo:** [Lat. *occultus* = escondido]. Creencia en

la existencia de realidades suprasensibles y en métodos para obtener la percepción de las mismas. Cf. *espiritismo* y *parapsicología.*

**ocupación:** [Lat. *occupatio* = emplearse en algo]. Actividad de cualquier tipo para cuya realización el sujeto emplea parte de su tiempo con un nivel dado de motivación: salario, curiosidad, etc. **O., terapéutica por,** intervención terapéutica en algunos desórdenes mentales dirigida a ayudar al paciente con una ocupación remunerada.

**odinofagia:** [Gr. *odyne* = dolor + *phágein* = comer]. Deglución dolorosa. A menudo se emplea con este sentido el término *disfagia* (v.).

**odio:** [Lat. *odium*]. Emoción que expresa gran aversión, hostilidad. En sus formas más graves y durables, que pueden ser completamente irracionales, se destacan tendencias opuestas al acercamiento destructivo y agresivo. Para el *psicoanálisis,* sería un impulso agresivo.

**Ogino-Knaus, ley de:** Ley fisiológica en virtud de la cual, en la hembra con reglas completamente normales, la fecundación sólo sería posible entre los doce y diecinueve días que preceden a las reglas.

**Ohm, ley de:** Ley formulada por *Ohm*: «un oído es capaz de analizar una onda compleja en sus diversos componentes, de distinguirlos, identificarlos por su altura, siempre que no sean demasiado numerosos».

**Ohwaki-Kohs, test o prueba de inteligencia para ciegos de:** Adaptación del test de los *cubos de Kohs* (v.), para sujetos afectados de ceguera.

**oído:** [Gr. *oús*]. Órgano de la audición, que en los pájaros, en los mamíferos, incluido el hombre, se divide en tres partes: oído interno, medio y externo, las cuales contienen los órganos terminales de dos sentidos, la audición (cóclea) y el sentido estático o sentido del equilibrio (canales semicirculares con el utrículo y el sáculo).

**ojiva de Galton:** Representación gráfica, en forma de ojiva, en la cual la ordenada corresponde al límite superior de cada clase de la variable, y es proporcional al efecto acumulado que corresponde a esa clase. Sin. *curva de Galton.*

**ojo:** [Lat. *oculus*]. Órgano del sentido para la recepción de los rayos luminosos cuya longitud de onda está entre los 400 m$\mu$. y 760 m$\mu$. Los receptores esenciales son los conos y los bastoncillos en la retina.

**olenosquélica, relación:** [Gr. *oléne* = brazo + *skélos* = pierna]. En *morfología,* relación de longitud de todo el miembro superior, multiplicada por 100, con la de todo el miembro inferior.

**olenóstila, relación:** [Gr. *oléne* = brazo + *stylos* = columna]. En *morfología,* relación entre la medida de los perímetros del brazo y del antebrazo y la longitud del miembro superior.

**olfación:** [Lat. *olfacere* = oler]. Ejercicio del sentido del olfato.

**olfato:** [Lat. *olfactus* = oler]. Órgano receptor de los estímulos olorosos, que actúa por medio de estimulantes químicos.

**olfatometría:** [Lat. *olfacere* = oler + Gr. *métron* = medida]. Medida de la concentración mínima de una sustancia capaz de provocar una sensación olfativa.

**olfatómetro:** [Lat. *olfactus* = oler + Gr. *métron* = medir]. Instrumento inventado por *Zwaardemaker* para medir el umbral de estímulo, el umbral diferencial y los valores cuantitativos de los estímulos olfativos.

**oligobaro:** [Gr. *olígos* = débil + *báros* = peso]. En *morfología,* cuando el peso es débil en relación con la talla.

**oligocrania:** [Gr. *olígos* = débil + *kraníon* = cráneo]. Desarrollo insuficiente del volumen del cráneo en relación con el del cuerpo; se traduce por una disminución de la relación craniosomática.

**oligodipsia:** [Gr. *olígos* = débil + *dípsa* = sed]. Disminución, o ausencia casi completa, de la sensación de sed, que se observa en algunos sujetos sin aparente perturbación de la salud.

**oligoelementos:** [Gr. *olígos* = débil + Latín *elementum* = elemento]. Nombre dado a determinados metales y metaloides (hierro, zinc, magnesio, flúor, cobre, aluminio, iodo) cuya presencia, en dosis infinitesimales, es indispensable en la ración alimenticia.

**oligofacia:** [Gr. *olígos* = débil + *phagéin* = comer]. Disminución del apetito.

**oligofrenia:** [Gr. *olígos* = débil + *phren* = espíritu]. Término que comprende todos los grados de debilidad mental, desde la debilidad mental propiamente dicha hasta la *idiocia* (v.). **O. hereditaria,** la oligofrenia transmitida hereditariamente según el modo recesivo.

**oligotriquia:** [Gr. *olígos* = débil + *thris, trichós* = cabello]. Desarrollo incompleto del sistema piloso que solamente subsiste en forma de simple pelusa.

**olvido:** [Lat. *oblivio*]. Pérdida progresiva de experiencias pasadas, o de enseñanzas, hasta la desaparición completa del recuerdo. Este hecho normal ocurre sin perturbaciones de la conducta. **O., curva del,** curvas que se obtienen en los experimentos de retención de material verbal, señalando sobre la ordenada la medida del recordar y sobre la abscisa la duración del tiempo transcurrido desde el aprendizaje. La primera de estas curvas, y la más conocida, fue la obtenida por *Ebbinghaus* (v.), en 1885.

**omega, prueba** o **test:** Test de *precisión motriz* creado por *Bonnardel,* en 1947. Se trata de hacer deslizar un tornillo por una garganta ondulada sin que se toquen los bordes de ésta.

**omofagia:** [Gr. *omós* = crudo + *phagéin* = comer]. *Bulimia* (v.) por la carne cruda.

**onanismo:** [De *Onán,* personaje bíblico]. Práctica del *coitus interruptus.* Equivocamente se emplea como sinónimo de *masturbación,* pues Onán fue castigado con la muerte por practicar el coito interrumpido y no por masturbarse. Cf. *masturbación.*

**oncografía:** [Gr. *onkos* = volumen + *gráphein* = escribir]. Registro de los cambios de volumen de un cuerpo o de un órgano con ayuda de un instrumento especial llamado *oncómetro.*

**onicofagia:** [Gr. *ónux - uchos* = uña + *phágein* = comer]. Hábito que tienen algunos individuos de roerse las uñas.

**oniomanía:** [Gr. *oné* = compra + *manía* = locura]. Impulso mórbido e incontenible de realizar compras.

**onírico:** [Gr. *óneiros* = sueño]. Que tiene relación con los sueños.

**onirismo:** [Gr. *óneiros* = sueño]. Delirio subagudo que ha sido comparado con un sueño penoso que sucede en el estado de vigilia. El enfermo se enfrenta con visiones aterrorizadoras, con alucinaciones de la sensibilidad general, del sentido muscular y a veces de la vista. Esta forma de delirio es frecuente en el alcoholismo crónico.

**oniroanálisis:** [Gr. *óneiros* = sueño + *análisis*]. Exploración del subconsciente por medio del estudio de sueños provocados con sustancias que perturban la actividad mental (marihuana, mescalina, etc.).

**onirodinia:** [Gr. *óneiros* = sueño + *odyné* = dolor]. Pesadilla.

**onomatomanía:** [Gr. *ónoma* = nombre + *manía* = locura]. Nombre dado por *Charcot* (v.), a diversas formas de obsesión que tienen la característica común de que un nombre o una palabra ocupa especialmente la mente del enfermo.

**ontogénesis:** [Gr. *ón - óntos* = el ser + *gennan* = engendrar]. Desarrollo del individuo, en oposición a *filogenia* (v.), que es el desarrollo de la especie. Sin. *ontogenia.*

**ontogenia:** [Gr. *óntos* = el ser + *gennan* = engendrar]. V. *ontogénesis.*

**ontología:** [Gr. *ón - óntos* = ser + *lógos* = tratado]. Nombre dado por *Broussais*, a la doctrina opuesta a la fisiología, que no une los fenómenos patalógicos con los fenómenos regulares de la vida. *Flourens* (v.) da este nombre al estudio de los seres vivos y de los fenómenos individuales. En *filosofía*, parte de ésta, o de la *metafísica*, que tiene por objeto a los seres en sí mismos, y no tal como aparecen en los fenómenos.

**ontológico:** [Gr. *óntos* = ser]. Que se refiere a la *ontología* (v.). Que pertenece a la categoría del ser, que concierne al ser.

**ooforomanía:** [Gr. *oophoros* = ovarios + *manía* = locura]. Nombre que se daba a accidentes nerviosos graves en la mujer (epilepsia, histeria, etc.), que se atribuían a lesiones de los ovarios porque coincidían con trastornos de la menstruación. Basándose en esta doctrina errónea se realizaron durante años ablaciones de los ovarios en neurópatas.

**operacionismo:** [Lat. *operatus* = que tiene un efecto]. Teoría del filósofo *Bridgman* (v.), introducida en *psicología*, y según la cual el concepto es sinónimo de las operaciones que le corresponden.

**operador, gene:** [Lat. *operator* = el que obra]. Región del cromosoma que puede actuar directamente o indirectamente con *represor* (v.) específico y controlar así la función de un gene.

**operatorio:** [Lat. *operatio* = ejecución de algo]. En *epistemología*, operaciones metódicamente ordenadas. En la *psicología* de *Piaget* (v.), estadio en el cual el niño es capaz de procesos mentales reversibles. **O., teoría,** teoría de *Piaget* (v.), que consiste en demostrar que la inteligencia y el pensamiento representan series de operaciones: clasificar, seriar, numerar, medir, colocar, desplazar en el espacio y en el tiempo.

**operón:** [Lat. *operatio* = obra, la acción de obrar]. Unidad genética compuesta por genes adyacentes que funcionan de manera coordinada bajo el control de un *operador* (v.) y de un *represor* (v.).

**opiofagia:** [Gr. *opion* = opio + *phagéin* = comer]. Hábito de comer opio, tanto en pequeñas dosis como excitante, como en fuertes dosis como sedante.

**opistión:** [Gr. *ópisthen* = hacia atrás]. En *antropología*, punto medio del borde posterior del agujero occipital.

**opistótonos:** [Gr. *ópisthen* = hacia atrás + *tónos* = tensión]. Variedad de contractura generalizada que predomina sobre los músculos extensores, y que hace que el cuerpo se doble hacia atrás en arco.

**oposicionismo:** [Lat. *oppositus* = que se opone]. Según *Lhermitte* (v.), trastorno de la motricidad caracterizado por la contracción automática de los músculos antagónicos del movimiento pasivo que se quiere dar a un miembro.

**optimismo:** [Lat. *optimus* = lo mejor]. Estado de confianza en cuanto al porvenir de algo. **O. absoluto,** doctrina de *Leibniz* (v.), según la cual el mundo es el mejor de los mundos posibles aunque no sea perfecto. Cf. *pesimismo.*

**oral:** [Lat. *os - oris* = boca]. Que pertenece a la boca. **O., neurosis,** término del psicoanálisis que se refiere a la motivación inconsciente para la *libido* (v.) oral. **O., sadismo,** expresión psicoanalítica que interpreta la tendencia de los niños de llevar todos los objetos a la boca, succionarlos, etc. **O., estadio,** término del psicoanálisis que se refiere al primer estadio del desarrollo psicosexual del niño.

**oréctico:** [Gr. *órexis* = tendencia]. Término creado por *Burtt* (v.), para designar los factores de la personalidad que corresponden a las tendencias. Se opone a *cognitivo* o *intelectual.*

**oréxico:** [Gr. *órexis* = apetito]. Que se relaciona con el apetito.

**orexis:** [Gr. *apetito*]. Se refiere a los aspectos afectivos y volitivos de la experiencia, en oposición a *cognición* (v.), que se refiere a los aspectos racionales.

**organicismo:** [Lat. *organum* = instrumento]. Teoría según la cual la actividad mental tiene por origen, exclusivamente, la función de un órgano.

**organismo:** [Lat. *organum* = instrumento]. Individuo, animal o vegetal, constituido por cierto número de partes o de órganos, pero que tiene vida propia.

**organito:** [Lat. *organum* = instrumento]. Pequeño órgano celular interno.

**organización:** [Lat. *organum* = instrumento]. El proceso de organizar o de comenzar a organizar. Un cuerpo, grupo o estructura organizados. **O. del personal,** en *psicología industrial* selección, orientación y dirección del personal de una empresa. **O. del sujeto,** constitución de la personalidad. **O. psíquica,** el conjunto ordenado de las funciones psíquicas. **O. sensorial,** para la *psicología de la forma,* organización según la cual el cuadro de los estímulos sensoriales inicia y mantiene las excitaciones nerviosas que, por cosiguiente, dependerían del cuadro u organización de los estímulos. **O. social,** el sistema de relaciones entre los individuos de una sociedad dada.

**órgano-dinámica, teoría:** V. *órgano-dinamismo.*

**órgano-dinamismo:** [Gr. *órganon* = instrumento + *dynamis* = fuerza]. El órgano-dinamismo o *teoría órgano-dinámica* de *Ey* (v.), repite la concepción de las jerarquías neurológicas de *Jackson* (v.), y considera las funciones psíquicas como jerarquizadas de igual manera, pues la disolución de las superiores entraña la liberación de las inferiores por ellas controladas.

**organoléptica, propiedad:** [gr. *órganon* = órgano + *leptos* = recibido]. Impresión causada por los cuerpos sobre los órganos de los sentidos.

**organotropismo:** [Gr. *órganon* = órgano + *trépein* = volver]. Afinidad que presentan ciertos virus o cepas microbianas por un órgano dado.

**orgasmo:** [Gr. *órgasmos* = ser excitado]. Resolución de la excitación genésica.

**orientación:** [Lat. *oriens* = al Este]. Determinación por el sujeto de las relaciones espaciales y temporales de lo objetos y acontecimientos. **O. autopsíquica,** según *Wernicke* (v.), la orientación de una persona con respecto de sí misma. **O. mental,** capacidad para reconocer el medio y las relaciones temporales y espaciales de éste con uno mismo. **O. profesional,** ayuda, con procesos especializados, a una persona para orientarse en la elección de una profesión.

**ortodoxia:** [Gr. *orthodóxia* = opinión correcta]. Conformidad, no importa en qué dominio, con principios o ideas particulares o generales.

**ortofonía:** [Gr. *orthós* = derecho, correcto + *phoné* = voz]. Pronunciación correcta de una lengua. Se emplea también con referencia a las medidas que se adoptan para corregir los trastornos del lenguaje.

**ortogénesis:** [Gr. *orthós* = recto, derecho + *génesis* = origen]. Transformación biológica o psicológica dirigida en cualquier grado y bajo cualquier influencia hacia una dirección.

**ortomorfia:** [Gr. *orthós* = derecho + *morphé* = forma]. Según *Delpech,* creador del término, es el arte de prevenir y corregir las deformidades del cuerpo. Esta palabra fue propuesta para reemplazar al término *ortopedia,* que erróneamente implica la limitación de ese arte a los niños.

**ortoñatismo:** [Gr. *orthós* = derecho + *gnáthos* = mandíbula]. Disposición general de la cara de manera que la línea del perfil que va de la frente al mentón sea vertical. En realidad esta conformación es sólo ideal, pues no se encuentra en ninguna raza; todos son más o menos proñatas. Sin embargo, esta denominación se aplica a la raza blanca porque es aquélla cuya línea de perfil se acerca más a la vertical.

**ortopedagogía:** [Gr. *orthós* = derecho + *pedagogía*]. Término muy empleado en algunos países germanos y sajones, que se refiere al conjunto de los métodos y procederes que permiten al niño, que presenta dificultades de aprendizaje, realizar una escolaridad correcta de acuerdo con sus posibilidades.

**ortopedia:** [Gr. *orthós* = derecho + *país* - *paidós* = niño]. Palabra creada por *Andry,* en 1741, quien le dio como significado: «arte de prevenir y de corregir en los niños las deformidades del cuerpo». Equivocadamente se extiende este término a los adultos (v. *ortomorfia*), y peor aún, se le adjetiva diciendo *ortopedia infantil.*

**ortopsicogénesis:** [Gr. *orthós* = derecho + *psyché* = espíritu + *gennan* = engendrar]. Génesis ordenada, sin anormalidades, de la vida mental.

**ortopsicología:** [Gr. *orthós* = derecho + *psyché* = espíritu + *lógos* = tratado]. Arte de prevenir y de corregir en los seres humanos (adultos y niños [v. *ortopsicopedia*]) los trastornos psíquicos. También se usa con el sentido, más directo, de arte de ayudar a un desarrollo psíquico correcto y de conservarlo.

**ortopsicopedia:** [Gr. *orthós* = derecho + *psyché* = espíritu + *país* = niño]. Tratamiento de los trastornos psíquicos infantiles.

**oscuridad, adaptación a la:** Fenómeno de la visión, por el cual y debido a progresiva adaptación, la visión se conserva durante largo tiempo en la oscuridad. Se caracteriza por un aumento progresivo de la sensibilidad retiniana (bastoncillos).

**Oseretzky, escala motriz de:** V. *motricidad, test de.*

**osificación:** [Lat. *os* = hueso + *facere* = hacer]. Formación y desarrollo del tejido óseo, sea normal o patológicamente. Sin. *osteogénesis.*

**osmorreceptor:** [Gr. *osmós* = acción de empujar + Lat. *receptor* = recibidor]. Terminación nerviosa que es sensible a las variaciones de la presión osmótica.

**ósmosis:** [Gr. *osmós* = acción de empujar]. Pasaje recíproco de dos líquidos desigualmente ricos en moléculas disueltas, a través de una membrana semipermeable que los separa.

**osmótico:** [Gr. *osmós* = acción de empujar]. Que se relaciona con la ósmosis. **Presión** o **tensión o.**, fuerza ejercida, de una y otra parte de una membrana semipermeable que separa a dos líquidos desigualmente ricos en moléculas disueltas en ellos.

**osteogenia:** [Gr. *ostéon* = hueso + *génesis* = generación]. V. *osificación.*

**otro:** [Lat. *alter* = otro]. Concepto primario del que solamente se pueden dar sinónimos: diferente, distinto, diverso, etc. El otro se opone al *yo* (v.), los otros al nosotros.

**ovariectomía:** [Lat. *ovarium* = ovario + Griego *ektomé* = ablación]. Ablación de los ovarios. Sinónimo incorrecto: *ovariotomía.*

**ovariotomía:** Forma incorrecta de *ovariectomía* (v.).

**ovogenia:** [Lat. *ovum* = huevo + *gennan* = engendrar]. Estudio del desarrollo del óvulo. A menudo se emplea este término como sinónimo de *embriogenia* (v.).

# P

**paciente:** [Lat. *patiens* = que soporta]. El que sufre la acción de algo; en *psicología clínica*, el que acude al psicólogo en busca de ayuda.

**paedología:** [Gr. *país - paidós* = niño + *lógos* = estudio]. Estudio experimental del niño. V. *pedología*.

**paidiómetro:** [Gr. *paidíon* = niño + *métron* = medida]. Instrumento destinado a medir la talla de los niños.

**paidómetro:** [Gr. *país* = niño + *métron* = medida]. V. *paidiómetro*.

**palabra:** [Gr. *parabolé, pará* = al lado + *bállein* = arrojar]. Unidad estructural del lenguaje, producida por medio de un sonido articulado o una serie de sonidos articulados que, asociada convencionalmente con un significado determinado, simboliza un concepto. Sin. *vocablo*. **P. interior,** representación imaginada de las palabras que acompaña al pensamiento sin actividad consciente de los órganos de la fonación. Sin. *endofasia*.

**palabra en espejo:** Trastorno de la palabra que es, a la palabra corriente, el equivalente de la *escritura en espejo* (v.) a la escritura. Se presenta bajo la forma de inversión de sílabas en la palabra, de palabras en la frase, así como la inversión de letras en la palabra, pero conservando su lugar en la frase.

**palabras asociadas, prueba de las:** Prueba fundada sobre respuestas dadas por un sujeto que responde a una serie de palabras-estímulos, pronunciando para cada una, lo más rápidamente posible, la palabra que es evocada. Esta prueba se emplea para el estudio de la *personalidad* (v.).

**palatosquisis:** [Lat. *palatum* = paladar + *schízein* = dividir]. Prolongación en la bóveda palatina de la hendidura del labio leporino.

**paleocerebelo:** [Gr. *palaiós* = viejo + *cerebellum* = cerebrito]. La primera formación del cerebelo, que comprende el vermis y parte de los hemisferios cerebelares.

**paleocórtex:** [Gr. *palaiós* = viejo + *cortex* = corteza]. La porción filogenéticamente más antigua de la corteza cerebral, también llamada corteza olfatoria.

**paleoencéfalo:** [Gr. *palaiós* = viejo + *enkephalos* = cerebro]. El cerebro primitivo; todo el cerebro salvo la corteza cerebral y sus dependencias.

**paleofrenia:** [Gr. *palaiós* = antiguo + *phren* = espíritu]. Término creado por *Pierson*, en 1955, para denominar la persistencia del psiquismo primitivo en poblaciones contemporáneas con desarrollo técnico y cultural actual.

**paleogénesis:** [Gr. *palaiós* = viejo + *génesis* = origen]. V. *palingénesis*.

**paleopatología:** [Gr. *palaiós* = antiguo + *patología*]. Expresión creada por *Ruffer*, en 1913, para el estudio de las enfermedades que puede revelar el examen de los restos humanos o animales de tiempos antiguos (momias).

**paleopsicología:** [Gr. *palaiós* = viejo + *psicología*]. El estudio de los fenómenos psicológicos cuando está basado sobre una mentalidad primitiva o ancestral.

**paleosensibilidad:** [Gr. *palaiós* = antiguo + *sensibilidad*]. V. *protector, sistema*.

**palestesia:** [Gr. *pállein* = sacudir + *aísthesis* = sensibilidad]. Sensibilidad ósea a las vibraciones, estudiada con ayuda del diapasón aplicado sobre la piel.

**paliativo:** [Lat. *palliatus* = cubierto con un manto]. Adjetivo y sustantivo que se refiere a remedios que determinan alguna mejoría en los síntomas de una enfermedad, sin constituir una verdadera terapéutica causal.

**palicinesia:** [Gr. *pálin* = de nuevo + *kínesis* = movimiento]. Síndrome caracterizado por la repetición espontánea e involuntaria de un mismo gesto.

**paligrafía:** [Gr. *pálin* = de nuevo + *gráphein* = escribir]. Repetición habitual, en los escritos, de la misma idea, de la misma frase, de la misma palabra, de manera monótona.

**palilalia:** [Gr. *pálin* = de nuevo + *laléin* = hablar]. Trastorno de la palabra que consiste en la repetición espontánea, involuntaria, dos o más veces seguidas, de una misma frase o palabra. Este fenómeno, próximo a la *ecolalia* (v.), está en relación con el debilitamiento de la inteligencia.

**palilogía:** [Gr. *pálin* = de nuevo + *lógos* = palabra]. Variedad de *palilalia* (v.), en la que la repetición de una frase bien constituida se intercala entre palabras incoherentes o incomprensibles.

**palingénesis:** [Gr. *pálin* = lo de atrás + *génesis* = origen]. En *histología*, la regeneración o restauración de una parte perdida. En *biología*, la aparición de caracteres ancestrales en generaciones sucesivas. Cf. *cenogénesis*.

**palingnóstico, delirio:** [Gr. *pálin* = de nuevo + *gignósko* = reconozco]. Delirio caracterizado por continuas ilusiones de falso reconocimiento.

**palisilaba:** [Gr. *pálin* = de nuevo+ *syllabé* = sílaba]. Trastorno de la locución caracterizado por la repetición involuntaria, explosiva, sacudida, de una sílaba, generalmente la primera de una palabra. Es el síntoma esencial de la *tartamudez* (v.).

**pallidal:** [Lat. *pallidum* = pálido]. Que se relaciona con el pallidum, parte interna del núcleo lenticular. P., síndrome, conjunto de síntomas unidos con lesión del pallidum; clínicamente se traduce por la enfermedad de Parkinson y los síndromes parkinsonianos.

**palpebral, reflejo:** [Lat. *palpebra* = párpado]. Reflejo de guiño del párpado, desencadenado por luminosidad fuerte y repentina, ruido violento, un objeto que se aproxima al ojo, contacto de la córnea o soplo.

**pandemia:** [Gr. *pandémios* = que abarca el pueblo entero]. Propagación de una enfermedad infecciosa a casi todos los habitantes de una región más o menos extensa.

**pangénesis:** [Gr. *pán* = todo + *génesis* = generación]. Doctrina contraria de la *biogénesis* (v.).

**panlogismo:** [Gr. *pán* = todo + *lógos* = discurso]. Doctrina según la cual lo real es racional y puede ser explicado racionalmente, a veces sin que haya la posibilidad de deducirlo de las leyes del pensamiento.

**pansexualismo:** [Gr. *pán* = todo + Lat. *sexus* = sexo]. Orientación en la *psicología clínica,* que tiende a derivar los motivos de la conducta normal y patológica del instinto sexual. El *psicoanálisis* es una forma de pansexualismo.

**panspermia:** [Gr. *pán* = todo+ *spérma* = semen]. V. *biogénesis.*

**panteísmo:** [Gr. *pán* = todo + *theos* = Dios]. Doctrina según la cual Dios no es un ser personal distinto del mundo.

**pantofobia:** [Gr. *pantós* = todo+ *phóbos* = miedo]. Terror exagerado y que se demuestra, por lo común, en relación con *alucinaciones* (v.) de la vista y del oído o con concepciones delirantes.

**papel:** [Lat. *papyrus* = hecho de papiro]. Modelo de conducta que varía de manera predeterminada y que tiene un individuo en relación con los otros miembros de un grupo. V. *rôle.* **P., representación de un,** conducta de acuerdo con un papel, que puede emplearse como medio de enseñanza.

**parabiosis:** [Gr. *pará* = al lado + *bíos* = vida]. Asociación en una misma colonia de dos especies de insectos sociales, que viven en colaboración.

**paracusia:** [gr. *parakoyein* = escuchar mal]. Anomalía en la percepción de los sonidos, cuya tonalidad o intensidad pueden ser mal percibidas.

**paradoja:** [Gr. *paradoxos* = contrario a la opinión común]. Afirmación que choca con el pensamiento común. **P. epistemológica,** según *Emilio Meyerson*

(v.), explicar identificando lo diverso del real, de donde se concluye que científicamente no existe explicación total porque el espíritu choca siempre con un irracional. **P. infantil,** manifestación anormal, en el tiempo, de la actividad genital por ser precoz. **P. senil,** igual que la anterior, pero cuando es tardía.

**paradójica, sensación:** [Lat. *paradoxon* = paradoja]. La sensación cuando un estímulo táctil puntiforme suscita una sensación térmica, de frío o de calor, y el implemento utilizado se encuentra en el cero fisiológico o a una temperatura inversa de la que debería engendrar.

**parafasia:** [Gr. *pará* = al lado + *phásis* = palabra]. Trastorno en el empleo de las palabras, en el cual éstas no son usadas en su sentido verdadero. También se emplea este término para designar el conjunto de los trastornos del vocabulario.

**parafemia:** [Gr. *pará* = al lado + *phemi* = hablo]. Trastorno del lenguaje caracterizado por confusión de las palabras.

**parafonía:** [Gr. *pará* = al lado + *phoné* = voz]. Trastorno de la fonación caracterizado por discordancia en la emisión de los sonidos.

**parafrenia:** [Gr. *pará* = al lado + *phrén* = diafragma]. Estado mental patológico en el que coexisten construcciones delirantes fantásticas con la conservación de la lucidez y de la adaptación al mundo real, efectuándose fácilmente el pasaje de uno a otro aspecto.

**paragenesia:** [Gr. *pará* = al lado + *génesis* = generación]. Nombre dado por *Broca* (v.) a los cruzamientos cuyos productos o mestizos de primera sangre son estériles entre ellos o a su segunda o tercera generación. Los productos de estos mestizos con individuos de una de las dos razas madres son indefinidamente fértiles.

**parageusia:** [Gr. *pará* = al lado + *geysis* = gusto]. Perversión o anomalía del sentido del gusto.

**paragnosia:** [Gr. *pará* = al lado+ *gnosis* = conocimiento]. Falso reconocimiento de objetos. V. *agnosia.*

**paragrafía:** [Gr. *pará* = al lado + *gráphein* = escribir]. Trastorno del lenguaje escrito caracterizado por confusión de las palabras.

**paralalia:** [Gr. *pará* = al lado+ *lalein* = hablar]. V. *parafemia.*

**paralelismo:** [Gr. *parallélai* = líneas que están una frente a la otra]. En *geometría,* equidistante; por extensión, las cosas que se acompañan regularmente. **P. psicofisiológico o psicofísico,** doctrina según la cual a cualquier hecho psicológico determinado corresponde un hecho fisiológico determinado de manera que «el acontecimiento mental y el acontecimiento cerebral solamente son, en el fondo, un solo y mismo acontecimiento con dos caras, una mental y otra física, una accesible a la conciencia, la otra a los sentidos» (*Taine* [v.]).

**paralexia:** [Gr. *pará* = al lado + *lexis* = palabra].

Trastorno de la lectura, en la cual el enfermo sustituye palabras del texto por palabras carentes de sentido.

**parálisis:** [Gr. *paralyein* = desligar, relajar]. Disminución o abolición de la motricidad. Presenta numerosas variedades debidas a la intensidad del fenómeno. **P. psíquica,** inercia, sin parálisis verdadera, que se observa a menudo en un miembro con trastornos profundos de su sensibilidad (lesión del lóbulo parietal). El enfermo no mueve su miembro aunque se lo obligue.

**parálisis cerebral:** [Gr. *paralyein* = desligar, relajar]. Estado patológico que se manifiesta desde la infancia con cuadros clínicos muy diversos en cuanto a naturalidad y gravedad, debido a lesiones cerebrales relativamente estáticas y que atacan la función motriz. Algunos autores reservan esta expresión únicamente para los casos en que predominan síntomas piramidales, y que son los más frecuentes.

**parámetro:** [Gr. *pará* = al lado + *métron* = medida]. En *estadística,* medida de la población, o universo, que se considera punto fijo de referencia y que sirve como base para el cálculo estadístico.

**paramnesia:** [Gr. *pará* = al lado + *mnesis* = memoria]. Término que se aplica a diversos tipos de recuerdos equivocados, como la ilusión del *déjà-vu* (v.), la fabulación, etc.

**paramorfismo:** [Gr. *pará* = al lado + *morphé* = forma]. Término con que *Pende* (v.) agrupa todas las alteraciones morfológicas constitucionales, congénitas o adquiridas.

**paramusia:** [Gr. *pará* = al lado + *moysa* = musa]. Trastorno de la capacidad musical que permite todavía al enfermo cantar pero equivocándose en los tonos y en los intervalos.

**paranoia:** [Gr. *paranóia* = locura]. Denominación dada por *Kraepelin* (v.) al delirio de interpretación.

**paranoica, constitución:** [Gr. *paranóia* = locura]. Disposición intelectual que asocia la vanidad, la desconfianza, la falta de juicio y la desadaptación social.

**paranoica, psicosis:** [Gr. *paranóia* = locura]. Psicosis caracterizada por evolución progresiva e irreductible de un delirio coherente, sistematizado (delirio de persecución, de grandeza, misticismo, hipocondría), organizado en base de determinados episodios de la vida afectiva o emotiva. Hay conservación completa de la claridad y del orden en el pensamiento, la volición y la acción. Esta psicosis provoca muchos crímenes.

**paranoide, demencia:** Carácter de un delirio que es incoherente, polimorfo, y que traduce un trastorno profundo de la personalidad.

**paranomia:** [Gr. *pará* = al lado + *nomíxo* = designo]. Trastorno del lenguaje en el cual los objetos resultan designados por otras palabras que las correspondientes.

**paranormal:** [Gr. *pará* = al lado + Lat. *normalis* =

de acuerdo con una medida]. Adjetivo que se aplica a los fenómenos que no corresponden a principios generalmente admitidos por la ciencia, pero que en parte no se pueden excluir de manera absoluta. En *psicología,* son fenómenos paranormales aquéllos de que se ocupa la *parapsicología* (v.).

**paranosis:** [Gr. *para* = junto + *nósos* = enfermedad]. Ventaja primaria de ser alcanzado por una enfermedad, por ejemplo la primera infección tuberculosa en el niño. Cf. *epinosis.*

**paraplasma:** [gr. *para* = junto + *plássein* = moldear]. V. *metaplasma.*

**paraplejia:** [Gr. *pará* = al lado + *pléssein* = golpear]. Parálisis de los dos miembros superiores, de los dos miembros inferiores o de los cuatro miembros. Actualmente no se emplea para designar la parálisis de los dos miembros inferiores.

**paraplexis:** [Gr. *pará* = al lado + *plexis* = golpe]. Término que se emplea tanto con el sentido de parálisis parcial como total. Por su imprecisión es desaconsejable su uso.

**parapraxia:** [Gr. *pará* = al lado + *práxis* = acción]. Variedad de apraxia secundaria a la *agnosia* (v.); el trastorno motor es debido a que el enfermo no reconoce el objeto que manipula.

**parapsicología:** [Gr. *pará* = al lado + *psicología*]. Ilustración y estudio sistemático de algunos fenómenos psíquicos, y también físicos *paranormales* (v.). Los fenómenos que la *parapsicología* estudia se producirían en presencia o como atributo de determinadas personas, en situaciones especiales: *clarividencia* (v.), *telepatía* (v.), *trance mediúnico* (v. *medium*) entre los psíquicos; y entre los físicos: *materializaciones* (v.), telecinesis (v.) y *levitación* (v.). Sin. *metapsíquica.*

**pararreflejo:** [Gr. *pará* = al lado + *reflejo*). Fenómeno de origen reflejo determinado por una excitación que de ordinario desencadena otro reflejo.

**parasensibles:** [Gr. *pará* = al lado + Lat. *sensibilis* = sensible]. Las cosas cuya realidad, aunque involucrada en la ciencia, no son accesibles a la experiencia sensorial directa: fotón, masa, vacío, etc. Cf. *presciencia.*

**parasimpático:** [Gr. *pará* = al lado + Latín *sympathia* = comunidad de sentimientos o de acción]. Subdivisión del sistema nervioso autónomo formado por ganglios y fibras de origen encefálico, que constituyen principalmente el nervio vago y el espinal (sacral). Regula la coordinación neurohormonal de las funciones vegetativas en los estados de reposo.

**parasitario:** [Gr. *parásitos* = que come de lo de otro]. Que concierne a los parásitos o es provocado por ellos.

**parasitismo:** [Gr. *parásitos* = que como de lo de otro]. Condición de un ser organizado (parásito) que vive sobre otro cuerpo organizado, del que saca o no su alimento. **P. celular:** V. *citotropismo.*

**parásito:** [Gr. *parásitos* = que come de lo de otro].

Animal o vegetal que, durante parte o la totalidad de su existencia, vive a expensas de un individuo de otra especie, al que a menudo altera la salud.

**parasitofobia:** [Gr. *parásitos* = que come junto a otro + *phobós* = miedo]. Temor excesivo que sienten algunos individuos de contraer enfermedades cutáneas parasitarias.

**parasomnia:** [Gr. *pará* = al lado + Lat. *somnus* = sueño]. Nombre por el cual se designa una serie de trastornos del sueño, como los sueños, pesadillas y el sonambulismo.

**paratimia:** [Gr. *pará* = al lado + *thymós* = voluntad]. Manifestaciones afectivas paradojales y desconcertantes que se observan en el curso de la *esquizofrenia* (v.).

**paratongia:** [Gr. *pará* = al lado + *thoéllomai* = hablo]. Error de la palabra por fenómeno reflejo.

**paratonía:** [Gr. *pará* = al lado + *tónos* = tono]. Anomalía de la contracción muscular por la cual el músculo, en lugar de relajarse por influencia de la voluntad, se contrae.

**paréntesis, puesta entre:** En el vocabulario de la *fenomenología*, acción por la cual el espíritu se abstiene de cualquier afirmación con referencia a algo y suspende su asentimiento.

**paresia:** [Gr. *páresis* = debilidad]. Parálisis leve que se refleja como debilitamiento de la contractibilidad muscular.

**parestesia:** [Gr. *pará* = al lado + *aísthesis* = sensibilidad]. Anomalía de la percepción de las sensaciones, que consiste en retardo, persistencia, error de localización, etc., de las excitaciones táctiles, térmicas, dolorosas o vibratorias. También se refiere a sensaciones dolorosas diversas que sobrevienen sin causa aparente.

**parosmia:** [Gr. *pará* = al lado + *osmé* = olfato]. Perversión de las sensaciones subjetivas de olfación o alucinación del olfato (sensación permanente o pasajera de olor nauseabundo).

**paroxismo:** [Gr. *paroxysmos* = intensificación]. Cuando los síntomas morbosos alcanzan intensidad máxima. A veces, aunque es incorrecto, se emplea este término para indicar accesos súbitos o violentos de ira o de otras emociones.

**partenogénesis:** [Gr. *parthénos* = virgen + *génesis* = nacimiento]. Producción de determinados seres sin fecundación. V. *apogamia* y *metagénesis*. **P., teoría de la,** teoría que explica la formación de embriomas por la segmentación espontánea de un óvulo sin que haya habido fecundación. Esta teoría, que se aplicaba sobre todo a los tumores de ovario, ya no es admitida.

**participación:** [Lat. *participatio* = comunicación]. En *sociología*, y según *Lévy-Bruhl* (v.), carácter de las representaciones colectivas de los primitivos que tienen el sentimiento de que los seres son más de los que vemos y participan de seres superiores, en especial del *totem* (v.).

**pasión:** [Lat. *passio* = acción de sufrir]. Emoción violenta, por lo común duradera o reiterada, cuyas manifestaciones revelan fallas de autocontrol, como ocurre en algunos casos de amor, de odio, de entusiasmo, etc.

**pasividad:** [Lat. *passivus* = que sufre la acción]. Signo de hipotonía muscular. Consiste en la disminución de la resistencia involuntaria de un segmento de miembro a los movimientos que se le imponen y en la amplitud anormalmente grande de los movimientos que se le pueden imprimir.

**patelar:** [Lat. *patella* = rótula]. Que se relaciona con la rótula, como reflejo patelar.

**paternalismo:** [Lat. *pater* = padre]. El que es paternal, o sea se comporta como si fuese padre, sin dejar a los demás opción para las decisiones.

**patias:** [Gr. *phatós* = lo que siente o sufre]. Reacciones cerradamente adaptativas de los organismos, y que dependen de la manera como el organismo soporta los estímulos.

**patofobia:** [Gr. *páthos* = enfermedad + *phóbos* = miedo]. Temor mórbido (fobia) de las enfermedades.

**patología:** [Gr. *páthos* = enfermedad + *lógos* = estudio, tratado]. Ciencia que tiene por objeto el estudio de las enfermedades. **P. externa,** la que estudia enfermedades o lesiones de la superficie del cuerpo o cuya atención necesita de medios quirúrgicos. **P. general,** la que trata de los elementos comunes a todas las enfermedades consideradas en sí mismas y no en los agrupamientos que constituyen los diversos tipos mórbidos. **P. interna,** la consagrada al estudio de las enfermedades que tienen por asiento el interior del cuerpo o susceptibles de solamente tratamientos médicos. **P. comparada,** la que estudia comparadamente fenómenos morbosos en las diferentes especies animales.

**patomimia:** [Gr. *páthos* = enfermedad + *miméomai* = simulo]. Estado mórbido cercano a la *mitomanía* (v.), caracterizado por la necesidad que sienten los que lo sufren de simular una enfermedad.

**patoneurosis:** [Gr. *páthos* = enfermedad + *neurosis*]. Según los psicoanalistas se trataría de una neurosis que se origina con una enfermedad orgánica o con la lesión de un órgano. La *líbido* (v.), que estaría retirada del mundo externo, se volcaría directamente sobre el órgano enfermo y provocaría una grave sintomatología neurótica. Cf. *locus minoris resistentia*.

**patopsicosis:** [Gr. *páthos* = enfermedad + *psicosis*]. Para los *psicoanalistas*, psicosis que se origina por enfermedad orgánica o lesión de un órgano. La explicación del mecanismo sería idéntica de la *patoneurosis* (v.).

**patroclinia:** [Gr. *pater* = padre + *klínein* = depender]. V. *herencia paterna*.

**pavlovismo:** Doctrina que arranca del fisiólogo ruso *Pavlov* (v.), y según la cual la actividad psíquica, como toda la actividad nerviosa superior, puede ser reducida a una combinación más o menos complicada de reflejos condicionados. Grey-Walter orientó estos trabajos con el sentido de la *cibernética* (v.) y construyó tortugas electrónicas, pequeñas máquinas simples, que a partir de reflejos elementales (*tropismos*, v.) presentan comportamientos que semejan a los de la mayoría de los animales: búsqueda de alimento, evitar obstáculos, reconocimiento de seres semejantes, o sea un comportamiento que podría asimilarse al instinto por su mecanismo e inclusive a la inteligencia práctica, lo que tendería a apoyar la doctrina de Pavlov.

**pecado:** [Lat. *pecco, -are* = errar, faltar]. Conducta que viola principios establecidos por una religión y aceptados por el creyente. Da lugar a *sentimientos de culpa*.

**pedagogía:** [Gr. *paidagógia* = educación]. El arte de la educación de los niños, asentado sobre el conocimiento *pedológico* (v.) de los mismos. En la actualidad se ha convertido en técnica o ciencia práctica.

**pederasta:** [Gr. *país - paidós* = niño + *erastés* = amante]. El que comete pederastia.

**pederastia:** [Gr. *país - paidós* = niño+ *eráo* = amor]. Variedad de la inversión del instinto sexual en el hombre, que lo lleva a buscar sexualmente a los niños.

**pediatría:** [Gr. *país* = niño + *iatreía* = medicina]. Rama de la medicina que se ocupa de las enfermedades de los niños. Sin. *medicina infantil*.

**pediometría:** [Gr. *paidós* = niño + *métron* = medida]. Conjunto de los métodos que permiten apreciar el crecimiento de los niños.

**pedogamia:** [Gr. *poikílos* = variedad + *gamós* = unión]. Proceso de fecundación en el cual las células diferenciadas, que van a unirse para producir el nuevo ser, provienen de un mismo individuo.

**pedogénesis:** [Gr. *paidós* = niño+ *génesis* = generación]. Según *Fruhmsholz* y *Hartemann*, 1938, conjunto de las funciones de reproducción en el ser humano: fecundación, embarazo, parto y puerperio. En *zoología*, reproducción por medio de las formas larvales; modo raro y especial de reproducción que se presenta en algunos géneros de insectos.

**pedología:** [Gr. *paidós* = niño + *lógos* = tratado]. Ciencia del niño. Sin embargo, la grafía *paedología* es más correcta para evitar la confusión con *pedología* derivada de *pedion* = suelo, y que es la ciencia del suelo.

**pedomórfosis** [Gr. *paidós* = niños + *morphé* = forma]. Situación del hombre, en relación con la modificación evolutiva de la especie, por la cual su feto se asemeja más al feto de un antropoide que a un antropoide adulto, y que explica la *neotenia* (v.).

**pedopsiquiatría:** [Gr. *paidós* = niño + *psiquiatría*]. Rama de la *psiquiatría* que se especializa en el estudio, diagnóstico y tratamiento de los trastornos psíquicos de los niños. Sin. *psiquiatría infantil*.

**pedunculares, síndromes:** Síndromes debidos a alteración o lesión de un pedúnculo cerebral.

**Peiper, reflejo óptico de:** Reflejo del recién nacido, que echa la cabeza hacia atrás cuando se le ilumina de improviso.

**peligro, situación de:** Según el *psicoanálisis*, situación que despierta ansia y miedo. La primera situación de peligro sería el nacimiento y a ella seguirían las diversas experiencias traumáticas que sufre la persona, sobre todo el neurótico que sufre de mayor ansiedad.

**pelota y campo, test o prueba de la:** Una de las pruebas en la serie *Binet-Simon*, por la cual se pide al sujeto que muestre el camino que recorrería para encontrar una pelota perdida en un campo circular.

**Pende, ley de:** Ley enunciada por *Pende* (v.), que precisa el antagonismo que existe entre «los dos grupos neuroendocrinos que regulan la morfogénesis: el grupo timo-linfo-pancreático, anabólico y vagal, que regula el crecimiento en ancho y en peso, y el grupo tiro-hipofiso-gonadosuprarrenal, ortosimpático, catabólico, que estimula el crecimiento en largo y acelera la diferenciación morfológica».

**Pende, relación de:** V. *coeficiente ponderal*.

**Pende, síndromes de:** 1) Forma caquéctica de la insuficiencia suprarrenal, caracterizada por adelgazamiento progresivo, piel escamosa, caída de los pelos, lasitud, hipotensión y disminución de la tasa de glucosa y de colesterol en la sangre. 2) V. *hipertimia*. 3) V. *matronismo*.

**péndulo de complicación:** Aparato ideado por *Wundt* (v.), para estudiar la ecuación personal y realizar la experiencia de complicación.

**penetración:** [Lat. *penetratio* = acción y efecto de introducirse]. En *genética*, tasas de frecuencias relativas de aparición, en las generaciones sucesivas, de caracteres hereditarios sometidos a fluctuaciones.

**pensamiento:** [Lat. *penso, -are* = estimar, apreciar]. Secuencia de procesos mentales de carácter simbólico, estrechamente relacionados entre sí, que comienzan con una tarea o un problema, en general por grados, y llega a una conclusión o a una solución. **P. asociativo,** formas de pensamiento que no son directas o lo son de manera relativa y se oponen al pensamiento intencional o directo. **P. autístico:** Véase *autístico*. **P. dereístico:** V. *dereístico*. **P. de grupo,** actividad del pensamiento por un grupo. **P. directo,** serie de procesos de pensamiento que se desarrollan con referencia a una meta establecida.

**percentil:** [*Por ciento*]. Es un valor tal que un tanto por ciento de los valores de una escala es inferior al mismo y el tanto por ciento restante es superior. Así, el 23% punto percentil de una escala es aquel valor mayor al 23% e inferior al 77% de los valores de la misma escala.

**percepción:** [Lat. *perceptio* = que recibe]. Proceso por medio del cual el organismo, como resultado de la excitación de los sentidos y con la intervención de otras variables, adquiere conciencia del ambiente y puede reaccionar de manera adecuada frente a los objetos o acontecimientos que lo distinguen. **P. ambigua,** percepción de objetos, cualidades o acontecimientos provocada por estímulos débilmente estructurados, por lo que puede ser fundamentalmente diversa en individuos diversos, y en el mismo individuo en tiempos sucesivos. **P. de colores, atributos de la,** los atributos psicológicos que distinguen a una percepción de colores, representados por el tono, la saturación, la claridad o la luminosidad. **P. extrasensorial,** para la *parapsicología,* respuesta a un evento del ambiente que no se realiza por medio de receptores sensoriales que nos sean conocidos. **P. social,** percepción que se refiere a los aspectos de la conducta que revelan tendencias, sentimientos o intenciones de los demás. **P. subliminal,** reconocimiento de estímulos que están por debajo del *umbral de percepción* (v.). **P., teoría transaccional de la,** teoría según la cual la percepción está unida, además de los estímulos que provienen del ambiente, a la «asunción» del mismo tipo de estímulos ambientales. La «asunción» sería un aspecto generalmente inconsciente y puede ser descrita como la medida de las experiencias pasadas en relación con la experiencia presente.

**percepto:** [Lat. *perceptum* = cosa percibida]. El objeto de la percepción. Distinto de la *percepción* (v.), que es el proceso de percibir.

**perfil mental:** [Lat. *pro* = en favor de + *filare* = hilar]. Representación esquemática, presentada en forma de diagrama, de los resultados logrados por un individuo en diversos tests o subtests. Fue introducido por *Rossolimo* (v.).

**perfil psicológico:** Gráfico que permite representar para un individuo los resultados de diversas pruebas a las cuales es sometido. Los valores obtenidos reunidos por una línea continua representan las diversas aptitudes de un sujeto. *Claparède* (v.), fue el creador de los perfiles psicológicos.

**perfil, test del:** Un test de rendimiento, para cuya realización se requiere al sujeto que una siete piezas de madera, con las cuales puede ser trazado un perfil de cabeza, sin informar al sujeto de la naturaleza del objeto.

**periférico:** [Gr. *peripheria* = llevar alrededor]. Por oposición a *central* (v.), todo lo que en la actividad orgánica es extracerebral.

**períodos del desarrollo mental:** Se indica como períodos del desarrollo mental las grandes unidades, que pueden ser subdivididas en estadios y éstos, a su vez, en estadios secundarios, terciarios, etc. La terminología no es fija y a veces período y *estadio* (v.) se emplean intercambiándolos.

**perístasis:** [Gr. *perí* = en torno de + *stásis* = posición]. V. *fenotipo.*

**perpetuación:** [Lat. *perpetuare* = convertir en perpetuo]. Conservación de las especies por la reproducción de los individuos.

**perseveración:** [Lat. *perseverare* = insistir]. Tenden-

cia que existe en algunos enfermos (apráxicos) de reproducir constantemente el movimiento que acaban de ejecutar, o de prolongar la contracción muscular una vez realizado el acto. A veces se denomina *intoxicación por una idea.*

**persona:** [Lat. *persona* = máscara del actor]. El individuo humano, entendido en los rasgos que en diversa forma y medida lo distinguen y convierten en un todo actuante de manera propia, única, en el ambiente. **P. según la psicología de Jung,** la persona, según *Jung* (v.), pertenece como sector voluntario a la psiquis colectiva, y es la máscara que el individuo asume en contraste con los componentes más radicales de la personalidad. En *sociología* y *psicología social,* sinónimo de *personalidad cultural;* en ambos casos el término designa al producto humano del proceso de socialización, a través del cual el hombre se vuelve miembro de una sociedad y de una cultura.

**personaje:** [Lat. *persona* = máscara del actor]. Aquel que desempeña un papel, ya sea el actor en las tablas o el individuo en la sociedad. En *sociología,* individuo que goza de notable prestigio social.

**personalidad:** [Lat. *persona* = máscara del actor]. Modalidad total de la conducta de un individuo, que no es suma de modalidades particulares o rasgos, sino producto de su integración. Según el *psicoanálisis,* la personalidad constituye una unidad que puede ser descompuesta en instancias psíquicas, que son influidas por factores internos y externos. **P. múltiple,** forma de disociación de la personalidad en que ésta resulta dividida en dos o más subpersonalidades con organización propia, que son vividas alternativamente. **P. psicopática,** locución general para indicar individuos con desórdenes de la conducta que revelan inestabilidad emocional e inmadurez psíquica.

**personalismo:** [Lat. *persona* = máscara del actor]. Neologismo introducido por *Renouvier* (v), para designar su doctrina filosófica, y que según su propia definición es más o menos cercano a *subjetivismo* (v.).

**persuasión:** [Lat. *persuasio* = convencimiento]. La acción de inducir a alguien a creer o a hacer aquello de lo cual se le ha persuadido, que puede ser tanto real como falso o asentado en consideraciones irracionales. La acción de persuadir. **P. coercitiva,** modificación radical del pensamiento en personas que son sometidas a coerción (prisioneros, pueblos sometidos a dictaduras, etc), y que anula la autonomía del pensamiento. **P. oculta,** formación o modificación de las opiniones del individuo o de las masas por medio de la propaganda.

**perversidad:** [Lat. *pervertere* = corromper]. Trastorno psíquico que presenta un carácter propiamente moral. Consiste en el placer de hacer mal.

**perversión:** [Lat. *perversus* = torcido, que está en el error]. Término que indica una modificación de naturaleza patológica de tendencias, deseos o pulsiones. **P. materna,** anomalía de la *pulsión* materna que se manifiesta en la conducta de las madres que maltratan a sus niños o se valen de ellos para obtener beneficios. **P. polimorfa, disposición infantil a la,** según el *psicoanálisis,* el niño se caracteriza por una disposición polimorfa perversa, o sea, tendencias o instintos parciales (orales, anales, etc.). **P. sexual múltiple,** la presencia en el mismo individuo de perversiones sexuales de diverso tipo que pueden provocar conflictos o anomalías de la conducta.

**perverso:** [Lat. *perversus* = corrompido]. El individuo que presenta una conducta antisocial imposible de corregir, que es *constitucional* (v.), y que se manifiesta desde la infancia.

**pesimismo:** [Lat. *pessimus* = lo más malo + *ismo* = estado o condición]. Rasgo del carácter que considera sobre todo los aspectos desfavorables de las cosas o de los eventos. Para el *psicoanálisis* se lo considera una proyección al exterior del propio malestar y de la propia desconfianza.

**pícnico:** [Gr. *pyknós* = fuerte]. Que se caracteriza por su fortaleza, como por ejemplo la *constitución picnoide* (v.).

**picnoepilepsia:** [Gr. *pyknós* = fuerte + *lepsis* = acción de tomar]. Nombre que los autores alemanes dan al *pequeño mal comicial* (v.).

**picnoide:** [Gr. *pyknós* = fuerte + *eídos* = forma]. De forma larga y espesa. Sin. *picnomorfo.* **P., constitución,** según *Kretschmer* (v.), constitución morfológica caracterizada por estrechez de las espaldas, amplitud del tórax, el aspecto fuerte de los miembros y de sus extremidades, cuyos dedos son cortos y afilados, y una frente amplia. A menudo corresponde a la constitución psicopática cicloide. V. *ciclotimia.*

**picnomorfo:** [Gr. *pyknós* = fuerte + *morphé* = forma]. V. *picnoide.* **P., estado,** estado de las células nerviosas que siguen a la cromatolisis.

**picnosis:** [Gr. *pyknósis* = condensación]. Transformación del núcleo de la célula, que consiste en una condensación de la cromatina. El núcleo se vuelve homogéneo y uniformemente coloreado. Este fenómeno sería debido a la muerte del núcleo.

**Piéron, ley de:** 1) Ley establecida por *Piéron* (v.), en 1920, para la visión, y generalizada después a los otros sentidos, y que se expresa así: «la cantidad de excitación liminar (producida de la intensidad *i* por la duración de estimulación) crece proporcionalmente con una potencia fraccionaria del tiempo —la raíz cuadrada por ejemplo— en un determinado margen de las duraciones estimulatorias (curva parabólica): $it = at^n$ *(Piéron).* 2) Ley de sumación superficial de los estímulos luminosos de la fóvea, y según la cual «el producto de la intensidad estimuladora I por la superficie S elevada a la potencia 1/3 —o con mayor exactitud 0,3— es constante en relación con el umbral de visibilidad de una plancha luminosa: $IS^{0,3} = K$» *(Piéron).*

**Pignet, índice de:** V. *Robustez, coeficiente o índice de.*

**pineal, cuerpo:** V. *glándula pineal.*

**piramidal, síndrome:** Conjunto de los signos que traducen alteración del haz piramidal.

**piromanía:** [Gr. *pyr* = fuego + *manía* = locura]. Impulso patológico de provocar incendios.

**pitiatismo:** [Gr. *peithein* = persuadir + *iatos* = curable]. Según *Babinski* (v.), afección caracterizada por tratornos provocados por la sugestión y que pueden ser curados por ésta. Tal noción representa un enfoque muy particular de la *histeria* (v.).

**placebo:** [Lat. *placere*]. Preparación farmacéutica desprovista de cualquier principio activo y que se prescribe con finalidad psicoterapéutica.

**placer:** [Fr. *plaisir* = que produce agrado]. Sentimiento elemental que está suscitado por lo que es grato y lleva a la aceptación y al acercamiento. **P.-desagrado,** locución para indicar que los sentimientos constituyen un continuo que, partiendo del placer más intenso, atraviesan grados cada vez menos intensos de placer y una zona neutra, para ir progresivamente por grados menos intensos a los más intensos del desagrado.

**plagiocefalia:** [Gr. *plágios* = oblicuo + *kephalé* = cabeza]. Malformación del cráneo cuyo aspecto disimétrico es debido a la soldadura prematura de las suturas de un solo lado, sobre todo de la sutura coronaria.

**planotopocinesia:** [Gr. *plané* = error + *tópos* = lugar + *kínesis* = movimiento]. Desorientación en el espacio, pérdida del sentido de la posición respectiva de los objetos.

**plasticidad:** [Gr. *plastikós* = que se moldea]. Capacidad de una persona para modificarse con el aprendizaje, con la educación, con el ejemplo.

**platibásico, cráneo:** [Gr. *platys* = ancho + *básis* = base]. Cráneo con forma aplastada y ancha. Se observa sobre todo en los niños y en los viejos, cuando los huesos han sufrido una alteración en su consistencia.

**platicefalia:** [Gr. *platys* = ancho + *kephalé* = cabeza]. Tipo de cráneo aplatado cuya bóveda es demasiado baja.

**platirríneo:** [Gr. *platys* = ancho + *ris - rinós* = nariz]. Nombre que se da en *antropología* y en *etnografía* a los individuos y a las razas cuyo índice nasal es grande (de 53 a 58), o sea, que presentan nariz ancha en relación con su longitud, como en las razas etiópicas.

**pletismógrafo:** [Gr. *plethysmos* = que aumenta + *gráphein* = escribir]. Aparato destinado a medir las variaciones de volumen de un miembro debidas a las variaciones del volumen de los vasos sanguíneos.

**pluralidad de los estímulos, regla de la:** Determina que los estímulos de la *Merkwelt* (v.) pueden suplantarse unos a los otros en el desencadenamiento de las reacciones perceptivas.

**pluralismo:** [Lat. *pluralis* = muchos]. Doctrina según

la cual los seres que componen el universo no son reducibles a un principio constitutivo único, sino que implican varios, que pueden ser reducidos a una causa primera única (*creacionismo* [v.]), o que se constituyen como principios absolutos. Cf. *monismo*.

**pneuma sebestahai:** [Gr. *espíritu* + *veneración* y *temor*]. Expresión que en psicología de las religiones designa al espíritu que se venera con miedo, o simplemente venerar o respetar al Espíritu.

**población:** [Lat. *populatus* = poblado]. Conjunto de individuos de los que se considera tener noticias e informaciones. Los individuos que habitan un país, un lugar, una ciudad, etc. En *biología*, el conjunto de organismos que viven en una región. En *biometría*, el conjunto de todos los organismos en consideración.

**poder:** [Lat. *possum - potui* = ser capaz]. En *sociología*, indica un ejercicio institucionalizado de la *potencia* que lleva a una sociedad a diferenciarse en gobernantes y en gobernados.

**podoesquelética, relación:** [Gr. *podós* = pie + *skélos* = pierna]. En *morfología*, relación entre el perímetro del metatarso y la longitud del pie en reposo.

**poecilogonia:** [Gr. *poikilos* = variado + *goné* = generación]. Que tiene origen poligenético; contrario a monogenético.

**poliandria:** [Gr. *polys* = todo + *andrós* = hombre]. Organización de la familia en la que una mujer tiene varios maridos. Cf. *poligamia*.

**polidactilia:** [Gr. *polys* = mucho + *dáktylos* = dedos]. Anomalía hereditaria que se transmite según el tipo dominante, y que consiste en la presencia de dedos supernumerarios.

**poliembrionía:** [Gr. *polys* = mucho + *émbryon* = embrión]. Producción de dos o de más individuos en partiendo de un solo huevo cuyas células, en el curso de su desarrollo, se separan para formar embriones distintos que se convertirán en *gemelos univitelinos* o *monozigotes* (v.).

**poliestesia:** [Gr. *polys* = mucho + *aisthesis* = sensibilidad]. Trastorno de la sensibilidad en el cual una excitación única produce sensaciones múltiples.

**polifagia:** [Gr. *polys* = mucho + *phagein* = comer]. Necesidad excesiva de comer y ausencia del sentimiento de saciedad.

**polifenia:** [Gr. *polys* = mucho + *phaínein* = aparecer]. Manifestación, bajo aspectos diferentes, de la misma anomalía de un solo factor cromosomático. Por ejemplo, estado alérgico que provoca tanto asma como eczema, urticaria, etc.

**polifiletismo:** [Gr. *polys* = mucho + *phylé* = grupo, género]. V. *poligenismo*.

**poligamia:** [Gr. *polys* = mucho + *gamos* = matrimonio]. El individuo que tiene a la vez varias mujeres, o la mujer que tiene de la misma manera varios hombres. En el segundo caso se trata de *poliandria* (v.) y en el primero de *poliginia* (v.). Cf. *monogamia*.

**poligenismo:** [Gr. *polys* = mucho + *génos* = raza]. Doctrina antropológica según la cual las diferentes razas humanas derivan de otros tantos tipos primitivos y constituyen igual número de especies irreductibles. Sin. *polifiletismo*.

**poliginia:** [Gr. *polys* = mucho + *gyné* = mujer]. Organización de la familia en la que un marido tiene varias mujeres. Cf. *poligamia*.

**polimería:** [Gr. *polys* = mucho + *méros* = función]. En *genética*, herencia en la cual cada uno de los caracteres normales o patológicos está determinado por la acción de varios genes.

**polimorfo:** [Gr. *polys* = mucho + *morphé* = forma]. Se dice de un fenómeno, de un estado, de una enfermedad, cuyas manifestaciones presentan aspectos diferentes.

**poliploide:** [Gr. *polys* = mucho + Suf. *ploide* = que se asemeja]. En genética se dice de algunas constituciones anormales de las células del *soma* (v.), que tiene un número de cromosomas superior a *2n*, que es la cifra normal. V. *triploide* y *tetraploide*.

**polipsiquismo:** [Gr. *polys* = mucho + *psyché* = espíritu]. Doctrina según la cual en los seres provistos de sistema nervioso habría multiplicidad de centros psíquicos, poseyendo cada uno de ellos las propiedades esenciales del cerebro.

**polispermia:** [Gr. *polys* = mucho + *spérma* = semen]. En *genética*, presencia en el huevo fecundado por más de un pronúcleo macho, como consecuencia de la penetración anormal de dos o más espermatozoides, de donde resulta la formación de un monstruo doble.

**polución:** [Lat. *polluere* = ensuciar]. Emisión de esperma fuera del coito, sobre todo durante el sueño.

**ponderodinamométrica, relación:** [Latín *ponderale* = peso + Gr. *dynamis* = fuerza + *métron* = medida]. En *morfología*, cifra que se obtiene dividiendo el peso del sujeto por la media dinamométrica (calculada con ayuda de cifras dadas por la presión de la mano derecha, y las tracciones horizontales y verticales del brazo) multiplicada por 10. Normalmente es de 83,5.

**porencefalia:** [Gr. *póros* = cavidad, pasaje + *enképhalos* = cerebro]. Variedad de encefalopatía infantil caracterizada por la presencia de cavidades que se abren en la superficie de los hemisferios cerebrales y comunican con los ventrículos. Se traduce principalmente por *idiocia* (v.).

**pornografía:** [Gr. *pornográphé* = escrito obsceno]. Representación de obscenidades mediante escritos, figuras, etc. La dedicación a ver o buscar este material entra dentro de la *escopofilia* (v.).

**posición:** [Lat. *positio* = lugar]. El puesto que distingue a un individuo dentro de una estructura social, confiriéndole diversos grados de importancia, dignidad, etc.

**positividad:** [Lat. *positus* = plantear]. Neologismo

129

creado por *Comte* (v.), y que señala el carácter de lo que es positivo en el sentido de atenerse a los hechos del mundo exterior perceptibles por los sentidos y rechazando, por carecer de valor, cualquier conocimiento de otro origen. Cf. *positivismo.*

**positivismo:** [Lat. *positus* = plantear]. Con sentido estricto la filosofía de *Comte* (v.). Doctrina según la cual el espíritu humano es incapaz de conocer la naturaleza íntima y las causas reales de las cosas, de manera que se deben establecer enunciados de sucesión constante, y la filosofía debe hacer la síntesis de esas leyes.

**posthipnótica, sugestión:** Sugestión realizada por estado de hipnosis, y que se traduce en acto después de cesado el estado hipnótico.

**postimagen:** [Después de la imagen]. Expresión equivocadamente empleada en lugar de *postsensación* (v.).

**postsensación:** [Después de la sensación]. Continuidad del proceso, en el sentido receptor, después que el estímulo externo ha cesado, dando lugar a una experiencia sensorial posterior. El fenómeno es muy aparente en el caso de la visión. La postsensación puede ser postiva o negativa, esto es, de la misma cualidad que la sensación original o de cualidad complementaria. Erróneamente se dice a veces *postimagen* (v.).

**postulado:** [Lat. *postulatum* = pedir]. Toda proposición que careciendo de evidencia se admite implícita o explícitamente como principio de deducción o de acción.

**postural:** [Lat. *positus* = posición]. Que se relaciona con una posición.

**potencial:** [Lat. *potens* = potente]. Potencia o fuerza disponible. Se refiere tanto a las fuerzas morales, psíquicas como físicas.

**pragmatismo:** [Gr. *pragma* = acción]. Teoría según la cual la función esencial de la inteligencia es de permitir nuestra acción sobre las cosas y no de hacer que las conozcamos. En psicología vale tanto para la doctrina de *James* (v.), como para la de *Bergson* (v.).

**praxis:** [Gr. *acción*]. Actividad psíquica y fisiológica dirigida a un resultado. Se opone a *gnosia* (v.) y a *teoría* (v.).

**preadolescencia:** [Lat. *prae* = antes + *adolescencia*]. Estado del desarrollo que corresponde a la transición gradual entre la niñez y la pubertad, y que por lo general se hace corresponder al año o dos años anteriores a la pubertad.

**prebiótico:** [Lat. *prae* = preposición inseparable que denota antelación+ Gr. *bíos* = vida]. Se dice de las reacciones que entran en el cuadro de la química orgánica y que tuvieron lugar sobre la tierra antes de la aparición de la vida tal como se la observa en la actualidad.

**precocidad:** [Fr. *précocité* = madurez temprana]. El proceso de desarrollo somático o mental que se

desarrolla antes de la época que le corresponde, en general con rapidez notable y como hecho excepcional.

**precognición:** [Lat. *prae* = antes+ *cognitio, -onis* = conocimiento]. Según la *parapsicología*, percepción directa de acontecimientos futuros.

**preconcebido:** [Lat. *prae* = antes + *concipio* = concebir]. Que ha sido imaginado o admitido de antemano.

**preconceptual:** [Lat. *prae* = antes + *conceptus* = el fruto de la concepción mental]. Que es anterior a la formación del concepto, al pensamiento propiamente dicho; lo que está reducido a la pura aprehensión del dato. Esta última es la experiencia que procura rehacer la fenomenología.

**precondicionados, reflejos:** [Lat. *prae* = antes + *condicionado*]. Según *Piéron* (v.), reflejos congénitos que aseguran protección anticipada y sometidos a extinción condicionada por repetición sin esfuerzo, como por ejemplo el *reflejo palpebral* (v.).

**preconsciente:** [Lat. *prae* = antes + *consciens* = consabedor]. V. *inconsciente.*

**preedípica, fase:** [Lat. *prae* = antes+ *Edipo*]. Según el *psicoanálisis*, estado de organización de la *líbido* (v.) que precede al *complejo de Edipo* (v.) y al *estado fálico* (v.). En ambos sexos se distinguiría por unión con la madre.

**pregenital, fase:** [Lat. *prae* = antes + *genitalis* = genital]. Según el *psicoanálisis*, la organización de la *líbido* (v.) cuando todavía las zonas genitales no asumieron un papel dominante.

**pregnante:** [Lat. *praegnans*, a veces escrito *praegnas* = encinta, preñado]. En la psicología de la forma designa la buena forma, la que se impone espontáneamente. En etología designa la impresión decisiva del primer objeto que el animal recién nacido percibe y que determinará sus futuros comportamientos afectivos.

**prejuicio:** [Lat. *praejudicium* = juzgado de antemano]. Acción de juzgar de antemano, de presuponer. En *psicología social*, opinión que se forma en el ámbito social, favorable o desfavorable a algo, sin ningún fundamento real.

**prelógico:** [Lat. *prae* = antes+ Gr. *lógos* = discurso]. Estadio en el desarrollo del pensamiento del niño en que las reglas de la lógica no son observadas, o las relaciones de causalidad no son comprendidas.

**prematuro:** [Lat. *praematurus* = que llega antes de tiempo]. Niño nacido después del 180 día de la gestación y antes de los ocho meses y medio.

**premonitorio:** [Lat. *prae* = adelante + *monere* = advertir]. Se dice de los signos que preceden a la eclosión de algo. En *parapsicología*, cualquier advertencia (sueños, etc) que previene o indica algo.

**prenatal:** [Lat. *prae* = antes + *natalis* = día del nacimiento]. Lo que precede al nacimiento, o sea, la vida fetal. **P., conducta,** el desarrollo prenatal de la

conducta, que se estudia sobre todo en los mamíferos y en el hombre en relación con las actividades mortrices y sensoriales. **P., influencia,** condición que tiene efecto sobre el desarrollo del feto.
**prenúbil, edad:** [Lat. *prae* = antes + *nubilis* = casadera]. Adjetivo que se refiere a todo el período del desarrollo que va de la pubertad a la adolescencia en las niñas.
**preobjectal:** [Lat. *prae* = antes + *objectus* = expuesto]. Estadio de la mentalidad infantil anterior a la distinción entre el yo y los objetos o personas del ambiente.
**presbiacusia:** [Gr. *présbys* = viejo + *ákoyein* = oír]. Modificación del oído que se puede observar en los ancianos, y que consiste en que oyen mejor desde lejos que desde cerca, y perciben mejor la voz susurrada que la voz alta.
**presbiofrenia:** [Gr. *présbys* = viejo + *phrén* = diafragma]. Psicosis observada a veces en los ancianos, sobre todo en las mujeres, y caracterizada por angustias, por alucinaciones, ideas delirantes y de persecución, pérdida de la memoria e incapacidad para fijar la atención.
**presciencia:** .[Lat. *prae* = antes + *scientia* = saber]. Conocimiento anterior a los acontecimientos. En *parapsicología* equivale a *premonitorio* (v.).
**presión profunda, sensibilidad a la:** Sensibilidad subcutánea a una presión intensa aplicada sobre la superficie cutánea. Se la observa con toda claridad fundamentalmente en el primer año de vida.
**priapismo:** [Gr. *príapos* = príapo, miembro viril]. Erección violenta, prolongada, a menudo dolorosa, provocada sin apetito sexual y que no desemboca en la eyaculación.
**primaridad:** [Lat. *primo* = primero]. La primaridad es el rasgo de algunos caracteres en los cuales la resonancia de los acontecimientos es inmediata, limitada al presente y sin prolongación en la afectividad futura.
**primigesta:** [Lat. *primus* = primer + *gestare* = llevar]. Mujer que queda embarazada por primera vez.
**primípara:** [Lat. *primus* = primer + *parere* = parir]. Mujer que pare por primera vez.
**primitivación:** [De *primitivo*]. Barbarismo creado por *Fenichel*, para indicar un estado grave de regresión que puede presentarse en algunas neurosis traumáticas y en la *esquizofrenia* (v.), y que puede ser provocado por la *terapéutica de choque* (v.). Para los psicoanalistas abarcaría la pérdida de las funciones más elevadas del *ego* (v.).
**principio:** [Lat. *principium* = comienzo]. Lo que se descubre como primer término en el análisis, y que se pone como punto de partida de la síntesis. En sentido causal, lo que constituye la razón suficiente de algo, su causa, o su motivo. En *epistemología*, hipótesis física que explica un gran número de casos, como la teoría, pero que a diferencia de ésta se los considera como definitivamente verificados. **P.**

**del placer** y **p. de la realidad,** concepción psicoanalítica según la cual la actividad del niño está primero determinada por la búsqueda del placer y el rechazo del dolor, hasta que la experiencia de la realidad y la educación lo llevan a renunciar a algunos placeres y a soportar algunos dolores.
**proceso primario:** Locución introducida por *Freud* (v.), para indicar las leyes que regulan la totalidad de los procesos psíquicos que se desarrollan en el inconsciente. **P. secundario,** locución introducida por *Freud* (v.), para indicar las leyes que regulan al *inconsciente* (v.) y al *ego* (v.).
**pródromo:** [Gr. *pró* = adelante + *drómos* = carrera]. Signo que anuncia una enfermedad. Estado de malestar que a veces precede a una enfermedad.
**profunda, psicología:** Expresión que señala a las corrientes de la psicología que destacan la importancia del inconsciente en relación con la conciencia: *psicoanálisis* (v.), *psicología individual* (v.), *neopsicoanálisis* (v.), etc.
**profundidad, percepción de la:** La percepción de la distancia de los objetos. Cuando se trata de objetos sólidos la percepción de la distancia que existe entre la parte del frente y la de atrás. Se correlaciona con la distinción de *figura* y *fondo* (v.).
**programada, instrucción:** [Técnica didáctica que prescinde de la presencia del enseñante, que está suplantada por programas de elementos (preguntas o frases) que se siguen con un orden de dificultad gradual.
**progresión:** [Lat. *progressio* = acción de avanzar]. Movimiento hacia adelante. **P. aritmética,** serie en la cual cada número después del primero es obtenido por adición de un número constante llamado «razón» de la progresión. **P. geométrica,** serie en la cual cada número después del primero es obtenido multiplicando al que precede por un número constante llamado «razón».
**promiscuidad sexual:** [Lat. *promiscuus* = entremezclado]. Conducta sexual asentada en una asociación de duración breve, con poca selección o ninguna.
**pronóstico:** [Gr. *pró* = adelante + *gnóskein* = conocer]. Acto por el cual se prevé la salida posible de una situación y las diferentes peripecias posibles.
**propaganda:** [Lat. *propagandus* = lo que se ha de propagar o extender]. Aplicación de técnicas especiales que se valen de medios muy sugestivos para propagar ideas, objetos, costumbres, etcétera, con la intención directa de modificar actitudes y pensamientos.
**propedéutica:** [Gr. *pró* = antes + *paideyein* = enseñar]. Enseñanza de los elementos de una ciencia, que prepara al estudiante para recibir una enseñanza más completa.
**propioceptiva, sensibilidad:** V. *sensibilidad.*
**propioceptivo, reflejo:** V. *reflejo propioceptivo.*
**propioceptor:** [Lat. *proprius* = que pertenece a *capere* = recoger]. V. *interoceptor.*

**propioplástica, actividad:** [Lat. *propios* = uno mismo + *plásticus* = moldeable]. *Wallon* (v.) agrupa con esta denominación las mímicas, las expresiones de emociones y los hechos de imitación.

**prospección:** [Lat. *prospectio* = acción de mirar adelante]. Con sentido etimológico en la psicología significa acción de representarse el porvenir teniendo como base la realidad presente. Cf. *retrospección.*

**prospectiva:** [Lat. *prospicere* = mirar adelante]. Neologismo que señala las investigaciones que tienen por objeto la previsión a largo término en el dominio de las ciencias humanas.

**prostitución:** [Lat. *prostitutus* = público]. La actividad sexual femenina realizada con fines lucrativos y sin carácter selectivo. **P. masculina,** conducta sexual u homosexual masculina de carácter mercenario.

**prostración:** [Lat. *prosternere* = dar vuelta, en razón de la posición decúbito-dorsal de los enfermos]. Abatimiento extremo, reducción completa de las fuerzas musculares, que se observa en las formas graves de enfermedades agudas y que a veces está acompañada de *estupor* (v.).

**protector, sistema:** Conjunto de las sensibilidades protopáticas integradas en el cerebro al nivel del tálamo y destinadas únicamente a desencadenar acciones reflejas o automáticas de protección. Sin. *paleosensibilidad.*

**proteína:** [Gr. *prótos* = primero]. Molécula gigante constituida por una cadena de *aminoácidos* (v.) unidos entre ellos. Representan los «ladrillos» con que están edificados todos los *vivientes* (v.).

**proteinoide:** [Gr. *prótos* = primero + *eídos* = forma]. *Proteína* (v.) no biológica.

**protesta viril:** Según *Adler* (v.), sentimiento de inferioridad que no es fisiológica ni objetivamente justificable desde el punto de vista biológico, derivado de la actitud negativa de la sociedad en relación con el sexo femenino. Se puede verificar tanto en el hombre como en la mujer.

**prótidos:** [Gr. *prótos* = primero]. Nombre dado en *bioquímica* al grupo de ácidos aminados y de cuerpos que se dan nacimiento por hidrólisis.

**protoangustia:** [Gr. *prótos* = primero + Latín *angustiae* = necesidad, estrechura]. Según el *psicoanálisis,* el prototipo de las sucesivas situaciones de angustia que se realizan como consecuencia del *trauma del nacimiento* (v.).

**protoorganismo:** [Gr. *prótos* = primero + Lat. *organum* = órgano]. Organismo rudimentario que está en la frontera de la vida.

**protopática, sensibilidad:** [Gr. *prótos* = primero + *páthos* = malestar]. Según *Head* (v.), las funciones sensitivas que solamente ofrecen una discriminación grosera, pero que provocan fuertes repercusiones afectivas. Está controlada por la *sensibilidad epicrítica* (v.).

**protoplasma:** [Gr. *prótos* = primero + *plásma* = forma]. Sustancia viviente organizada, libre o contenida en una membrana. «Representa la base física de la vida» (*Huxley* [v.]). Sinónimo *citoplasma, sarcode.*

**protosoma:** [Gr. *prótos* = primero + *sóma* = cuerpo]. Nombre propuesto para designar unidades vivientes infinitamente pequeñas, del mismo orden de dimensión que las moléculas de albúmina, y capaces de las funciones vitales más diversas. Comprenden los virus, los bacteriófagos, los genes y los agentes del cáncer. El término fue propuesto por *Darányi* (v.), en 1937.

**prototipos:** [Gr. *prótos* = primero + *typos* = tipo]. En *psicología genética,* este término se aplica a los modelos más precoces de respuestas que se desarrollan sucesivamente y que, por consiguiente, terminan por constituir modelos diversos aunque conservando rasgos de semejanza con los modelos originarios.

**protozoarios:** [Gr. *prótos* = primero + *zóon* = animal]. En *zoología,* grupo de animales unicelulares que comprende los rizópodos, los flagelados, los esporozoarios, los infusorios y, para algunos, las espiroquetas.

**protrusión:** [Lat. *pro* = adelante + *trudere* = empujar]. Estado de un órgano empujado adelante por una causa patológica.

**provitamina:** [Lat. *pro* = antes + *vitamina*]. En *bioquímica,* nombre dado a sustancias contenidas en algunos alimentos que, bajo determinadas influencias, se transforman en vitaminas, como el caroteno en vitamina *A* y los esteroles en vitamina *D.*

**proximal:** [Lat. *proximus* = inmediato, lo más cercano]. Lo más cerca de cualquier punto de referencia del cuerpo; opuesto a *distal* (v.).

**proximidad, principio de la:** [En la *psicología de la forma,* uno de los principios del reagrupamiento perceptivo, por el cual los estímulos que están separados por un intervalo breve tienen mayor tendencia al reagrupamiento,

**proyección:** [Lat. *projectum* = lanzado afuera]. Término que indica el proceso automático por el cual un objeto o el ambiente aparecen modificados o deformados en relación con tendencias o emociones dominantes, de manera de atribuir al objeto o al ambiente elementos que únicamente pertenecen a la personalidad del sujeto que los percibe. **P. excéntrica,** localización de las percepciones en el espacio, en una posición que corresponde a la de la situación-estímulo. De esta manera los objetos pueden ser percibidos como una realidad independiente.

**proyectiva, técnica:** V. *técnicas proyectivas.*

**prueba:** [Lat. *probare* = ensayar]. Someter a alguien, o a alguna cosa, a prueba, o sea, proceder a operaciones que dan a conocer si son posibles cualidades determinadas.

**prueba mental:** Es el término castizo correspondiente a *test mental,* pero el empleo casi internacional del vocablo inglés *test,* hace que se utilice poco.

**pseudestesia:** [Gr. *pseudés* = falso + *aísthesis* = sensibilidad]. Percepción de dos sensaciones diferentes provocada por la excitación de un sólo órgano sensorial. Una de las sensaciones corresponde al sentido que se ha excitado, la otra parece provenir de otro sentido.

**pseudoencéfalo:** [Gr. *pseudés* = falso + *énkephalos* = encéfalo]. Monstruo cuyo cráneo y el canal vertebral están ampliamente abiertos hacia atrás, y cuyo encéfalo está reemplazado por un tumor vascular.

**pseudogamia:** [Gr. *pseudés* = falso + *gámos* = unión]. Proceso según el cual la fecundación tiene lugar por medio de la reunión de dos células no diferenciadas como gametos y provenientes de un mismo individuo.

**pseudohermafroditismo:** [Gr. *pseudés* = falso + *hermafroditismo*]. Estado en el cual las *gónadas* (v.) son de un sexo, pero anormalidades de los genitales externos o características sexuales secundarias hacen incierta la determinación del mismo.

**pseudosomación:** [Gr. *pseudés* = falso + *sóma* = cuerpo]. Según *Rouvier*, nombre dado a una categoría particular de variaciones que se distinguen de las mutaciones espontáneas en que se producen sin causa aparente o conocida.

**psicagogía:** [Gr. *psyché* = espíritu + *agogé* = conducta]. Aplicación de la psicología a la dirección moral de uno mismo. Cf. *pedagogía*.

**psicalgia:** [Gr. *psyché* = espíritu + *álgos* = dolor]. Variedad excepcional de neuralgia en la que predomina el elemento psicopático.

**psicastenia:** [Gr. *psyché* = espíritu + *a* = privativo + *sthénos* = fuerza]. Según *Janet* (v.), indecisión del espíritu, tendencia a la duda, a las aprensiones instintivas e irracionales, que termina en la locura de la duda, en las diversas fobias, impulsiones o abulias. Algunos autores proponen este término para reemplazar al de *neurastenia* (v.), en razón del papel preponderante del espíritu en la génesis de los estados neurasténicos.

**psicoanalítico:** [Gr.*psyché* = espíritu + *análambánein* = retomar]. Término creado en 1957 por *Delay* (v.), para nombrar lo que excita la actividad mental.

**psicoanálisis:** [Gr. *psyché* = espíritu + *analysis* = disolución]. Teoría psicológica formulada por *Freud* (v.), y después de 1902 elaborada con la ayuda de varios colaboradores, entre ellos Jung, Rank, Ferenczi, Adler, etc. El psicoanálisis se distingue de las demás teorías psicológicas por el hecho de que sus partes esenciales están fundadas sobre hipótesis que interpretan resultados individuales obtenidos en la terapéutica, y por lo mismo carecen de validez universal. **P. como terapéutica,** terapéutica para la cura de las neurosis, que se basa en la interpretación de los procesos mentales inconscientes. **P. infantil como terapéutica,** la aplicación de la terapéutica psicoanalítica al niño, eliminando el empleo de la palabra y asentándola sobre el juego.

**psicocirugía:** [Gr. *psyché* = espíritu + *cirugía*]. Nombre que designa las intervenciones quirúrgicas realizadas sobre el cerebro y destinadas a remediar determinados trastornos mentales, tanto suprimiendo su causa (tumores cerebrales, lesión postraumática, etc.) como excluyendo ciertas porciones de la corteza cerebral; *lobectomía* (v.), *lobotomía* (v.), etc.

**psicocronometría:** [Gr. *psyché* = espíritu + *chrónos* = tiempo + *métron* = medida]. Estudio de los tiempos de reacción, o sea de los intervalos de tiempo que separan una reacción voluntaria de una estimulación.

**psicodepresor:** V. *psicoléptico*.

**psicodiagnóstico:** [Gr. *psyché* = espíritu + *dia* = a través + *gnosis* = conocimiento]. Nombre creado por *Rorschach* (v.), en 1920, para el método de examen mental asentado en la interpretación, por el sujeto, de imágenes creadas al azar aplastando algunas gotas de tinta proyectadas sobre una hoja de papel que se pliega. Este método permite realizar juicios sobre la inteligencia, la atención, la memoria, y sobre todo la afectividad.

**psicodisléptico:** [Gr. *psyché* = espíritu + *dys* = dificultad = asir]. Lo que provoca trastornos mentales (desviación del juicio, etc.) Sin. *psicopatógeno*.

**psicodrama:** [Gr. *psyché* = espíritu + Gr. *drama* = representación]. Técnica psicoterapéutica creada por *Moreno* (v.), en 1946, que consiste sustancialmente en una improvisación dramática sobre un tema dado, realizada por el paciente conjuntamente con otras personas, todos vestidos de actores, en un ambiente que tiene características suficientes para poder ser considerado un teatro.

**psicoembriopatía:** [Gr. *psyché* = espíritu + *embriopatía*]. *Embriopatía* (v.) con manifestaciones mentales.

**psicofarmacología:** [Gr. *psyché* = espíritu + *phármakon* = remedio + *lógos* = tratado]. V. *farmacopsicología*.

**psicofísico, paralelismo:** V. *paralelismo*.

**psicofisiología:** [Gr. *psyché* = espíritu + *fisiología*]. Estudio del funcionamiento del cerebro y de sus actividades mentales.

**psicofisiológico, paralelismo:** V. *paralelismo*.

**psicogalvánica, respuesta:** [Gr. *psyché* = espíritu + *galvanismo*]. Modificaciones de la resistencia eléctrica de la piel que está en relación con la actividad del sistema nervioso autónomo. La resistencia disminuye en los estados de excitación que distinguen a las emociones, todos los esfuerzos, etc. No existe acuerdo sobre su interpretación específica.

**psicogénesis:** [Gr. *psyché* = espíritu + *génesis* = origen]. Origen y desarrollo de las conductas que se supone son únicamente debidas a experiencias mentales.

**psicógeno:** [Gr. *psyché* = espíritu + *génes* = que es engendrado]. Los fenómenos, síntomas, enfermedades puramente psíquicas, o sea, que no corres-

133

ponden a ninguna lesión perceptible por medio de nuestros medios actuales de investigación. Cf. *fisiógeno.*

**psicogeriatría:** [Gr. *psyché* = espíritu + *géras* = vejez + *iatreía* = tratamiento]. Rama de la *psicología* que se ocupa de la salud mental de los viejos. Cf. *geriatría.*

**psicografía:** [Gr. *psyché* = espíritu + *gráphein* = escribir]. Psicología descriptiva, o sea, que describe sin presuponer causas, explicaciones ni finalidades.

**psicográfico, trastorno:** [Gr. *psyché* = espíritu + *gráphein* = inscribir]. Alteración de la escritura provocada por una afección mental: olvido de una palabra, calificativo absurdo, etc.

**psicograma:** [Gr. *psyché* = espíritu + *grámma* = carácter de escritura]. Cuadro o gráfico que expone los resultados de un examen psicométrico.

**psicolepsia:** [Gr. *psyché* = espíritu + *lámbanein* = asir]. Baja súbita de la tensión psicológica que se traduce en los epilépticos por las diversas manifestaciones comiciales.

**psicoléptico:** [Gr. *psyché* = espíritu + *lámbanein* = asir]. Que deprime la actividad mental. Como sustantivo masculino, medicamento que posee esa propiedad.

**psicolingüística:** [Gr. *psyché* = espíritu + Lat. *lingua* = lenguaje]. Estudio sistemático de la conducta lingüística en sus características generales e individuales; está fundada sobre la teoría de la información, del aprendizaje y los datos de la lingüística.

**psicología:** [Gr. *psyché* = espíritu + *lógos* = tratado]. El término *psicología,* acuñado en el siglo xvi por *Glocenius* (v.), sólo ha sido aplicado, con el sentido de conocimiento específico, en el siglo xviii. Teóricamente, en sus orígenes, desde la época de los presocráticos, el conocimiento psicológico tuvo por finalidad constituir una antropología concreta. En nuestro siglo ha derivado en la constitución de una ciencia conjetural que se ocupa del estudio del hombre bajo el aspecto de las actividades mentales, afectivas y la conducta, tanto desde el punto de vista general, individual, social y genético, como de sus determinantes externos e internos y los procesos que distinguen la acción de la interacción de éstos. **P. adleriana,** doctrina y práctica de *Adler* (v.), para explicar y curar las neurosis. **P. analítica,** sistema de la psicología que por medio de la introspección procura reducir los fenómenos mentales a sus elementos. **P. analítica de Jung,** técnica de análisis psíquico introducido por *Jung* (v.), y sobre todo las interpretaciones que se relacionan con la misma. **P. animal,** campo de investigación de la psicología que se refiere al comportamiento de los animales. **P. anormal,** estudio sistemático, general o individual, de la conducta humana anormal, de sus determinantes, codeterminantes externos e internos y de los procesos que implica la acción e interacción de éstos. **P. aplicada,** término general que se refiere a las aplicaciones prácticas de la psicología. **P. clínica,**

parte de la psicología humana, unida a la psicología diferencial, y que representa la investigación sistemática de variaciones o desviaciones de la conducta; se distingue porque su investigación está estrechamente individualizada. **P. colectiva,** estudio sistemático de las modificaciones de la conducta del individuo inmerso en un medio social. **P. comparada,** parte de la psicología que se refiere a la investigación comparada de la conducta y de sus componentes, entre animales de diversas especies. **P. del trabajo,** rama de la *psicología aplicada* que tiene por objeto el estudio psicológico del trabajo humano y del hombre que trabaja. **P. profunda:** V. *Profunda, psicología.* **P. de la multitud:** V. *multitud.* **P. de la forma** o **de la Gestalt:** V. *forma,* teoría psicológica surgida por reacción al *elementalismo* (v.) de *Wundt* (v.), en el segundo decenio de nuestro siglo. **P. de la transacción,** teoría psicológica asentada en la percepción entendida como dirección prognóstica para la acción. **P. de la educación,** rama de la psicología que estudia sistemáticamente los problemas psicológicos que se refieren a la educación y aplica los resultados de tales investigaciones. **P. de la edad evolutiva,** psicología que se ocupa de los períodos evolutivos del hombre: infancia, pubertad y adolescencia. Sinónimo *psicología del niño y del adolescente.* **P. del desarrollo,** rama de la psicología que estudia la conducta, sus determinantes y los procesos que implican desde sus orígenes y en su incremento, desde el nacimiento hasta la muerte. **P. diferencial,** rama de la psicología que comprende la investigación comparada de las diferencias o de las características individuales de la conducta, tanto en sujetos normales como anormales. **P. dinámica,** campo de la psicología que se ocupa sistemáticamente de la motivación del hombre. **P. de la educación,** rama de la psicología que estudia sistemáticamente principios y problemas psicológicos que se refieren a la educación. **P. estocástica:** V. *Estocástica.* **P. existencial,** orientación de la psicología que se propone el análisis introspectivo de los estados o contenidos mentales, con prescindencia de su utilidad biológica o social. **P. étnica,** estudio sistemático de la conducta comparada de grupos étnicos que pertenecen a diversas culturas. **P. fisiológica,** rama de la psicología que se ocupa de las relaciones entre los procesos fisiológicos y la conducta del organismo del hombre y de los animales, considerado como un todo y en sus manifestaciones parciales. **P. funcional,** orientación de la psicología que considera los procesos psíquicos como funciones que responden a las exigencias del ajuste del individuo o de grupos de individuos al ambiente. **P. general,** parte de la psicología que considera los aspectos generales de la vida mental y de la conducta y de sus factores determinantes, prescindiendo, en lo posible, de las características individuales. **P. genética,** estudio sistemático de las actividades psíquicas y de la conducta tanto en el campo de la *ontogénesis* (v.) como de la *filogénesis* (v.). **P. individual:** V. *psicología adleriana*. **P. industrial,** estudio sistemático de los problemas de la industria según los métodos y las técnicas de la psicología. **P. infantil,** subdivisión de la *psicología de la edad evolutiva* (v.), que estudia al niño en el primer año de la vida y la segunda infancia. A veces se extienden sus alcances hasta comprender la tercera infancia. **P. legal,** psicología aplicada a las cuestiones legales. **P. médica,** cualquier investigación psicológica de interés médico. **P. objetiva,** orientación y método de la psicología fundado en el estudio de la conducta como totalidad de la actividad que el organismo desarrolla en sus relaciones con el ambiente y que puede ser obervada o sometida a mediciones con instrumentos físicos. **P. política,** rama de la psicología que comprende la aplicación sistemática de nociones y técnicas psicológicas al campo de la política. **P. escolar,** estudio sistemático de los problemas psicológicos de la escuela, y asistencia individualizada a los escolares en sus dificultades de aprendizaje. **P. social,** el estudio psicológico sistemático de las conductas sociales. **P. experimental,** aplicación del *método experiental* (v.) a la investigación psicológica en los animales y en el hombre. **P. estructural:** V. *psicología existencial*. **P. topológica,** método de enfoque de algunos problemas psicológicos que asienta sobre el concepto de espacio topológico. **P. funcional,** tipo de psicología que pone énfasis en las funciones antes que en los hechos del fenómeno mental, o que procura interpretar el fenómeno mental con referencia al papel que desempeña en la vida del organismo, antes que describir o analizar los hechos de experiencia o de conducta.

**psicologismo:** [Gr. *psyché* = espíritu + *logos* = tratado]. Teoría según la cual la *psicología* basta para explicar los hechos humanos, en particular sin el concurso de la sociología; o también, de que es la única capaz de resolver los problemas filosóficos o morales. Cf. *sociologismo*.

**psicometría:** [Gr. *psyché* = espíritu + *métron* = medida]. Medida de la actividad y de los procesos mentales. Rama de la psicología que se ocupa de la aplicación de los tests o pruebas mentales, como teoría y como práctica. También se emplea para indicar el sector de la psicología que trata de la elaboración matemática y estadística de los datos psicológicos.

**psicomotor, centro:** V. *localización cerebral*.

**psicomotrices, pruebas o tests:** [Gr. *psyché* = espíritu + Lat. *motor* = que mueve]. Pruebas que dan la medida de una capacidad motriz, cuando se considera, de manera particular, desde el punto de vista de la relaciones con la actividad psíquica.

**psicomotrices, zonas:** V. *localización cerebral*.

**psicomotricidad:** [Gr. *psyché* = espíritu + Lat. *motor* = que mueve]. Término que se emplea en substitu-

ción del término *actividad motora*, cuando la capacidad de cumplir movimientos musculares se considera particularmente desde el punto de vista de las relaciones entre cualidad de los movimientos y actividad psíquica del que los realiza.

**psiconeurosis:** [Gr. *psyché* = espíritu + *neútron* = nervio]. Término genérico creado por *Dubois* (v.), que sirve para designar un determinado número de afecciones nerviosas cuyo punto de partida es sobre todo psíquico: *neurastenia* (v.), *psicastenia* (v.), *histeria* (v.), *hipocondría* (v.) y *melancolía* (v.) de forma leve.

**psiconosa:** [Gr. *psyché* = espíritu + *nósos* = enfermedad]. Nombre genérico dado por *Fernet,* en 1907, a las enfermedades causadas por agentes morales.

**psicopatía:** [Gr. *psyché* = espíritu + *phátos* = afección]. Enfermedad mental. Vid. *mórbido*.

**psicopático:** [Gr. *psyché* = espíritu + *páthos* = afección]. Adjetivo que se refiere a lo que se relaciona, o depende de una enfermedad mental. **Trastorno p.,** manifestación patológica debida al *pitiatismo* (v.), con ausencia de cualquier alteración orgánica de la región afectada.

**psicopatógeno:** [Gr. *psyché* = espíritu + *páthos* = enfermedad + *gennan* = engendrar]. Véase *psicodisléptico*.

**psicopatología:** [Gr. *psyché* = espíritu + *páthos* = enfermedad + *lógos* = tratado]. Estudio de las enfermedades mentales.

**psicoplasma familiar:** [Gr. *psyché* = espíritu + *plásma* = forma]. Conjunto de las cualidades, de los defectos y de las taras mentales comunes a los miembros de una misma familia.

**psicoplasticidad:** [Gr. *psyché* = espíritu + *plastikós* = maleable]. Aptitud especial de los histéricos para realizar síndromes mórbidos.

**psicoplejia:** [Gr. *psyché* = espíritu + *pléssein* = golpear]. Accesos transitorios de desorientación o de amnesia atribuidos a eclipses cerebrales por arteriosclerosis.

**psicoprofilaxis:** [Gr. *psyché* = espíritu + *profilaxis*]. Prevención de las reacciones nocivas para el organismo gracias a una preparación psicológica capaz de suprimir, de modificar o de crear determinados reflejos condicionados. Por ejemplo, los dolores del parto.

**psicoquima:** [Gr. *psyché* = espíritu + *kyma* = onda]. Nombre dado por *Bleuler* (v.) a la energía psíquica, y según la *egoquima* (v.) de *Von Bracken*.

**psicosensorial:** [Gr. *psyché* = espíritu + *sensus* = sentido]. Adjetivo que se refiere a lo que trata tanto de las facultades intelectuales como de las percepciones sensoriales. Por ejemplo, *trastornos psicosensoriales* bajo el efecto de determinadas intoxicaciones.

**psicosexual:** [Gr. *psyché* = espíritu + *sexus* = sexo]. Adjetivo que se refiere al aspecto psíquico de la sexualidad. Se aplica sobre todo a manifestaciones sexuales cuyo substracto biológico todavía no es conocido: perversiones sexuales, disturbios sexuales de las neurosis, etc.

**psicosis:** [Gr. *psyché* = espíritu]. Nombre genérico que se da a todas las enfermedades mentales. **P. carcelaria,** trastornos mentales que aparecen como consecuencia del encarcelamiento en prisioneros psíquicamente normales; son accesos de confusión o estados depresivos. **P. circular, P. ciclotímica:** V. *locura periódica.* **P. maniacodepresiva:** V. *locura periódica.* **P. paranoica:** V. *paranoica, psicosis.* **P. periódica:** V. *locura periódica.*

**psicosomática, medicina:** [Gr. *psyché* = espíritu + *sóma* = cuerpo]. Estudio de las perturbaciones psíquicas de orden afectivo y de los trastornos viscerales que constituyen su manifestación corporal.

**psicosomáticos, desórdenes:** [Gr. *psyché* = espíritu + *sóma* = cuerpo]. Trastornos o enfermedades que son objeto de investigación o de terapéutica en el campo de la *medicina psicosomática* (v.).

**psicotecnia:** [Gr. *psyché* = espíritu + *téchne* = arte]. Estudio analítico de la aptitudes técnicas e intelectuales del hombre. Sin. *psicotécnica.*

**psicotécnica:** [Gr. *psyché* = espíritu + *téchne* = arte]. V. *psicotecnia.*

**psicoterapéutica:** [Gr. *psyché* = espíritu + *therapeía* = tratamiento]. Nombre dado por *Bernheim* (v.), a la sugestión aplicada metódicamente para el tratamiento de las enfermedades. Por lo general se emplea con el sentido de recursos de tipo psicológico en el tratamiento de trastornos mentales o somáticos. También se emplea con el sentido de tratamiento de las psicosis, pero este uso es poco aconsejable.

**psicoterapia:** [Gr. *psyché* = espíritu + *thérapeía* = tratamiento]. V. *psicoterapéutica.*

**psicótico:** [Gr. *psyché* = espíritu]. Adjetivo que se refiere a lo que concierne a la psicosis. Como sustantivo, femenino o masculino, se refiere al sujeto atacado de psicosis.

**psicotónico:** [Gr. *psyché* = espíritu + *tónos* = tensión]. Que aumenta la actividad cerebral.

**psicótropo:** [Gr. *psyché* = espíritu + *trépein* = volver]. Que actúa sobre la actividad cerebral. Como sustantivo masculino, medicamento que posee esta propiedad; se distingue en psicolépticos, psicoanalépticos y psicodislépticos.

**psicroterapia:** [Gr. *psykrós* = frío + *therapeía* = tratamiento]. Empleo terapéutico del frío, cualquiera sea su modo de aplicación.

**psique:** [Gr. *psyché* = espíritu]. V. *psiquis.*

**psiquiatría:** [Gr. *psyché* = espíritu + *iatreía* = tratamiento]. Parte de la medicina consagrada especialmente al estudio y tratamiento de las enfermedades mentales. Sin. *medicina mental.*

**psiquiatría infantil:** V. *pedopsiquiatría.*

**psíquico:** [Gr. *psyché* = espíritu]. Que se relaciona con la psiquis o sus fenómenos, con el pensamiento

y la vida afectiva y volitiva. Vid. *campo psíquico.*

**psiquis:** [Gr. *psyché* = espíritu]. Sustantivo empleado por los psicólogos contemporáneos para evitar las implicaciones religiosas y espiritualistas de las palabras «alma» y «espíritu». Ya para *Aristóteles* (v.) «psiquis» significaba tanto el principio vital como el principio pensante.

**psitacismo:** [Gr. *psitakós* = loro]. Repetición de palabras y de frases que no son comprendidas por el sujeto.

**psyché:** [Gr. *espíritu*]. Según *Jung* (v.) «conjunto de todos los procesos psíquicos conscientes o inconscientes».

**pubertad:** [Lat. *pubes* = pelo]. Conjunto de las modificaciones que se producen en las niñas en el momento en que se establece la menstruación, y en los varones desde que los testículos producen espermatozoides. Se trata en primer término de modificaciones somáticas y, concomitantemente, psíquicas.

**pubescencia:** [Lat. *pubes* = pelo]. Comienzo de la aparición de pelos en el pubis y en las axilas al iniciarse la pubertad.

**puericultura:** [Lat. *puer, -eri* = niño + *cultura* = cultivo]. Conjunto de los medios propios para favorecer el desarrollo fisiológico del niño, tanto antes del nacimiento *(p. intrauterina o fetocultura)* como después *(p. extrauterina o infantocultura)*. Modernamente se incluye en esta definición también los medios de la *psicoprofilaxis* (v.).

**puerilismo:** [Lat. *puer, -eri* = niño]. Síndrome psicopático que consiste en una reversión de la personalidad, en la cual toda una serie concordante y sistemática de manifestaciones psíquicas y expresivas traduce un retorno al estado de espíritu de la infancia, con sus tendencias, sus gustos, sus expresiones mímicas y su lenguaje. Este estado mental se observa en los *histéricos* (v.).

**pulsiones:** [Lat. *pulso, -are* = que impele]. Motivos innatos, más o menos modificados por el aprendizaje, y que sobre todo en los animales superiores y en el hombre orientan la actividad del organismo hacia incentivos que son útiles o necesarios para la vida del individuo o para asegurar la conservación de la especie.

**punición:** [Lat. *punire* = castigar]. Estímulo que provoca dolor o por lo general incentivo negativo y que se aplica con la finalidad de modificar o de eliminar una conducta dada.

**punitiva, disciplina:** [Lat. *punire* = castigar]. Tratamiento severo como medio de prevención contra la repetición de conductas desaprobadas y de advertencia para los demás.

**puntaje:** [Lat. *punctus* = punto]. Valoración cuantitativa de los resultados de una prueba o de una escala.

**pupila, reflejo palpebral de la:** V. *Galassi, reflejo de.*

# Q

**Quételet, regla de:** El peso en kilogramos de un adulto de buena constitución iguala el número de centímetros con que su talla supera al metro. Esta «regla» es negada por la moderna biotipología constitucional.

**quiasma óptico:** [Lat. y Gr. *chiasma* = cruce]. Punto de intersección de los nervios ópticos, a partir del cual divergen en sus direcciones y van a parar a los hemisferios derecho, los que provienen del ojo izquierdo, e izquierdo, los que provienen del ojo derecho.

**quimorreceptor:** [Gr. *chemeia* = química + receptor]. Los receptores del organismo estimulados por pro-ductos o emanaciones químicas: olfato, gusto, etc.

**quirognomía:** [Gr. *cheír* = mano + *gnómen* = conocimiento]. Lectura del carácter de una persona en las manos.

**quirografía:** [Gr. *cheír* = mano + *gráphein* = escribir]. Adivinación del carácter de una persona por medio de los rasgos de su escritura.

**quiromancia:** [Gr. *cheír* = mano + *manteía* = adivinación]. Lectura o predicción del porvenir por medio de la interpretación de las líneas de la mano.

**quirosofía:** [Gr. *cheír* = mano + *sophía* = sabiduría]. Los conocimientos que abarcan la quirografía, la quiromanía y la quiromancia.

# R

**R:** En oposición a S (stimulus) (v.), significa respuesta; es correlativo de S: *S-R*.

**racional:** [Lat. *rationalis* = relativo al cálculo]. Que pertenece o concierne a la razón. En *matemáticas*, que puede ser expresado por un número entero o un número fraccionario. Por oposición a *experimental* (v.), que procede por medio de operaciones racionales independientes de la experiencia o por lo menos del control experimental.

**racionalismo:** [Lat. *rationalis* = relativo a la razón]. Doctrina filosófica que enseña la existencia de la razón y que afirma su primacía sobre las otras formas del conocimiento. En *gnoseología* y en *epistemología*, por oposición a *empirismo*, doctrina según la cual la experiencia no podría ofrecernos todos nuestros conocimientos, en particular las ideas normativas y los principios por medio de los cuales razonamos.

**racionalización:** [Lat. *rationalis* = capaz de medida]. Término del *psicoanálisis*, que señala el proceso de elaboración de un motivo capaz de justificar una conducta que está determinada por factores inconscientes.

**radiación:** [Lat. *radiare* = radiar]. Fenómeno electromagnético de la misma naturaleza que la luz.

**radiactivación:** [Lat. *radiare* = radiar + *active* = activamente]. En *fisiología*, acción por la cual se confiere a un tejido la propiedad de emitir la radiación característica de los cuerpos que radían; por ejemplo, inyección de radioisótopos.

**radiactividad:** [Lat. *radiare* = radiar + *active* = activamente]. Propiedad descubierta por *Henri Becquerel*, en 1896, y que poseen en grados diversos algunos cuerpos llamados radiactivos (radium, uranium, etc.).

**radiante:** [Lat. *radiare* = radiar]. Neologismo que expresa el «cociente del flujo luminoso que radía una superficie emisora por el aire de esa superficie». Es una magnitud de la misma naturaleza que la iluminación. La diferencia está en el sentido del flujo luminoso: es emitido cuando se trata del radiante, es absorbido cuando se trata de la iluminación.

**radicular:** [Lat. *radix* = raíz]. Que se relaciona con las raíces de los nervios cranianos o raquídeos, o con las raíces de los dientes.

**radiobióticos, efectos:** [Lat. *radiare* = radiar + *bíos*

= vida]. Efectos biológicos de las radiaciones.

**radiosensibilidad:** [Lat. *radiare* = radiar + *sensibilis* = sensible]. Sensibilidad de los tejidos vivientes para la acción de los rayos X.

**raquialgia:** [Gr. *ráchis* = raquis + *álgos* = dolor]. Dolor que tiene por asiento todo lo largo de la columna vertebral.

**raquianalgesia:** [Gr. *ráchis* = raquis + *a* = privativo + *algésis* = dolor]. Término que debe reemplazar a *raquianestesia*, o sea, método para producir la anestesia parcial inyectando, por punción lumbar, anestesia, pues la anestesia propiamente dicha no existe por vía raquídea.

**raquianestesia:** [Gr. *ráchis* = raquis + *a* = privativo + *aísthesis* = sensibilidad]. V. *raquianalgesia*.

**raquicéntesis:** [Gr. *ráchis* = ráquis + *kentéin* = perforar]. Introducción de un trocar muy fino entre dos arcos vertebrales de la columna lumbar, para evacuar, sin aspiración, el líquido cefalorraquídeo.

**raquítico:** [Gr. *ráchis* = raquis + *iatros* = enfermedad]. Empleado como adjetivo, que tiene relación con el raquitismo; empleado como sustantivo, que está atacado de raquitismo.

**raquítígeno:** [Gr. *ráchis* = raquis + *gennan* = producir]. Que determina el raquitismo o favorece su desarrollo.

**raquitismo:** [Gr. *ráchis* = raquis + *ismo* = estado o condición]. Enfermedad del período del crecimiento, que se manifiesta por deformaciones variables del esqueleto. Por lo general se considera una enfermedad de la nutrición, aunque cada vez se tiende más a aproximarlo a las enfermedades por carencia (carencia de la vitamina D), y se hace desempeñar un papel importante a la ausencia de sol.

**rayo:** [Lat. *radius* = rayo]. Eje de propagación de la luz o de cualquier otra forma de energía de la misma naturaleza: radiaciones electromagnéticas, etc.

**raza:** [Ital. *razza* = de origen muy problemático]. Conjunto de los caracteres que dentro de una misma especie distinguen a un tipo particular que se transmite hereditariamente.

**razón:** [Lat. *ratio*, de *reri* = calcular, contar y por ext., pensar]. Modo de pensar propio del hombre, según reglas definidas de la lógica. Considerada como facultad, la razón es la capacidad de establecer entre los hechos o las nociones relaciones necesarias. También significa facultad de percibir relaciones. A veces se emplea como sinónimo de *inteligencia*, de *juicio* y de *buen sentido*. En *matemáticas*, relación de dos o varias cantidades.

**razonable:** [Lat. *ratio, reri* = calcular, contar y por consiguiente, pensar]. Que está dotado de razón. Lo que es conforme o de acuerdo con la razón práctica, con el buen sentido, con la sabiduría, y no con la razón lógica.

**razonador:** [De *razonar*]. Que razona con intemperancia para discutir las opiniones de los demás.

**razonamiento:** [De *razón*]. Operación mental por medio de la cual se emiten juicios, se sacan nuevos juicios. Formulación lógica del pensamiento o de un argumento. **R. analítico,** el que plantea primero la proposición por demostrar y la une de inmediato con las proposiciones que la justifican porque de ellas deriva necesariamente. **R. sintético,** inverso al analítico, plantea primero las proposiciones o principios que deben justificar la proposición por demostrar, la que es deducida como consecuencia necesaria. **R. experimental,** término con el cual *C. Bernard* (v.) designó al razonamiento hipotético-deductivo que «dirige la experiencia», para poder determinar el valor de la hipótesis experimental. **R. inductivo,** término antes muy empleado para designar a la *inducción* (v.).

**reacción:** [Lat. *re* = de nuevo + *actio, -onis* = acto, operación]. Acción con sentido contrario del que tiene la acción que la desencadenó. En *fisiología* y *psicología*, respuesta de un ser vivo a la acción de un estímulo o excitante. **R., psicología de la,** concepción psicológica que elimina completamente la conciencia y se atiene solamente a las reacciones exteriores de los sujetos observados, como el *conductismo* (v.).

**reacción retardada, experimento de:** Tipo de experimento empleado en *psicología animal*, para estudiar los aprendizajes que involucran el funcionamiento de una imagen mnemónica e, incidentalmente, obtener la evidencia de su presencia.

**reactiva, psicosis:** [Lat. *re* = de nuevo + *agere* = actuar]. En *psiquiatría*, se denominan reactivas la psicosis que principalmente se deben a influencia del ambiente.

**reactivación:** [Lat. *re* = de nuevo + *activus, -um* = activo]. Según el *psicoanálisis*, retorno de un periodo o de una experiencia anterior. Sería un ejemplo el *complejo de Edipo* (v.) y otros conflictos infantiles.

**reactividad:** [Lat. *re* = de nuevo + *activus* = activo]. Modo o manera como se conduce un órgano o un individuo en presencia de una agresión cualquiera; en particular el organismo cuando se trata de inyecciones inmunizadoras.

**reactivo mental:** [Lat. *re* = de nuevo + *agere* = actuar]. Término que corresponde a *prueba* o *test mental* (v.).

**reactógeno:** [Lat. *re* = de nuevo + *activus* = activo Gr. *gennan* = producir]. Sustancia que provoca la hipersensibilidad de un organismo: venenos, alimentos, medicamentos, etc.

**reactología:** [Lat. *re* = de nuevo + *actio, -onis* = acto, operación + Gr. *lógos* = discurso]. Denominación dada por *Kórnilov* a una modificación de la *reflexología*, la que luego repudió por no estar en la línea del materialismo dialéctico.

**readaptación:** [Lat. *re* = de nuevo + *adapto, -are* = acomodar]. Poner a alquien, que perdió por causas diversas sus condiciones de trabajo o de rendimiento, en la situación de volver a ser capaz de trabajar o de rendir.

**reagrupamiento perceptivo:** [Lat. *re* = de nuevo + Ital. *gruppo* = nudo]. La tendencia a percibir, frente a modelos dados de estímulos, objetos en grupo antes que elementos aislados. La *psicología de la forma* formula con respecto a este fenómeno principios o leyes que se asemejan a los del *asociacionismo*: de la cercanía, de la semejanza y de la buena forma.

**reajuste social:** [Lat. *re* = de nuevo + *ajuste*]. El retornar satisfacciones en las relaciones sociales por parte de un individuo que temporáneamente estuvo *desajustado*. V. *desajuste social*.

**real, función del:** Según *Janet* (v.), operación psicológica por medio de la cual se elabora el sentimiento de realidad de los objetos del mundo exterior. *Merani* (v.) la interpreta como equivalente de *toma de conciencia* (v.).

**realidad:** [Lat. *res* = cosa, materia]. El ambiente objetivo entendido como distinto de los datos de la imaginación o del pensamiento en general. **R., adaptación a la,** la capacidad de un individuo de responder a la realidad de las situaciones en que vive sin deformarlas con la imaginación o el pensamiento.

**realismo:** [Lat. escol. *realismus* = que es real]. Doctrina filosófica que considera como real lo que el *idealismo* considera como idea pura, o que afirma la primacía de lo real sobre lo ideal. En relación con el problema de la existencia del mundo exterior, doctrina según la cual existe una realidad independiente de las representaciones del espíritu. Cf. *idealismo*.

**realismo lógico:** Estadio del dibujo infantil, así denominado por *Luquet*, en 1913, que se diferencia del realismo visual del adulto, porque para el niño el dibujo debe contener todos los detalles reales del objeto, lógicos, inclusive aquellos invisibles.

**reanimación:** [Lat. *re* = de nuevo + *animatio* = dar vida]. Conjunto de las medidas que permiten restablecer las funciones vitales momentáneamente comprometidas: respiración, circulación, nutrición, excreción, equilibrio hidroeléctrico, etc.

**reaprendizaje, método del:** V. *Economía, método de la*.

**rebelión:** [Lat. *rebellio* = insurgir en lucha]. Conducta que se distingue por *resistencia* (v.) agresiva, propia de una persona o de un grupo, que quiere liberarse de la sujeción de leyes, tradiciones, etc. **R. neurótica,** según el *psicoanálisis,* resistencia activa, a veces de naturaleza fantástica, que se acompaña o alterna con estados de resignación.

**recaída:** [Lat. *re* = de nuevo + *cadere* = caer]. Evolución mórbida nueva que sucede a otra de la misma especie.

**recapitulación, teoría de la:** Teoría enunciada por *Haeckel* (v.), según la cual la *ontogenia* (v.) recapitula las etapas de la *filogenia* (v.). En otros términos la repetición manifiesta, durante el desarrollo embrionario de un organismo, de un estado embrionario propio de los antecesores de la especie a que pertenece dicho organismo.

**receptividad:** [Lat. *recipere* = recibir]. Facilidad más o menos grande con que el organismo se deja invadir por sensaciones.

**receptor:** [Lat. *recibidor*]. Órgano que se encuentra en contacto con la terminación periférica de una vía nerviosa aferente (nervio sensorial), y que por la acción de estímulos específicos da comienzo a un proceso de *excitación* (v.). En la clasificación de *Sherrington* (v.), los receptores se dividen en: *exteroceptores, interoceptores* y *propioceptores* (v.).

**recesivo:** [Lat. *recessus* = cavidad o espacio vacío]. En *genética,* el gene que manifiesta su efecto únicamente si existe sobre los dos cromosomas del par, o sea, como *homozigote* (v.). **Carácter r.,** es el transmitido por este gene. Solamente aparece en los homozigotes; en los *heterozigotes* (v.) no se manifiesta, pues está enmascarado por el carácter correspondiente (dominante) llevado por el gene *alelomorfo* (v.). V. *dominante.*

**reciclaje:** [Lat. *re* = preposición inseparable que denota integración + *cyclicus* = circular]. Proceso mediante el cual se vuelve a utilizar conocimientos que se poseían dándoles mayor amplitud, profundidad o nueva orientación.

**recidiva:** [Lat. *recidere* = caer hacia atrás]. Aparición de un trastorno en un individuo que ha sufrido del mismo trastorno mucho tiempo antes. Difiere de la *recaída* (v.), en que hay una nueva infección.

**recién nacido:** Nombre con que se designa al niño desde el momento del nacimiento hasta la caída del cordón umbilical.

**recognición:** [Lat. *recognitio* = reconocer]. Término que algunas veces se emplea en lugar de *reconocimiento* (v.).

**reconocimiento:** [Lat. *recognitio* = el reconocimiento]. La conciencia de que un objeto que es percibido era ya conocido. Es uno de los estadios fundamentales de la memoria. **R., método del,** método experimental de medición de la retención mnemónica, mediante la identificación de algunos elementos que son presentados al sujeto entre otros a una distancia determinada de tiempo. **R., prueba o test de,** prueba que se practica mostrando al niño un objeto e invitándolo, después de una brevísima

exposición, a reconocerlo en medio de una serie de objetos diversos.

**recordar:** [Lat. *recordor, -aris* = acordarse]. Proceso de elaboración de lo que ha sido reevocado, por medio del cual objetos, cualidades o acontecimientos son relacionados de manera más o menos definida con experiencias pasadas.

**recuerdo:** [Lat. *recordor, -aris* = acordarse]. Imagen mnemónica o serie de imágenes mnemónicas que se insertan de manera definitiva en el pasado, por lo general junto con circunstancias asocidas. **R. de cubierta,** para el *psicoanálisis* son recuerdos aislados, fragmentarios, que llenan en parte la amnesia existente en el adulto con respecto de la primera infancia.

**recurrencia:** [Lat. *recurrens* = volver, reproducirse]. Que retorna hacia su origen (nervio recurrente), que se reproduce (fiebre recurrente). **R., serie,** serie en la que cada término está formado con cierto número de términos precedentes multiplicados por los números coeficientes. **Razonamiento por r.,** según *Poincaré* (v.), proceso que consiste, una vez establecido un teorema para *n:* 1) demostrar que si es verdadero para *n*=1, es también verdadero para *n*+1; 2) generalizar y concluir que es verdadero para todos los números enteros. Para Poincaré «el pensamiento por recurrencia contiene por lo menos una demostración».

**rechazo:** [Lat. *reiectare* = devolver, rehusar]. Según el *psicoanálisis,* aprisionamiento, en el subconsciente de recuerdos, ideas, emociones, cuya exteriorización en la conciencia está impedida por barreras psíquicas involuntarias.

**reducida, percepción:** Según *David Katz* (v.), una percepción en la cual sólo una pequeña porción del objeto es visible por una abertura practicada en una pantalla.

**reeducación:** [Lat. *re* = de nuevo + *educo, -are* = enseñar, instruir]. Educación dada nuevamente y entendida, específicamente, como enseñanza y ejercitación de los físicamente incapacitados por lesiones o enfermedades, o para aquellos que deben ser reintegrados al ambiente familiar o social por desajustes de conducta.

**referencia, esquema de:** [Lat. *refero* = volver a traer]. En *psicología experimental,* presencia de un objeto o de objetos o de otras condiciones de referencia que influyen en la valoración de las características de otro o de otros objetos.

**reflectividad:** [Lat. *reflectere* = reflejar]. Propiedad que presentan algunas parte del cuerpo, de ser punto de partida de un acto reflejo cuando son excitadas.

**reflejo, acto o fenómeno:** [Lat. *reflectere* = reflejar]. Reacción motriz o secretora desencadenada por el sistema nervioso sin intervención de la voluntad, como respuesta a una estimulación de las terminaciones nerviosas sensitivas. Se distingue del *reflejo absoluto* o *incondicionado,* acto reflejo ordinario.

reflejo, acto o fenómeno

congénito, en el cual interviene un centro nervioso infracortical (bulbo, medula), del *reflejo condicionado* (*Pavlov*) [v.]) o *psíquico* (*Richet* [v.]), acto reflejo individual, adquirido, en el cual interviene la corteza cerebral. **R. abdominal,** contracción unilateral de los músculos de la pared abdominal provocada por excitación de la piel del abdomen del lado correspondiente, por debajo o por encima del ombligo. **R. aquiliano,** extensión del pie provocada por percusión del tendón de Aquiles. **R. ácido de Pavlov,** secreción pancreática abundante provocada por la introducción de un ácido en el duodeno. **Reflejo acústico-palpebral,** guiño unilateral de los párpados provocado por la percepción brusca de un ruido. **R. anal,** contracción del esfínter anal por excitación de la piel del margen del ano. **R. aneurógeno,** reflejo que existe en los seres inferiores desprovistos de sistema nervioso o reducidos a una sola célula (protofitos y protozoarios), y en los vegetales. **R. antagonista,** reflejos que entran simultáneamente en competición por la vía común final. **R. de actitud,** reflejo tónico que determina las contracciones musculares necesarias para mantener el equilibrio del cuerpo. **R. de automatismo medular:** V. *Reflejo de defensa.* **R. de axón** o **axonal,** reflejo que se produce sin la participación del centro nervioso. **R. bicipital,** flexión del antebrazo provocada por la percusión del tendón del bíceps braquial. **R. de los brazos en cruz:** V. *Moro, reflejo de.* **R. bulbocavernoso,** contracción del músculo bulbocavernoso provocada por pellizco del glande o de la cara dorsal del pene. **R. coclear,** acto involuntario provocado por la audición de un ruido. **R. condicionado:** V. *reflejo, acto o fenómeno.* **R. consensual,** la luz que alcanza a un ojo, determina en el otro, aunque esté en la oscuridad, un reflejo pupilar igual al que se produce en el lado iluminado. **R. de la córnea,** oclusión bilateral de los párpados con ascensión del globo ocular, provocada por toque de la córnea. **R. cremasteriano,** contracción del cremáster determinada por la ascensión del testículo en el hombre y la retracción del gran labio en la mujer, provocada por la excitación de los tegumentos de la cara interna del muslo. **R. cúbitopronador,** pronación de la mano provocada por la percusión de la apófisis estiloide del cúbito. **R. cuboidiano,** extensión dorsal de los cuatro últimos dedos provocada normalmente por la percusión del empeine al nivel del cuboide. **R. cutáneo, óseo** o **tendinoso,** reflejos determinados por excitación de algunos puntos de los tegumentos, por la percusión de algunos huesos, de algunos tendones, que se manifiestan con una contracción muscular involuntaria, brusca y de corta duración. **R. de defensa,** reacción involuntaria provocada por un estímulo visual, auditivo, cutáneo, etc., de carácter ofensivo, y que permite escapar de éste. Sin. *reflejo nociceptivo.* **R. exteroceptivo,** reacción de los músculos o de las glándulas a estímulos que provienen del exterior. **R. glúteo,**

contracción de los músculos de las nalgas, con elevación del pliegue de la nalga, provocado por la excitación de la piel de la nalga. **R. idiomuscular,** contracción brusca e involuntaria de un músculo, provocada por su percusión directa. **R. interoceptivo,** reflejo que tiene su punto de partida en una terminación nerviosa situada en el interior del cuerpo: *interoceptor* (v.). **R. mamiloareolar,** reflejo pilomotor de los músculos de la aureola. **R. maseteriano,** cierre de la boca provocado por la percusión del mentón. **R. medioplantar,** extensión del pie, con flexión de los dedos, provocada por la percusión de la parte media de la planta del pie. **R. de Moro:** V. *Moro, reflejo de.* **R. miotático,** contracción del músculo provocada por su propio estiramiento. **R. nasopalpebral,** oclusión bilateral y simultánea de los párpados, provocada por la percusión de la raíz de las nariz. **R. nociceptivo:** V. *reflejo de defensa.* **R. óptico-palpebral,** guiño bilateral de los párpados provocado por la percepción brusca de una luz viva. **R. opto-pituito-melanocito,** reflejo neuroendocrino con punto de partida óptico, que explica la movilización del pigmento bajo la influencia de la luz, o sea, el cambio de color de algunos batracios, reptiles y peces de acuerdo con el tinte del fondo sobre el que reposan. **R. óseo:** V. *reflejo cutáneo.* **R. otocardíaco,** disminución del pulso determinada por una excitación ligera del conducto auditivo externo. **R. paradojal,** movimiento reflejo inverso del habitual obtenido por la percusión de un tendón. **R. patelar** o **rotuliano,** extensión brusca de la pierna sobre la nalga provocada por la percusión del tendón rotuliano. **R. pilomotor,** enderezamiento de los pelos y fenómeno de carne de gallina provocado por la excitación de zonas como la región cervical y la región axilar, por excitantes sensoriales o por estados psicoafectivos. **R. plantar,** flexión de los dedos del pie provocada normalmente por excitación de la planta del pie. **R. policinético,** reflejo tendinoso caracterizado por la producción de varios sacudones consecutivos por obra de un solo estremecimiento (comienzo de clonus). **R. de postura,** contracción de un músculo provocada por el acercamiento pasivo de sus puntos de inserción: para el bíceps braquial la flexión pasiva del antebrazo. **R. de prehensión** o **de Janichweski,** movimiento de flexión de los dedos provocado por la excitación de la palma de las manos en el recién nacido y en algunos enfermos con lesiones en la región frontal del encéfalo. **R. propioceptivo,** reflejo del tipo más simple, que consiste en que el órgano receptor reacciona a una excitación que proviene de su propio territorio. **R. psíquico:** V. *reflejo, acto o fenómeno.* **R. psicogalvánico,** variación de la resistencia cutánea al paso de una corriente eléctrica. **R. pupilar,** contracción de la pupila provocada por la proyección, sobre el ojo, de un haz luminoso. **R. radiopronador,** pronación de la mano provocada

141

por la percusión de la cara anterior de la apófisis estiloide del radio. **R. rotuliano:** V. *reflejo patelar.* **R. tendinoso:** V. *reflejo cutáneo.* **R. tónico profundo del cuello:** V. *Magnus, fenómeno o reflejo de.* **R. total,** reacción de toda la parte inferior del cuerpo en el caso de sección total de la médula. **Reflejo ideomotor o de la atención:** V. *Reflejo de Haab.*

**reflexión:** [Lat. *reflexus* = reflejado]. Forma del pensamiento que se distingue por reevocación y valoración más profunda del significado de experiencias recientes o remotas. A veces se emplea como sinónimo de *introspección* (v.), pero este uso es incorrecto.

**reflexógeno:** [Lat. *reflectere* = reflejar + *gennan* = producir]. Que determina o provoca un reflejo. Zona reflexógena, zona del organismo cuya excitación provoca un reflejo.

**reflexología:** [Lat. *reflectere* = reflejar + Gr. *lógos* = teoría]. Nombre dado por *Bechterev* (v.) a su concepción de la *psicología objetiva,* y a la que primero había denominado *psicorreflexología.* Sin. *reactología* (v.).

**reflexometría:** [Lat. *reflectere* = reflejar + Gr. *métron* = medir]. Este término no designa, como se podría suponer por su etimología, una medida exacta de los reflejos, sino las relaciones que existen entre los caracteres de algunos reflejos observados en el individuo sano y los caracteres de los mismos reflejos modificados por enfermedad.

**reflexopatía:** [Lat. *reflectere* = reflejar + *páthos* = trastorno]. Nombre que se da a las repercusiones lejanas que pueden producir las lesiones y trastornos orgánicos.

**reflexoterapia:** [Lat. *reflectere* = relfejar + Gr. *therapeia* = cura]. Método terapéutico que permite actuar a distancia y por vía refleja sobre una lesión, interviniendo sobre una zona alejada de las partes enfermas. Está en la base de la acupuntura.

**refuerzo:** [Lat. *re* = de nuevo + *fortis* = fuerte]. En las experiencias de *condicionamiento,* la presentación del estímulo incondicionado inmediatamente después del *condicionado.* En el *condicionamiento instrumental* (v.), la satisfacción de un motivo con fundamento fisiológico inmediatamente después de la respuesta instrumental. En *psicología clínica,* todas las condiciones que refuerzan el aprendizaje, y le confieren algún grado de permanencia favoreciendo el ajustamiento del individuo.

**regeneración:** [Lat. *regenerare* = regenerar]. Reproducción de una parte destruida.

**regresión:** [Lat. *regressio* = retorno]. Según el *psicoanálisis,* es un mecanismo de defensa que se encuentra preferentemente en las neurosis, en las psicosis y en las perversiones sexuales, y que consiste en el retorno de un instinto o de una componente instintiva hacia una fase de desarrollo precedente. En *estadística,* el hecho de que un valor de una primera serie corresponda a un valor medio inferior de la segunda serie. En *biología,* retorno de un

tejido o de un órgano a una de las fases anteriores de su evolución.

**regulación:** [Lat. *regula* = regla]. En *fisiología, psicología* y *cibernética,* la acción de un regulador que procura convertir en regular o normal la actividad de una función.

**regurgitación:** [Lat. *re* = de nuevo + *gurges, -itis* = remolino]. Retorno de los alimentos del estómago a la boca, sin que se produzca el reflejo del vómito. Este acto, comparado con la *rumiación* (v.), es frecuente en los lactantes y niños pequeños.

**rehabilitación:** [Lat. *rehabilitatus* = restaurado]. Poner a un individuo que ha sufrido algún tipo de trastorno o de enfermedad en condiciones de retomar un lugar adecuado en la sociedad.

**relación:** [Lat. *relatio* = acción de unir]. Carácter de objetos del pensamiento que pueden ser asidos en un mismo acto intelectual en razón de los lazos que los unen: relación de causalidad, de semejanza, etc. **R. de incertidumbre,** principio de microfísica enunciado por *Heisenberg* (v.), según el cual la incertidumbre relativa a la posición de un corpúsculo está en razón inversa de la incertidumbre relativa a su velocidad en el mismo instante, o sea que es imposible conocer, a la vez, velocidad y posición de un corpúsculo.

**relaciones públicas:** [Lat. *relatio* = que une con lo anterior]. Distinción que hacen los autores estadounidenses, que dividen las relaciones de los individuos entre humanas y públicas. En las *públicas* distinguen las *internas* (las relaciones entre los directores de una empresa y sus subordinados) y las *externas* (de la empresa con la colectividad).

**relaciones sociales:** En *sociología,* concepto fundamental de las interacciones entre individuos y grupos, según la definición de sociología de Tarde, de que es una «interpsicología» que se ocupa de los acontecimientos interhumanos.

**relajamiento:** [Lat. *relaxare* = aflojar]. Estado de distención general, física y psíquica, que favorece la hipotonía muscular con la limitación de las actividades del pensamiento a cuestiones de poca monta.

**relatividad:** [Lat. *relativus* = lo que tiene o hace relación]. Carácter de lo que es relativo. **R. del conocimiento,** que depende de la constitución orgánica o mental del individuo que conoce, o que consiste en el establecimiento de una relación y por consiguiente varía con el término con el cual la cosa a conocer es puesta en relación.

**relativismo:** [Lat. *relativus* = lo que tiene o hace relación]. Doctrina que afirma la relatividad del conocimiento y, por consiguiente, de las normas de adquisición del mismo.

**relativo:** [Lat. *relativus* = que se relaciona con otra cosa]. Por oposición a *absoluto* (v.), que solamente es en relación o por comparación con otra cosa, en particular con relación al sujeto del conocimiento.

**religiosidad:** [Lat. *religio* = miedo de los dioses]. Las reacciones individuales frente a la práctica y a los ideales de las religiones, que son diversas de un individuo a otro y pueden ser objeto de investigación especial.

**religioso, sentimiento:** [Lat. *religio* = miedo de los dioses]. Sentimiento de reverencia hacia lo Divino o Dios, o más comúnmente hacia lo «sagrado», que distingue a quien tiene *religiosidad* (v.).

**reloj biológico:** Conjunto de mecanismos fisiológicos o psicofisiológicos que miden la duración y permite a los organismos repetir y efectuar ciertas funciones con periocidad precisa. Puede definirse también como interacción entre diversos elementos del sistema biológico a cuyo conjunto posee las propiedades de un oscilador.

**REM:** [Sigla en imgl. de *Rapid Eye Movements* = movimientos rápidos del ojo]. Movimiento rápido conjugado de los ojos, en especial el que se produce en los párpados durante los períodos de sueños o a lo largo del sueño, y que los caracterizan.

**remanencia:** [Lat. *remanens* = el que permanece]. Término que designa la sensación de un objeto cuando se mantiene a pesar que el estímulo cesó.

**reminiscencia:** [Lat. *reminiscencia* = recuerdo]. Término de empleo muy ambiguo en *psicología,* que puede significar tanto recuerdos fragmentarios o completamente vagos, como reforzamiento de un recuerdo.

**remisión:** [Lat. *remittere* = relajar]. Debilitamiento temporario de los síntomas de una enfermedad, aguda o crónica.

**remoción:** [Lat. *remotio, -ionis* = apartamiento]. Término que algunos psicoanalistas emplean en lugar de *represión* (v.).

**remordimiento:** [Lat. *remorsus* = recuerdo amargo]. Recuerdo angustiante o doloroso de acciones o pensamientos por quien las realizó o pensó y que reconoce ahora que no están de acuerdo con su conciencia moral, o en los casos muy graves con las normas legales de la sociedad.

**rendimiento:** [Lat. *reddere* = restituir, pagar]. relación entre lo obtenido y el esfuerzo empleado para obtenerlo. Nivel de éxito en la escuela, en el trabajo, etc.

**reobase:** [Gr. *rhéo* = correr, manar + *basis* = paso]. Según *Lapicque* (v.), intensidad que alcanza el umbral de la excitación por un pasaje de corriente que comienza bruscamente e indefinidamente prolongado, o sea, «la corriente más débil con comienzo brusco capaz de excitar» (Lapicque).

**reparación:** [Lat. *reparatio* = restablecimiento]. Proceso de autocrítica constructiva que enseña revisando la conducta pasada, como desacorde con las normas del grupo social, a corregir o a modificar de manera estable la conducta futura.

**repercusión:** [Lat. *repercussio*]. En *fisiología,* modificación refleja de la *cronaxia* (v.) motriz, consecutiva a traumatismos o procesos patológicos que atacan la vía sensible. **R. simpática,** reacción refleja anormal de una excitación periférica sobre una

región o un órgano alejados, por intermedio del sistema nervioso simpático.

**repolarización:** [Lat. *re* = de nuevo + *polaris* = que pertenece al polo]. Recuperación de cargas eléctricas positivas.

**representación:** [Lat. *repraesentatio* = acción de presentar]. Las diversas maneras con que los objetos del pensamiento se hacen presentes al pensamiento mismo, o con sentido concreto los objetos que vuelven a estar presentes en el pensamiento. **R. colectiva,** noción introducida por *Durkheim* (v.), que significa las representaciones producidas por las acciones y reacciones intercambiadas entre las conciencias elementales de que está constituida la sociedad.

**representación mental:** [Lat. *re* = de nuevo + *presentar*]. Término correspondiente a *imagen* (v.), que debe preferirse.

**representar:** [Lat. *repraesentare* = hacer presente]. Hacer presente a los sentidos o al espíritu. También significa figurar, simbolizar, significar e imaginar.

**representativo:** [Lat. *repraesentatio* = acción de presentar]. Que hace conocer algo y, por consiguiente, se opone a afectivo. Sin. *cognitivo* (v.). **Representativas, teoría de las ideas,** presupuesto que está en los orígenes del movimiento que desembocó en el idealismo absoluto, y según el cual el espíritu no alcanza las cosas sino ideas representativas de las mismas.

**represión:** [Lat. *repressus* = reprimido]. Según el *psicoanálisis,* la represión es la función de rechazar y de poner fuera de la conciencia un contenido mental. **R. social,** en *sociología,* actividad dirigida a impedir con medios violentos lo que tiende a subvertir instituciones sociales o políticas.

**represor:** [Lat. *repressor* = el que reprime, que retiene]. Se dice de una proteína que reprime el funcionamiento de un gene.

**reproducción invariante:** Vid. *invariancia.*

**resección:** [Lat. *resecare* = recortar]. Acción de recortar sobre una extensión más o menos grande un nervio, un vaso, un músculo, un tendón, un hueso, sanos o enfermos.

**resentimiento:** [Lat. *re* = de nuevo + *sentire* = sentimiento]. Emoción de ira, más o menos controlada, que se manifiesta cuando se ha sufrido, o creído sufrir, una injuria o una injusticia.

**residuos diurnos:** [Lat. *residuum* = lo que queda]. Expresión del *psicoanálisis,* que se refiere a elementos que pertenecen al día precedente y que están presentes en el contenido manifiesto de cada sueño.

**resignación:** [Lat. *resignatio* = sellado]. Conducta de aceptación sin rebeldía, despecho, amargura, frente a acontecimientos desagradables más o menos inevitables.

**resistencia:** [Lat. *resistentia* = que resiste]. Conducta que puede ser considerada tanto en sentido negativo como positivo; en sentido negativo, como oposición de un individuo o de un grupo frente a imposiciones, órdenes, sugestiones de naturaleza política, religiosa, moral, etc. Con sentido positivo, la resistencia es la conducta que tiende a conservar determinados hábitos o ideales, a pesar de la oposición del ambiente.

**resolución:** [Lat. *resolutio* = acción de resolver]. Acto por el cual, después de la *reflexión* (v.), se determina algo. En *lógica* y en *matemáticas*, operación por medio de la cual se resuelve un problema y se alcanza su solución. En *química, física, biología*, resolución de un cuerpo en sus elementos. En *psicología*, y con sentido muy específico para la *psicología de la forma*, resolución de una forma en otra considerada más elemental.

**resonancia, teoría de la:** [Lat. *resonans* = que·retumba]. En la *psicología de la percepción*, explicación de la asociación de los hechos psíquicos por un efecto análogo al de la resonancia física, o sea, por semejanza y no por contigüidad.

**responsabilidad, sentimiento de:** [Latín *responso -are* = responder]. Sentimiento que distingue a un rasgo fundamental del carácter, que es propio, en sus manifestaciones más completas de la madurez mental. Según el *psicoanálisis*, se debe sustituir el concepto de responsabilidad por el de medida y forma de participación del *ego* (v.) en la acción.

**respuesta:** [Lat. *responsus* = respondido]. En *psicología objetiva*, la contracción muscular, la secreción glandular o cualquier otra actividad accesible a la observación y al control, que sea efecto de estimulación.

**retardo mental:** [Lat. *retardare* = causar tardanza]. Retardo del desarrollo mental que no tiene su base en un defecto permanente (inteligencia subnormal, deficiencia), sino que puede ser superado con un progreso más o menos lento hasta alcanzar la normalidad. **R. pedagógico**, en realidad, la única forma real de retardo mental, pues es debido a la falta de estímulos adecuados (familiares, sociales, escolares, etc.) y se produce la recuperación cuando tales estímulos son proporcionados.

**retención:** [Lat. *retentio, -onis* = acción de conservar]. Efecto consecutivo persistente de un proceso de aprendizaje: factor esencial de la memoria y de la formación de hábitos.

**retentiva:** [Lat. *retentio, -onis* = acción de conservar]. Capacidad de retener que distingue a la memoria, y también con referencia al sustrato biológico que la hace posible.

**reticulada, formación** o **sustancia:** [Latín *reticulum* = una red]. V. *Reticular, sistema*.

**reticular, sistema:** [Lat. *reticulum* = una red]. Conjunto de las células nerviosas dispuestas en red densa a lo largo del tronco cerebral, de la región bulbar baja al hipotálamo lateral y posterior. Desempeña el papel de coordinación y de síntesis muy importante, pues controla las actividades espinales y cerebrales (respectivamente por el sistema *descendente* inhibidor y facilitador y por

el *ascendente* activador), regula el tono de postura y el estado de vigilia, recibiendo e integrando todas las sensaciones que llegan al encéfalo, e influyendo sobre las funciones vegetativas. Sin. *reticulada, formación* o *sustancia*.

**retina:** [Lat. *rete* = red]. El estrato más interno de la pared del ojo, y sobre el cual se reproducen las imágenes de los objetos correspondientes en el campo visivo.

**retorno:** [Lat. *re* = de nuevo + *turnus* = volver]. El *eterno retorno*, teoría de los estoicos, retomada especialmente por *Nietzsche*, según la cual, después de millares de años, recomenzaría sin fin una serie de acontecimientos idénticos a los precedentes. En *psicología animal*, los giros o pruebas que hace un animal para contornear o vencer un obstáculo que le impide el cumplimiento de una función: alimentaria, sexual, etc.

**retroacción:** [Lat. *retro* = por detrás + *actio, -onis* = acción, acto]. Que denota o pertenece a un sistema en el cual parte de la energía que pasa de un circuito a otro retorna al primero. Sin. *alimentación a tergo, feed back*.

**retrospección:** [Lat. *retrospectus* = mirar hacia atrás]. Examen de experiencias de las cuales la persona es consciente y que pertenecen a un pasado más o menos inmediato. Es la única manera posible de *introspección* (v.).

**reversible:** [Lat. *reversus* = dado vuelta]. Las transformaciones que pueden ser realizadas en sentido inverso. «El fenómeno reversible es puramente ideal, sólo es un caso límite de los fenómenos reales, todos en el fondo irreversibles» (*E. Meyerson* [v.]).

**reviviscencia:** [Lat. *revivisco, -ere* = resucitar]. Término que se emplea para designar los recuerdos acompañados de emociones agradables o desagradables.

**ribonucleico, ácido:** Vid. *ARN*.

**ribosa:** Azúcar de cinco átomos de carbono que constituye el *ARN* (v.).

**ribosoma:** Glóbulos de *proteína* (v.) y de *ARN* (v.) donde se efectúa la síntesis de las proteínas, y que están presentes en el citoplasma de la célula.

**Ribot, ley de:** En la pérdida de las adquisiciones mentales, las más recientes son las primeras en ser afectadas o en desaparecer, debido a que el orden de la degeneración es inverso al orden del desarrollo o adquisición. Sin. *Ley de Jackson*.

**rictus:** [Lat. *abertura de la boca*]. Abertura de la boca con contracción de los músculos cutáneos, que da el aspecto de risa forzada.

**rinencéfalo:** [Gr. *ris* = nariz + *enkephalos* = encéfalo]. Monstruo ciclocefálico cuyo aparato nasal está representado por una trompa que se inserta por debajo de la frente. También recibe este nombre la porción olfatoria del cerebro, formada por el lóbulo olfatorio, la sustancia anterior perforada, la circunvolución subcallosa y el área parolfatoria. Se llama asimismo *cerebro olfatorio*.

**rinolalia:** [Lat. *ris* = nariz + Gr. *laliá* = habla]. Nombre dado a los trastornos de la fonación determinados por modificaciones de la resonancia de las cavidades nasales.

**risa:** [Lat. *risus*]. En *fisiología*, dilatación de determinados músculos faciales con expiraciones entrecortadas y ruidosas que expresan tensión del tono nervioso. En *psicología*, expresión alegre de descarga del tono nervioso provocada por acontecimientos placenteros‘o cómicos.

**ritmo:** [Gr. *rhytmos* = movimiento regulado y medido]. Propiedad de una serie de sonidos, y por extensión de hechos de cualquier tipo, en los que aparece una alternancia regular de tiempos fuertes y de tiempos débiles.

**ritmo alfa:** Aspecto del electroencefalograma caracterizado por una sucesión de oscilaciones lentas (ondas alfa), de una frecuencia de 8 a 12 ciclos por segundo, de una intensidad de 50 microvoltios en promedio y de una periodicidad que da al trazado el aspecto de huso. Es el ritmo normal, de base, del adulto despierto, en reposo sensorial, con los ojos cerrados. Se detiene cuando se abren los ojos (reacción de detención). Predomina en la región parieto-occipital del cerebro. Sin. *ritmo de Berger*.

**ritmo beta:** Aspecto del electroencefalograma caracterizado por una sucesión de oscilaciones rápidas (ondas beta), de una frecuencia de 15 a 20 ciclos por segundo, de bajo voltaje (5 a 10 microvoltios), y de forma sinusoidal. Predomina en las regiones frontales del cerebro. Desaparece cuando se abren los ojos (reacción de detención).

**ritmo delta:** Aspecto patológico del electroencefalograma caracterizado por una sucesión de oscilaciones lentas (ondas delta), de una frecuencia de 1/2 a 3 ciclos por segundo, de un voltaje elevado (100 microvoltios) y de forma sinusoidal regular (ritmo delta monomorfo) o irregular (ritmo delta polimorfo). Traduce una dolencia cerebral grave.

**ritmo theta:** Aspecto patológico del electroencefalograma caracterizado por una sucesión de oscilaciones lentas (ondas theta), de una frecuencia de 4 a 7 ciclos por segundo, de un voltaje de 50 microvoltios y de forma más o menos regular. Se observa en las zonas temporoparietales del cerebro, en algunos casos de sufrimientos cerebrales.

**ritual:** [Lat. *ritualis* = ceremonial]. Repetición sistemática de conductas que se observa sobre todo en las neurosis coactivas.

**ritualización:** [Lat. *ritualis* = ceremonial]. Término acuñado por *Julián Huxley* (v.) y al que define como «la formalización y la canalización adaptativa de las actividades motivadas del hombre, que tienden a aumentar la eficacia de la función de comunicación (señalización), de los sistemas de limitación de pérdidas en el interior del grupo, y de los lazos internos del grupo». Este término, según *Karl Lorenz* (v.), «se puede aplicar tanto a un proceso filético como a uno cultural».

**rizómero:** [Gr. *ríza* = raíz + *méros* = parte]. Territorio cutáneo en forma de banda mal delimitada, cuyos nervios están en relación con un ganglio raquídeo y las raíces que de él emanan.

**rizomórfica, relación:** [Gr. *ríza* = raíz + *morphé* = forma]. En *morfología*, relación entre la longitud del tronco y su anchura al nivel de la raíz de los miembros (media de los diámetros biacromial y bitrocanteriano).

**robustez, coeficiente** o **índice de:** [Latín *robustus* = que es de roble]. Cifra que se obtiene quitando de la talla expresada en centímetros el total del peso expresado en kilogramos y del perímetro torácico medio expresado en centímetros. Este índice es empleado por los servicios de reclutamiento y los consejos de revisión. Sin. *valor numérico del hombre, índice de Pignet*.

**Rorschach, prueba** o **test de la mancha de tinta de:** Técnica proyectiva ideada por *Rorschach* (v.), y que consiste en una serie de diez planchas que reproducen manchas de tinta simétricas, y que constituyen situaciones-estímulo que no están estructuradas claramente. Cinco planchas son gris-negro, dos negro y rojo, y tres policromas. El sujeto debe decir qué ve en las planchas, cuyas figuras estimulan percepciones ambiguas.

**Rosenzweig, prueba de frustración de:** Técnica proyectiva, ideada por *Rosenzweig* (v.), que consiste en 24 figuras similares a dibujos cómicos, que representan situaciones de frustración de tipo común. Existen dos formas, una para adultos y otra para niños de 4 a 13 años de edad.

**rotacismo:** [Gr. *rhotakismós* = empleo frecuente de la letra *r*]. Vicio de pronunciación caracterizado por la dificultad o la imposibilidad de pronunciar la letra *r*.

**rumiación:** [Lat. *ruminatio* = la rumia]. El retorno de los alimentos a la boca para ser masticados por segunda vez, y que es propio de los rumiantes, o animales cuyo estómago tiene cuatro cavidades completas. Sin. *mericismo*. **R. obsesiva**, la preocupación constante por determinados pensamientos, con incapacidad para desalojarlos de la mente.

**rupofobia:** [Gr. *rúpos* = sucio + *phóbos* = miedo]. Temor obsesivo por la suciedad.

**ruptura, fenómeno de:** Modificación súbita de la conducta que aparece en los experimentos sobre la fatiga, en un contexto atlético, cuando uno de los rivales resulta evidentemente superior al otro.

# S

**S:** En *psicología experimental*, abreviatura de *Stimulus* (estímulo), que es correlativa de *respuesta: S-R*.

**saber:** [Lat. *sapere* = tener gusto, discernimiento]. Como verbo, poseer un conocimiento intelectual susceptible de ser comunicado. Como sustantivo, conjunto de lo que sabe por haberlo adquirido con una actividad mental continuada y organizada.

**sabiduría:** [Lat., origen incierto. La significación actual está influida por *sapiens* = tener juicio]. «La sabiduría es la virtud propia del entendimiento; pero de esto no se debe concluir que es el nombre común de todas las otras virtudes. Cuando las virtudes lo son solamente por sabiduría, falta a menudo la audacia y el fuego de la inventiva» (*Alain*).

**sabio:** [Origen incierto. La significación está influida por la de *sapiens* = tener juicio]. Cuando los juicios, las reacciones y la conducta de un individuo están inspiradas en controles estrictamente racionales. Antiguamente se empleaba como sinónimo de *sabiduría* (v.).

**sacarocoria:** [Gr. *sácharos* = azúcar + *kóros* = saciedad]. Repulsión por el azúcar.

**saciedad:** [Lat. *satiatus* = completamente lleno]. Estado de satisfacción completa del deseo de alimentarse. Se emplea también para la satisfacción de apetitos y deseos diversos.

**sacralización:** [Lat. *sacer* = consagrado]. Acción de sacralizar, o sea, de convertir algo en *sagrado* (v.).

**sacrificio:** [Lat. *sacrificium* = acto de sacrificar]. Ofrenda o ritual a una divinidad. Toda clase de renunciamiento o de privación voluntaria.

**sádico-anal, fase:** [*Sadismo* + Lat. *anus* = ano]. Según el *psicoanálisis*, la segunda de las fases pregenitales, en la cual sadismo y erotismo anal tendrían una parte dominante.

**sadismo:** [Del *Marqués de Sade* (v.)]. Perversión del sentido genital que requiere, para ser excitado, de la vista del sufrimiento de otros.

**sadomasoquismo:** Asociación de dos desviaciones sexuales: el sadismo (v.) y el *masoquismo* (v.).

**safismo:** [Gr. *Zaphó* = poetisa de Lesbos]. Véase *tribadismo*.

**sagacidad:** [Lat. *sagacitas* = cualidad de mago]. Cualidad que permite descubrir con prontitud la explicación de cosas oscuras o incompletas. Penetración, perspicacia.

**sagrado:** [Lat. *sacer* = consagrado]. Cualidad de lo que presenta un carácter de potencia misteriosa, que atrae o rechaza, o actúa en las dos formas a la vez. Por analogía, lo que es digno de respeto absoluto.

**salaam, tic de:** Pérdida brusca y breve del tono muscular que se traduce por una gran flexión del tronco hacia adelante.

**salto:** [Lat. *saltare* = saltar]. V. *mutación*.

**salud mental:** [Lat. *salus* = la salud]. Estado de ajuste favorable, que presupone características mentales personales particularmente deseables, considerando también el estado de salud física de la persona.

**salvaje, niño:** Se designa con este nombre niños que no han sido criados humanamente (abandonados, criados en particular por lobos, o secuestrados, tratados como bestias).

**sanción:** [Lat. *sanctio* = acción de volver sagrado, inviolable]. Acto por el cual cualquier decisión o ley se vuelve ejecutiva o definitiva. Pena o recompensa para asegurar la observación de una norma o ley.

**sanctum:** [Lat. *sanctus* = sagrado, inviolable]. Término que en psicología de las religiones designa algo sagrado, inviolable para el hombre.

**saprófito:** [Gr. *saprós* = pútrido+ *phytón* = vegetal]. Nombre de los microbios que solamente se desarrollan en el organismo vivo y viven a expensas de materias muertas. Comprenden los microbios de la putrefacción que pueden convertirse en patógenos por los venenos que segregan.

**saprozoide:** [G. *saprós* = pútrido+ *zoón* = animal]. Animálculo que vive en las materias orgánicas en descomposición. El término *saprófito* (v.) se aplica a los vegetales, esto es, a las bacterias; el de *saprozoide* a los animales, y por consiguiente, a los protozoarios.

**sarcode:** [Gr. *sarkodes* = carnoso]. V. *protoplasma*. nombre dado por *Desjardin* al protoplasma.

**sardónica, risa:** [Gr. *sardonlos* = de la isla de Cerdeña, donde crece en abundancia la sardónice, que provoca convulsiones]. Aspecto particular del rostro debido a la contracción de sus músculos, de manera que parezca que sonríe el enfermo ríe. Esta facies se observa en el tétanos. Sin. *espasmo cínico*.

**satiriasis:** [Gr. *sátyros* = sátiro]. Afrodisia o exageración de los deseos sexuales en el hombre.

**satisfacción:** [Lat. *satisfactio* = que se hizo bastante].

Estado afectivo del que obtuvo lo que deseaba o merecía.

**Seashore, pruebas o tests de:** Serie de registros fonográficos propuestos y elaborados por *Seashore* (v.) para medir las aptitudes musicales elementales de un individuo.

**secreción:** [Lat. *secernere* = separar]. Acto fisiológico por el cual algunos tejidos producen sustancias más o menos líquidas, cuyos elementos son tomados de la sangre con elección y selección química, o elaborados por la actividad glandular. **S. externa,** secreción de las glándulas cuyos productos son directamente vertidos sobre la superficie de una mucosa o recogidos por un canal excretor. **S. interna,** nombre dado por *C. Bernard* (v.), a la secreción de las glándulas denominadas endocrinas, cuyos productos son retomados por la sangre o la linfa. Muchas glándulas tienen secreción doble: interna y externa (hígado, páncreas, testículos, etc.).

**secreción psíquica:** Expresión de *Pavlov* (v.), para designar la salivación que se produce con estímulos nerviosos que han precedido invariablemente a la alimentación.

**secundaridad:** [Lat. *secundo* = en segundo lugar]. Carácter del sujeto cuya retentividad es grande: sus impresiones y emociones tienen efecto durable y provocan «ecos». Un ejemplo de secundaridad es el rencor.

**secundario:** [Lat. *secundarius* = en segundo lugar]. En *caractereología,* carácter en el que predominan las reacciones lentas o retardadas.

**sedación:** [Lat. *sedatio* = acción de calmar]. Apaciguamiento; por ejemplo, sedación del dolor.

**segmentación:** [Lat. *segmentum* = una parte]. En *biología,* proceso de división progresiva de la célula germinal. También división del cuerpo de los animales superiores en una serie de partes llamadas segmentos o metámeros.

**segregación:** [Lat. *segregare* = poner aparte]. En la teoría de *Darwin* (v.), se da este nombre a un proceso especial de variación de las especies, según el cual en una misma especie los individuos más débiles, en lugar de desaparecer, pueden separarse de los que están mejor adaptados, emigrando y desarrollándose en otro medio en que dan origen a una especie nueva.

**selección:** [Lat. *selectio* = elección]. El acto de elegir. **S. artificial,** arte de dirigir la reproducción de las plantas o de los animales para modificar las razas o crear nuevas. **S. natural,** según *Darwin* (v.), predominio de ciertas especies de plantas o de animales mejor adaptados al medio en que deben vivir, con detrimento de los demás que desaparecen más o menos completamente.

**selección genética:** Modo de selección cuyo determinante está unido a uno o varios caracteres hereditarios. *Selección natural* (teoría de la): Teoría de *Darwin* (v.), según la cual solamente sobreviven las

especies que poseen en sus *genomas* (v.) las propiedades de adaptarse a los cambios del medio.

**selección profesional:** Elección entre los candidatos para un trabajo, por lo común más o menos especializado, según las capacidades técnicas que se consideran mejor adaptadas al tipo de tarea.

**selective pressure:** Impulso selectivo.

**semantema:** [Gr. *seméion* = signo]. En psicolingüística es el elemento de la palabra que expresa su significación.

**semejanza, principio de la:** En la *psicología de la forma,* uno de los principios del reagrupamiento perceptivo, por medio del cual los estímulos que son entre sí más similares tienen mayor tendencia al agrupamiento.

**semiología:** [Gr. *seméion* = signo + *lógos* = tratado, conocimiento]. En *medicina* estudio de los signos de las enfermedades. En *psicología* doctrina de los símbolos por medio de los cuales, o con su ayuda, se realiza la comunicación humana. Sin. *semiótica.*

**semiológico:** [Gr. *seméion* = signo + *lógos* = tratado]. Que se relaciona con los signos de las enfermedades.

**semiótica:** [Gr. *semeiotikós* = señalado]. V. *semiología.*

**semnos:** [Gr. *miedo*]. Término que en psicología de las religiones designa lo que inspira temor religioso.

**Semon-Hering, hipótesis de:** V. *mnémica, teoría.*

**senescencia:** [Lat. *senescere* = envejecer]. Envejecimiento. Debilitamiento determinado por la edad.

**senil:** [Lat. *senilis* = propio del viejo]. Que es causado por la vejez: demencia senil, etc.

**senilidad:** [Lat. *senilis* = propio del viejo]. Debilitamiento progresivo de las facultades corporales y mentales en el viejo.

**senilismo:** [Lat. *senilis* = senil]. Estado de un niño o de un adulto que presenta un aspecto que recuerda más o menos al de un viejo.

**sensación:** [Lat. *sensus*]. Fenómeno psicofisiológico provocado por la excitación de un órgano sensorial. Puede presentar predominio de la afectividad, o representativo o cognitivo. **S. y sentimiento,** hasta fin del siglo XVIII no se establecía diferencia entre estos dos términos, y todavía hoy la diferencia es ambigua. Cf. *sentimiento.*

**sensacionismo:** [Lat. *sensus* = sentido]. Nombre con que se pretende suplantar al de *sensualismo* (v.) para evitar los contrasentidos a que esta palabra se presta actualmente.

**sensibilidad:** [Lat. *sensibilitas*]. Propiedad que poseen algunas partes del sistema nervioso de recibir, de transmitir o de percibir impresiones. Éstas pueden ser recogidas en la superficie del cuerpo [*sensibilidad superficial* de *Déjerine* (v.) o *exteroceptiva* de *Sherrington* (v.)], o en la intimidad del organismo [*sensibilidad profunda* de *Déjerine, interoceptiva* (v.) de *Sherrington* y *propioceptiva* (v.) de *Sherrington*]. **S. epicrítica,** según *Head* (v.), sensibilidad compleja, discriminada, con apreciación de la intensidad sensitina/sexo

de la sensación y de su situación en el espacio; pone en acción la actividad de la corteza cerebral. S. **protopática,** según *Head* (v.), sensibilidad simple, elemental, de la cual existen cuatro modalidades: táctil, térmica, dolorosa y cinestésica. A veces se da el sentido de *irritabilidad* (v.).

**sensitina:** [Lat. *sensus* = sentido]. Nombre propuesto por *Danielopulu,* en 1938, para designar sustancias de naturaleza desconocida y no específica, excretadas por diferentes órganos y que tienen la propiedad de excitar las terminaciones sensitivas: la *histamina es una sensitina.*

**sensitivo:** [Lat. *sensilis* = sensible]. Según la *parapsicología,* persona que sufre fenómenos (alucinaciones, conductas automáticas, etc.) que lo convierten en capaz de adquirir conocimientos que son considerados paranormales.

**sensitivo-motores, fenómenos:** Acciones reflejas por oposición a los *fenómenos ideomotores* (v.).

**sensomotriz:** [Lat. *sensus* = sentido + *motor* = que mueve]. Cualquier actividad directamente determinada por estímulos sensoriales. S., **inteligencia,** según *Piaget* (v.), la inteligencia que se manifiesta antes del lenguaje.

**sensorio:** [Lat. *sensorium* = el órgano que siente]. V. *sensorium.*

**sensorium:** [Lat. el órgano que siente]. Término de la filosofía escolástica que designa al órgano central donde se combinan todas las sensciones y que también era el órgano de la imaginación. Cf. *cerebro.*

**sensualidad:** [Lat. *sensualitas* = facultad de sentir]. Carácter de lo que es sensual, o sea, que concierne a lo percibido como medio de goce.

**sensualismo:** [Lat. *sensualitas* = facultad de sentir]. Doctrina según la cual todos nuestros conocimientos vienen, pura y exclusivamente, de la *sensación* (v.).

**sentido crítico:** Expresión que se refiere a la tendencia de no admitir nada sin un examen previo. Cf. *espíritu crítico.*

**sentido muscular:** Sensibilidad particular que poseen los músculos, y que da la noción del movimiento ejecutado, del esfuerzo, de la situación ocupada en cada momento por los miembros.

**sentimiento:** [Lat. *sentire* = percibir por los sentidos]. Estado psíquico que resulta de la excitación de un órgano sensorial. Cf. *sensación.* En la actualidad, como oposición a sensación: hecho psíquico que tiene por antecedente inmediato otro hecho psíquico. Con acepción cognitiva: hecho de conocimiento inmediato que únicamente se explica por los únicos datos de los sentidos. Intuición más o menos confusa que no se justifica racionalmente. También hay autores que consideran al sentimiento como estado psíquico a la vez cognitivo y afectivo, o sea, conocimiento por experiencia vivida.

**señal:** [Lat. *signalis* = que sirve de signo]. Signo que sirve de advertencia y desencadena una determina-

da conducta. En *psicología experimental,* correlativo de la respuesta: S → R.

**señalización, sistema de:** [Lat. *signalis* = que sirve de signo]. Según *Pavlov* (v.), el *primer sistema de señalización* está constituido por señales concretas que evocan inmediatamente las cosas: para el perro, la voz de su amo; una vez establecido el condicionamiento, el sonido de la campana. El *segundo sistema* consiste en signos abstractos que representan a los signos concretos del primer sistema: las palabras del lenguaje humano, que son señales de señales.

**separación, ansiedad de la:** Según el *psicoanálisis,* reacción ansiosa infantil unida con el peligro de la pérdida del objeto materno y de su amor.

**ser:** [Lat. *sum, -esse* = ser o estar]. Como *verbo,* ser es empleado en sentido absoluto cuando se dice que algo es, o ha sido, o será. Con este sentido, el verbo ser es un término indefinible. Como *sustantivo,* lo que es, considerado en su conjunto (en oposición a algo particular que es, pero que no agota el conjunto de lo que es). Este sentido es fundamental, pues de él derivan todas las aplicaciones filosóficas del verbo ser. *Estar en situación,* carácter del hombre que consiste en el hecho de que, en cada instante, tiene conciencia de estar en situación de actuar y de estar en relación con otros seres materiales o humanos que percibe o conoce, y que se encuentra en situación de tender, por encima de lo que le es actualmente dado, hacia un fin por él elegido. Esta interpretación pertenece al *existencialismo* (v.) sartriano.

**serie:** [Lat. *series* = enlace, encadenamiento]. Grupo de objetos, sucesos, fenómenos, etc., que se presentan o se disponen en sucesión u orden definido. S. **de control,** serie de observaciones que tienen por objeto verificar las condiciones de los instrumentos de experimentación. S. **estadística,** serie cuantitativa o cualitativa de valores que varían en más o en menos entre sí, pero que tienen origen o características comunes. S. **experimental,** sucesión temporal de observaciones, mediciones, etc., destinadas a revelar los efectos de una o más variables experimentales.

**seseo:** [De *sesear*]. Término muy mal definido, tomado a veces como sinónimo de *distomía* (v.) y que designa en particular el vicio de pronunciar la *c* o la *z* como *s.* Para algunos autores significa la supresión de algunas consonantes del habla.

**sesión:** [Lat. *sessio, -onis* = acción y efecto de sentarse]. Reunión, por lo común en un cuarto oscuro o en penumbras, para procurar la producción de fenómenos *parapsicológicos* o *espiritistas.*

**sexo:** [Lat. *sexus*]. Diferenciación de los vegetales y animales de individos que producen huevos y esperma; la unión de esas células germinales distintas da las condiciones naturales para la producción de un nuevo individuo. S. **anatómico:** V. *sexo somático.* S. **cromatínico:** V. sexo nuclear. S.

**cromosómico:** V. sexo genético. **S. genético,** sexo que depende de la constitución cromosómica. Está determinado, desde la fecundación, por la naturaleza del cromosoma sexual del espermatozoide paterno: un espermatozoide portador de un cromosoma sexual Y da nacimiento a un niño; engendra una niña si lleva un cromosoma sexual X. Los gonocitos o células sexuales primordiales, que de esta manera están dotados de una potencialidad masculina o femenina, orientan ulteriormente al *sexo gonádico* (v.). Sin. *sexo cromosómico*. **S. genital externo,** etapa de la evolución de la sexualidad que aparece entre los 60 días y el 5.º mes de la vida intrauterina: el surco urogenital indiferenciado se transforma en órganos genitales externos masculinos o femeninos. Determina normalmente el sexo oficial del estado civil. **S. genital interno,** etapa de la evolución de la sexualidad que aparece entre los 50 y los 60 días de la vida intrauterina, por diferenciación de los canales gonadofóricos en canales deferentes y vesículas seminales o en útero y parte superior de la vagina. Sin. *sexo gonadofórico*. **S. gonádico,** etapa de la evolución de la sexualidad que aparece hacia los 45 días de la vida embrionaria, en el momento de la diferenciación de la gónada primitiva en testículo o en ovario. Normalmente esta transformación se realiza de acuerdo con el *sexo genético* (v.). **S. gonadofórico:** V. *sexo genital interno*. **S. nuclear,** sexo determinado por la presencia, o por la ausencia, en el núcleo de la célula, de un corpúsculo, que probablemente representa la masa de la cromatina de los dos cromosomas sexuales X. La existencia de este corpúsculo caracteriza al *sexo n. femenino;* su ausencia, al *sexo n. masculino*. El sexo nuclear corresponde por lo general, pero no siempre, a un equipo cromosómico del sexo correspondiente y por consiguiente del sexo genético. Sin. *sexo cromatínico*. **S. psicológico,** conducta sexual de un individuo: no solamente depende de su morfología y del aspecto de sus órganos genitales, sino también de la educación, de los hábitos y de los apetitos. **S. somático,** última etapa anatómica de la evolución de la sexualidad, caracterizada por la aparición de las diferencias morfológicas masculinas y femeninas. Sin. *sexo anatómico*. **S. urogenital:** V. *sexo genital externo*.

**sexología** [Lat. *sexus* = sexo + Gr. *lógos* = tratado]. Los conocimientos que se refieren a los aspectos normales y patológicos de la sexualidad.

**sexualidad:** [Lat. *sexus* = sexo]. «Conjunto de los atributos anatómicos y fisiológicos que caracterizan a cada sexo» *(Littré)*.

**sexualización:** [Lat. *sexus* = sexo]. Aparición de los caracteres sexuales en el curso del desarrollo del individuo.

**sigmoide, curva:** [Gr. *sigma* = letra S + *eídos* = forma]. Curva, también llamada curva en S, que está caracterizada por una aceleración inicial y una

disminución terminal. Se aplica a la evolución normal del crecimiento y a gran cantidad de procesos biológicos y psicológicos.

**significación:** [Lat. *significatio* = acción de hacer signos]. De manera objetiva, lo que un hecho o una cosa puede hacer conocer de otra, tanto por simple asociación como por deducción. En el vocabulario de la *fenomenología* (v.), lo que las cosas son para los diferentes sujetos; lo que ellos quieren que sean.

**significar:** [Lat. *significare* = indicar por signos]. Hablando de signos y del lenguaje, expresar o querer decir.

**signo:** [Lat. *signum* = señal]. Lo que permite adivinar o prever, conocer o reconocer algo. **S. natural,** cuando la relación entre el signo y la cosa significada es natural. **S. artificial,** denominado de *«institución»* por Condillac (v.), cuando la relación entre el signo y la cosa es artificial. **S. material,** cuando es una consecuencia de un hecho natural: humo signo de fuego. **S. formal,** cuando la consecuencia de un hecho natural se emplea para significar otra cosa: humo blanco destinado a anunciar la elección del Papa. **S. emocional,** cuando expresa un estado afectivo por medio de manifestaciones naturales: risa, llanto. **S. conceptual,** cuando expresa un estado afectivo por signos con significación abstracta: palabra, danzas. **S. local,** calidad particular de los datos empíricos, según los cuales el sujeto localiza las sensaciones táctiles en una parte determinada de su cuerpo. **S. temporal,** los acontecimientos ocurridos en una fecha determinada.

**silencio:** [Lat. *silentium*]. El hecho de no expresar por la voz sentimientos ni pensamientos. Ausencia total de ruidos.

**simbiosis:** [Gr. *syn* = con + *bíos* = vida]. Existencia simultánea y asociada de dos o de varios organismos que viven y se desarrollan en las mismas condiciones.

**símbolo** [Gr. *symbolon* = signo]. Como sinónimo de signo: lo que en virtud de una convención arbitraria sirve para designar a una cosa o a una operación. A diferencia de signo, imagen u objeto material que da un sentimiento de realidad invisible o misteriosa: el lis, símbolo de pureza, etc.

**simpatía:** [Gr. *sympatheia* = sufrimiento o estado afectivo compartido]. El hecho de participar en los estados afectivos de los demás. Acuerdo o fusión de sentimientos y de pensamientos.

**simpático:** [Gr. *sympathés* = con setimientos comunes]. La porción del sistema nervioso autónomo que surge del sistema nervioso central y se une, por medio de neuronas preganglionares, con cuerpos celulares ubicados en los segmentos torácicos y en el primero de los tres segmentos lumbares de la médula espinal.

**simple:** [Lat. *simplex* = lo que se opone a compuesto]. En *metafísica,* que no está compuesto de elementos diversos y que por consiguiente es imposible de analizar. En *física,* que el nivel considerado no está compuesto de partes y por consiguiente es indivisible. Desde el punto de vista cuantitativo que comprende a un pequeño número de elementos; desde el punto de vista cualitativo que constituye un conjunto racional unificado y armonioso.

**simulación:** [Lat. *simulare* = esconder]. Imitación de los síntomas de una enfermedad, la mayoría de las veces de manera consciente y con fines fraudulentos: *simulación de demencia.*

**sinapsis:** [Gr. *synápsis* = punto de unión]. Lugar de conexión de dos neuronas.

**sináptico:** [Gr. *synápsis* = punto de unión]. Que se relaciona con la sinapsis. **Tiempo s.**, tiempo que emplea la excitación nerviosa para franquear las sinapsis intercaladas entre las neuronas.

**sinaptolíptico:** [Gr. *synápsis* = punto de unión + *lyein* = disolver]. V. *ganglioplégicos.*

**sinaptoplégico:** [Gr. *synápto* = anudar + *pléssein* = golpear]. V. *ganglioplégicos.*

**sinceridad:** [Lat. *sincerus* = puro, sin mezcla]. Disposición a reconocer y a decir la verdad sin tratar de engañarse o de engañar a los demás.

**sincinesias:** [Gr. *syn* = junto + *kínesis* = movimiento]. Contracciones coordinadas e involuntarias que aparecen en un grupo de músculos con motivo de movimientos voluntarios o reflejos de otro grupo muscular. Sin. *movimientos asociados.*

**síncope:** [Gr. *syn* = junto + *kóptein* = cortar]. Pérdida del conocimiento, brutal y completa, unida con una rápida anoxia cerebral (Havaburger).

**sincrético:** [De *sincretismo*]. Constituido por la reunión o fusión de diversos elementos. «Los elementos cualitativos [de la sensación], aunque se puedan reducir, por análisis, a sus cualidades elementales en la mayoría de los casos, se presentan por lo común bajo la forma de complejos *sincréticos* globalmente identificados» (*H. Piéron* [v.]).

**sincretismo:** [Gr. *syn* = al lado de, con + *kerannumi* = mezclar]. Mezcla más o menos confusa de doctrinas diferentes recibidas sin espíritu crítico y que no constituyen un sistema coherente. Cf. *eclecticismo*, al que se opone. **S. infantil**, «yuxtaposición de razonamientos especiales, sin generalización, o bien con generalización aparente, pero que no se realizan por adición y multiplicación lógicas concretas» (*J. Piaget* [v.]).

**sincrónico:** [Gr. *syn* = junto, al lado de + *chrónos* = tiempo]. Las cosas que ocurren o suceden al mismo tiempo. Estudio de la estructura o funcionamiento de algo sin atender a su evolución. Cf. *diacrónico.*

**sindactilia:** [Gr. *syn* = junto + *dáktylos* = dedo]. Malformación hereditaria transmitida según el tipo *dominante* (v.), que consiste en la soldadura de los dedos entre ellos.

**síndrome:** [Gr. *syndromé* = concurso]. Reunión de un grupo de síntomas que se reproducen al mismo tiempo en un cierto número de enfermedades. **S. maníaco-depresivo**, conjunto patológico constituido por alternancias más o menos regulares de estados *maníacos* (v.) y estados *depresivos* (v.). Cf. *ciclotimia.*

**sinecología:** [Gr. *syn* = junto + *oikos* = morada + *lógos* = tratado, conocimiento]. Estudio de los grupos de organismos que están asociados y forman una unidad. Contrario a *autoecología* (v.).

**sinergia:** [Gr. *syn* = junto + *érgon* = trabajo]. En *fisiología*, asociación de varios órganos, de diversos músculos, para la realización de una función o de un movimiento. **S. psíquica**, el conjunto de factores que contribuyen a la función mental.

**sinestesia:** [Gr. *syn* = junto + *aísthesis* = sensibilidad]. Trastorno en la percepción de las sensaciones.

**sinfonalaxis:** [Gr. *synphonía* = conjunto de sonidos + *állassein* = cambiar]. Vicio del lenguaje que consiste en el empleo de unas consonantes por otras.

**singular:** [Lat. *singularis* = único, excepcional]. Que designa o concierne a un solo objeto. Aplicado a las cosas y a las personas: que es único en su género y por consiguiente llama la atención.

**sinistrosis:** [Lat. *sinistre* = malo, perversamente]. Síndrome psiquiátrico observado en las víctimas de accidentes del trabajo y caracterizado por inhibición de la buena voluntad, que resulta de una interpretación errónea de la ley: el herido está convencido que cualquier herida profesional debe valer para la indemnización. Sin lesión somática, ni trastorno nervioso, llega a persuadirse de que está enfermo y es incapaz de cualquier trabajo.

**sinopsia:** [Gr. *syn* = junto + *ópsis* = vista]. Término genérico que sirve para designar la asociación de fenómenos visuales con las sensaciones percibidas por los otros sentidos. Por ejemplo, *audición coloreada* (v.).

**sintalidad:** [Gr. *syn* = junto]. Nombre propuesto por *Cattell*, en 1947, para designar a la *psicología social*, y que significaría el carácter de conjunto unitario de un grupo, como correspondiente al concepto unitario de personalidad.

**síntesis:** [Gr. *synthesis* = acción de poner junto, de combinar]. Operación que procede de lo simple a lo complejo. (Cf. *análisis*). Operación que consiste en producir una cosa a partir de sus elementos: síntesis del agua a partir del oxígeno y del hidrógeno. **S. experimental**, operación que consiste en producir una cosa nueva por combinación de otras varias. **S. racional**, operación intelectual que procede de principios considerados como elementos del pensamiento y va a las consecuencias, o sea, deducir de proposiciones, admitidas como verdaderas, consecuencias que resultan necesariamente. **S. dialéctica**, en *Hegel* (v.), proposición que realiza de acuerdo de la *tesis* (v.) y de la *antítesis* (v.).

**sintético:** [Gr. *synthesis* = acción de poner junto, combinar]. Que constituye una síntesis o procede por síntesis. **Sintética, teoría**, en *biología* teoría del problema de la evolución que hace la síntesis del *mutacionismo* (v.) y del *darwinismo* (v.).

**sintonía:** [Gr. *syntonos* = de acuerdo con]. Según *Bleuler* (v.), fusión armoniosa del comportamiento de un sujeto con su medio ambiente. Es una de las características de la *ciclotimia* (v.), por oposición a la *esquizotimia* (v.). **S. de automatismo,** reforzamiento de la contractura de la rigidez pallidal durante los esfuerzos.

**sistema:** [Gr. *systéma* = poner junto, ordenar]. Conjunto de proposiciones científicas o filosóficas que constituyen un todo orgánico, considerado en su coherencia intrínseca más bien que en su correspondencia con la realidad. El significado de *sistema* es más general que el de *teoría,* al que en algunos aspectos se aproxima. Cf. *teoría.*

**sistema abierto:** Sistema que intercambia continuamente energía o materia con su medio ambiente. Por ejemplo el hombre o cualquier sistema viviente, como estructura biológica y psicológica, es un sistema abierto. Por consiguiente no se le puede aplicar las leyes de la termodinámica clásica, valederas para los sistemas aislados (v.), sino las leyes de la termodinámica de los sistemas irreversibles. Los sistemas abiertos pueden alcanzar un estado final en partiendo de condiciones iniciales diferentes y por vías igualmente diferentes, lo cual explicaría la evolución convergente (v.). Cf. *sistema aislado.*

**sistema aislado:** Sistema en cuyo seno se produce una reacción reversible, o sea que en tal sistema se llega al equilibrio cuando la velocidad de reacción en un sentido es idéntica a la velocidad de reacción en el otro. El equilibrio representa al estado más probable: la *entropía* (v.). En los sistemas aislados las condiciones finales están determinadas por las condiciones iniciales. Cf. *sistema abierto.*

**sistema cerrado:** Vid. *sistema aislado.*

**sistema nervioso autónomo:** Gran porción del sistema nervioso formada por un cordón doble de nervios y de ganglios, dispuestos a ambos lados de la columna vertebral. Las células y las fibras que los componen están adaptadas a la regulación automática de los músculos lisos, de las vísceras, de los vasos sanguíneos y de las glándulas de secreción interna. Cf. *simpático y parasimpático.*

**sistemático:** [Gr. *systéma* = poner junto, ordenar]. Que procede con método y tiende a organizar el saber en un *sistema* (v.).

**sistémico:** [Gr. *systéma* = poner junto, ordenar]. Que concierne al organismo en su totalidad o a algunos de sus sistemas.

**sístole:** [Gr. *systole* = contracción]. El período de la contracción cardíaca; también la contracción misma. Cf. *diástole.*

**sitio activo:** Parte reactiva de las *enzimas* (v.), donde se realizan las transformaciones químicas.

**sitiofobia:** [Gr. *sition* = alimentos + *phóbos* = miedo]. Rechazo absoluto de tomar alimentos, síntoma que se observa en algunos alienados.

**sitiomanía:** [Gr. *sition* = alimentos + *manía* = locura]. Necesidad irresistible de comer que lleva a la absorción de enormes cantidades de alimentos; se manifiesta tanto de manera continua como bajo la forma de accesos, en algunos enfermos mentales.

**situación:** [Lat. *situatus* = que ha sido ubicado]. Posición, con relación al medio, de un cierto número de datos o de puntos de referencia. En *fenomenología* y *sociología,* complejo que resulta de la interacción, en un momento dado, de un viviente, y sobre todo de una persona humana, con su ambiente social, físico o intelectual. **S. límite,** manera de ser fundamental de la condición humana y que por consiguiente es imposible de modificar.

**situación-estímulo:** Objetos o acontecimientos que en un ambiente, en un momento dado, son fuente de energía que excita los receptores.

**sobrecompensación:** [Lat. *super* = encima + *compensatus* = balanceado, pesado]. Esfuerzo excesivo dirigido a compensar o a esconder un defecto. Este concepto, que hoy tiene carta de ciudadanía en la *psicología clínica,* fue enunciado por primera vez por *Adler* (v.).

**sobredeterminación:** [Lat. *super* = encima + *determinatio, -onis* = acción y efecto de determinar]. Término del *psicoanálisis,* empleado para indicar que diversos motivos, sean conscientes o inconscientes, contribuyen a producir el *contenido manifiesto de los sueños* (v.), los síntomas neuróticos y en general las conductas humanas.

**sobreprotección:** [Lat. *super* = encima + *protectio, -onis* = acción y efecto de resguardar]. Exceso en los cuidados de los padres por los hijos. **S. paternal indulgente,** la sobreprotección de los padres, en especial de la madre, que tiende siempre a dar conformidad a los deseos del niños. **S. paternal severa,** la sobreprotección de los padres, en especial del padre, que tiende a restringir las actividades del niño.

**sociable:** [Lat. *sociabilis* = que es sociable]. Que gusta de vivir en sociedad; que procura la compañía de otros.

**social:** [Lat. *socialis* = que es sociable]. Aquello que califica lo que concierne a la sociedad. Por oposición a política, lo que concierne a las relaciones mutuas de los miembros de una colectividad.

**social, control:** En *sociología,* influjo involuntario que nace directamente de los contactos y de las relaciones entre los hombres, y a veces como guía deliberada de los individuos como tales por parte del grupo.

**social, estratificación.** V. *estratificación.*

**social, morfología:** [Lat. *societas* = alianza, confederación + Gr. *morphé* = forma + *lógos* = tratado]. Término introducido en *sociología* por *Durkheim* (v.), para designar a una importante disciplina auxiliar de la sociología y comprender bajo un único nombre los sectores del saber que se ocupan del substrato material de la sociedad. **S., mutación,** las transformaciones que se producen en un periodo dado en la estructura de una sociedad.

**sociedad:** [Lat. *societas* = alianza, confederación]. En *sociología*, junto con el concepto de *comunidad* (v.), uno de los conceptos más amplios y múltiples, que a menudo supera los límites de la sociología (v. *biosociología*), y que indica genéricamente la existencia de lazos entre seres vivientes, comprendidas las plantas y los animales.

**socioecología:** [Lat. *societas* = alianza + Gr. *oikos* = morada + *lógos* = tratado, conocimiento]. Ciencia que estudia las relaciones entre los individuos, particularmente de la especie humana, y los otros elementos del medio en que viven.

**sociofilia:** [Lat. *societas* = sociedad + Gr. *philian* = amor]. Rasgo del carácter así denominado por *Shelton*, y que se manifiesta por la necesidad de sociabilidad. Cf. *sociofobia*.

**sociofobia:** [Lat. *societas* = sociedad + Gr. *phóbos* = miedo]. Rasgos del carácter así denominado por *Sheldon*, que se traduce en una tendencia al aislamiento, por temor a las impliciones sociales. Cf. *sociofilia*.

**sociología:** [Lat. *socius* = asociado, en común + Gr. *lógos* = tratado, estudio]. Término creado por *Comte* (v.), para reemplazar el término «física social» que había empleado en su clasificación de las ciencias: *ciencia social*. Ciencia que tiene por objeto al ser moral constituido por el conjunto de las conciencias individuales que viven en sociedad. A esta definición puramente sociologista algunos autores oponen otra puramente psicologista: ciencia del hombre que vive en sociedad.

**sociologismo:** [De *sociología*]. Teoría según la cual la sociología basta para explicar los hechos sociales, sobre todo sin el concurso de la psicología; o también, que es la única capaz de resolver los problemas filosóficos y morales. Cf. *psicologismo*.

**sociometría:** [Lat. *societas* = sociedad + Griego *métron* = medida]. Estudio de las relaciones cuantitativas entre los grupos sociales.

**sociomorfismo:** [Lat. *societas* = sociedad + Gr. *morphé* = forma]. Término que *Piaget* (v.) designa la tendencia a considerar todo como proveniente de lo social, o todo relacionado con la sociedad.

**sociotécnica:** [Lat. *societas* = sociedad + Griego *tekné* = arte]. Aplicación a los problemas industriales (calificación de obreros, salarios, etcétera) de datos psicosociales. Sería una extensión de la *psicotécnica* (v.).

**socioterapéutica:** [Lat. *societas* = sociedad + *therapeía* = cura]. Conjunto de técnicas orientadas a mejorar el ajustamiento y la salud mental en desórdenes mentales, favoreciendo la interacción entre el paciente y el ambiente en que vive.

**sodomía:** [De *Sodoma*]. Coito anal. Esencialmente, variedad de la inversión del instito sexual en el hombre, «cuyo deseo se dirige a los hombres hechos» *(André Gide)*. V. *homosexual*.

**sodomita:** [De *sodomía*]. El que practica la *sodomía* (v.).

**soledad:** [Lat. *solitudo*]. Estado del que está solo, retirado del contacto con los hombres «La soledad sólo es una manera de ser con otro — como ausente» *(Waelhens)*.

**solidismo:** [Lat. *solidus* = lo que es firme]. Doctrina de la Escuela de Alejandría, según la cual todas las enfermedades provienen de trastornos de las partes sólidas del organismo.

**soma:** [Gr. *sóma* = cuerpo]. Término que se emplea en *anatomía comparada* y en *biología*, para designar al conjunto del organismo, con abstracción hecha del tejido genital o *germann* (v.).

**somación:** [Gr. *sóma* = cuerpo]. Nombre con el cual se designan los caracteres adquiridos en el curso del desarrollo de un organismo, caracteres que no se vuelven hereditarios, o sea, que modifican al *soma* (v.) sin actuar sobre las células germinales, aunque esos caracteres se renueven sin cesar en una larga serie de generaciones. Esta definición, que corresponde a lo que acuerdan la mayoría de los biólogos, está negada por otros, sobre todo zoólogos, que aceptan la transmisión hereditaria de las somaciones siempre que se repitan por cierto número de generaciones. V. *herencia de los caracteres adquiridos*.

**somático:** [Gr. *sóma* = cuerpo]. Que concierne al cuerpo o le pertenece.

**somatognosia:** [Gr. *sóma* = cuerpo + *gnósis* = conocimiento]. Conocimiento que adquirimos de nuestro cuerpo.

**somatomórfica, fórmula:** [Gr. *sóma* = cuerpo + *morphé* = forma]. En *antropología*, fórmula o conjunto de fórmulas que indican la repartición de la masa que constituye al cuerpo humano según las tres dimensiones del espacio.

**somatoparafrenia:** [Gr. *sóma* = cuerpo + *pará* = al lado + *phren* = diafragma]. Forma de *hemiasomatognosia* (v.), con interpretación delirante del sentimiento de extrañeza de la mitad del cuerpo alcanzada.

**somatotonía:** [Gr. *sóma* = cuerpo + *tónos* = tensión]. Según *Shelton* (v.) es el estado del sujeto cuyos componentes psicológicos son la fuerza, la energía, la necesidad de acción, y cuya apariencia física denota predominio de la actividad muscular.

**somatótropo:** [Gr. *sóma* = cuerpo + *trépein* = volver]. Que tiene afinidades por el cuerpo.

**somestesia:** [Gr. *sóma* = cuerpo + *aisthesis* = sensibilidad]. Sensibilidad a las diversas excitaciones sufridas por el cuerpo, con excepción de las que provienen de los órganos de los sentidos. Comprende de las sensaciones *exteroceptivas* (tacto, presión, calor, frío), las *propioceptivas* (musculares y tendinosas) y las *dolorosas*.

**somnífero:** [Lat. *somnus* = sueño + *ferre* = traer]. Sustancia que por acción sobre el sistema nervioso provoca sueño.

**sonambulismo:** [Lat. *somnus* = sueño + *ambulare* = caminar]. Estado de automatismo ambulatorio que se produce durante el sueño. Este estado puede ser espontáneo, o sea, aparecer sin ninguna causa conocida, o, por el contrario, provocado *(hipnotismo)*. Hoy día se tiende a unir el sonambulismo natural o espontáneo con la histeria monosintomática o con la epilepsia.

**sondeo:** [Origen oscuro]. Acción de penetrar en el interior de las cosas para conocer la naturaleza o las propiedades que encierran. En *sociología*, el método de los sondeos adapta a las hechos sociales las técnicas de los que investigan el subsuelo: sondeos de opinión, electorales, etc.

**sopor:** [Lat. *sueño profundo*]. Estado de adormecimiento pronunciado en el cual el debilitamiento intelectual es menos señalado que en el *coma* (v.) propiamente dicho.

**sordera:** [Lat. *surdus* = que no oye]. Capacidad limitada para escuchar sonidos que abarca a toda la gama normal de audibilidad. Cuando la sordera es solamente para las frecuencias elevadas en el lenguaje normal hablamos de *sordera de elevada frecuencia*. La sordera puede ser orgánica, o sea, debida a defecto o enfermedad estructural, o funcional. **S. cortical** es la que depende de algún defecto o lesión en los centros corticales de la audición. **S. nerviosa** es la causada por defecto en el nervio auditivo que impide el paso de la conducción del estímulo.

**sordomudez:** [Lat. *surdus* = sordo + *mutus* = mudo]. Privación de la palabra consecuencia de una sordera congénita o adquirida en los primeros años de la vida (antes de la edad de 8 años).

**sosías, ilusión de los:** [De *Sosía,* personaje de la comedia *El anfitrión,* de Plauto]. Trastorno en la identificación de las personas que se traduce por desconocimiento de la personalidad real de un sujeto conocido y por la convicción de que se trata de un sosía del mismo.

**sospecha:** [Lat. *suspicio* = mirar por debajo]. Presunción inquietante asentada en índices discutibles, por medio de la cual se atribuye a alguien actos o pensamientos considerados más o menos condenables.

**Stanford-Binet, escala de:** Ésta es la denominación de las tres revisiones de la *escala de Binet-Simon* (v.); más precisamente, la primera, de 1916, la segunda de 1937, que por lo común son llamadas *escala de Terman-Merril,* y la tercera, de 1960, que se indica como *forma L. M.*

**subconsciente:** [Lat. *sub* = debajo + *conscientia* = juicio, testimonio de la razón]. Consciente de manera parcial o imperfecta. También significa *preconsciente* (v.). Se aplica a un hecho de orden psicológico que escapa a la conciencia clara y distinta. Como sustantivo masculino señala al conjunto de fenómenos subconscientes.

**subcortical, sistema:** V. *extrapiramidal, sistema.*

**subcultura:** [Lat. *sub* = debajo + *cultura* = cultivo]. Parte de la cultura total de una sociedad que representa una sección de ésta: la cultura de un grupo étnico, regional, etc.

**subjetivismo:** [Lat. *subjectum* = sujeto]. Doctrina según la cual solamente existe una realidad: la subjetiva.

**subjetivo:** [Lat. *subjectus* = puesto debajo]. Que se relaciona con el sujeto. Se dice de todo aquello que es únicamente percibido por el sujeto, o pensado por él exclusivamente.

**sublimación:** [Lat. *sublimatio* = acción de levantar]. Según el *psicoanálisis,* «sustitución del fin original perseguido por un deseo sexual por un fin asociado no sexual y socialmente aceptable» *(E. Jones).*

**subliminal:** [Lat. *sub* = bajo + *limen* = umbral]. Que está por debajo del *umbral* (v.) de percepción, no perceptible. Cf. *liminal.*

**subnarcosis:** [Lat. *sub* = indicando disminución + *nárkosis* = adormecimiento). Sueño ligero, incompleto. Se dice principalmente del estado de semisueño provocado por el empleo de anestésicos generales en dosis ligeras.

**subsistir:** [Lat. *subsistere* = estar bajo algo que pasa]. Existir como *sustancia* (v.), o sea, en sí, y no en otro, a título de accidente.

**substracto:** [Lat. *substratum* = que se encuentra por debajo]. Lo que constituye el soporte de los accidentes, la *sustancia* (v.).

**subsumir:** [Lat. escol. *subsumere* = tomar bajo]. Concebir un individuo o una categoría de individuos como perteneciente a una especie o a un género. También, ver en cada caso particular la aplicación de la ley.

**subtest:** [Lat. *sub* = por debajo + Ingl. *test* = prueba]. Una de las partes en que es dividido un *test* (v.), entendido como conjunto de pruebas. El subtest, a su vez, puede ser dividido en *items* (v.).

**subvocal, palabra:** [Lat. *sub* = de debajo + *vocalis* = que pertenece a la voz]. Expresión con que el *conductismo* designa las expresiones vocales debilitadas, mudas, no explícitas (no audibles), silenciosas, identificadas con la acción de pensar. Cf. *lenguaje interior.*

**subducción mental:** [Lat. *subdo -ere* = sustituir, subrogar]. Expresión en relación con la esquizofrenia y que indica la imposibilidad por el individuo de realizar una síntesis mental compleja.

**sueño:** [Lat. *somnus*]. Comportamiento innato de naturaleza protectora, debido a condiciones fisiológicas y psicológicas particulares, que responde a la necesidad de reposo. De, periodicidad variable según la especie, es indispensable para el mantenimiento de la eficiencia de las conductas en el estado de vigilia.

**sueños:** [Lat. *somnium*]. La actividad mental de tipo fantástico que se desarrolla durante el sueño, y de la cual al despertar sólo se conserva un recuerdo parcial. **S., interpretación de los,** análisis sistemático

11

del pensamiento onírico. Según el *psicoanálisis,* representa el mejor camino para el estudio del inconsciente. S. típicos, según el *psicoanálisis,* aquellos sueños que, fuera de las diferencias individuales, tienen un contenido manifiesto fundamentalmente igual y aparecen con notable frecuencia en muchas personas. S., censura de los, según el *psicoanálisis,* fuerza que actúa sobre el material latente del sueño de manera de esconder su significado a la conciencia. S., contenido latente de los, según el *psicoanálisis,* el significado inconsciente que se pone en evidencia por medio del análisis de los sueños. S., contenido manifiesto de los, término del *psicoanálisis* que indica el texto del sueño tal como es referido por quien sueña. S., deformación de los, según el *psicoanálisis,* la transformación de los pensamiento latentes de los sueños en el contenido manifiesto de éstos, que es realizada por intervención de la *censura* (v.). S., dramatización de los, según *Freud* (v.), el proceso del sueño a través del cual algunos pensamientos están representados como un acontecimiento que se verifica realmente. S., elaboración secundaria de los, expresión del *psicoanálisis,* para indicar las modificaciones que sufren los sueños en diversa medida, por complementos, explicaciones, etc., cuando entran en el campo de la conciencia. S., función de los, según el *psicoanálisis,* el sueño, mediante la satisfacción de un deseo, procura eliminar un trastorno del sueño, asumiendo así la función de guardián del sueño. S., trabajo de los, según el *psicoanálisis,* transformación del pensamiento latente en el contenido manifiesto de los sueños.

suero de la verdad: V. *narcoanálisis.*

sugestibilidad: [Lat. *suggerere* = poner debajo, sin dejarse ver]. Carácter del que está predispuesto a ceder pasivamente a la sugestión o de ponerse en estado de *sugestión* (v.).

sugestión: [Lat. *suggerere* = poner debajo, sin dejarse ver]. Estado del que tiene una idea, un sentimiento o realiza un acto que le son sugeridos y, en cierta medida, impuestos desde afuera, como en la sugestión hipnótica.

sugestión por sí mismo. Vid. *autosugestión.*

sugestionar: [Lat. *suggerere* = poner debajo, sin dejarse ver]. Recurrir sistemáticamente a procedimientos de *sugestión* (v.) capaces de imponer a alguien una idea o una conducta.

suicidio: [Lat. *sui* = sí mismo + *caedere* = matar]. Acción y efecto de suicidarse. S., conducta para el, conducta intencional que lleva al individuo a actos dirigidos a quitarse la vida, o a la omisión de actividades necesarias para preservarla: negligencia frente a los peligros. S., incubación del, intervalo entre el primer propósito de suicidio y la correspondiente realización. S., amenaza de, afirmación, a menudo con tono dramático, de quererse quitar la vida cuando no está satisfecho un deseo o no es modificada una situación desfavorable. Se trata, en la mayoría de los casos, de tendencias patológicas aunque la amenaza, por lo común, no sea llevada a cabo.

sujeto: [Lat. *subjectum* = puesto debajo]. Ser que conoce, considerado en tanto que conoce, y por oposición a las cosas que conoce. En *psicología,* el individuo que es objeto de una observación o de una experiencia.

sumación: [Lat. *summa* = suma]. Expresión empleada por *Sétchenov* (v.), en 1868, para designar el refuerzo de la actividad muscular o nerviosa, tanto por la puesta en marcha de un número mayor de unidades contráctiles o conductoras, como por la repetición de los estímulos en el tiempo, o *sumación temporal.* Sin. *facilitación.*

sumación heterogénea, ley de la: Regla enunciada por *Lorenz* y *Tibergen* (v.), y según la cual los estímulos provenientes de la *Merkwelt* (v.) pueden adicionarse y muy a menudo ocurre que la combinación de varios de ellos es la desencadenante de la reacción. Sin. *Ley de Lorenz y Tibergen.*

sumisión: [Lat. *submissio* = respeto, humildad]. Acatamiento, subordinación manifestada con palabras o acciones

superdotado: [Lat. *super* = superior + *dotado* = dar en dote]. Se refiere, como sustantivo, a individuos dotados de inteligencia general muy superior, que según algunos cálculos realizados en los Estados Unidos de Norteamérica, sería alcanzada por el 2 % de la población total. Correspondería a un C.I. por encima de 140.

superego: [Lat. *super* = superior + *ego* = yo]. En la teoría psicoanalítica, el superego es la instancia psíquica que pertenece sobre todo al inconsciente, pero que en parte corresponde a la conciencia moral. S., corrupción del, tentativas de corrupción del superego descritas por los psicoanalistas como aceptación de puniciones anticipadas con la finalidad de obtener el permiso de realizar acciones prohibidas. S. criminal, superego basado sobre modelos que demuestran tendencias criminales, aunque esté caracterizado por una moral normal. S. patológico, superego excesivamente rígido, severo, que provoca inhibiciones superiores a las normales.

superfecundación: [Lat. *super* = sobre + *fecundatio* = fecundación]. Fecundación de dos o de varios óvulos en el curso del mismo coito o de coitos sucesivos durante el mismo período de ovulación. Sin. *superimpregnación.*

superfetación: [Lat. *super* = sobre + *fetare* = fecundar]. Fecundación de dos óvulos (embarazo gemelar, biovular o dizigote) en el curso de dos períodos de ovulación sucesivos. Es la concepción de un segundo feto durante el curso de un embarazo. De tal hecho nunca se ha tenido prueba. Cf. *superfecundación.*

superimpregnación: [Lar. *super* — sobre + *in* = en praegnans = fecundado]. V. *superfecundación.*

**superioridad:** [Lat. *superior* = que está por encima]. Carácter o estado de lo que es superior, tanto en el sentido moral como concreto. *Complejo de superioridad,* en *Adler* (v.), actitud tomada, inconscientemente y como instantivamente, para compensar o sobrecompensar un *sentimiento de inferioridad* (v.).

**superioridad, sentimiento de:** [Lat. *superior* = por encima]. Sentimiento de estar por encima de los demás, a veces asentado en fundamentos reales, a veces sobre presunciones, que puede referirse tanto a méritos, inteligencia, capacidades diversas, nobleza, etc. Según *Adler* (v.), siempre sería debida a una carencia de sentimiento social en el actuar con sentimientos de inferioridad. Cf. *inferioridad, sentimiento de.*

**superreflectividad:** [Lat. *super* = sobre + *reflectere* = reflejar]. Según *Babinski* (v.), exageración de los reflejos.

**superyo:** [Lat. *super* = sobre + *yo*]. En el *psicoanálisis,* parte inconsciente de la personalidad que aparecería en el niño después del rechazo en el inconsciente de sus tendencias instintivas (*pulsiones* [v.]), en particular de su unión sexual con la persona de sus padres (*complejo de Edipo* [v.]). Sería una especie de censura acusadora que inspiraría el sentimiento neurótico de culpabilidad y de autopunición. V. *superego.*

**supresión:** [Lat. *suppresus* = detener]. Exclusión de la conciencia de pensamientos y de deseos desaprobados, o de recuerdos desagradables, como resultado de un esfuerzo intencional. El *psicoanálisis* distingue y contrapone la supresión, entendida como esfuerzo consciente, a la *represión* (v.), en la cual la inhibición actúa inconscientemente.

**susceptibilidad:** [Baj. lat. *susceptibilis* = que puede recibir]. Carácter del que se molesta u ofende fácilmente.

**susceptible:** [Baj. lat. *susceptibilis* = que puede recibir]. Que puede ser objeto de determinadas modificaciones, recibir diversas formas.

**sustancia:** [Lat. *sub-stare* = estar debajo]. Lo que constituye el soporte de las cualidades susceptibles de cambio, y que no está soportado por ninguna otra cosa. Lo que existe por sí y no por otro.

**sustancialismo:** [Lat. *substantia* = lo que está debajo]. Doctrina que admite la existencia de sustancias. Se opone a *fenomenismo* (v.).

**Szondi, prueba de:** Técnica proyectiva de *Szondi* (v.), que se realiza presentando a un sujeto fotografías de diversos tipos de pacientes psiquiátricos e invitándoles a elegir las dos que más le desagradan y las dos que más le agradan. De aquí se debería sacar elementos para la diagnosis de las pulsiones que dominan la personalidad.

# T

**t de student:** Índice que permite, en *estadística*, confrontar las medidas de dos *muestras* (v.) que tienen distribución normal y, finalmente, valorar si factores sistemáticos han actuado sobre los datos del experimento.

**tabú:** [Pol. *tabu* = puesto de lado]. Lo que un interdicto riguroso sustrae del uso profano, o ese interdicto mismo. Lo que no puede ser tocado.

**tacografía:** [Gr. *táchos* = velocidad + *graphé* = descripción]. Medida y registro de la velocidad de un fluido.

**tactismo:** [Lat. *tactus* = tocar]. V. *taxia*.

**tactognósico:** [Lat. *tactus* = tocar + Gr. *gnósis* = conocimiento]. Que se relaciona con el reconocimiento de objetos por medio del tacto. T., **área** o **zona,** la región del lóbulo parietal que comprende la primera y segunda circunvolución parietal.

**tafofobia:** [Gr. *táphos* = tumba + *phóbos* = miedo]. Miedo obsesivo (fobia) de ser enterrado vivo.

**talámico:** [Gr. *thálamos* = cuarto]. Que se refiere al *tálamo* (v.).

**tálamo:** [Gr. *thálamos* = cuarto]. La porción media y mayor del diencéfalo que es parte de la pared lateral del tercer ventrículo y yace entre el hipotálamo y el epitálamo. Es el centro de control de los impulsos sensoriales de la corteza cerebral.

**talasofobia:** [Gr. *thálassa* = mar + *phóbos* = miedo]. Aprensión angustiosa que algunos neurópatas sienten frente al mar.

**talento:** [Lat. *talentus* = unidad de peso y medida monetaria]. Disposiciones intelectuales, naturales o adquiridas, que condicionan el éxito en el dominio de las artes, de las letras, de las ciencias, etc. Cf. *genio*.

**tanatofobia:** [Gr. *thánatos* = muerte + *phóbos* = miedo]. Miedo exagerado, mórbido y obsesivo por la muerte.

**tangorrecepción:** [Lat. *tangere* = tocar + *receptor* = que recibe]. Nombre dado a la sensación táctil en la terminología de la biología objetiva de *Uexküll* (v.).

**tapeinocefalia:** [Gr. *tapeinós* = bajo + *kephalé* = cabeza]. Malformación del cráneo, que se presenta bajo, poco elevado y aplastado en el sentido sagital.

**taquifemia:** [Gr. *táchys* = veloz + *ohemí* = hablo]. Trastorno de la palabra que consiste en aceleración paroxística de la elocución: las frases son pronunciadas muy rápidamente, espasmódicamente y con voz más o menos débil. A menudo se acompaña de *palilalia* (v.).

**taquigénesis:** [Gr. *táchys* = veloz + *génesis* = engendrar]. Supresión de un determinado número de estadios que el embrión debe atravesar en el curso de su desarrollo en virtud de la *ley de Haeckel* (v.).

**taquipsiquis:** [Gr. *táchys* = veloz + *psyché* = espíritu]. Aceleración del ritmo del pensamiento.

**taquistoscopio:** [Gr. *táchys* = rápido + *skópéin* = observar]. Instrumento que se emplea para presentar a un sujeto estímulos visivos de duración muy breve (por lo general 1/10 de segundo.

**tarantismo:** [(de *tarántula* = araña venenosa]. Variedad de corea histérica que reinó de manera epidémica en Italia hacia el siglo XVII.

**tartamudez:** [De *tartamudo*]. Calidad de tartamudo.

**tartamudo:** [De la onomatopeya *tar* y de *mudo*]. Que habla o lee con pronunciación entrecortada y repitiendo las sílabas.

**TAT:** V. *apercepción temática, test de*.

**tautología:** [Gr. *tautología* = que dice la misma cosa]. Proposición en la cual el predicado dice la misma cosa que el sujeto. Para el *empirismo lógico* (v.), proposición compleja o «molecular» que es verdadera en virtud de su propia forma, por ejemplo: *Es de noche o no es de noche*.

**taylorismo:** [De *Taylor*]. Conjunto de procedimientos de trabajo industrial elaborado por el ingeniero norteamericano *F. W. Taylor* (v.), con la finalidad de aumentar el rendimiento de los obreros.

**taxia:** [Gr. *táxis* = arreglo, disposición]. Influencia atractiva o repulsiva por algunas sustancias o determinados fenómenos sobre el protoplasma. Sin. *tactismo* y *tropismo* (v.). Estas tres palabras: taxia, tactismo y tropismo, se emplean casi siempre combinadas: quimiotaxia, heliotropismo, heliotactismo, etc.

**taxilogía:** [Gr. *táxis* = composición + *lógos* = discurso]. V. *taxinomía*.

**taxinomía:** [Gr. *táxis* = disposición + *nómos* = ley]. Ciencia de las leyes de la clasificación; en particular, parte de la *biología* que trata de la clasificación de los seres vivos. Sin. *taxonomía* y *taxilogía*.

**taxonomía:** [Gr. *táxis* = disposición + *nómos* = ley]. V. *taxinomía*.

**técnica:** [Gr. *teknikós* = que concierne al arte]. Por

oposición a científico y a estético, ciertos procederes de trabajo o de producción que suponen una manera de hacer desarrollada por el aprendizaje, pero no un saber teórico o dones artísticos particularmente desarrollados. Como sinónimo de *práctica*, que concierne a la aplicación de la ciencia propiamente dicha o conocimiento teórico a la actividad práctica. **T. social**, conducta con la que se procura obtener, u obtiene, la satisfacción de una necesidad o de un deseo, o también alcanzar una meta sirviéndose de otras personas. **T. proyectiva**, situación-estímulo (por lo común visiva), poco estructurada o insuficientemente estructurada, que se presenta al sujeto con la instrucción de decir lo que percibe, o de dar una interpretación detallada. En *sociología*, la técnica puede ser considerada como un presupuesto para la creación del propio ambiente por parte del hombre, o como un factor dinámico que interactúa con la sociedad.

**tecnopatía:** [Gr. *tekné* = arte + *pátnos* = enfermedad]. Nombre genérico que se da a todas las enfermedades y trastornos profesionales.

**tecnopsicología:** [Gr. *tekné* = arte + *psyché* = espíritu + *lógos* = tratado]. Sinónimo propuesto para *psicotecnia* (v.).

**tele:** [Gr. *lejos*]. *Moreno* (v.) emplea este término para designar un factor de atracción social que actuaría a distancia entre dos individuos o grupos.

**telecinesia:** [Gr. *tele* = lejos + *kínesis* = movimiento]. Según la *parapsicología*, movimiento de objetos sin la intervención de agentes físicos conocidos. Este movimiento sería provocado por un *medium* (v.). V. *materialización*.

**telefalángica, relación:** [Gr. *tele* = lejos - *phalange* = falange]. En *morfología*, relación de la longitud entre la falangeta y la suma de las longitudes de las falanges y de la falangina.

**telegonía:** [Gr. *tele* = lejos + *goné* = generación]. V. *impregnación*.

**telencefalización:** [De *telencéfalo*]. Transferencia al *telencéfalo* (v.) de funciones que, en estados anteriores de la evolución de las especies o del desarrollo del individuo, dependían de centros situados en las partes inferiores del cerebro. La *hominización* (v.) es producto de la telencefalización.

**telencéfalo:** [Gr. *telos* = que está al final + *kephalé* = cabeza]. La porción anterior del cerebro.

**teleología:** [Gr. *tele, -ios* = último + *lógos* = teoría]. Búsqueda de las causas finales.

**teleonomía:** [Gr. *telos* = que está al final - *nómos* = ley]. Finalidad aparente de la adaptación biológica que resulta del funcionamiento eficaz de la *selección natural* (v.).

**telepatía:** [Gr. *tele* = lejos + *páthos* = que se hace sentir]. Fenómeno que estudia la *parapsicología*, y que consiste en la «comunicación de las impresiones de un espíritu con otro espíritu fuera de la vías sensoriales conocidas» (*Myers* [v.]).

**teleplasma:** [Gr. *tele* = lejos + *plasma*]. Según la *parapsicología*, sustancia de naturaleza desconocida que emana del cuerpo de algunos mediums, dando lugar a la formación de objetos, de partes o de cuerpos humanos enteros. V. *materialización*.

**telotaxia:** [Gr. *télos* = el final + *taxis* = ordenación]. Atracción por una fuente de estímulos hacia la cual se dirige el animal en línea recta a pesar de la presencia de otros estímulos.

**telotismo:** [Gr. *thelé* = pezón]. Proyección del pezón por contracción de los músculos de la areola; representa el reflejo mamiloareolar.

**telúrico:** [Lat. *tellus* = tierra]. Que tiene relación con la tierra y con su influencia.

**tema:** [Lat. *thema* = lo que se plantea]. En primer lugar significa la acción de plantear; secundariamente lo planteado. Dato fundamental sobre el cual se proponen reflexiones.

**temerosidad:** [Lat. *timor* = miedo, pavor]. Susceptibilidad morbosa a la intimidación que en algunos casos llega a ser una fobia verdadera.

**temblor:** [Lat. *tremulare* = temblar]. Agitación involuntaria de la totalidad del cuerpo o parte del mismo, por medio de oscilaciones pequeñas, rápidas, por lo común compatibles con la realización de movimientos voluntarios que solamente pierden un poco de su precisión.

**temor:** [Lat. *timere* = temer]. Estado emocional de inquietud que resulta del pensamiento de un peligro o de un mal que puede ocurrir.

**temperamento:** [Lat. *temperamentum* = complexión]. En la actualidad se entiende por *temperamento* «todo lo que concierne a las variaciones individuales de la actividad nutritiva y funcional. Es un rasgo de la actividad del organismo; es una característica dinámica» *(Bouchard)*. **T. hipocrático**, la concepción hipocrática de los temperamentos distinguía cuatro: *sanguíneo*, que predispondría al artritismo; a las flamagias y las hemorragias; *bilioso*, a los trastornos digestivos y sobre todo hepáticos y a la esclerosis; *nervioso*, a la neuropatías, y *linfático*, a la astenia, a las afecciones crónicas.

**temporoparietal, relación:** En *morfología*, relación del diámetro temporal multiplicado por 100, con el diámetro biparietal.

**tendencia:** [Lat. *tendere* = dirigirse hacia]. Fuerza, derivada del hombre hacia determinados fines cuya obtención normalmente procura placer.

**tensión:** [Lat. *tensio, -onis* = extensión o dilatación de alguna cosa]. Para *Pierre Janet* (v.) tensión psicológica es la capacidad de un individuo para elevarse en sus acciones a tal o cual grado en la jerarquía de sus tendencias. Hay conductas de baja tensión en las cuales las tendencias inferiores son las únicas activas y conductas de alta tensión que exigen la activación completa de tendencias elevadas en el cuadro jerárquico.

**teomanía:** [Gr. *theós* = Dios + *manía* = locura]. Monomanía religiosa contemplativa. V. *Esquirol*.

**teoría:** [Gr. *theoría* = acción de observar]. Representación racional o ideal, con el subentendido de que los hechos o la práctica no le corresponden exactamente. En *epistemología*, como correctivo de hecho y de ley, construcción intelectual por medio de la cual un determinado número de leyes son unidas con un principio de donde pueden ser deducidas rigurosamente. Este sentido es intermediario entre *hipótesis* (v.) y *sistema* (v.). **T. de la emergencia,** V. *emergencia.*

**terapéutica:** [Gr. *therapeía* = tratamiento]. Parte de la medicina o de la psicología que se ocupa de los medios propios para curar o aliviar enfermedades.

**terapia:** [Gr. *therapeía* = tratamiento]. Sufijo que indica el empleo terapéutico de una sustancia o de un agente cualquiera cuyo nombre forma la parte primera de la palabra compuesta: *psicoterapia, opoterapia,* etc. Es incorrecto su empleo con el sentido de *terapéutica* (v.), por ejemplo: *terapia psicoanalítica, terapia psicológica,* etc.

**teratencefalia:** [Gr. *téas* = monstruo + *kephalé* = cabeza]. Término que designa el conjunto de las monstruosidades cranianas.

**teratogénesis:** [Gr. *téras* = monstruo + *génesis* = formación]. Producción de monstruos o de monstruosidades. Sin. *teratogenia.*

**teratogenia:** [Gr. *téras* = monstruo + *génia* = nacimiento]. V. *teratogénesis.*

**teratología:** [Gr. *téras* = monstruo + *lógos* = tratado]. Estudio de las anomalías y de las monstruosidades de los seres organizados.

**Terman-Merril, escala de:** [Escala de inteligencia, segunda revisión de la *Escala de Binet-Simon* (v.). Permite examinar sujetos desde los dos años hasta la edad adulta.

**termoestesia:** [Gr. *thérme* = calor + *aisthesis* = sensibilidad]. Sensibilidad al calor.

**termófilo:** [Gr. *thérme* = calor + *philéin* = amar]. En *biología,* los seres vegetales o animales que viven y se desarrollan con temperaturas muy elevadas, de hasta 83°C.

**termofobia:** [Gr. *thérme* = calor + *phóbos* = miedo]. Miedo por los abrigos y vestidos demasiado cálidos que sienten algunos enfermos (bocio exoftálmico, mal de Parkinson), por la sensación de calor que sufren constantemente.

**termogénesis:** [Gr. *thérme* = calor + *gennan* = engendrar]. Desarrollo continuo y regular del calor de los seres vivos.

**termolábil:** [Gr. *thérme* = calor + Lat. *labilis* = cambiante]. Se dice de una sustancia que es destruida o pierde sus cualidades con una temperatura determinada.

**termoparestesia:** [Gr. *thérme* = calor + *pará* = al lado + *aísthesis* = percepción]. Trastorno de la sensibilidad al calor.

**termorregulación:** [Gr. *thérme* = calor + Lat. *regularis* = según reglas]. Conservación de la temperatura en un nivel determinado.

**termosensibilidad:** [Gr. *thérme* = calor + Lat. *sensibilis* = sensible]. Sensibilidad por el calor.

**termostable:** [Gr. *thérme* = calor + Lat. *stabilis* = estable]. Sustancia que soporta una temperatura determinada sin perder ninguna de sus cualidades.

**termotropismo:** [Gr. *thérme* = calor + *trépein* = volver]. Propiedad que posee el protoplasma de reaccionar a la acción del calor.

**terrores nocturnos:** Síndrome caracterizado por la aparición, en plena noche, en el niño, de manifestaciones motrices provocadas probablemente por ilusiones o alucinaciones aterradoras. Este trastorno cesa generalmente después de una media hora, sin haber despertado al durmiente. Sin. *pavor nocturnus.*

**tesis:** [Gr. *thesis* = acción de plantear]. Proposición tenida por cierta que se procura apuntalar y defender. **T. e hipótesis,** cuando estos dos términos son así opuestos, la tesis designa al principio general de acción formulado en abstracto, y la hipótesis las condiciones particulares o concretas que imponen una adaptación del principio planteado en tesis. Para la *fenomenología* (v.), simple acción de plantear por medio del pensamiento.

**test:** [Ing. *prueba*]. Prueba que sirve para determinar objetivamente las características físicas y psíquicas de los individuos. Sin. *prueba.* **T. de aptitudes,** que determina el grado de aptitudes del sujeto. **T. proyectivo:** V. *proyectivo.* **T. sociométrico:** V. *sociometría.* **T.A.T,** iniciales con las que se designa al *Thematic Apperception Test de Murray.* **T. de Rorschach:** Véase *Rorschach.* **T. mental,** pruebas para valorar el C. I. **T., tara de un,** graduación o calibración de un test. **T. de papel y lápiz,** prueba para la que únicamente se requieren esos dos elementos. **T. colectivo,** test que puede administrarse a varios sujetos a la vez. **T. de rendimiento,** prueba de rendimiento con respecto a enseñanzas diversas. **T. final,** prueba que se administra a un individuo o a un grupo de individuos después de un período de adiestramiento o de enseñanza. **T. individual,** pruebas que únicamente se pueden aplicar a un solo individuo. **T., batería de,** conjunto de tests que se aplican sucesivamente para un solo diagnóstico.

**tetania:** [Lat. *convulsión o rigidez del cuerpo o de los miembros*]. Síndrome que se observa sobre todo en el niño, muy raro en la mujer, caracterizado por contracturas de las extremidades, capaces de extender a los miembros y a veces al tronco. Sobreviene en las hipocalcemias con descenso del calcio sanguíneo ionizado, en los estadios de alcalosis y en el curso de algunas enfermedades infecciosas.

**tético:** [Gr. *thetikos* = que se plantea como tesis]. Para la *fenomenología* (v.), que se plantea o está planteado como teniendo un cierto modo de realidad.

**tetraplegia:** [Gr. *tétra* = cuatro -- *pléssein* = golpear]. V. *cuadriplegia.*

**tetraploide:** [Gr. *tetraplóos* = cuádruple -- *eídos* = forma]. En *genética* se dice de algunas constituciones anormales de las células del *soma* (v.) que, habiendo quedado los dos gametos originales diploides como consecuencia de una anomalía de la *meiosis* (c.), poseen *4n* cromosomas, en lugar de *2n*, cifra normal. Si los dos gametos originales provienen de padres de la misma especie, el producto es *autotetraploide;* si los gametos salen de padres de especies diferentes, el producto es *alotetraploide* (o *anfiploide*). Alo y autotetraploidía son casos particulares de alo y autopoliploidía. V. *poliploide.*

**thateron:** [Gr. *la otra cosa*]. Término que en psicología de las religiones designa la cosa extraña.

**tic:** [Alem. *ticken* = tocar ligeramente]. «Movimiento convulsivo habitual y consciente, que resulta de la contracción involuntaria de uno o de varios músculos del cuerpo, y que por lo común reproduce, pero de manera intempestiva, algún gesto reflejo o automático de la vida ordinaria» *(G. Guinon).* **Enfermedad de los t.,** afección caracterizada por la importancia y la generalización progresiva de los tics y por su evolución sobre un terreno de degeneración mental.

**tiempo:** [Lat. *tempus, -oris* = parte de la duración]. Medio indefinido y homogéneo en que se desarrollan los acontecimientos sucesivos. Parte de la duración que ocupan los acontecimientos particulares. Períodos dentro del cual se sitúan determinadas acciones o ciertos acontecimientos. **T. de reacción,** el intervalo de tiempo que separa una estimulación de una reación voluntaria.

**tiflolexia:** [Gr. *typhlós* = ciego + *léxis* = palabra]. Nombre propuesto para reemplazar la expresión ceguera verbal.

**tímico:** [Gr. *thymikós* = parte afectiva del alma]. Que concierne a las disposiciones afectivas; el humor en general.

**tipo:** [Gr. *typos* = forma]. Conjunto o serie de características que sirven para identificar o definir individuos, objetos, etc. **T. humano,** las características de hombres concretos, en sus elementos morfológicos, biológicos, psicológicos, sociales, que sirven para definirlos en relación con los prototipos de su especie. V. *tipología humana.*

**tipología humana:** [Gr. *typos* = forma + *lógos* = tratado]. Estudio que tiene por objeto el análisis de los tipos diferenciados que presentan, en el cuadro común de la especie, los hombres en sus elementos morfológicos, biológicos, psicológicos y sociológicos. Cf. *biotipología.*

**tocar:** [Onomatopeya *toc*]. Acción de ejercer el sentido del tacto. Exploración digital de algo, que muchas veces se combina con la palpación.

**todo o nada, respuesta del:** Respuesta refleja que es brusca o no, y que cuando es brusca muestra toda su intensidad sin grados.

**tonicidad:** [Gr. *tónos* = tensión]. Estado particular de tensión permanente e involuntaria de los tejidos vivientes, y especialmente del tejido muscular, bajo la dependencia del sistema nervioso central y periférico.

**tónico:** [Gr. *tónos* = tensión]. Que se relaciona con la *tonicidad* (v.) o con el *tonismo* (v.). **T., convulsión** o espasmo: V. *tonismo.*

**tonismo:** [Gr. *tónos* = tensión]. Convulsión que consiste en contracciones relativamente durables, que determinan un rigidez casi permanente, interrumpida a veces por estrechamientos. Sin. *convulsión o espasmo tónico.*

**tono:** [Gr. *tónos* = tensión]. Estado permanente de actividad fundamental de los músculos lisos y estriados y de algunos centros nerviosos. Sinónimo *tonus.*

**tonofasia:** [Gr. *tónos* = tensión + *phasis* = lenguaje]. Variedad de *paramnesia* (v.), en la cual las notas de música son comprendidas como signos, pero no despiertan la idea de los sonidos correspondientes.

**tonótropo:** [Gr. *tónos* = tensión + *trépein* = volver]. En *fisiología,* lo que concierne al tono muscular.

**tonus:** [Lat. *que se puede extender como un resorte*]. V. *tono.*

**topectomía:** [Gr. *lógos* = lugar + *éktomé* = ablación]. Ablación de determinadas zonas de la corteza cerebral (prefrontales, pericallosas, orbitales, etc.); operación que se efectúa para remediar algunos trastornos mentales. V. *psicocirugía.*

**torofobia:** [Gr. *tópos* = lugar -- *phóbos* = miedo]. Temor mórbido por determinados lugares; neurosis análoga a la *agorafobia* (v.).

**topotomía:** [Gr. *tópos* = lugar -- *tomé* = sección]. Sección quirúrgica de las fibras blancas cerebrales paralelamente a la corteza y a su contacto; tiene indicaciones análogas a la *topectomía* (v.).

**totalidad, psicología de la:** V. *forma, psicología de la.*

**totem:** [Algonq. *ototeman* = su hermano-hermana pariente, parentesco]. Objeto o cosa de la naturaleza, muy a menudo un animal, considerado como protector y emblema de un clan, de una familia o de una tribu, que crea lazos de parentesco entre todos los que de él dependen y obliga a la *exogamia* (v.).

**toxia:** [Gr. *toxikón* = veneno]. Cantidad de un líquido tóxico capaz de matar inmediatamente por inyección endovenosa 1 kg. de conejo.

**tóxico:** [Gr. *toxikón* = veneno]. Que actúa como veneno.

**toxicología:** [Gr. *toxikón* = veneno + *lógos* = tratado]. Estudio de la composición y efectos de los venenos.

**toxicomanía:** [Gr. *toxikón* = veneno + *manía* = locura]. Término que designa el uso habitual y excesivo de sustancias o medicamentos tóxicos, de donde resulta un aspecto dañoso para el individuo y para la sociedad: opio, morfina, heroína, marihuana, cocaína, cloral, barbitúricos, etc. El alcohol es a menudo ubicado entre los tóxicos. Con sentido restringido este término a veces se emplea para indicar simplemente la intoxicación con opiáceos y analgésicos con acción morfínica.

**trabajo:** [Lat. *tripalium* = aparato para sujetar las caballerías]. Empleo de energía en la ejecución de una actividad que está dirigida hacia una meta. **T. mental,** cuando se refiere a una actividad de la mente, pero sin que se excluya la concomitancia de actividades físicas. **T. muscular,** trabajo mecánico cumplido por los músculos por transformación de la energía química. **T. social,** el conjunto de las actividades, reguladas por instituciones públicas o privadas, que están dirigidas a promover el ajustamiento, en la sociedad o en la comunidad, de individuos que presentan dificultades de diversa naturaleza. **T. social de grupo,** proceso educativo en el cual los componentes de un grupo, trabajando conjuntamente bajo la guía de un componente, valiéndose de la integración de sus respectivos conocimientos, asumen una función social para promover el proceso de ajustamiento de personas que requieren asistencia en el campo psicológico, psiquiátrico, correccional, etc. **T. de campo,** método de estudio de un fenómeno social o de la conducta animal por medio de la observación bajo condiciones normales y naturales, con un suplemento de encuestas y de entrevistas en el caso del fenómeno social. En *sociología*, principio fundamental en la composición de la sociedad compleja, que fue puesto en claro por *Durkheim* (v.), y que sirve para la determinación de tipos sociales estructurales.

**trascendencia:** [Lat. *transcendens* = que se eleva]. Por oposición a *inmanencia* (v.), carácter de lo que va más allá del dominio considerado y de cualquier otra naturaleza.

**transducción:** [Lat. *transducere* = pasar a través]. Proceso mental que consiste en pasar de un caso particular a otro caso particular sin el intermediario de una afirmación general. En *biología*, la transferencia de un fragmento genético de una célula a otra.

**transferencia:** [Lat. *transferre* = pasar de un lugar a otro]. Pasaje de un proceso de una actividad de un órgano a otro, o de una porción de un órgano (hemisferio cerebral) a otra. **T. de aprendizaje,** mayor rapidez y eficacia en el proceso de aprendizaje de una actividad en razón de las adquisiciones precedentes de una actividad diversa, pero más o menos similar. **T. bilateral,** transferencia del aprendizaje de un miembro del cuerpo a su opuesto: el escribir aprendido con la mano derecha a la izquierda; se trata de una transferencia funcional del cerebro como se indica en la primera definición.

**transformismo:** [Lat. *transformare* = mudar la forma]. Nombre de la teoría biológica de *Lamarck* (v.) según la cual las especies animales y vegetales derivan unas de las otras por transformación lenta de los órganos debida a su adaptación a las condiciones de existencia. Sinónimo *lamarckismo*.

**transitivo:** [Lat. *transire* = atravesar]. La acción o la causa cuyo efecto es exterior al agente. Se opone a *inmanente* (v.).

**translocación:** [Lat. *trans* = cambio de lugar + *locare* = colocar]. En *genética*, anomalía de la *meiosis* (v.), que consiste en la transferencia de un segmento de cromosoma a un cromosoma de otro par. Produce, en la transmisión de los genes, perturbaciones manifestadas en cruzamientos ulteriores [*mutación* (v.)].

**transvestismo:** [Lat. *trans* = cambio de lugar + *vestitus* = ropas]. V. *travestismo*.

**traulismo:** [Gr. *traylismós* = tartamudeo]. Dificultad en la pronunciación de las letras *r* y *k* para los sordomudos.

**trauma:** [Gr. *trauma* = herida]. Herida. Lesión producida por una lesión exterior. En *psicología*, trastorno funcional producido por agentes externos. En *psicoanálisis*, y según *Rank* (v.), el pasaje de la vida intrauterina a la aérea constituiría para el recién nacido el primer y gran trauma de angustia de su existencia, por el cual quedaría para siempre marcado. Esta hipótesis fue rechazada por *Freud* (v.), pero es aceptada por muchos psicoanalistas.

**traumatismo:** [Gr. *trauma* = herida]. «Estado general particular, creado completamente por la acción de una violencia externa sobre nuestro organismo» *(Verneuil)*. A menudo se emplea este término de manera equivocada con el sentido de *trauma* (v.).

**travestismo:** [Lat. *trans* = cambio de lugar + *vestitus* = ropas]. Adopción por un invertido de las vestimentas y costumbres sociales del sexo opuesto. **T. masculino:** V. *eonismo*. Sin. *transvestismo*.

**tribadismo:** [Gr. *tríbien* = frotar]. Inversión del instinto sexual en la mujer, que se traduce por la búsqueda de la satisfacción de ese instinto con un individuo del mismo sexo. Sin. *lesbianismo, safismo*.

**tricromato:** [Gr. *trikrómatos* = tricolor]. Se dice del ojo normal que percibe bien los tres colores fundamentales del espectro (rojo, verde y violeta), así como sus matices.

**trigonocefalia:** [Gr. *treis* = tres + *gonía* = ángulo + *kephalé* = cabeza]. En *antropología*, malformación del cráneo caracterizada por un aspecto triangular con vértice anterior. Se debe a la soldadura prematura de la sutura metópica.

**triplegia:** [Gr. *treis* = tres + *pléssein* = golpear]. *Hemiplegia* (v.) acompañada de parálisis de un miembro del lado opuesto.

**triploide:** [Gr. *triploos* = triple]. En *genética*, algunas constituciones anormales de las células del *soma* (v.) que, habiendo quedado uno de los gametos originales diploide como consecuencia de una anomalía de la *meiosis* (v.), poseen $3n$ cromosomas en lugar de $2n$, cifra normal.

**trisomia:** [Gr. *treis* = tres + *sóma* = cuerpo]. En *genética*, anomalía caracterizada por la presencia, en un individuo, de tres cromosomas de un tipo dado, estando los demás cromosomas normalmente por pares: el sujeto posee $2n+1$ cromosomas. El *mogolisno* (v.) está unido a esta anomalía, así como según parece algunos trastornos mentales.

**trococefalia:** [Gr. *trochós* = rueda + *kephalé* = cabeza]. En *antropología*, malformación del cráneo caracterizada por su forma redondeada.

**trófico:** [Gr. *trophé* = alimento]. Que concierne a la nutrición de los tejidos.

**trofobiontes:** [Gr. *trophé*=alimento+*bioun*=estando vivo]. Especies animales que proporcionan sustancias que sirven de alimentos a insectos sociales que les están asociados.

**trofofórico, campo:** [Gr. *trophé* = alimento + *phoréo* = llevar]. Región dentro de la cual circulan los miembros de una sociedad de insectos, como las abejas, para la búsqueda de su alimento.

**trofoplasma:** [Gr. *trophé* = alimento + *plasma*]. Nombre dado por *Marinesco* (v.) a la sustancia fundamental fibrilar de la célula nerviosa.

**tropismo:** [Gr. *trépein* = volver]. V. *taxia.*

**tsedek, test o prueba de:** [Hebr. *justicia y caridad*]. Prueba de juicio moral creada por *Baruk* (v.), en 1947.

# U

**u, curva en:** Curva de frecuencias que, en oposición a la *curva en campana* (v.) o de *Gauss* (v.), implica en el centro un mínimo y máximos en las dos extremidades de la escala de distribución.

**ucronia:** [Gr. *ou* = no + *chrónos* = tiempo]. Lo que está fuera del tiempo. En *psicología,* término producido por *Merani* (v.) para calificar todas las hipótesis, teorías o investigaciones que prescinden del factor tiempo como eje del desarrollo psíquico o que le conceden mínima importancia.

**ucrónico:** [Gr. *ou* = no + *chrónos* = tiempo]. Lo referido a la *ucronia* (v.).

**ulótrico:** [*Oúlos* = crespo + *thrix* = cabello]. Se dice de las razas humanas cuyos representantes tienen los cabellos crespos.

**umbral:** [De *lumbral,* y éste del latín *luminare* = iluminar]. Grado límite de un excitante por debajo del cual no hay más sensación. Punto crítico que corresponde a una cierta tasa de dilución o de mezcla que señala la aparición de un fenómeno.

**umwelt:** [Al. *mundo inmediato*]. Término empleado por *Uexküll* (v.) para designar el universo que aparece efectivamente real para un individuo que efectivamente lo vive como real. Cf. *Merkwelt.*

**uniovular:** [Lat. *unum* = uno solo + *ovum* = huevo]. V. *monozigote.*

**unisexualidad:** [Lat. *unum* = uno solo + *sexus* = sexo]. Existencia normal, en un individuo, de los atributos anatómicos, fisiológicos y psicológicos de un solo sexo.

**univitelino:** [Lat. *unum* = uno solo + *vitellum* = yema del huevo]. V. *monozigote.*

**uranista:** [Gr. *ourania* = celeste]. Término que viene del nombre de Afrodita Urania, diosa de los amores masculinos, por oposición a Afrodita Pandemós o vulgar, según *Platón* (v.), en el «Banquete». En *medicina legal* se refiere al *homosexual* (v.).

**uromancia:** [Gr. *oúron* = orina + *manteía* = adivinación]. «Pretendido arte de adivinar las enfermedades por la inspección de los orines» *(Littré).*

**uterino:** [Lat. *uterus* = útero]. Que concierne al útero. Nacido de la misma madre.

**Utopía:** [Gr. *ou* = no + *tópos* = lugar]. Isla imaginaria decripta por Thomas Moore, en su libro *Utopía* (1516), lugar de vida feliz con la mayor perfección en leyes, política, etc. Lugar de perfección ideal. En *psicología* la pretensión de explicar al hombre sin tener en cuenta las condiciones concretas en que se desarrolla y evoluciona.

# V

**vagal:** [Lat. *vago* = errante]. Que se relaciona con el nervio vago o neumogástrico.

**vagotonía:** [Lat. *vago* = errante + *tónos* = tensión]. Anomalía constitucional particular, que consiste en una sensibilidad especial del sistema nervioso autónomo regido por el neumogástrico, y que produce una serie de trastornos: bradicardia, tendencia a los síncopes y a la ansiedad, etcétera.

**validación:** [Lat. *validus* = fuerte, eficaz]. La determinación del grado de validez de un instrumento de medida, como son los tests en el campo psicológico.

**validez de un test o prueba:** [Lat. *validus* = eficaz]. El grado de precisión con que está dotada una prueba o test o un instrumento semejante de medida. V., **coeficiente de,** de un test es el coeficiente de correlación entre los resultados obtenidos en su aplicación y los obtenidos con otros criterios de juicio en lo que se refiere a la capacidad que el test debería medir.

**valor típico:** En *estadística,* valor elegido para dar una idea del orden de magnitud del conjunto de los valores observados.

**valores segmentarios, relación de los:** [Lat. *valere* = valer]. Relaciones entre los volúmenes de segmentos distales y segmentos proximales del cuerpo.

**vampirismo:** [De *vampiro*]. Violación de un cadáver, para tener relaciones sexuales con el mismo [*necrofilia* (v.)], o para mutilarlo con el propósito de obtener excitación sexual o satisfacción de la misma [*necrosadismo* (v.)].

**Van T'Hoff, ley de:** En *fisiología,* en los seres vivos cualquier elevación de la temperatura en 10° duplica las reacciones químicas y aumenta las manifestaciones vitales. Para cada especie existe un punto crítico, más allá del cual sobrevienen trastornos que pueden conducir a la muerte.

**variable:** [Lat. *varius* = diverso, abundante]. En *matemática* y en *logística,* por oposición a constante, cantidad o término que puede tomar diversos valores.

**variación:** [Lat. *varius* = diverso, abundante]. En *biología,* en la teoría de *Darwin* (v.), cambio débil que, en cada generación se produce en las especies vivientes y que sería, con selección natural, el factor esencial de la *evolución* (v.). El concepto de variación se opone actualmente al de *mutación* (v.), que es esencialmente brusca.

**variancia:** [Lat. *variatio, -onis* = variación]. En *estadística,* número mínimo de variables independientes que, fijadas numéricamente, bastan para determinar al fenómeno observado.

**Varolio, puente de:** [De *Varolio* (v.)]. El órgano que une al cerebro, cerebelo y medula oblonga.

**vección:** [Lat. *vectio* = acción de llevar]. Evolución, de los seres o de las ideas, en una dirección determinada. «Las direcciones o "vecciones" inherentes a la marcha misma de las ciencias...» (*Piaget*).

**vector:** [Lat. *vehere* = llevar]. Huésped intermediario que transmite una infección después de que evolucionó en su organismo el germen que la produce.

**vegetativas, funciones:** [Lat. *vegetare* = aumentar, dar movimiento]. Los procesos biológicos que corresponden al crecimiento del organismo: funciones de nutrición, de respiración, etcétera. En *psicología,* se habla de funciones vegetativas en contraposición a las funciones de ajuste externo del organismo frente a las modificaciones del ambiente.

**vejez:** [Lat. *vexare* = maltratar]. El último estadio de la edad adulta, que arbitrariamente se fija a partir de los 60 a 65 años, aunque ahora en los países desarrollados, en razón de mejores condiciones de vida, se hace iniciar entre los 65 y 75 años de edad.

**verbales, tests o pruebas:** Pruebas mentales basadas en el empleo del lenguaje.

**verberación:** [Lat. *verberatio* = la acción de azotar]. Fraseología incoherente en la cual las mismas palabras o las mismas series de palabras son repetidas indefinidamente, y que se observa en algunos dementes excitados.

**verbo:** [Lat. *verbum* – palabra]. En sentido etimológico la palabra, en sentido gramatical, parte del discurso que expresa estado o acción. V. **mental,** palabra interior por medio de la cual el sujeto se dice a sí mismo lo que conoce.

**vesanía:** [Lat. *locura*]. V. *psicosis.*

**vértigo:** [Lat. *vertere* = girar]. Trastorno cerebral, error de las sensaciones, bajo la influencia del cual el individuo cree que su propia persona o los objetos que lo rodean están animados de movimiento giratorio u oscilatorio.

**vesánica, demencia:** [Lat. *vesania* = locura]. Trastorno profundo de la personalidad que desemboca en un síndrome de demencia y corresponde al último estadio del delirio crónico.

**viabilidad:** [Lat. *vitae habilis* = apto para vivir]. Estado del feto nacido *viable* (v.). «Haber nacido viable es haber nacido vivo y haber vivido otra vida que la intrauterina (la extrauterina), y presentar además un desarrollo general, una conformación y un estado de salud compatibles con la continuación de la vida» *(Tardieu)*.

**viable:** [Lat. *vitae habilis* = apto para vivir]. Que es apto para vivir. V. *viabilidad*.

**vida:** [Lat. *vita*]. En *biología*, modo de existencia y de actividad propios de los organismos y al que caracteriza la asimilación, el crecimiento y la reproducción. En *filosofía*, principio de los fenómenos característicos de la existencia y de la actividad orgánica.

**vida mental:** La actividad de la mente considerada como proceso continuo en el curso de la existencia individual.

**vidente:** [Lat. *videre* = ver]. Que está dotado del sentido de la vista. En *parapsicología*, neologismo que designa los fenómenos del conocimiento parapsicológico, pero no los del conocimiento propiamente místico.

**vigilambulismo:** [Lat. *vigil* = despierto + *ambulare* = marchar]. Estado de automatismo ambulatorio con desdoblamiento de la personalidad que se produce durante la vigilia.

**vigilia:** [Lat. *vigilia* = acción de velar]. Permanecer despierto durante un período de tiempo que normalmente está dedicado al sueño. V., **estado de** el estado de mayor actividad del organismo que se interrumpe cíclicamente con el *sueño* (v.).

**Vineland, escala de madurez social de:** Escala que permite valorar el grado de ajustamiento social en la edad preadulta y adulta. La valoración se expresa en edad social *(ES)* y cociente social *(CS)*.

**violencia:** [Lat. *violentia*]. En el hombre, carácter del impulso del que no es dueño (pasión, cóleras violentas, etc.); recurso ilegítimo de la fuerza.

**viraginidad:** [Lat. *virago, -inis* = mujer de ánimo varonil]. Homosexualidad femenina en la cual los sentimientos sexuales y las características psíquicas de la mujer que la sufre se parecen a las del hombre normal.

**virilismo:** [Lat. *virilis* = masculino]. Síndrome observado en la mujer, después de la pubertad, que consiste en un desarrollo exuberante y precoz del sistema piloso que adquiere una distribución masculina.

**virilización:** [Lat. *virilis* = masculino]. Aparición en la mujer púber de caracteres sexuales secundarios que pertenecen al sexo masculino. V. *virilismo*. Sin. *masculinización*.

**virilizante:** [Lat. *virilis* = masculino]. Que provoca la aparición de caracteres sexuales secundarios masculinos. Sin. *masculinizante*.

**virtual:** [Lat. escol. *virtualis* = que puede tener la virtud]. Que existe en potencia, que está en estado de posibilidad de ser: en la semilla hay un árbol virtual. **Cavidad v.**, la que existe como posibilidad y que sólo es cuando se requiere naturalmente su función como tal: el útero es una cavidad virtual.

**visceroceptor:** [Lat. *viscus, -eris* = vísceras + *capere* = recoger]. V. *interoceptor*.

**viscosidad mental:** [Lat. *viscus* = pegajoso]. Según *F. Minkowska* (v.), rasgo característico del epiléptico que hace de éste un ser emotivo, pero con una emotividad carente de movilidad.

**visión:** [Lat. *visio* = acción de ver]. Función por medio de la cual los ojos permiten la percepción del mundo exterior. En *psicología*, representación imaginada que tiene la apariencia de la percepción: visiones de la duermevela (alucinaciones hipnagógicas).

**vista:** [Lat. *visus*]. Sentido cuyo órgano receptor es el ojo y cuyo estímulo fisiológico está representado por energía radiante de una longitud de onda que aproximadamente oscila entre los 400 y 700 micr.

**vitalidad:** [Lat. *vitalis* = vital]. Conjunto de las propiedades inherentes a la sustancia organizada. Sin. *vida*.

**vitalismo:** [Lat. *vita, -ae* = vida]. Doctrina que explica por la influencia de un *principio vital*, diferente del alma especial del hombre, el funcionamiento de los órganos comunes a los hombres y a los animales.

**viviente:** [Lat. *vivens, -entis* = que vive]. Como sustantivo, la materia viva organizada por la sensibilidad. Cualquier ser provisto de sensibilidad sin tener en cuenta su nivel o grado evolutivo.

**vocación:** [Lat. *vocatio* = acción de llamar]. En *psicología*, inclinación y predisposición para una carrera que exige condiciones especiales, o para una profesión que requiere determinadas aptitudes.

**volición:** [Lat. *volitio* = acto de voluntad]. «La volición es un estado definitivo. Por ella un nuevo estado de conciencia —el motivo elegido— entra en el yo a título de parte integrante, con exclusión de los demás estados» *[Ribot* (v.)].

**voltaica, prueba:** Maniobra creada por *Babinski* (v.), para explorar el laberinto y el nervio vestibular. Consiste en la aplicación de una corriente continua de 2 a 7 miliamperios por medio de dos electrodos colocados a cada lado de la cabeza, sobre las regiones preauriculares. Cuando hay estado de normalidad se observa, durante el pasaje de la corriente, únicamente inclinación de la cabeza hacia el polo positivo y nistagmo rotatorio dirigido hacia el polo negativo. Sin. *prueba galvánica*.

**volumen:** [Lat. *volumen* = cualquier cosa que hace giros y vueltas]. Aspecto de la sensación auditiva o visiva, que sirve para clasificar los sonidos y los colores desde los más «débiles» o «suaves» hasta los más «amplios» o «fuertes». El volumen crece con la intensidad, pero decrece con la frecuencia. V., **ley de acrecentamiento de:** V. *Cope, ley de*.

**voluntad:** [Lat. *volo* = quiero]. Poder de determinarse por medio de motivos o de razones. Conjunto de fuerzas psíquicas que llevan a la acción: la tendencia, el deseo, la pasión son motivos de la voluntad. Según *Adler* (v.), la *voluntad de poder* es una tendencia que resulta de un sentimiento de inferioridad, y que lleva a sobrevalorizarse de manera de compensar esa inferioridad.

**voluntarismo:** [Lat. *voluntas* = voluntad]. Por oposición a *idealismo* (v.), y como doctrina *metafísica*, teoría según la cual el fondo de las cosas es voluntad y no idea o representación. Como *doctrina psicológica*, teoría que tiende a atribuir a la voluntad funciones por lo general atribuidas a otras facultades, especialmente a la inteligencia. Por ello se opone al *intelectualismo* (v.).

**voluptuosidad:** [Lat. *voluptas* = placer]. Placer intenso de los sentidos; en particular placer sexual.

**vómito:** [Lat. *vomitus* = acción de vomitar, hombre impuro]. Acto reflejo por el cual el contenido del estómago es violentamente despedido por la boca.

**vomituración:** [Lat. *vomiturire* = deseo de vomitar]. *Vómito* (v.) incompleto en el cual las materias se detienen en el esófago, a veces llegan hasta la boca, pero no son arrojadas. Cf. *regurgitación*.

# W

**Weber, compás de:** Compás especial que permite medir la distancia mínima que separa a dos puntos cuyo pinchazo determina dos excitaciones distintas. Sin. *estesiómetro*.

**Weber-Fechner, ley de:** Expresión incorrecta, pues tal ley no existe. V. *Fechner, ley de*.

**Wechsler, escalas de:** Las escalas de Wechsler consisten en diversas elaboraciones de un mismo procedimiento, para determinar el nivel de inteligencia, y existen diversas según las adaptaciones realizadas en distintos países. Para los adultos se consideran válidas a partir de los 10 años, y para los niños de los 5 a los 15 años y 11 meses.

**weltanschaung:** [Al. *visión del mundo*]. Concepción del universo y de la vida. *Cosmovisión* (v.).

**Westphal-Piltz, reflejo de:** V. *Galassi, reflejo de*.

**Wurzburgo, escuela de:** Se designa con este nombre a un conjunto de psicólogos: Bühler, Messer, Watt, etc., que procuraron un análisis del pensamiento con un método de introspección experimental.

# X

**xenoglosia:** [Gr. *xénos* = extraño + *glóssa* = lengua]. En *parapsicología*, comprensión, lectura, escritura y pronunciación que hace un *medium* (v.) de un lenguaje que se supone nunca aprendió.

**xenoparasitismo:** [Gr. *xénos* = extraño + *parasitismo*]. Condición de un cuerpo inerte (fragmento de vidrio, metal, etc.), que se instala sobre un huésped viviente y se comporta tal un parásito verdadero.

**xenopático, pensamiento:** [Gr. *xénos* = extraño + *páthos* = enfermedad]. Expresión mórbida de las diferentes actividades psíquicas que se sienten como extrañas a la propia personalidad del sujeto y hacen una intrusión hostil en el campo de la conciencia.

# Y

**yo:** [Lat. *ego*]. Término primitivamente empleado como sujeto, tanto con sentido de complemento directo o indirecto como de término independiente. Este término ha adquirido singular relieve gracias al *psicoanálisis*, y sobre todo en las aproximaciones literales de los traductores de *Freud* (v.); allí se encuentra aumentada la ambigüedad que la etimología y la filosofía señalan para este término.

**yoga:** [Sánscr. *unión, esfuerzo*]. Técnica indú que tiende, por medios ascético-psíquicos, de realizar la unidad con su verdadera esencia.

# Z

**zedismo:** [Gr. *zeta* = letra zeta]. Vicio de pronunciación que consiste en la sustitución de la letra *z* por la *j* o la *g* dulce; es frecuente en los niños.

**zigote:** [Gr. *zygón* = yugo, unión]. Huevo fecundado, producto de la unión de los gametos.

**zoantropía:** [Gr. *zóon* = animal + *ánthropos* = hombre]. Nombre genérico de las afecciones mentales en las cuales el enfermo se cree transformado en animal.

**zoobiología:** [Gr. *zóon* = animal + *bíos* = vida + *lógos* = tratado]. Biología de los animales.

**zoofilia:** [Gr. *zóon* = animal + *phília* = amistad]. Afecto por los animales. Atracción de algunas especies de animales por otras: los anófelos, por ejemplo, son atraídos por determinados animales domésticos como conejos, cerdos, etcétera.

**zoofobia:** [Gr. *zóon* = animal + *phóbos* = miedo]. Temor mórbido (fobia) por algunos animales.

**zoología:** [Gr. *zóon* = animal + *lógos* = estudio]. Rama de las ciencias naturales que tiene por principal finalidad la clasificación de los animales.

**zoomanía:** [Gr. *zóon* = animal + *manía* = locura]. Amor mórbido y excesivo que algunos neurópatas sienten por los animales.

**zoomorfismo:** [Gr. *zóon* = animal + *morphé* = forma]. Metamorfosis en animal. Creencia antigua en los hombres-lobo, en la licantropía, etc.

**zoopsia:** [Gr. *zóon* = animal + *ópsis* = ojo]. Alucinación visual que consiste en la visión de animales (alucinaciones de los intoxicados).

**zoosadismo:** [Gr. *zóon* = animal + *sadismo*]. El herir o matar animales como fuente de placer morboso: la caza deportiva es un zoosadismo.

**Zulliger, test o prueba de:** Modificación simplificada, para la aplicación colectiva, del *test de Rorschach* (v.).

**zurdería:** [Origen dudoso]. Tendencia a utilizar de preferencia toda o parte de la mitad izquierda del cuerpo para realizar los movimientos y los gestos automáticos y voluntarios. Puede ser espontánea o adquirida por lesiones precoces del hemisferio cerebral izquierdo. **Z. contrariada,** puede provocar trastornos psicomotores: sincinesias, tics, calambres, trastornos de la elocución, tartamudez, dislexias, disortografías, y también retardos en la maduración psicosentiva motriz, en la afectividad, etc.

**zurdo:** [Origen dudoso]. Que usa la mano izquierda como las demás personas la derecha. Se debe a predominio funcional del hemisferio cerebral derecho sobre el izquierdo.

# DICCIONARIO DE TÉRMINOS

## más usados en Psicología

# A

**ab absurdo:** [*Por el absurdo*]. Loc. lat. que significa que algo se explica por el método del absurdo.

**ability:** Exp. ingl. para designar la capacidad de realizar un acto, físico o mental, a menudo antes o después del aprendizaje. Cf. *capacidad.*

**absicht:** Exp. al., propósito o intención.

**accidentis, fallacia:** [*Sofisma del accidente*]. Exp. lat. que significa concluir de un carácter accidental un carácter esencial.

**acting out:** [*Actuar*]. Expr. ingl. que se refiere, según el *psicoanálisis*, a la actitud que reproduce inconscientemente una situación psíquica perteneciente a la infancia o al pasado general del individuo, a la que transforma y refiere a una situación presente.

**ad hoc:** [*Para esto*]. Loc. lat. que significa especial para algo, a propósito para esto o aquello. Crear una teoría *ad hoc,* esto es, específica para el caso.

**ad hominem:** [*A la medida del hombre*]. Expresión latina que se refiere al argumento que tiene valor totalmente particular contra aquel con quien se discute, pero que sólo vale para él.

**adulta, età:** [*Edad adulta*]. Loc. ital. que se refiere a la edad del hombre a partir de la época en que se considera alcanzada la madurez.

**ad libitum:** [*A elección, a voluntad*]. Exp. latina: significa que se actúa o piensa a su arbitrio. Porponer a alguien que explique *ad libitum* una cuestión.

**ad litteram:** [*A la letra*]. Loc. lat. que significa tal cual. Cuando se cita a un autor se lo debe citar *ad litteram.*

**a fortiori:** [*Con mayor razón*]. Loc. lat. que sirve para concluir de una cosa poco evidente otra que lo es más. Si tolero su opinión, *a fortiori* acepto la de Platón.

**a posteriori:** [*Según las consecuencias*]. Locución latina que argumentar según las consecuencias necesarias de una proposición. *A posteriori* observamos los resultados de una educación equivocada.

**a priori:** [*De lo que precede*]. Loc. lat. que se aplica principalmente a razonamientos, sistemas creados por la razón pura, en lugar de estar basados sobre hechos positivos. La inteligencia del niño no se forma jamás *a priori.*

**affiliative needs:** [*Necesidades de asociación*]. Loc. ingl. Necesidades del individuo que se contraponen a las exigencias fisiológicas y que son aprendidas del ambiente. Por lo general se refieren a situaciones de prestigio, de posición social, de seguridad, etc.

**age mates:** [*Asociación de edad*]. Exp. ingl. que se refiere al *peer group* (v.) cuando sus miembros están en paridad de edad.

**alter ego:** [*Otro yo mismo*]. Loc. lat. que sirve para indicar a alguien que actúa o siente como otra persona. Juan es el *alter ego* de Pedro.

**anaclisis:** [*reclinar*]. Exp. gr. que es a veces empleada por los psicoanalistas con el sentido de dependencia emocional.

**analogón:** [*relación*]. Exp. gr. que en psicología significa el sustituto de un objeto. Así, para el enamorado que piensa en su bien amada, la fotografía de la misma desempeña el papel de analogón.

**anancástico:** [*Obligado, forzado*]. Exp. gr. que se emplea para determinar tipos complejos de personalidad psicopática en la que dominan las manifestaciones compulsivo-obsesivas.

**ancrage social:** [*Anclaje social*]. Loc. fr. que se refiere a la persona que en sus juicios no se orienta según criterios propios sino con los criterios que atribuye a un grupo de referencia.

**anechoic room:** [*Cuarto sin eco*]. Exp. inglesa que se refiere a una cámara empleada en psicología experimental y cuyas paredes no permiten la reflexión de ningún sonido.

**ánima:** [*Alma*]. Exp. lat. con numerosas acepciones. Con significado metafísico y teológico, entidad inmaterial e inmortal que se manifiesta en la vida mental; en el lenguaje común es sinónimo de individuo. En general se refiere a un principio vital que convertiría en vivientes a los organismos.

**anlage:** [*Congénito*]. Exp. al. usada con referencia a los procesos de desarrollo para indicar una disposición congénita de naturaleza somática o de naturaleza psíquica, que no es necesariamente hereditaria.

**anschauung:** Exp. al., aprensión directa en la senso-percepción.

**antrieb:** Exp. al., impulso o dirección.

**arc-boutement, réaction d':** [*Reacción del arco tendido*]. Exp. fr. que se refiere a la reacción refleja de resistencia a un impulso o una tracción.

**area sampling:** [*Área de muestreo*]. Exp. inglesa para designar al *muestreo areolar* (v.).

**arm chair psychology:** [*Psicología del sillón*]. Exp.

estadounidense que se emplea con sentido despectivo para designar la psicología especulativa, que no exige laboratorios ni dispositivos técnicos.

**aufgabe:** Exp. al., cuestión o problema.

**avoidance training:** [*Aprendizaje de evasión*]. Exp. ingl. que se refiere al aprendizaje de una reacción susceptible de evitar un estímulo de castigo o punitivo.

# B

**baby-test:** [*Prueba para niño*]. Loc. ingl. que corresponde a escala de desarrollo de la infancia.

**balz:** [*Baile*]. Exp. al. empleada por *Lorenz* (v.) para designar la actividad característica previa al apareamiento en algunos animales.

**bambino:** [*Infante*]. Exp. ital. que se refiere al hombre en el período que va desde el nacimiento hasta la segunda infancia. A veces, pero no es corriente, se la extiende hasta la tercera infancia.

**begabung:** [*Don, condición*]. Sustantivo al. que no tiene un equivalente exacto en español, y que significa aproximadamente don, condición, o sea, que se está bien dotado para algo: *don de lenguas*.

**behaviour** o **behavior:** [*Conducta*]. Exp. inglesa que se refiere a la teoría o teorías de la *conducta* (v.).

**bordeline:** [*Límite*]. Exp. ingl. para indicar a un sujeto que presenta una inteligencia general que limita con la debilidad mental.

**bouffée délirante:** [*Bocanada de delirio*]. Exp. fr. que se refiere a trastornos mentales transitorios de tipo polimorfo, que se acompañan a menudo de alucinaciones, interpretaciones delirantes y a veces de confusión mental.

**brainstorming:** [*Borrasca mental*]. Exp. inglesa que se refiere a la técnica de búsqueda colectiva de ideas. Un grupo de técnicos se reúne y cada uno deja vagar su imaginación expresando en voz alta sus ocurrencias sobre el caso en cuestión y la mejor idea que surge, o la fusión de varias de ellas, se toma como «idea solución». El término fue introducido por el promotor de publicidad norteamericano Osborn.

**brightness:** [*Luminosidad*]. Exp. ingl. que indica la vivacidad natural de la inteligencia. También se emplea para indicar grados de la inteligencia relativamente elevados.

**buzzer:** [*Zumbador*]. Término inglés que se refiere a un zumbador eléctrico con sonido apagado, semejante a golpes sobre madera, que se emplea en los laboratorios como estímulo.

# C

**capacity for adjustment:** [*Capacidad para adecuarse*]. Loc. ingl. que se refiere a la capacidad de un individuo que presenta anomalías del comportamiento, sobre todo de carácter ambiental, para normalizarse parcial o completamente en la satisfacción de deseos o necesidades y evitar frustraciones ulteriores.

**case work:** [*Trabajo del caso*]. Loc. ingl. que se refiere al tratamiento del caso individual en psicología clínica y en psicología social.

**centile:** [Abreviatura de *percentile*]. Exp. inglesa empleada en estadística y que se refiere a uno de los valores de una variable que divide la distribución de la variable en 100 grupos de igual frecuencia.

**chance:** [Lat. *cadentia* + acción de caer]. Expresión francesa que señala la posibilidad de que se produzca un acontecimiento aleatorio.

**child guidance clinic:** [*Institución para la asistencia del niño*]. Loc. ingl. que se refiere a instituciones para la asistencia y el tratamiento del niño en relación con las diversas formas de desajuste escolar, y con trastornos mentales leves.

**clusters:** Exp. ingl. que significa grupo, agrupamiento, y que se emplea sobre todo en psicología social y en propaganda.

**coaching:** [De *coach* = instruir, enseñar]. Expresión inglesa que se refiere a un entrenamiento especializado en los tests, debido a su excesiva repetición.

**cogito:** [*Pienso*]. Exp. lat. que adquirió el significado de pensamiento por excelencia gracias a Descartes. «Cogito ergo sum»: *pienso, luego existo*, es la frase que señala la evolución del pensamiento cartesiano; se la encuentra especialmente en el *Discurso del método*, y en la *Segunda meditación*, y fundamenta

la realidad del alma partiendo de la existencia actual del pensamiento.

**concretness:** [*Concretud*]. Término ingl. empleado por *Goldstein* (v.) para indicar que en el comportamiento mental, en los estados de deterioro cerebral, cualquier pensamiento abstracto es imposible y sólo pueden realizarse las funciones que requieren de datos concretos.

**consensus omnium:** [*Consentimiento universal*]. Loc. lat. que significa que aquello que todo el mundo ha creído, desde todos los tiempos, tiene muchas posibilidades de ser real o verdadero. Probar algo por *consensus omnium*.

**contradictio in terminis:** [*Contradicción en los términos*]. Expresión latina que se refiere a un juicio afirmativo cuyo atributo es la negación del sujeto.

**credo quia absurdum:** [*Lo creo puesto que es absurdo*]. Frase célebre de san Agustín. La fe nos hace considerar como verdadero aquello que la razón se niega a admitir.

**cue:** [Lit. *cola*]. Exp. ingl. como parte insignificante de un modelo de estímulos o estímulo concomitante, o accidental de un modelo de estímulo que no permite la identificación. En general corresponde a *indicio*.

**cunnilingus:** Exp. lat.: estimulación oral de los genitales femeninos como preparación para el coito o como sustitución de éste.

**cut-tail error:** [*Error de truncamiento*]. Expresión ingl. que se refiere al error, en la determinación de un valor significativo a partir de un grupo de medidas, que proviene de la eliminación de valores situados en las extremidades de la curva de repartición de frecuencia, y en particular de los valores de cola.

# D

**dasein:** Exp. al. introducida por Heidegger, quien considera que carece de traducción a cualquier lengua; literalmente significaría «ser o estar allá»; lo humano existente, la realidad humana se opone a las ciencias: lo existente cosa bruta, en sí. En el vocabulario del existencialismo sartriano el *dasein* es el ser-para-sí, o más simplemente el Hombre.

**déjà vu:** [*Ya visto*].Loc. fr. que se refiere a la *ilusión de lo ya visto* (v.).

**délire de toucher:** [Fr. *delirio de tocar*]. Compulsión obsesiva que lleva a tocar todos los objetos, que fue ilustrada por el literato inglés Samuel Johnson.

**delirium tremens:** [Lat. *delirio tremendo, que causa mucho miedo*]. Delirio alcohólico agudo, acompañado de agitación y de temblores. Evoluciona de manera paroxística, en algunos días, y se acompaña de fiebre, de sudores y de deshidratación (V. *delirio*).

**délocuté:** Exp. fr. creada por *Damourette* y *Pichon* para designar al ser en tercera persona, aquel de quien se habla.

**dementia praecox:** [Lat. *de* = fuera + *mens* = intelecto, espíritu. *Praecox* = maduro antes de tiempo]. Desorden mental, ahora comúnmente denominado *esquizofrenia* (v.), que presenta diversos tipos muy característicos, todos singularizados por deterioro. Son variedades, la demencia *hebefrénica, catatónica, paranoide, parafrénica* (v.).

**de plano:** [*Directamente*]. Loc. lat. que significa hacer algo sin juicio previo, directamente. Rechazar *de plano*.

**detectability, zone of:** [*Intervalo tonal*]. Exp. ingl. para designar el intervalo que se observa entre el umbral de la sensación auditiva provocada por un sonido determinado, y el umbral de la percepción total de ese sonido.

**deutenlassen:** [Interpretación libre]. Exp. de *Rorschach* (v.) para significar que el examinador hace interpretar libremente las manchas por el sujeto estudiado.

**de visu:** [*Por haberlo visto*]. Loc. lat. que significa atestiguar algo por haberlo visto o conocido. Hablar de psicología *de visu*.

**display:** [*Mostrar, desplegar*]. En psicología industrial se emplea este término para designar un sistema de señales que un trabajador debe interpretar.

177

# E

**eindringlichkeit:** [*Capacidad de impresionar*]. Exp. al. con la que se designa el carácter de ciertas percepciones que, por sorprender primero, se graban más fácilmente en la memoria.

**einstellung:** Exp. al., predisposición hacia una cierta línea de pensamiento o de acción, inmediata, temporaria, o como tendencia fija.

**ejaculatio praecox:** [Lat. *eyaculación prematura*]. Eyaculación durante la preparación de las relaciones sexuales o apenas iniciado el coito. Según el *psicoanálisis*, es expresión de una fijación en el erotismo uretral y de no haber alcanzado el individuo la organización genital.

**eject:** [Ingl. *expeler*]. Término creado por *Clifford* para designar a un objeto de conocimiento en tanto que es proyectado fuera del yo y concebido como realidad análoga a la nuestra. El *eject* es una esencia inmaterial, y se opone en esto al *objeto* (v.) concebido como material. *Baldwin* (v.) adoptó este término para denominar al tercero de los tres estadios que señala del pensamiento imitativo del niño, al *estadio del eject*, durante el cual investigaría las acciones y pensamientos de los demás.

**élite:** [*Sobresaliente*]. Exp. fr. que se refiere a una aristocracia de hombres eminentes. Lo mejor de un grupo sociocultural, tanto en el ejercicio del poder como en las actividades más importantes de orden cultural, artístico, científico, técnico.

**emit:** [*Emitir*]. Exp. ingl. empleada en psicología con referencia a la conducta cuyos determinantes no son conocidos.

**entelequia:** [*Entelecheia*]. Exp. gr. que significa literalmente que tiene su fin en sí. Acto en sentido filosófico, o sea, el ser en tanto que real y fuente de acción. Término introducido por *Aristóteles* (v.).

**entourage:** [*Ambiente*]. Exp. fr. que significa «aquello que rodea» y es empleada por extensión en psicología para indicar el ambiente social inmediato.

**epithumia:** [*Deseo*]. Exp. gr. que en Platón significa el deseo o el apetito concupiscente, que se aloja en los intestinos y preside los fenómenos de la nutrición y de la reproducción.

**epoké** o **epoqué:** [*Detención, suspensión, época, perío-* do de cierta estabilidad, como si la marcha del tiempo se hubiese detenido]. Expresión gr. que entre los escépticos significaba suspensión del juicio, o sea, rechazo de negar o afirmar algo. En la filosofía de *Husserl* (v.), suspensión del juicio en lo que concierne al problema de la existencia del mundo exterior.

**équipe:** [*Equipo*]. Exp. fr. generalmente empleada en psicología para indicar a un grupo de especialistas que atienden en común una tarea clínica, asistencial o de investigación. V. *equipo.*

**ergo:** [*Luego*]. Exp. lat.: significa que de lo dicho u observado se sigue lo que se afirma. Estudio *ergo* aprendo.

**erleben:** [*Experimentar y experiencia* (verb. y sust.)]. Exp. al. que sirve para designar la experiencia subjetiva de un hecho, de una situación.

**erlebnis:** [*Vivir, experimentar algo*]. Sustantivo alemán que se refiere a la experiencia vivida, íntima; conocimiento comprehensivo.

**erlebnistypus:** [*Tipo de experiencia o resonancia íntima*]. Exp. al. de Rorschach (v.) para designar las tendencias a la extraversión, a la extratensión o coartada.

**es:** Equivalente al. del término lat. *id.* (v.), empleado por los psicoanalistas de lengua inglesa y en casi todas las demás lenguas.

**euthenics:** Exp. de uso en ingl. y creada por *Seashore* (v.) para designar todo lo que en las artes y en las ciencias contribuye al progreso de los individuos o de los grupos por acción que proviene del medio: ambiente o subjetivo.

**ex nihilo nihil:** [*De la nada, nada*]. Célebre aforismo formulado por Lucrecio y que sintetiza el fundamento del sistema filosófico de Epicuro. Nada viene de la nada. Está en la base de la formulación de Lavoisier «nada se crea, todo se transforma», que sirvió para establecer las bases de la química moderna.

**ex professo:** [*Directamente para un fin*]. Locución lat. que sirve para expresar que una declaración, afirmación o cosa se presentan bajo una determinada y explícita intención. Hablar de algo *ex professo.*

# F

**fakability:** [*Engañante*]. Exp. ingl. con la cual se denominan pruebas muy fáciles de disfrazar, como algunas de personalidad.

**fastigium:** [Lat. *punto culminante*]. Término empleado para designar el momento durante el cual una enfermedad o un síntoma ofrecen el máximo de su intensidad. Ejemplo: *fastigium de la fiebre*.

**faxensyndrom:** Exp. al.: término propuesto por *Bleuler* (v.) para una psicosis que incide sobre prisioneros, caracterizada por una conducta peculiar, descrita como payasismo, pero realmente debida a disociación.

**fellatio:** Exp. lat.: estimulación oral del pene como prolegómeno del coito o como sustitución de éste.

**fernsinn:** Exp. al. que sirve para designar el sentido a la distancia de los ciegos y de los murciélagos en la oscuridad, cuya existencia ha sido demostrada experimentalmente.

**finger-painting:** [*Pintura con el dedo*]. Expresión ingl. que sirve para designar el dibujo hecho con los dedos, empléandose tal dibujo como test proyectivo.

**flavour:** [*Sabor, calidad de algo*]. Exp. ingl. que designa la propiedad de un cuerpo que pueda provocar una percepción global característica, como un sabor.

**flexibilitas cerea:** [Lat. *flexibilidad de cera*]. Impresión de cera blanda dada por los segmentos de miembros de algunos enfermos cuando se les moviliza y aptitud particular que poseen esos enfermos para conservar la aptitud que se les dio. V. *catalepsia*.

**flutter:** Exp. ingl. que sirve para designar la sensación auditiva que corresponde al deslumbramiento luminoso.

**folie:** Exp. fr.: desorden mental o insanidad; *folie à deux*, disolución de dos individuos unidos por lazos afectivos, usualmente marido y mujer, amantes, o hermanos.

**fremdheit:** Exp. al. que en castellano no tiene un sustantivo que le corresponda y que designa lo que es extraño.

# G

**gegenbrollung:** Exp. al. con la cual *Bárany* (v.) designa los movimientos giratorios compensadores del ojo que se producen cuando hay inclinaciones laterales o sagitales de la cabeza.

**gegenstandstheorie:** Exp. al.: teoría de los objetos; intento de desarrollar una rama de la ciencia para el estudio de los objetos como tales, siendo los objetos clasificados de acuerdo con el tipo de actividad mental de la que son objeto.

**geschlossenheit:** Exp. al. que sirve para designar una organización (biológica o social) limitada por todas partes y cerrada sobre sí misma.

**gestalt:** Exp. al.; forma, patrón, estructura o configuración. Una totalidad integrada, que no es simple suma de unidades o partes. Da nombre al tipo de psicología conocida como *psicología de la forma* (v.), y que se originó en Alemania durante las primeras décadas de la actual centuria. Es fun-

damentalmente una psicología de la percepción.

**gnôthi seautón:** [*Conócete a ti mismo*]. Locución griega inscrita en el frontón del templo de Delfos, y que sirviera de lema a Sócrates. Cf. *Nosce te ipsum.*

**goddness of fit:** Exp. ingl. que en psicología social sirve para indicar valor, precisión, cualidad del ajustamiento.

**grasping-reflex:** [Ingl. *reflejo del rascado*]. Trastorno de la aprehensión, caracterizado por la tendencia de la mano del enfermo a asir la del observador cuando éste la pone a su alcance y por la contracción tónica en flexión de los dedos del enfermo cuando la palma de su mano es excitada. V. *reflejo de prehensión.*

**grosso modo:** [*De manera imperfecta*]. Loc. latina que significa inacabado, incompleto. La corrección está hecha *grosso modo.*

# H

**habit family hierarchy:** [*Jerarquía en la familia de los hábitos*]. Loc. ingl. que refiere al grupo o familia de hábitos que están relacionados con la misma situación estímulo y que presentan la misma meta final.

**habitat:** Exp. ingl. que designa al ambiente físico, habitado por organismos, entendido en su totalidad.

**handicapped:** Exp. ingl. que se refiere a personas que presentan un defecto físico o mental del que derivan desventajas o limitaciones para su actividad general, o para tareas particulares.

**handicappés:** Exp. fr., calcada del ingl. *handicapped* (v.), y que refiere también a personas con defectos físicos o mentales.

**hue:** Exp. ingl. en la psicología de la percepción para la cual se ha propuesto como equivalente castellano: *tonalidad cromática*.

**hybris:** Exp. gr. empleada en psicología animal para designar el período de agresividad de ciertos individuos, por ejemplo el gallo, cuando su cresta está enrojecida y turgescente.

# I

**id:** Exp. lat. empleada por los psicoanalistas de lengua inglesa para designar la masa impersonal de energías o fuerzas interactivas que constituyen el *inconsciente* (v.) en sentido estricto. En cierto sentido se refiere al organismo humano considerado objetiva e impersonalmente, pero nunca psicológicamente. Este concepto proviene de la hipotética unidad vital sugerida por *Weismann* (v.), consistente en una organización de determinantes de la entidad biológica. V. *es*.

**idée force:** [Idea-fuerza]. Loc. fr. empleada por *Founillée*, para expresar el aspecto dinámico de una idea, y que implica en la idea la existencia de algo más concreto que un simple elemento cognitivo.

**ílot tonal:** [*Islote del tono*]. Exp. fr. que se refiere a la banda de frecuencia más o menos extensa del espectro acústico audible, y por la cual, en un individuo normal, la sensibilidad auditiva es normal.

**illico:** [*Al momento*]. Exp. lat., significa que algo debe hacerse ahora mismo. Serás expulsado *illico, si...*

**imago:** [*Imagen*]. Exp. lat. que tiene dos sentidos bien especificados; en *biología*, el estadio perfecto de un insecto después de la metamorfosis; en *psicología*, la figura idealizada o fantástica de alguien que un individuo en la niñez tenía por modelo —generalmente uno de los progenitores—, y que a veces ejerce gran influencia y control en la vida posterior.

**imprinting:** [*Impreso*]. Exp. ingl. que se emplea para indicar el proceso que se presenta en las primeras horas de vida de algunos animales (generalmente aves), que frente a objetos grandes, en movimiento y ruidosos, se comportan de inmediato como frente a individuos de su especie. Por ejemplo, los patos o gansos que siguen a un hombre como a la pata o gansa que incubó los huevos.

**in extenso:** [*Por completo*]. Loc. lat. que significa repetir algo en su totalidad. Copiar los resultados del experimento *in extenso*.

**input:** [*Lo que es sacado*]. Exp. ingl. con la cual se denomina la energía que es emitida al exterior por una máquina o un acumulador. Este concepto se emplea a menudo en psicología fisiológica y en zoocibernética.

**insight:** [*Discernimiento*]. Exp. ingl. que con sentido general significa «discernimiento mental»; en la *psicología introspectiva* es la aprehensión directa del significado o la acción de algo; en la *psicología de la forma*, focalización de la conducta hacia un fin u objetivo; en *psicopatología*, es la necesidad de condición mental propia.

**in situ:** [*En el lugar mismo*]. Loc. lat., significa que algo debe ser realizado u observado en el lugar de los hechos. La conducta del escolar se estudia *in situ*, o sea en la escuela.

**in vitro:** [*En el vaso*]. Exp. lat. que sirve para designar reacciones fisiológicas obtenidas fuera del organismo, por ejemplo en probetas, como el cultivo de tejidos animales.

**ipso facto:** [*Por el mismo hecho*]. Loc. lat. que significa una acción que deriva directamente de algo hecho. Con las funciones de las glándulas sexuales *ipso facto* comienza la pubertad.

**item:** [*Del mismo modo*]. Sustantivo ingl. que corresponde al adverbio latino «item». En psicología se emplea para indicar un test o un elemento de un test o subtest.

# K

**kippfiguren:** [*Figuras ambiguas*]. Exp. al. empleada por *Wertheimer* (v.) para designar figuras ambiguas cuyos dos aspectos perceptivos se alternan espontá-neamente con un ritmo más o menos rápido, como la figura clásica de una escalera que aparece como vista de arriba y sucesivamente de abajo.

# L

**laienanalyse:** [*Análisis laico*]. Exp. al. que a veces se aplica a la cura psicoanalítica practicada por un psicoanalista no médico.

**lapsus calami:** [*Falta, escapada de la pluma*]. Loc. lat. que se emplea con el mismo sentido que *lapsus linguae* (v.), pero refiriéndose a faltas escritas.

**lapsus linguae:** [*Falta, escapada de la lengua*]. Loc. lat. que se refiere a errores cometidos al expresarse oralmente. Cf. *lapsus calami*.

**leadership:** [*Caudillaje*]. Exp. ingl. que se refiere al ejercicio de la autoridad por alguien dentro de un grupo social; la cualidad o cualidades de las cuales depende ese ejercicio de autoridad varían con la naturaleza del grupo social y las circunstancias con las cuales la acción del caudillo se despliega o establece.

**learning:** [*Aprendizaje*]. Exp. ingl. que se aplica a cualquier formación de hábitos.

**linkage:** [*Encadenamiento*]. Exp. ingl. que tiene dos significados: uno *biológico* y que se refiere a la tendencia de los caracteres de unirse entre ellos en la transmisión hereditaria; otro *psicológico* que se refiere a la conexión entre estímulo y respuesta.

**link-trainer:** Exp. ingl. para designar un aparato que se emplea para entrenar en el suelo a los pilotos de aviones en el vuelo sin visibilidad.

**livedo:** [Lat. *mancha azul*]. Coloración lívida del tegumento, ocasionada por un factor local cualquiera (frío, compresión, neurosis vasomotriz, etc.).

**locus luteus:** [*Lugar amarillo*]. Denominación en latín del área cerebral olfativa.

**locus minoris resistentiae:** [*Lugar de menor resistencia*]. Exp. lat. que en *psicología* y *biología* se refiere a un órgano, aparato, sistema o función cuya debilidad, constitucional o adquirida, lo predispone a los ataques de una cosa.

# M

**magister dixit:** [*El maestro lo ha dicho*]. Loc. lat. con que los escolásticos pretendían citar como argumento sin réplica la opinión de Aristóteles. Estas palabras se dicen por extensión para destacar la autoridad de un maestro, de una escuela, de un autor.

**maná:** Expresión de origen melanesio que se emplea en sociología para designar el principio impersonal, la corriente de fuerzas misteriosas, que en las sociedades primitivas se cree que comunica una corriente eficaz a todo lo que actúa. Potencia sobrenatural. Cf. *orenda*.

**mayéutica:** [*Parto*]. Expr. gr. con la que Sócrates denominaba su método de enseñanza, que era un «parto de los espíritus», según decía. Para Sócrates, antes de nacer hemos contemplado las «ideas» y por consiguiente tenemos un recuerdo latente. Por consiguiente, enseñar es ayudar a redescubrir lo poseído. Es así como en el «Menón» se ve a Sócrates hacer redescubrir a un joven esclavo el teorema de Pitágoras.

**mens sana in corpore sano:** [*Mente sana en un cuerpo sano*]. Máxima de Juvenal: *orandum est, ut sit mens sana in corpore sano* (Sat. X, 512). Significa que el hombre sagaz sólo pide al cielo la salud del alma con la salud del cuerpo.

**moron:** Exp. ingl. que sirve para indicar a un deficiente con un CI de 50 a 70. Equivale al débil mental de la terminología castellana.

# N

**naevoid amentia:** Exp. ingl. para designar al síndrome de Sturze-Kalischer, o sea, la debilidad mental complicada con epilepsia y hemiplejía.

**naïve:** [*Simple*]. Exp. fr. empleada para señalar una conducta adulta aniñada, simple por demasiado directa, sin complicaciones de ninguna especie.

**Nancy, école de:** [*Escuela de Nancy*]. Locución fr. que indica la escuela de psicopatología y psicoterapia fundada en Nancy por *Bernheim* (v.), caracterizada especialmente por sus conceptos referentes a la hipnosis y a la sugestión, o sea, que en contraposición a *Charcot* (v.) consideraba la hipnosis como una simple sugestión exagerada y artificialmente inducida.

**natura no facit saltus:** [*La naturaleza no da saltos*]. Loc. lat., significa que la naturaleza no crea especies ni géneros por sí solos, sino que siempre existen intermediarios.

**neurhypnology:** [*Neurohipnología*]. Exp. inglesa creada por *Braid* para el estudio de la práctica del hipnotismo; afirmaba que el estado hipnótico es un estado del sistema nervioso que se alcanza durante el sueño.

**ne varietur:** [*Para que nada sea cambiado*]. Loc. lat. que se aplica a un texto definitivo. Se publicará una edición *ne varietur* de las obras de Wallon.

**nihil est in intellectu quod prius non fuerit in sensu:** [*Nada hay en el intelecto que primero no haya estado en los sentidos*]. Loc. lat. que pasó a ser el aforismo característico de los *sensualistas; Leibnitz* (v.), en oponiéndoseles, le agregó: «nisi intellectus ipse», o sea, «excepto el intelecto mismo».

**nihil ex nihilo fit:** [*Nada sale de la nada*]. Locución latina que fuera el aforismo de la escolástica; sirve para afirmar la causa como fenómeno universal.

**noema:** Exp. gr. que en el curso de la reducción fenomenológica —puesta entre paréntesis del mundo—, sirve a la filosofía existencial para significar al mundo como intencionalidad de la conciencia.

**noise level:** [*Nivel de ruido*]. Exp. ingl. para designar el «fondo de ruido» sobre el que se debe destacar un sonido para ser percibido.

**non compos mentis:** [*Defectuoso de mente*]. Loc. lat. que sirve para designar al individuo legalmente incompetente por su condición mental.

**non sequitur:** [*No se sigue*]. Loc. lat. que sirve para designar la falacia lógica que consiste en sacar una conclusión falsa de una premisa. Esta frase a menudo es empleada como sustantivo.

**nosce te ipsum:** [*Conócete a ti mismo*]. Traducción latina de la famosa inscripción griega *Gnóthi seautón* (v.).

**nous:** [*Espíritu*]. Expr. gr. que en el uso filosófico significa facultad de pensar, de donde se sigue inteligencia, espíritu, pensamiento. Por extensión significa alma. En Anaxágoras, el *nous* es el ser inteligente que, por primera vez, da movimiento a la materia.

**nuance:** [*Matiz*]. Expr. fr. para designar cada uno de los grados de claridad de un mismo tinte.

**nuisance:** [*Nocivo*]. Exp. fr. que designa la molestia causada por un ruido.

# O

**od** u **odylic force:** Exp., o loc. ingl., que se refiere a una fuerza hipotética capaz de penetrar cualquier cuerpo de cualquier naturaleza, y que se manifiesta por sí misma en ciertos individuos sensitivos como emanación de calor, frío, luminosidad u ondas o rayos coloreados. Sirve para designaciones mesmerianas o espiritistas.

**off-effect:** Exp. ingl. que designa a la respuesta transitoria que sigue al cese de una estimulación.

**omne vivum, ex ovo:** [*Todo ser viviente proviene de un germen*]. Aforismo biológico famoso del inglés Guillermo Harvey.

**open-door:** [Ingl. *puerta abierta*]. Método para el tratamiento de la alienación mental, caracterizado por la gran libertad que se deja a los enfermos, que viven en lugares donde no existen medidas especiales de vigilancia ni de proteción.

**orenda:** Expr. en lengua iroquesa y que en la religión de los indios iroqueses de la América del Norte es equivalente a *maná* (v.).

**ouija board:** Nombre inglés de un aparato empleado por los mediums para lograr mensajes de los espíritus, y que consiste en una tabla con letras, números, etc., que están sobre ella y que los asistentes mueven involuntariamente. El principio general es el mismo que el de los aparatos empleados en los laboratorios de psicología para estudiar los movimientos involuntarios. Cf. *planchette*.

**outcast:** [*Fuera de casta*]. Exp. ingl. que designa específicamente al niño socialmente mal adaptado y que los otros niños rechazan.

**outgo:** Exp. ingl. que se opone al *input* (v.), o sea, la respuesta. Al *input (sense organ input)* se opone el *outgo (peripheral nerve outgo)*.

# P

**passim:** [*Aquí y allá*]. Exp. lat. con la que se hace seguir el título de una obra citada, para indicar que se encontrarán referencias a la misma en distintos lugares.

**pattern:** [*Patrón*]. Exp. ingl. empleada en psicología con diversos significados: *a*) en el empleo común: muestra, modelo, tipo; *b*) con el significado de *Gestalt* (v.); forma; *c*) estructura orgánica y física, o también del comportamiento.

**pavor nocturnus:** [Lat. *miedo en la noche*]. V. *terrores nocturnos*.

**peer group:** [*Grupo de compañeros*]. Exp. inglesa que se refiere a niños y adolescentes asociados en grupos con condiciones de igualdad relativa. V. *agemates*.

**personnel management:** [*Dirección del personal*]. Loc. ingl. que sirve para designar la supervisión de la selección, entrenamiento, ubicación, promoción, etc., del personal de una empresa o institución. Cf. *Personnel research*.

**personnel research:** [*Insvestigación de lo humano*]. Loc. ingl. que se refiere al estudio de la actividad humana en relación con su ocupación, y de las condiciones física y social, bajo las cuales la ocupación puede ser desempeñada con éxito. Incluye diversos problemas con los cuales se enfrenta al *personnel management* (v.).

**petit mal:** [*Mal pequeño*]. Loc. fr. para designar un tipo de epilepsia que es simplemente un breve oscurecimiento de la conciencia, aunque a menudo evoluciona en una degeneración mental progresiva. V. *pequeño mal*.

**petting:** [*Trivialidad*]. Exp. ingl. que se refiere a los preliminares del coito realizados con persona del sexo opuesto sin la base de una relación pasional y sin llegar al coito. Puede o no estar acompañado de orgasmo.

**planchette:** [*Planchuela*]. Expr. fr. que se refiere a una plancha suspendida sobre una superficie ahumada,

provista con un estilete o lápiz y que deja trazados sobre la superficie. Se la emplea para registrar movimientos involuntarios, para obtener escritura automática, o para muchos de los mismos empleos que el *ouija board* (v.).

**plateau:** [*Meseta*]. Expr. fr. que sirve para indicar un alto en el progreso de una curva, de aprendizaje por ejemplo. Incluye hábitos y aprendizajes de diversos tipos, como tocar un instrumento musical, escribir a máquina, hablar una lengua extranjera. Señala el máximo límite de posibilidad alcanzado.

**pneuma:** [*Aire*]. Exp. gr. que significa en particular espíritu divino, porque éste emplea las propiedades del aire para difundirse en los cuerpos de los humanos.

**prägnanz:** Exp. al. empleada por la *Escuela de la Gestalt* (v.), para designar la tendencia de cada forma o estructura mental de adquirir configuración completa y de una relativa simplicidad. Cf. *Präzisierung*.

**präzisierung:** [*Ley de la precisión*]. Exp. alemana acuñada por la *psicología de la forma* (v.), que destaca el principio de acuerdo con el cual la organización del contenido mental, en todos los niveles, se produce por medio de la tendencia del contenido en los campos de la ideación o de la percepción, buscando la mejor articulación posible. Cf. *Prägnanz*.

**privacy:** Exp. ingl. que se refiere a la cualidad de pertenecer a una sola persona que defiende su secreto con referencia a los demás. La condición de ser personal.

**problem child:** [*Niño problema*]. Loc. inglesa empleada a veces para indicar a los niños que presentan dificultades en el ajustamiento social.

**psi:** [*Fenómeno*]. Exp. de la *parapsicología* que comprende los fenómenos de clarividencia, telepatía, precognición y psicocinesis.

**psyché:** Expr. gr. que significa alma, espíritu.

# Q

**quantum:** [Neut. del adj. lat. *quantus* = cuán grande].
Una cantidad determinada. En física, cantidad
mínima que puede presentar la variación de la
energía. La teoría de los *quanta* implica la discontinuidad de la energía y también de la materia. **Q.**
**sensorial,** noción que aplica la regla fisiológica del
«todo o nada» a la excitación sensorial, cuyos
valores, por un acrecentamiento continuo de
estímulos, seguirían una progresión discreta. *Cuanto.* en español, es incorrecto, pues significa *todos*.

# R

**reinstatement:** [*Restablecimiento*]. Exp. inglesa que se emplea en relación con la reevocación, la repetición, la reproducción, la reviviscencia.

**releaser:** [*Soltar*]. Exp. ingl. que designa en psicología al objeto específico, denominado «desencadenante», que provoca ciertas reacciones.

**reticulum:** [Lat. *red*]. Nombre que se da en anatomía a todas las redes de fibras o de vasos.

**rôle:** [Lat. *rotula* = rueda pequeña]. El significado exacto de *rôle*, en francés, como en inglés *role*, es la parte o carácter que un actor presenta en las tablas, y deriva del sentido primitivo de «rollo de papel», esto es, la parte escrita que se daba al actor para

que la aprendiera de memoria. De aquí que se ajuste exactamente a nuestro término castizo *papel* (v.), y que constituya un galicismo o anglicismo injustificado en nuestro vocabulario de la psicología. En español existe la palabra *rol*, precisamente con el sentido de «rollo de papel» en que estaba escrita la lista del pasaje de una embarcación y de su tripulación.

**rut:** [Del fr. ant. *ruit* = enrojecimiento]. Conjunto de fenómenos que presentan las hembras y los machos de los animales durante el período del acoplamiento. En la hembra, el *rut* corresponde al *estro* (v.).

# S

**sagesse:** Exp. fr. que se refiere a una característica sobre todo distintiva de la senectud en sus niveles superiores, que por una rica acumulación de experiencia se convierte en capacidad positiva de algunas personas que se destacan por lo ponderado de sus juicios y la prudencia en la acción.

**Salpetrière, école de la:** [*Escuela de la Salpetrière*]. Loc. fr. que se refiere a la escuela de psicopatología que sostenía los puntos de vista de *Charcot* (v.) y de sus discípulos. Toma su nombre de la clínica de la Salpetrière, en París, donde Charcot trabajó y dio sus enseñanzas. Fueron particularmente notables sus puntos de vista sobre el hipnotismo. Cf. *Nancy, école de*.

**schicksalnalyse:** [*Análisis del destino*]. Expresión alemana creada por el rumano Lipot Szondi, para denominar en la psicología profunda al *análisis del destino* (v.).

**séance:** [*Sesión*]. Expr. fr. que designa a una reunión cuyo propósito es procurar la realización de fenómenos espiritistas o parapsicológicos. Por lo general, aunque no siempre, el grupo se reúne, con un medium, en un cuarto oscuro. V. *Sesión*.

**sensorium:** Exp. lat. emplada por la filosofía escolástica. Sin uso hoy día, pero que se encuentra en autores del siglo pasado, y se refiere al órgano central donde iban a combinarse todas las sensaciones, y que también era el órgano de la imaginación. El cerebro considerado como núcleo intelectual y centro donde llegan todas las sensaciones.

**sentiendum:** [*Que pertenece a la sensibilidad*]. Exp. lat. que se refiere a cualquier cualidad de un objeto perceptible, considerado, desde el punto de vista abstracto, como siendo únicamente por él mismo percibido.

**serial behaviour:** [*Conducta en serie*]. Locución inglesa que se refiere a una secuencia integrada de actos, o idéntica secuencia de respuestas.

**sex-ratio:** [Exp. ingl. *razón del sexo*]. En *genética*, tasa de nacimiento de niños o niñas en relación con el conjunto de los nacimientos.

**slogan:** [Gaél. *sluarghghairm* = grito de guerra]. Fórmula concisa repetida con frecuencia con la finalidad de publicidad o de propaganda.

**snob:** [Ing. *rastacuero*]. Que adopta las ideas, los gustos y los comportamientos que se consideran distinguidos.

**sózein ta phainomena:** [*Salvar los fenómenos*]. Exp. gr. que se emplea con el sentido de concebir hipótesis que dan cuenta de los hechos de observación.

**spleen:** [Ing. *aburrimiento*]. V. *taedium vitae*.

**struggle for life:** [*Lucha por la vida*]. Locución inglesa puesta de moda por los autores darwinistas; equivale a concurrencia vital.

**superman:** [*Superhombre*]. Exp. inglesa que se refiere a un ser hipotético, poseedor de características físicas, mentales y morales que van mucho más allá de las limitaciones propias del hombre corriente.

**surmenage:** [Fr. *sobrecarga de trabajo hogareño*]. Trastorno mórbido que resulta de un ejercicio prolongado más allá de la sensación de fatiga. Puede ser agudo o crónico, general o local, intelectual o físico. El surmenage es debido a una autointoxicación por residuos que no pudieron ser eliminados.

# T

**tabula rasa:** [*Tablilla en blanco*]. Loc. lat. empleada para describir la condición inicial del pensamiento, antes de que haya sido marcada por la experiencia. Fue el punto de vista característico de la *psicología empírica* en los siglos XVII y XVIII.

**taedium vitae:** [Lat. *cansancio de la vida*]. Disgusto de vivir por aburrimiento y lasitud permanentes que se observa en los psicasténicos. Sinonimo *spleen*.

**therblig:** Exp. con la que Gilbreths denomina cualquier parte identificable en una serie de movimientos o acciones de un trabajador en su trabajo, desde el punto de vista sistemático del movimiento. La palabra está formada por la inversión parcial de las letras en «Gilbreth».

**time field:** [*Campo temporal*]. Exp. ingl. con la cual *Titchener* (v.) define el margen de duración correspondiente a la extensión del presente encerrada en un acto mental.

**training:** [*Preparación*]. Exp. ingl. que en psicología tiene varios significados: *a*) conjunto de prácticas para enseñar y ejercitar; *b*) aprendizaje; *c*) entrenamiento; *d*) cuidado y educación de los niños; con referencia al hombre únicamente formación; *f*) en psicoanálisis *training analysis* significa *análisis didáctico* (v.).

**transfert:** [*Transferencia*]. Exp. ingl. que se refiere a una forma particular de actuar durante la cura psicoanalista de actitudes del paciente originariamente dirigidas contra otras personas, por ejemplo amor, odio, temor, etc. V. *transferencia*.

**TU:** [*Transmision unit* = unidad de transmisión]. Siglas que designan la unidad logarítmica de la intensidad del sonido.

# U

**ultra-chose:** Expr. fr. empleada por *Wallon* (v.) para designar el objeto de un conocimiento que escapa a una adquisición directa por el niño: el cielo, los astros, la vida, la muerte, etc.

**umstimmung:** Exp. al. que sirve para designar un proceso de adaptación que involucra cambio de régimen.

**umwelt:** Exp. al. introducida por el biólogo *Jacobo* *von Uexküll* (v.) y que se refiere al ambiente de los comportamientos y conductas. Es el universo que aparece como efectivamente real, para un individuo, porque es efectivamente vivido como real. Cf. *Merkwelt.*

**unanschaulich:** [*Abstracto*]. Exp. alemana que se emplea para designar algo no perceptible o imaginario.

# V

**vacancy:** [*Vacuidad, calidad de vacío*]. Expresión ing. que señala el estado correpondiente a la falta de compañero para el ejercicio normal de la sexualidad.

**vade mecum:** [*Anda conmigo*]. Loc. lat., significa que algo es imprescindible para el pensamiento de alguien: Platón es el *vade mecum* de los idealistas. En el uso moderno se convierte a estas dos palabras en un sustantivo que designa algo indispensable, sobre todo para las ideas.

**vermeidungsreaktion:** [*Reacción de evasión*]. Exp. al. con la que Jennings, en 1906, describió en los protozoarios reacciones de sucesivas evasiones, que consisten en un retroceso, en un cambio de orientación limitado, un regreso a la marcha hacia adelante, hasta encontrar el estimulo que la provoca.

**vertex:** [Lat. *vértice*]. En *antropología*, el punto más elevado de la bóveda craniana.

**vis comica:** [*La fuerza cómica*]. Loc. lat. que expresa aquello que fuerza a la hilaridad: Bergson, en su libro *La risa*, estudia la *vis comica* de la conducta humana.

**völkerpsychologie:** Exp. al. con la que *Wundt* (v.) designa a la psicología social comparada que cae dentro del campo de la etnología.

**vuduismo:** Exp. que señala un sistema de creencias en la magia y en la hechicería, entre los nativos del África oriental y entre negros de América.

# W

**wakanda:** Exp. sioux para un poder existente en el universo que es impersonal, misterioso, supremo. En algunos aspectos corresponde al *maná* (v.).

**wanderlust:** Exp. al. para señalar el impulso o tendencia a dejar el hogar, o más frecuentemente a cambiar repetidamente de lugar. Se manifiesta en algunos niños y adultos.

**weltanschauung:** [Al. lit. *visión intuitiva del mundo*]. Conjunto de tesis metafísicas que subyacen en la concepción que cada uno se forja de la vida.

**wirkwelt:** Exp. al. empleada por *Uexküll* (v.) para designar el mundo propio de cada especie animal en relación con sus acciones.

**wishful thinking:** [*Pensamiento anhelado*]. Exp. ingl. que en el uso psicológico y psicopatológico se refiere a procesos de pensamiento que no están guiados tanto por consideraciones lógicas como por motivos de los que no se tiene conciencia.

**working over, psychical:** [*Elaboración psíquica*]. Exp. ingl. que en psicoanálisis se refiere a un proceso interno por el cual excitaciones que se producen en la psiquis y que no pueden ser directamente descargadas se encaminan por otras vías.

**working through:** [*Elaboración interpretativa*]. Loc. ingl. que se refiere al estado esencial del procedimiento psicoanalítico que tiene carácter de resolución y que garantiza la conclusión de la terapéutica.

# DICCIONARIO BIBLIOGRÁFICO

# A

**Abu Ali Hassan Ibn Sina** [*Avicena*, para los españoles por motivos fonéticos] (980-1037). Filósofo, naturalista y médico árabe. Consideró la existencia de dos verdades: *discursiva* e *intuitiva*. La primera exige la actividad del intelecto y lleva a los conocimientos sistemáticos; la segunda no se sirve del intelecto, sino de la sensibilidad, mediante la cual el niño, que es una *tabula rasa*, intuye y aprende. La inteligencia tendría cuatro formas: material, en potencia, en acto y adquirida.

**Abul Ibn Road** [que los españoles llamaron fonéticamente *Averroes*]. (1126-1198). El aspecto *psicológico* de la filosofía de Abul Ibn Road se refiere esencialmente a la doctrina de la inteligencia activa y de la inteligencia pasiva o material. La segunda es propia de todos los seres vivientes y la primera, superior, del hombre solamente.

**Ach, N.** (1871-1940). Psicólogo alemán, que se distinguió por sus estudios sobre la voluntad. Obras principales: *Willenstätigkeit und Denken* (1910) y *Willensakt und Temperament* (1911).

**Adler, Alfredo** (1870-1937). Médico vienés, discípulo de *Freud* (v.), del cual luego se separó; creador de la *psicología individual* (v.).

**Alajouanine, Teófilo** (1890-). Neurólogo francés cuyos trabajos han hecho progresar grandemente la psicopatología.

**Alcmeón de Crotona** (flor. 520 a. C.). Médico y filósofo griego de la escuela pitagórica. Fue el primero en realizar disecciones de animales, y es por ello considerado el fundador de la anatomía comparada. Se le debe la creación de la *teoría cerebral del alma*, o, por lo menos del *sensorium* (v.). Parece que Alcmeón afirmó la existencia en el encéfalo de diversas partes para la recolección de impresiones provenientes de los diversos sentidos, por lo cual se tienen diversas variedades de *sensorium propium*. Junto a éste debía existir un *sensorium commune*, que constituía aproximadamente lo que hoy denominamos inteligencia. Su distinción sobre base anatómica del *s. propium* y del *s. commune*, o sea, entre sensibilidad y pensamiento, es fundamental y permite decir que Alcmeón precedió en dos mil quinientos años a *Flechsig* (v.), en la distinción entre centros de proyección y centros de asociación de la corteza cerebral.

**Alexander, Francisco** (1891-1964). Médico, psiquiatra y psicólogo estadounidense, uno de los fundadores de la medicina psicosomática.

**Alexander, Samuel** (1859-1938). Filósofo y psicólogo australiano que describió, según una hipótesis extremadamente nueva y osada, la psicología del hombre frente al espacio surgido de la revolución relativista. Su principal obra es: *Tiempo, Espacio y Deidad* (1920-1927).

**Allan Kardec.** V. *Denigard Aivail, Hipólito León.*

**Allport, F. H.** Psicólogo estadounidense, cuyos trabajos principales se refieren al campo de la psicología social. Su obra *Social psychology*, publicada en 1924, es de las que inician esta rama de la psicología.

**Ament, W.** (1876-1938). Psicólogo alemán, que se destacó en el estudio del lenguaje infantil; su obra principal sobre el tema es *Kindersprache* (1902).

**Ampère, Andrés María** (1775-1836). Filósofo, físico y matemático francés, que a sus resonantes éxitos en las ciencias exactas agregó un trabajo sobre la clasificación de los conocimientos que está en la base de todos los intentos posteriores de clasificación de las ciencias.

**Anaxágoras de Clazomenes** (479-427 o 428 a. C.). Filósofo griego para el cual todas las cosas constituían primero un *caos*, y después un *nous* (v.). Según Anaxágoras, la mente o sustancia pensante y razonante no debe ser perfectamente inmaterial, sino constituida por materia finísima. Anaxágoras puede ser considerado como el primer filósofo que asentó una distinción neta entre espíritu y materia. El primero sería divino, comprendería todas las facultades psíquicas y regularía el comportamiento de los seres vivientes y no vivientes.

**Anaximandro** (610-546 a. C.). Filósofo griego; el primero que tuvo la grandiosa intuición de la derivación del hombre de formas ancestrales primitivas que vivían en el agua.

**Anaxímenes de Mileto** (585 o 584-528 o 527 a. C.). Filósofo griego que dejó una obra titulada *De la naturaleza* y consideró el alma como constituida por aire, o sea, de la sustancia primitiva, que condensándose forma las demás sustancias del mundo (agua, fuego, piedra, etc.).

**Angell, James Rowland** (1869-1930). Pedagogo y psicólogo estadounidense, que se preocupó fundamentalmente por la aplicación de la psicología en la pedagogía, que considera principalmente en su libro *Psychology* (1904).

**Ardigò, Roberto** (1828-1920). Filósofo italiano que escribió una *Psicología como ciencia positiva* (1870). La psicología de Ardigò insiste principalmente sobre el problema del conocimiento.

**Areteo de Capadocia** (I y II s. d. C.). Médico romano de la escuela de los pneumáticos (véase *pneuma*). Hizo una buena descripción de la manía, de la melancolía, de la epilepsia y de la apoplejía.

**Aristóteles de Estagira** (384 o 383-322 a. C.). Discípulo de Platón, fundador de la *Escuela de los peripatéticos,* y considerado como el tercero y último de los grandes filósofos de la antigüedad. Hasta los tiempos modernos ejerció gran influencia sobre las corrientes filosóficas. La psicología, que para Platón solamente constituía una parte del sistema de especulación filosófica, asume con Aristóteles, por primera vez, la figura de ciencia independiente, en la cual los puntos de vista filosóficos tradicionales son confrontados con experiencias y observaciones nuevas. Aristóteles nos ha dejado una obra, *De anima,* que puede ser considerada como el tratado de psicología más antiguo. En los tres libros de esta obra son expuestos, respectivamente: una crítica histórica de las teorías del alma; las propiedades y la esencia del alma y las percepciones sensoriales; la imaginación, el pensamiento, los sentimientos, el deseo y los movimientos. El hombre se diferenciaría de los animales por poseer la razón, de que éstos carecen. La razón serviría para elaborar los datos de los sentidos y para moderar los sentimientos y los deseos naturales del alma. La concepción de Aristóteles sobre la naturaleza del alma, que expone en el tratado *De anima,* es muy compleja.

Para este filósofo también la única fuente de conocimiento es la *sensación,* pero para el conocimiento provee el alma inteligente, mientras que para la sensación provee el cuerpo. Aristóteles introdujo en psicología el principio de la *entelequia* (v.). Cómo Aristóteles entendía las relaciones entre alma y cuerpo no está bien claro. Lo que sabemos de cierto es que escindía el alma racional en dos partes: una activa, emanación divina y libre de cualquier sustrato material, otra pasiva y unida al cuerpo, y que deja de existir cuando el cuerpo deja de vivir. Parece que el filósofo llegó a esta última concepción por no haberse atrevido a poner bajo la dependencia del cuerpo, que está hecho de materia, a toda el alma, que sería, por naturaleza, no material.

**Aubert, Hermann** (1826-1892). Biólogo alemán, que se destacó por sus estudios en el campo de la psicología de la visión. Fue uno de los primeros directores de la revista *Zeitschrift für Psychologie.*

**Aurelio Agustín** (354-430). Santo, que nació en Numidia y murió obispo de Ippona. Es considerado el último de los pensadores antiguos y el primero de los medievales. Fue el primero entre los latinos cristianos que dejó escritos filosóficos impregnados de psicología. En su sistema doctrinario se da la mayor importancia a la *autoinspección psicológica* en contraposición con la observación del mundo exterior, que predominaba entre los sistemas paganos.

**Aveling, Francis Arthur Powell** (1875-1941). Psicólogo inglés, que se ocupó preferentemente de parapsicología; su principal obra es *The inmortality of the soul.*

**Averroes:** V. *Abul Ibn Road.*

**Avicena:** V. *Abu Ali Hassan Ibn Sina.*

# B

**Babinski, José** (1857-1932). Neurólogo francés. Fue uno de los maestros de la psicología francesa; hizo notables estudios sobre la histeria, en la cual definitivamente señaló la presencia de fenómenos puramente subjetivos, provocados o suprimidos por simple sugestión. Separó indistintamente a la neurología y la psiquiatría. Su nombre queda unido a tres nociones distintas: *sígno de Babinski* (v.), *síndrome de Babinski-Nageotte* y *síndrome de Babinski-Vaquez.*

**Bacon, Francisco** (1561-1626). Filósofo inglés; su mayor obra es el *Novum Organum,* renovación de la lógica de Aristóteles (v.), y su descubrimiento principal es haber propiaciado, teóricamente, la experimentación.

**Baer, Carlos Ernesto von** (1792-1876). Naturalista ruso, se le considera el creador de la embriología.

**Bagehot, Walter** (1826-1877). Economista inglés, que en 1873, con su obra *Phycics and politics,* puso las bases para el estudio de la relación entre lo psicológico y lo social.

**Bahofen, W.** (1818-1903). Jurista alemán, fundador de la psicología del derecho comparado.

**Baillarger, Francisco Gabriel** (1809-1890). Psiquiatra francés que estudió especialmente la corteza cerebral, donde descubrió la serie de células que lleva el nombre de *estría de Baillarger.*

**Baker, María** (1821-1910). Medium norteamericana, fundadora de la *Christian Science.*

**Baldwin, Jaime** (1861-1934). Filósofo y psicólogo estadounidense. Son notables en psicología sus estudios dedicados a la «reacción circular». Otra tesis de Baldwin está centrada sobre la «simpatía»; es una de las más importantes teorías, entre las modernas, que nos enseñó a conocer al «alter» en el seno del «ego».

**Baruk, Enrique** (1897-1976). Psiquiatra francés. Baruk insiste sobre la importancia de la etiología en las enfermedades mentales. En particular insiste sobre la importancia de las causas fisiológicas, y no solamente las anatómicas, o sea, la acción, sobre el psiquismo, no solamente sobre las lesiones, y también sobre los tóxicos exógenos y endógenos.

**Bastian, Adolfo** (1826-1905). Etnólogo francés; fue el primer director del Laboratorio de Psicología de la Sorbona. Fundador con Alfredo Binet de *L'Année Psychologique.*

**Bechterev, Vladimiro Mihailovic** (1857-1927). Psiquiatra ruso descubridor de un estrato de células nerviosas superficiales de la corteza cerebral (estría de Bechterev) y de un núcleo ubicado en la raíz del nervio vestibular (núcleo angular de Bechterev). Sus estudios lo llevaron a muchas coincidencias con la doctrina de los reflejos condicionados de *Pavlov* (v.).

**Becquerel, Antonio Enrique** (1852-1908). Físico francés, descubridor de la radioactividad.

**Bell, Carlos** (1774-1842). Fisiólogo escocés, descubridor por medio de vivisecciones en el conejo, de que las raíces anteriores en la médula espinal son motrices, en tanto que las posteriores no. Cf. *Magendie.*

**Benthan, Jeremías** (1748-1832). Filósofo inglés, creador del *utilitarismo,* doctrina que sostiene como fin principal de la ciencia el de procurar la mayor felicidad para el mayor número de personas; el mismo principio lo aplicó a la religión.

**Benussi, Victorio** (1868-1927). Psicólogo italiano; uno de los más distinguidos cultores de la psicología experimental en Europa. Son notables sus estudios sobre las percepciones.

**Berger, Gastón** (1896-1960). Psicólogo francés cuyos trabajos sobre caracterología son muy importantes. Fue el fundador de la «Asociación Internacional de Caracterología», con sede en París. Su principal obra es: *Traité Practique d'Analyse du Caractère.*

**Berger, Juan** (1773-1841). Psiquiatra alemán, verdadero descubridor y documentador del fenómeno de las *ondas eléctricas cerebrales.* Fue el primero en dar su descripción exacta y crear el nombre relativo: *electroencefalografía* (v.).

**Bergson, Enrique** (1859-1941). Uno de los más grandes filósofos y psicólogos franceses. El único psicólogo que recibió el Premio Nobel. La introspección es el método esencial de la psicología bergsoniana; pero su introspección no se contenta con observar la vida interior, sino vivirla. Debe haber «fusión consigo mismo». La psicología de Bergson tiene como objeto la vida interior.

**Berkeley, Jorge** (1685-1753). Filósofo inglés, tal vez el más importante. Su doctrina psicológica es «inmaterialista». Las concepciones más modernas de la psicología hubieran dado la razón a Berkeley,

201

Diccionario bibliográfico

si fuese cierto que la percepción se funda sobre una prepercepción subjetiva.

**Bernard, Claudio** (1813-1878). Fisiólogo francés sostenedor de la convicción de que la fisiología nerviosa y la psicología verdaderamente biológica debían ser consideradas como ciencia única. Es el introductor del método experimental en medicina.

**Bernheim, Hipólito** (1837-1919). Médico y psicólogo francés, fundador de la famosa «Escuela Psiquiátrica de Nancy». Sostuvo ardorosas polémicas con *Charcot* (v.). Principales obras: *De la suggestion dans l'état hypnotique et à l'état de veille,* 1884, y *Hipnotisme, suggestion, Psychothérape,* 1891.

**Bessel, Guillermo Federico** (1784-1846). Astrónomo alemán, descubridor con *Maskelyne* de la «ecuación personal del tiempo de reacción». (V. *Bouguer* y *Maskelyne.*)

**Bethe, Alberto** (1872-1931). Biólogo y psicólogo alemán, ampliamente conocido por sus investigaciones sobre psicología animal, sobre todo en el campo de los insectos.

**Betz, Vladimiro** (1834-1894). Anatomista ruso que dio una descripción comparada de la composición celular de las diversas porciones de la corteza cerebral, lo cual fue una de las primeras tentativas para establecer una *citoarquitectura cortical.*

**Bianchi, Leonardo** (1838-1927). Psiquiatra italiano que se distinguió sobre todo por sus estudios sobre las *localizaciones cerebrales.*

**Bichat, María Francisco** (1771-1802). Médico y fisiólogo francés, que también fue psicólogo. Se le deben importantes investigaciones sobre las relaciones entre el cerebro y el pensamiento. Enunció una fórmula célebre y a menudo citada: «la vida es el conjunto de las funciones que resisten a la muerte».

**Binet, Alfredo** (1857-1911). Fisiólogo francés, inventor de los test de la psicología moderna. Los tests de Binet (realizados con su ayudante Simon) comprenden unas sesenta pruebas, que involucran preguntas y pequeños problemas prácticos, clasificados según la edad a la que corresponden (v. *Test*).

**Bleuler, Eugenio** (1857-1939). Psiquiatra suizo, cuyos notables estudios sobre la «demencia precoz» desembocaron en una nueva y amplia forma bajo el nombre de *esquizofrenia,* vocablo del que es el creador.

**Blondel, Charles** (1876-1939). Psicólogo francés, el más notable representante de la *psicología colectiva* (v.), denominación que le pertenece y que sirve de título a una obra esencial suya aparecida en 1927.

**Blondel, Mauricio** (1861-1949). Filósofo y psicólogo francés de orientación profundamente católica. En sus trabajos psicológicos el alma es el centro de sus investigaciones.

**Bonaparte, Princesa María** (1882). Noble francesa, esposa del príncipe Jorge de Grecia, que psicoanalizada por Freud, se convirtió después en una de las más brillantes psicoanalistas internacionales.

**Bonnet, Carlos** (1720-1793). Naturalista y filósofo suizo, que puso a procesos psíquicos aislados en relación con procesos cerebrales aislados, y concibió los datos de las diversas sensibilidades como productos de facultades especiales de la psique.

**Bouger, Pedro** (1698-1758). Físico francés, precursor de la psicología experimental al estudiar el porqué de las equivocaciones en las medidas físicas (v. *Maskelyne* y *Bessel*).

**Bourdon, Bernardo** (1860-1943). Psicólogo francés, que hizo importantes investigaciones sobre la «percepción visual del espacio».

**Boutonier-Favez, Julieta** (1908). Psicólogo francés, que tiene realizados notables estudios sobre la *angustia* (v.). Se ha destacado en el estudio de la personalidad normal y anormal del niño a través del dibujo.

**Bradley, Francisco** (1846-1924). Psicólogo y filósofo inglés, que introdujo el pensamiento hegeliano en la filosofía y psicología pragmáticas inglesas del s. xix.

**Braid, Jaime** (1795-1860). Médico inglés, que fue uno de los primeros que intentó dar una explicación psicológica (1843) de los fenómenos entonces designados como *mesmerismo* (v.). Véase *Mesmer.*

**Brentano, Francisco** (1838-1917). Filósofo austríaco, que concibió una *psicología descriptiva,* según la cual los fenómenos psíquicos son definidos por dos propiedades: la dirección intencional hacia un objeto y la evidencia inmediata, como resultado de la autoconciencia.

**Breuer, José** (1842-1925). Médico vienés, verdadero iniciador del psicoanálisis, que supo valorizar algunas observaciones de *Charcot* (v.) y de *Pedro Janet* (v.). Breuer observó que ciertas ideas y recuerdos de emociones persisten en forma nebulosa e inconsciente y pueden provocar en determinados sujetos algunos trastornos mentales y somáticos rebeldes a las curas comunes y procuró eliminarlos por medio de la hipnosis. A tal procedimiento debía corresponder el concepto aristotélico de *catarsis* (v.), o sea, purificación por medio de la eliminación de elementos perturbadores (v. *Freud* y *Psicoanálisis*).

**Bridgman, Percy Guillermo** (1882). Filósofo y físico estadounidense, que en 1946 recibió el Premio Nobel de Física. Sus principales obras son: *Potential Intelligent Society of the Future,* 1949, y *The Logic of Modern Physics,* 1927.

**Broca, Pedro Pablo** (1824-1880). Neurólogo francés que en 1861, estudiando un caso clínico, concluyó que «la integridad de la tercera circunvolución frontal, y tal vez también aquella de la segunda del hemisferio izquierdo, parece indispensable para la existencia de la facultad del lenguaje articulado», descubriendo así el centro de la palabra articulada que lleva su nombre.

**Brodie, Benjamín Collins** (1783-1862). Fisiólogo inglés, que destacó en sus trabajos las relaciones psicofisiológicas. Sus *Psychological enquiries* (1855-

1862) son fundamentales para el estudio del asociacionismo inglés.

**Brodmann, Corviniano** (1868-1918). Histólogo alemán, que estableció una verdadera subdivisión de la corteza cerebral en «regiones» y «campos» sobre la base de la citoarquitectura. Se le considera como el verdadero fundador de la citoarquitectura cerebral.

**Bruno, Giordano** [cuyo nombre original era Felipe Bruno o Bruni]. (1548-1600). Fue el más grande filósofo del Renacimiento italiano. Condenado por hereje fue quemado vivo en Campo dei fiori el 17 de febrero de 1600. Su obra *De gli eorici furori,* es el más pleno de psicología de sus escritos. Desarrolla el concepto de que el infinito no es cognoscible a través de los sentidos, ni tampoco de la intuición, sino mediante el principio del yo, o sea, la conciencia.

**Bühler, Carlos** (1879). Gran psicólogo alemán perteneciente a la escuela de Wurzburg. Sostiene que es posible llegar a un pensamiento sin imagen según el método de la introspección experimental. Se le deben notables estudios sobre la psicología del lenguaje.

**Bühler, Carlota** (1885). Psicóloga austríaca, que se ha destacado por sus estudios de psicología infantil.

**Burloud, Alberto** (1885-1954). Psicólogo francés, creador de una psicología de las tendencias, en la que toda la vida psíquica se relaciona con temas (afectivos) y esquemas (motrices) cuyo entrelazamiento da la trama sobre la que se inscriben todos los hechos psicológicos.

**Burtt, H. E.** (1895). Psicólogo inglés, que se ha destacado en el campo de la psicología aplicada y, dentro de ésta, de la psicología del trabajo.

**Bykov, Sergio** (1903). Fisiólogo ruso. Extendió la teoría de los *reflejos condicionados* (v.) al plano general de la adaptación del organismo al medio, comprendiendo los movimientos más espontáneos, los más orgánicos. Con sus trabajos demuestra que todos los movimientos y secreciones de los órganos pueden ser condicionados.

# C

**Cabanis, Pedro Juan Jorge** (1757-1808). Médico y filósofo francés, cuya obra es un ejemplo verdaderamente notable para la época de tentativa de adaptación del saber empírico, del filosófico y del medicobiológico.

**Calkins, María W.** (1863-1930). Psicóloga estadounidense, cuyos principales trabajos han versado en torno del problema del *yo*. Su obra principal: *The persistent problems of philosophy*, 1907.

**Campanella, Tomás** (1568-1639). El último, en orden de tiempo, de los grandes filósofos del Renacimiento italiano. La filosofia de Campanella está impregnada de psicología, que basa sobre el principio del conocimiento, al que el filósofo reconoce dos fuentes: el sentido externo y la razón.

**Camper, Pedro** (1722-1789). Anatomista holandés, que creyó poder dar una medida del grado de evolución alcanzado por el individuo, o sea, de la mayor o menor inteligencia, por medio del examen de la saliencia de la frente, que creía poder medir por medio del ángulo facial.

**Canguilhem, Jorge** (1905-). Historiador de las ciencias y epistemólogo francés que ha criticado severamente el carácter «científico» de la psicología contemporánea.

**Cannon, W. M.** (1875-1954). Fisiólogo estadounidense, cuyo aporte ha sido fundamental para el estudio de las bases fisiológicas de la vida afectiva. Su principal obra al respecto: *Bodily changes in pain, hunger, fear and rage* (1915).

**Cantor, Jorge** (1845-1918). Filósofo y matemático alemán. Además de sus investigaciones sobre la teoría de las funciones y las series trigonométricas, fue el fundador de la teoría de los conjuntos.

**Cartesio:** V. *Descartes, Renato*.

**Cattel, Jaime** (1860-1944). Psicólogo estadounidense, que fue asistente de *Wundt* (v.) en Leipzig. Sus trabajos son el origen de la aplicación en escala importante de los métodos experimentales de Wundt y de *Galton* (v.). Extendió la aplicación de tests (la palabra con empleo en la psicología le pertenece) (v.).

**Celio Aureliano** (?-?). Médico romano que se sabe fue contemporáneo de los emperadores Trajano y Adriano. Supo distinguir las enfermedades en *agudas* y *crónicas*. Entre las *enfermedades nerviosas crónicas* describió las cefaleas de los neurasténicos,

las parálisis que distinguió entre sensitivas y motrices, la hidrofobia (primera descripción que se conoce) y la epilepsia (descripción más completa que todas las precedentes). Prescribió la reeducación de los movimientos para las parálisis motrices y desaconsejó la castración de los epilépticos, común entonces.

**Celso** [*Aulo Cornelio Celso*] (?-?). Fue llamado con razón el Hipócrates latino. Su obra *De re medica*, escrita en la lengua latina más pura, sirvió de texto hasta los tiempos modernos. Fue el primero en describir las consecuencias de los traumatismos cerebrales y especialmente las de la fractura de la base del cráneo. Para el cuidado de los enfermos de la mente recomendó entre otras la *terapéutica por el trabajo*.

**Cerletti, Hugo** (1877). Médico y neurólogo italiano, descubridor del método del electrochoque y de sus aplicaciones en psiquiatría, en el año 1938. Estos trabajos los realizó en unión con su ayudante L. Bini.

**Charcot, Juan Martín** (1825-1893). Neurólogo francés cuyos estudios sobre hipnosis fueron famosos. En la obra de Charcot tiene sus orígenes los estudios de *Janet* (v.) y del psicoanálisis de *Freud* (v.). El más eminente entre los neurólogos franceses del 800, de fama universal. Entre las enfermedades descritas e individualizadas por Charcot recordamos las *atrofias musculares*, la *esclerosis lateral amiotrófica*, la *esclerosis múltiple* y la *parálisis agitante*. El nombre de Charcot está unido al estudio del *histerismo* (v.), y a la *École de la Salpêtrière* (v.).

**Checchia, Nicola** (1885). Psicólogo italiano, que se destaca en el campo de la psicología aplicada. Su obra más conocida: *La psicología degli animali* (1922).

**Chiarugi, Vicente** (1759-1820). Médico italiano, contemporáneo de *Pinel* (v.), que es reconocido al mismo título que éste, e incluso como su precursor, por haber orientado la atención de los enfermos mentales sobre el camino de la humanidad y la racionalidad.

**Child, Carlos Manning** (1867-1933). Psicólogo estadounidense, especializado en psicología fisiológica aplicada al campo de la conducta. Su obra principal: *Physiological foundations of behavior* (1924).

**Chombard de Lauwe, Pablo** (1912). Psicólogo francés, uno de los más destacados especialistas de la psicología de la vida social. Sus trabajos versan sobre la sociedad vista a través del medio urbano.

**Claparède, Eduardo** (1873-1940). Psicólogo suizo, que se distinguió sobre todo en psicología experimental y psicopedagogía. Obras principales: *Die Methoden der Tierpsychologie Beobachtungen und Versuche* (1909) y *Psychologie de l'enfant et Pédagogie expérimentale* (1905).

**Cléranmabult, Gaetano de** (1872-1934). Psiquiatra francés, famoso por sus estudios sobre los delirios y la demencia.

**Clifford, Guillermo** (1845-1879). Psicólogo inglés. El gran interés de sus trabajos está en que permiten a la psicología objetiva, que considera al yo como un puro y simple objeto, de transformarse en una interpsicología, donde el sujeto para mí, objeto para el otro, es considerado como un sujeto-objeto, es decir, el *ejet* (v.).

**Comte, Augusto Francisco María** (1798-1857). Filósofo francés, fundador del positivismo sociológico. Sacó a la psicología de la clasificación de las ciencias, porque para él la psicología, primero esencialmente biológica, se convirtió en principalmente sociológica y sólo secundariamente biológica. Para Comte una función mental está completamente explicada cuando se conoce su sede cerebral y las condiciones sociales en que se desarrolló.

**Condillac, Esteban Bonnot de** (1715-1780). Filósofo francés, fundador del *sensismo*, por haber reconocido como única fuente del conocimiento la sensación, de la cual se originarían todas las formas de conciencia. El sensismo es considerado como una derivación del empirismo de *Locke* (v.).

**Constant, Alfonso Luis** (1810-1875). Abate francés que abandonó los hábitos y pasó a la historia con el pseudónimo de *Eliphas Levi;* cultivó la magia, el ocultismo y se acercó al espiritismo.

**Coronel, César G.** (1905-1968). Médico y psiquiatra argentino, cuyos estudios sobre la «fatiga social» inician una rama todavía no estudiada ni adecuadamente desarrollada del conocimiento del hombre. Obras principales: *El test miokinético de Mira y López,* 1955, y *La fatiga social,* 1968.

**Coué, Ernesto** (1857-1926). Psicólogo francés que definió la hipnosis como autosugestión y creó la teoría del dominio de uno mismo por autosugestión consciente.

**Crookes, Guillermo** (1832-1919). Eminente físico y químico inglés, que fue un apasionado cultor y defensor del espiritismo.

**Cullen, W.** (1720-1790). Médico inglés que introdujo el uso del término «neurosis».

**Cuvier, Jorge Leopoldo Cristiano Federico Dagoberto, barón de Le** (1769-1832). Naturalista francés, una de las grandes figuras de la historia de la zoología y creador de la anatomía comparada.

# D

**Dalbiez, Rolando** (1893). Psicólogo francés, notable exégeta del psicoanálisis. Probablemente uno de los que más ha profundizado en el estudio objetivo y crítico de la obra de Freud.

**Dale, Enrique Hallet** (1875). Neurólogo inglés, uno de los primeros en estudiar los mecanismos químicos en neurología.

**Dalton, Juan** (1766-1844). Químico y físico inglés, fundador de la teoría atómica. Sufría de ceguera particular para los colores, que estudió y hoy se denomina *daltonismo* (v.).

**Daquin, José** (1733-1815). Médico francés, uno de los primeros sostenedores de la psiquiatría como ciencia médica y de una asistencia psiquiátrica científica (v. *Pinel y Chiarugi*).

**Darányi, Julio** (1888). Bacteriólogo húngaro, que se distingue por sus estudios sobre los virus y agentes cancerógenos.

**Darwin, Carlos Roberto** [llamado *Carlos Darwin*] (1809-1882). Biólogo inglés, revolucionador del pensamiento moderno con su teoría de la evolución de las especies. Toda la psicología contemporánea, de una u otra manera, está en directa dependencia de su doctrina biológica.

**David, Jorge** (1907). Sociólogo francés, cuyos trabajos están en la base de la *psicología social* (v.).

**Da Vinci, Leonardo** (1452-1519). Iniciador del pensamiento y del método científico modernos. Para Leonardo la esencia de Dios, del universo y del alma son «cosas improbables» y por consiguiente no pueden ser objeto de estudio. No se ocupó expresamente de psicología, pero en sus escritos se encuentran numerosas referencias y observaciones de carácter psicológico, especialmente sobre el funcionamiento de los sentidos.

**Debesse, Mauricio** (1901). Psicólogo francés, fue el primero en descubrir la causa profunda de los trastornos de la adolescencia, que describió con el nombre de «crisis de originalidad juvenil» (v. *adolescencia*).

**Decroly, Ovidio** (1871-1932). Médico y pedagogo belga, fundador de la «École de l'Ermitage»; sus investigaciones, con las de *María Montessori* (v.), están en la base de la psicopedagogía moderna. Sus principales obras son: *La fonction de globalisation et l'enseignement*, 1929; *Études de Psychogénèse*, 1932, y *La pratique des tests mentaux*, 1938.

**De Cusa o Cusano, Nicolás** (1401-1464). Nació en Cues, cerca de Treveri; fue obispo y cardenal. En astronomía fue un precursor de Copérnico. En psicología retornó a la teoría de Platón (v.) de los tres grados del *conocimiento*, a la que dio nueva forma; los *sentidos*, que siempre afirman, son rectificados por la razón, que puede afirmar o negar; la *razón*, que está unida al principio de la contradicción, es, a su vez, rectificada por el *intelecto*, que no sufre contradicciones u oposiciones porque es emanación divina y en Dios todas las oposiciones coinciden.

**Déjerine, José Julio** (1849-1917). Neurólogo francés, cuyos trabajos son fundamentales para la constitución de la neuropatología y la psicopatología, y cuya labor fue desarrollada con la ayuda de su mujer, la neuróloga *A. Klumpke* (v.).

**Delacroix, Enrique** (1873-1937). Psicólogo francés, partidario de una psicología de la conciencia y de la introspección con resonancias de la psicología de la forma (v.).

**Delay, Juan** (1907). Médico y psicólogo francés. Es uno de los principales representantes en su país de la medicina *psicosomática* (v.).

**Delboeuf, José Remigio Leopoldo** (1831-1894). Filósofo y psicólogo belga, que se dedicó a la psicofísica. Sus obras principales fueron: *Théorie générale de la sensibilité* (1876) y *Examen critique de la loy psychophysique* (1833).

**Demócrito de Abdera** (?-370 a. C.). Fue el último gran filósofo griego del período naturalista y el máximo representante de la *Escuela atomista*. Para Demócrito el alma es material, esto es, constituida por átomos, y tiene el aspecto de fuego, por lo cual está difundida donde hay vida y calor. Todos los fenómenos psíquicos son explicables con los movimientos de los átomos. Demócrito fue después de *Alcmeón* (v.), el segundo gran sostenedor de la teoría cerebral del alma y del principio de las localizaciones cerebrales. Hizo disecciones, conoció las meninges, que señaló como membranas protectoras del encéfalo, conjuntamente con el cráneo. Entre otras cosas dejó escrito que «el cerebro, órgano de la inteligencia, vigila desde lo alto del cuerpo como un centinela vigila una fortaleza».

**Denigard Rivail, Hipólito León** [conocido como *Allan Kardec*] (1803-1869). Escritor francés que pasó a la

206

historia como máxima autoridad en materia de espiritismo.

**De Sanctis, Sante** (1862-1935). Neuropsiquiatra y psicólogo italiano. Es el fundador, en Italia, de la *neuropsiquiatría infantil*.

**Descartes, Renato** [llamado *Cartesio*] (1596-1650). Filósofo francés que puede ser considerado como el primer psicólogo de los tiempos modernos. Renovó los métodos de investigación, puso al pensamiento como fundamento del conocimiento y estableció el principio denominado *dualismo cartesiano*: el espíritu es pensamiento y actividad *(res cogitans)*, el cuerpo es materia e inercia *(res extensa)*. Por eso en el mundo sólo hay dos especies de realidad, sustancias pensantes (espíritu, alma) y sustancias, materiales. Para Descartes el alma no es, como para *Aristóteles* (v.), el principio vital del cuerpo, sino constituye un todo autónomo. Descartes desvarizó a los *sentidos* como fuente del conocimiento e indicó la razón en sí misma como verdadero medio de conocimiento.

**Descuret, Juan Bautista Félix** (1795-1872). Médico y literato francés que se destacó por sus estudios sobre la afectividad, sobre todo las pasiones, cuyo concepto precisó con sentido moderno.

**Dessoir, Max** (1867-1935). Psicólogo alemán, uno de los principales sostenedores de la metapsíquica (parapsicología) a fines del siglo pasado y principios de éste. Su obra principal: *Jenseits der Seele* (1917).

**Destutt de Tracy, Antonio** (1754-1836). Psicólogo francés de la escuela de *Condillac* (v.). Participó en los trabajos de los ideólogos y señaló el punto de inflexión entre el siglo XVIII (enciclopedistas) y el siglo XIX (Escuela ecléctica).

**De Vries, Hugo** (1848-1935). Biólogo holandés, que redescubrió las leyes de Mendel y dio impulso fundamental a los estudios de genética. Su obra principal: *Die Mutationstheorie* (1900-1903).

**Dewey, Juan** (1859-1952). Pedagogo y psicólogo estadounidense, precursor de la educación nueva. Para Dewey, desde el punto de vista psicológico, lo propio del acto *(pragmatismo)* es de restablecer un equilibrio siempre inestable.

**Diderot, Denis** (1713-1784). Filósofo francés. Fundó y dirigió la *Enciclopedia*. Su ideología es sensualista y se orienta hacia el materialismo mecanicista. Su obra de psicólogo está dedicada a demostrar que nuestras ideas morales y metafísicas dependen del estado de nuestro organismo y no de un «instinto divino».

**Dilthey, Guillermo** (1833-1911). Filósofo alemán e historiador de la filosofía. En su obra *Ideas sobre una psicología descriptiva y analítica*, entiende por *psicología descriptiva* «la exposición de los componentes y de las conexiones existentes uniformemente en cualquier vida espiritual madura, como están

unidos en una conexión que no es agregada por reflexión o deducción, sino directamente vista».

**Donaggio, Arturo** (1886-1942). Psiquiatra italiano, que valiéndose de métodos histológicos propios pudo demostrar la estructura exacta, después confirmada por Cajal en 1903, de la *red neurofibrilar endocelular* de la célula nerviosa, que lleva su nombre.

**Donders, Francisco Cornelio** (1818-1889). Fisiólogo holandés, que se distinguió por sus estudios sobre los tiempos de reacción. Su obra principal: *Anomalien der Refraktion und Accomodation des Auges* (1866).

**Dorsey, Jorge Amos** (1868-1931). Antropólogo estadounidense, que aplicó los principios de la psicología conductista a su especialidad. Su trabajo principal: *Hows and whys of human behaviour* (1929).

**Driesch, Hans Adolfo Eduardo** (1867-1941). Biólogo alemán, que se ocupó de parapsicología, siempre dentro de las líneas del vitalismo que sostuvo en su especialidad. Obras principales: *Die organischen Regulationen* (1901), *Leib und Seele* (1916) y *Parapsychologie* (1932).

**Dubois, Pablo Carlos** (1848-1918). Psiquiatra suizo, que se hizo famoso por su método de psicoterapéutica que consistía en la explicación al paciente de su enfermedad y la seguridad consiguiente de que éste cooperaría con el tratamiento.

**Dugdale, Ricardo Luis** (1841-1883). Sociólogo estadounidense, célebre en psicología por su estudio *The Jukes* (v.), *a study in crime, pauperism, disease, and heredity* (1875).

**Dumas, Jorge** (1866-1946). Psicólogo francés. Toda su labor está orientada hacia la psicofisiología. Inició la publicación del *Nuevo tratado de psicología*, con 50 colaboradores, en 1930, obra que jamás apareció completa, pues la muerte de Dumas interrumpió los trabajos.

**Duns Scoto, Juan** (1265 o 1275-1308). Llamado el *Doctor subtilis*, nació según unos en Irlanda, según otros en Escocia. Al *intelectualismo* de *Tomás de Aquino* (v.) opuso una forma de *voluntarismo*, proclamando como ya hiciera *Aurelio Agustín* (v.), que la voluntad es superior al intelecto. Dios sería voluntad absoluta y todo lo que es querido por Dios es bueno precisamente por ser emanación de la voluntad divina. La *voluntad* tiene el primado sobre las otras funciones mentales y es también libre.

**Durkheim, Emilio** (1858-1917). Sociólogo francés, sin duda el primer creador de la sociología contemporánea. Su influencia en psicología ha sido muy grande. Por sus tesis de que si la vida psicológica existe, está enmascarada por la vida social, siendo ésta una realidad original, irreductible, que posee características propias.

# E

**Ebbinghaus, Herman** (1850-1909). Psicólogo alemán, uno de los grandes propulsores de la psicología experimental y aplicada. Sus principales trabajos versaron sobre la memoria. Obras principales: *Uber das Gedächtnis* (1885) y *Abriss der Psychologie* (1908).

**Economo, Constantino von** (1876-1931). Clínico austríaco, cuya obra es de las más grandiosas en la neurología y anatomía comparada, y que se resume en el concepto por él denominado *cerebración progresiva*.

**Edinger, Ludovico** (1855-1918). Neurólogo alemán que llegó a una concepción sintética de la estructura del sistema nervioso, que ha sido fundamental y extraordinariamente fructífera de deducciones y aplicaciones tanto en el campo de la neurología como en el de la psicología.

**Ehrenfels, Cristiano von** (1859-1932). Psicólogo austríaco. Fue el primero en realizar estudios sobre la *psicología de la forma* (v.). Descubrió las cualidades perceptivas de un conjunto realizando estudios sobre la música: «a los elementos sensibles se agrega una estructura de naturaleza superior». De este descubrimiento derivan dos escuelas: la de Gratz y la de Berlín, siendo esta última el punto de partida de la psicología de la forma.

**Ellis, Enrique Havelock** (1859-1939). Fisiólogo inglés, que se especializó en psicología y sociología de la vida sexual. Obra principal: *Studies in the psychology of sex* (1897-1928).

**Empédocles de Agrigento** (?-430 a. C.). Filósofo griego para el cual el alma estaría compuesta de cuatro elementos (tierra, agua, aire y fuego) inmutables, movido cada uno por fuerzas también inmutables y contrarias, y conocería a través del proceso de *sensación,* que consistiría en una atracción del igual por el igual (*asimilación*). Se trataría de una penetración en el organismo, a través de los órganos de los sentidos, de partículas emanadas del mundo externo y que se unirían con los componentes similares del alma. En Empédocles se encuentra también una explicita afirmación del principio de la evolución por selección natural.

**Epicuro de Samos** (341-271 o 270 a. C.). Fue adversario de la escuela platónica y maestro autónomo. Para Epicuro el alma se disuelve en átomos y desaparece después de la muerte. Epicuro es el principal representante del cuarto período de la filosofía griega, llamado *ético*. Tuvo en Roma un gran intérprete en la persona de Lucrecio (v.).

**Erasístrato de Ceos** (304 a. C.). Fundador con *Erófilo de Calcedonia* (v.) de la *Escuela médica de Alejandría*. Se debe a Erasístrato el primer gran episodio de *psicodiagnóstico y psicoterapia* de que se tiene conocimiento. Antíoco, hijo de Seleuco, rey de Siria, estaba afectado por un grave y misterioso mal. Erasístrato, suponiendo que la causa era un gran amor no confesado, tuvo la idea de hacer desfilar delante del enfermo todas las mujeres del palacio, mientras tenía su mano sobre el pulso para recoger la eventual reacción emotiva. Vio que se aceleraba el pulso de Antíoco, se demudaba su rostro y se cubría de sudor, cuando pasó Estratonice, la segunda mujer de su padre Seleuco. Erasístrato indujo a Seleuco a ceder la mujer al hijo, que así curó. Este episodio, que ha inspirado a muchos artistas, es el tema de un célebre cuadro de Ingress: «El médico Erasístrato descubre la causa de la enfermedad de Antíoco».

**Erófilo de Calcedonia** (s. III a. C.). Médico del reino griego de Egipto, considerado con *Erasístrato de Ceos* (v.) los fundadores de la *Escuela médica de Alejandría*. Se le debe el descubrimiento del sincronismo entre pulso e impulso cardíaco, y la afirmación explícita de las funciones sensoriales del encéfalo *(teoría cerebral del alma)*.

**Espinas, Alfredo** (1844-1922). Naturalista francés, que estudió las «sociedades animales». Sus trabajos están en la base de la *psicología animal*.

**Esquirol, Esteban María** (1772-1840). Médico francés, que fundó una escuela psiquiátrica orgullo de la ciencia francesa. Fue el primero en aplicar la *sonda esofágica,* que había sido imaginada por Pinel, pero no realizada.

# F

**Faverge, Juan María** (1918). Psicólogo belga, que ha realizado profundos estudios sobre el análisis, estadístico aplicado a la psicología.

**Fechner, Gustavo Teodoro** (1801-1887). Psicólogo y filósofo alemán, creador de las condiciones necesarias para el desarrollo de la psicología científica moderna. A partir de la *Ley de Weber* (v.) creyó haber descubierto el método para medir la intensidad de las sensaciones. Se persuadió de haber hecho con ello de la psicología experimental una ciencia exacta, pero el principio por él afirmado debía con el tiempo ser considerado como indemostrado.

**Ferenczi, Segismundo** (1870-1940). Psiquiatra húngaro, uno de los grandes teóricos del psicoanálisis. Obras principales: *Contribución al psicoanálisis* (1916-1926) y *Teoría y técnica del psicoanálisis* (1927).

**Flammarion, Camilo** (1842-1925). Astrónomo francés que dedicó los esfuerzos de sus últimos años a la tarea de convertir el espiritismo en ciencia.

**Flechsig, Pablo** (1847-1929). Psiquiatra alemán, primero en el orden del tiempo de los que hicieron un verdadero estudio de la arquitectónica propiamente dicha de la corteza cerebral. Flechsig hizo conocer su propia *Ley fundamental miogenética*, conocida también con el nombre de *doctrina de los campos mielogenéticos de Flechsig*, en 1876.

**Flourens, María Juan Pedro** (1794-1867). Fisiólogo francés, gran adversario de *Gall* (v.) y *Spurzheim* (v.), que reconoció una especifici-nerviosa, excepto los lóbulos cerebrales, que consideró como una estructura homogénea y concurrente *in toto* a las funciones mentales.

**Flournoy, Teodoro** (1854-1920). Psiquiatra suizo, gran estudioso de los fenómenos de la parapsicología. Obras principales: *Des phénomenes de synopsis* (1893), *Des Indes a la planete Mars* (1900), *Esprits et médiums* (1911).

**Forel, Augusto Enrique** (1848-1931). Psiquiatra suizo, que se destacó en el campo del estudio de la hipnosis y de la anatomía cerebral. Sus obras principales: *Gehirn und Seele* (1894) y *Hypnotismus* (1911).

**Foucauld, Miguel** (1925). Filósofo francés contemporáneo, con numerosos trabajos relacionados con la psicología, especialmente sobre enfermedad mental y personalidad.

**Fox, Margarita y Catalina** (1833-1893) y (1841-1892). Las hermanas Fox fueron unas famosas mediums estadounidenses, y a sus visiones y sesiones está relacionado todo el renacimiento del espiritismo contemporáneo.

**Fraisse, Pablo** (1911). Psicólogo francés, especialista en psicología experimental.

**Freud, Segismundo** (1856-1939). Médico austríaco, que amplió y sistematizó las observaciones de *Breuer* (v.), y que terminó por elaborar un sistema de terapéutica psicopatológica conocido como *psicoanálisis* (v.).

**Freud, Ana** (1897). Psicóloga austríaca, hija de *Freud* (v.), que ha continuado su psicología en el mismo sentido. Se ocupa especialmente del psicoanálisis del niño.

**Friebek, Federico** (1782-1852). Pedagogo alemán, uno de los primeros en aplicar la *psicología de la edad evolutiva* (v.) a la educación. Creador de los «Kindergarten» (jardines de infantes).

**Fries, Federico Jacobo** (1773-1843). Filósofo alemán, discípulo de Kant, que en oposición a su maestro procuró crear un sistema filosófico esencialmente psicológico, y elaborar una doctrina del espíritu humano.

**Fritsch, Gustavo** (1838-1927). Naturalista alemán que junto con *Hitzig* (v.) realizó el fundamental descubrimiento de los centros motores corticales, obtenido mediante la estimulación con corriente eléctrica galvánica de determinadas partes de la corteza cerebral.

# G

**Galeno** [*Claudio Galeno de Pérgamo*] (130?-200 d. C.). Médico latino que dejó libros que tuvieron autoridad indiscutible durante toda la Edad Media. Retomó la teoría del *pneuma* y la refundió con la de los *humores* de Polibio. Gran anatomista, la descripción del sistema nervioso central y del periférico, dada por Galeno, supera en precisión y riqueza a todas las precedentes. Describió con exactitud el cuerpo calloso y la eminencia cuadrigémina. Entre otros, señaló los nervios neumogástricos, frénico e «intercostal» (hoy «gran simpático»), que consideró distintos y no como un solo nervio, como hacían los otros anatomistas. Sostuvo que la *enfermedad mental* no es una enfermedad del cerebro, por cuanto admite que puede ser de carácter secundario (o sea, *deuteropática*) como consecuencia de «ulceraciones» de órganos distintos del cerebro (especialmente órganos abdominales), con lo cual dio el primer atisbo de la corticovisceralidad.

**Gall, Francisco José** (1758-1828). Médico alemán que creó una doctrina según la cual cada una de las facultades psíquicas estaría localizada en una porción de la corteza cerebral, de manera que del mayor o menor desarrollo de esas porciones se podría concluir el mayor o menor desarrollo de la función de la misma. Confrontar *Spurzheim*.

**Galton, Francisco** (1822-1911). Naturalista inglés, el primero que realizó investigaciones precisas sobre la herencia de las facultades mentales, y que ha pasado a la historia como el fundador de la *eugénica* (v.).

**Galvani, Luis** (1737-1798). Físico, anatomista, fisiólogo italiano, descubridor de la *electricidad animal*, que encontró experimentalmente. Sus primeros trabajos en este campo datan de 1780.

**Gentili, Gentile** (?-1348). Médico italiano que dividió las enfermedades mentales en «lesiones de la virtud moral» y en «lesiones de la virtud motriz». Las primeras serían las enfermedades propiamente mentales, la segundas las enfermedades caracterizadas principalmente por lesiones motrices (parálisis, espasmos, epilepsia, etcétera).

**Geoffroy, Esteban** [llamado *Geoffroy St. Hilaire*] (1772-1844). Naturalista francés, que dio gran importancia a la embriología y anticipó de cierta manera la *ley de Haeckel* (v.).

**Gesell, Arnoldo Lucio** (1880). Pediatra y psicólogo estadounidense. En 1911 fundó la «Clinic of Child Development», de la Universidad de Yale, que dirigió hasta 1948. Sus principales obras son: *The First year of Life*, 1940, y *Studies in Child Development*, 1948.

**Geuchten, Alberto van** (1861-1914). Neuropatólogo de Lovaina, que fue uno de los mayores sostenedores de la teoría del neurón.

**Gley, Marcelo Eugenio Emilio** (1857-1930). Fisiólogo francés, famoso por sus trabajos sobre glándulas.

**Glocenius.** V. *Göckel, Roldolfo*.

**Göckel, Rodolfo** [llamado *Glocenius*] (1547-1628). Filósofo alemán que con un tratado titulado *Psicología*, y con el subtítulo *De hominis perfectione. Anima*, difundió ese vocablo creado por *Melatón* (v.).

**Goddard, Enrique Heriberto** (1866-1938). Psicólogo estadounidense famoso por su estudio *The Kallikak* (v.) *family* (1912).

**Golgi, Camilo** (1843-1926). Histólogo italiano que renovó completamente los estudios de histología nerviosa. Entre otros descubrimientos le corresponde el del *aparato reticular interno de la célula nerviosa* (1898).

**Golstein, Kurt** (1878). Biólogo alemán, al que se deben los más sólidos descubrimientos de la «teoría de la forma», o de la «estructura» o de la *Gestalt* (v.). Inspirador de gran número de psicólogos, en especial *Köffka* (v.), *Wertheimer* (v.), *Merlau-Ponty* (v.) y *Guillaume* (v.).

**Goltz, Federico Leopoldo** (1834-1902). Fisiólogo alemán, que con trabajos publicados entre 1876 y 1884 pudo corregir la vieja teoría de *Flourens* (v.) de la fácil sustitución funcional de partes del cerebro destruidas.

**Gross, Carlos.** Psicólogo alemán, famoso por sus estudios sobre el juego de los animales y del hombre. Obras principales: *Die Spiele der Tiere* (1896), *Die Spiele des Menschen* (1899).

**Guillaume, Pablo** (1878-1962). Psicólogo francés, principal representante en su país de la *psicología de la forma* (véase). Se ha destacado también por numerosos trabajos sobre *psicología animal* (véase).

**Gurney, Edmundo** (1847-1888). Psicólogo inglés, que estudió experimentalmente la hipnosis, y que fue uno de los grandes propugnadores de la metapsíquica (parapsicología). Estuvo entre los fundadores de la *Society fos Psychical Research*.

**Gurvitch, Jorge** (1894). Sociólogo francés, creador de la «microsociología», y de un método muy nuevo de interpretación («sociología en profundidad»). Tiene gran influencia sobre la *psicosociología* contemporánea.

# H

**Haeckel, Ernesto** (1834-1919). Biólogo alemán, que contribuyó a la consolidación de la teoría de la evolución y a la coordinación de ésta con las adquisiciones sobre la mecánica del desarrollo de los animales. Le pertenece la *ley* que lleva su nombre, y según la cual la ontogenia reproduce las fases abreviadas de la filogenia, ley que ejerció grandísima influencia sobre el desarrollo de la *psicología de la edad evolutiva* (v.).

**Halbwachs, Mauricio** (1877-1945). Sociólogo francés, que ejerció sobre la psicología gran influencia. Dio desde el punto de vista sociológico una nueva explicación del fenómeno de la memoria: «Los cuadros sociales de la memoria» (1925).

**Hall, Stanley** (1846-1924). Psicólogo estadounidense, uno de los primeros en aplicar los métodos de encuestas para el estudio de los conocimientos de los niños. Partidario de las teorías filogenéticas, basó en ellas su explicación de la evolución de la *edad evolutiva* (v.).

**Hamilton, Guillermo** (1788-1856). Psicólogo inglés, uno de los representantes más brillantes de lo que se llamó la «Escuela escocesa».

**Hartley, David** (1705-1757). Psicólogo, médico, biólogo y filósofo inglés, que puede ser considerado el «padre» de la medicina psicosomática.

**Hartmann, Carlos Eduardo von** (1842-1906). Filósofo alemán, que con sus obras influyó mucho en los estudios de psicología sobre el inconsciente.

**Head, Enrique** (1861-1940). Neurólogo inglés, al que se deben importantísimas adquisiciones sobre el problema de la sensibilidad y especialmente sobre la repercusión cutánea de los dolores viscerales (áreas cutáneas de Head).

**Hegel, Jorge Guillermo Federico** (1770-1831). El mayor de los filósofos idealistas alemanes. *La fenomenología del espíritu* (1807) es la primera de las grandes obras de Hegel y la más interesante desde el punto de vista psicológico. En el espíritu del hombre distingue una conciencia sensible (que da el conocimiento de los objetos externos), una autoconciencia (que es la conciencia activa de sí mismo) y la razón (que es la conciencia desde el punto de vista universal). El espíritu tiene dos formas de actividad: una práctica, en la que ejerce una acción sobre las cosas modificándolas según sus propias necesidades; una absoluta,

en la que ejerce una contemplación desinteresada.

**Heidegger, Martín** (1889-1923). Filósofo alemán, maestro de la nueva corriente de la *fenomenología pura*. Para Heidegger la angustia sería el sentimiento fundamental del hombre, el temor, su actitud determinante, la preocupación, el fundamento de su actuar, por último la muerte y el pensamiento de la muerte son el sentido y la conclusión de la vida.

**Heisenberg, Werner** (1901). Físico alemán, uno de los más notables del siglo. Recibió el Premio Nobel de Física. Lleva su nombre el pricipio de la indeterminación. Se ocupa también de la teoría del conocimiento a través de la epistemología.

**Helmholtz, Hernán Luis Fernando** (1821-1894). Físico, fisiólogo y psicólogo alemán de extraordinaria actividad. Su mayor descubrimiento fue en 1850, el de la *velocidad de la corriente nerviosa*, que estableció en treinta metros por segundo para los nervios motores, dato que después fue confirmado como exacto por los investigadores que le sucedieron.

**Helvetius, Claudio Adriano** (1715-1771). Filósofo francés, que acentuó al máximo la importancia de la educación, sosteniendo explícitamente que el espíritu humano es el resultado de una disposición natural y de la educación.

**Heráclito de Éfeso** (?-475 a. de C.). Filósofo de la escuela jónica, quien afirmó que la verdadera esencia de las cosas no es *ser* sino *devenir*. Consideraba al fuego como el elemento más estable de la naturaleza, y antagónico del agua; por lo tanto afirmaba que el alma es tanto más sagaz cuanto más seca, esto es, más caliente. Por una mayor humedad del alma se explicaría la poca sabiduría de los animales y de los ebrios.

**Herbart, Juan Federico** (1776-1841). Filósofo alemán opositor de *Hegel* (v.). Para Herbart la psicología sólo es metafísica aplicada, que podría ser ordenada con rigor matemático. El gran mérito de Herbart, que ejerció por casi un siglo gran influencia sobre la pedagogía, consiste en la psicología, en haber reconocido que deben ser adoptados la medida y el cálculo, haber combatido la doctrina de la facultad del alma, haber puesto en evidencia el contenido representativo de la conciencia y haber creado algunos conceptos y términos psicológicos que se revelaron muy fértiles. El punto débil de la psicología de Herbart es que está exclusivamente basada en la autoobservación.

**Herder, Juan von** (1744-1803). Filósofo alemán, cuyos estudios sobre el lenguaje han tenido gran resonancia en la psicología del siglo pasado.

**Hering, Ewald** (1834-1918). Médico y psicólogo alemán, que estudió la percepción visual del espacio, opuso su teoría nativista a la empirista de Helmholtz, e impugnó los principios psicofísicos de Fechner. Su obra principal: *Die Lehre von binocularem Sehen* (1868). Creador con *Semon* (v.) de la *teoría o hipótesis mnémica* (v.) que lleva el nombre de ambos.

**Hipócrates de Coos** (460?-377 a. C.). Es la figura más relevante en la historia de la medicina antigua. Muy notable es la concepción de Hipócrates sobre la *función del encéfalo*. Para él, es el órgano verdaderamente capital para la existencia psíquica del hombre; es el mediador de las impresiones de los sentidos, que condiciona tanto la motricidad como la inteligencia, de manera que los demás componentes del cuerpo sólo son órganos de efecto de encéfalo. Entre las funciones del encéfalo indicó la regulación del sueño. Entre los descubrimientos anatomofisiológicos de Hipócrates, es notable el de la *excitabilidad* cerebral, por lo que aconsejaba no trepanar el cráneo en la región temporoparietal para evitar la producción de convulsiones o parálisis. Otro descubrimiento notable es la sede contralateral o cruzada de los trastornos paralíticos sensitivos o convulsivos de las extremidades en las lesiones cerebrales, que precedió en más de dos mil años al descubrimiento del entrecruzamiento de las vías motrices y sensitivas, cuya demostración objetiva fue dada por *Valsava* (v.). A Hipócrates se le reconoce también el grandísimo mérito de haber definido exactamente el concepto de enfermedad mental.

**Hirschfeld, Magnus** (1868-1935). Psiquiatra alemán, que se destacó por sus estudios de psicología y psicopatología sexual. Obras principales: *Homosexualität* (1912) y *Sexualpathologie* (1917).

**Hitzig, Edmundo** (1838-1907). Psiquiatra alemán, codescubridor con *Fritsch* (v.) de los centros motores corticales.

**Hobbes, Tomas** (1588-1679). Filósofo inglés, que algunos llaman «padre de la psicología moderna». Obras principales: *Leviathan* (1651) y *Human Nature* (1650).

**Höffding, Haroldo** (1843-1932). Psicólogo danés, uno de los pocos escandinavos que en el terreno de la psicología logró resonancia internacional. Su concepción de la psicología está asentada sobre la crítica de la verdad absoluta, que permanentemente cuestiona.

**Huizinga, Juan** (1872-1945). Uno de los más grandes historiadores holandeses; sus estudios sobre el hombre («Homo ludens») tuvieron gran resonancia en psicología.

**Hume, David** (1711-1776). Filósofo inglés. Para Hume cualquier conocimiento tiene por fuente la experiencia sensible, y el espíritu sólo asocia y generaliza los datos de esa experiencia. La razón no va más allá de los fenómenos, y la ciencia de los fenómenos solamente tiene carácter de probabilidad y no de certidumbre. Se le debe considerar como un enérgico sostenedor de la orientación empírica en la psicología. Su filosofía puede ser definida como fenomenismo o escepticismo.

**Huntington, Jorge Sumner** (1862-1927). Neurólogo estadounidense, cuyo nombre está unido al de un tipo específico de *corea* (v.) que describió.

**Husserl, Edmundo** (1859-1938). Filósofo alemán, cuya influencia en la psicología se manifiesta a través de la *fenomenología*, de la que es el estructurador.

**Huxley, Julián Sorrel** (1887). Biólogo inglés contemporáneo, cuyos estudios sobre la evolución han contribuido en gran parte al desarrollo y estado actual de dicha teoría.

# I

**Ingenieros, José** (1877-1925). Médico, psicólogo y filósofo argentino; fue la figura más brillante de la psicología en lengua española de la primera mitad de nuestro siglo. Obras principales: *Psicología evolutiva*, 1905; *Psicopatología del lenguaje musical*, 1910; *La evolución de las ideas argentinas*, 1923-1925.

# J

**Jackson, Juan Huglings** (1834-1911). Neurólogo inglés que explicó el acceso epiléptico por lesiones irritativas de la corteza cerebral motriz y describió la forma particular de acceso denominada jacksonniana. Este descubrimiento precedió en cuatro años al de los centros motores corticales debido a *Hitzig* y *Fritsch* (v.).

**Jaensch, Erico R.** (1883-1940). Psicólogo y psicopatólogo alemán, creador de la orientación científica llamada *eidética* (v.), por medio de la cual se quiere estudiar la psiquis del joven y determinar con métodos experimentales especiales las transformaciones que sufre durante el desarrollo.

**James, Guillermo** (1842-1910). Filósofo y psicólogo estadounidense, fundador de la Escuela pragmatista. Son notables sus estudios sobre psicología religiosa.

**Janet, Pedro** (1859-1947). Médico y psicólogo francés. Durante más de medio siglo ejerció una influencia casi indiscutida sobre la psicología. Su tesis fue que la psicología debía concretarse a la observación.

**Jaspers, Carlos** (1883-1969). Psiquiatra, psicólogo y filósofo alemán. Aunque fundamentalmente biólogo, Jaspers no cree en la ilimitada posibilidad de explicación de los fenómenos del espíritu por parte de la investigación sobre fenómenos biológicos y propicia una tendencia hacia lo trascendente por medio de una filosofía de la existencia real *(existencialismo)*.

**Jastrow, José** (1863-1949). Psicólogo polaco radicado en los Estados Unidos de Norteamérica, que se destacó por sus estudios de la vida mental. Obras principales: *Time relations of mental phenomena* (1890) y *The life of the Mind* (1938).

**Jauregg, Julio Wagner von** (1857-1940). Psiquiatra austríaco, descubridor de la terapéutica malárica para la parálisis general progresiva. Por este descubrimiento recibió el Premio Nobel en 1927.

**Jennings, Carlos** (1868-1947). Biólogo estadounidense de origen alemán, que realizó importantes estudios sobre la conducta de los organismos inferiores. Rechazó sistemáticamente la doctrina mecanicista de Loeb.

**Jimenes-Grullón, Juan Isidro** (1908). Médico, psicólogo y profesor universitario dominicano cuyos trabajos sobre la dialéctica en biología tienen profunda resonancia en psicología. Obras principales: *Biología dialéctica* (1968), *Medicina y cultura* (1961), *Al margen de Ortega y Gasset* (1959).

**Jung, Carlos Gustavo** (1875-1961). Neurólogo, psicólogo y filósofo suizo, primero alumno de *Freud* (v.), del que se separó en 1912. Son notables sus estudios sobre los «tipos psicológicos» y sobre el «inconsciente colectivo».

**Juvenal** [*Decimo Giuno*] (42-120 d. C.). Poeta satírico latino. Ha pasado a la historia de la psicología por su sátira décima, que se titula *Vota* (que por lo común se traduce por «Los deseos del hombre»), y cuya conclusión es que sobre todas las vanidades solamente debemos solicitar de los dioses una mente sana y una cuerpo sano: *Orandum est, ut sit mens sana in corpore sano* (v. *Mens sana in corpore sano*).

# K

**Kant, Manuel** (1724-1804). Filósofo alemán, fundador del *criticismo*. En todos sus trabajos evitó cuidadosamente la intervención de la psicología, negando que el concepto filosófico pudiera tener una motivación psicológica. A pesar de su actitud escéptica para con la psicología, dejó interesantes observaciones sobre las diferencias psicológicas en relación con las razas, los sexos, la edad, el clima, etc.

**Katz, David** (1884-1935). Psicólogo alemán, aunque partidario de la *teoría de la forma* (v.), ha señalado los peligros de ésta juzgándolos desde afuera.

**Kirschmann, Augusto** (1860-1933). Fisiólogo alemán, conocido por sus trabajos de psicología realizados en colaboración con *Wundt* (v.) sobre el contraste de los colores.

**Klages, Luis** (1872-1952). Psicólogo alemán, cuyos trabajos sobre caracterología han delineado en gran parte la actual clasificación de los tipos psicológicos.

**Kleim, Otón** (1884-1939). Psicólogo alemán, historiador de la psicología, y fundador en 1921 de la famosa revista *Psychologische Forschung*.

**Klumpke de Déjerine, A.** (1859-1927). Neuróloga francesa, mujer de *José Julio Déjerine* (v.), cuyos trabajos y fama compartió.

**Koehler, Wolfgang** (1887). Psicólogo estoniano, formó con Wertber, Koffka y Lewin, lo que se llamó en su época Escuela de Berlín. En 1927 publicó una obra famosa: *La inteligencia de los monos superiores*, y trajo muchos de los principios de la psicología de la forma en experiencias orgánicas puramente materiales.

**Koffka, Kurt** (1886-1941). Psicólogo alemán, refugiado en los Estados Unidos de Norteamérica en 1933, es uno de los mejores representantes y el creador más dinámico de la *psicología de la forma* (v.).

**Korsakov, Sergio Sergevic** (1854-1900). Psiquiatra, neurólogo y anatomista ruso. Su nombre está unido a un síndrome morboso caracterizado mentalmente por trastornos especiales de la ideación, de la memoria y de la efectividad, y neurológicamente por trastornos polineuríticos.

**Kraepelin, Emilio** (1856-1926). Psiquiatra alemán, alumno de *Wundt* (v.), como psicólogo fue el creador de grandes concepciones nosográficas. Formuló el concepto de *psicosis maniacodepresiva* (v.).

**Krestschmer, Ernesto** (1888). Psiquiatra alemán, famoso por su clasificación de los *tipos* (v.) humanos. Obras principales: *Körperbaun und Charakter* (1921) y *Medizinische Psychologie* (1922).

**Kronecker, Hugo** (1839-1914). Fisiólogo alemán, iniciador de los estudios sobre la fatiga. Kronecker formuló la siguiente ley: «La curva de la fatiga de un músculo, que se contrae en iguales espacios de tiempo y con sacudidas de inducción igualmente fuertes, está representada por una línea recta». Fue el primer fisiólogo que describió la *contractura muscular* (1870).

**Külpe, Osvaldo** (1862-1915). Psicólogo alemán, fundador de la Escuela de Würzburgo. Obra principal: *Grundriss de Psychologie* (1893).

**Kussmaul, Adolfo** (1822-1902). Fisiólogo alemán que precisó los descubrimientos de *Munk* (v.). La *sordera verbal* debida a lesiones de la 1.ª y 2.ª circunvolución temporal izquierda, y la *ceguera verbal* o *alexia* por lesión del pliegue curvo del lóbulo occipital.

# L

**Lacan, Jacobo** (1901-1981). Psicoanalista francés, que en 1952 se separó de la ortodoxia de la Sociedad Francesa de Psicoanálisis. Ejerció gran influencia sobre destacados grupos de psicoanalistas dentro y fuera de su país. Su obra de psicólogo se refiere a diversos artículos.

**Lacroze, Renato** (1894). Psicólogo francés, director del Instituto de Psicología de Burdeos. Uno de los pocos psicólogos contemporáneos que perpetúa la tradición de los grandes psicólogos franceses del siglo XIX.

**Lagache, Daniel** (1903). Médico y psicólogo francés. Para él, como para *Janet* (v.), la psicología es el estudio de la «conducta», y particularmente la conducta de los individuos en situaciones concretas. La suya es una *psicología clínica* (v.).

**La Marck, Juan Bautista Pedro Antonio Monet de** [llamado comúnmente *Lamarck*] (1744-1829). Botánico y zoólogo francés, creador del principio del transformismo, que con el evolucionismo de *Darwin* (v.), influiría la psicología de *Spencer* (v.) y de *Taine* (v.).

**La Mettrie o Lamettrie, Julián Godofredo** (1709-1751). Filósofo francés que sostuvo en su obra *El hombre máquina* (*L'homme machine,* 1747) que también el alma es de naturaleza corporal, y que pensar es una función del cuerpo y más precisamente del encéfalo. Al hombre sería aplicable la teoría del *automatismo* propuesta por *Descartes* (v.) para los animales.

**Lange, Carlos Jorge** (1834-1900). Fisiólogo y psicólogo danés, famoso por su reelaboración de la teoría de la emoción de *James* (v.). Obra principal: *Om Sindsbevoegelser* (1885).

**Langley, Juan Newport** (1852-1925). Fisiólogo inglés, que en 1889 descubrió el muy discutido *reflejo del axón,* llamado así porque se desarrolla en un solo cilindroeje y por consiguiente en la misma neurona. Con este principio se explicaron muchos hechos de observación clínica corriente del sistema nervioso.

**Lapicque, Luis** (1866-1952). Filósofo francés, creador del término *cronaxia* (v.).

**Lasègue, Ernesto Carlos** (1816-1883). Médico y psiquiatra, que se destacó por sus estudios sobre las manías.

**Lashley, Carlos Spencer** (1890). Psicólogo estadounidense, especializado en psicología fisiológica y,

sobre todo, en el problema de las localizaciones cerebrales. Obra principal: *Brain, mechanism and intelligence* (1929).

**Lay, W. A.** (1862-1926). Psicólogo inglés que introdujo la psicología experimental en la pedagogía.

**Lazarus, Moritz** (1824-1903). Psicólogo alemán, uno de los fundadores de la psicología social; se le considera el iniciador de la *etnopsicología.* Obra principal: *Das leben der Seele* (1856).

**Le Dantec, Félix** (1869-1917). Psicólogo francés, partidario irreductible del *epifenomenismo,* teoría psicológica según la cual la conciencia no existiría siendo únicamente un epifenómeno.

**Lehmann, Alfredo** (1858-1921). Psicólogo danés, que estudió los fenómenos de la expresión. Obra principal: *Die körperlichen Aeusserungen psychischen Zustände* (1899).

**Leibniz, Guillermo** (1646-1716). Filósofo alemán que procuró conciliar el *racionalismo* de *Spinoza* (v.) con el *empirismo* de *Locke* (v.), y admitió, como todos los racionalistas, que en el alma existen ideas innatas, pero que éstas son solamente virtuales o potenciales, de manera que cualquier alma tendría cierta facultad de representación, a la cual la experiencia daría el contenido. Por eso al principio «nada hay en el intelecto que antes no haya pasado por los sentidos», agregó, «salvo el intelecto mismo».

**Le Senne, Renato** (1882-1954). Psicólogo francés, famoso por sus estudios de caracterología y por haber hecho conocer la célebre clasificación de los caracteres de Heymans y Wiersma.

**Levi, Elisphas.** V. *Constant, Alfonso Luis.*

**Levi, Sergio** (1905-1966). Médico y psicólogo italiano, cuyos estudios de psicofisiología infantil y de higiene mental de la infancia y de la adolescencia han tenido amplia resonancia por la traducción en castellano de sus obras. Principales obras: *Elementos de neuropsicología infantil* (1955) y *Problemas del crecimiento* (1965).

**Lévy-Bruhl, Luciano** (1857-1939). Etnólogo francés, que ejerció grandísima influencia sobre el pensamiento antropológico mundial, y también sobre la psicología a través de sus estudios sobre la mentalidad primitiva.

**Lewin, Kurt** (1890-1947). Psicólogo alemán, emigrado a los Estados Unidos de Norteamérica en 1933.

Intentó la síntesis de la psicología de la forma y del psicoanálisis, interpretando los fenómenos psicológicos en función del *campo psicológico* (v.).

**Lhermitte, Juan** (1877). Neurólogo francés, famoso por sus estudios sobre las funciones y localizaciones cerebrales.

**Linton, Ralph** (1895). Antropólogo y psicólogo estadounidense, que hizo triunfar en los Estados Unidos la idea de una «personalidad de base».

**Lipps, Teodoro** (1851-1914). Filósofo y psicólogo alemán; en psicología sus obras principales son: *Leitfaden der Psychologie* (1903) y *Psychologische Untersuchungen* (1907-1912).

**Locke, Guillermo** (1632-1704). Filósofo inglés para el cual el alma está por principio privada de ideas natas *(tabula rasa)*, pero puede asumir la experiencia de los sentidos y elaborarla en el intelecto.

**Lodge, José Oliverio** (1851-1940). Físico inglés, que cultivó activamente la metapsíquica, a la que apuntaló con su autoridad en el campo de las ciencias.

**Loeb, Jacobo** (1859-1924). Biólogo alemán establecido en los Estados Unidos de Norteamérica; fue famoso por sus estudios de biofisiología y de psicología comparada con orientación mecanicista. Obras principales: *Der Heliotropismus der Tiere und seine Übereinstimmung mit dem Heliotropismus der Pflanzen* (1890) y *The mechanistic conception of the life* (1912).

**Lombroso, César** (1835-1909). Médico y criminalista italiano, autor de la teoría del «criminal nato». Para él, el criminal no es culpable, sino un enfermo, predestinado por sus disposiciones innatas —que se traducen por determinados rasgos físicos— a volverse criminal.

**Lorenz, Konrad** (1900). Biólogo austríaco, Premio Nobel, cuyos estudios del comportamiento animal en su medio natural dieron origen a la *etología* (v.).

**Lotze, Hernán** (1817-1881). Médico y filósofo alemán, todavía fiel a la doctrina de la sustancialidad del alma, y que combatió la identidad entre cuerpo y alma. En psicología Lotze fue en general favorable a un procedimiento de exacta investigación científica unido con una interpretación filosófica de los conceptos.

**Lubbock, Juan** (1834-1913). Biólogo inglés, que se especializó en psicología animal. Obras principales: *Ants, bees and wasps* (1882) y *Senses, instincts, and intelligence of animals* (1888).

**Lucas, Próspero** (1808-1885). Psiquiatra francés, el primero en estudiar la herencia de las enfermedades mentales. Fue contemporáneo de *Galton* (v.), y su obra fue paralela a la de éste.

**Luciani, Luis** (1840-1919). Fisiólogo italiano, que se distinguió principalmente por sus estudios de fisiología del cerebro.

**Lucrecio** [*Tito Lucrecio Caro*] (95 o 96 o 98?-55 a. C.). El mayor de los filósofos romanos. Su obra principal es *De rerum natura* (la naturaleza de las cosas), poema didascálico que reúne todo el saber filosófico y científico de la época en función de la doctrina de *Epicuro* (v.). La concepción que Lucrecio tiene de la psiquis es completamente biológica, por cuanto la considera como una de las verdaderas funciones del organismo y, como cualquier función, unida con las condiciones sanas o morbosas del organismo mismo. Lucrecio establece una distinción entre *animus, mens, consilium* (pensamiento) y *anima*. «El ánima que también es llamada mente *(animus, mens)* y en la cual están el raciocinio y la guía de la vida, es una parte del hombre, como lo son de cualquier animal viviente los ojos, los pies y las manos».

**Lugaro, Ernesto** (1870-1940). Psiquiatra italiano, del que son memorables las investigaciones sobre la individualidad de la neurona. Realizó la descripción clínica de la *hipocondría persecutoria*.

**Luys, Julio Bernardo** (1828-1898). Anatomista y fisiólogo francés, famoso por sus estudios del tálamo y sus dependencias.

# M

**Mac Dougall, Guillermo** (1871-1938). Psicólogo inglés, célebre como teórico de la «psicología social» experimental. Mac Dougall fue partidario de *Freud* (v.) y de la *psicología de la forma*, pero para ellos es demasiado experimental, en tanto que, a los ojos de los experimentalistas, es poco preciso.

**Mach, Ernesto** (1838-1916). Fisiólogo y filósofo austríaco, conocido por sus investigaciones sobre fisiología y psicología de los sentidos. Fundador del empirocriticismo. Obra principal: *Beiträge zur Analyse der Empfindungen* (1866).

**Magendie, Francisco** (1738-1855). Médico francés, considerado como uno de los fundadores de la fisiología moderna. Se ocupó también de anatomía y de clínica del sistema nervioso. Completó el descubrimiento de *Bell* (v.), demostrando experimentalmente la distinción entre nervios motores y nervios sensitivos.

**Maine de Biran, María Francisco Pedro Gualterio** (1766-1824). Filósofo francés, que criticó el *sensismo de Condillac* (v.), sosteniendo una psicología autónoma, en la que los procesos psíquicos no derivan de las sensaciones sino que tienen cierta autonomía.

**Malebranche, Nicolás de** (1638-1715). Filósofo francés, célebre por sus trabajos para demostrar la armonía entre el cartesianismo y el catolicismo.

**Malthus, Tomás** (1766-1834). Pastor y economista inglés, cuya obra está en la base de la doctrina del control de los nacimientos denominada «maltusianismo».

**Mantegazza, Pablo** (1831-1910). Fisiólogo y antropólogo italiano, que fundó el primer Laboratorio de Patología General que haya existido, en la Universidad de Pavía, y en Florencia el Museo de Antropología y Etnología.

**Marco Terencio Varrón** (116-27 a. C.). Gran erudito romano que adhirió a la teoría del *pneuma* (v.) y definió al alma como «aire absorbido por la boca, templado en el pulmón, calentado en el corazón y difundido en el cuerpo».

**Marie, Pedro** (1853-1940). Médico francés, que hizo notables aportes a la psicopatología y neuropatología. Se le debe el estudio definitivo de la *acromegalia* (v.), enfermedad hoy llamada también *morbo de Pierre Marie*.

**Marinesco, Jorge** (1864-1938). Neurólogo rumano de fama mundial; fundador de la Escuela neurológica de Bucarest. Es memorable su trabajo sobre la célula nerviosa, aparecido en 1909.

**Marino** [Cont. del emp. Trajano]. Médico romano, que en neurología distinguió siete pares de nervios craneales, considerando como quinto par al «nervio auditivo» (describiendo como un solo nervio las dos porciones del acústico) y como sexto par el «nervio gustativo», del que fue tal vez el descubridor.

**Marro, Antonio** (1840-1913). Antropólogo, psiquiatra y criminalista italiano. Merecen especial atención sus estudios sobre los delincuentes y la *pubertad* (v.). Fundó uno de los primeros institutos médicopedagógicos que existieron para la atención de niños deficientes (*Istituto Antonio Marro per anormali psichici*, Turín).

**Maskelyne, Nevil** (1732-1811). Astrónomo inglés, que junto con Bessel, descubrió la «ecuación personal del tiempo de reacción». Es uno de los fundadores de la psicología experimental (v. *Bouguer y Bessel*).

**Maudsley, Enrique** (1858-1918). Psiquiatra y psicólogo inglés conocido por sus estudios de psicología patológica. Obras principales: *Pathology of mind* (1879) y *Heredity, variation, and genius* (1908).

**Mauss, Marcelo** (1835-1918). Sociólogo francés, cuya antropología es un sistema de interpretación que da cuenta simultáneamente de los aspectos físicos, fisiológicos, psíquicos y sociológicos de todas las conductas. Su influencia sobre la psicología ha sido muy grande.

**Maxwell, Jaime Clerck** (1831-1879). Físico escocés, cuyos estudios sobre la percepción del color y la ceguera de los colores son fundamentales para la psicología.

**Mayer, Roberto Julio** (1814-1878). Médico alemán, que junto con *Helmholtz* (v.), enunció la *ley de la conservación de la energía*, que muchos consideran como el más grande descubrimiento del siglo pasado.

**Mead, Margarita** (1901). Psicólogo y sociólogo estadounidense. Con sus estudios de antropología social ha procurado demostrar que el *complejo de Edipo* no solamente está unido con motivaciones psicológicas, como Freud pretendía, sino también con una estructura social.

**Diccionario bibliográfico**

**Meinong, Alexis** (1853-1920). Filósofo austríaco, que fundó en Graz el primer laboratorio de psicología de su país, en 1894. Obra principal de psicología: *Gesammelte Abhandlugen* (1914).
**Melantón:** V. *Schwarzerd, Felipe.*
**Mendel, Gregorio** (1822-1884). Monje checo, que descubrió las leyes de la herencia biológica. Sus trabajos quedaron olvidados hasta que Correns y Tshermak redescubrieron, a principios de siglo, las mismas leyes.
**Merani, Alberto L.** (1918). Psicólogo argentino, se distingue en el campo de la psicología de la edad evolutiva y de la epistemología psicológica. Principales obras: *Psicología genética* (1962), *Introducción a la psicología infantil* (1965) y *La dialéctica en psicología* (1968).
**Merlau-Ponty, Mauricio** (1908-1961). Filósofo y psicólogo francés, que fue parte de la llamada «Escuela existencialista» de París. Sus estudios de psicología, notables en muchos aspectos, procuran desentrañar si se puede igualar existencia y ser en el mundo, sin esquivar ese mixto que es la conciencia humana.
**Mesmer, Federico Antonio** (1734-1815). Médico vienés, considerado el descubridor del llamado «magnetismo animal», que supo combinar en una teoría única los fenómenos biológicos del galvanismo animal, los físicos del magnetismo y el patrimonio medieval de ideas mágicas y astrológicas *(mesmerismo)*.
**Metchnikoff, Elías** (1845-1916). Biólogo ruso que vivió y trabajó en Francia, descubridor de los fagocitos y la fagocitosis, compartió con Pablo Ehrlich el Premio Nobel de Medicina y Fisiología en 1908.
**Meumann, Ernesto** (1862-1915). Psicólogo alemán, que aplicó los métodos experimentales de la psicología a la estética y a la pedagogía. Obra principal: *Intelligenz und Wille* (1908).
**Meyerson, Emilio** (1859-1933). Filósofo polaco, que desarrolló su obra en Francia, y que se ocupó fundamentalmente del problema del conocimiento científico.
**Meyerson, Ignacio** (1895). Psicólogo francés, fundador de una «psicología histórica». Alumno de *Janet* (v.), ha interpretado las teorías de éste en sentido histórico, y ha emprendido la tarea de realizar «una psicología genética que sería una historia completa de las conductas y de las funciones psicológicas del hombre».
**Meynert, Teodoro Hernán** (1833-1892). Anatomista y psiquiatra alemán que descubrió la diferencia en el tiempo de mielinización de las fibras en el curso del desarrollo. Este descubrimiento está en la base de la «teoría mielogenética» de *Flechsig* (v.).
**Mill, Jaime** (1773-1836). Filósofo inglés, cuya obra principal lleva por título *Análisis de los fenómenos del intelecto humano (Analysis of the Phenomena of the Human Mind*, 1829). Es uno de los fundadores

del *asociacionismo* en psicología. Mill retoma la tradición de *Locke* (v.) y de *Hume* (v.), y la desarrolla según una orientación que fue llamada asociacionista, porque pretendía reducir la vida psíquica a asociaciones de ideas, que se producirían por una forma de contigüidad.
**Mill, John-Stuart** (1806-1873). Uno de los más célebres psicólogos ingleses del siglo pasado. Sus trabajos consolidaron y dieron coherencia a la doctrina asociacionista.
**Minkowsky, Eugenio** (1885). Psiquiatra francés, que ha procurado conciliar en el campo de la psicopatología el bergsonismo y la fenomenología.
**Mira y López, Emilio** (1899-1964). Médico y psicólogo español, creador del «Test miokinético». Su obra ha tenido amplia resonancia en Latinoamérica, donde fue un gran impulsor de los estudios de psicología.
**Moebius, Pablo Julio** (1853-1907). Neurólogo y psiquiatra alemán, que se ocupó preferentemente de la psicología del genio. Obra principal: *Physiologischer Schwachsin des Weibes* (1908).
**Monakow, Constantino von** (1853-1930). Neurólogo ruso, establecido en Zürich; es fundamental para la patología cerebral el principio de *diasquisis,* enunciado por Monakow, y que se define así: «cesación de actividad funcional que ocurre de improviso y que se extiende a distritos funcionales muy extensos, que tiene su punto de partida en una lesión local y se propaga en porciones de sustancia gris que primariamente no han sido lesionadas y hacia las cuales van las fibras provenientes del punto de la lesión».
**Montessori, María** (1870-1952). Médico, psicólogo y pedagogo italiana. Su obra principal es un método de educación cuya finalidad es desarrollar en los niños la espontaneidad de los movimientos, el gusto por el orden, la memoria de los sentidos.
**Moreau de Tours, Jacobo José** (1804-1884). Psiquiatra francés, sostenedor de que el genio representa un estado semipatológico de la mente, por lo cual de una excesiva excitabilidad del sistema nervioso deriva por un lado una extraordinaria aptitud para la actividad mental y por el otro para la enfermedad mental.
**Morel, Benedicto Augusto** (1809-1873). Médico, nacido en Viena, de padres franceses, y que desarrolló su actividad en Francia. El nombre de Morel está unido indisolublemente al estudio sistemático de las enfermedades mentales y a la clarificación del concepto de *degeneración* (v.).
**Moreno, Jacobo** (1892). Psiquiatra rumano, que vive en los Estados Unidos de Norteamérica. Creador del *sociograma* (v.) y del *psicodrama* (v.).
**Morgan, Conway Lloyd** (1852-1936). Psicólogo inglés, considerado el fundador de la *psicología comparada* (v.). Obras principales: *Animal life and intelligence* (1890) y *The animal mind* (1930).
**Morselli, Enrique** (1852-1929). Psiquiatra italiano,

cuyos estudios en todos los campos de la psiquiatría y de la psicologia han dejado profunda huella.
**Mosso, Ángel** (1846-1910). Fisiólogo italiano, que se
distinguió por sus estudios sobre la fatiga muscular
y las experiencias sobre la circulación cerebral en
relación con las emociones. V. *balanza de Mosso.*
**Mouchet, Enrique** (1890-1976). Psiquiatra y psicólogo argentino; una de las figuras más notables de la
psicología en lengua española. Obras principales:
*Introducción a la fisiología y patología del espíritu*
(1914), *El lenguaje interior* (1923) y *Percepción,
instinto y razón* (1941).
**Müller, Juan** (1801-1858). Anatomista y fisiólogo
alemán, creador de la doctrina de la *energía
especifica de los sentidos,* que se enuncia asi: «Las
excitaciones actúan instantáneamente en toda la
longitud de los nervios y en todas las fibras, en
cualquier punto en que sean excitadas». A esta
doctrina *Helmholtz* (v.) la parangonó por su
importancia con la teoría de la gravitación.
**Müller-Freinfels, Ricardo** (1882-1935). Psicólogo ale-

mán, fundador de la «Lebenpsychologie». Obra
principal: *Grundzüge eines Sozial und Kulturpsycho-
logie* (1930).
**Munk, Manuel** (1852-1903). Fisiólogo alemán, que
con trabajos realizados entre 1877-1878 identificó
el trastorno por él denominado *ceguera psíquica*
(v.), debido al cual el sujeto ve, pero no reconoce las
imágenes vistas; y también el trastorno correspondiente en el campo auditivo, la *sordera psíquica,*
debido a la cual el sujeto oye, pero no reconoce las
imágenes oidas. Cf. *Kussmaul.*
**Münsterberg, Hugo** (1863-1916). Psicólogo alemán
residenciado en los Estados Unidos de Norteamérica. Es uno de los iniciadores de la psicología
aplicada. Obras principales: *Psychologie und Wirts-
chaftsleben* (1912) y *Psychotechnik* (1914).
**Myers, Federico Guillermo Enrique** (1843-1901). Filósofo y científico inglés, que fue uo de los más
fervientes cultores de la metapsíquica, y que junto
con *Sitgwick* (v.) fundó la *Society for Psychical
Research.*

# N

**Naegeli, Carlos Guillermo** (1817-1891). Biólogo suizo, famoso por sus estudios sobre la materia viva y los factores determinantes de la vida.

**Nemesio** (s. IV d. C.). Fue obispo de Emesia en Celesiria. En su libro *De humana natura* realizó un examen especial de los órganos de los sentidos y reconoció una posición aparte al tacto, que consideró difundido en todos los órganos, en tanto que los demás sentidos dependerían de nervios cerebrales especiales. Indicó a los ventrículos cerebrales como sede de las funciones mentales. Localizó las sensaciones en los ventrículos anteriores, el pensamiento en el medio y la memoria en el posterior.

**Neumann, Juan von** (1903). Matemático austríaco, radicado en los Estados Unidos de Norteamérica. Ha contribuido al desarrollo de las ciencias del hombre con su libro *Theory of Games and Economic Behaviour* (1944).

**Nietzsche, Federico** (1844-1900). Ilustre filósofo alemán, que ejerció grandísima influencia sobre las corrientes irracionalistas del pensamiento contemporáneo.

# O

**Oesterreich, Carlos** (1882-1935). Parapsicólogo alemán, ampliamente conocido sobre todo por sus obras: *Phänomenologie des Ich* (1910) y *Religionspsychologie* (1917).

**Ohm, Jorge S.** (1787-1845). Físico alemán, famoso por sus estudios sobre la electricidad y el sonido. V. *Ohm, ley de.*

**Oleron, Pedro** (1925). Psicólogo francés. Es un especialista en psicología experimental al que se deben numerosos estudios, sobre todo y de mayor valor, los referentes a los componentes de la inteligencia.

**Ombredane, Andrés** (1898-1959). Médico y psicólogo francés. Sus estudios sobre el lenguaje, especialmente sobre los trastornos del lenguaje, le han dado justa nombradía.

**Ostwald, Guillermo** (1853-1932). Químico alemán, creador de una nueva teoría de los colores; su influencia en la psicología se debe a sus estudios sobre el hombre de genio, y a la división de la genialidad en dos tipos: la clásica y la romántica.

**Otto, Rodolfo** (1869-1937). Teólogo protestante alemán, que creó una nueva doctrina del concepto religioso de irracional, el llamado *numisoso* (de «numen»).

# P

**Panizza, Bartolomé** (1785-1867). Anatomista y fisiólogo italiano, quien demostró que en los mamíferos, para la formación del nervio óptico, concurren, aparte de haces provenientes de la eminencia cuadrigésima y del tálamo, otros provenientes de las circunvoluciones cerebrales posteriores.

**Parménides** (?-480 a. C.). Fundador de la llamada *Escuela eleática*, en Elea, Magna Grecia. Consideraba que la realidad es *inteligible* (o sea, cognoscible únicamente a través del intelecto) y no *sensible* (o sea, cognoscible a través de los sentidos). Parece que Parménides consideraba al alma como compuesta a partir de la tierra y del fuego.

**Pavlov, Iván P.** (1849-1936). Fisiólogo ruso. Es el primero en haber descubierto la importancia que tienen los reflejos condicionados en el psiquismo humano y animal. Es de recordar que todos los estudios de la motivación y de muchos de los conocimientos prácticos que tenemos en psicología hoy día, como por ejemplo el parto sin dolor o psicoprofiláctico, han salido de los estudios de Pavlov. Recibió el Premio Nobel.

**Pearson, Carlos** (1857-1936). Psicólogo inglés, que en 1903 realizó investigaciones sobre más de 3.000 hermanos y hermanas, y pudo comprobar que la afinidad mental entre éstos era tan grande como la somática.

**Pelüger, Eduardo Federico Guillermo** (1829-1910). Fisiólogo alemán, que se distinguió en el estudio del sistema nervioso. Muy notables son sus estudios sobre la médula espinal, a la que reconoció un cierto automatismo (la llamada *alma espinal* de Pflüger).

**Pende, Nicola** (1880-1970). Médico, filósofo y psicólogo italiano, que estudió la relación entre los tipos somáticos y constitucionales. Es el creador de la denominación *endocrinología* (v.) y el propulsor de la neuroendocrinología correlativa.

**Piaget, Juan** (1896-1980). Biólogo y psicólogo suizo. La obra de Piaget en psicología es sin duda una de las más importantes de nuestro siglo. Todos sus esfuerzos tienden a la estructuración de una psicología genética. Es uno de los más importantes de los psicólogos de nuestro siglo.

**Piéron, Enrique** (1881-1964). Psicólogo francés, jefe de la escuela de psicología objetiva. Fue precursor de *Watson* (v.), y todos sus esfuerzos tendieron a elaborar una psicología asentada sobre observaciones de la biología.

**Pinel, Felipe** (1745-1826). Médico y psiquiatra francés, que es considerado como el verdadero renovador de la asistencia psiquiátrica moderna (v. *Daquin y Chiarugi*).

**Pitágoras de Samos** (?-497 a. C.). Filósofo griego, casi mítico, para quien el alma estaba regida por leyes matemáticas y era inmortal, pero pasando de un cuerpo a otro *(metempsicosis)*. Para Pitágoras cada hombre está formado por tres partes, que son el cuerpo, el alma y el espíritu, y forman el llamado ternario humano.

**Pitres, Juan Alberto** (1848-1927). Médico francés que se ocupó fundamentalmente del estudio de las disminuciones sensoriales en niños y adultos.

**Platón de Atenas** (427 o 428-347 a. C.). Fue discípulo de Sócrates y es considerado como el mayor y más fiel de sus intérpretes. Entre los escritos de Platón, que son en forma de diálogo y llevan casi todos los nombres de discípulos de Sócrates, los más interesantes para la psicología son el *Timeo* o sobre la naturaleza del universo, el *Fedro* o sobre la retórica, el *Fedón* o sobre la inmortalidad del alma. Definió la naturaleza del alma por boca de Timeo, como existiendo un alma divina e inmortal, dada por Dios, llamada *racional* porque intuye la verdad eterna, a la que el hombre agrega el cuerpo y otra alma mortal. Las dos almas, tan diversas por naturaleza, tienen distinta sede: la inmortal la cabeza, la mortal el tronco. El alma mortal se divide, a su vez, en otras dos almas: la *pasional* o *irascible,* y la *apetitiva.* En el *Timeo* afirma que la *médula* es la sede de tres almas, con lo cual quiere indicar todo aquello que hoy denominamos sistema nervioso central. La doctrina platónica de la triplicidad del alma, o sea de la llamada «alma tripártita», no debe ser confundida con la aristotélica, que se conoce por el mismo nombre y que tiene mucho menor fundamento anatómico (v. *Aristóteles*).

**Poincarè, Enrique** (1854-1912). Uno de los más grandes matemáticos franceses de la época moderna, por su solución de diferentes problemas de la teoría de las funciones, las ecuaciones diferenciales y la mecánica celeste. Fue además un gran epistemólogo.

*

**Politzer, Jorge** (1903-1942). Filósofo francés, crítico del bergsonismo y crítico de los fundamentos de la psicología.

**Pomponazzi, Pedro** (1426-1525). Filósofo italiano, que representa mejor el aristotelismo alejandrista. Su principal obra es *De animae immortalitate*, en la que sostiene la irreconciabilidad entre la doctrina aristotélica y el dogma cristiano de la inmortalidad del alma. Según Pompanazzi, el alma sería una forma del cuerpo y por esta misma razón, mortal.

**Pradines, Mauricio** (1874-1959). Psicólogo francés, cuya obra, como psicólogo, está prácticamente centrada en el estudio de la génesis de las funciones psíquicas.

**Preyer, Thierry Guillermo** (1841-1897). Fisiólogo alemán, fundador de la *psicología de la edad evolutiva* (v.), con sus estudios sobre el «alma del niño».

**Priestley, Jaime** (1733-1804). Filósofo inglés que intentó dar base psicológica a la doctrina asociacionista. Obra principal: *Hartley's Theory of Human Mind on the Principles of the Association of Ideas* (1775).

**Purkinje, Juan Evangelista** (1787-1869). Fisiólogo checo, que descubrió las células en candelabro de la corteza cerebral.

# Q

**Quételet, Jacobo** (1796-1874). Matemático belga, conocido por ser el iniciador de los estudios estadísticos de los rasgos morfológicos de los individuos humanos.

# R

**Ramón y Cajal, Santiago** (1852-1934). Histólogo español, que dejó en la anatomía e histología del sistema nervioso soportes incalculables que le valieron el Premio Nobel. Fue uno de los máximos propugnadores de la teoría del neurón.

**Rank, Otto** (1884-1939). Psicoanalista austríaco, uno de los mejores discípulos de Freud; se le debe la teoría del *trauma del nacimiento* (v.), que su maestro no aceptó. Sus principales obras son: *Der künstler* (1907) y *Das Trauma der Geburt* (1924).

**Reichenbach, Carlos von** (1788-1869). Biólogo y filósofo alemán, creador de la doctrina del «od», que suponía como una fuerza vital productora de los fenómenos de la hipnosis, y que por mucho tiempo sirvió como única explicación, aparte del *magnetismo* (v.), para los mismos.

**Reid, Tomás** (1710-1796). Filósofo inglés, fundador de una importante filosofía de la que derivó la llamada «Escuela escocesa de psicología».

**Reil, J. Ch.** (1759-1813). Anatomista y fisiólogo inglés que aproximadamente en 1790 acuñó el término «psiquiatría».

**Renouvier, Carlos Bernardo** (1815-1903). Filósofo francés, cuya obra es muy amplia y destaca, sobre todo, por su sentido crítico.

**Retzius, Andrés Adolfo** (1796-1860). Anatomista y antropólogo sueco, que determinó el *índice cefálico horizontal*, o sea, la relación entre la longitud (igualada en 100) y la anchura del cráneo.

**Ribot, Teódulo** (1839-1916). Psicólogo francés, que tuvo gran influencia sobre los estudios de psicología de fines del siglo pasado y principios de éste. Toda su psicología está asentada sobre el método clínico, que preconiza como el más apto para la psicología.

**Richet, Carlos Roberto** (1850-1935). Fisiólogo francés, notable por haber descubierto la *anafilaxia* (v.) y por sus estudios de *metapsíquica* (v.). En 1913 recibió el Premio Nobel de Medicina y Fisiología. Su obra que más interesa a la psicología es *Traité de Métapsychique* (1922).

**Rolando, Luis** (1773-1831). Anatomista italiano, que fue el primero en reconocer y descubrir con precisión las circunvoluciones cerebrales, lo que

hizo en 1829 en su obra *De la estructura de los hemisferios cerebrales*. Fue el primero que afirmó la constancia y regularidad de las disposiciones de las circunvoluciones cerebrales, mientras que hasta su tiempo se creyó que la superficie del cerebro estaba plegada sin reglas.

**Romanes, Jorge Juan** (1848-1894). Naturalista canadiense, cuyos trabajos sobre psicología animal abrieron camino a esta clase de estudios. Obras principales: *Animal intelligence* (1882) y *Mental evolution in animals* (1883).

**Rorschach, Hernán** (1884-1922). Psiquiatra y psicólogo suizo, que en 1921 propuso un método de tests para exámenes psicológicos y psicopatológicos verdaderamente original y de gran genialidad. Dicho método se conoce usualmente bajo el nombre de *psicodiagnóstico de Rorscharch* (v.) y también *prueba de la interpretación de la forma*.

**Rosmini Serbati, Antonio** (1797-1855). Filósofo italiano, que entre sus obras dejó una *Psicología* (1846-1850). Refutó al sensismo de *Condillac* (v.), al kantismo, y objetó a *Locke* (v.) como demasiado superficial, adhiriendo a la doctrina de *Tomás de Aquino* (v.).

**Rossolimo, Gregorio Ivanovic** (1860-1928). Neurólogo y psicólogo ruso. Su nombre está unido a un reflejo especial del pie y a un método de examen psicológico del tipo de los llamados «perfiles» (*Test del perfil mental de Rossolimo*), propuesto en 1909.

**Rousseau, Juan Jacobo** (1712-1778). Filósofo suizo, que vivió siempre en Francia, y cuya obra, *Contrato social* (1762), constituyó un hecho esencial, que ejerció una influencia decisiva sobre la Revolución francesa. Hay un aspecto psicológico muy importante en la obra de Rousseau, que expresó en las *Confesiones*.

**Royce, Josiah** (1855-1916). Filósofo estadounidense, uno de los mayores metafísicos y psicólogos de Norteamérica. Tuvo gran influencia sobre sus contemporáneos.

**Ruyer, Raimundo** (1902). Psicólogo y filósofo francés, especialista en los problemas planteados por las relaciones entre el alma y el cuerpo y las cuestiones de estructura del organismo.

# S

**Sade, Donato, Marqués de** (1740-1814). Noble francés. Sade es un símbolo. Su nombre sirve en *psicología* para designar una de las perversiones más corrientes: *sadismo* (v.).

**Saint-Exupéry, Antonio de** (1900-1944). Aviador y escritor francés, sus libros de una finura psicológica extraordinaria son hasta ahora el único y mejor documento que tenemos para el análisis de la psicología de una profesión muy moderna: la de pilotos de línea.

**Saint-Simon, Conde de** (1706-1825). Filósofo y sociólogo francés, uno de los más grandes teóricos del socialismo utópico.

**Sartre, Juan Pablo** (1905-1979). Filósofo francés; es uno de los más célebres representantes del existencialismo. Sus trabajos de psicología ponen sobre un nuevo plano la discusión de problemas fundamentales como la concepción del hombre.

**Scheler, Max** (1874-1928). Filósofo alemán, uno de los más grandes fenomenólogos. Su filosofía ha servido de base a la *psicología fenomenológica* (v.).

**Schultze, Máximo Juan Segismundo** (1833-1874). Histólogo alemán, al que se debe la creación del concepto moderno de célula.

**Schwann, Teodoro** (1810-1882). Naturalista alemán, descubridor de las células y de las vainas de los nervios que llevan su nombre. Se le considera como el verdadero fundador de la teoría celular de los animales.

**Schwarzerd, Felipe** [que tradujo su propio nombre al griego, haciéndose llamar *Melantón*] (1497-1560). Filósofo alemán, que fue el verdadero teólogo de la reforma. Se le atribuye la creación del vocablo *psicología*, cuya difusión fue debida al filósofo *Rodolfo Göckel* (v.), que en 1590 publicó con este título y con el subtítulo *De Hominis perfectione*. *Anima*, un tratado. El vocablo debía después afirmarse definitivamente con *Leibniz* (v.) y *Wolff* (v.).

**Seashore, Carlos Emilio** (1886-1940). Psicólogo sueco, radicado en los Estados Unidos de Norteamérica, especializado en los estudios de psicología musical. Obra principal: *Psychology of Music* (1938).

**Semon, Ricardo Wolfgang** (1859-1908). Naturalista alemán, que se destacó por sus estudios sobre el problema biológico de la memoria; creador con

*Hering* (v.), de la *hipótesis* o *teoría mnémica* (v.) que lleva el nombre de ambos.

**Séneca** [*Lucio Anneo*] (4 a. C.-65 d. C.). Está considerado entre los máximos pensadores latinos. Como filósofo fue estoico. Como pensador fue esencialmente un moralista. Notables son sus observaciones de *psicología moral* sobre la ira, la tranquilidad del espíritu, el ocio, la vida contemplativa y activa, la bondad de la vida natural.

**Sergi, José** (1841-1936). Psicólogo italiano, que cultivó la antropología y puede ser considerado como el verdadero fundador de la moderna corriente de la *antropología social*.

**Setchenov, Ivan Mihailovich** (1829-1903). Neurólogo ruso, considerado el padre de la fisiología y neurología rusas; fue el precursor de *Pavlov* (v.).

**Sherrington, Carlos Scott** (1859-1962). Fisiólogo inglés, del que es notable la teoría de la *sinaptología* (1897), según la cual la función nerviosa esencial estaría localizada al nivel de una superficie de detención o de discontinuidad constituida por el confín entre célula y célula, o sea, la juntura interneurónica o *sinapsis* (v.).

**Simon, Teodoro** (1873-1942). Psicólogo francés, que en colaboración con *Binet* (v.) creó las escalas métricas de la inteligencia que llevan el nombre de ambos.

**Sitwock, Enrique** (1838-1900). Psicólogo inglés, fundador, con *Myers* (v.), de la Society for Psychical Research.

**Sócrates de Atenas** (469-399 a. C.). Junto con Platón y Aristóteles, el más renombrado de los filósofos griegos. Partía del presupuesto de la propia insuficiencia («Una sola cosa sé: que nada sé») y de la convicción de que más allá de los conocimientos humanos mutables y falaces existen verdades eternas e inmutables. No escribió nada y se dedicó a la educación de sus conciudadanos, refutando las opiniones erradas e invitándolos a escrutar en su intimidad (*Gnóthi seautón* [v.]). De Sócrates se puede decir que fue el primer gran psicólogo de los tiempos históricos y también el primero que empleó esencialmente la *introspección* (v.). Uno de los grandes méritos de Sócrates consiste en haber comprendido el interés del *concepto* (o sea, lo que hay de común en muchas cosas aparentemente diversas), de haber enseñado a alcanzar conocimientos con la *inducción*, y de haber establecido la importancia de las *definiciones*.

**Spearman, Carlos L.** (1863-1938). Psicólogo inglés famoso por sus estudios sobre la inteligencia. Obras principales: *The nature of «intelligence» and the principles of cognition* (1923) y *Abilities of man: their nature and measurement* (1927).

**Spencer, Heriberto** (1820-1903). Filósofo inglés que introdujo en la psicología la teoría evolucionista con su tratado *Education: Intellectual, Moral and Physical* (1861).

**Spinoza, Baruch** (1632-1677). Filósofo holandés, quien sostuvo que no existe una acción intercambiable entre procesos psíquicos y procesos corporales, sino un proceder paralelo de los primeros con los segundos, por lo cual el orden y la conexión de las ideas son simpre idénticos al orden y conexión de las cosas materiales *(paralelismo psicofísico)*.

**Spranger, Eduardo** (1882). Filósofo y psicólogo alemán, uno de los estructuradores de la psicología como ciencia del espíritu. Obras fundamentales: *Lebensformen* (1918) y *Psychologie des Jugendalters* (1926).

**Spurzheim, Gaspar** (1776-1832). Médico alemán que amplió la doctrina de *Gall* (v.) y creó el término *frenología* para denominar la doctrina de Gall.

**Stahl, Jorge Ernesto** (1660-1734). Médico alemán, que desmintió el dualismo de *Descartes* (v.) y afirmó que el principio supremo de la vida es el *ánima*. Ésta, que se debe identificar con la naturaleza y no con el intelecto, es la unidad de todo el organismo, al que protege de la decadencia y de la putrefacción y provoca a través del sistema circulatorio movimientos que, cuando no corresponden a normas especiales, constituyen la enfermedad.

**Steinthal, Heymann** (1823-1899). Conjuntamente con *Lazarus* (v.), trabajó para establecer los fundamentos de la etnología y etnopsicología. Obra principal: *Mythus und Religion* (1870)

**Stekel, Guillermo** (1870-1947). Psicólogo alemán, alumno de Freud, del que se separó por diferencias ideológicas. Según él, los símbolos no se relacionan forzosamente con la líbido y no son tan rígidos como pensaba Freud.

**Stern, Guillermo** (1871-1938). Psicólogo alemán, que se interesó particularmente en la constitución de las bases de la personalidad. Definió, siguiendo a Bergson, la inteligencia como la capacidad de adaptación, definición que todavía está en la base de muchos estudios sobre el tema.

**Stump, Carlos** (1848-1936). Filósofo y psicólogo alemán, que se destacó por sus investigaciones del sentido musical. Obras principales: *Tonpsychology* (1883-1890) y *Die Sprachlaute* (1926).

**Sullivan, Harry Stack** (1892-1949). Psiquiatra y psicólogo estadounidense, que creó una concepción de la psiquiatría en tanto que estudio de las relaciones interpersonales.

**Sully, James** (1842-1923). Psicólogo inglés, que se destacó en psicología experimental y aplicada. Obra principal: *Studies of childhood* (1895).

**Sydenham, Tomás** (1624-1689). Médico inglés, que realizó grandes trabajos en materia médica, en especial sobre las epidemias. Describió la *corea* que lleva su nombre (v.).

**Szondi, Lipot** (1904). Psicoanalista húngaro, inventor del *test* que lleva su nombre (v.). Supone la existencia de «pulsiones» latentes, debidas a los genes recesivos de la herencia, que orientan nuestras elecciones.

# T

**Taine, Hipólito Adolfo** (1828-1893). Filósofo francés, discípulo de *Comte* (v.), que en 1870 publicó una obra sobre la inteligencia *(De l'intelligence)* y construyó la teoría del *Milieu*, con la cual trató de explicar todos los procesos de la sociedad humana con la combinación de circunstancias de ambiente, pasadas y presentes. Entre tales circunstancias están los fenómenos psíquicos. Realizó observaciones sobre su hija, que lo convierten en el iniciador de la *psicología de la edad evolutiva*.

**Tales de Mileto** (?-546 a. C.). Uno de los llamados siete sabios de la antigua Grecia. Habría atribuido al imán un alma, por su fuerza de atracción.

**Tamburini, Augusto** (1848-1919). Psiquiatra italiano, cuyos trabajos son notables sobre todo en el campo de la «higiene social».

**Tarde, Gabriel** (1843-1904). Sociólogo y psicólogo francés, inventor de una rama efímera de la psicología: la «interpsicología», que sacó de los trabajos de criminología.

**Taylor, Federico Wilson** (1856-1915). Técnico mecánico estadounidense, que estructuró el método de dirección científica de empresas que hoy se conoce con su nombre (v. *taylorismo*).

**Teilhard de Chardin, Pedro** (1881-1955). Paleontólogo y filósofo que perteneció a la orden de los Jesuitas. Encaró la tarea de conciliar el transformismo con la doctrina cristiana, y a su labor se debe la aceptación por la Iglesia de la «teoría restringida de la evolución». Sus obras, la mayoría póstumas, vieron su publicación retrasada e impedida por la actitud de las jerarquías eclesiásticas para con su pensamiento. Sus principales obras son: *Comment se pose aujourd'hui la question transformisme* (1921). *Le phénomène humaine* (1955) y *La visión du passé* (1957).

**Telesio, Bernardino** (1509-1588). Humanista italiano, que dejó gran impronta sobre los estudios del alma. Tuvo la genial y fértil concepción de que todo lo que hay en el mundo es materia, que está permanentemente animada, o sea, en movimiento, por lo que cada fenómeno natural (comprendida la vida psíquica), es reducible a una forma particular de movimiento. Telesio admitió explícitamente que el psiquismo reside en «los ventrículos del cerebro» y es difundido por los nervios.

**Teofrasto de Lesbos** (?-287 a. C.). Discípulo de

Aristóteles, que dejó un libro escrito probablemente en el año 319 a. C., titulado *Los caracteres*, en el que describe a personas de su tiempo. Tal libro puede ser considerado como la primera tentativa científica conocida en el campo de la *caracterología*.

**Terman, Lewis Madison** (1877). Psicólogo norteamericano, cuyo nombre es conocido por sus estudios sobre pruebas de inteligencia. Obras principales: *The Stanford revision of the Binet-Simon intelligence-scale* (1916) y *Measuring intelligence* (1923).

**Tertuliano** [*Quinto Settimo Lorenzo*] (160-220 o 230). Pensador de la Patrística; escribió un tratado *De Anima*, cuya teoría psicológica es de orientación voluntarista. Muchas de sus concepciones no fueron aceptadas por la Iglesia.

**Tetens, J. N.** (1736-1807). Filósofo alemán que intentó aplicar a la vida psíquica las «leyes de la química»: combinación, separación, afinidad, etc.

**Thorndike, Eduardo Lee** (1874-1949). Psicólogo estadounidense. Ha procurado poner en claro la diferencia entre instinto e inteligencia. Los trabajos de Thorndike cubren toda una serie de estudios de psicología animal sobre *aprendizaje* (v.).

**Thurstone, Luis León** (1887-1955). Psicólogo estadounidense. Describe el comportamiento por sus *factores* (v.), que son: factor general, factores verbales, numéricos y espaciales.

**Tichener, Eduardo Bradford** (1867-1927). Psicólogo estadounidense, que adquirió notoriedad por su encarnizada oposición al *behaviourismo* (v.).

**Tolman, Eduardo** (1886). Psicólogo estadounidense, que reemplazó la noción de *behaviour* (v.) por la *purposive behaviour* (*purpose* = finalidad). Según él, el comportamiento no es una recepción pasiva de excitaciones sino el empleo de esas excitaciones en función de una finalidad.

**Tomás de Aquino** (1225-1274). Santo. El mayor de los doctores de la Iglesia. Italiano. En el sistema filosófico de Tomás de Aquino el principio psicológico es fundamental. Afirmó que el alma humana es única y que tiene una sola forma que compendia todas las facultades. Al unir el alma y el cuerpo adoptando la concepción aristotélica, aunque adaptada a la doctrina cristiana del «alma forma del cuerpo», pareció comprometer el principio dogmático de la inmortalidad del alma, y fue acusado de herejía. Es notable en el sistema psicológico de Tomás de Aquino la afirmación de la *superioridad del intelecto* sobre otras facultades del alma y especialmente sobre la voluntad *(intelectualismo)*, que se contrapone al voluntarismo de *Aurelio Agustín* (v.), y que se compendia en la fórmula: «No se puede desear lo que no se conoce, y no se puede conocer si no es aprehendido a través de los sentidos».

**Torres, Mauro** (1928-). Psiquiatra y psicólogo colombiano. Sus principales obras son: *Teoría de las funciones mentales; Freud, biografía crítica* y *Tensión en la unidad familiar. Padres e hijos.*

**Torres Norry, José** (1907). Psiquiatra y psicólogo argentino; su labor es la más importante en lengua española en el campo de la psicopatología. Obras principales: *El sueño y los sueños* (1970) y *Escuelas médicas contemporáneas* (1954).

# U

**Uexküll, Jacobo Juan von** (1864-1960). Biólogo letón, vivió en Alemania. Realizó estudios de psicología comparada. Principales obras: *Umwelt und innenwelt der Tiere* (1909) y *Theorische Biologie* (1920).

# V

**Valsava, Antonio María** (1666-1723). Médico italiano. Son memorables sus estudios sobre el oído (*De aure humana tractatus,* 1704). Igualmente notables son los resultados de sus experiencias neurológicas. Demostró objetivamente el hecho, ya comprobado por *Hipócrates* (v.), de que en la hemiplejía la lesión determinante está en el lado opuesto del encéfalo.

**Valla, Lorenzo** (1406-1457). Insigne humanista, cuyo pensamiento es notable en psicología por haber retomado, con el nuevo espíritu crítico de su tiempo, la discusión ya tratada por *Epicuro* (v.) y por *Aurelio Agustín* (v.) sobre el *libre arbitrio.* Valla sostiene la libertad de la voluntad, que lleva a unos hombres al bien y a otros al mal sin que sepamos por qué.

**Varolio (Varolius), Constancio** (1542-1575). Anatomista italiano, famoso por haber sido uno de los renovadores de la anatomía.

**Virchow, Rodolfo** (1821-1902). Anatomopatólogo alemán, que descubrió la *neuroglia* o tejido de sostén del sistema nervioso.

**Volta, Alejandro** (1745-1827). Físico italiano, que oponiéndose a la teoría de Galvani terminó por confirmarla. Son notables sus trabajos sobre electricidad.

**Vries, Hugo de.** V. *De Vries, Hugo.*

**Vulpian, Eduardo Félix Alfredo** (1826-1881). Fisiólogo francés, que se ocupó especialmente del sistema nervioso, a cuyo conocimiento hizo importantes contribuciones.

# W

**Waitz, Teodoro** (1821-1864). Filósofo alemán. Procuró poner la psicología en la base de la filosofía. Obra principal: *Anthropologie der Naturvölker* (1859).

**Wallon, Enrique** (1879-1963). Psicólogo francés. Wallon es el más importante de los psicólogos del siglo XX. Se opuso violentamente a las concepciones de *Piaget* (v,.), al que acusa de describir y de no explicar los fenómenos psicológicos. La doctrina psicológica de Wallon se integra en la filosofía del materialismo dialéctico.

**Watson, Juan Broadus** (1878-1959). Psicólogo estadounidense, considerado el fundador del *behaviorismo*. Entre sus principales obras están: *Behavior: an introduction to comparative psychology* (1914) y *Behaviorism* (1925).

**Weber, Ernesto María** (1795-1878). Anatomista y fisiólogo alemán. Realizó históricas experiencias sobre la sensibilidad diferencial de la piel *(Compás de Weber)*. Planteó el fundamento de las relaciones entre procesos mentales y somáticos por medio de la llamada *Ley de Weber,* que se enuncia así: «Si dos estímulos, actúan sobre un mismo órgano de los sentidos, para que sea percibida una diferencia de intensidad es necesario que la diferencia misma no sea inferior a un cierto valor, el cual en cualquier sujeto y en cualquier órgano de los sentidos, es proporcional a la intensidad del estímulo más bajo (llamado *umbral diferencial*)». V.*Fechner*.

**Weismann, Augusto** (1834-1914). Biólogo alemán, que elaboró el *neodarwinismo* (v.) en base a su teoría de que los caracteres adquiridos no se transmiten por herencia.

**Wernicke, Carlos** (1848-1905). El nombre de este histólogo y psiquiatra alemán está directamente unido a la descripción precisa y la localización anatómica de la *afasia sensorial* (1874) (v.). Fue un renovador en el campo de la psiquiatría.

**Wertheimer, Max** (1880-1943). Psicólogo alemán, uno de los fundadores de la psicología de la forma *(Gestalttheorie)* (v.).

**Wiener, Norberto** (1905). Físico alemán, residente en los Estados Unidos, iniciador de los estudios que culminaron con la cibernética. Obra principal: *Cibernetics* (1943).

**Willis, Tomás** (1622-1675). Médico inglés, que en 1644 publicó la *Anatomía cerebri,* en la que entre otras cosas describe, por primera vez de manera exhaustiva, los nervios cerebrales, el polígono basal del cráneo que lleva su nombre, y el líquido cefalorraquídeo. Fue el primero que con buenos argumentos biológicos puso a la corteza cerebral en relación con las funciones psíquicas.

**Witmer, Lightner** (1842-1913). Psicólogo estadounidense. Fue el primero en aplicar la psicología experimental de *Wundt* (v.) a los casos patológicos o anormales.

**Wolff, Carlota** (1897-1944). Psicóloga polaca, que trabajó en Inglaterra y en Francia, se especializó en quirología, y los mejores estudios sobre el tema le pertenecen.

**Wolff, Cristiano** (1679-1754). Filósofo alemán, que hizo grandes contribuciones a la psicología sistemática de las funciones mentales. A Wolff se debe la creación del término *representación (Vorstellung).* Toda la obra de Wolff representa una nueva tentativa de investigar por vía empírica los hechos de la vida psíquica. Confirmó en la literatura filosófica el vocablo *psicología,* creado por *Melantón* (v.).

**Woodworth, Juan Enrique** (1863-1943). Psicólogo estadounidense, conocido por sus estudios sobre psicología infantil. Obras principales: *Psychology: a study of mental life* (1921) y *Experimental psychology* (1938).

**Wundt, Guillermo** (1832-1920). Filósofo alemán, que debe considerarse como el verdadero fundador de la psicología científica moderna. Fundador del primer *Laboratorio de Psicología Experimental* que existió, en Leipzig en 1878. Es también iniciador de la actual *psicología social* (v.).

# Y

**Yerkes, Roberto Mearns** (1876-1962). Psicólogo estadounidense, que se destacó por sus estudios de psicología animal. Obra principal: *Mental life of monkeys and apes* (1916).

# Z

**Zazzo, Renato** (1914). Psicólogo francés, que goza de reputación internacional en materia de psicofisiología infantil.

**Zwaardemaker, Enrique** (1857-1930). Fisiólogo holandés, famoso por su clasificación de los olores. Obra principal: *Die Physiologie des Geruchs* (1895).

# GLOSARIO DE RAÍCES GRIEGAS Y LATINAS

Este glosario reúne raíces griegas y latinas fundamentales para comprender el significado etimológico, e inclusive técnico, de los términos propios de la psicología, y para construir nuevos términos cuando la novedad del concepto o el uso lo requieran.

# A

**a** Gr. *a* (se le agrega una *n* para palabras que comienzan con vocal), es prefijo negativo privativo: **abulia** (*a* + *boulé* = voluntad).

**ab** Lat. *ab* = de, desde, fuera de, por: **abreacción** (*ab* = fuera de + *re* = indicando retorno + *actio* = acción), **absorbente** (*ab* = de + *sorbere* = beber).

**abdomin-** Lat. *abdomen, abdominis* = abdomen: **abdominoscopía** (*abdominis* + Gr. *skopéin* = mirar).

**ac-** Lat. *ad* (v.).

**acc** Lat. *ago, actum* = guiar, hacer: **reacción** (*re* + *ago, agere* = actuar).

**acou-** Gr. *akoúo* = oír: **acufeno** (*acou* + *phaínein* = parecer).

**acr-** Gr. *ákron* = extremidad, alto: **acrodinia** (*ákron* + *ódyne* = dolor): **acrocefalia** (*ákron* = alto + *kephalé* = cabeza).

**acu-** V. *acou*: **acúmetro** (*akoúo* = oír + *métron* = medida).

**ad** Lat. *ad* = cerca, hasta, hacia, contra: **adrenalina** (*ad* = cerca + *ren* = riñón). V. *ac-*

**aer** Gr. *aér* = aire: **aerofagia** (*aér* = aire + *phagein* = comer).

**-agogo** Gr. *agogós* = que favorece, conduce, induce: **galactagogo** (*gála, aktós* = leche + *agogós* = que induce).

**al-** Gr. *állos* = otro, diferente: **alergología** (*allós* + *érgon* = reacción + *lógos* = discurso), **aloidismo** (*állos* + *eídos* = forma).

**alg-** Gr. *álgos* = dolor: **algofilia** (*álgos* = dolor + *philía* = amistad).

**ana-** Gr. *aná* = positivo: **anamórfosis** (*aná* = positivo + *morphé* = forma).

**andr-** Gr. *anér, andrós* = hombre: **andrógino** (*andrós* + *gyné* = mujer).

**anfi** Gr. *amphí* = doble, ambos: **anfidiploide** (*anfi* = ambos + *diplóos* = doble).

**ant** V. *anti*.

**ante-** Lat. *ante* = antes: **antetracción** (*ante* + *trahere* = arrastrar).

**anti-** Gr. *antí* = contra: **antídoto** (*antí* + *dotós* = dado).

**arqu-** Gr. *arché* = comienzo, origen: **arquebiosis** (*arché* = comienzo + *bíos* = vida).

**as** Lat. *ad* (la *d* cambia en *s* porque la palabra que sigue comienza con esa consonante): **asecurosis** (*ad* + *securos* = sin cuidado).

**aur-** Lat. *auris* = oreja: **auricular** (*auricula* = diminutivo de *auris*).

**aux-** Gr. *áuxo* = aumento: **auxología** (*áuxo* + *lógos* = tratado).

**ax-** Gr. *áxon* = eje: **axonotmésis** (*áxon* = eje + *tmésis* = sección).

**axon-** Gr. *áxon* = eje: **axonometría** (*áxon* + *métron* = medida).

# B

**ba-** Gr. *baíno, básis, ba-* = ir, caminar, estar de pie: **hipnobasia** (*hypnos* = sueño + *ba* + *ia* = estado o condición).

**bal-** Gr. *bállo, bol-* = lanzar, echar a través: **balistofobia** (*bállein* + *phóbos* = miedo).

**bar-** Gr. *báros* = peso: **barómetro** (*báros* + *métron* = medir).

**bi-** Gr. *bíos* = vida: **aerobio** (Gr. *aér* = aire + *bíos*).

**bi** Lat. *bi* = dos: **biovular** (*bi* + *ovum* = huevo).

**blast-** Gr. *blastós* = germen: **blastodermo** (*blastós* + *dérma* = piel).

**blep-** Gr. *blépse* = mirar, ver: **hemiblepsia** (*hemi* = semi + *blépse* = ver + *ia* = estado, condición).

**bradi-** Gr. *bradys* = lento: **bradipsíquico** (*bradys* + *psiché* = espíritu).

**braqui-** Gr. *brachys* = corto: **braquicéfalo** (*brachys* + *kephalé* = cabeza).

**braquio-** Gr. *brachíon* = brazo: **braquiocefálico, índice** (*brachíon* + *kephalé* = cabeza).

**bri-** Gr. *bryo* = pleno de vida: **embrión.**

**buc-** Lat. *bucca* = boca: **bucal, nasobucal** (*nasus* = nariz + *bucca*).

# C

**cac-** Gr. *kakós* = malo: **cacografía** (*kakós* + *graphein* = escribir).

**capit-** Lat. *caput, capitis* = cabeza: **decapitar** (*de* = fuera de + *capitis*).

# Glosarios

cari- Gr. *káryon* = carozo, núcleo: **cariocinesis** (*káryon* + *kínesis* = movimiento).

cata- Gr. *katá* = que cae, hacia abajo, negativo: **catafasia** (*katá* + *phásis* = palabra).

caud- Lat. *cauda* = cola: **caudatrémula** (*cauda* + *tremula* = temblona).

cefal- Gr. *kephalé* = cabeza: **cefalometría** (*kephalé* + *métron* = medida).

cel- Lat. *cella* = celda, cuarto: **celulípedo** (*cella* + *petere* = aproximarse).

cen- Gr. *koinós* = común: **cenestesia** (*koinós* + *aísthesis* = sensibilidad).

cent- Lat. *centum* = ciento: **centímetro** (*centum* + *métron* = medida).

centr- Gr. *kéntron* o lat. *centrum* = centro: **centrosoma** (*kéntron* + *sóma* = cuerpo).

cept- Lat. *capio*, *ceptus* = tomar, recibir: **receptor** (*recipere*).

cerebr- Lat. *cerebrum* = cerebro: **cerebroesclerosis** (*cerebrum* + *sklerós* = duro).

cicl- Gr. *kyklos* = círculo: **ciclotimia** (*kyklos* + *thymós* = ánimo).

-cida Lat. *caedo*, -*cisus* = cortado, muerto: **infanticida** (*infans* = que no habla + *cida*).

cine- Gr. *kinéo* = mover: **cinepatía** (*kinéo* + *páthos* = sufrimiento).

circum- Lat. *circum* = alrededor: **circunfusa** (*circum* + *fundare* = repartir).

-cis- Lat. *caedo*, -*cisus* = cortar, matar: **excisión** (*ex* = fuera + *cisus*).

cit- Gr. *kytos* = célula: **citología** (*kytos* + *lógos* = discurso).

condr- Gr. *kóndros* = cartílago: **condroide** (*kóndros* + *eídos* = forma).

contra- Lat. *contra* = contra: **contraindicación** (*contra* + *indico* = señalar).

cord- Gr. *kordé* = cuerda: **cordal** (*kordé*).

corpor- Lat. *corpus*, *corporis* = cuerpo: **intracorporal** (*intra* = dentro de + *corpus*).

cortic- Lat. *cortex*, *corticis* = corteza, cubierta: **corticoprivo** (*cortex* + *privare* = privar).

crani- Gr. *kraníon* o lat. *cranium* = cráneo: **cranioctomía** (*crani* + *ektomé* = resección).

cri- Gr. *kryos* = frío: **criestesia** (*kryos* + *aisthesis* = sensibilidad).

crin- Gr. *kriné* = distinguido, separado: **endocrinología** (*endon* = dentro + *kriné* + *logos* = tratado).

cult- Lat. *colo*, *ceptus* = trabajado: **cultivo** (*cultus*), **culteranismo** (*cultus* + *ismo* = estado o condición).

cune- Lat. *cuneus* = cuña: **cuneiforme** (*cuneus* + *forma* = figura).

cut- Lat. *cutis* = piel: **cutitis** (*cutis* + *itis* = inflamación).

# D

dactil- Gr. *dáktylos* = dedo: **dactiloscopía** (*dáktylos* + *skopéin* = observar).

de- Lat. *de* = desde, fuera de: **desarticulación** (*de* + *articulatus* = unido).

dec- Gr. *déka* = diez: **decámetro** (*déka* + *métron* = medida).

dec- Lat. *decem* = diez: **decímetro** (*decem* + *métron* = medida).

dendr- Gr. *déndron* = árbol: **dendrita** (*déndron*), **neurodendrita** (*neuron* = nervio + *déndron*).

dextr- Lat. *dexter* = derecha: **destrogiro** (*dexter* + Gr. *gyro* = doy vuelta).

di- Lat. *di* = dos: **dimórfico** (*di* + *morphé* = forma).

di- Gr. *dís* = dos veces: **dimeria** (*dís* + *méros* = función).

dia- Gr. *diá* = a través, aparte: **diascopia** (*diá* + *skopéin* = examinar).

digit- Lat. *digitus* = dedo: **digitiforme** (*digitus* + *forma* = figura).

dinam- Gr. *dynamis* = poder: **dinamogenia** (*dynamis* + *gennan* = engendrar).

diplo- Gr. *diplóos* = doble: **diploacusia** (*diplóos* + *akoyein* = entender).

dis- Lat. *dis* = aparte, hacia: **disección** (*dis* + *secare* = cortar).

dis- Gr. *dys* = malo, impropio: **disartria** (*dys* + *arthron* = articulación).

# E

e- Lat. *e* = de, fuera: **emisión** (*e* + *mittere* = enviar).

ect- Gr. *ektós* = fuera: **ectoplasma** (*ektós* = fuera + *plasma* = forma).

electr- Gr. *elektron* = ámbar: **electrogénesis** (*elektron* + *gennan* = engendrar).

-em- Gr. *aima* = sangre: **anemia** (*an* = privativo + *aima*).

end- Gr. *endon* = dentro: **endocondral** (*endon* + *kondrós* = cartílago).

epi- Gr. *epí* = sobre, después: **epicanto** (*epí* + *kánthos* = ángulo del ojo).

erg- Gr. *érgon* = trabajo: **ergonomía** (*érgon* + *nómos* = regla, ley).

escler- Gr. *sklerós* = duro: **esclerógeno** (*sklerós* + *gennan* = engendrar).

espas- Gr. *spáo*, *spas* = contractarse: **espasmógeno** (*spas* + *gennan* = producir).

espect- Lat. *spectrum* = apariencia, lo que es visto: **espectrografía** (*spectrum* + *graphéin* = grabar).

espin- Lat. *spina* = espina: **cerebroespinal** (*cerebrum* = cerebro + *spina*).

esqui- Gr. *schízo* = divido: **esquizofrenia** (*schizo* + *phren* = diafragma).

este- Gr. *aísthesis* = sensibilidad: **estesiógeno** (*aístesis* + *gennan* = engendrar).

esten- Gr. *sthénos* = fuerza, vigor: **neurastenia** (*neuron* = nervio + *a* = privativo + *sthénos*).

estruct- Lat. *struo*, *structus* = dispuesto, construido: **obstrucción** (*ob* = contra + *estructus*).

ex- Gr. *ex* o lat. *ex* = fuera de: **exógeno** (*ex*+ *gennan* = engendrar).
exo- Gr. *exo* = del lado de afuera: **exoforia** (*exo* + *phéro* = llevo).
extra- Lat. *extra* = fuera de: **extramélico** (*extra* + *mélos* = miembro).

# F

fa- Gr. *phásis* = palabra: **afasia** (*a* = privativo + *phásis*).
faci- Lat. *facies* = cara: **faciolingual** (*facies* + *lingua* = lengua).
fag- Gr. *phagein* = comer: **onicofagia** (*onix* = uña + *phagein*).
fen- Gr. *phaíno, phan-* = hacer ver, aparecer: **fenotipo** (*phaínein* + *typos* = forma).
-ferent Lat. *fero, ferentis* = sacar, que lleva: **aferente** (*a* + *ferentis*), **eferente** *(e-* + *ferentis)*.
fil- Gr. *phylon* = tribu: **filogenia** (*phylon*+ *gennan* = engendrar).
fil- Lat. *filum* = hilo: **filiforme** (*filum* + *forma* = figura).
fob- Gr. *phóbos* = miedo: **agorafobia** (*ágora* = plaza + *phóbos*).
fon- Gr. *phoné* = sonido: **cacofonía** (*kakós* = malo + *phoné*).
-form Lat. *forma* = figura: **deforme** *(de-* + *forma)*.
fot- Gr. *phos, photós* = luz: **fotometría** (*photós* + *métron* = medida).
frag- Gr. *phragmo, phrag-* = separación, pared **diafragma** (*día* = a través, entre, al lado + *phragmo*).
fren- Gr. *phrén* = diafragma; por extensión, mente, ánimo: **frenología** (*phrén* + *lógos* = discurso).
front- Lat. *frons, frontis* = frente: **frontocraniano** (*frons* + *kraníon* = cráneo).
func- Lat. *fungor, functus, functio* = función: **funcionalismo** (*functio* + *ismo* = estado o condición).

# G

gam- Gr. *gámos* = matrimonio, unión reproductora: **gamomanía** (*gámos* + *manía* = locura).
gemin- Lat. *geminus* = doble: **geminado.**
gen- Gr. *génos* = origen, producción primera: **patogenia** (*páthos* = enfermedad + *génos* = origen).
germ- Lat. *germen, germinis* = semilla, algo que crece: **germinal.**
gin-, gine- Gr. *gyné, gynaikós* = mujer: **ginantropía** (*gyné* + *ánthropos* = hombre).
gir- Gr. *gyrós* = círculo, anillo: **girocefalia** (*gyros* + *kephalé* = cabeza).
-glía Gr. *glía* = liga, viscoso: **neuroglia** (*neuron* = nervio + *glía*).

glos- Gr. *glóssa* = lengua: **glosalgia** (*glóssa* + *álgos* = dolor).
glot- Gr. *glótta* = lengua, lenguaje: **glotología** (*glótta* + *lógos* = discurso).
gno- Gr. *gnosis* = conocimiento, discernimiento: **diagnóstico** (*diá* + *gnosis*).
graf- Gr. *gráphein* = escribir, marcar: **grafología** (*gráphe* + *lógos* = discurso).

# H

hec- Gr. *ékt* = ciento: **hectómetro** (*ékt* + *métron* = medida).
hemi- Gr. *hémi* = mitad: **hemianosmia** (*émi* + *a-* + *osmé* = olfato).
hered- Lat. *heres, heredis* = heredero: **herencia, hereditario.**
hip- Gr. *hypnós* = sueño: **hipnalgia** (*hypnós* + *álgos* = dolor).
hiper- Gr. *hypér* = por encima, en extremo: **hipercinesia** (*hypér* + *kínesis* = movimiento).
hipo- Gr. *hypó* = bajo, por debajo: **hipocinético** (*hypó* + *kínesis* = movimiento).
hist- Gr. *histós* = tejido: **histología** (*histós* + *lógos* = estudio).
hister- Gr. *hystéra* = útero: **histeralgia** (*hystéra* + *álgos* = dolor).
hom- Gr. *homós* = común, semejante: **homogénesis** (*homós* + *gennan* = producir).
horm- Gr. *hormé* = impulso: **hormona, hormógeno** (*hormé* + *gennan* = producir).

# I

iatr- Gr. *iatrós* = médico: **pediatra** (*paidós* = niño + *iatrós*).
idi- Gr. *ídios* = peculiar, singular, diverso: **idiocinesia** (*ídios* + *kínesis* = movimiento).
infra- Lat. *infra* = debajo de: **inframastitis** (*infra* + *mastós* = mama + *itis* = inflamación).
inter- Lat. *inter* = entre: **intercurrente** (*inter* + *currere* = correr).
intra- Lat. *intra* = dentro, parte interior: **intrasacular** (*intra* + *saculus* = saquito).
is- Gr. *ísos* = igual: **isomorfo** (*isos* + *morphé* = forma).

# K

kil- Gr. *chílioi* = mil: **kilómetro** (*chílloi* + *métron* = medida).

# Glosarios

# L

**lal-** Gr. *laléo* = hablar: **lalopatía** (*laléo* + *páthos* = enfermedad).

**lingu-** Lat. *lingua* = lengua: **sublingual** (*sub* = debajo + *lingua*).

**loc-** Lat. *locus* = lugar: **locomotor** (*locus* + *motor* = el que mueve).

**log-** Gr. *lógos* = palabra, discurso, tratado, estudio sobre: **logopatía** (*lógos* + *páthos* = enfermedad), **psicología** (*psyché* = espíritu + *lógos*).

**lute-** Lat. *luteus* = amarillo: **luteína** (*luteus*).

# M

**macr-** Gr. *makrós* = largo, ancho, grande: **macrocéfalo** (makrós + *kephalé* = cabeza).

**mal-** Lat. *malus* = malo: **malformación** (*malus* + *forma* = figura).

**mani-** Gr. *manía* = locura: **ninfomanía** (*nynphe* = ninfa + *manía*).

**medi-** Lat. *medius* = medio: **mediolíneo** (*medius* + *linea* = línea).

**mega-** Gr. *mégas* = grande, ancho: **megalomanía** (*mégas* + *manía* = locura).

**ment-** Lat. *mens, mentis* = pensamiento: **demencia** (*de* + *mentis*).

**mes-** Gr. *mésos* = medio: **mesoñatia** (*mésos* + *gnáthos* = mandíbula).

**meta-** Gr. *metá* = después, más allá: **metapsicología** (*metá* + *psyché* = espíritu + *lógos* = discurso).

**metr-** Gr. *métron* = medida: **metrología** (*métron* + *lógos* = discurso).

**mi-** Gr. *mys, myos* = músculo: **mioide** (*mys* + *eídos* = forma).

**micr-** Gr. *mikrós* = pequeño: **microbiología** (*mikrós* + *bíos* = vida + *lógos* = discurso).

**mil-** Lat. *mille* = un mil: **milímetro** (*mille* + *métron* = medida).

**mne-** Gr. *mnéskonai, mnéme* = recuerdo: **amnesia** (*a-* + *mnésai* = recordarse).

**mon-** Gr. *mónos* = solo, único: **monogamia** (*mónos* + *gámos* = matrimonio).

**morf-** Gr. *morphé* = forma: **morfógeno** (*morphé* + *gennan* = producir).

**mot-** Lat. *moveo, motus* = movimiento: **motricidad** (*motus*), **motilidad** (*motus*).

# N

**narc-** Gr. *narké* = embotamiento: **narcobiosis** (*narké* + *bíos* = vida).

**nas-** Lat. *nasus* = nariz: **nasal, punto** (*nasus*).

**ne-** Gr. *néos* = nuevo: **neogénesis** (*néo* + *gennan* = engendrar).

**neu-** Gr. *pneuma* = soplo, espíritu: **neumatismo** (*pneuma* + *ismo* = estado o condición).

**neur-** Gr. *neuron* = nervio: **neurología** (*neuron* + *lógos* = tratado).

**nom-** Gr. *nómos* = ley, costumbre: **taxinomía** (*taxis* = distribución + *nómos*).

**nos-** Gr. *nósos* = enfermedad: **nosología** (*nósos* + *lógos* = estudio).

**nucle-** Lat. *nucleus* = núcleo: **nucleoide** (*nucleus* + *eídos* = forma).

**nutri-** Lat. *nutrio* = nutrir: **desnutrición** (*de* + *nutrio*).

# Ñ

**ña-** Gr. *gnáthos* = mandíbula: **ortoñatismo** (*orthós* = recto + *gnáthos*).

# O

**ob-** Lat. *ob* = contra, delante: **obstetricia** (*ob* + *stare* = mantenerse).

**ocul-** Lat. *oculus* = ojo: **oculogiro** (*oculus* + *gyro* = me vuelvo).

**-oide** Gr. *eídos* = forma: **cicloide** (*kyklos* = círculo + *eídos*).

**olig-** Gr. *olígos* = poco, pequeño: **oligofrénico** (*olígos* + *phrén* = diafragma).

**oo-** Gr. *oón* = huevo: **oocinesis** (*oón* + *kínesis* = movimiento).

**op-** Gr. *oráo, ops* = ver: **eritropsia** (*erythrós* = rojo + *ops*).

**or-** Lat. *os, oris* = boca: **intraoral** (*intra* = dentro + *oris*).

**orb-** Lat. *orbis* = círculo: **orbitonometría** (*orbis* + *tonus* = tono + *métron* = medida).

**organ-** Gr. *órganon* = implemento, instrumento: **organografía** (*órganon* + *graphéin* = escribir).

**ort-** Gr. *orthós* = recto, normal: **ortogénesis** (*orthós* + *gennan* = engendrar).

# P

**paqui-** Gr. *pachys* = pesado: **paquisomia** (*pakyeo* + *sóma* = cuerpo).

**para-** Gr. *pará* = junto, al lado: **parapsicología** (*pará* + *psyché* = espíritu + *lógos* = discurso).

**pat-** Gr. *páthos* = enfermedad: **psicopatología** (*psyche* = espíritu + *páthos* + *lógos* = tratado).

**ped-** Gr. *país, paidós* = niño: **ortopédico** (*orthós* = recto + *paidós*).

**pend-** Lat. *pendeo* = cuelgo: **apendicitis** (*a* + *pendeo* + *itis* = inflamación).

pent- Gr. *pénte* = cinco: **pentastoma** (*pénte* + *stóma* = boca).

per- Lat. *per* = a través: **percutáneo** (*per* + *cutis* = piel).

peri- Gr. *perí* = alrededor: **pericistitis** (*perí* + *kystis* = vejiga).

pituit- Lat. *pituíta* = mucosidad: **pituitario** *(pituíta)*.

plas- Gr. *plásso* = modelar: **cineplastía** (*kinesis* = movimiento + *plásso, plassein*).

plati- Gr. *platys* = aplastado: **platipodia** (*platys* + *poys, podós* = pie).

pod- Gr. *poys, podós* = pie: **podagra** (*podós*+ *agra* = 'toma).

poie- Gr. *poiéo* = hacer, producir.

pol- Gr. *pólos* = eje de una esfera: **peripolar** (*perí* = alrededor + *pólos*).

poli- Gr. *polys* = mucho: **polidactilia** (*polys* + *dáktilos* = dedo).

pont- Lat. *pons, pontis* = puente: **pontocerebelar** (*pons* + *cerebellum* = cerebelo).

post- Lat. *post* = después: **postfiláctico** (*post* + *phyláxis* = protección).

pre- Lat. *prae* = antes: **prenatal** (*prae* + *natus* = nacido).

pres- Lat. *premo, pressus* = presión: **presoestesis** (*pressus* + *aísthesis* = sensibilidad).

prosop- Gr. *prósopon* = cara: **prosopalgia** (*prósopon* + *álgos* = dolor).

pseud- Gr. *pseydés* = falso: **pseudomanía** (*pseydés* + *manía* = locura).

psych- Gr. *psyché* = espíritu, alma: **psicología** (*psyché* + *lógos* = tratado).

puber- Lat. *puber* = joven: **pubertad** (*pubertas* = vello).

# Q

querat- Gr. *kératos* = cuerno, córneo: **queratotomía** (*kératos* + *tomé* = sección).

qui- gr. *cheír* = mano: **quiromancia** (*cheír* + *manteía* = adivinación).

quinque- Lat. *quinque* = cinco: **quinquenio** (*quinque* + *annus* = año).

# R

radi- Lat. *radius* = rayo, radio: **radiación** *(radiatus)*.

raqui- Gr. *rachís* = espina dorsal: **encefalorraquídeo** (*enkephalon* = cerebro + *rachís*).

# S

semi- Lat. *semi* = mitad: **semifacial** (*semi*+ *facies* = cara).

sens- Lat. *sentio, sensus* = percibir: **sensibilidad** *(sensibilitas)*.

sept- Lat. *septem* = siete: **septenario** *(septem)*.

sex- Lat. *sex* = seis: **sexdigitado** (*sex* + *digitus* = dedos).

sim- y sin- Gr. *syn* = con, junto: **simbiosis** (*sym* + *bíos* = vida).

somat- Gr. *sóma, sómatos* = cuerpo: **somatología** (*sómatos* + *lógos* = tratado).

sub- Lat. *sub* = bajo, por debajo: **subcortical** (*sub* + *cortex, corticis* = corteza).

super- Lat. *super* = encima, extremo: **superego** (*super* + *ego* = yo).

# T

tact- Lat. *tango, tactus* = tocar: **táctil** *(tactus)*.

tax- Gr. *tásso, taxis* = arreglo, ordenación: **ataxia** (*a-* = privativo + *taxis*).

te- Gr. *tithemi, the* = poner, lugar: **síntesis** (*syn* = junto + *tithemi*).

tel- Gr. *télos* = final: **teleología** (*télos* + *lógos* = tratado).

tele- Gr. *tele* = a distancia: **telesístole** (*tele* + *systolé* = cerramiento).

tempor- Lat. *tempus, temporis* = tiempo, temporal: **temporofacial** (*temporis* + *facies* = cara).

terap- Gr. *therapeía* = tratamiento, cura: **psicoterapéutica** (*psyché* = espíritu + *therapeía*).

tetra- Gr. *tetra* = cuatro: **tetrapelgia** (*tetra* + *pléssein* = golpear).

tim- Gr. *thymós* = ánimo: **distimia** (*dys* = malo + *thymós*).

tip- Gr. *typos* = tipo, forma: **tipología** (*typos* + *lógos* = tratado).

top- Gr. *tópos* = lugar: **topología** (*tópos* + *lógos* = tratado).

tox- Gr. *toxikón* = veneno: **toxicología** (*toxikón* + *lógos* = tratado).

traumat- Gr. *trauma, traúmatos* = golpeado: **traumatología** (*trauma* + *lógos* = discurso).

tri- Gr. *treis, tría* = tres: **triplegia** (*treis* + *pléssein* = golpear).

tric- Gr. *trichós* = cabello: **tricogénico** (*trichós* + *gennan* = producir).

trof- Gr. *trépho* = alimento: **atrofia** (*a-* = privativo + *trépho*).

trop- Gr. *trépo, trop* = vuelvo, retorno: **fototropismo** (*photós* = luz+ *trop*+ *ismo* = estado o condición).

# U

un- Lat. *unus* = uno: **univitelino** (*unus* + *vitellum* = yema del huevo).

# V

# Z

**vit-** Lat. *vita* = vida: **vitamina** *(vita + anima)*.

**zig-** Gr. *zygón* = unión: **zigodactilla** *(zygón + dáctilos* = dedo).

**zo-** Gr. *zoé* = vida, *zóon* = animal: **zoomorfo** *(zóon + morphe* = forma).

# GLOSARIO

de términos en diversos idiomas

Estos glosarios son un catálogo de palabras de la terminología psicológica en francés, italiano, inglés, alemán y portugués, que casi siempre son mal traducidas al castellano, porque su sentido literal no corresponde al sentido literal de los términos equivalentes del vocabulario psicológico corriente en nuestra lengua. Es por esto que en cantidad de traducciones las ideas, los conceptos, resultan fuera de orden, concierto o razón, y para evitarlo, para ayudar a encontrar la expresión exacta y correcta, los hemos compilado.

**accès à la conscience** = Clarificación.
**accion réciproque** = Interacción.
**achromatopsia** = Monocromatismo.
**acquisition** = Adquisición, aprendizaje.
**acroissement** = Incremento.
**acte consommatoire** = Comportamiento, conducta destructiva.
**adaptatif** = Adaptativo, ajustable.
**adaptation** = Adaptación (en biología), ajuste (en psicosociología).
**adaptation négative** = Habituación.
**adaptation sensorielle** = Adaptación sensorial.
**adhésivité** = Viscosidad mental.
**adquisition mentale** = Aprendizaje conceptual.
**affirmation de soi** = Autoafirmación.
**agissement** = Actuar.
**agressivité réactionnelle** = Agresividad por reacción.
**alcooliste** = Alcoholizado.
**alexie congénitale** = Dislexia.
**amour-prope** = Respeto de sí mismo.
**analyse de contróle** = Psicoanálisis de control.
**analyse didactique** = Psicoanálisis didáctico.
**analyse laïque** = Psicoanálisis laico.
**analyste** = Psicoanalista.
**anomalie de la vision des couleurs** = Ceguera para los colores.
**anthropoïdes** = Primates.
**anthropologie sociale** = Antropología cultural.
**appétit dépravé** = Picacismo.
**apprendre par coeur** = Memorizar.
**arrét** = Inhibición (en psicoanálisis).
**arriération mentale** o **intellectuel** = Deficiencia mental, retardo mental.
**article** (de un test) = Item.
**association d'actes manqués** = Actos fallidos combinados.
**atomisme** = Atomismo (en física y química), elementismo (escuelas psicológicas).
**augmentation** = Incremento.
**axone** = Cilindroeje.

**bégaiment** = Tartamudear, farfullar.
**behaviorisme** = Conductismo.
**bonhome, test du** = Goodenough, test de.
**bon mot** = Espiritoso.
**bon sens** = sentido común.
**brillance** = Luminosidad.
**bruit** = Rumor.
**but** = Fin, meta.

**ça** = Id (en psicoanálisis).
**capsules surrénales** = Glándulas suprarrenales.
**cauchemar** = Íncubo.
**chagrin** = Aflicción, desagrado.
**chatiment** = Punición.
**chef** = Líder.
**choc** = Choque.
**choix** = Elección.
**colère** = Ira.
**culpabilité** = Culpa.

**délai** = Latencia.
**délire des persécuteurs processifs** = Paranoia querellante.
**démence précoce à forme simple** = Esquizofrenia simple.
**demi-sommeil** = Duermevela.
**dépersonnalisants** = Alucinógenos.
**dépression réactionnelle** = Depresión por reacción.
**dessein** = Diseño, intento.
**détecteur** = Revelador.
**détecteur de mensonges** = Revelador de mentiras.
**discipline sphinctérienne** = Control de los esfínteres.
**discordance** = Ataxia intrapsíquica.
**disposition motivationnelle** = Disposición para la motivación.
**donnée** (Plur. données) = Dato, datos.
**dressage** = Adiestramiento.

# Glosarios

écart = Desviación.

écart étalon, écart moyen quadratique, écart type = Desviación cuadrática media.

écart moyen = Desviación media.

écart quartile o semi-interquartile = Desviación cuartil.

échantillon = Muestra.

échantillonage = Muestrario.

élément = Item (en testología).

engagement personnel = Interés del yo (en psicoanálisis).

envie = Envidia.

envie de vengeance = Deseo de venganza.

envie du penis = Envidia del pene (psicoanálisis).

environnement = Ambiente.

épilepsie essentielle o crytogénétique = Epilepsia idiopática.

épilepsie bravais - jacksonnienne = Epilepsia jacksoniana.

epileptoïdie = Epileptoidismos.

épouvante = Terror.

épreuve = Prueba (mental).

erreurs de lecture = Lapso de lectura.

esprit = Mente.

étalon = Patrón.

étalonage = Tarar (tratándose de un test).

état = Condición (como modo de ser), estado.

état adulte = Edad adulta.

état de préparation = Listo.

état de relachement général = Relajación.

états psychopathiques = Personalidades psicopáticas.

ethnie = Grupo étnico.

eux = Grupo externo (en psicología).

évaluation = Valoración y no «evaluación», en psicología y en pedagogía.

exces de compensation = Sobrecompensación.

exercice = Ejercicio.

exercices (scolaires) = Ejercitación.

extremement doue = Sobredotado.

fantasies primitives = Fantasías edípicas (en psicoanálisis).

fausse faiblesse mentale = Pseudodeficiencia mental.

fidelité = Atendibilidad (de un test).

figures renversables = Figuras que se pueden invertir.

fixation = Fijación.

fixation mnémonique = Retención.

formation réactionnelle = Formación por reacción.

formation succédanée o substitutive = Formación derivada.

forme = Forma o modelo (según el contexto).

glischroïdie = Viscosidad mental.

groupement perceptuel = Reagrupamiento de la percepción.

gustative, sensibilité = Gusto, sentido del.

haut màl = Gran mal (epilepsia).

hauteur = Soberbia.

hauter tonale = Altura del sonido y del rumor.

heuristique, euristique = Eurística.

hystérie = Histerismo.

idéal du moi = Ideal del ego.

idiotie = Idiocia.

image = Imagen.

image collective = Imagen compuesta.

images composites = Formaciones compuestas.

image consecutive = Sensación consecutiva.

imagination de renaissance = Fantasia de revivir la experiencia del nacimiento (psicoanálisis).

incitateur = Incentivo.

inconscient racial = Incosciente colectivo.

indicateur = Revelador.

indice = Indicio.

infraliminaire = Subliminal.

inhibition provenante de l'extérieur = Inhibición externa.

inhibition provenante de l'intérieur = Inhibición interna.

instinct de vie = Instinto del Eros (en psicoanálisis).

intropathie = Empatía.

investissement = Carga psíquica (en psicoanálisis).

jalousie = Celotipia.

jeu dramatique = Papel, representación de un.

lavage du cerveau = Persuación coercitiva.

le jeu de guignols = Espectáculo de títeres (como método terapéutico).

localisation auditive = Espacio auditivo.

loi de la bonne forme = Buena forma, principio de la.

loi de proximité = Cercanía, principio de la.

loi de similarité = Semejanza, principio de la.

machines à enseigner = Enseñanza, máquinas para la.

maîtrise de soi même = Autodominio.

maladresse = Desmañadamente, desmañado.

mémorie brut = Aprendizaje mecánico.

mentalisation = Toma de conciencia.

menticide = Persuación coercitiva.

mésadaption = Desajuste (social).

méthode d'économie = Método del reaprendizaje.

méthode de rappel = Método de la reevocación.

méthode des fables = Düss, método de las fábulas de.

milieu = Ambiente.

mise en acte = Actuar.

modifications corporelles dans l'émotion = Concomitantes fisiológicas de las emociones.
moi = Ego (psicoanálisis).
mouvant = Moviente.
mouvements choréiques = Movimientos coreiformes.

narcosynthése = Narcoanálisis.
névroses de transfert = Neurosis de transferencia.
non verbaux, tests = Tests de ejecución.
nous = Grupo interno (psicología).

obstination = Conducta obstinada.
odorat = Sentido del olfato.
Oedipe, déclin du complexe d' = Superación del complejo de Edipo.
oubli passager de noms = Olvido temporal de nombres.
ouïe = Oído, sentido del.

papillotement = Deslumbramiento.
passage à la conscience = Clarificación.
penchant = Propensión.
penible = Afligente.
pensée dirigée = Pensamiento directo.
perfomance, tests de = Ejecución, tests de.
pervertion sexuelle = Desviación sexual.
phénomènes xénopathiques = Automatismos mentales.
pica = Picacismo.
prise de conscience = Toma de conciencia.
productivité = Eficiencia.
protestation masculine = Protesta viril.
pseudopuberté précoce = Pubertad precoz.
psychodysleptiques = Alucinógenos.
psychogénie = Psicogénesis.
psychologie analytique = Psicología analítica junghiana.
psychologie zoologique = Psicología animal.
psychologie de la gestalt = Psicología de la forma.
psychologie des collectivités = Psicología colectiva.
psychologie du langage = Psicolingüística.
psychologie éducative = Psicología de la educación.
psychologie en profondeur = Psicología profunda.
psychologie fonctionnelle = Funcionalismo.
psychologie judiciaire o juridique = Psicología legal.
psychologie structurale = Estructuralismo.
psychopathes = Personalidades psicopáticas.
psychose revendicatrice = Paranoia querellante.
psychosomatiques, maladies = Psicosomáticos, desórdenes.
psychothérapie brève = Psicoterapéutica abreviada.
psychothérapie collective = Psicoterapéutica de grupo.
puberté précoce vraie = Pubertad precoz.

qualité de chef = Ascendiente.

rappel = Reevocación.
réalisation de soi = Autorrealización.
récompense = Premio.
refoulement = Represión.
relations sociales = Relaciones públicas.
représentation par le contraire = Contrario, transformación en el.
représentation schématique = Patrón.
réserve = Timidez.
résolution = Decisión.
retournement contre soi = Volverse contra la propia persona.
rêve = Sueño.
revéil = Reviviscencia.
rêviere = Fantasmagoría.
rôle = Papel.

scène primitive = Escena primaria.
schéma = Modelo.
schéma corporel = Esquema corpóreo o corporal.
sentiment d'insuffisance = Inadecuación, sentimiento de.
signification = Significado.
sinistralité = Zurdería.
soi = Yo.
sonie = Intensidad del ruido o del rumor.
sonorité du son et du bruit = Intensidad del sonido y del rumor.
souvenir écran = Recuerdo de cobertura.
stabilité, principe de = Constancia, principio de la.
substances psychotropes = Psicofármacos.
surapprentissage = Sobreaprendizaje.
sûreté = Seguridad (como protección).
surmoi = Superego.
surnormal = Sobrenormal.
système conscient = Conciencia.
système de reference = Esquema de referencia.

temps de latence = Latencia.
tendences partielles = Instintos parciales.
test de rendement = Test de rendimiento.
test d'instruction = Test de rendimiento.
théorie holistique = Teoría de la acción de masa.
thérapie de soutien = Terapéutica de apoyo.
thymopathie = Caracteropatía.
trace mnémonique = Huella mnémica.
transfert = Transferencia.
travaux pratiques = Ejercitaciones.
troubles du comportament = Anomalías de la conducta.
troubles du language = Defectos del lenguaje.

variable intermédiare = Variable intermedia.
voyeurisme = Escopofilia.
vue = Vista, sentido de la.

# Glosarios

**abitudine de lagnarsi** = Quejumbroso.
**abitudine, deteriorizazione di** = Pérdida de hábitos normales.
**abnorme** = Anormal.
**accrescimiento** = Crecimiento.
**acquisito** = Adquirido (en genética).
**adattivo** = Que se adapta.
**addestramento** = Adiestramiento.
**affezione** = Afecto ( como relación emotiva persistente).
**agguistamento a basso livello** = Acomodación al nivel mínimo (de débiles mentales).
**aggiustativo** = Que se adapta, acomoda (hablando de la conducta).
**alcolista** = Alcoholizado.
**alterigia** = Soberbia.
**amenza** = Confusión aguda alucinatoria.
**analizzando** = El que se psicoanaliza.
**ancoraggio sociale** = Anclaje social.
**andicappati** = Disminuidos físicos o mentales.
**anima** = Alma.
**ansia** = Ansiedad.
**anullamento** = Dar por no ocurrido (en psicoanálisis).
**apprendimento** = Aprendizaje (como teoría).
**apprendistato** = Período de adiestramiento.
**ascendente** = Ascendiente, calidad de líder.
**assurdità** = Absurdidad.
**attacamento** = Efecto prolongado.
**attegiamento** = Posibilidad de acción.
**attitudine** = Aptitud.
**autoritarietà** = Autoritarismo.

**balbettamento** = Balbuceo.
**balbuzie** = Tartamudez.
**biasimo** = Censura.
**blocco** = Bloqueo.
**bugia** = Mentira.
**burattini, spettacolo di** = Representación de títeres (como método terapéutico).

**campionatura** = Muestrario.
**campione** = Muestra.

**carattere** = Carácter (debe tenerse en cuenta que en italiano no incluye el sentido de personalidad, como en francés y en alemán).
**caratteriale** = Inestable, difícil.
**cecità** = Ceguera (completa o parcial).
**cerveletto** = Cerebelo.
**chiarore** = Brillantez.
**chiaroveggenza** = Clarividencia.
**civiltà** = Civilización (abarcando también la cultura).
**compito** = Tarea, labor o estudio asignado a alguien.
**concepimento** = Concepción (biología).
**confabulazione** = Fabulación (en psiquiatría).
**consapevole** = Que tiene conciencia de algo.
**consapevolezza** = Conciencia (psicológica).
**conscio** = Consciente, sistema consciente.
**coricarse, bisogno di** = Necesidad de acostarse.
**coscienza** = Con el sentido de «conciencia psicológica». V. *consapevolezza*. Pero por lo común su empleo se refiere a la «conciencia moral».

**dedizione** = Dedicación.
**deterioramento mentale** = Deterioro mental.
**deterrente** = Incentivo negativo.
**diletto** = Placentero (psicología evolutiva).
**dormiveglia** = Duermevela.

**emicrania** = Migraña, hemicrania.
**età dello sviluppo** = Edad evolutiva (no debe emplearse con el sentido de adolescencia).

**fantasmatico** = Fantasmagórico.
**fantasticheria** = Ensueño.

**gelosia** = Celotipia.
**gioia** = Alegría.
**goffagine, età della** = Torpeza, edad de la.

250

**idiozia** = Idiocia.
**imparare** = Aprender; puede ser empleado también sustantivadamente.
**impasto degli instinti** = Fusión de los instintos (psicoanálisis).
**inconsapevole** = Opuesto a *consapevole* (v.), que no tiene conciencia psicológica.
**inconsapevolezza** = Contrario de *consapevolezza* (v.), término general que puede referirse a cualquier actividad de la que no somos conscientes.
**involutiva, età** = Involución.
**item** = Elemento (de un test).

**mancinismo** = Zurdería.
**mira** = Intenciones.
**mneme** = Memoria en general.
**movente** = Moviente.
**mutacismo** = Conducta oral negativa (en la esquizofrenia).

**noia** = Aburrimiento.
**non alfabetizzato** = Primitivo (en antropología cultural).
**non appreso** = Innato (conducta o actos).

**paranoia querulante** = Paranoia querellante.
**percetto** =Objeto de la percepción.
**pregnante** = Grávido.
**pregnanza** = Denso (de intenciones).
**privato** = Subjetivo (en el sentido de dato).
**psicoterapia non direttiva** = Psicoterapia individual.
**pubescenza** = Pubescencia (pero con sentido más restringido que en castellano, pues no incluye al individuo que ha llegado a la pubertad).
**punteggio** = Punteo.

**ragazzo** = Muchacho (el individuo en el tercer período del desarrollo).
**rapporto** = Relación (escrita u oral).
**reiezione parenterale** = Rechazo paterno por el niño (psicoanálisis).
**riaggiustamento** = Adaptación social (en psicosociología).
**rimpianto** = Nostalgia pesante.
**ruolo** = Papel.

**sagezza** = Sabiduría.
**scopo** = Meta.
**score** = Punteo.
**senescenza** = Senectud.
**sfarfallamento** = deslumbramiento.
**shock** = Choque.
**solitudine** = Solitud.
**sopportazione** = Tolerancia (en sentido físico).
**spostamento** = Proceso de desplazamiento (como defensa automática para alcanzar una meta sustitutiva).
**stigmate** = Estigmas.
**superdotado** = Sobredotado.
**svago** = Recreación (sobre todo con sentido de. actividad lúdica).

**tassi** = Taxia.
**trasalimento** = Sobresalto.
**tratti (della personalità)** = Rasgos.

**urolagnia** = Erotismo urinario.

**vegliardo** = Anciano (respetado y obedecido por un grupo).

ability = Capacidad.
absence of consciousness = Conciencia, pérdida de la.
absentmindedness = Distracción.
absolute threshold = Umbral absoluto.
accused, psychological investigation of the = Imputado, estudio psicológico (o psicopatológico) del.
achievement = Rendimiento.
achievement test = Test de rendimiento.
acquired physiological needs = Necesidades fisiopatológicas.
acting out = Actuar.
acumeter = Audiómetro.
adaptation = Habituación (psicología), adaptación (biología).
addiction = Dedicación (a las drogas).
adulthood = Edad adulta.
affect hunger = Necesidad de afecto.
affective arousal theory = Teoría de la estimulación afectiva.
afterimage = Imagen consecutiva.
aftersensation = Sensación consecutiva.
aim = Fin.
aim-inhibited instinct = Instintos inhibidos en la meta.
alcohol addiction = Alcoholismo.
alcoholic = Alcoholizado.
alternating personality = Personalidad múltiple.
amentia = Deficiencia mental.
anaclitic object choice = Tipo anaclítico.
analysis trial = Psicoanálisis de prueba.
analyst = Psicoanalista.
anxiety = Angustia.
anxiety, social = Angustia social.
apprehensiveness = Aprensión (con el sentido de miedo).
arousal = Activación.
ataraxic drugs = Fármacos tranquilizantes.
attainment test = Tes de rendimiento.
auditory localisation = Espacio auditivo.
autism, early infantile = Autismo infantil precoz.
autonomy need = Necesidad de autonomía.
awareness = Vigilancia, atención consciente.
axon = Cilindroeje.

babble = Tartamudez.
babbling = Farfullar.

babyhood = Infancia.
backwardness = Retardo mental.
balance = Equilibrio.
bashfulness = Timidez.
behaviour o behavior = Conducta.
behaviour disordes = Anomalías de la conducta.
behaviourism o behaviorism = Conductismo.
blocking = Bloqueo, bloqueo del pensamiento.
bodily states in emotion = Concomitantes fisiológicos de las emociones.
bordeline = Fronterizo.
boredom = Aburrimiento.
brain stem = Tronco del encéfalo.
brainwashing = Persuación coercitiva.
brief psychoterapy = Psicoterapéutica abreviada.

callosum = Cuerpo calloso.
case study = Historia del caso.
case work = Tratamiento del caso.
cathesis = Carga psíquica.
causal structure underlying the behaviour = Estructura causal de la conducta.
censorship = Censura psíquica.
cerebral palsy = Parálisis cerebral.
character disorder = Caracteropatía.
character neurosis = Carácter neurótico.
childhood = Infancia.
client-centered therapy = Psicoterapia no dirigida.
clue = Indicio.
collective figure = Imagen compuesta.
collective figures = Formaciones compuestas.
collective therapy = Psicoterapia de grupo.
commit to memory = Memorización.
complaining paranoia = Paranoia querellante.
compromise, formation = Compromiso, solución de.
confabulation = Fabulación.
congenital alexia = Dislexia.
connate = Congénito.
conscious system = Conciencia.
conscious content = Conciencia de algo.
content of conscious = Conciencia de algo.
co-twin = Cogemelos.
counter-transference = Contratransferencia.
covert behaviour = Conducta no observable.
covert response = Conducta no observable.

**cross-section method** = Método transversal.
**cue** = Indicio.

**datum** (Plur. **data**) = Dato, datos.
**day-dreaming** = Fantasmagoría.
**delay** = Latencia.
**delayed instinct** = Instinto diferido.
**delusion of grandeur** = Megalomanía.
**denial of reality** = Escotomización.
**detector** = Revelador.
**directive counseling** = Terapéutica de consejo.
**disability** = Incapacidad.
**discursive reasoning** = Elaboración.
**draw-a-man test** = Goodenough, test o prueba de.
**drive** = Pulsión.
**drug addiction** = Dedicación a las drogas.
**dual personality** = Personalidad múltiple.
**duty** = Deber.

**early adulthood** = Primera edad adulta.
**early childhood** = primera infancia.
**ear minded** = Tipo auditivo.
**educacional psychology** = Psicología de la educación.
**ego involvement** = Interés del yo.
**eidetic imagery** = Eidetismo.
**electrodermal response** = Respuesta psicogalvánica.
**epilepsy genuine** = Epilepsia idiopática.
**esternal behaviour** = Conducta observable.

**fabrication** = Fabulación.
**face-to, face group** = Grupo primario.
**fact-diagnostic experiment** = Diagnosis psicológica del hecho.
**faulty actions** = Actos fallidos.
**feeble-mindedness** = Deficiencia mental, debilidad mental.
**female Oedipus complex** = Complejo de Electra.
**figures reversibles** = Figuras que se pueden invertir.
**firing** = Descarga.
**flicker** = Deslumbramiento.
**flight of ideas** = Fuga de los pensamientos.
**follow-up study** = Catamnesis.
**forebrain** = Encéfalo.
**fore-exercise** = Test de prueba.
**forepleasure** = Placer preliminar.
**forgetting of resolutions** = Olvido de proyectos.
**frame of reference** = Esquema de referencia.
**free wil** = Elección libre.

**game** = Juego.
**gestalt psychology** = Psicología de la forma.

**gifted** = Sobredotado.
**group psychology** = Psicología colectiva.
**group test** = Test colectivo.
**group therapy** = Psicoterapéutica de grupo.
**growth** = Crecimiento, desarrollo.
**gustation** = Sentido del gusto.

**habit contraction** = Tic.
**handwriting disorders** = Disgrafía.
**haughtiness** = Soberbia.
**headhache** = Cefalea.
**hearing** = Sentido del oído.
**hindbrain** = Encéfalo.
**home sickness** = Nostalgia.
**human engineering** = Ergonomía.
**hunger for affection** = Necesidad de afecto.
**hypnagogic images** = Imágenes de la duermevela.
**hysteria** = Histerismo.
**hysteria, anxiety** = Histerismo de angustia.
**hysteria, conversion** = Histerismo de conversión.
**hysterical amnesia** = Amnesia emotiva.

**id** = Id.
**ideational learning** = Aprendizaje conceptual.
**idiocy** = Idiocia.
**illiteracy** = Analfabetismo.
**imprinting** = Aprendizaje por impresión, impregnación.
**incidental learning** = Aprendizaje accidental.
**inferior normal subjet** = Individuo con inteligencia dentro de los límites inferiores de la norma.
**in-group** = Grupo interno.
**inkblots test** = Test de Rorschach.
**insight** = Aprendizaje por intuición, clarificación.
**intellectual obsession** = Obsesión interpretativa, de interpretación.
**interest, social** = Sentimiento social.
**intergroup, relations** = Relaciones entre grupos.
**intervening variable** = Variable intermedia.
**interview** = Método del coloquio.
**introspective report, process incapable of** = Experiencia, actividad excluida de la.
**involutional psychosis** = Psicosis de la declinación.
**involutional schizophrenia** = Esquizofrenia tardía.
**item** = Elemento (de una prueba).

**job analysis** = Análisis del trabajo.
**job evaluation** = Valoración del trabajo.
**job psychograph** = Perfil profesional.
**juvenil person** = Joven.

Glosarios

**lack of affect** = Carencia afectiva.
**lassitude** = Fatiga mental.
**law of good shape** = Principio de la buena forma.
**law of proximity** = Principio de la proximidad.
**leadership** = Ascendiente, con cualidad de líder.
**learn by heart** = Memorizar.
**learning, insighful** = Aprendizaje por intuición.
**left-handedness** = Zurdería.
**lie detector** = Revelador de mentiras.
**life instinct** = Instinto del Eros (psicoanálisis).
**life space** = Espacio psicológico vital.
**lobe resection** = Lobectomía.
**loudness** = Intensidad del sonido y del rumor.
**love instint** = Instinto del Eros (psicoanálisis).

**man-drawing test** = Goodenough, prueba o test de.
**masculine protest** = Protesta viril.
**masculinity complex** = Complejo de virilidad.
**maternal drive** = Pulsión materna.
**memory trace** = Huella mnemónica.
**mental pain** = Dolor mental.
**menticide** = Persuasión coercitiva.
**merit rating** = Valoración de los méritos.
**midbrain** = Encéfalo.
**mind** = Mente.
**mistake** = Lapso motriz.
**mistakes in reading** = Lapso en la lectura.
**moron** = Débil mental.
**moronity** = Debilidad mental.

**nail-biting** = Onicofagia.
**needs, bodily** = Necesidades fisiológicas.
**negative Oedipus** = Edipo invertido (psicoanálisis).
**nightmare** = Íncubo.
**non-conformity** = Inconformismo.
**nonlanguage** o **nonverbal test** = Test o prueba de ejecución.
**nonliterate** = Iletrado, primitivo.
**nonneurotic defense** = Defensa normal.
**null hypothesis** = Hipótesis nula.

**old age** = Vejez.
**olfaction** = Sentido del olfato.
**out-group** = Grupo externo.
**overcoming of Oedipus complex** = Superación del complejo de Edipo.
**overt behaviour** o **response** = Conducta observable.

**paper mazes** = Laberintos, pruebas o tests, de.
**paranoia querulans** = Paranoia querellante.
**passive learning** = Aprendizaje accidental.

**pathogenic defense** = Defensa neurótica.
**pattern** = Patrón, estructura.
**performance test** = Test o prueba de ejecución.
**personnel relations** = Relaciones humanas.
**personnel selection** = Selección profesional.
**perverted appetite** = Picacismo.
**pica** = Picacismo.
**pitch** = Altura del sonido o del rumor.
**play** = Juego.
**precocious pseudopuberty** = Pubertad precoz.
**pregenital conversions** = Neurosis pregenitales.
**preliterate** = Sin alfabetizar, primitivo.
**pretest** = Test preliminar.
**primal phantasies** = Fantasías edípicas.
**primal scene** = Escena primaria.
**psychogenetic chorea** = Movimientos coreiformes.
**psychogenetic disorder** = Desorden psicógeno.
**psychogenic amnesia** = Amnesia emotiva.
**psychograph** = Perfil mental.
**psycholitic, psychotogenic drugs, psychotomimetic** = Alucinógenos.
**puppetry** o **puppet show** = Títeres, espectáculo de (como método terapéutico).

**random articulation** = Tartamudez.
**readiness to learn** = Disposición para el aprendizaje.
**rebirth fantasy** = Fantasía de revivir la experiencia del nacimiento (psicoanálisis).
**recall** = Reevocación.
**releaser** = Liberador.
**reliability** = Atendibilidad de un test.
**report** = Relación, informe.
**representation by reversal** o **trough the opposite** = Transformación en el contrario.
**representative value** = Medida de la tendencia central.
**reverie** = Fantasmagoría.
**reversal** o **transformation into the opposite** = Transformación en el contrario.
**revival** = Reactivación.
**reward** = Premio (en motivación, aprendizaje).
**role** = Papel.
**role playing** = Representación de un papel.
**rote learning** = Aprendizaje mecánico.

**sample** = Muestra.
**sampling** = Muestrario.
**saving method** = Método del reaprendizaje.
**scatter** = Dispersión.
**score** = Punteo.
**screen memory** = Recuerdo de cubertura.
**seclusiveness** = Tendencia al aislamiento.
**seen-this-before** = Ya visto, ilusión del.
**self** = Yo.
**self-actualization theory** = Teoría de la autorrealización (de Maslow).

254

self-analysis = Autopsicoanálisis.
self-assertion = Autoafirmación.
self-consciousness = Conciencia de sí mismo.
self-control = Autocontrol.
self-denial = Abnegación.
self-esteem (high, middle y low) = Autoestima.
self-preservation instinct = Instinto de conservación.
self-respect = Respeto de sí mismo.
sensations, bodily o internal = Sensaciones internas.
sensory centres (areas) = Centro de proyección.
set = Preparación.
set, mental = Preparación mental.
sexual drive = Pulsión sexual.
shock = Choque.
sibling jealousy = Celotipia fraterna.
sinistrality = Zurdería.
skill = Habilidad.
skin senses = Sentidos cutáneos.
sleeplessness = Insomnio.
slight illness = Pequeño mal (epilepsia).
slip of speech u of the tongue = Lapsus linguae.
slip of the pen = Lapsus calami.
slum areas = Áreas de desorganización social.
smell = Sentido del olfato.
social anthropology = Antropología cultural.
splitting = Disociación.
standar deviation = Desviación cuadrática media.
standardization = Tarar un test.
status nedd = Necesidad de posición social.
structural psychology = Estructuralismo.
stubbornness = Conducta obstinada.
stuttering = Tartamudez.
subception = Percepción subliminal.
superiority feeling = Sentimientos de superioridad.
supportive therapy = Terapéutica de apoyo.
systems, psychic = Instancias psíquicas.

tantrum = Capricho infantil.
temper tantrum = Capricho infantil.
tendence toward stability = Principio de la constancia.
tester = Psicometrista.
they-group = Grupo externo (en sociología y psicosociología).
though, blocking of o deprivation of = Bloqueo del pensamiento.
thought, thinking = Pensamiento.
thymopathy = Caracteropatía.
topography, mental = Aparato mental.
training = Adiestramiento, formación.
training analysis = Psicoanálisis didáctico.
trouble = Pena, dolor.

undervaluation = Desvalorización.
unlearned = No aprendido.
unsocial behaviour = Conducta insociable.

vocacional guidance = Orientación profesional.

wake, waking state = Vigilia, estado de vigilia.
we-group = Grupo interno.
will power = Decisión.

young child = Infante.
young person = Joven.
youth = Adolescencia.

# Glosarios

abbau, intellektueller = Deterioro mental.
abhängigheit = Dependencia.
abwehr = Defensa.
abwehrmechanismen = Mecanismos de defensa.
abwertung = Desvalorización.
achromaisie = Monocromatismo.
achsenfortsatz = Cilindroeje.
aggressionstrieb = Agresividad, instinto de agresividad.
akumeter = Audiómetro.
akustischer typ = Tipo auditivo.
alkoholiker = Alcoholizado.
allele = Alelomorfo.
allmacht der gedanken = Omnipotencia del pensamiento, convicción de la.
alp = Íncubo.
alpdrücken = Íncubo.
alternierende persönlichkeit = Personalidad múltiple.
analyticher = Psicoanalista.
analytische psychologie = Psicología junghiana, analítica.
angeboren = Congénito.
angewabdte psychologie = Psicología aplicada.
angsthysterie = Histerismo de angustia.
angstneurose = Neurosis de angustia.
anlage = Disposición congénita.
anlehnungstypus = Tipo anaclítico.
annahme, annahmen = Dato, datos.
anpassung = Adaptación (en biología), ajuste (en sociología).
anschauungsbild = Imagen eidética.
antrieb = Impulso.
apparat psychischer = Aparato mental.
arbeitstherapie = Ergoterapia.
asozialität = Conducta insociable.
assoziationsgesetze = Leyes de la asociación.
assoziationspsychologie = Asociacionismo.
assoziationsversuch = Prueba de las palabras asociadas.
assoziationszentren = Centros de asociación.
ataraktica = Fármacos tranquilizantes.
aufregung = Excitación mental.
ausarbeitung = Elaboración (en psicología).
ausdruck = Expresión.
ausdruckserscheinungen von gefühlserlebnissen = Emociones, aspecto expresivo de las.
äusserlich = Externo.

autistisches denken = Pensamiento autístico.
autonomiebedürfnis = Necesidad de autonomía.

balken = Cuerpo calloso.
begabt = Sobredotado.
begabung = Aptitud.
begabungstest = Test de aptitudes.
begriffsbildung = Formación de los conceptos.
bellevue-intelligenz-skale = Wechsler, escala de.
belohnung = Premio (en motivación o aprendizaje).
beobachtung = Observación.
beobachtung, angaben der = Datos de observación.
berufsauslese = Selección profesional.
berufsberatung = Orientación profesional.
berufspsychologie = Psicología del trabajo.
berufung = Vocación.
berührung = Sentido del tacto.
besprechung = Coloquio.
beständigkeit = Estabilidad emocional.
bewusste = Consciente.
bewusstlosigkeit = Pérdida de la conciencia.
bewusstsein = Tener conciencia de.
bewusstseinsinhalt = Contenido mental.
bewusstwerden = Clarificación.
bezetzung = Carga psíquica.
blutschande = Incesto.
brudereifersucht = Celotipia fraterna.

charakterkunde = Caracterología.
charakterneurose = Carácter neurótico.
charakterologie = Caracterología.

datum, data = Dato, datos.
dauer-gedächtnis = Memoria prolongada.
dazwischentretende variable = Variable intermedia.
deckerinnerung = Recuerdo de cobertura.
denken = Pensamiento.
dereistisches denken = Pensamiento autístico.
detektor = Revelador.
deutung = Interpretación (en las técnicas proyectivas).

dorftest = Test de la aldea.
dressur = Adiestramiento.
durchschnittliche adweichung = Desviación media.

effektgesetz = Ley del efecto.
eichung = Tarar un test.
eidetik = Eidetismo.
eidetisches anschauungsbild = Imágenes eidèticas.
eifersucht = Celotipia.
einsicht = Aprendizaje por intuición.
elementenpsychologie = Elementismo.
emotionale störung = Desorden emocional.
engramm, gedächtnisspur = Huella mnemónica.
entartung = Degeneración, degeneración de las estructuras.
entspannung = Relajación.
entwertung = Desvalorización.
entwicklung = Desarrollo.
entwicklunstufe = Etapa del desarrollo.
erblich = Hereditario.
erinnerung = Recuerdo, reevocación.
erkennen = Reconocimiento.
erkenntnis = Procesos cognitivos.
erlebniseeobachtung = Introspección.
erregbarkeit = Excitación mental.
ersparnismethode = Método del reaprendizaje.
erwachsener = Adulto.
erwachsensein = Edad adulta.
es = Id (psicoanálisis).

fabel-test = Düss, método de las fábulas de.
fähigkeit = Capacidad, poder.
faktorenanalyse = Análisis factorial.
falscher schwachsinn = Pseudodeficiencia mental.
figur-grund differenzierung = Figura y fondo.
flimmern = Deslumbramiento.
formdeute-test = Rorschach, prueba o test de.
fragebogen = Cuestionario.
führerschaft = Ascendiente.

galvanische hauttreaktion = Respuesta psicogalvánica.
gefühle, körperliche begleiterscheinungen der = Concomitantes fisiológicas de las emociones.
gehirn (vorderhirn, mittelhirn, hinterhirn) = Encéfalo.
gehirnekrankung = Encefalopatía.
gehirnwäsche = Persuasión coercitiva.
gehör = Sentido del oído.
geist = Mente.
geistesabwesenheit = Abstracción.
geisteskrankheit = Enfermedad mental.
geisteszerrüttung = Alienación mental.
geistig = Mental.

gemeinschaftsgefühl = Sentimiento social.
genuine epilepsie = Epilepsia idiopática.
gerichtliche psychologie = Psicología legal.
geschicklichkeitsbedürfnis = Necesidad de prestigio.
geschmacksinn = Sentido del gusto.
gesetz der gleichartigkeit = Principio de la semejanza.
gesetz der guten gestalt = Príncipe de la buena forma.
gesetz der nähe = Principio de la proximidad.
gesicht = Sentido de la vista.
gestalt = Estructura, patrón.
giftsucht = Dedicación a las drogas.
gleichgewicht = Regulación del equilibrio del cuerpo.
grössenwahn = Megalomanía.
gültigkeit = Validez.

haltloses kind = Niño inestable.
hartnäckigkeit = Conducta obstinada.
hinterhirn = Encéfalo.
hirnrinde = Corteza cerebral.
hirnstamm = Tronco del encéfalo.
hören = Sentido del oído.
hörraum = Espacio auditivo.
hypnagoge bildern = Imágenes de la duermevela.

iatrogenie = Neurosis iatrogénica.
ich = Ego.
idiotie = Idiocia.
individualpsychologie = Psicología adleriana.
individuelle psychologie = Psicología individual.

junger mann = Joven (masculino).
junges mädchen = Joven (femenino).
jungfrauenalter = Adolescencia (femenina).
junglingsalter = Adolescencia (masculina).

kleines übel = Pequeño mal (epilepsia).
kleinkinder-test = Escala de desarrollo psicomotriz de la infancia.
komplexe psychologie = Psicología analítica, psicologia de Jung.
konzeption = Formación de los conceptos.
konstanzprinzip = Principio de la estabilidad.
kopfschmerzen = cefalea.
kulturprovinz = Área cultural.
kurzzeit-gedächtnis = Memoria breve.

laienanalyse = Psicoanálisis laico.
lallen = Tartamudez.

# Glosarios

längsschnittmodell = Modelo longitudinal.
längsschnittuntersuchung = Modelo longitudinal.
läsionelle krankheit = Desorden orgánico.
lautheit = Intensidad del sonido y del rumor
lebensalter = Edad cronológica.
lebensraum = Espacio vital psicológico.
lehranalyse = Análisis didáctico.
liebestrieb = Instinto del Eros (psicoanálisis).
linkshändigkeit = Zurdería.
lügendetektor = Revelador de mentiras.
luzidität = Clarividencia.

querulanter wahn = Paranoia querellante.

rachbegier = Deseo de venganza.
rat = Consejo.
rauschgifte = Alucinógenos.
rolle = Papel (desempeñar un).
rollenverhalten = Representación de un papel.
rückschritt = Retroacción.

männlicher protest = Protesta viril.
männlichkeitskomplex = Complejo de virilidad.
massenpsychologie = Psicología colectiva.
mehrfache determinierung = Sobredeterminación.
minderwertigkeitskomplex = Complejo· de inferioridad.
mittelhirn = Encéfalo.
mnestisch = Mnemónico.
mutterpflegetrieb = Pulsión maternal.

negativismus = Conducta negativa.
nicht-verbale, tests = Tests de ejecución.
nullpunkt = Cero del desarrollo.

onanie = Masturbación.
organische krankheit = Desorden orgánico.
organische störung = Desorden orgánico.

persönlichkeits-dimensionen o -zügen = Rasgos de la personalidad.
persönlichkeits-psychologie = Psicología diferencial.
phantasterei = Fantasmagoria.
pica = Picacismo.
prägnanz = Pregnante.
prägung = Impregnación.
probe = Prueba (mental).
pseudopubertas praecox = Pubertad precoz.
psychische entwicklung = Período del desarrollo mental.
psychische vorbereitung = Preparación mental.
psychischer apparat = Aparato mental.
psychischer primärvorgang = Proceso primario.
psychischer sekundävorgang = Proceso secundario.
psychogalvanische reaktion = Respuesta psicogalvánica.
psychogene amnesie = Amnesia emotiva.
psychogenetische chorea = Movimientos coreiformes.
psychologie der sprache = Psicolingüística.
punktzahl = Punteo.

schaflosigkeit = Insomnio.
schauluts = Escopofilia.
schechte angepasstheit = Desajuste (social).
schlaf = Sueño.
schlafwandeln = Sonambulismo.
schock = Choque.
schreibstörungen = Disgrafía.
schwachsinn = Deficiencia mental.
schwachsinn, falscher = Pseudodeficiencia mental.
schwelle = Umbral absoluto.
seelenleben = Vida mental.
seelischer schmerz = Dolor moral.
selbst = Yo.
selbstachtung = Respeto de sí mismo.
selbstanalyse = Autoanálisis.
selbstbehauptung = Autoafirmación.
selbstbeherrschung = Autocontrol.
selbstbeobachtung = Introspección.
selbstbewusstsein = Conciencia de sí mismo.
selbsterhaltungstrieb = Instinto de conservación.
selbstmord = Suicidio (conducta suicida).
sie = Grupo externo.
sozialanthropologie = Antropología cultural.
soziales alter = Edad social.
spiel = Juego.
spielerisch = Lúdico.
sprachpsychologie = Psicolingüística.
standardisierung = Tarar un test.
stärke = Intensidad del sonido y del rumor.
stichprobe = Muestra.
störendes dazwischentreten = Interferencia.
system des bewustsein = Conciencia.

teleplastik = Materialización (parapsicología).
tendenz zur stabilitat = Principio de la constancia.
tiefenpsychologie = Psicología profunda.

über-ich = Superego.
umgebung = Ambiente.
umklammerungs reflex = Reflejo de Moro.
unabhängigkeitsbedürfnis = Necesidad de autonomía.

258

**unterschiedsschwelle** = Umbral diferencial.
**unterschwellig** = Subliminal.
**urbild** = Prototipo.

**vorderhirn** = Encéfalo.
**vorpubertät** = Preadolescencia.
**voyeurtum** = Escopofilia.

**veränderliche grösse** = Variable.
**vergleichende psychologie** = Psicología comparada.
**verlesen** = Lapso de lectura.
**visionismus** = Escopofilia.
**völkerpsychologie** = Psicología étnica.
**volkskunde** = Folclore.

**wachsen** = Crecimiento.

**ziel** = Fin, meta.
**zudeckende therapie** = Psicoterapéutica de apoyo.
**zuverlässigkeit** = Atendibilidad (de un test).

259

Glosarios

**abandono paterno pela criança** = Rechazo paterno por el niño.
**absurdez** = Absurdidad.
**acendente** = Ascendiente.
**acomodaçao ao nivel mínimo** = Acomodación al nivel mínimo.
**acomodatício** = Que se acomoda.
**adaptação social** = Adaptación social.
**adaptável** = Que se adapta.
**adicção, hábito, habituação** = Dedicación (a drogas).
**adormecimiento** = Duermevela.
**agradável** = Placentero.
**ajueste** = Ajuste (de débiles mentales).
**alcoolizado** = Alcoholizado.
**amaurose** = Amaurosis.
**amostra** = Muestrario.
**amostra** = Muestra.
**ancoragem social** = Anclaje social.
**ansia** = Ansiedad.
**ansiedade** = Ansiedad.
**aptidão** = Aptitud.

**balcueio** = Balbuceo.
**bloqueio** = Bloqueo.
**brilhantez** = Brillantez.
**brilho** = Brillantez, brillo.

**canhotismo** = Zurdería.
**cegueira** = Ceguera.
**concepção** = Concepción.
**confabulação** = Fabulación.
**confusão aguda halucinatoria** = Confusión aguda alucinatoria.
**considerar como não acontecido (anulação)** = Dar por no ocurrido (anulación).
**crecimiento** = Crecimiento.
**chaqueca** = Jaqueca.

**deterioração mental** = Deterioro mental.
**domesticação** = Adiestramiento.

**encantamento** = Deslumbramiento.
**entreinamento** = Adiestramiento.
**estímulo negativo** = Incentivo negativo.

**fabulação** = Fabulación.
**fusão dos instintos** = Fusión de los instintos.

**gaguez** = Tartamudez.

**idade evolutiva** = Edad evolutiva.
**idiotia** = Idiocia.
**inato** = Innato.
**instável** = Inestable.
**intenções** = Intenciones.
**involução** = Involución.

**jogo de marionetas** = Representación de títeres.

**lentidão, idade da** = Torpeza, edad de la.

**meio dormido** = Duermevela.
**migranha** = Migraña.
**mostruario** = Muestrario.
**movente** = Moviente.

**papel** = Papel.
**paranóia combatiba** = Paranoia querellante.
**paranóia querulante** = Paranoia querellante.
**parendizagem** = Aprendizaje.
**perda de habitos normais** = Pérdida de hábitos normales.
**período de entreinamento** = Período de adiestramiento.

possibilidade de acção = Posibilidad de acción.
prazenteiro = Placentero.
processo de deslocamento ou lateralização = Proceso de desplazamiento.
puberdade = Pubescencia.
puntuação = Punteo.

qualidade de chefe = Calidad de líder.
queixoso = Quejumbroso.

sabeduria = Sabiduría.
saudade = Nostalgia.
senilidade = Senectud.
soberba = Soberbia.
sobessalto = Sobresalto.
solidão = Solitud.
sonho = Ensueño.
subjectivo = Subjetivo.
superdotado = Sobredotado.

rapariga = Muchacha.
rapaz = Muchacho.
recreio = Recreación.
recriação = Recreación.
relação = Relación.

tarefa, trabalho ou estudo assignado a alguén = Tarea, labor o estudio asignado a alguien.
trazos = Rasgos (de la personalidad).

261

# CATÁLOGO

*de las principales obras
que se relacionan
con la génesis y evolución
de la Psicología*

Este catálogo reúne obras que desde los orígenes de la
filosofía occidental hasta la mitad de nuestro siglo,
son imprescindibles para comprender tanto la historia
como la estructuración del pensamiento psicológico
moderno y contemporáneo.

## DE LA ANTIGÜEDAD CLÁSICA AL SIGLO XVI

**ARISTÓTELES:** Edición de las obras de Aristóteles
por la Academia de Ciencias de Berlín, 1832, y la
edición de Didot, 1874.
**BIBLIOTHECA SS. PATRUM: ED.** VIZZINI,
1901.
**CAMBRIDGE PATRISTIC TEXT:** Ed. Mason,
1899.
**DE GLI EROICI FURORI::** Giordano Bruno, en
*Opere Italiane di Giordano Bruno.* Ed. Laterza,
1907.
**DE INMORTALITATE ANIMA:** Pedro Pomponaz-
zi, 1516.
**DE L'INFINITO, UNIVERSO E MONDI:** Giorda-
no Bruno, en *Opere Italiane di Giordano Bruno.* Ed.
Laterza, 1907.
**DE NATURA HOMINIS:** Nemesio. Ed. Oxford,
1871.
**DE RERUM NATURA:** Bernardino Telesio, 1540.
**DIE FRAGMENTE DER VORSOKRATIKER:**
Editorial H. Diels, 1903.
**DOXOGRAPHI GRAECI, COLLEGIT, RECEN-
SUIT, PROLEGOMENIS INDICIBUSQUE INS-
TRUXIT:** Ed. H. Diels, 1879.
**EPICUREA:** Ed. Usener, 1897.
**EPIKURS VERHALTNISS ZU DEMOKRI-
TOS:** Edición Goedecke-Meyer, 1897.
**FRAGMENTA PHILOSOPHORUM GRAECO-
RUM:** Ed. E. W. A. Mullach, 1860-81.
**GESAMMELTE WERKE:** Teofrasto Paracelso.
Edición Sudhof, 1920-31.
**GESCHICHTE DER JUDEN:** Ed. H. Grätz, 1856.
**HERAKLEITOS:** Ed. H. Diels, 1901.
**KOPTISCHGNOSTISCHE SCHRIFTEN:** Edición
Schmidt, 1905.
**LA CENA DE LE CENERI:** Giordano Bruno, en
*Opere Italiane di Giordano Bruno.* Ed. Laterza,
1907.
**LES SOPHISTES PROTAGORAS, GORGIAS,
PRODICUS, HIPPIAS:** Ed. Du Griffon, 1948.
**PLATÓN:** Edición de las obras de, por Hirschig,
1846.
**POETERUM PHILOSOPHORUM FRAGMEN-
TA:** Ed. H. Diels, 1901.
**QUAESTIONES DES PRIMIS PRINCIPIIS:** Dá-
maso. Ed. Kopp, 1826.

**SENOFONTE, ESCRITOS:** Ed. Dindorf, 1862-76.
**SPACCIO DE LA BESTIA TRIONFANTE:** Gior-
dano Bruno, en *Opere di Giordano Bruno e di
Tommaso Campanella.* Ed. Mondadori, 1956.
**STOICORUM VETERUM FRAGMENTA COL-
LEGIT:** Ed. Arnim, 1905.
**VIES DE HOMMES ILLUSTRES, PLUTAR-
QUE:** Ed. Bibliothèque de la Pléiade, 1948.
**VITA PYTHAGORAE; SENTENTIAE:** Porfirio.
Ed. 1855.

## SIGLO XVII

**ANATOMIA CEREBRI:** Tomás Willi, 1644.
**DE HOMINIS PERFECTIONE ANIMA:** Gloce-
nius, 1620.
**ENSAYO SOBRE EL ENTENDIMIENTO HUMA-
NO:** Juan Locke, Buenos Aires, 1940.
**LES PASSIONS DE L'AME:** Renato Descartes,
1650.
**LEVIATHAN:** Tomás Hobbes, 1651.
**TRATADO SOBRE LA NATURALEZA HUMA-
NA:** Tomás Hobbes, Buenos Aires, 1941.

## SIGLO XVIII

**DE L'ÉSPRIT:** Claudio Adriano Helvetius, 1750.
**DELLA PAZZIA IN GENERE E IN ISPECIE.
TRATTATO MEDICO - ANALITICO CON
UNA CENTURIA DI OSSERVAZIONI:** Vicente
Chiarugi, 1793.
**ELEMENTA PHYSIOLOGIAE CORPORIS HU-
MANI:** Alberto von Haller, 1757.
**EMILIO:** Juan Jacobo Rousseau, Barcelona, 1910.
**ENCYCLOPÉDIE OU DICTIONNAIRE RAISON-
NÉ DES SCIENCES, DES ARTS ET DES MÉ-
TIERS:** Denis Diderot, 1751-72.
**ESSAI ANALYTIQUE SUR LES FACULTÉS DE
L'AME:** Carlos Bonnet, 1759.
**ÉSSAI SUR L'ORIGINE DES CONNAISSANCES
HUMAINES:** Esteban Bonnot de Condillac, 1746.
**L'HOMME MACHINE:** Julián Godofredo La Met-
trie o Lamettrie, 1747.
**NEUE ANTHROPOLOGIE:** Ernesto Platner, 1771-
1772.

OBSERVATIONS ON MAN, HIS FRAME, HIS DUTY AND HIS EXPECTATIONS: David Hartley, 1749.
OEUVRES DE MAINE DE BIRAN: Ed. Pierre Tisserand, 1920-49.
OEUVRES COMPLETES: SPINOZA: Ed. Bibliothèque de la Pléiade, 1974.
OEUVRES ET LETTRES DE DESCARTES: Ed. Bibliothèque de la Pléiade, 1958.
PHILOSOPHIE DE LA FOLIE: José Daquin, 1791.
SYSTEMA NATURAE: Carlos von Linneo, 1735.
SYSTÉME DE LA NATURE: Pablo Teodorico Enrique von Holbach, 1770.
TRATADO SOBRE LA NATURALEZA HUMANA: David Hume, Buenos Aires, 1940.

SIGLO XIX

A SYSTEM OF LOGIC, RATIOCINATE AND INDUCTIVE: Juan Stuart Mill, 1843.
ANALYSIS OF THE PHENOMENA OF THE HUMAN MIND: Jaime Mill, 1829.
ANIMAL INTELLIGENCE: E. L. Thorndyke, 1898.
ANTHROPOGENIE ODER ENTWICKLUNGS-GESCHICHTE DES MENSCHEN: Ernesto Haeckle, 1874.
BASES GENÉTICAS DE LA EVOLUCIÓN: Dobshausley, Buenos Aires, S.F.
CLASSIFICATION DES DIFFÉRENTS GENRES DE FOLIE: Gabriel Francisco Baillarger, 1853.
COURS DE PHILOSOPHIE POSITIVE: Augusto Francisco María Comte, 1830-32.
DAS LEBEN DER SEELE: Moritz Lazarus, 1856.
DE FUNCTIONIBUS MEDULLAE OBLONGATAE ET SPINALIS PSYCHICIS: Eduardo Federico Guillermo Pflüger, 1851.
DE LA VIE ET DE LA MORT: Francisco María Saverio Bichat, 1800.
DELLA STRUTTURA DEGLI EMISFERI CEREBRALI: Luis Rolando, 1829.
DES MALADIES MENTALES: Esteban María Esquirol, 1838.
DIE SPIELE DES MENSCHEN: Carlos Gross, 1899.
DIE SPIELE DER TIERE: Carlos Gross, 1896.
EINLEINTUNG IN DIE GEISTESWISSENS-CHAFTEN: Guillermo Dilthey, 1883.
ELEMENTE DER PSYCHOPHYSIK: Gustavo Teodoro Fechner, 1859-60.
ELÉMENTS DE PSYCHOPHYSIQUE: José Delboeuf, 1883.
ENSAYO SOBRE LOS DATOS INMEDIATOS DE LA CONCIENCIA: Enrique Bergson, Buenos Aires, 1935.
EPILEPTIFORM CONVULSIONS FROM CEREBRAL DISEASE: Juan Huglins Jackson, 1881.

ÉSSAI SUR L'INEGALITÉ DES RACES HUMAINES: José Arturo vizconde de Gobineau, 1854.
ÉTUDES DE PSYCHOLOGIE SOCIALE: Jorge Tarde, 1898.
EXPERIENCES SUR LE SYSTÉME NERVEUX: María Juan Pedro Flourens, 1825.
FENOMENOLOGÍA DEL ESPÍRITU: Federico Hegel, Buenos Aires, 1942.
GRUNDLEGUNG DER PSYCHOPHYSIK: Jorge Elías Müller, 1879.
GRUNDZÜGE EINER PSYCHIATRISCHEN SYMPTOMENLEHRE: Carlos Wernicke, 1892.
HEREDITARY GENIUS, ITS LAWS AND CONSEQUENCES: Francisco Galton, 1869.
I CARATTERI DEI DELINQUENTI: Antonio Marro, 1887.
IDEEN ÜBER EINE BESCHREIBENDE UND ZERGLIEDERNDE PSYCHOLOGIE: Guillermo Dilthey, 1894.
IL CERVELETTO: Luis Luciani, 1891.
INTRODUCTION A LA PSYCHOLOGIE EXPÉRIMENTALE: Alfredo Binet, 1894.
LA FATIGA: Ángel Mosso, 1891.
LA LEGGE DEL TEMPO NEI FENOMENI DEL PENSAIERO: Gabriel Buccola, 1883.
LA MÉDICINE DES PASSIONS OU LES PASSIONS CONSIDÉRES DANS LEUR RAPPORTS AVEC LES MALADIES, LES LIOS ET LA RELIGION: Juan Bautista Descuret, 1841.
LA MORFOLOGÍA CLINICA DEL CORPO UMANO: A. de Giovanni, 1897.
LA PAURA: Angelo Mosso, 1884.
LA PSYCHOLOGIE ANGLAISE CONTEMPORAINE: Teódulo Ribot, 1896.
L'AUTOMATISME PSYCHOLOGIQUE: Pedro Janet, 1889.
LEÇONS SUR LA PHYSIOLOGIE GENERALE ET COMPARÉE DU SYSTÉME NERVEUX: Eduardo Félix Alfredo Vulpian, 1866.
LEÇONS SUR LES FONCTIONS ET LES MALADIES DU SYSTÉME NERVEUX: Francisco Magendie, 1835-38.
LEÇONS SUR LES MALADIES DU SYSTÉME NERVEUX: Juan Martín Charcot, 1887.
LEHRBUCH DER PSYCHOLOGIE: Juan Federico Herbat, 1816.
LEHRBUCH DER SEELENGESUNDHEITSKUNDE: Juan Cristiano Augusto Heinroth, 1823.
LEHRE VON DEN TONEMPFINDUNGEN ALS PHYSIOLOGISCHE GRUNDLAGE FÜR DIE THEORIE DER MUSIK: Hernán Luis Fernando von Helmholtz, 1863.
LE LOCALIZZAZIONI FUNZIONALI DEL CERVELLO: Eugenio Tanzi, 1885.
L'HERÉDITÉ PSYCHOLOGIQUE: Teódulo Armando Ribot, 1878.
L'UNITÁ DELLA COSCIENZA: Roberto Ardigó, 1898.
MATERIA Y MEMORIA: Enrique Bergson, Bue-

nos Aires, 1940.
MÉCANISME DE LA PHYSIONOMIE HUMAI-
NE: Duchenne de Boulogne, 1876.
MEDIZINISCHE PSYCHOLOGIE ODER PHY-
SIOLOGIE DER SEELE: Hermann Lotze, 1852.
MENTAL EVOLUTION IN ANIMALS: Jorge
Juan Romanes, 1883.
MIKROSKOPISCHE UNTERSUCHUNGEN
ÜBER DIE UEBEREIINSTIMMUNG IN DER
STRUKTUR UND DEM WACHSTUM DER
TIERE UND DER PFLANZEN: Teodoro Sch-
wann, 1839.
MYTHUS UND RELIGION: Heymann Steinthal,
1870.
OM SINDSBEVOEGELSER: Carlos Jorge Lange,
1885.
ORIGEN DE LAS ESPECIES: Carlos Darwin,
Barcelona, 1876.
ORIGEN DEL HOMBRE: Carlos Darwin, Barcelo-
na, 1876.
PERTE DE LA PAROLE: Pedro Broca, 1861.
PHILOSOPHIE ANATOMIQUE: Geoffroy St. Hi-
laire, 1812-1832.
PHYSIOLOGIE DES MOUVEMENTS, DEMON-
TRÉE À L'AIDE DE L'EXPÉRIMENTATION
ÉLECTRIQUE ET DE L'OBSERVATION CLI-
NIQUE ET APPLICABLE À L'ÉTUDE DES
PARALYSIES ET DES DÉFORMATIONS:
Guillermo Benjamín Duchenne, 1867.
PSYCHOLOGIE ALS WISSENSCHAFT NEU GE-
GRUNDET AUF ERFAHRUNG, METAPHYSIK
UND MATEMATIK: Juan Federico Herbat,
1824.
PSYCHOLOGIE MORBIDE DANS SES RAP-
PORTS AVEC LA PHILOSOPHIE DE L'HIS-
TOIRE: Jacobo José Moreau de Tours, 1859.
PSYCHOLOGIE VOM EMPIRISCHEN STAND-
PUNKT: Francisco Brentano, 1874.
RAPPORTS DU PHYSIQUE ET DU MORAL: Pe-
dro Juan Jorge Cabanis, 1802.
RECHERCHES SUR LES CENTRES NERVEUX:
Jacobo José Magnan, 1893.
SENSES, INSTINCTS AND INTELLIGENCE OF
ANIMALS: Juan Lubbock, 1888.
STUDIES IN THE PSYCHOLOGY OF SEX: Enri-
que Havelock Ellis, 1897-1928.
STUDIES OF CHILDHOOD: J. Sully, 1895.
SUI CENTRI PSICOMOTORI E PSICOSENSO-
RI: Luis Luciani y Augusto Tamburini, 1879.
SUR LES FONCTIONS DU CERVEAU ET SUR
CELLES DE CHACUNE DE SES PARTIES:
Francisco José Gall, 1822.
SYSTEM DES TRASCENDENTALEN IDEALIS-
MUS: Fderico Guillermo Schelling, 1800.
TRAITÉ DES DÉGÉNÉRESCENCES PHISI-
QUES, INTELLECTUELLES ET MORALES
DE L'ESPÉCE HUMAINE: Benito Augusto Mo-
rel, 1857.
TRAITÉ MÉDICO-PHILOSOPHIQUE SUR L'A-

LIÉNATION MENTALE ET LA MANIE: Felipe
Pinel, 1801.
TRAITÉ PHILOSOPHIQUE ET PHYSIOLOGI-
QUE DE L'HÉRÉDITÉ NATURELLE: Próspero
Lucas, 1847-1850.
TRATADO DE LAS SENSACIONES: Condillac,
Buenos Aires, 1963.
ÜBER AUFGABE UND METHODEN DER PSY-
CHOLOGIE: Hugo Münsterberg, 1891.
ZUR VERGLEICHENDEN PHYSIOLOGIE DES
GESICHTSINNES: Juan Müller, 1826.

*SIGLO XX*

ACTAS DEL PRIMER CONGRESO ARGENTINO
DE PSICOLOGÍA: Tucumán, 1955.
ANATOMIE DES CENTRES NERVEUX: Julio
Déjèrine, 1901.
AN ATTEMP TOWARD A NATURALISTIC DES-
CRIPTION OF EMOTIONS: J. R. Kantor, 1921.
ANIMAL LIFE AND INTELLIGENCE: Conway
Lloyd Morgan, 1890.
APHASIA: Enrique Head, 1926.
APTITUDE TESTING: C. L. Hull, 1928.
CEREBRO Y CONDUCTA: N.E. Ischlonsky, Bue-
nos Aires, 1953.
CONOCIMIENTO DEL HOMBRE: Alfredo Ad-
ler, Buenos Aires, 1947.
CHARAKTER, KRISIS UND WELTANS-
CHAUUNG: F. Kluenkel, 1935.
CRÍTICA DE LOS FUNDAMENTOS DE LA
PSICOLOGÍA: Jorge Politzer, Buenos Aires,
1940.
DAS UNTERVEWUSSTSEIN: Bumke O., 1926.
DEBATES SOBRE PSICOLOGÍA, FILOSOFÍA Y
MARXISMO: Piaget y otros, Buenos Aires, 1971.
DEL ACTO AL PENSAMIENTO: Enrique Wallon,
Buenos Aires, 1942.
DE L'ACTION À LA PENSÉE: W. Malgaud, 1935.
DEMENTIA PRAECOX ODER GRUPPE DER
SCHIZOPHRENIEN: Eugenio Bleuler, 1908.
DER AUFBAU DES ORGANISMUS: K. Golds-
tein, 1934.
DIE CITOARCHITECTONIK DER HIRNRINDE
DES ERWACHSESEN MENSCHEN: Constan-
tino von Economo, 1925.
DIE DIFFERENTIELLE PSYCHOLOGIE: W.
Stern, 1911.
DIE ENTWICKELUNG DER ZEICHNERISCHEN
BEGABUNG: G. Kerschenteiner, 1905.
DIE GEMÜTSEMPFINDUNGEN, IHR WESEN
UND IHR EINFLUSS AUF KÖPPERLICHE,
BESONDERS, AUF KRANKHAFTE LEBEN-
SERSCHEINUNGEN: C. Lange, 1910.
DIE LOKALISATION IM GROSSHIRN: Constan-
tino von Monakow, 1914.
DIE SCHICHTEN DER PERSÖNLICHKEIT: Eri-
co Rothacker, 1938.

267

DIE SEXUELLE FRAGE: Augusto Forel, 1905.

DIE SPRACHE DES KINDES: Ernesto Meumann, 1903.

ECOLOGÍA, TIEMPO ANÍMICO Y EXISTENCIA: Honorio Delgado, 1948.

EINFÜRHRUNG IN DIE PSYCHOLOGIE: Augusto Messer, 1927.

EL CONDUCTISMO: J. B. Watson, Buenos Aires, 1952.

EL DESARROLLO PSICOLÓGICO DEL NIÑO: R. Bükler, Buenos Aires, 1941.

EL DESENVOLVIMIENTO MENTAL EN EL NIÑO Y EN LAS RAZAS: Marta Baldwin, Barcelona, 1905.

EL GENIO: G. Bovio, Barcelona, 1905.

EL HOMBRE, ANIMAL ÓPTICO: Juan Cuatrecasas, Buenos Aires, 1962.

EL LENGUAJE INTERIOR: Enrique Mouchet, 1923.

EL LENGUAJE Y EL PENSAMIENTO EN EL NIÑO: Juan Piaget, Buenos Aires, 1944.

EL ORIGEN DE LA VIDA: A. T. Opariu, Buenos Aires, 1940.

EL PROBLEMA DEL LENGUAJE EN EL NIÑO: Enrique Wallon, 1952.

EL PROBLEMA DE LA MEMORIA: P. Sollier, Madrid, 1902.

EL PSICOANÁLISIS A LA LUZ DE LA REFLEXOLOGÍA: K. Gavrilov, Buenos Aires, 1953.

ESSAI SUR LA PSYCHOLOGIE DE LA MAIN: N. Vaschide, 1909.

ESTUDIOS DE PSICOLOGÍA: Aníbal Ponce, 1935.

EXPERIMENTOS E IDIOLOGÍAS: Diego González Martín, Mérida, 1960.

FATIGA SOCIAL: César G. Coronel, Buenos Aires, 1961.

GENETIC STUDIES OF GENIUS: L. M. Terman, 1925.

GENIE-IRRSINN UND RUHM: Guillermo Lange-Eixhbaum, 1928.

GESAMMELTE ABHANDLUGEN: Alexis Meinong, 1914.

GRUNDLAGEN DER CHARAKTERKUNDE: Ludovico Klages, 1910.

GRUNDRISS DER PSYCHOTERNIK: Hugo Münsterberg, 1914.

HEREDITY, VARIATION AND GENIUS: Enrique Maudsley, 1908.

HISTOLOGÍA DEL SISTEMA NERVIOSO DEL HOMBRE Y DE LOS VERTEBRADOS: Santiago Ramón y Cajal, 1909.

HISTORIA GENERAL DE LA PSICOLOGÍA: Otto Klemm, México, S.F.

HUMAN NATURE AND THE SOCIAL ORDER: C.H. Cooley, 1922.

HUMAN PERSONALITY AND ITS SURVIVAL OF BODILY DEATH: Federico Guillermo Enrique Myers, 1903.

I DATI DELLA' ESPERIENZA PSICHICA: Francisco De Sarlo, 1903.

IDEAS PARA UNA CONCEPCIÓN BIOLÓGICA DEL MUNDO: Jacobo von Uexküll, Buenos Aires, 1945.

IL MECANISMO DELLE EMOZIONI: M. Camis, 1919.

INTELLIGENZ UND VILLE: Ernesto Meumann, 1908.

INTRODUCCIÓN A LA CARACTEROLOGÍA: H. Rohracher. Buenos Aires, 1945.

INTRODUCCIÓN A LA FISIOLOGÍA Y PATOLOGÍA DEL ESPÍRITU: Enrique Mouchet, 1914.

INTRODUCCIÓN A LA PSICOLOGÍA: E. von Aster, Barcelona, 1925.

INTRODUCTION À LA PSYCHOLOGIE COLLECTIVE: Carlos Blondel, 1928.

KURS OBSCHEI BIOLOGII: L. I. Blyakler, 1940.

LA ACTIVIDAD NERVIOSA SUPERIOR DEL NIÑO: N. Krasnogorsky, Moscú, 1960.

LA ASOCIACIÓN DE IDEAS: Eduardo Claparède, Madrid, 1907.

LA CONSCIENCE MORBIDE: Carlos Blondel, 1928.

LA CORTEZA CEREBRAL: Bernardo Schuff, Buenos Aires, 1956.

LA EVOLUCIÓN DE LA SEXUALIDAD Y LOS ESTADOS INTERSEXUALES: Gregorio Marañón, 1930.

LA FINALIDAD DE LAS ACTIVIDADES ORGÁNICAS: E. G. Russell, Buenos Aires, 1948.

LA FORME HUMAINE: C. Sigaud, 1914.

LA HERENCIA BIOLÓGICA: H. Leininger, Buenos Aires, 1939.

LA HERENCIA PSICOLÓGICA: Jorge Poyer, Buenos Aires, 1948.

LA MECCANICA DEL CERVELLO: Leonardo Bianchi, 1905.

LA MEMORIA: Van Biervlet, Madrid, 1905.

LA MENTALIDAD PRIMITIVA: Luciano Lévy-Bruhl, Buenos Aires, 1939.

LA PERCEZIONE DEL TEMPO: Victorio Benussi, 1913.

LA PSICOLOGÍA ORGÁNICA Y SU RELACIÓN CON LA BIOLOGÍA CORTICAL: Christofredo Jakob, 1914.

LA PSICOLOGÍA CONTEMPORÁNEA: J. Vicente Viqueira, Barcelona, 1937.

LA PSICOLOGÍA DE LA FORMA: P. Guillaume, Buenos Aires, 1947.

LA PSICHE E I NERVI: INTRODUZIONE STORICA AD OGNI STUDIO DI PSICOLOGIA, NEUROLOGIA E PSICHIATRIA: Carlo Ferrio, 1948.

LA PSYCHOLOGIE INCONNUE, INTRODUCTION ET CONTRIBUTION À L'ÉTUDE EXPÉRIMENTAL DES SCIENCES PSYCHIQUES: E. Boirac, 1919.

LA PUBERTÀ STUDIATA NELL'UOMO E NEL-LA DONNA IN RAPPORTO ALL'ANTROPO-LOGIA, ALLA PSICHIATRIA, ALLA PEDA-GOGIA ED ALLA SOCIOLOGIA: Antonio Marro, 1900.

LA REPRESENTACIÓN DEL MUNDO EN EL NIÑO: Juan Piaget, Buenos Aires, 1944.

LA RISA: Enrique Bergson, Buenos Aires, 1938.

LA TRANSMISSIBILITÉ DES CARACTÈRES ACQUIS: R. Rignano, 1908.

LA VOLUNTAD: J. Paulhan, Madrid, 1905.

LAS EMOCIONES: S. Sergi, Madrid, 1906.

LAS ENFERMEDADES DE LA VOLUNTAD: Teódulo Ribot, Madrid, 1906.

LE CERVEAU ET LA PENSÉE: Enrique Piéron, 1923.

LEÇONS DE SOCIOLOGIE SUR L'ÉVOLU-TIONS DES VALEURS: Carlos Bouglé, 1929.

LEITFADEN DER PSYCHOLOGIE: Teodor Lipps, 1903.

LE LAMARCKISME CHIMIQUE: Paul Winterbert, 1949.

LE LANGAGE ET LA PENSÉE: Enrique Delacroix, 1930.

L'ENFANT TURBULENT: Enrique Wallon, 1925.

LE PSYCHISME INFÉRIEUR: J. Grasset, 1906.

LES CADRES SOCIAUX DE LA MÉMORIE: Mauricio Halbwachs, 1925.

LES ENFANTS ANORMAUX: Alfredo Binet y Th. Simon, 1907.

LES FONDEMENTS BIOLOGIQUES DE LA PSICHOLOGIE: J. Lhermite, 1925.

LES ORIGINES DE L'INTELLIGENCE: Pedro Janet, 1934.

LES TEMPÉRAMENTS: L. Mac-Auliffe, 1926.

L'ETAT ACTUEL DE LA DOCTRINE DES NEU-RONES: Alberto von Gehuchten, 1905.

L'ETAT ACTUEL DE L'ÉTUDE DES RÉFLEXES: Miecislas Minkowski, 1927.

L'ÉVOLUTION INTELLECTUEL ET MORAL DE L'ENFANT: G. Compayré, 1907.

L'EVOLUTION PSYCHOLOGIQUE DE L'EN-FANT: Enrique Wallon, 1941.

LO SANTO: Rodolfo Otto, Madrid, 1930.

LOS MECANISMOS DEL CEREBRO: Juan Lhermitte, Buenos Aires, 1947.

LOS REFLEJOS CONDICIONADOS: J. P. Pavlov, México S.F.

MANUALE DI SEMEIOTICA DELLE MELAT-TIE MENTALI: Enrique Morselli, 1910.

MEDITACIÓN DE LA TÉCNICA. ENSIMISMA-MIENTO Y ALTERACIÓN: José Ortega y Gasset, 1939.

MEINE MYELOGENETISCHE HIRNLEHRE: Pablo Flechsig, 1927.

MÉTAPHYSIQUE ET PSYCHOANALYSE: Benoit, H., 1948.

METHODS OF PSYCHOLOGY: T. G. Andrews, 1948.

NATUR UND SEELE: E. Dacqué, 1927.

NATURGESCHICHTE DER SEELE: Eugenio Fleuler, 1932.

NEURAL ORGANISATION FOR EMOCIONAL EXPRESION IN FEELINGS AND EMO-TIONS: W. B. Cannon, 1938.

NEUROPSICHIATRIA INFANTILE: Sante De Sanctis, 1925.

NOVOE DOSTIZHENIE SOVETSKOI BIOLO-GII: Khrushchev, G. K., 1940.

OBRAS COMPLETAS DE SIGMUND FREUD: Edición Americalee, 1943.

O POLOZHENII V BIOLOSICHESKOI NAUKE I ZADACHI INSTITUTA: L.A. Kurkev, 1949.

ORÍGENES DEL CONOCIMIENTO: EL HAM-BRE: Ramón Turró, 1910.

ORIGIN AND PRENATAL GROWTH TO BEHA-VIOUR: L. Charmicael, 1933.

OSMOVY OBSCHI OUKOLOGII V SVETE SO-VREMENNOGO POLOZHENICA BIOLOGI-CHESKOI NAUKI: N. N. Petrov, 1949.

PERCEPCIÓN, INSTINTO Y RAZÓN: Enrique Mouchet, 1941.

PHILOSOPHIE DES ORGANISCHEN: H. A. E. Driesch, 1909.

PHYSIOLOGISCHER SCHWACHSIN DES WEI-BES: Pablo Julio Moebius, 1908.

PRINCIPIOS DE PSICOLOGÍA: José Ingenieros, 1918.

PRINCIPIOS ELEMENTALES DE FILOSOFÍA: Jorge Politzer, Buenos Aires, 1960.

PROPAGANDA AND EDUCATION: W. W. Biddle, 1932.

PSICOLOGÍA: A. Messer, Buenos Aires, 1940.

PSICOLOGÍA: Guillermo James, Madrid, 1930.

PSICOLOGÍA CELULAR: Ernesto Haeckel, Madrid, 1889.

PSICOLOGÍA DE LA EDAD JUVENIL: Eduardo Spranger, México, 1963.

PSICOLOGÍA DE LAS EDADES: D. Katz, Madrid, 1961.

PSICOLOGÍA DEL RECIÉN NACIDO: F. Stirnimann, Buenos Aires, 1947.

PSICOLOGÍA OBJETIVA: W. Bechtarev, Buenos Aires, 1951.

PSICOLOGIA SPERIMENTALE: Sante de Sanctis, 1929.

PSICOLOGÍA Y MARXISMO: René Zazzo, Madrid, 1976.

PSIKHOANALIZ: A. Luria, 1940.

PSIKHOLOGGIA: K. N. Kórnilov, 1948.

PSYCHOANALYSE ET CONNAISSANCE: Dubal, G., 1947.

PSYCHOANALYSE ET MARXISME: Bernard M., 1948.

PSYCHOLOGIE DER WELTANSCHAUUNGEN: Carlos Jaspers, 1919.

PSYCHOLOGIE EXPÉRIMENTALE: Henri Piéron, 1930.

PSYCHOLOGY OF BUSINESS: Dill Scott, 1910.
PSYCHOLOGIE PATHOLOGIQUE: Henri Wallon, 1926.
PSYCHOTECHNIK: Hugo Mümsterberg, 1914.
PURPOSIVE BEHAVIOUR IN ANIMALS AND MEN: E. C. Tolman, 1930.
ROBOTS, HOMBRES Y MENTES: L. von Bertalanffy, Madrid, 1974.
SCIENTIFIC RESEARCH AND SOCIAL NEEDS: Julián Huxley, 1934.
SIGMUND FREUD, A MARXIAN STUDY: Barleti, F. H., 1940.
SOCIOLOGY IN ITS PSYCHOLOGICAL ASPECTS: C. A. Ellwood, 1912.
STUDIE ÜBER MINDERWERTIGKEIT VON ORGANEN: Alfredo Adler, 1907.
THE HUMAN PROBLEMS OF AN INDUSTRIAL CIVILIZATION: E. Mayo, 1933.
THE INTEGRATIVE ACTION OF NERVOUS SYSTEM: Carlos Scott Sherrington, 1906.
THE MECHANISTIC CONCEPTION OF THE LIFE: Jacobo Loeb, 1912.
THE PROBLEMS OF FAMILY LIFE. AN ENVIRONEMENTAL STUDY: A. Bowley, 1948.
THE SURVIVAL OF MAN: Oliverio José Lodge, 1909.

THEORIE UND PRAXIS DER INDIVIDUALPSYCHOLOGIE: Alfredo Adler, 1920.
THEORY OF GAMES AND ECONOMIC BEHAVIOUR: Juan von Neumann, 1944.
TIPOS PSICOLÓGICOS: Carlos S. Jung, Santiago de Chile, 1937.
TRAITÉ DE MÉTAPSYCHIQUE: Carlos Richet, 1922.
TRATADO DE PSICOLOGÍA: Jorge Dumas, Buenos Aires, 1948.
UEBER APHASIE: K. Goldstein, 1910.
UEBER PSYCHOANALYSE: Allers, R., 1922.
UMWELT UND INNENWELT DER TIERE: Jacobo Juan von Uesküll, 1909.
VERGLEICHENDE LOKALISATIONS LEHRE DER GROSSHIRUNDIDE: K. Brodmann, 1909.
VERGLEICHENDE LOKALISATIONS LEHRE DER GROSSHIRUNDIDE IN IHREN PRINZIPIEN DARGESTELLT AUF GRUND DES ZELLBAUES: Óscar y Cecilia Vogt, 1909.
VÖLKERPSYCHOLOGIE, EINE UNTERSUCHUNG DER ENTWICKLUNGSGESETZE VON SPRACHE, MYTHUD UND SITTE: Guillermo Wundt, 1900.
ZA MARKSITKOE OVESCHENIE VOPROSOV PSIKHOLOGII: V. Kolbanoskii, 1947.

Esta obra se terminó de imprimir
en febrero de 1996, en
Tipográfica Barsa, S.A.
Pino 343, local 71-72
México, D.F.

La edición consta de 1,000 ejemplares